로마 카톨릭 사상 평가

로레인 뵈트너 著
이 송 훈 譯

기독교문서선교회

ROMAN CATHOLICISM

By
Loraine Boettner

Translated by
Stephen Y. Rye

1992
Christian Literature Crusade
Seoul, Korea

5판에 부치는 글

 이 책의 기본적인 목적은 복음주의적 개신교 교회와 로마 카톨릭 교회의 두 체계들이 신자들의 삶에 영향을 주었던 교리와 실제적인 결과들의 영역에서 이 둘을 강하게 대조시켜 이 두 체계 사이의 차이점을 제시하는 것이다.
 교리문제는 철저하게 성경적으로 취급되도록 하였고, 각각의 교리들은 성경의 구절들을 인용하여 실증되도록 의도하였다. 필자는 오류라고 믿어지는 로마 카톨릭 체제의 신조들을 소극적으로 지적했을 뿐 아니라 적극적으로 그것들에 반대되는 성경의 가르침들을 세우려고 시도하였다.
 이 두 체계의 실제적인 결과들을 이들 각각이 자연스런 결과를 생산해 내기에 그리고 신자들의 영적, 물질적, 문화적인 삶에서 각자의 가르침과 실제의 참된 열매를 만들어 내기에 충분한 수세기의 시간을 통해 로마 카톨릭 나라들과 개신교 나라들에서 공개적으로 관찰되어진 것들이다. 개신교도들인 우리는 이 비교방법을 환영한다.
 현재 우리의 많은 교회들에 영향을 미치고 있는 현대 에큐메니칼 운동에서 밝혀진, 교리에 대한 만연된 무감각이 모든 곳의 기독교인들에게 이들 두 주된 체계들이 가르치고 있는 것들을 정확하게 알아야 할 것임을 더욱 강력하게 명하고 있다.
 1965년 말쯤에 끝난 제2차 바티칸 공의회(The Second Vatican Council)는 예배의식, 행정적인 실제들, 그리고 종교적 자유에 대하여 변화를 일으켰다. 로마 카톨릭 교회들은 다른 교회들도 그들 교회 안에서 진리의 요소들을 포함하고 있으며 참된 기독교적 예배와 헌신이 포함되어 있음을 찾아볼 수 있다고 인정하고 있으면서도, 여전히 자신들만이 유일한 참된 교회라는 주장을 반복하였다. 몇몇의 저명한 추기경들과 신학자들 뿐 아니라 첫번째 공의회를 요구했던 교황 요한 23세와 그 이후의 회의들을 관장했던 교황 바울 6세도 로마 교회의 교리구조 내에 어떠한 변화도 있어서는 안된다는 것을 주의깊게 강조하였다. 그러면서도 교황 바울은 하나의 새로운 교리를 공포하여 그들이 말하는 기존 교리에 변화를 일으켰으니 곧 마리아가 교회의 어머니라고 단언한 것이다.

그 공의회의 일차적인 목적은 예배의식과 행정적인 실제들을 현대화하여 로마교회를 20세기 세계에 더욱 효과적이고 더욱 적합하게 만들자는 것이었다. 예를 들면 1965년의 '새로운 미사'의 서론은 언어에 있어서 변화를 가져왔다. 즉 라틴어는 축성식(祝聖式)기도 이외에는 더 이상 요구되지 않았으며, 어떤 나라들에서는 이제 미사가 자신들의 언어로 행하여지게 되었다. 그러나 개신교도들인 우리에게는 미사가 라틴어로, 또는 영어로, 또는 스와일리어로 드려진다는 것은 중요치 않다. 우리의 관심의 대상은 미사에 사용되는 언어가 아니라 그 내용, 특별히 화체설 교리이다. 그들은 화체설 교리를 통해 빵과 포도주가 사제에 의해 그리스도의 실제 살과 피로 변화되며 그런 후 신자들이 그것들을 먹는다고 주장한다는 점이다.

종교자유의 영역에서 이루어진 그 허용들이 그 공의회가 이룩한 가장 중요한 성취라고 할 것이다. 로마 카톨릭 신자들이 소수인 영어권 나라들에선 로마 카톨릭 교회의 '진보파'들에 의해 제안되었고 개신교 교회들의 자유주의자들에 의해 열정적으로 환영된 대규모의 에큐메니칼 운동을 통해 몇몇 변화들이 조장되고 있다. 그러나 로마 카톨릭이 지배적인 나라들에서는 그러한 변화들이 너무 느리게 수행되고 있으며, 심지어는 마지못해 하는 것처럼 보여 우리로 하여금 그들의 성실성에 의문을 품게 한다. 이전의 경우들에서처럼, 로마 카톨릭은 그들의 옛 방법들이 무력하게 되자 자신들의 전술을 바꾸었다. 그러나 결코 그들의 본질은 바꾸지 않았다. 오로지 시간만이 과연 종교자유의 문제영역에서 영구적인 변화가 있었는지를 이야기해 줄 것이다.

어떤 종교조직에서도 교리는 그 구조에 있어서 가장 기본이며 가장 중요한 부분이다. 왜냐하면 신자들이 믿는 바가 바로 그들의 행동해야 할 바를 결정하기 때문이다. 그 공의회에 의해 준비되었고 교황에 의해 선포된 공식문서인 '교회에 관한 법령'(The Constitution on the Church)은 그 공의회가 열리기 전에 이미 세워져 있었던 기본적인 로마 카톨릭의 교리를 더욱 정확하게 재확립하고 있다. 그것은 교황이 "베드로의 계승자이며, 그리스도의 대리자, 전 교회의 가시적인 머리이다"라는 주장을 싣고 있으며, "교회의 직, 즉 그리스도의 대리자 그리고 전 교회의 목자직으로 인해 로마교회의 교황은 로마교회에 대해 완전한 최고의, 전 세계적인 권력을 행사한다"고 말한다. 거기에 덧붙여, "그는 항상 이 권력을 자유자재로 행사할 수 있다"(제22항)고 한다. 교황무오설의 교리가 다시 말해지고 있다. "그가 최종적인 결정을 통해 신앙과 도덕의 신조를 선언하면, 로마교회의 동의도 필요없이 그의 결정 스스로가 곧바로 개정될 수 없는 것으로 규정된다"(제25항, 강조점은 필자의 것임). 교황은 그의 권력을 전혀 잃지 않았다. 그는 로마교회 내에서 절대적인 지배자로 여전히 남아있다. 그런데 교황의 법령이 과거나 지금이나 '개정될 수 없다면', 로마교회 내에 어떤 개혁의 희망이 있을 수 있겠는가?

이 교회에 관한 문서는 본질적으로 트렌트 공의회의 가르침을 반복하고 있다. 즉 "사제와 주교는 하나님의 이 지상의 상징적인 존재(The representatives)들이다 … 그러므로 바로 그들이 천사이고, 뿐만 아니라 신들이라고 불리우며, 그들은 이 지상에서 하나님의 권위와 하나님의 위치를 정해주는 자로서 그것들을 장악하고 있다. 또한 사제들은 우리 주님의 살과 피를 성별하여 드리며 죄를 면제할 권한을 가지고 있다"(트렌트 교리문답).

이 문서에서 주장된 전체적인 진술들은 트렌트 공의회(1545~1563)나 제1차 바티칸 공의회(1870)에 이루어진 것과 전혀 다르지 않았다. 베드로의 탁월한 지위와 교황의 계승권의 교리는 그것이 오류임을 주장하는 모든 근거들에도 불구하고 그 공의회에서 더욱 확고하게 유지되었다. 그렇게 함으로써 교회의 머리이며 지배자로서의 교황의 위치가 안전하게 지켜진다. 또한 지적한 바대로, 교황무오설의 교리를 재확인함으로써, 교회 내의 권위적 교사로서의 그의 지위를 확보하였다. 교황 바울은 그의 회칙 '그의 교회에게'(Eccleciam suam)에서 그의 비통함을 토로했는데, 그것은 '분열된 형제들' 중 몇몇이 교황을 교회 통일의 길의 걸림돌이라 말했기 때문이다. 교황 바울은 다음과 같이 말했다. "그들에게 만약 교황 지상권이 없다면, 분열된 형제들과 카톨릭 교회의 재결합이 용이하겠는가라고 말하지 말라. 단지 이 직책의 어쩔 수 없이 모순됨을 생각해 주도록 간청하라. 만약 교황이 없다면 카톨릭 교회는 더 이상 카톨릭(세계교회의 단일화)일 수 없으며 또한 베드로의 최상의 유효한 그리고 결정권을 지닌 목자직이 없다면 그리스도의 교회의 일체성은 전적으로 붕괴될 수밖에 없기 때문이다."

이 점에 있어서 우리는 만약 로마교회가 성경에 따라 개혁되면 그들이 로마 카톨릭 교회가 되는 것이 포기될 것이므로 적어도 교황에게 동의를 표해야 한다고 말하지 않을 수 없다. 구원과 관련된 커다란 오류들이 여전히 남아있다. 더군다나, 그 공의회는 트렌트 공의회에서 선언된 개신교 교회들과 믿음들에 대한 일백 개 이상의 저주와 악담들을 전혀 제거하려 하지 않았다. 만약 진실된 재접근을 하려 했다면 확실히 이것이 논리직인 첫 순서가 되어야 했다.

'교회에 관한 법령'은 로마교회가 그의 기본 교리를 전혀 개정할 의도가 없을 뿐만 아니라 더욱 효율적인 행정을 위한 방법들과 기술들을 현대화하여 더욱 매력적인 겉모양을 제시하려 했음을 매우 분명하게 드러내 준다. 그것은 동구권 정교, 영국 국교, 개신교 교회들이 그의 품으로 좀더 되돌아오기 쉽도록 의도된 것이었다. 로마교회가 진지하게 오고가는 교회연합 협상을 시작할 의사를 가지고 있다는 기미는 전혀 없다. 그의 목적은 연합이 아니라 흡수이다. 로마교회와의 교회연합은 엄밀하게 말해 일방통행이다. 개신교가 로마교회로 인해 직면했던 오랜 세월 동안의 위험은 아직 사라지지 않았다. 사실 그것은 증가하고 있다. 왜냐하면 이 덜 공격적인 태도와 이 표면적인 통합주의를 통해, 로마교회는 적대자들을 제거하여 세계를 지배하는 위치에 올라서려는 그의 계획을, 더욱 완벽하고 훌륭하게 수행할 수 있는 위치를 점하려 하고 있기 때문이다. 간단히 말해서 무오한 교회는 회개할 수 없다. 또한 그 지배자에게 모여들 수 있는 모든 위엄과 권위로 공포된 교리는 변화될 수 없다는 것이다. 그 공의회가 그 목적들에 기여하였다. 또한 로마교회와 하나되길 가장 갈망하는 것으로 보이는 개신교도들도 개혁이 가장 요구되는 바로 그 요소들에 대해 로마교회가 "개정할 수 없다"고 한 바로 그 로마교회의 경고를 귀담아듣기를 거절하고 있다는 것 또한 비극적이라 하겠다.

역자 서문

　본서는 미국 파익빌 대학(Pikeville College)에서 8년 동안 성경교수였던 로레인 뵈트너(Loraine Boettner) 박사의 저서 *Roman Catholicism*을 『로마 카톨릭 사상 평가』라는 제목으로 옮긴 것이다.
　뵈트너 박사는 Princeton 신학교(Th.B., Th.M.)의 핫지(C. W. Hodge) 박사 밑에서 조직신학을 전공했으며, Tarkio대학과 Missouri 대학교에서도 수학했으며 명예 신학박사와 문학박사 학위를 받았다.
　이미 우리나라에 뵈트너 박사의 저서 『칼빈주의 예정론』(*The Reformed Doctrine of Predestination*)이 홍의표 박사의 번역으로 널리 읽혀지고 있으며 그의 탁월한 칼빈주의 신학사상은 높이 평가되고 있다.
　본서『로마 카톨릭 사상 평가』는 바벨론 신비종교인 로마 카톨릭 교회 사상을 성경적이고 논리적인 기독교의 해석인 개혁주의 신학의 입장에서 철저하게 평가한 대작으로서 초판발행(1962) 이래 30판(1990)을 증보재판 하였다.
　오늘날 로마 카톨릭 교회의 광범위한 활동은 교파를 넘어서서 모든 그리스도인들이 로마 카톨릭의 교리와 그 실행, 미래의 골인점에 관해서 무엇인가 알지 않으면 안되게끔 몰아가고 있는 실정이다. 특히 한국의 천주교회는 교황 요한 바오로 2세가 방문한 이후 급성장하고 있다. 이러한 시점에서 로마 카톨릭 교회에 대한 올바른 평가가 시급히 요청되고 있다. 본서가 이에 대한 가장 적절한 답변서로 생각하고 번역, 출판한 것이다.
　본서에서 뵈트너 박사는 로마 카톨릭과 프로테스탄티즘을 상당히 대조적으로 제시하는 복음적 프로테스탄티즘의 입장에서 아주 흥미롭게 홍보적으로 서술해 나가고 있다. 오늘날의 로마 카톨릭 교회가 1세기의 교회와 비교되면서 서술되고 있다. 그리고 프로테스탄티즘은 어떤 사람들이 그렇게 주장한 것과 같이 개혁 당시 발생한 어떤 새로운 체계가 아니라 신약성경의 기독교성과 사도적 교회의 단순성에로의 회귀임을 설명하고 있다. 이 책은 성경의 가르침을 계속 참조하며 평범한 그리스도인이 쉽게 파악할 수 있는 비전문적인 용어로 제시되고 있다.

본서에서 논의되고 있는 주요 주제들은 다음과 같다: 교회론, 사제직, 전통, 베드로, 교황권, 마리아, 미사, 고해성사, 연옥, 교황의 무오성, 고행과 사면, 의식주의, 독신주의, 결혼, 교구부속학교, 도덕적 표준, 불관용, 편협, 박해, 카톨릭 교회의 조직체계 및 국가의 관계 등이다.

위와 같은 주제에 대한 표준적 작품으로서 의도된 본서는 이 두 체계 즉 개신교와 로마 카톨릭에 대한 가장 이해적이고 정통적 분석서로서 계속 살아남을 것이 틀림없는 명쾌한 저서가 될 것이다. 본서는 복음주의 책클럽 선집의 한 권으로 뽑혔다.

한국교회의 목회자, 신학도, 일반 성도가 마땅히 알아야 할 내용임을 깨닫고 번역 추천하는 바이다.

1992년 4월 19일
부활절 아침에
譯者 識

차 례

- 5판에 부치는 글
- 역자 서문

1 장　서론 ·· 11
2 장　교회론 ·· 37
3 장　사제직 ·· 69
4 장　전통 ·· 111
5 장　베드로 ·· 147
6 장　교황권 ·· 175
7 장　마리아 ·· 187
8 장　미사 ·· 235
9 장　고해성사 ·· 273
10 장　연옥 ·· 301
11 장　교황의 무오성 ·· 323
12 장　고해성사; 면죄 — 은혜구원인가 행위구원인가? ······ 349
13 장　의식주의 ·· 371
14 장　독신생활 ·· 411
15 장　결혼 ·· 457
16 장　교구부속학교 ·· 489
17 장　로마 카톨릭 교회의 도덕적 표준은 무엇인가? ······ 525
18 장　불관용, 편협, 핍박 ·· 549
19 장　제도는 그 열매로 평가됨 ·· 593

- 참고문헌

1 장

서론
1. 역사적 배경
2. 공산주의에 대해 나약한 변호체계를 갖고 있는 로마 카톨릭
3. 로마교회의 오랜 세월 동안의 발전
4. 개신교와 1세기의 기독교
5. 개신교와 로마 카톨릭 나라들 사이의 비교

서 론

1. 역사적 배경

20세기에 들어서면서, 우리 미국인들은 우리가 소유한 일상생활의 필수적인 부분들인 종교의 자유, 언론의 자유, 출판의 자유, 집회의 자유가 얼마나 귀중한 유산인지 깨닫지 못하고 있는 것 같다. 또한 많은 사람들은 우리의 선조들이 이 자유들을 확고히 하기 위해 종교개혁과 그 이후 겪었던 기나긴 격렬한 투쟁을 잊어버렸다. 대신에 이것들을 당연시여겨 모든 사람들의 천부적인 권리들로 주장하는 것이 일반화되었다. 그러나 사실 스스로 개신교도들이라 부르는 우리는 위대한 전통의 상속자들이다. 그리고 미국과 같은 나라에선 우리 로마 카톨릭 친구들 또한 비록 그들은 그들의 교회가 권력을 휘두르는 곳이라면 어디든지 행사하고 있는 그와 같은 사제직 독재하에 사는 것이 무엇을 의미하는지 전혀 인식치 못하고 있지만 이 자유들을 공유하고 있다.

때때로 로마 카톨릭은 개신교를 16세기에 마틴 루터와 존 칼빈에서 기원한 비교적 새로운 것으로 묘사하려고 시도한다. 정말 우리는 그 당시 유럽 전역을 휩쓸었던 종교개혁 운동과 그 지도자들에게 큰 빚을 지고 있다. 그러나 그때부터 지금까지 개혁자들과 복음주의 교회들에 의해 가르쳐졌던 기본 원리들과 교리의 공동체계는 신약성경과 1세기의 기독교 교회로 되돌아가고 있다. 16세기에 출현한 개신교는 새로운 것의 시작이 아니라 성경에 나타난 기독교로의 그리고 로마교회가 오랫동안 경원시했던 사도적인 교회의 단순함에로의 귀환이었다.

이 체계의 적극적이며 전통적인 원리는 성경은 하나님의 말씀이며, 그러므로 신앙과 실천의 권위적 규범이라는 것이다. 또한 소극적인 원리로는 신약성경에서 되찾아볼 수 없는 어떤 교리나 실천요소는 기독교의 근본적인 부분이 아니라는 것이다.

그러므로 개신교의 기본적인 특징은 다음과 같다.

(1) 신앙과 행위의 모든 문제들에서 성경의 절대적인 우위성
(2) 행위가 아니라 믿음으로 의롭게 됨. 비록 행위가 참된 믿음의 열매와 증거로서 필수적이며 필연적인 위치를 점하고 있지만 행위가 아니라 믿음으로 의롭게 됨
(3) 어떤 사제나 인간적 중재자의 중보없이 기도로 하나님께 직접적으로 가는 개개인들의 권리
(4) 성경의 권위 내에서 양심과 예배의 개인적인 자유

종교개혁 이전 1천 년 동안 교황들은 유럽을 지배하였고 하나님께 예배하는 길은 오직 하나라고 말했다. 그 기간은 '암흑의 시대'라고 적절하게 알려져 있다. 교회 내에서 그리고 국가 내에서 사제들은 상당한 수준으로 권력을 휘둘렀다. 그들은 실질적으로 평신도들의 모든 권리를 박탈할 때까지 그들을 억압하였다. 그들은 고해성사라는 수단을 통해 끊임없이 사적인 일들을 꼬치꼬치 캐내었고 남편과 아내, 부모와 자녀들 사이에 끼어들었다. 모든 결혼은 그들의 손에 달려있었다. 그들은 공적인 행정, 법정의 선고, 재산 처분에도 간섭하였다. 국가의 세입으로 새 교회를 지었으며, 현재 스페인에서와 똑같은 방식으로, 사제들의 봉급을 지불하였다. 감히 저항했던 사람은 그의 직업, 재산, 심지어 생명까지 잃을 위험에 처해졌다. 그러한 독재하에서의 삶은 견딜 수 없는 것이다. 그러한 처지로부터 종교개혁은 구원을 가져왔다.

종교개혁의 우선한 가장 중요한 결과들 중 하나는 성경이 사람들에게 자신들이 사용하는 언어로 주어졌다는 것이다. 이전에는 사제를 통한 교회의 강론만이 성경을 바르게 해석할 수 있다는 구실을 핑계삼아, 성경을 그들에게서 격리시켰다. 루터는 성경을 그의 모국어인 독일어로 번역하였으며 그 성경은 거듭해서 재판되었다. 영국, 프랑스, 화란 그리고 다른 나라들에서도 비슷한 번역본들이 만들어졌다.

이 값진 유산을 확보하기 위해 받았던 고난과 희생을 더 이상 회상하지 않는 오늘날 개신교도들은 이 밝은 축복들을 가볍게 취급하는 경향이 있다. 오늘 이 나라와 세계의 다른 곳에서 로마 카톨릭이 이루고 있는 발전은 가장

무관심했던 일들조차 멈추고 다시 생각하게 한다. 개신교도들인 우리는 종교개혁 이전에 일상적이었던 그와 똑같은 종교적 그리고 정치적 남용들에 대항할 방법들을 잊어버린 것 같다. 우리가 종교적 독재주의에 압도당하지 않으려면―만약 이것이 우위에 선다면 옛날 독일, 이탈리아, 프랑스 또는 스페인에서처럼 다시 잔인하게 그리고 압제적일 것이다―우리는 우리의 신앙의 원리들에 익숙해질 필요가 있으며 가르칠 필요가 있다.

오늘날 우리 미국의 자유들이 두 전체주의 체계들인 공산주의와 로마 카톨릭에 의해 위협받고 있다. 그리고 우리나라에선 둘 중에 로마 카톨릭이 공산주의보다 훨씬 빠르게 성장하고 있으며 그 본질을 종교라는 가면으로 감추고 있기 때문에 더욱 위험한 존재이다. 이 나라는 공산주의의 위험들에 대해선 매우 잘 경각하고 있으며, 전반적으로 라디오 방송, 언론 그리고 교회들에 의해 그것에 저항하고 있다. 그러나 로마교회는 오히려 상당할 정도로 이들로부터 지원받고 있으며 심지어 개신교 교회들이 많은 곳에서 화해의 그리고 협력의 태도를 그들에게 보여주고 있다. 실제로 대부분의 사람들은 로마 체계와 관련된 것들에 대해 매우 흐릿한 인식을 갖고 있다. 그리고 바티칸이 열렬히 추구하는 목적 중 하나도 전세계를 기독교화가 아니라, 로마 카톨릭으로 개종시키는 것이다. 그 영향력은 우리의 지역, 주, 그리고 연합 정부의 모든 영역에 강렬하게 미치고 있다. 이 나라에서, 그 계급체제가 구호로 내세우고 있는 것은 "미국을 기독교화하자"가 아니라 "미국을 카톨릭화하자"라는 점이 특별히 중요하다. 그런데 이 구호 내에는 우리 개신교 유산들 그리고 종교의 자유, 양심의 자유, 언론의 자유와 같은 귀중한 권리들에 대한 최대 공격이 강하게 깔려 있다.

우리가 이 문제를 바로 이해하려면 우리가 미국에서 보고 있는 로마 카톨릭이 대체적으로 실제 로마 카톨릭 즉 한 국가의 삶을 주도하는 힘으로 역할하고 있는 곳에서 보여진 로마 카톨릭이 아니라, 개신교가 대다수인 곳에서 이들과 함께 생활하도록 조정된, 수정되고 타협되어진 형태임을 깨달아야 한다. 그러므로 이곳에서는 공적 종교예배를 인도할 권리, 모든 다른 형태의 종교들을 억압할 권리, 모든 국가 그리고 주 정부에 대한 지배권, 모든 결혼에 대한 통제권, 모든 교육을 결정짓는 권리 그리고 세금으로 자신의 교회들과 학교들을 지원해야 할 국가의 의무부과권 등을 그 유일한 참된 교회, 오로지 한 교회만이 가지고 있다는 단호한 주장을 상대적으로 삼가하고 있는 것이다. 이는 허황된 비난이 아니라 냉정한 현실적인 평가라는 것이 바티칸과의 정교(政敎)조약 규정들하에서 지배되고 있으며, 때로는 로마 카톨릭 대변인들에 의해 이상적인 카톨릭국가로 추앙되는 스페인에서 로마 카톨릭이 현재 이른바 이 '권리들' 또는 특권들 대부분을 실행하고 있다는 사실에 의해 입증된다.

로마 카톨릭의 실체를 명확하게 보기 위해서는 중세 시대의 모습 또는 스페인, 포르투갈, 이탈리아, 프랑스, 남아일랜드, 라틴 아메리카와 같은 나라들에서 지속되고 있는 모습을 그 실체로 규정해야만 한다. 그곳들에서 로마 카톨릭은 교회적인 것 뿐만 아니라 정치적인 통제를 행사하고 있다. 수세기 동안 개신교로부터 조금도 또는 전혀 반대받지 않고 로마 카톨릭이 지배권을 행사해온 그런 나라들에서 우리는 그 체계에 속한 그 백성들의 생활의 참된 열매들이 바로 가난, 무지, 미신 그리고 저급한 도덕기준들임을 보게 된다. 우리는 그 나라들 각각에서 지배적인 양상을 즉시 식별할 수 있다. 아주 좋은 예가 스페인이다. 왜냐하면 유럽에서 가장 로마 카톨릭화된 나라인 스페인은 여전히 유럽에서 가장 낮은 생활수준을 갖고 있기 때문이다. 라틴 아메리카 국가들도 4세기 동안 로마 카톨릭에 의해 지배되었다. 그 결과 오늘날 문맹률이 30에서 70퍼센트에 이른다. 베테랑 라디오 방송 정치분석가인 스미스(Howard K. Smith)는 "미국의 일인당 국민 소득이 남미의 나라들의 여덟 배나 된다"(1960. 3. 3.)고 최근에 알린 바 있다. 남미의 일인당 국민소득은 미국의 9분의 1인 280달러이다.

그러나 그런 나라들에서도 우리는 그 체계의 궁극적인 열매를 볼 수 없다. 왜냐하면 수년에 걸쳐 그들은 개신교에 의해 어느 정도 영향을 받았으며 개신교 국가들, 특히 미국과 영국으로부터 원조를 받고 있어서 그들의 현재 경제적, 사회적, 정치적, 종교적 상태가 만약 그들을 내버려뒀더라면 그들이 처했을 수밖에 없었을 만큼 그렇게 나쁘지 않게 되었기 때문이다. 상당한 원조가 제1차 세계대전이 끝날 무렵부터 주어졌다. 미국은 제2차 세계대전 이후 1977년까지 2천억 달러에 달하는 경제적 군사적 외국 원조를 다른 나라들에게 주었다(Statistical Abstract of the U.S., 1978). 그리고 아마도 그 이후로 5백억 달러 이상이 주어졌을 것이며 총액은 거의 2천5백억 달러에 이른다. 유럽과 라틴 아메리카의 로마 카톨릭 나라들은 이 원조를 통해 커다란 이익을 보았다.

스페인, 이탈리아, 라틴 아메리카에서 발견되는 모습과 표면적으로 매우 다른 미국 카톨릭도 그럼에도 불구하고 모든 부분들이 그와 똑같은 교회의 일부이며 모든 것들이 로마로부터 운영되며 모든 분파들의 절대적인 지배자이며 만약 그가 정책 변화를 안전하다고 또는 시기적절하다고 판단하면 언제든지 어떤 분파의 정책이라도 변화시킬 권한을 가지고 있는 바로 그 사람에 의해 똑같이 지배되고 있다. 만약 그가 미국 내에서 즐겨지고 있는 것과 마찬가지로 스페인이나 콜롬비아 내의 그의 속민들에게 상대적으로 더 많은 자유와 더 나은 학교들을 제공하기로 선택하였다면 그는 그 목적에로 그의 사제들과 재정적 자원들을 향하게 함으로써 손쉽게 그렇게 할 수 있다. 미국의 로마 카톨릭도 만약 개신교 교회들이 제공한 복음주의적 기독교의 영향력이 없었더라면 다른 나라들에서 발견된 것과 매우 똑같은 모습을 갖게 되었을 것은 의심할 여지가 없다.

2. 공산주의에 대해 나약한 변호체계를 갖고 있는 로마 카톨릭

만약 대부분의 로마 카톨릭 국가들을 그대로 내버려 두었더라면 오래 전에 공산주의의 희생물로 전락했을 것이라고 우리는 서슴없이 말할 수 있다. 이탈리아와 프랑스도, 만약 미국의 원조와 미국 정부가 그 나라들에 합법적으로 행한 모든 정치적 영향력 —그 결과는 상당 기간 동안 의심되었다— 들이 없었더라면 아마 거의 제2차 세계대전이 끝날 무렵엔 공산화되었을 것이다. 바티칸은 이디오피아 정복(이 정복은 국가 연합〈the League of Nations〉과 실제로 모든 문명세계에 의해 비판되었다), 스페인의 프랑코(Franco)에게 공개적이고 광범위한 군대와 무기지원, 그리고 알바니아와 그리스 침공 등을 포함한 뭇솔리니의 파시즘적인 그리고 호전적인 정책들을 지지하였다. 이탈리아가 나찌 독일을 도와 전쟁에 참여한 이후에도 로마 카톨릭은 이탈리아의 전쟁 노력을 지원하였다. 물론 이는 전쟁을 성공적으로 결말짓고자 한 우리의 작업을 그만큼 더욱더 어렵게 만들었음을 의미한다. 전쟁 기간 중 교황 피우스 12세(Pius XII)는 군복을 입고 그 앞에 나타난 수많은 이탈리아와 독일 군부대를 축복하였다. 독일과 이탈리아가 패배하자 그 정책들에 대해 대중적인 적의가 강하게 들끓었다. 뭇솔리니의 불명예스러운 몰락에 뒤이은 소요 속에서 만약 이탈리아에 주둔했던 미국 군사력이 질서를 유지하지 않았더라면 로마 카톨릭 교회는 러시아의 정교회가 제1차 세계대전 말에 러시아 전제정부의 몰락과 함께 전복되었던 것과 똑같은 방식으로 아마도 전복되었을 것이다. 러시아에서 죽은 형식적인 교회는 백성의 존경을 잃었고, 짜르(Czar)가 국가와 교회의 우두머리가 된 이후로 그 교회는 짜르의 독재적인 지배와 동일시되었다. 백성들이 분노로 봉기하여 정치정부를 전복하였을 때 그들은 그와 함께 교회도 전복하였으며 그들은 다른 극단 즉 무신론으로 돌아서버렸다. 백성들이 오로지 한 종파만 알고 있는 곳에선 그러한 경우가 종종 일어난다. 즉 그 종파가 붕괴되면, 그들은 대체물을 찾는 것이 아니라 모두 무신론으로 돌아서버린다.

    1948년 4월정책 직후 그러한 위기 속에서 치러진 이탈리아 선거에서 공산주의자들은 정부를 통제할 수 있을 만큼 강한 영향력을 획득하였다. 그러나 그들은 다른 정당들과 연합해야 하지만 가까스로 다수의석을 확보할 수 있었다. 오늘날 소련과 중국 외에 가장 큰 공산당은 로마 카톨릭의 나라 이탈리아, 교황이 살고 있는 나라, 좀더 정확히 말하자면 로마 카톨릭 자신들의 주장처럼 로마 카톨릭이 공산주의에 대해 효과적인 변호체계라면 우리가 전혀 공산주의를 발견할 수 없는 곳이어야 할 바로 그곳에서 발견된다. 오늘날 이탈리아의 투표권자들 중 거의 3분의 1이 — 프랑스에선 거의 4분의 1이 공산주의자인 것처럼 — 공산주의자이다.

    로마 카톨릭은 물론 공산주의를 반대한다. 그런데 실상은 한 전체주의 체제가 다른 또 하나의 전체주의 체제를 반대하는 것이다. 그리고 그들은 선전목적을 위해 자신들이 공산주의의 가장 큰 대적이며 가장 중요한 방벽임을 자처하려고 시도한다. 그러나 사실 지난 15년 동안 공산주의는 유럽과 라틴 아메리카의 로마 카톨릭 나라들에서 가장 큰 수확을 거두었다. 오히려 개신교 국가들, 즉 미국, 영국, 캐나다, 화란, 노르웨이, 스웨덴, 덴마크가 공산주의에 대한 가장 강력한 대적자였다. 실제로 전체주의 교회에서 전체주의 국가로의 이행은 몇 발자국만 움직이면 된다. 왜냐하면 그 백성들은 스스로 생각하여 자기 자신의 문제들을 해결해 나가기보다는 그들을 누르는 권위를 받아들이도록 훈련되어져 있기 때문이다.

    교회와 국가의 관계에 대하여 광범위하게 저술한 미국 사회학자이며 언론인인 폴 블란샤드(Paul Blanshard)는 『미국의 자유와 카톨릭의 권력』

(*American Freedom and Catholic Power*)이란 매우 시사적인 책에서 다음과 같이 말한다.

"유럽이 몇 차례의 대 위기에 직면했을 때 바티칸은 능동적으로 그리고 적극적으로 파시즘과 협력하여 민주주의에 반대되는 권력 균형을 이루어 왔다. … 그들은 유럽과 라틴 아메리카에서 가장 반동적(反動的)인 세력들과 공동전선을 폈다. 오늘날 전세계에서 가장 파시스트적인 두 국가―스페인과 포르투갈―가 카톨릭 국가이며 그의 독재자들이 교황에 의해 축복되고 교황에게 매우 충성스럽다는 것은 확실히 우연이 아니다! 바티칸의 파시즘과의 유착은 결코 우연도 아니며 부수적인 현상도 아니다. 카톨릭은 그의 신자들로 하여금 검열, 사상통제, 그리고 궁극적으로 독재정치를 받아들이도록 내몰고 있다"(Rev. ed., 1958. p. 291; Beacon Press, Boston).

그리고 전에 로마 카톨릭 신자였던 쿠덴호브-칼러지(Coudenhove-Kalergi) 백작은 다음과 같이 말한다.

"칼빈주의가 기독교의 민주주의를 대변하는 한 날개라면 카톨릭은 파시스트적인 한 형태이다. 카톨릭의 계급제도는 교황이 일생동안 최상의 무오한 명령을 내린다는 지도원리에 완전히 확고하게 의존하고 있다. … 파시스트 정당처럼, 카톨릭의 사제직은 그 계급제도를 통해 비민주적인 소수의 지배를 위한 매개체가 되었다. … 카톨릭 국가들은 민주주의의 주된 수호사들인 개신교 국가들보다 더욱 자발적으로 파시즘적 교리들을 추종한다. 민주주의는 개인의 양심에 강조점을 두지만 파시즘은 권위와 순종에 강조점을 둔다"(『전유럽을 위한 십자군』⟨*Crusade for Pan-Europe*⟩, p. 173).

미국이 로마 카톨릭을 믿었다면 그 결과는 의심할 바 없이 러시아 공산주의에 의해 이 나라와 세계의 여러 곳들처럼 급속도로 정복되었을 것이다. 로마 카톨릭의 나라들이 지적으로, 도덕적으로 또는 군사적으로 보여주는 모습이 기껏해야 나약한 변호에 불과함을 생각할 때 우리는 이 나라를 공산화시키는 가장 확실한 길은 먼저 로마 카톨릭화시키는 것임을 확실히 말할 수 있다. 우리는 로마 카톨릭 국가들이 공산화되는 것을 방지한 강력한 제재자로서 활동하였다. 그러나 이 나라를 누가 지킬 것인가? 이 목적에 이바지할 사람은 아무도 없을 것이며, 우리의 후손들이 전향할 것임은 불보듯

뻔하다.

  사실 철의장막 뒤의 괴뢰정부들이 받았던 많은 대중적인 지지는 바로 그들이 로마 카톨릭 교회로 하여금 정치적인 일에 참여토록 또는 학교들을 통제토록 내버려두지 않았기 때문이었다. 유럽과 라틴 아메리카 내의 몇몇 나라들에서 백성들이 할 수 있는 유일한 선택은 로마 카톨릭 또는 공산주의 뿐이다. 양자택일적인 선택물로서 개신교가 실제로 존재하지 않았다. 그 백성들은 어렸을 때부터 개신교를 증오하도록 가르침받아왔다. (만약 그렇지 않았다면) 그들 중 어느 누구도 그렇게 하려 하지 않았을 것이다. 그리고 많은 사람들이 공산주의자에게 표를 던졌다. 왜냐하면 그들의 정책을 신뢰해서가 아니라, 공산주의만이 로마 카톨릭에 대항하는 유일하게 가능한 도구이기 때문이다.

  한편 개신교가 백성들에게 미친 영향력을 살펴보기 위해 개신교 국가로 관심을 돌려보자. 미국에서는 교회와 국가를 완전히 분리시킴으로 개신교가 가장 크게 발전하였다. 영국과 다른 나라들에서는 개신교가 오랫동안 지배적인 종교였다. 우리가 살펴보고 있는 이들 국가들은 확실히 세계에서 가장 계몽된 그리고 발전한 국가들이다. 대체로 공산주의에 대한 반대는 바로 이 국가들로부터 기인하는데 이 나라들의 국민들은 스스로 생각하고 활동하며 교회와 국가 모든 영역에서 스스로 다스리는 일에 익숙해져 있다.

3. 로마교회의 오랜 세월 동안의 발전

  우리가 이 연구에서 지적하고자 하는 우선 사항들 중 하나는 로마 카톨릭 교회가 항상 현재의 모습과 같지 않았다는 것이다. 오히려 오랜 그리고 느린 발전 과정의 결과 수세기에 걸쳐 새로운 교리, 전례, 관습이 옛 것에 더해지면서 현재의 상태에 이르렀다. 아래의 목록을 그냥 훑어보기만 해도 로마교회의 모습 속에서도 원래 기독교 교리를 거의 찾아볼 수 없음을 분명히 인식하게 될 것이다. 모든 연대들을 정확하게 제시할 수 없었다. 왜냐하면 몇몇 교리들과 전례들은 그것들이 공식적으로 출현하기 전에 이미 상당한 기간 동안 논쟁되었거나 실천되었기 때문이다.

몇몇 로마 카톨릭의 이단적 이론(異端的 理論, Heresy)들과 생산품(生産品)들
(그리고 약 1650년이란 기간 동안, 그들이 수용했던 연대들)

(1) '죽은 자들을 위한 기도', 대략적인 시작 연도, 주후 ·················· 300
(2) '십자성호'(十字聖號)를 만듦 ··· 300
(3) '밀초'(Wax Candles, 꿀벌의 밀로 만듦. 이는 밀초를 주는 벌들
   의 처녀성, 순결성, 희생성이 어머니의 몸을 빌려 세상에 오신 죄
   없으신 그리스도를 상징하기 때문이다 ─ 역자주) ······················· 320
(4) '천사들과 죽은 성인들 숭배' 그리고 '상'(像)들을 사용 ··············· 375
(5) 매일의 축하연으로서 '미사' ··· 394
(6) '마리아를 높이기 시작함', 에베소 공의회에서 처음으로 그녀에게
   '하나님의 어머니'란 용어를 적용 ··· 431
(7) 사제들이 평신도들과 구별되게 옷을 입기 시작 ·························· 500
(8) '종부성사 시의 도유'(塗油, 성목요일에 축성한 올리브 기름으로
   사제는 신체의 부분 중에서 인간을 죄의 길로 이끌어들인 눈, 코,
   입, 귀, 손, 발 등에 발랐으나 죽음의 경우에 한해서는 이마에만
   바르면 충분하다고 함 ─ 역자주) ··· 528
(9) '연옥'(Purgatory) 교리가 그레고리 1세에 의해 제정됨 ················ 593
(10) '라틴어'가 기도와 예배시에 사용되도록 그레고리 1세에 의해
    부과됨 ·· 600
(11) '마리아, 죽은 성인들, 그리고 천사들에게 통공의 기도'(通功, 그
    들에게 자기를 위해 하나님께 기도해 달라고 할 수 있으며, 그들
    의 선행의 공적을 나눠받을 수 있으며, 한 사람의 공로는 서로서
    로 통할 수 있다는 교리 ─ 역자주) ·································· 대략 600
(12) '교황'(Pope) 또는 전세계의 감독이란 명칭이 황제 포카스
    (Phocas)에 의해 보니페이스 3세(Boniface III)에게 부여됨 ········· 607
(13) '교황의 발에 입맞춤'이 교황 콘스탄틴(Constantine)에서 시작 ····· 709
(14) '교황들의 세속적인 권력'이 프랑크왕조의 왕 펩핀(Pepin)에 의
    해 고백됨 ··· 750
(15) '십자가, 상(像)들 그리고 유물들에 대한 경배'가 인가됨 ··············· 786
(16) 한 줌의 소금이 섞인 물이 사제의 축성에 의해 '성수'(성스러움을

방해하는 죄스러운 악마 등을 쫓음으로써 더러운 것을 말끔히 씻는다는 의미를 가지고 있으며, 성당입구에 성수대를 놓고 성수를 담아 놓으며, 신자들이 이 성수를 손끝에 묻혀 성호경을 그음으로서 성당에 들어가는 자신의 몸과 마음이 깨끗해지기를 기도함 — 역자주)가 됨 ·············· 850

(17) '성 요셉을 경배'(성 요셉은 성모의 배필이며 예수의 양부로 특별한 공경의 대상으로 여기며, 1870년 교황 피우스 9세는 그를 성교회의 주보(主保)로 선언하고 그의 신앙적 모범과 덕을 기리고 본받도록 하였다. 목수였던 그를 노동자와 죽은 자의 주보 성인으로 정하였으며 3월을 특별히 성 요셉 성월로 정했으며, 3월 19일은 요셉의 대축일이다 — 역자주) ·············· 890

(18) '추기경단' 설립 ·············· 927

(19) '종(鐘) 축성'(Baptism of bells, 성당의 종은 원천적으로 신적인 봉사에 신자들을 모으기 위해서 사용되고 또한 삼종기도 때 기도를 하도록 알리기 위해서 있는데, 이 종의 축성(祝聖)은 종을 세워놓고 소금이 섞인 물로 안팎을 씻고, 주의하여 수건으로 닦아낸 다음, 시편을 읽고 종이 울릴 때 항상 하나님의 축복이 신자들에게 내려지기를 기도하며 다음 종의 외부 일곱 군데에 병자의 성유를 바르며, 내부에는 크리스마 성유로 네 군데를 바르고서, 성인 중의 한 사람의 이름을 따라 명한 후, 종 밑에서 분향을 하고 그리스도께서 마리아와 마르다를 방문하신 내용의 복음서를 읽음으로 이 예식을 끝맺는다 — 역자주)이 교황 요한 13세에 의해 시행됨 ·············· 965

(20) '죽은 성인들'이 요한 15세에 의해 처음으로 '시성'(諡聖)됨 ·············· 995

(21) '금요일마다 그리고 사순절 동안 금식' ·············· 998

(22) '미사'가 점차 제사로 발전됨, 11세기에 참석이 의무화됨

(23) 사제의 '독신'(Celibacy)이 교황 그레고리 7세(힐데브란드)에 의해 교령됨 ·············· 1079

(24) '묵주 기도'(Rosary), 은자(隱者) 피터(Peter)에 의해 창안된 염주알을 가지고 행해진 기계적인 기도 ·············· 1090

(25) '종교재판'(Inquistion)이 베로나(Verona) 공의회에 의해 설립됨 1184

(26) '면죄부(Indulgences) 판매' ·· 1190
(27) '화체설'(Transubstantiation)이 교황 인노센트 3세에 의해 선
    포됨 ··· 1215
(28) 하나님대신 '사제들에게 죄를 은밀히 고백'하도록 라테란 공의회
    에서 교황 인노센트 3세에 의해 제정됨 ·························· 1215
(29) '제병(祭餠, wafer, 미사 때 제물로 사용되는 밀가루 빵—역자
    주) 숭배'가 교황 호노리우스 3세(Honorius III)에 의해 교령됨 1220
(30) '성경이 평신도들에게 금지됨' 툴루세(Toulouse) 공의회에서 금
    서목록에 오름 ·· 1229
(31) '스카풀라리오'(Scapular, 수사, 신자가 어깨에서 두 개의 끈으
    로 가슴과 등에 달아매는 두 개의 천. 성모 마리아의 축복을 받
    은 것을 뜻함—역자주)가 영국 수도승 시몬 스톡(Simon Stock)
    에 의해 발명됨 ··· 1251
(32) 콘스탄스 공의회에 의해 성찬식 때 '배잔이 신자들에게 금지됨' 1414
(33) '연옥'이 플로렌스 공의회에 의해 교리로 선포됨 ················ 1439
(34) '칠성례' 교리확정 ··· 1439
(35) '성모송'(후반부는 50년 후에 완성되어 16세기 말에 교황 식스투
    스 5세(Sixtus V)에 의해 승인됨) ··································· 1508
(36) '예수회'가 로욜라(Loyola)에 의해 설립됨 ······················· 1534
(37) '유전'(Tradition)이 트렌트 공의회에서 성경과 동등한 권위를
    갖는다고 선포됨 ·· 1545
(38) '외경'이 트렌트 공의회에서 성경에 부착됨 ······················ 1546
(39) '피우스 4세의 신경'이 공적 신경으로 부과됨 ··················· 1560
(40) 동정녀 마리아의 '무염시태'(無染始胎)가 교황 피우스 9세에 의
    해 선포됨 ··· 1854
(41) '80명제의 유론표'(Syllabus of Errors)가 교황 피우스 9세에
    의해 선언되고 바티칸 공의회에 의해 재가됨. 즉 로마교회가 반
    대하는 종교, 양심, 언론, 출판 그리고 과학적 발견의 자유를 저
    주하였고 모든 시민 지배자들에 대한 교황의 세속 권위를 단언함
(42) 신앙과 도덕의 문제들에 있어서 '교황의 무오성'이 바티칸 공의
    회에 의해 선포됨 ··· 1864

⑷3) 공립학교들이 피우스 11세에 의해 '저주받음' ················· 1930
⑷4) '동정녀 마리아의 승천'(Assumption)(그녀의 죽음 이후 곧 바
    로 하늘로 육체가 승천함)이 교황 피우스 12세에 의해 선언됨 ······ 1950
⑷5) 마리아가 '교회의 어머니'로 교황 바울 6세에 의해 선언됨 ············ 1965

이 외에 덧붙일 만한 것들이 많이 있다.

수사 — 수녀 — 수도원 — 수녀원 — 사순절(부활을 준비하기 위한 40일의 기간을 말함 — 역자주) — 성주간(부활주일 전 한 주간으로 예수 수난주일부터 예수 부활주일까지 — 역자주) — 성지주일(聖枝主日, 개신교에서는 종려주일이라 함 — 역자주) — 재의 수요일(사순절이 시작되는 수요일로 욥이 잿더미에 앉아 속죄함 등에 근거 — 역자주) — 모든 성인의 날(1970년 2차 바티칸 공의회 정신에 따라 개정된 로마교회력에서 가장 큰 축일인 대축일 중 10개의 고정 대축일 중의 하나로 11월 1일 — 역자주) — 초축성일(Candlemas day:요셉과 마리아가 아기 예수를 성전에 봉헌한 날을 기념하여 오늘날 교회에서 일 년 동안 사용될 초를 축성한다. 이 날을 '주의 봉헌주일'이라고도 하며, 성탄 후 40일째 되는 2월 2일이다 — 역자주) — 물고기 날 — 사육제(사순절 동안 금육, 단식을 해야 함으로 그 전 3일 내지 일주일 동안 고기도 먹고, 놀고, 마심 — 역자주) — 향(향은 절대자 앞에 바치는 제물과 기도의 상징으로 향연이 그윽한 방안은 하나님이 계시는 천계를 연상케 한다고 함 — 역자주) — 성유(도유시에 사용하는 축성된 기름으로, 크리스마 성유〈올리브에 향유를 섞음: 세례, 견진례, 주교서품시 사용〉, 병자성유〈순수 올리브기름:병자 성사, 종 축성 등에 사용〉, 성세성유〈순수 올리브기름:영세전, 사제 서품, 제단 축성, 제왕 축복 등에 사용〉이 있다 — 역자주) — 성지(聖枝, 종려나무를 뜻하나 보통 성수와 향으로 축성(祝聖)된 나무 가지로 성지주일에 성지행렬시 신자들의 손에 들려진다 — 역자주) — 크리스토퍼 성패(聖牌, 둥근 금속판에 예수, 마리아, 성인 성녀, 교회 등을 새겨넣은 것 — 역자주) — 부적 — 구일 기도(바라는 은혜를 얻기 위해 뜻을 가지고 9일간 계속 기도하는 것으로 만일 9일 중 하루라도 빠지면 다시 시작해야 함, 이는 예수께서 승천하신 후 제자들에게 9일간 예루살렘에 머물라고 하심에서 9일이 유래했다는 설과 로마의 관습에 위대한 분이 서거하면 9일장을 치르었는데 여기서 유래했다는 설이 있다 — 역자주) 등등.

여기에서 여러분은 다음과 같은 사실을 알 수 있을 것이다. 로마교회가 복음의 단순성으로부터 계속해서 점점 멀어져가고 있음이 슬프게도 명백하며, 이 격리는 현재 너무나도 근본적이고 너무 커서 철저하게 반복음주의적인 교회를 만들어가고 있다는 사실이다. 현재 예배되고 있는 로마 카톨릭은 수세기 동안 오류의 산물이다는 것은 의심할 여지없이 확실하다. 인간적인 발명품들이 성경의 진리와 예식을 대치하였다. 불관용과 기만이 1세기 기독교인들의 두드러진 특성인 사랑과 친절과 관용을 대신하였으며, 그래서 현재 로마 카톨릭의 나라들에서는 그리스도를 신실하게 믿지만 교황의 권위를 인정치 않는 개신교도들과 다른 사람들에게 온갖 종류의 제한을 두고 있으며 어떤 경우에는 심지어 예배를 드리는 것마저 금지하고 있다. 오늘날 로마교회의 그러한 특징적인 태도는 트렌트 공의회(1545~1563)에서 거의 확정되었다. 그 공의회에선, 그때 당시와 그 후로 있을지도 모를 공의회에서 결정된 사항들에 감히 의견을 달리하는 자 모두에게 100개 이상의 파문과 저주 조항을 선언하였다.

이 모든 것들이 무엇을 의미하는지 생각해 보라! 위의 교리들과 실천들 각각이 로마체계의 일부분이 되었던 때를 정확한 또는 근접한 연대로 정확하게 지적할 수 있다. 그런데 예수께서 활동하시던 시대가 수세기가 지난 후 그 모든 것들이 로마체계의 일부분이 되었다! 이 모든 교리들과 실천들은 대부분 모든 로마 카톨릭인들을 얽매이게 하고 있다. 왜냐하면 그것들은 무오하다고 가정된 교황과 교회 공의회에 의해 선언되었기 때문이다. 그렇게 선언된 교리나 실천들 중 어떤 것이라도 부인하는 자는 도저히 용서받을 수 없는 죽어 마땅한 죄를 범한 것이다.

다음에 일어날 일은 무엇일까? 마리아에 대한 또다른 선언이 있을 거라는 암시들이 있다. 현재 논의 중에 있는 새로운 두 교리가 있는데 그것은 중보녀로서 마리아와 협력 구원자로서 마리아이다. 로마 카톨릭의 요직에 있는 자들은 이것들이 공적으로 선언될 다음 교리들임을 이미 예시하였다. 현재 로마 카톨릭의 가르침에는 마리아가 그리스도와 함께 중보자로서 제시되고 있다. 그녀가 '모든 은혜의 중보녀'라고 말해지며 평신도들에게 그리스도께 다가가는 길은 그의 어머니를 통하는 것이라고 세뇌하고 있다. '마리아를 통하여 그리스도께로'가 그 구호이다. 그녀를 상징하는 것들의 수가 그리스도를 상징하는 것보다 더 많으며 그리스도보다 마리아에게 더 많은 기도가 드려지고 있다.

또한 마리아의 수난, 특별히 십자가 곁에서의 수난은 그리스도의 수난이 구속적이라는 것과 똑같은 의미로 구속적이라고 말해진다. 만약 이 두 교리가 채택된다면 마리아를 성부, 성자, 성령과 함께 신격의 네 번째 위격에 놓는 것이 오히려 그럴듯하게 보일 것이다. 그리고 이 교리들이 채택된다면 아마도 교황에 의해 공적으로 선포될 것이다. 왜냐하면 그는 이 점에 있어서 이미 1870년에 무오하다고 선언되었으며 그러므로 더 이상 공의회의 권위를 빌릴 필요가 없기 때문이다.

그리고 여전히 로마교회는 결코 그들이 새로운 교리를 만들거나 가르치지 않는다고 자만하고 있다. 그들의 좌우명이 '항상 똑같이'(Semper idem)이다! 위에서 나열한 목록의 어떤 교리도 성경에 의해 지지받지 못한다는 사실이 결론적으로 그들의 종교가 예수께서 가르치셨던 것과 똑같으며 교황들은 바로 그러한 진리의 신실한 관리인들이었다는 사제들의 주장을 논박한다.

사실 위에 나열된 예식들 중 많은 것들은 이교도나 구약 유대교로부터 직접 취해졌다. 어떤 학자들은 로마교회의 예식들 중 75%가 이교에 기원하고 있다고 말한다. 후에 추기경이 된 존 헨리 뉴만(John Henry Newman)은 『기독교의 발전』(*The Development of the Christian Religion*)이란 그의 책에서 "성당 또는 성전(성당의 존칭으로 사용됨 — 역자주), 향, 유등(Oil Lamp), 봉헌제물(미사예물이라고도 하며 제사에서 제물의 성격을 띰 — 역자주), 성수, 축일들과 헌신절기들, 발현(發顯, 성모 발현〈나타남〉은 약 16회 정도 있었으며 이 날들을 축일로 기념하며, 교회가 공식적으로 인정하고 있다 — 역자주), 땅의 축복, 제의(祭衣), (사제들, 수도승들 그리고 수녀들의) 삭발, 상(像)들 등등은 모두 이교에서 기원하였다"(p. 359)고 인정하였다.

로마 카톨릭이 자신들과 다르면 누구를 막론하고 '이교도'란 이름을 제멋대로 덧씌운 것과는 달리 위의 목록들은 실재 이교도는 바로 로마 카톨릭 자신이며 그리고 참된 기독교 정통은 복음주의 기독교라는 것을 알려주고 있다. 성경은 다음과 같이 말한다.

"사람의 계명으로 교훈을 삼아 가르치니 나를 헛되이 경배하는도다 … 너희의 전한 유전으로 하나님의 말씀을 폐하며 또 이같은 일을 많이 행하느니라"(막 7:7, 13).

"마땅히 율법과 증거의 말씀을 좇을지니 그들의 말하는 바가 이 말씀에 맞지 아니하면 그들이 정녕히 아침 빛을 보지 못하고"(사 8:20).

확실히 사도 바울은 하나님 말씀에 덧붙이고자 하는 인간의 성향을 잘 파악하였으며 그래서 그는 초대교회에 이를 경고하고 있다.

"내가 떠난 후에 흉악한 이리가 너희에게 들어와서 그 양떼를 아끼지 아니하며 또한 너희 중에서도 제자들을 끌어 자기를 좇게 하려고 어그러진 말을 하는 사람들이 일어날 줄을 내가 아노니"(행 20:29, 30).

"그러나 우리나 혹 하늘로부터 온 천사라도 우리가 너희에게 전한 복음 외에 다른 복음을 전하면 저주를 받을지어다"(갈 1:8).

4. 개신교와 1세기의 기독교

신약시대 이후로 줄곧 현재 개신교가 제시하고 있는 근본 원리를 받아들였던 사람들이 계속 있어왔다. 즉 그들은 성경을 그들의 신앙과 생활의 권위적인 기준으로서 삼았다. 그들은 개신교라 불리워지지 않았으며 로마 카톨릭교도라 불리지도 않았다. 그들은 단순히 기독교인들이라 불리웠다. 처음 3세기 동안 그들은 자신들의 신앙을 오로지 성경에 굳게 기초하였다. 때때로 그들은 유대인으로부터 때로는 로마제국의 이교도들로부터 박해를 받았다. 그러나 4세기 초에 서로마의 지배자였던 콘스탄틴 황제가 기독교를 선호하기 시작했으며 그가 전제국의 지배자가 된 후로 324년에 기독교를 국가종교로 만들었다. 그 결과 여전히 이교도들이었던 수많은 사람들이 그 구성원에 들어감으로써 얻게 되는 특별한 이익들과 호의들을 얻기 위해 교회로 밀어닥쳤다. 가르칠 수 있는 또는 동화시킬 수 있는 한계를 훨씬 넘어선 수많은 사람들이 몰려왔다. 기독교보다 더욱 정교한 이교도의 제의에 물들어 있었던 그들은 단순한 기독교의 예배에 만족하지 못했으며, 그래서 이교의 믿음들과 예식들을 도입하기 시작했다. 점차 성경에 대한 소홀과 백성들의 무지로 인해 이교의 개념들이 점점 더 도입되었으며 결국 교회는 기독교라기보다는 오히려 이교화되었다. 교회는 많은 이교의 신전들을 인계하여 기독교 교회들로 재봉헌하였다.

이처럼 시간이 지남에 따라 교회 내에 제사를 드리는 화려하게 치장한 제사장직, 정교한 제의들, 상(像)들, 성수, 향, 수도승들과 수녀들, 연옥교리 그리고 일반적인 신앙으로서 구원이 은혜라기보다는 선행으로 이루어진다는 믿음이 나타났다. 로마 내의 교회와 제국 전체의 일반적인 교회들은 사도적인 기독교 교회가 되길 중단하고서 거의 모든 부분에서 기형적인 종교괴물이 되었다.

그런 와중에서도 매우 순수하게 기독교 신앙을 유지했던 몇몇 집단들(수적으로 매우 적었으며, 일반적으로 고립된 장소들에 머물렀고, 후에 주로 이탈리아 북부 산간들에 거주했던)이 남아 있었다. 또한 기독교 신앙에 대해 매우 올바른 개념을 지속적으로 간직했던 개인들(모든 시대에 교회 전역에 널리 퍼져 있었으며 보통 일반적인 교회와는 다소 독립적이었던)이 존재했었다. 절반쯤 이교화된 양상이 중세 동안 계속되었으나, 16세기에 접어들면서 종교개혁으로 알려져 있는 서구에서의 종교부흥은 그러한 교회의 뿌리까지 흔들었다. 그때 당시의 어떤 학자들은 이슬람교가 유럽에까지 확장됨에 따라 동구 수도승들이 그들의 수도원으로부터 강제이주시킴으로써 빛을 보게 된, 성경 사본들을 연구하기 시작했으며, 이들 학자들은 로마교회가 원래의 성경과 얼마나 멀리 떨어져 있는가를 알게 되었다.

먼저 문예부흥이 일어났다. 그것은 일차적으로 학문의 부흥이었다. 그리고 곧바로 종교개혁이 뒤따랐다. 교회 내의 그러한 학자들 몇몇은 '개혁자들'이라 불리웠다. 그들은 사람들에게 성경으로 돌아갈 것을 요구하였고 성경에서 그들은 상들의 사용, 성수, 사제들이 주도하는 미사 그리고 평신도들은 전혀 이해할 수 없었던 라틴어로 드려진 예배의식들이 얼마나 성경과 대조되며 잘못된 것인지를 알게 되었다. 개혁자들은 그러한 교회 진행상의 많은 부분을 차지했던 무지와 미신을 강력하게 공격했으며 사람들에게 하나님 말씀에 기초한 자신들의 고유어로 된 설교를 제공했다. 그러므로 개신교는 새로운 종교가 아니라 초대교회 신앙의 회복이었다. 기독교는 말끔히 청소되었고 중세동안 모아졌던 모든 쓰레기들은 제거되었다.

루터, 쯔빙글리, 칼빈, 낙스의 주도하에서 종교개혁은 말 그대로 '성경으로 되돌아가는' 운동 즉 사도적 기독교로의 귀환이었다. 복음주의적 기독교는 스스로 니케아신경 이전의 교부들과 어거스틴에게로 전해 내려왔으나 중세 동안 크게 모호해졌다. 그러나 종교개혁 때 다시 그 모든 영광을 폭발시켰으며 지금 우리 자신의 시대에까지 지속적으로 성장하며 증가하고 있는 1세기의 역사적인 신앙을 세워나갔다.

첨탑의 회의(The Diet of Spires)에 의해 공표된 법령들에 이의를 제기했던 그러한 개혁자들에 의해 처음으로 붙여졌던 바로 그 '개신교'란 이름은 넓은 의미로 신약의 가르침에 반대되는 거짓교리들과 실천들에 '항거한' 그 개혁자들에 의해 교회들이 인도되었다는 의미를 내포하고 있다. 그들은 신약 기독교의 순수성과 단순성에로의 복귀를 요구하였다. 개신교는 루터나 칼빈으로부터 시작된 것이 아니었다. 그것은 복음으로부터 시작되었다. 즉 그리스도의 삶과 죽음과 부활로부터 시작된 것이었다. 개신교는 신약성경이 가르치는 것, 덜도 더도 아닌 바로 그것을 가르쳤다. 개신교는 루터나 칼빈 또는 후기 저작자들의 작품들을(비록 그 작품들이 교회의 활동에 유용함이 입증되었지만)에 기초하지 않았다. 복음주의적 개신교는 크게 변화될 수 없다. 왜냐하면 그것은 결코 변하지 않는 책으로 1세기에 완결되었고 모든 복음주의적 교회들의 신경들에서 하나님의 말씀으로 선언하고 있는 책에 기초하기 때문이다. 개신교의 교회들의 이름들은 그리 오래되지 않았으며, 교파들은 몇몇 교리들에서 차이를 보이지만, 개신교의 모든 교회들은 신앙의 근본들에 대해 매우 긴밀한 동의를 표하고 있으며 각각은 그리스도와 사도들의 가르침을 순수하게 유지하도록 시도하고 있다. 로마교회가 개신교 교파들 사이에 존재하는 것으로 애써 그리려고 시도하는 불일치와 갈등들은, 대부분이 과장된 것이며, 개신교의 실제 모습을 이해하는 데 로마교회가 크게 실패하고 있다는 사실에서 기인한다는 것이다.

그러면 우리는 어떤 특별한 체계가 참된 기독교를 제시하고 있는지 아닌지를 어떻게 알 수 있는가? 이는 그 체계를 인정된 기준 즉 특별히 무한한 권위를 갖고 있는 성경과 비교해 봄으로써 가능하다. 그 기준에 따라 판단컨대, 복음주의적 개신교는 신약성경이 제시한 그리고 1세기 기독교인들에 의해 실천된 그와 똑같은 진리체계이다. 연옥, 유전의 권위, 사제직, 교황제도, 동정녀 마리아와 성인들의 숭배, 유물 숭배, 비밀참회('비밀'⟨auricula⟩이란 귀엣말의 의미임. 그러므로 비밀고백은 사제의 귀에 들려진 고백을 뜻한다). 고해성사 등등의 모든 첨가물들은 완전히 성경적 근거를 가지고 있지 않으며 따라서 거짓이란 낙인이 찍혀져야 한다.

5. 개신교와 로마 카톨릭 나라들 사이의 비교

유럽과 아메리카의 개신교 나라들이 상대적으로 강하며, 진보적이며, 계몽되어 있으며, 자유로운 반면 로마 카톨릭 국가들은 비교적 정체되어 있거나 침체되어 있으며 개신교 국가들로부터 경제적으로 정치적으로 도움받고 있다는 것은 주지된 사실이다. 중세는 암흑기였다. 왜냐하면 로마교회가 지배적이었고, 전혀 도전받지 않았기 때문이다. 우리가 누리고 있는 그 빛은 처음엔 유럽에서 그 다음엔 미국에서 명백히 드러났으며 우리는 그 빛을 개신교 종교개혁에 빚지고 있다. 제네바에 있는 종교개혁 기념비의 비문 — 어두움 뒤에 빛(Post tenebris lux) — 이 얼마나 적절하게 잘 나타내주고 있는가!

로마교는 종교 자유의 상실과 국가적 진보의 억제를 의미한다는 것이 역사적인 교훈이다. 만약 미국 내에서만 생활하여 아직은 개신교와 로마 카톨릭 국가들간의 차이를 깨닫지 못한 사람이 단순히 여행자를 매료시켜 그 자리에서 꼼짝도 못하게 붙잡는 그러한 장소들을 보기 위해서가 아니라, 서민들의 사이에서 상당한 시간 동안 생활하기 위해 유럽이나 라틴 아메리카의 어떤 로마 카톨릭 국가를 방문한다면 그는 무지, 가난, 미신, 문맹, 종교자유의 억압 그리고 특별히 라틴 아메리카의 중소도시 이상의 모든 도시들에서 실제로 발견되는 합법화된 매춘(이는 모든 지역들에서 매우 일정하게 나타나는 양상이다) 등등의 로마교의 이교적인 야만적인 특징들을 발견하고서 가슴아파할 것이다.

로마 카톨릭이 개신교와 실제로 전혀 경쟁없이 4세기 동안 지배해온 라틴 아메리카에서의 로마체계는 그들의 참된 열매를 맺고도 남을 만큼 충분한 기회를 가졌었다. 그러나 거기에서 그들은 하나의 교회로서도 불행하게 실패하였다. 그 백성의 90%가 로마 카톨릭 교회에서 세례를 받았으나 아마도 10% 이상은 될 것 같지 않은 많아봐야 15% 정도만이 로마 카톨릭의 종교적 행사에 참여하고 있다. 필자는 볼리비아에서 선교활동을 하고 있는 한 선교사로부터 편지 한 장을 받았다. 그는 다음과 같이 쓰고 있었다. "볼리비아에서 로마 카톨릭 교회는 조금도 기독교 교회라 할 수 없으며 백성들을 무지와 가난의 상태에 매어두기 위한 타락한 고안장치에 불과합니다." 그는 전세계의 로마교회가 하나의 통합된 체계를 구성하며 모든 것들이 로마의 교황의 통제하에 있지만 만약 복음주의 교회들의 영향력이 규제되지 않는다면 그들은 아마도 미국에서처럼 왜소하게 될 것이라고 덧붙였다. 비록 그의 그러한 말들이 다소 강경하지만 그는 우리가 우리나라에선 거의 알 수 없는 곳의 상황에 대해 쓰고 있는 것이다.

로마 카톨릭 국가들의 정부들은 매우 불안정하였다. 그 백성들은 반복하여 그들의 정부를 위협하거나 전복하였다. 실제로 그러한 나라들 모두는 수시로 그리고 때로는 오랜 기간 동안 독재자들에 의해 지배되었다. 제2차 세계대전 이후로 프랑스는 드골 장군이 대통령이 되면서 그에게 독재적인 권력을 줌으로써 좀 더 안정된 상황에 이를 때까지, 정부 차원의 새로운 정당 제휴가 이루어지기까지 그 뒤를 이은 불확실과 마비의 기간으로 특징지어지는 정부차원의 위기들이 25년 사이에 32회나 일어났다. 그중 모범적인 로마 카톨릭 국가로서 지적되며 바티칸과의 정교조약에 의해 다스려지는 스페인에는 오로지 한 정당 즉 프랑코(Franco) 장군의 성직권 지지 파시스트당(Clerical-fascist)만이 있으며, 1938년 이래로 프랑코의 독재정권하에 놓여 있다. 포르투갈 또한 독재자 안토니오 살라자르(Antonio Salazar)의 지배하에 있는 성직권 지지 파시스트 국가이다. 이 나라에서는 1910년 군주제의 몰락에 뒤이어 살라자르가 1928년에 재무장관 그리고 1932년에 독재권력을 가진 수상이 되어 그 지위를 그 이후로 계속 간직할 때까지 18년 동안 무려 40회의 정부 교체와 경제적 정치적 혼동이 뒤따랐다(살라자르의 독재는 1968년에 끝났으며 프랑코의 독재는 1975년에 끝났다). 라틴 아메리카의 국가들에서는 국가 정부의 전복과 그 뒤를 이은 독재정권의 지배가 지난 15년 동안 되풀이하여 발생하였다. 아르헨티나, 브라질, 콜롬비아, 베네주엘라, 페루, 쿠바, 칠레에서 그러했으며 니카라과에서 가장 최근에 발생하였다.

로마 카톨릭 나라들의 정부들이 매우 불안정했던 반면에 미국, 영국, 캐나다, 화란, 스칸디나비아 반도의 나라들과 같은 개신교 국가들의 정부들은 오랜 기간 동안 매우 안정했다는 점은 단숨에 이루어질 수 있는 것이 아니다. 그러한 결과는 적어도 부분적으로는 교회와 국가간에 존재하는 관계에 대한 대조적인 교리들 때문이다. 개신교는 국가와 교회가 각자 신적 기원을 가지며 자신의 영역에서 최고이며 서로간에 독립적이라고 주장한다. 로마 카톨릭은 권력은 교회를 통해 국가에 주어지며 교회와 국가는 더 높은 위치를 점하는 교회에 의해 통합되어야 하며 지상에서의 하나님의 대변자로서 교황은 모든 세속적인 지배자들, 모든 왕들, 대통령들, 수상들보다 위에 있으며 로마 카톨릭 교회에 호의적인 정치적 분위기를 유지하는 것이 정부의 책임으로 본다. 예를 들면 공공자금을 다른 모든 종파들에게는 엄격히 금하지만 반면에 로마교회에는 지원하여야 하며 정부는 이단을 처벌할 때 교회의 명령대로 해야 한다고 주장한다. 그러한 교리들은 그 정부들에 대한 백성들의 신뢰를 떨어뜨려 정부의 기초를 위태롭게 하지만 개신교의 교리들은 그 정부들을 강화하며 지지한다.

전역사를 통하여 로마교회는 국가로부터 권력을 탈취하려고 애썼지만 결코 권력을 그 국가에게로 자진하여 양도하지 않았다. 그들은 항상 국가에 세금을 내는 것, 심지어 자신들이 소유하고 있으며 경영하는 순수한 상업적 자산들에 대한 세금까지도 불쾌하게 여겨왔으며, 사제들에게서 수입에 따른 소득세를 요구하는 법률에 대해서도 분개하였다. 로마 카톨릭 교회의 끊임없는 정치 간섭, 심지어 정당을 통하지 않고서도 강력한 권력을 행사할 수 있는 곳에서 로마 카톨릭 정당들(이탈리아, 프랑스, 독일, 화란, 벨기움 등에서처럼 '기독교 민주당' 또는 유사한 명칭으로 알려져 있는)을 후원할 정도의 정치간섭은 많은 원성을 사고 있다. 미국에서 로마교회가 충분히 강해지면 그리고 그렇게 될 때 바로 위의 상황이 로마교회가 가지고 있는 미국에 대한 계획임은 의심할 바 없다. 일반적으로 정당은, 전 투표권자들 중 적어도 4분의 1을 통솔할 수 없다면 설립되지 않는다. 건전한 사고를 갖고 있는 사람이 이러한 사실에 직면하고서도 여전히 이 두 체계들간의 대조점을 알아보지 못할 수 있겠는가?

우리는 오늘날 이 세계에서 이상한 현상이 일어나고 있음을 본다. 로마 카톨릭이 지배적인 나라들의 백성들은 로마교회의 속박을 벗어나려고 투쟁하고 있는 반면, 개신교 나라들은 국가의 정책들, 교육, 의학, 사회 생활, 오락, 언론 그리고 라디오 방송들을 지령하도록 로마교회에게 허용하고 있으며 양팔을 벌리고서 그들을 환영하고 있다. 어떤 개신교 나라들보다 미국에서 이런 경향을 더욱 세밀하게 찾아볼 수 있다. 1928년부터 1960년까지 지난 32년 동안 우리 나라의 거대정당들 중 하나에선 그 총재들이 계속 카톨릭 신자들이었으며, 1960년에는 마침내 카톨릭 신자가 미합중국의 대통령으로 선출되는 데 성공하였다. 비록 헌법이 특정 종파 선호를 불법으로 여기고 있지만 최근에 반복적으로 로마 카톨릭 교회에 바로 물질적인 특혜를 베풀도록 한 예산안이 국회를 통과하였고 이름만 개신교도인 대통령들에 의해

서명되었다. 들리는 말에 의하면 공공자금 이천사백만 달러 이상이 전쟁 손해배상이란 명목으로 2차 세계대전이 끝날 무렵부터 필리핀의 로마 카톨릭 교회에 제공되었으나 그 비용의 십분의 일도 필리핀 내의 개신교, 유대교 그리고 다른 종파들에게는 주어지지 않았다. 1956년 6월에 명목상 미국 공습에 의해 가해진 전쟁 손해배상으로서 이탈리아의 로마근교에 있는 카스텔 간돌포(Castel Gandolfo)란 외곽 도시의 교황 이름의 별장을 재단장하기 위해 소용되는 거의 일백만 달러($964,199)를 바티칸에 제공키로 한 예산안이 비록 국무성은 우리나라가 그 손해배상액에 대해 법적 의무를 갖지는 않는다고 주장하였지만 국회를 통과하여 아이젠하워 대통령에 의해 서명되었다. 로마 카톨릭 교회에 반대표 던지기를 어느 누구도 원하지 않는 선거철마다 국회는 특별히 그러한 압력들에 매우 취약했다. 그러나 이탈리아나 다른 전쟁으로 황폐화된 나라들 내의 개신교 교회들의 복구를 위해선 조금도 지출되지 않았다! 개신교 교회들은 자신들의 정당한 주장을 대변할 만한 활동의 장을 워싱톤 내에 전혀 갖지 않았다.

미국 내의 종교 병원 설립운영을 위한 힐-버튼(Hill-Burton) 예산안하에서(첫 운영계획 10년 동안 할당된 예산액은 일억천이백만 달러였다) 대부분의 개신교 교회들은 교회와 국가의 분리 원칙 준수를 열망하였기 때문에 그것을 마지못해 받아들였으나 로마 카톨릭 교회는 그 자금을 얻기 위해 열심히 좇아다닌 보람으로 그 예산안에 의해 정부가 제공한 돈의 80%를 로마 카톨릭 기구들이 받아갔다. 이러한 지역들에서 특별히 로마 카톨릭 관리들에 의해 다스려진 대도시들에서는 학교, 병원, 빌딩 부지와 같은 공공 자산들이 부정한 거래가에 로마 카톨릭 교회로 넘어갔다. 비슷한 사례들이 영국에서도 발생하였는데 예로 교구 사립학교들은 그들의 전체 비용의 95%를 국고로부터 지원받고 있으나 그럼에도 불구하고 이 로마계급체제는 불만족스러워하고 있으며 국립학교와 완전히 동등한 재정지원을 요구하고 있다. 물론 그것은 로마 카톨릭이 우리나라에서 이룩하고 싶어하는 것에 대한 분명한 예고이다.

로마 카톨릭이 유럽과 라틴 아메리카 뿐 아니라 미국에서도 수많은 신자들을 유지할 수 있었던 비결은 부분적으로 그들의 호소가 인간 본성의 개종에까지 미치고 있지 않기 때문이다. 죄에 대한 로마 카톨릭의 개념은 개신교와 매우 다르다. 로마교회는 그들의 신자들에게 개혁을 요구하지 않는다. 신자들이 로마교회를 인정하고 외적 요건들을 충족시키기만 하면 그들에게 자기들의 즐거움에 따라 무슨 일이든지 할 수 있도록 허락한다. 우리나라에서 로마교회의 구성원이며 오랜 기간 동안에 걸쳐 악한 길을 걸어가 결국 출세한 최근 우리 도시들의 많은 부패한 정치가들과 폭력단들을 보라. 그러한 적절한 실례로 켄사스 시티의 톰 펜더가스트(Tom Pendergast)가 있다. 그는 결국 수많은 공범들과 함께 교도소로 보내졌다. 그가 죽었을 때 그의 장례식을 집전했던 로마 카톨릭 신부는 그를 친구로서 존경하였으며 단지 그가 30년 동안 한 번도 미사에 빠지지 않았다는 사람들의 말 때문에 그의 교회에 대한 충성심을 칭찬하였다. 대중들이 개종하지 않는 한 로마 카톨릭은 계속 대중적인 인기를 얻을 것임을 상상할 수 있다.

그러나 로마 카톨릭의 성장과 성공의 실제 원인은 정부, 학교, 출판, 라디오 방송에 스며든 그들의 공격적인 정책에서 그리고 그들의 느슨한 도덕 법전에서 발견되기보다는 오히려 "개신교도들의 무관심과 그들이 소유한 복음주의적 메시지에의 헌신 결여"에서 발견된다. 자유주의 신학 그리고 해방신학은 많은 교회들의 기력을 빼앗아 그들에게 자신의 신앙을 전파할 조금의 열정도 남겨주지 않았다. 개신교로 하여금 복음주의적 메시지로 그리고 초대교회를 사로잡았던 선교적 열정에로 돌아가게 하자. 개신교도들로 하여금 두 체계를 구별짓는 분명한 교리들에 관해 완전한 공개적인 토론을 벌임으로 로마교회에 도전케 하자. 그러면 로마교회가 원하지 않는 한 가지 것이 바로 대중적인 토론임을 알게 될 것이다. 로마교회는 '권리'라 간주되는 것들을 주장하길 좋아하며 그것들을 많은 질문없이 받아들이는 것을 좋아한다. 그러나 개신교는 진리를 가지고 있으며 그 논쟁을 기꺼이 밀어부칠 때마다 언제든지 이 전쟁에서 이길 수 있다.

이러한 면에 대해 마셀루스 킥(J. Marcellus Kik, 전직 "오늘의 기독교" 〈Christianty Today〉의 공동편집자)은 다음과 같이 쓰고 있다.

"여전히 이 세상에 이교의 그리고 교황주의의 잔재가 남아있는 것은 바로 교회의 잘못 때문이다. 하나님 말씀은 초대교회의 역사 동안에서처럼 우리 세대에서도 강력하다. 복음의 힘은 종교개혁의 때만큼 이 세기에서도 바로 그만큼 강하다. 만약 오늘날 우리 시대의 기독교인들이 처음 몇 세기 동안의 그리고 종교개혁 시대 동안의 기독교인들 만큼 활동적이고 용감하고, 열성적이고, 기도에 열심이며, 신실하다면 이 적들을 완전히 전멸할 수 있을 것이다"(『계 20장』〈Revelation Twenty〉, p. 74).

개신교도들은 단지 반론을 위한 반론을 원하지 않으며, 때로는 그런 토론에 참여하기를 피한다. 그러나 긴장이 고조되어가고 있는 요즈음 어떤 논제들에는 맞부딪쳐야만 한다. 로마교회는 계속 그들의 포교운동을 밀어부치고 있다. 그들은 자신들이 대다수를 이루고 있는 곳에선 자신들을 위한 특권을 취하며 다른 교파들에게는 베풀려고 생각지도 않는 호의들, 특별한 호의들을 그들은 요구하며 정부, 학교, 출판, 라디오 방송, 병원 등에 스며들 방법을 은밀히 찾고 있다. 개신교도들이 대다수일 때 개신교도들은 그러한 일들을 무시하는 경향이 있다. 그러나 주 바티칸 미국 대사 임명, 또는 로마 카톨릭의 미합중국 대통령 공천과 같은 관심을 끄는 논쟁거리가 발생하면 바로 그 때서야 개신교의 반대는 거세진다. 수년 전 트루만 대통령이 주 바티칸 미국 대사로서 인준받기 위해 마크 클라크(Mark Clark) 장군의 이름을 상원에 올렸을 때 강렬한 항의가 있었으며 클라크 장군이 자신의 이름을 철회할 것을 요구했을 때 열띤 논쟁이 즉시 발생하였다. 로마계급체제가 할 수 있었던 모든 것은 방패막이를 구하러 뛰어다니며 바티칸과의 그러한 유대관계를 반대하는 사람들을 '박해자' 또는 '광신자'라고 매도하는 것이었다. 그들은 결정적으로 대중적인 논쟁을 원하지 않는다. 그러나 그러한 사건들의 결과, 보통의 경우 다소 덮개에 가려져있던 논제들이 빛을 받게 되며 그 논제들은 장,단점에 따라 논의될 기회를 제공받는다.

로마 카톨릭이 지배적인 나라들에서 만들어진 사회유형들이 만약 우리나라에서도 또한 로마 카톨릭이 지배적이게 된다면 우리가 예상할 수 있는 것들에 대한 분명한 예고로서의 역할을 담당케 해야 한다. 우리에게 그보다 더 분명한 예고가 필요한가? 로마 카톨릭이 지배적인 그러한 나라들의 상황들을 바로 바라보자. 그런 후 과연 로마 카톨릭화된 미국, 이것이 우리 자신들이 열망한 유산이며 우리가 후손들에게 물려주길 원하는 나라인지 자문해보자. 개신교도들의 무관심과 로마교도들의 공격성 때문에 우리는 이 나라를 위대하게 만들었던 바로 그것들을 잃을 위험에 처해있다.

이 책 전체에서의 성경 인용문들은 대부분 킹 제임스 번역본보다는 오히려 1901년에 간행된 미국 표준 번역본(The American Standard Version)

으로부터 취해졌다. 왜냐하면 후자가 일반적으로 더 정확하다고 인정되고 있기 때문이다. 같은 이유로 로마 카톨릭 공동번역본(The Roman Confraternity Version)으로부터 인용문들이 발췌되었다.

2 장

교 회 론
1. 정의
2. '공교회'
3. 누가 '분파주의자'인가?
4. 교회행정
5. 정치에서의 교회
6. 외부 통제하의 교회
7. 개신교의 통일성과 다양성

교 회 론

1. 정 의

성경은 그리스도께서 그의 교회, 기독교를 세우셨으며, 그 자신이 교회가 근거하는 기반이며 동시에 그의 몸인 교회의 머리임을 가르치셨다. "이 닦아 둔 것 외에 능히 다른 터를 닦아 둘 자가 없으니 이 터는 곧 예수 그리스도라"(고전 3:11). "너희는 사도들과 선지자들의 터 위에 세우심을 입은 자라 그리스도 예수께서 친히 모퉁이돌이 되셨느니라"(엡 2:20). "또 만물을 그 발 아래 복종하게 하시고 그를 만물 위에 교회의 머리로 주셨느니라 교회는 그의 몸이니 만물 안에서 만물을 충만케 하시는 자의 충만이니라"(엡 1:22~23). " … 그리스도께서 교회의 머리됨과 같음이니 … "(엡 5:23).

교회는 참된 기독교인들 모두로 그리고 모든 민족들과 교파들로부터 '다시 태어난' 또는 '거듭난' 자들로(요 3:3) 구성된다. 지역적으로 위치한 '그리스도의 모든 교회'(롬 16:16)는 예배와 선교활동을 위해 함께 모인 기독교인들의 집단이다. 그리고 그것들의 수는 많지만 그것들 모두는 그리스도께 속한 한 교회의 구성원들이다. "우리가 한 몸에 많은 지체를 가졌으나 … 이와 같이 우리 많은 사람이 그리스도 안에서 한몸이 되어 … "(롬 12:4,5). 이것이 참 교회이다.

교회에 대해 좀더 넓은 그리고 관대한 참된 정의는, 한 예로 웨스트민스터 신앙고백에 주어져 있다. 그것은 다음과 같다.

"유형교회도 복음 아래에서 역시 보편적이요 또는 우주적이어서 (전에 율법 아래서처럼 한 민족에게 국한된 것이 아니며) 전세계를 통하여 참 종교를 고백하는 모든 자들과 그들의 자녀로 구성된다. 이 교회는 주 예수 그리스도의 나라이고 하나님의 집과 권속이다. 따라서 이 교회 밖에서는 구원의 통상적인 가능성이 없다"(25장, 2).

그리고 대요리 문답, "유형교회란 무엇이뇨?"(제 62문)란 질문의 답에서 다음과 같이 말한다.

"유형교회란 참 종교를 고백하는 전세계 모든 처소와 모든 세대의 사람들과 그들의 자녀들로 구성된 사회이다."

참 교회의 표식들은 다음과 같다.

(1) 하나님 말씀을 참되게 선포함
(2) 성례를 바르게 집행함
(3) 그리고 제자도를 신실히 수행함

존 칼빈은 참 교회를 구별짓는 표식들로서 '말씀 선포와 성례'를 되풀이하여 주장하였다. 비록 사소한 잘못들과 불법 행위들이 있음에도 불구하고 그 본성상 참된 교회라는 인정을 보류케 할 만한 충분조건이 되지는 않는다. 루이스 벌코프 박사는 적절한 제자도 수행에 대해 다음과 같이 말한다. "이는 교리의 순전성을 유지하며 성례의 거룩성을 지키는 데에 매우 근본적인 것이다. 제자도를 다소 소홀히 여기는 교회들은 곧바로 그들의 모임 내에서 진리의 빛의 상실과 거룩한 그 빛의 남용을 발견하게 된다"(『조직신학』 〈Systematic Theology〉, p. 578).

성경에서 '교회'란 단어는 결코 교파를 의미하지 않는다. 성경은 교파들에 대해선 아무것도 말하고 있지 않다. 지교회가 독립적으로 남아있을 것인가 아니면 여러 지교회들과 협력하여 일할 것인가? 이 둘 중 어느 것을 선택하며 교회의 이름을 무엇으로 정할 것인가 하는 문제들은 성경에 논의되고 있지 않으며 그것들은 완전히 지교회 자신들의 선택에 맡겨져 있다. 그리고 우리는 실제 실천에서 다른 교회들과 전혀 관계를 맺지 않고 독립적으로 존재하는 교회들로부터 재산을 소유하며 목회자를 파송하는 교파적 군주가 지배하는 어떤 계급체제에 종속되어 있는 또 다른 극단의 교회에 이르는 모든 종류의 노선을 걸고 있는 교회의 모습들을 발견한다.

확실히 지교회는 자신들이 개발하여 대가를 지불하고 구입한 건물과 토지를 소유해야 한다. 그러한 소유권은 그들을 향해 가해져온 불합리한 교파적 압력에 대항하는 방패로서 역할한다. 그리고 그들 자신들이 교파에 가입할 것인지 아닐지를 결정할 권리를 가지고 있기 때문에 만약 그들이 그렇게 하기로 선택하였다면 그들은 교파로부터 탈퇴할 권리도 가져야만 한다.

보통 신약성경에서 사용된 '교회'란 말은 '고린도의 하나님의 교회', '예루살렘 교회', '갈라디아의 교회들', '너희 집에 있는 교회'와 같이 지역적 기독교인들의 모임을 의미했다. 그러나 어떤 때에는 "그리스도께서 교회를 사랑하시고 위하여 자신을 주심같이 하라"(엡 5:25)에서 말해지는 것처럼 일반적인 교회를 언급하기도 한다. 또한 '하늘에 기록한 장자들의 총회와 교회'(히 12:23)의 경우에는 모든 세대에 속한 그리스도의 몸 전체를 언급하기도 한다.

우리 주께서 "저희로 다 하나되게 하옵소서"(요 17:21)라고 하나됨을 위하여 기도하셨을 때 그것은 일차적으로 영적 통일성, 즉 마음과 신앙, 사람과 순종, 참 신자들의 하나됨이었으며 이차적으로는 자신과 아버지 사이에 존재한 관계에 의해 그 하나됨을 말씀하고 계신다. "아버지께서 내 안에 내가 아버지 안에 있는 것같이"라는 사실에서 명료하게 드러나 있는 것처럼 예수께서는 자신의 심중에 교회 조직체들의 하나됨을 두셨다. 조직체의 하나됨 이전에 먼저 신앙의 하나됨이 이루어져야 한다. 물론 교회가 신앙과 조직체 모두에서 하나된다면 이상적이라 할 수 있다. 그러나 아직은 그렇게 될 준비가 되어있지 않은 것이 분명하다. 그렇게 되어질 수 있기 전에 하나님의 말씀을 가르치는 데만 해도 되어져야 할 일들이 매우 많이 남아있다. 기독교인들이 교리적으로 더욱 긴밀하게 하나가 되어가면 갈수록 함께 더욱 조화롭게 일할 수 있으며 조직적으로도 더욱 밀접하게 하나되길 원하게 된다. 그러므로 교리적인 하나됨이 항상 일차적인 것이 된다. 왜냐하면 그것은 교회가 설립된 바로 그 목적과 관련되어 있기 때문이다. 비극으로 간주되고 있는 조직체의 분열이 보수주의 교회와 자유주의 교회가 한 조직체로 결합되었을 때 야기되는 결과로서의 교리의 분열이란 실제 비극보다 더 나을 때가 있다.

유일한 참된 교회라고 주장하는 로마 카톨릭의 모든 교파들을 외적인 하나의 기계적인 조직체로 만들려는 심지어 강요하는 시도가 잘못이라는 이유가 바로 여기에 있다. 그리스도께서 간구하셨던 하나됨은 외적인 그리고 유형적인 교회가 아니고 바로 영적인 무형의 교회였다. 그러므로 비록 조직체로서의 하나됨은 없지만 기독교인들 사이에는 진실로 영적인 무형의 교회였다. 그러므로 비록 조직체로서의 하나됨은 없지만 기독교인들 사이에는 진실로 영적인 하나됨이 있을 수 있으며 실제로 존재한다. 교회는 기계가 아니라 그리스도께서 그 머리가 되신 살아있는 유기체이다. 기계적이며 강요되어진 하나됨은 이를 통해 촉진시키고자 계획했던 바로 그 일을 오히려 방해한다. 교황이나 때때로 다른 고위 성직자들이 모든 교회들을 거대 조직체 하나로 통합할 것을 말하였음을 듣는다. 바로 그때 그들이 사용한 그 단어들 그리고 그들의 접근 방법이 그들의 마음 속에 간직되어있는 것은 신자들의 영적 하나됨이 아니라 신자들과 비신자들 모두를 기계적으로 그리고 종교적으로 하나되게 하여, 그들이 생각하는 바로는 일차적으로 그렇게 함으로써 운영상의 효율성을 더욱 증대시킬 수 있다는 점을 의도하고 있음을 분명히 드러내 보인다.

그러므로 결국 적절한 한계들 내에서의 건강한 경쟁의식을 가진 교회들의 다양성은 아마도 기독교가 침체되어 썩어가는 것을 방지하기 위한 하나님의 한 방법일 것이다. 역사는 강제로 통합된 곳은 어디든지 간에 (이탈리아, 스페인, 프랑스, 라틴 아메리카 등), 그 교회가 썩어갔음을 매우 분명하게 보여주고 있다. 종교적 생활을 통합에 국한시키는 것으로는 우리의 문제들을 해결하지 못한다.

2. '공교회'

'카톨릭'(공교회, 公敎會)이란 용어에 대해 말해져야만 할 것들이 있는데 로마 카톨릭은 독단적으로 자신들에게만 독점적으로 사용하려고 애쓰고 있다는 것이다. 『신앙과 삶의 푸른 깃발』(Blue Banner Faith and Life)의 편집자인 보스(J. G. Vos) 박사는 다음과 같이 정의하고 있다.

> "카톨릭 교회(공교회) : 한 교회의 교파나 회중의 모임이나 특정한 지교회로부터 구분된다. 로마 교회는, 그는 계속해서 말하기를 '카톨릭'이라는 용어를 그 자신들에게 잘못 유용(流用)하고 있으니; 곧 그것은 '로마 교회'(그것은 특정교회를 말한다)와 동시에 '카톨릭 교회'(그것은 우주적 의미이다)를 하나의 신체(身體)로 부르는 자기모순이다."

카톨릭 사전은 이를 다음과 같이 정의한다.

"카톨릭: 이 단어는 헬라어에서 파생된 것으로 단순히 보편적이란 의미이다."

피츠버그 신학원의 교회사 교수인 존 저스트너(John H. Gerstner) 박사는 『로마교회가 말하는 복음』(The Gospel According to Rome)이란 그의 소책자에서 다음과 같이 말한다.

"엄격히 말하자면 '로마 카톨릭'이란 말은 용어에 모순이 있다. 카톨릭의 의미는 보편적인데 로마는 특정지역의 의미를 가진다. 로마교도들은 카톨릭 교회(공교회)를 믿지 않으며 그것을 믿는 자들은 개신교도들(Protestants)이다. 개신교도들은 교회가 보편적임을 또는 카톨릭적(공교회적)임을 믿는다. 그러나 로마교회는 그것을 자신들이 속한 교회 너머에서는 발견하지 못한다. 우리의 공식은 "성령이 계시는 곳에 교회가 있다"(Ubi Spiritus ibi ecclesia)이지만 로마교회의 구호는 "교회가 있는 곳에 성령이 계신다"(Ubi ecclesia ibi Spiritus) — 즉 "로마 교회가 있는 곳에 성령이 계신다"인 것이다. "개신교도들이 사도신경에서 '공회(카톨릭)'이란 단어를 암송하는 데 전혀 주저하지 않는 이유는 그것의 사용이 올바른 역사적인 사용이기 때문이다. 우리는 그 개념을 소중히 여기고 있기 때문에 우리는 그 단어를 고집한다. 로마교회만이 그 단어에 대한 독점권을 가지고 있지 않다. 사실 우리가 제안했던 것처럼 그들이 그 단어를 사용할 수 있는 권리를 가지고 있는지 의문이다"(p. 14).

그리스도를 구주로 믿는 모든 사람들은 그들이 어떤 교파에 속해있던 간에 전혀 상관없이 실제로 기독교 카톨릭 교회의 일원이다. 복음주의 개신교도들이 가장 진실된 '카톨릭인들'이다. 왜냐하면 그들은 초대 기독교인들이 했던 것처럼 신약성경에 자신들의 신앙을 기초하고 있기 때문이다. 로마교회는 신약성경에 기초하지 않은 많은 교리들과 관습들을 더해왔다. 그리고 그것들을 받아들인 사람은 받아들인 만큼 로마 카톨릭화 되었으며 같은 이유로 카톨릭(보편적인) 기독교인 되기를 중단한 것이다. '카톨릭'이 '보편적인'이란 의미를 가짐으로 참된 기독교 카톨릭 교회는 모든 참된 신자들, 즉 그리스도의 신비한 또는 영적인 몸에 속한 모든 사람들('교회, 그의 몸'— 엡 1:22, 23)을 포함해야 한다. 그런데 수많은 기독교인들이 로마교회와 전혀 어떠한 접촉도 해본 적이 없으며 또한 하지 않고 있다. 결국 로마교회는 이탈리아의 로마에 본부를 둔 한 지교회에 불과하다. 그리고 교황의 권위를 인정하는 자들만으로 한정된다. 가장 터무니없는 주장들에서도 로마교회는 전 세계인구의 8분의 1만이 인정하고 있을 뿐이며, 기독교 세계라고 공인되는 곳에서조차 그들은 이 세계의 거의 절반 이상과 교제를 스스로 단절해왔을 뿐 아니라 깨뜨려왔다. 그러므로 기독교 신자라고 공언하는 사람들 중에 그들의 권위를 인정하는 사람들보다 그것을 거부하는 사람들이 훨씬 더 많을 것이다. 그리고 지리적으로도 그들이 전세계적이라는 주장은 철저하게 증명되지 못한다. 일명 로마 카톨릭 국가들이란 곳에서조차 이탈리아, 프랑스, 스페인, 라틴 아메리카에서조차 오늘날 로마 카톨릭은 그 인구의 15% 정도를 겨우 효과적으로 통솔할 수 있을 뿐이다. 여하튼 로마교회는 분명히 보편적이지 않으며 단지 수많은 교파들 중의 하나이며 그 수에 있어서도 다양한 개신교와 동구의 정교교회들에 속한 유효한 구성원들보다 적다.

리버풀(영국)의 주교인 라일(J. C. Ryle)은 이를 잘 말해주고 있다.

"많은 '교회들'이 있지만 신약성경에서는 오로지 한 참된 교회만이 인정되고 있다. 이 참된 교회는 주 예수 그리스도를 믿는 자들 모두로 구성된다. 그것은 하나님이 택하신 — 모든 개종한 남녀들 — 모든 참된 기독교인들로 이루어진다. 그것은 바로 모든 구성원들이 성령에 의해 다시 태어난 교회이다. 그들 모두는 하나님께로 향한 회개, 우리의 주 예수 그리스도께로 향한 믿음, 삶과 생활태도에 있어서의 거룩함을 소유하고 있다. 그들 모두는 자신들의 종교를 단 하나의 책 — 성경 — 으로부터 끌어내고 있다."

"인간의 손에서 기원한 어떠한 형식들, 의식들, 성당들, 교회들, 예복들, 기관들 또는 행위들이나 호의들에 의해 존재여부가 결정되지 않는 것이 바로 그 교회이다. 오히려 이러한 모든 것들이 그 교회로부터 취해질 때 그 교회는 종종 그것들을 유지했으며 계속해왔다. 이것이 사도신경과 니케아신경에 있는 보편교회이다. 이것이 진실로 '보편적인' 유일한 교회이다. 그 구성원들은 복음이 받아들여지고 믿어진 세계 모든 곳들에서 발견된다."

전에 로마 카톨릭을 믿었으며 성경진리회(The Scripture Truth Society)의 설립자인 테스타(Stephen L. Testa) 목사는 다음과 같이 말한다.

"주 예수 그리스도께서 그의 교회를 세우셨다(마 16:18). 그리고 그것은 복음주의적 기독교였다. 그는 머리이셨으며 성령은 인도자이셨으며, 성경이 유일한 믿음과 생활의 규칙이 되었다. 그것은 거듭나서 그리스도를 따르는 추종자들과 이 세상에서 그리스도의 구속 사역을 계속하기로 서약한 자들로 구성되어졌다. '카톨릭'이란 말에는 '지상의 모든 사람들을 위한 의도'가 담겨져 있었다. 이교 로마에 의해 박해받았던 순교자들과 성인들이 황금기를 이루었던 약 300년 동안 그 교회는 복음에 신실하였으며 순수하였다. 이른바 콘스탄틴 황제의 회심(주후 310년) 이후에 기독교는 국교로 선언되었고 많은 이교도 무리들이 개종없이 오로지 세례만으로 교회에 들어오는 것이 인정되었다. 그들이 점차 기독교인이란 이름하에서 교회로 유입됨에 따라 자신들의 이교적인 의식들, 예배형태들, 생활모습들을 그대로 가지고 들어왔다. 결국 그러한 모든 것들이 본래의 신앙을 부패시켰으며 교회는 로마화되었고 이교화되었다. 교회를 참된 카톨릭화하는 것은 그리스도의 복음과 사도신경에 부착하는 길뿐이다. 로마교회는 로마 카톨릭적인 의식과 제도들 그리고 너무도 많은 다른 이교적인 교리들과 생활모습들을 더했기 때문에 많은 사람들이 더 이상 로마교회를 기독교 또는 카톨릭이라 생각하지 않는다.

"16세기의 종교개혁은 그러한 이교적인 교리들에 대한 저항, 사무적인 교회로부터의 대규모의 철회 그리고 신약성경의 본래 카톨릭 기독교로의 귀환이었다. 오늘날 로마교회는 하나님 말씀과 반대되는 로마 카톨릭의 제도, 교리들, 생활모습들을 포기함으로써 그리고 모든 기독교 교회들의 재결합을 실현시킬 수 있는 그 근거가 되는 본래의 기초에 단단히 매달림으로써 다시 참된 카톨릭 교회가 될 수 있다. '카톨릭'이란 이름이 로마교회에만 유일하게 적용될 때 그것은 잘못된 명칭이다. 왜냐하면 그것은 성경과 사도신경 외에는 어떠한 다른 첨가물에도 매달려있지 않는 오직 그러한 개신교 교회들에 더욱 적합하기 때문이다. "내가 이 책의 예언의 말씀을 듣는 각인에게 증거하노니 만일 누구든지 이것들 외에 더하면 하나님이 이 책에 기록된 재앙들을 그에게 더하실 터이요 만일 누구든지 이 책의 예언의 말씀에서 제하여 버리면 하나님이 이 책에서 기록된 생명나무와 및 거룩한 성에 참예함을 제하여 버리시리라"(계 22:18~19).

"그리스도의 참된 교회는 보이지 않으며, 모든 유형의 교회들에서 발견되어지는 그리고 그들의 이름이 하늘에 기록되어져 있는 진실로 개종한 사람들로 구성되며, 유형교회들은 그리스도의 나라를 위해 성도들을 훈련시키기 위해 존재한다"(Booklet, *Is Romanism in the Bible?* p. 3).

3. 누가 '분파주의자'인가?

　로마교회의 또 다른 하나의 나쁜 특성(trait)은 모든 다른 종파들을 '분파주의자들' 그리고 '분리주의자들'이라고 낙인찍으려는 시도이다. 먼저 정확히 '분파주의자'가 무엇인지 명확하게 마음 속에 새기자. 사전적인 정의들은 분파주의자를 정의하는 데 있어서 구분적인, 분리적인, 이단적인 요소들을 강조하는 경향이 있다. 따라서 우리는 분파주의자를 하나님의 전적인 백성들만 그 안에 두며 다른 모든 사람들을 들어오지 못하도록 막는 일꾼의 사람들로서 정의할 수 있다. 이러한 배타성에 의하면 분파주의자는 스스로 자신들을 단절시키고 대다수의 기독교인들의 생활로부터 자신들을 고립시킨다. 이에 근거하면 자신들만이 '유일한 참된 교회'라는 편협된 공격적인 주장을 하며 기꺼이 다른 종파들을 이교들이라 낙인찍으며 자신들의 주장과 다른 것들을 감히 말하는 모든 사람들에게 이미 저주와 파문을 선고하였으며 성경에서 전혀 발견되지 않는 말 그대로 수많은 이단적 요소들과 생활모습들을 가지고 있는 바로 그 로마교회가 모든 분파주의자들 중 가장 크고 두드러진 것임을 자동적으로 스스로를 낙인찍고 있다.

　이러한 분파주의적 요소는 예로 1864년에 교황 피우스 9세에 의해 공포되었으며 여전히 로마교회가 자신들의 뜻을 강요할 수 있는 곳에서는 강력하게 강요하고 있는 "80항목의 유론표"(Syllabus of Errors)와 같은 진술들에서 나타난다. 미국 내의 로마계급체제는 이 유론표를 선전하지 않고 있지만 수년 동안 그 분명한 교리들 중 많은 것들은 의도적으로 숨김으로 미국 대중들에게 호의를 사고자 한 미묘한 운동을 주도해왔다. 그러나 여기에 명쾌한 언어로 숨겨져있는 그 주장들을 나타내고자 한다. 확정적인 형태를 띠고 있는 가장 분명한 항들 중 몇몇은 다음과 같다.

　15항 "어느 누구도 이성의 빛에 의해 인도받지 않고서는 자기가 믿는 그 종교를 참되다고 받아들이고 고백할 자유가 없다."
　17항 "그리스도의 이 참된 유일한 교회 밖에는 어떤 영원한 구원도 없으며 그것은 희망되어질 수조차 없다."
　18항 "개신교는 카톨릭 교회와 동등하게 하나님을 기쁘게 해드릴 수 있는 또 하나의 다른 분리된 하나의 참된 기독교 종교가 아니다."

21항 "로마교회는 로마 카톨릭 교회만이 유일한 참된 종교임을 교리적으로 정할 권한을 갖는다."
24항 "교회는 세력을 고용할 권한 그리고 직, 간접적으로 세속적인 권력을 (행사할) 권한을 갖는다."
37항 "어떠한 민족교회도 로마교회의 권위로부터 분리된 채 별개의 위상으로 설립될 수 없다."
42항 "힘들 사이에(국가와 교회 사이에) 합법적인 상충이 있을 때, 교회법이 우선한다."
45항 "기독교 젊은이들이 양육되는 공립학교들의 지침은 세속적인 당국자들에게만 떠맡겨질 수 없으며 떠맡겨져서도 안된다."
48항 "카톨릭 신자들은 카톨릭 신앙과 다른 그리고 교회의 권위에서 이탈된 어린이 교육체계를 찬성할 수 없다."
54항 "왕들과 군주들(물론 대통령, 수상 등을 포함한)도 로마교회의 사법권에서 면제될 수 없을 뿐 아니라 사법권에 대해 소송된 의문들에서도 로마교회에 종속된다."
55항 "교회는 국가와, 국가는 교회와 하나가 되어야 한다."
57항 "철학적 원리들, 도덕과학 그리고 시민법들은 하나님과 교회의 권위에 굴복되어야 하며 굴복되어져야만 한다."
63항 "백성들은 정통(正統)의 군주들에 순종을 거부하지 못하며 더군다나 그들에 대항하여 반란을 일으키지 못한다."
67항 "결혼관계는 자연법에 의해 영속적인 것이며, 이른바 이혼은 어떤 경우에서도 세속정부에 의해 선언될 수 없다."
73항 "기독교인들 사이의 결혼은 세속적인 약정에 의해 설립될 수 없으며 기독교인들 사이의 결혼 약정은 항상 성례이어야 하며 만약 그 성례가 존재하지 않으면 그 약정은 무효하다."
77항 "카톨릭이 다른 모든 예배형태들을 배제하고 유일한 국가종교로서 유지되어야 할 필요가 오늘날에도 있다."
78항 "그곳에서 거주하기 위해 온 사람들에게 자신의 종교를 자유롭게 예배할 수 있다고 멍청하게 법률로 정해놓은 그런 몇몇 나라들에서부터 카톨릭이 전파되도록 하라."
80항 "로마 교황은 진보, 자유주의, 현대문명과 화해하거나 그것들에 동의할 수 없으며 해서도 안된다."

이 명제들은 바로 6년 후에 교황무오설 교리를 설립했던 그 교황에게서 기인되었다! 여기서 로마교회는 종교의 자유, 언론의 자유, 출판의 자유, 국가와 교회의 분리 등을 저주하였으며 국가에 대한 교회의 그리고 세속지배자들에 대한 교황의 권위, 모든 교육을 통제할 교회의 권리, 다른 신앙들을 억압할 교회의 권리를 확언하였고 국립교육 체계와 우리 미국의 생활방식의 필수적인 부분들을 이루고 있는 다른 많은 것들을 저주하였다. 이러한 "80명제의 유론표"는 이전 시대에 속한 것으로 그것을 심각하게 취급할 필요가 없다고 어느 누구도 말하지 못하리라. 오늘날에도 그것은 이 세상 모든 로마 카톨릭 사제들의 임명시 맹세의 한 부분을 이루고 있다. 모든 사제들은 이 80개 명제를 믿으며 변호할 것임을 성경에 손을 얹고 맹세한다. 그것의 어떤 부분도 결코 부정되어 본 적이 없다. 그러므로 그것은 로마 카톨릭의 교리에 공식적으로 포함된다. 로마교회가 이 유론표에 속박시키는 한, "어떻게 로마 카톨릭 교회의 구성원이면서 한꺼번에 동시에 미국시민이 될 수 있겠는가?"

이 유론표에서 로마교회는 다른 교회들과의 관계성들에 대해 심한 분파주의적 기질을 보여준다. 모든 지역 사회에서 로마 카톨릭 사제들은 목회자협회에 동참하거나 또는 다른 종교적 관행을 가지고 있는 다른 교파 출신의 목회자들과 협력하기를 거절하며 비종교적인 사회사업에서조차 협력을 수시로 거절한다(2차 바티칸 공의회 이후, 사제들은 다른 종파 목회자들과 협력하도록 그리고 어떤 사회사업들에는 참여할 수 있도록 더 많은 자유를 가지게 되었다).

다른 한편 대부분의 개신교 교회들은 분파주의와는 매우 거리가 멀다. 그들 대부분은 구원에 대한 소망을 그리스도에 대한 믿음에 두고 있는 선한 기독교인의 삶을 살고 있는 동료들을 누구든지 참된 기독교인으로 인정하는 관대하며 포용력있는 태도를 취한다—이런 경우에 우리가 살펴보았던 것처럼 그들을 '카톨릭' 즉 이 용어의 최상의 의미로 초교파적이라 부를 수 있다.

로마 카톨릭을 포함하여 모든 교파 내에 훌륭한 기독교인들이 있다는 것은 관대한 추측일 뿐이다. 왜냐하면 오로지 자신들의 울타리 내에 있는 자들만이 참된 기독교인들의 몸을 구성한다고 주장하는 교회의 분파는 무례하기

짝이 없으며 성경에 분명히 명령되어있는 사랑과 자선의 원리들에 모순되기 때문이다.

또한 로마교의 속좁음과 분파주의는 "교회란 단어를 자신에게만 사용하려는 시도, 즉 그것을 로마 카톨릭과 동의어로 여겨 다른 종파들은 모두 그 교회에 속하지 않는 자들로 다루며 개신교를 '비카톨릭'이라 언급하는 방식에서도 드러나 보인다. 개신교도들 또한 그들을 보면 교회 내에 두지 않으려는 의도를 내포한 로마교회의 용어 사용상의 개신교에 대한 반대의사 표명을 너무 안일하게 용인하고 있다. '교회'와 '카톨릭'이란 용어의 정확한 의미가 지적되어져야 하며, 로마교회는 새로운 제도를 받아들인 이교의 교회이며 비성경적 교리들을 더함으로써 복음의 단순성과 사도적 실천으로부터 멀리 떨어져있음을 보여주는 교리적 역사적 증거들이 제시되어야 한다. 로마교회의 현재 신경들 중 절반 이상이 초대교회에는 전혀 알려져있지 않았던 것이었음을 입증해 보일 수 있다. 따라서 로마교회는 '교회'와 '카톨릭'이란 용어를 자신들에게 부착시킬 만한 도덕적, 논리적 권리를 전혀 갖고있지 못했다.

로마교회는 그들 교리의 많은 부분들 그리고 그들의 실천모습들 중 많은 것들이 비성경적이며 반성경적이라는 것을 알고있었기 때문에 바로 그 이유로 자기를 변호하려고 이 용어들을 자신들에게 전유시키려고 시도한 것이 아닌가 하고 생각한다. 오히려 이 로마교회에 더욱 적절한 이름은 우리가 자주 사용한 것으로서 로마인의 교회 또는 로마교회이다. 이 용어들이 정확하며 더군다나 이것들은 로마 카톨릭을 대변하는 사람들에 의해 쓰여진 그들 자신의 문서 내에서 자주 등장하는 용어이다. 그러므로 개신교도들은 이 용어들로 로마교회를 명할 때야 비로소 그들을 공정하게 대하고 있다고 하겠다.

나아가 로마교회의 공식 명칭 '거룩한 로마 카톨릭 그리고 사도적 교회'에서 보면 그들은 '사도적'이란 단어를 전유하려고 한다. 그러나 다시 말하자면 그들은 자신들을 사도적이라 부를 권리를 가지고 있지 않다. 왜냐하면 사도적인 교회를 전혀 닮지 않았으며 그들의 현재 교리들과 실천들의 절반 이상은 그 사도적인 교회에 전혀 알려진 바 없기 때문이다. 그들은 '거룩한'이란 단어들을 자신들에게 적용하고 있다. 그러나 사실 로마교회는 전역사를 통해 그리고 공적인 자격으로 종교란 이름하에서 저질러진 가장 흉악한 범죄들, 예를 들면 살인, 도둑질, 모든 종류의 박해, 뇌물, 사기, 기만 그리고 실제로 인간들에게서 일어날 수 있는 모든 다른 범죄들을 자행해왔다. 그러한 범죄들은 단지 평신도들 뿐 아니라 앞으로의 교회사 연구가 보여주겠지만 죄인임을 부정하는 교황들, 추기경들, 주교들, 사제들에 의해서도 저질러졌다. 그러한 범죄들은 로마교회가 개신교를 억압하려고 시도하는 곳에선 여전히 자행되고 있다. 예로, 콜롬비아에서는 자유선거에 의한 정부가 전복되고 로마 카톨릭 교회의 지원과 바티칸과의 정교조약을 등에 업고 권력을 잡게 된 새로운 정부가 들어선 1948년 이후로 116명의 개신교 기독교인들이 그들의 신앙 때문에 살해되었고, 66개소의 개신교 교회 또는 채플이 방화와 폭탄에 의해 파괴되었고 200개소 이상의 개신교 학교들이 폐쇄되었으며, 개신교의 모든 사업들이 '선교지역'이라 명명된 콜롬비아 전체의 거의 3분의 2 이상된 곳에선 금지되었다(1959년 6월 26일에 발행된 콜롬비아 복음주의 연합회의 보고서 제 50호를 보라).

로마 카톨릭 저자들이 자신들은 참 교회이며 사도시대와 똑같은 정통성을 지녔으며 순교적인 그리고 선교하는 교회라고 생각하는 것은 확연히 거짓이다. 교황들이 성 베드로로부터 시작된 직접적인 연속선상에 있다는 주장도—그러한 주장은 사실 증명이 불가능하지만 설사 증명할 수 있다 하더라도—사도들의 삶에 대한 모방과 그들의 교리들과의 일치없이는 전혀 무의미하다. 예레미야는 "이것이 여호와의 전이라 … 여호와의 전이라 … "(렘 7:4)라 외쳤던 그 당시 유대인들의 어리석은 신앙을 비난하면서 오히려 그들에게 공의롭고 거룩한 삶을 살아서 하나님께 자신들의 헌신을 입증할 것을 요구하였다. 가야바는 아론의 계열에 속했고 많은 경건한 제사장들의 후계자였지만 그것이 예수를 십자가에 매달려 죽게 한 그와 유대인들을 참 교회로 만들어주지 못했다. 존 칼빈은 그 당시의 로마교회를 그리스도의 배우자라기보다는 오히려 썩은내 나는 창녀라고 불렀다. 왜냐하면 로마 사제들은 낮은 도덕수준을 유지했으며 이를 용인하고 있었기 때문이다. 그리스도의 참된 교회라고 전제하는 그들의 모습은 바로 그들의 행위에 의해 거짓임이 드러난다. 그들의 삶의 방식이 그렇게도 그리스도의 말씀과 모순되는데 어떻게 그들이 그리스도의 나라가 될 수 있겠는가?

4. 교회행정

개신교 신자로서 우리는 민주주의를 믿으며 정부행정에서 뿐만 아니라 교회행정에서도 민주주의를 실천하고 있다. 우리는 동등한 투표권을 가진 목회자들과 평신도들이 지교회 문제를 다루는 지역적인 조직체를 가지고 있으며, 좀더 크게는 노회들 그리고 일반적으로 총회들로 그것들은 각 교회들의 대표들로 선출된 목사들과 장로들이 보통 동등한 수로 구성된다. 신약성경과 첫 4, 5세기 동안의 교회사 모두는 기독교가 근본적으로 민주주의적 성향을 띠었음을 매우 명확하게 보여주고 있다. 그러한 성향은 교회의 영적 삶이 자유롭게 저절로 표현되는 곳에서 분명히 드러났다.

신약성경상의 교회는 신약성경의 명령을 준수하는 신자들에게 세례를 주었으며 대 선교명령 수행에 적극적으로 참여했던 조직화된 무리들이었다. 오로지 그리스도만이 그 조직의 머리셨다. 신자들은 그와 관련되어 있었으므로 서로서로는 그 몸의 지체로서 관계를 맺었다. 각 지교회는 자치적인 모체를 구성했던 것 같다. 예루살렘 교회가 성장하면서 더 많은 조직체를 필요로 하게 됨에 따라 그들은 계급적인 임명에 의해서가 아니라 다른 교회의 간섭없이 민주적인 방식으로 설립되었다. 성경은 다음과 같이 말하고 있다. "열두 사도가 모든 제자를 불러 이르되 … 형제들아 너희 가운데서 … 칭찬 듣는 사람 일곱을 택하라"(행 6:2~3). 베드로나 다른 사도 또는 사도들의 무리에 의한 명령은 없었다. 오히려 그것은 '모든 제자들', 즉 바로 그 교회의 구성원들이 결정한 것이었다. 비슷한 방법으로 안디옥 교회도 다른 외부 조직의 허가나 충고를 받지 않고서 바로 자신들의 구성원들의 결정에 의해 선교사들(이 경우에는 바울과 바나바)을 파송하였다(행 13:1~4).

그러나 신약성경상의 교회들이 자율적이었으나, 한편으로는 서로를 묶어 주었던 어떤 끈들—교리적 순수성 유지를 위해 예루살렘회의에 모여들게 한 끈(행 15:1~29), 자매교회가 위기에 처했을 때 성도들의 물질적 도움을 베풀게 한 끈(행 11:27~30; 고후 9:1~5), 예배시의 교제의 끈(행 2:46~47; 20:6~7; 히 10:25)과 같은 끈들—이 있었다. 신약성경에 제시되어 있는 교회 그 자체를 연구해보면 교회는 그 존립을 위해 하나님 말씀에 절대적으로 의존했음을 알 수 있다. 그러므로 교회는 교리문제에 관한 한 성경의 권위에 전적으로 복종하였다.

중요한 사실은 우리에게 초대교회의 조직체에 대해 또는 다양한 지교회 사이의 관계들에 대해 조금밖에 전해지지 않았다는 것이다. 왜냐하면 새로운 신자들의 모임은 개별적인 방식으로 시작했으며 지교회 내의 또는 지교회들 간에 발생된 문제들은 각 지교회의 주변상황에 따라 달랐음이 확실하기 때문이다. 모든 교회들에서 장로들이 피택되었으며 그들은 가르침, 설교 그리고 다른 지교회들과의 관계들을 포함한 교회 행정들을 지켜봄으로써 자신들의 각 교회들에 대한 전반적인 감독을 시행하였다. 우리는 초대교회가 감독파도 아니며 장로파도 아니며 회중파도 아니며 오히려 이 세 형태들의 조합이었으나 그 후 지교회들은 지금처럼 상당히 다른 각각의 정치방식으로 갈리워져왔을 것이라고 믿고 싶다. 어찌되었든 간에 계급적인 행정형태를 가지고 있는 로마교회는 신약성경의 교회가 아님이 분명하다. 왜냐하면 제사를 집행하는 제사장직을 갖는 로마 카톨릭의 계급조직은 약 5세기 동안 발전되지 않았기 때문이다.

모든 기독교인들에 대한 최고의 권위를 주장케 하는 로마교회의 계급체제라는 사생아논리는 성경 어디에서도 그 근거를 찾아볼 수 없다. 사실 평신도가 교리들, 법률들, 정책들의 형성시에 투표권과 발언권을 전혀 갖지 못하는 전체주의적 교회란 개념, 즉 평신도는 믿어야 할 것 그리고 해야 할 것을 듣기만 할 뿐 신앙과 실천사항들을 논의하고 계획하기 위해 결코 평신도들을 초대하지 않는다는 교회의 개념은 신약성경에 제시되어 있는 것과 정반대이다.

성경으로 주어진 하나님 말씀이 백성들에게 언어화되었으며 하나님의 말씀은 너무도 명료하므로 기독교인 각자는 스스로 읽고 생각할 책임을 지니고 있다는 것이 바로 개신교의 근본 교의이다. 기독교인은 영적인 일들에 대해 사적으로 판단할 권리를 가지고 있다. 그는 지교회 또는 목회자에게 자신의 양심을 굴복시켜서는 안되며 그의 존재와 행위에 대해 하나님께 설명드릴 수 있는 그러한 방식으로 생각하고 말하고 예배하고 행동해야 한다. 이는 그가 수세기에 걸쳐 축적되어온 풍요로운 신학적 지식의 유산 또는 교회의 가르침을 묵살해야 한다는 것을 의미하는 것은 아니다. 오히려 적절한 한계 내에서 축적된 지혜를 가지고 교회의 교제를 추구하며 다른 기독교인들과의 협력을 통한 상호 사랑과 도움을 주는 그러한 분위기에서 자신의 영적 삶을 심화시켜야 한다.

전형적인 로마 카톨릭 국가들에서 로마교회의 핵심은 주교들과 사제들로 구성된다. 평신도들은 여기서 제외되며 그들에게선 재정적인 지원이나 기대될 뿐 그들은 어둠 속에서 권력에 굶주린 계급체제의 야비한 노예상태로 유지된다. 평신도들은 자신들의 교회생활에 대해 매우 수동적이다. 그들은 자신들의 사제 선택에 대해 아무런 말도 하지 못하며 교회의 소유물질의 관리에 대해서도 거의 말하지 못한다. 또한 성경연구 강조도 설사 그런 경우가 정말 있다 하더라도 전혀 하지 않는다. 대신에 도덕적 기준들이 로마교회에 의해 완고하게 세워졌다. 개인적으로 신자들은 자신의 양심과 지성을 이 외적 권위에 복종시켜야 하며 그 권위는 각 개인들에게 옳은 것과 틀린 것을 말한다. 어릴 때부터 평신도들은 도덕적, 사회적, 정치적 삶 전 영역을 포괄하는 사제의 지배권을 받아들이도록 훈련되었다. 그들은 심지어 개인적인 그리고 가족 내의 문제들까지 해야 할 것과 그 방법을 가르침 받는다. 더 말할 것도 없이 만약 로마 카톨릭 신자들이 종교와 행위의 자유가 개신교 개념들과 어느 정도 접촉하게 된다면 그들 모두는 이같은 명령들에 순종하지 않을 것이다. 그러나 노예의 자세가 그 계급체계가 그 신자들에게서 지속되길 간구하는 이상이다. 심지어 미국과 같은 개신교 국가에서도 로마 카톨릭 신자들은 그들이 개신교에 크게 빚지고 있음을 전혀 깨닫지 못하고 있다. 대신 그들은 그들의 교회가 개신교와 싸움을 벌이는 데 지원하고 있다.

5. 정치에서의 교회

개신교적 이상은 교회 지도자들과 교회 모임들 모두가 세속적인 관직과 구별되며 교회는 시민생활의 또는 정치적인 사건들은 무엇이든지 간에 재판권을 행사하지 않는 것이다. 그러나 모든 교회 구성원들에게 기독교인으로서 국가 내에서의 봉사와 시민자격을 통해 담당해야 할 의무들을 가르치는 것이 바로 교회의 의무이다. 국가에 대한 교회의 봉사는 바로 여기에 초점을 맞추어야 하며 바로 여기에서 멈추어야 한다. 교회가 국가와 경쟁하는 정치세력이 되길 구해서도 안되며 국가 안의 국가가 되어서도 안된다. 교회는 어떤 권리들이나 또는 사람들의 세속적인 이익들을 확보하기 위한 압력단체로서 이용되도록 방치해서는 안되며 또한 개혁적인 조치들이 기독교 관점에서는 요구되고 갈망된다고 할지라도 그 조치들을 위해 국가에 압력을 넣어서도 안된다. 개인적으로 기독교인들은 요구되는 개혁들을 위해 참으로 일해야 한다. 그러나 교회가 동조세력으로 그렇게 해서는 안된다. 교회의 입장에서 그러한 행위는 거의 항상 복음선포란 일차적인 사명과 사람들의 영적 필요를 충족시켜줘야 할 책임을 빗나가게 할 것이며 교회의 참된 실재에 관해 잘못된 개념을 국민들에게 심어줄 수 있다. 결국 교회는 지교회, 학교 그리고 다른 기구들을 지원할 공공기금을 위해서라도 국가에 압력을 가해서는 안된다.

웨스트민스터 신앙고백은 다음과 같은 말로 교회의 역할을 제시하고 있다.

"대회들과 협의회들은 교회적 사건 이외에는 어떠한 일도 다루거나 결정해서는 안된다. 다만 비상한 경우에 겸허한 청원의 방식과 국가가 요청하는 경우에 양심의 만족을 위하여 충고하는 방식 이외에 세속적 사건에 간섭하는 것이 아니다"(제 31장, 4).

개신교는 이미 대부분의 개신교 국가들에서 누리고 있는 그리고 개신교의 영향에 의해 그 로마 카톨릭 교회가 한 개신교 국가들에서 똑같이 누리게 된 그러한 자유와 독립을 제외하곤 국가에 아무것도 요구하지 못한다. 이와는 거의 대조적으로 로마 카톨릭 교회는 교회와 국가 모두에게 통제적인 영향력을 행사하려 한다. 이를 로마 교회주의의 비판가인 아브로 맨하탄(Avro Manhattan)이 『세계 정치 내에서의 바티칸』(*The Vatican in World Politics*)에서 잘 표현하고 있다.

"이중적 활동(종교적인 그리고 정치적인)을 더 잘 수행하기 위해 카톨릭 교회는 두 얼굴을 가지고 있다. 첫째는 종교기구인 카톨릭 교회 그 자체이며 둘째는 정치적인 세력으로서 바티칸이다. 비록 그들은 편리할 때마다 종교와 정치에 영향을 미치는 문제들을 따로 구별해 다루지만 그 둘의 실체는 하나이다. 둘의 머리에는 교황이 서있으며 그는 순수한 영적 세력으로서 카톨릭 교회의 최고의 종교적 지도자일 뿐 아니라 전세계의 외교, 정치의 중심지이며 독립주권국가의 기능을 갖고있는 바티칸의 최고 우두머리이다"(p. 19; Gaer Associates, New York; 1949).

로마 카톨릭 교회는 교회이며 동시에 정치체제이다. 그러한 모습을 통해 카톨릭 교회는 인간의 전 활동영역에 영향을 미치려 하며 오로지 편의에 따라 종교기구로서 활동할 것인지 아니면 정치기구로서 활동할 것인지를 결정한다. 이 활동들은 달성하고자 하는 목적에 따라 그리고 로마교회가 다루어야 할 사람들의 형태에 따라 따로따로 또는 동시에 수행되어진다. 가장 낮은 단계에서는 그 지역 성당을 통해 로마교회는 종교조직체로서 자신을 드러내며 돈과 지원 그리고 대중적인 신뢰호소가 기본적인 활동이다. 그러나 좀더 높은 단계에서는 그 영향력이 로마의 계급체제를 통해 수행되며 점차 로마교회는 정치적 조직체가 되어가며 결국 거의 모든 관심을 정치적인 사건들에 쏟으며 국가들간의 문제들을 통솔할 영향력을 수행코자 하는 바티칸에까지 이른다. 로마교회는 워싱톤에서 미국무성 장관의 기능과 매우 똑같은 방식으로 그 역할을 수행하며 또한 다른 나라를 방문하는 교황청 국무성 장관을 두고 있다. 로마교회는 다른 나라들에 대사와 사절을 보내며 다른 나라들로부터 대사와 사절을 받는다. 물론 이 모든 정치적 활동에 대한 성경적 근거는 전혀 없으며 사실상 이는 교회의 본성과 목적에 관한 신약성경의 가르침에 반대된다.

국가와 교회분리를 위한 개신교와 타미국인들의 연합회(Protestants and Other Americans United for Separation of Church and State) 부회장인 로웰(C. Stanley Lowell)은 최근에 이렇게 말하였다.

"바티칸은 한 순간에 더욱 이로울 것 같다고 생각되는 바에 따라 교회로서 또는 국가로서 번갈아가며 그 입장을 취하는 국가 — 교회의 혼혈아임이 사실이다. 바티칸은 국가로서의 모든 특권을 요구하지만 그러나 교회라는 핑계로 국가로서의 모든 책임은 거절한다"("오늘의 기독교", 1960. 2. 1.).

이러한 활동을 묘사하기 위해 '정치적 교권'(clericalism)이란 단어가 만들어졌다. 이 단어는 국가 문제에 작용하는 고위 성직자의 조직적인 정치권력을 의미한다. 이러한 로마계급 체제의 세속사에 대한 집착은 몇몇 사람들에게 로마교회는 교회가 전혀 아니며 오히려 근본적으로 한 정부이며 종교라는 외투를 뒤집어 씀으로써 경외감을 불러일으키려하는 정치적—상업적인 체계라고 공언할 수 있게 하는 좋은 근거가 된다. 사실 로마 카톨릭 교회는 한 국가 정부로서의 책임을 받아들이지 않으면서도 한 국가임을 고백하고 있다. 그리고 동시에 신약성경이 교회에게 설정해둔 한계들을 받아들이지 않으면서도 교회임을 고백한다.

이러한 이중적인 기능은 로마교회가 국가의 방식을 따른 지배자들을 필요로 하는 기구라는 개념을 양산하였다. 그래서 사제들, 주교들의 손에 그리고 특별히 이 거대한 세계적인 체계의 조정자인 교황의 손에 권력을 집중할 것을 그리고 맹신적으로 순종할 것을 모든 나라의 평신도들로부터 성직권 지지 파시스트 국가의 외부 권력가들에게까지 요구한다.

교황의 통제가 의미하는 바가 어떤 것인지를 보여주는 특별한 예는 1958년 4월 이탈리아의 선거를 바로 목전에 두고서 이탈리아 내 모든 로마 카톨릭 신자들에게 내려진 교황의 명령에서 찾아볼 수 있다. 교황은 로마 카톨릭 교회가 지지하지 않는 정당이나 후보자들에게 지지표를 던지는 것을 금지시켰으며 만약 그렇게 하는 사람은 누구를 막론하고 파문에 처해질 것이라고 공언하였다. 그러나 그 명령에서 중요한 점은 그 근본 원리이다. 만약 교황이 이탈리아내 로마 카톨릭 신자들에게 어떻게 투표해야 할 것인지를 알리는 정치적 명령을 내릴 수 있다면 그는 미국이나 다른 나라들에서도 그 나라의 카톨릭 신자들에게 똑같은 일을 행할 수 있다. 그렇게 되면 신자들 모두는 똑같은 순종과 그 정도를 그에게 표할 의무가 있다. 물론 교황 그 자신이 정당들과 후보자들이 '공산주의'인지 그렇지 않으면 로마교회가 받아들일 수 없는 자들인지를 판단한다. 그런데 라틴 아메리카에서는 개신교와 공산주의가 동일한 것 그리고 똑같은 것이라고 로마 카톨릭은 오랫동안 선전해 왔다. 이는 만약 로마교가 지배자 위치에 설 경우 거기에서 어떤 일이 벌어질 수 있는가에 관해 명백하게 예고해준다.

6. 외부 통제하의 교회

미국이 독립한 지 186년이 지났다. 그때부터 존재했던 다른 모든 미국 교회들은 오래 전부터 그들이 떠나온 본고장의 모교회로부터 독립을 인정받았고 또한 독립을 선언하였지만 로마 카톨릭 교회는 예나 지금이나 로마에 있는 교황의 통제하에 견고하게 놓여있다. 더구나 로마교회 내의 신자들은 바티칸에 자신들의 선택과 요구를 알릴 수 있는 민주적인 과정이 없으며 심지어 자신들의 성당 신부들에 대한 선택을 주교구 주교에게 표현할 수조차 없다. 모든 것들은 계급체제에 의해 독재적으로 통제된다. 그러나 각 지역에 평신도 모임이 사제선택과 같은 문제에선 공식적인 입장을 밝힐 수 없지만 실제 교회운영에 관한 문제에 대해선 평신도 모임의 구성원들의 바람과 충고들이 때로는 요구되기도 하며 고려대상이 되고 있는 것도 사실이다.

이러한 조직에의 머리에는 무제한적인 권력을 쥐고있는 교황이 있다. 때로 '교회의 왕자들'이라 불리우는 그 다음 서열의 추기경들은 교황에 의해 임명된다. 추기경이 주재하는 지역 또는 나라들 그리고 로마교회 내의 다른 지역들이 추기경 임명을 거부하거나 의문을 표할 수 있는 거부권을 가지지 못한다. 만약 추기경이 임명되기 전에 주교나 대주교였다면 그 임명 후에도 그는 계속해서 그 직을 담당하지만 추기경의 권위로써 실행한다.

추기경의 숫자는 매우 유동적이다. 과거 몇 세기 동안 70명 이상 되지 않았으나 교황 요한 23세 이후 1960년부터는 그 수가 85명으로 늘어났다(1969년에 교황 바울 6세에 의해 134명으로 그 수가 증가하였으며 그 중 10명이 미국인이다). 교황만이 필요한 추기경의 수를 결정한다. 지금까지의 역사에서 이탈리아 출신의 추기경들이 다수를 때로는 절대다수를 이루었다. 현재 이탈리아인 수는 33명(그들 중 몇몇은 로마시 출신이다)이며 다른 나라들보다 여전히 훨씬 많다. 다음으로 많은 곳은 프랑스로 8명이며, 그 다음은 미국이 6명, 스페인 5명, 독일 4명, 브라질 3명, 영국, 캐나다, 포르투갈, 아르헨티나 각각 2명 그리고 다른 18개국에서 1명씩이다. 숫적으로 보나 지리적으로 보나 균등한 분포가 아님은 매우 확실하다. 이들 중 1959년에 4명에서 불어나 미국인은 6명 뿐이지만 로마교회의 미국 지부는 확실히 가장 강력하며 가장 영향력이 크며 모든 증거들을 살펴보면 바티칸의 세계로부터의 총수입의 절반 이상을 제공한다.

교황이 죽으면 추기경들은 이른바 추기경단이 있는 로마에 모여 새로운 교황을 선출한다. 이것이 추기경들의 가장 중요한 기능이다. 일반적으로 새 교황은 그들 내에서 선택된다. 새 교황이 선출되면 그 이후 추기경들은 개별적으로 그에게 완전한 충성을 맹세하는데 복종의 상징으로 그 앞에서 바닥에 엎드려 그 발에 입맞춤을 한다. 이 얼마나 노예와 같은 행위인가! 그런 후 그들은 해산하며 각자의 나라로 돌아간다. 교황이 무슨 일을 하든지간에 그들에게는 다시 모여 교황을 그 직에서 몰아낼 권위가 부여되어 있지 않다. 당분간 그들은 그에게 복종해야 하며 어떤 때에는 교황에 의해 교황 자신이 원하기만 하면 언제라도 이유없이 그들은 자신들의 직책에서 쫓겨날 수도 있다.

주교들은 일반적으로 대주교들에 의해 지명추천되지만 그들의 임명은 교황으로부터 직접 되며 그럼으로써 교황에게 직접 종속된다. 각 주교들은 임명식을 위해 교황 앞에 모습을 드러내어 그에게 개인적으로 충성을 맹세하도록 요구된다. 그들은 인상적인 화려한 의식 중에 완전한 충성을 서약하며 그들 또한 교황 앞에 엎드려 그 발에 입맞춤으로 이를 표한다. 그들은 교황으로 전세계 교회와 접촉할 수 있게 하는 교황에게 예속된 주 연락관이다. 그들 각자는 교황에게 자기의 주교관구, 즉 그가 맡고 있는 지역 내의 사건들에 관해 규칙적으로 보고하며 적어도 5~10년마다 한 번씩 교황을 개인적으로 알현해야 한다.

그 다음 위계는 사제들이다. 그들은 직접적으로 주교관구의 주교에게 종속된다. 주교는 훈련과정을 감독하며 사제후보자들의 적합성을 따지며 사제로 임명될 자들을 선택하며 그들을 사제로 임명하며 그들에게 성당을 맡기며 그들을 인사이동시키며 설사 사제가 그 직에 적합하더라도 주교 자신이 원하면 이유없이 그들을 그 직으로부터 제거한다. 각 사제들은 그의 주교에게 완전한 충성을 맹세하며 그에게 보고서를 제출한다. 만약 그의 주교와 문제가 있는 사제라면 누구라도 자신의 주교를 만족시킬 때까지 어떤 다른 주교관구에서도 일거리를 맡지지 않는다. 그러므로 사제는 모든 노력을 기울여 그의 주교와 좋은 관계를 유지해야 하며 만약 그렇지 못하면 쓸모없게 된다(제 2차 바티칸 공의회 이후로 몇 개의 사제들의 조직이 미국과 소수 다른 나라들에서 형성되었지만 대부분 그것들은 단지 자문역할만 할 뿐이다).

다음 차례는 당연히 신자들이다. 그들은 사제에게 복종하며 봉사와 돈을 통해 사제와 교회를 먹여 살리도록 요구된다. 그들은 어렸을 때부터 이 목적을 위해 훈련받았고 통제되었다. 어느 누구도 사제의 권위, 심지어 가정이나 가족 내의 문제들에 대해서도 아예 의문을 표할 수 없다. 민주적인 과정들이 방해받고 있다. 평신도 조직들은 오로지 제한된 영역만을 담당하며 보통의 경우에는 그러한 모임들은 권장되지 않으며 대체로 로마교회 내에 존재하는 권위 체제로부터 배제된다. 그러한 평신도 조직들이 존재하기는 해도 사제의 후원자들일 뿐이다.

개신교 교회들에선 평신도들이 일반적으로 목회자 선택에 관해 최종적인 발언권을 가지며 그 권한들이 그들에게 부여되어 있지만 로마교회에서는 신자들에게 사제 임명과 청빙에 대해 전혀 아무런 역할도 부여하지 않는다. 부분적으로 개신교와 반대방향으로 결정을 내린 트렌트 공의회는 그 권한을 사제들의 손에 두고 있으며 이를 다음과 같이 선언하였다. "주교들, 사제들 그리고 다른 성직들의 임명에 평신도들의 어떠한 합의도, 역할도, 권위도 … 요구되지 않는다"(제 23회기, 제 4장). 그리고 심지어 평신도들에게 그러한 권위를 요구하도록 시키는 사람들에게는 저주가 선언되었다(교회법 7).

그러므로 로마 카톨릭 교회는 제일 꼭대기에서부터 맨 밑바닥까지 독재조직인 전체주의이다. 그리고 3억에서 4억 5천만에 달하는 로마 카톨릭 신자들에 대한 관할권을 주장하므로 종신토록 자신의 직을 소유하는 엄청난 부의 소유자인 교황이 확실히 전세계에서 가장 절대적인 지배자일 것이다. 그리고 긴 역사동안 그 신자들은 심지어 자유를 사랑하는 미국에서조차 그 계급체제의 지배를 받아들이는 데 놀랄 만한 순종을 보여줘왔다.

모든 로마 카톨릭 주교관 구내에 있는 모든 교회재산들은 그 로마 계급체제에 호의적인 국가의 특별 협력적인 법을 제외하곤 교회가 소유한 부지, 교회, 학교, 수도원, 수녀원, 공동묘지, 상업적인 사업들과 재산들의 명의가 개인으로서 또는 '단독법인'(Corporation sole)으로서 주교의 이름으로 되어있으며 이는 그가 모든 교회재산 소유를 인정받게 하는 법적 고안물이다. 주교는 신자들이나 지교회 또는 주교관구의 자문없이 자기 뜻대로 그 재산들을 저당잡힐 수 있으며 임대하거나 팔 수도 있다. 또한 그는 그러한 판매나 기대에 관해 신자들에게 재정보고하지 않는다. 그는 오로지 로마에 있는 교황에게만 보고한다. 지교회 재정들은 사제 또는 그가 보고하는 주교의 손아귀에 쥐어져 있다. 모든 개신교 교회들에서 실제로 관습화되어 있는 그러한 평신도 이사회에 의한 교회재정 및 재산관리는 지난 세기에 교황령에 의해 폐지되었으며 금지되고 있다. 법전, 즉 로마 카톨릭 교회법에 의하면 차례로 주교는 교황을 위해 재산을 보관하고 있을 뿐 교황의 통제를 받는다.

그렇게 모든 재산을 함께 관리하기보다는 주교의 명의로 만들고 있는 로마교회의 목적은 공개적인 재정보고의 필연성을 피하려는 데 있다. 설사 국가법들이 매우 분명히 선을 긋고 있어서 그 계급체제에게 특별한 호의를 베풀지 않는다 할지라도(개신교 국가에서의 법률들이 그렇다) 교회법은 그 재산의 공동소유를 허락하지 않고 있다.

돈이 어디서 나와 어디로 가는지는 모두 깊은 어둠 속에 감추어져 있는 비밀이어서 그 계급체제는 만약 밝혀진다면 공개적인 비난을 피할 수 없을 다양한 원천들과 다양한 원인들로부터 돈을 받을 수 있게 되며, 또한 돈이 어떻게 사용되고 있는지 전반적으로 드러나며, 전세계가 들고 일어날 비난을 피하여 그 계급체제의 목적에 맞는 국내외의 다양한 계획들에 돈을 보낼 수 있게 된다. 로마교회에 의해 요구된 은밀한 재산관리는 신학적인 그리고 교리적인 문제들 뿐만 아니라 마찬가지로 재정적인 문제들로까지 확산되고 있다.

로마교회에서 실행되고 있는 비밀스런 운영과는 대조적으로 대부분의 개신교 교회들은 자발적으로 적어도 매년마다 한 번씩 그들이 받고 쓴 지교회뿐만 아니라 크게는 총회까지도 모든 기금들에 대해 공개적인 보고를 한다. 이 보고서들은 연간 차액을 포함하고 있으며 때로는 신문과 잡지에 실리기도 한다. 만약 어떤 사람이 로마교회의 재정들이 비밀리에 운영되고 있을지도 모른다고 의혹을 갖을 경우 로마교회가 얼마나 많은 돈을 받았으며 어디로부터 받았으며 지교회에서 그것을 어떻게 썼으며 얼마나 많이 주교에게 보내졌으며 얼마나 많은 돈을 로마에 보냈는지 밝혀내도록 해보자. 그러나 그가 발견할 수 있는 것은 사제는 오로지 주교에게 보고하고 주교는 오로지 교황에게 보고하는 것 뿐일 것이다. 역설적이게도 대부분 사람들이 개신교 신자들인 우리나라가 로마 카톨릭 교회의 전세계적인 사업의 큰 후원자이다. 그러나 적어도 로마 카톨릭은 국가의 도움을 받지 않고 다른 교회들과 경쟁하는 곳에서 즉 제발로 일어선 곳에서 더욱 영적으로 그리고 경제적으로도 훌륭하게 일하고 있다는 사실도 지적되어야 한다.

교회재산 소유권에 관해 현재 상당한 관심의 초점이 되고 있는 하나의 실례는 캘리포니아의 나파(Napa)에 있는 드 라 셀 연구소(De La Selle Institute)의 소유권이다. 거기서 포도주와 브랜디를 생산하는 일단의 로마 카톨릭 수도승 무리들이 크리스천 브라더스(Christian Brothers)란 상표명으로 미국에서 가장 큰 브랜디 제조장을 운영하고 있다. 최근까지 그들은 30년 동안 소득세를 물지 않았다. 그들은 가장 큰 위스키 시장 판매조직들 중 하나인 시그람(Seagrams) 회사를 통해 출고해왔다. 국내 국세청은 이 회사에 소득세를 지불토록 규정하였으며 지금까지 누적된 액수는 1,840,000달러 이상이다. 그러나 크리스천 브라더스는 그 제조장이 교회재산 즉 로마에 있는 교황의 이익을 위해 맡겨진 '로마 카톨릭 교회에 소속된 일원'이라는 근거에 기초하여 이 상업적인 주류사업의 이익들에 대한 법인세들은 면제되어야 한다고 주장해왔다. 그런데 이 문제가 사람들에게 공개되자 크리스천 브라더스는 1952, 1953년 그리고 1956년 동안의 일부 세금 490,000달러를 지불하였고 그런 후 그 돈을 되찾기 위해 지불요구를 청구하였다. 그러나 법정재판에서 그 요구는 거부되었다. 삼년 동안 그 회사가 벌어들이는 순이익은 3,250,000달러였다. 1961년 7~8월호 "교회와 국가"(*Church and*

State)를 보라.

이 나라 전역에 있는 다양한 다른 교회 사업체들도 이와 똑같은 부류에 들어간다. 이런 유의 매우 잘 알려져 있는 두 사업체들로는 광고방송을 받고 있는 라디오와 텔레비전 방송국으로 하나는 뉴 올리안즈(New Orleans)에 있는 로욜라 대학의 예수회 신부들에 의해 운영되고 있는 것과 다른 하나는 세인트 루이스에 있는 역시 예수회 사제들에 의해 운영되고 있는 방송국이다. 물론 이 회사들은 세금을 지불하는 다른 회사들보다 세금 면제라는 본질적인 이익을 받고 있다. 그러한 면제는 차별적이며 불공정하고 세금을 지불하는 모든 사람들과 회사들에 대한 공격이다.

7. 개신교의 통일성과 다양성

개신교를 절망적으로 나뉘며 그리고 끊임없이 서로간에 싸우는 수많은 교파들로 구성된 종교라고 묘사하는 습관은 오랫동안 로마 카톨릭의 정책이 되어왔다. 통일성과 단결을 강조하는 로마교의 관점에서 다양한 개신교 교파들이 어떻게 존재할 수 있는지 로마 카톨릭 평신도들에게는 정말로 이해되기가 무척 힘들 것이며 그런 모습이 때로는 로마교회를 떠나고자 하는 많은 사람들에게 실제로 장애물이었었다. 그들은 각 개신교 교파들마다(그들 자신들처럼) 전적으로 자신들만이 참 교회이며 그 교회에 속하지 않을 경우 어느 누구도 구원받지 못한다고 주장하고 있다고 배워왔으며 그렇게 믿고 있다. 이 수수께끼는 좀처럼 풀리지 않을 것처럼 보인다. 그러나 그들은 단지 돌아가야 할 곳을 알지 못할 뿐이다.

물론 모든 개신교 교회들이 주장하고 있는 개인적인 판단 또는 사적 해석의 권리가 매우 많은 교파의 생성을 야기시켰음은 사실이다. 그러나 놀라운 사실은 개신교의 정신 저변에는 영적인 통일성이란 강한 흐름이 있다는 것이다. 그것에 비하면 기계적인 또는 조직체적인 통일성은 이차적인 것이다. 대부분의 개신교 교파들은 자신들만이 유일한 참된 교회라고 주장하지 않으며 복음이 신실하게 전파되는 교회라면 어디에서든지 구원이 발견되어질 수 있음을 기꺼이 기쁘게 인정한다.

다양한 개신교 교파들은 실제로 신앙의 모든 핵심들에선 전적으로 일치하고 있다. 그들은 성경과 오로지 성경만이 유일한 하나님의 말씀임을 믿는다.

그들은 성경을 교회 내의 모든 일의 권위적인 안내자로서 받아들인다. 그들은 그리스도의 신성, 그를 믿는 자들의 대속물로서 십자가 위에서의 그의 희생적인 죽음, 그리고 그만이 홀로 교회의 머리이심을 믿는다. 그들은 전반적으로 성례 즉 성찬과 세례의 의미에 대해 동의한다. 그들은 그리스도의 인격적인 그리고 사실적인 재림, 몸의 부활, 미래의 심판, 천국과 지옥을 믿는다. 도덕적 본성, 영적 삶 그리고 국가와 교회 사이에 존재하는 관계에 대한 그들의 개념은 거의 비슷하다. 침례교, 감리교, 루터교, 장로교 또는 다른 어떤 것으로 불리우든간에 바로 마치 미국의 50개 주가 각기 다른 이름으로 불리지만 모두가 한 국가에 속해있는 것처럼 그들 모두는 그리스도의 교회 즉 한 몸에 속해있다. 타교파에 대한 그들의 기본적인 태도는 반목과 경쟁이 아니라 오히려 협동과 우정이다. 다른 교파의 목회자가 종종 다른 교파들에 속한 교회들에 초대되어 설교하거나 예배전체를 끝까지 인도하기도 하며 평신도들은 자신이 소속되어있지 않는 교회들에도 자유롭게 참여할 수 있다. 연합예배가 특히 복음전도 모임들에서는 매우 일반화되어 있으며 한 도시의 모든 개신교회들의 협력하에 이루어진다. 그 증거로 수년 전에 열렸던 유명한 빌리 선데이(Billy Sunday) 복음전도 운동과 최근 몇 년 동안 열리고 있는 빌리 그래함(Billy Graham)의 집회가 있다. 또한 다양한 라디오 방송 프로그램에서도 화자가 어느 교파에 속하는지 청취자들은 거의 알지 못한다. 이처럼 개신교도들은 다른 교파들의 이웃 개신교도들을 참 기독교인으로 인정한다. 그리고 그들은 로마 카톨릭이 잘못을 범하고 있다고 믿는 것들 예로 들면 사제직, 미사, 고해성사, 연옥, 동정녀 마리아 숭배 등등을 거부하는 데 하나가 되어 있다.

한편 개신교들 사이를 구분짓는 가르침들은 때때로 그 본성상 중요한 것도 있지만 로마교와의 차이에 비교해보면 매우 작은 것들이다. 개신교들은 세례 또는 주의 만찬의 형태에 대해 의견을 달리한다. 어떤 교파는 칼빈주의이지만 다른 교파들은 알미니안들이다. 또 교회 정치형태에 있어서 감독파, 장로파 또는 회중파가 있기도 하다. 그러나 성경이 권위적인 안내자로 간주되며, 각자가 자신의 종교를 통해 생각하고 스스로 결론에 도달해야 한다는 그 자유는 바로 성경의 권위로 인해 다른 사람이 예상하는 것만큼 그렇게 날카로운 구분을 만들어내지 않는다.

존경할 만한 장로교 신학자 찰스 핫지(Charles Hodge) 박사가 개신교 교회들의 통일성을 가장 아름답게 표현하였다. 그는 다음과 같이 말하였다.

"서로 분리되어 있는 이 교회들은 실제로는 하나이다. (1) 왜냐하면 그들은 계속 똑같은 주님께 복종하며 똑같은 성령에 의해 생명을 받으며 똑같은 신앙을 소유하고 있기 때문이다. (2) 모든 기독교인들이 모든 다른 기독교인들을 동료 신자로서 인정하고 있는 것처럼 바로 그들은 서로서로를 교회로서 인정하며 결과적으로 서로서로의 구성원들, 규칙들, 제자도의 행위들을 인정하고 있기 때문이다. (3) 그들은 한 공통법정에 속해있기 때문에 계속 한 몸이다. 첫 법정은 사도들이 있으며 지금은 성경과 그리고 어떤 때는 이렇게 저런 때는 저렇게 표현되는 전체로서의 교회의 마음이다" ("영원"(*Eternity*)지에서 재인쇄된 기고문, 1958. 6.).

개신교도들 사이의 영적인 통일성은 교파들간의 차이점들을 근본적으로 매우 최소화시킨다. 그러므로 로마 카톨릭 신자가 자신의 교회를 떠나 개신교 신자가 되었을 때 일반적으로 신앙과 예배의 통일성을 발견하고서 놀란다. 로마교보다도 개신교에 더 많은 통일성이 있음이 사실이다. 수세기 동안 도미니크 수도회와 프란시스코 수도회 사이에, 이 두 수도회들과 예수회 사이에, 특별히 개신교 교회가 전혀 없는 나라들 내의 여러 수도원들과 수녀원들 사이에 존재해왔던 경쟁의식은 때때로 날카롭게 그리고 심하게 대립되었다. 그러나 그러한 경쟁의식들이 교황에 의해 보통 억눌려짐으로해서 대중적인 관심을 끌지 못하였을 뿐이다.

전직 사제였고 현재 아리조나의 푀닉스에 있는 메모리얼(Memorial) 병원의 원장의 교회 예배시 평신도 참여에 관한 로마교와 개신교 사이의 비교와 그 자신이 개신교에서 발견한 통일성에 관한 증언을 들어보자. 1954년에 출판되어 현재 25만부 이상 팔린 베스트셀러 『사람들의 신부』(*People's Padre*)에서 맥루글린(Emmett McLoughlin)은 다음과 같이 말한다.

"개신교들 사이의 차이점들은 설사 교회적인 것들이라도 내게는 피상적이며 비본질적인 것으로 보인다. 왜냐하면 그들이 갖고있는 통일성이 다양성을 훨씬 압도하고 있기 때문이다. …

내게 보여진 모든 개신교의 예배형식 중 가장 뛰어난 특징은 그들의 열성이다. 구호 천막 안에서 담쟁이 넝쿨로 뒤덮인 교회에서, 인상적인 성당에서 어디서든 간에 그 교회 구성원들은 로마 카톨릭 교회에는 존재하지 않는 기도와 찬송과 말씀듣기에의 자발성을 보여준다. 그 이유는 명백하다. 대부분의 개신교 신자들은 자신들이 원해서 교회에 출석한다. 그러나 카톨릭 신자들은 전반적으로 두렵기 때문에 교회에 간다. 단 한 번이라도 주일날 드려진 미사를 고의로 빠지는 행위는 카톨릭 신자들에게는 치명적인 죄가 되며 그들의 영혼을 지옥에 떨어뜨린다. 미사는 어느 정도 하나님을 달래는 것을 전제로 한 판에 박힌 라틴의식이다. 모든 개신교 교회의 예배들은 심지어는 퀘이커의 침묵의 예배조차도 참석한 모든 사람들에게 적극적이며 자발적인 참여를 요구한다. …

나와 친하게 지내고 있는 개신교 목사들은 로마 카톨릭의 평균적인 사제보다 더욱 신실하게 인격적으로 헌신하고 있는 것 같다. 이는 아마도 그들의 선택이 너무 어릴 때에 잘 알지 못한 채 내려진 선택이 아니라 성숙한 상태에서의 선택이며 이 선택에 의해 목회사역을 감당하고 있기 때문이다. 개신교 신자들은 만약 그들이 자신의 종교를 떠날 경우 내릴 하나님의 위협과 인간들의 보복 또는 교회법에 완전히 매여있다는 이유 때문에 개신교에 눌러 앉아 있는 것이 아니라 바로 자신들이 원하기 때문에 개신교에 머물러 있는 것이다"(pp. 272, 273).

전에 "기독교 유산"(*Christian Heritage*)의 편집자였으며 또한 로마 카톨릭 신자였던 몬타노(Walter M. Montano)는 다음과 같이 말한다.

"개신교의 뛰어난 특징들 중 하나는 다양성 내에서의 통일성이다. 이것은 바로 그 본성상 천성적인 특징이지만 불행하게도 많은 수혜자들이 잘 이해하지 못하고 있다."

"이 다양성은 하나님과 사람들 앞에서 올바르게 설정된 제한들 내에서 행동의 자유를 창출하며 자극한다. 로마교를 반대하는 모임들 또는 회중들이 로마교 족쇄에서 풀려났을 때 제일 처음 표현의 자유란 복을 받았다. 다양성은 종교 독점의 길을 막아주며 하나님의 자리에 서서 로마 카톨릭 사전에 '교황 무오설'이라 명명되어져 있는 그러한 전체주의적 독재로 사회를 지배하려는 자들을 막아준다."

"바로 이 개신교 개념 내에서는 사람이 교황과 같은 능력을 가질 여지가 전혀 없으며 바로 이 이유 때문에 조직적 통일성은 개신교에게는 낯선 요소이다. 조직적 통일성의 결여가 바로 개신교의 약점이 아니라 장점이다. 그리고 그러한 통일성의 결여는 우리의 자유를 하나님 앞에서 확신시킨다. … 통일성과 자유는 반대되는 개념이다. 전자가 감소하면 후자는 증가한다. 종교개혁은 통일성을 무너뜨리고 자유를 주었다. … 현재 종교개혁의 의도가 가장 크게 발달한 모든 나라들 중에서 미국은 사려깊은 사람들에게 더 많은 용기를 불어넣는다. 그 도시들은 자발적인 헌금에 의해 세워진 교회들로 가득 차 있으며 그 목회자들은 자발적으로 목회하며 모든 방면에서 경건한 사업들, 교육, 자선에 참여하고 있다. 그들의 사생활과 종교개혁 이전의 성직자들의 사생활의 차이란!

"불행하게도 개신교도들은 때때로 조직적 통일성의 결여가 그리스도 안에서 우리의 자유를 보장하는 것임을 인식하지 못한 채 그것에 대한 피상적인 비판에 스스로 굴복하곤 한다. 우리는 몇몇 따로 떨어진 거리들 내에 개신교 계급체계와 잘 훈련된 교회군대를 지닌 초대형 교회를 설립하고자 하는 야망과 이상들이 우리들 내에 존재한다는 사실을 개탄해야 한다. 이는 기독교 개신교가 자신을 세워온 원리들에 충실할 경우 결코 일어날 수 없는 일이다. 로마교회의 자랑인 조직적 통일성과 개신교 기독교를 특징짓는 영적 통일성 사이에는 본질적으로 커다란 차이가 있다. 조직적 통일성은 그 자체가 목적인 기계를 만들어낸다. 한편 영적 통일성은 예수 그리스도께 속한 하나의 참 교회의 통일성으로 주 예수 그리스도께서 머리되신 한 머리 아래 모든 마음들이 결속되며 동시에 각 구성원들의 개별적인 정체(正體)들을 보장한다"("기독교 유산", 1958. 10.).

불행하게도 개신교도들 중에는 로마 카톨릭 교회의 교회연합 개념에 빠져 카톨릭 교회와의 극적인 연합을 희망하는 사람들이 있다. 이들에 관해 몬타노 박사는 이렇게 말한다.

"이들은 어둠 속에서 걷기를 택한 어리석은 사람들이다. 그들은 모두 로마 교회의 악마들에게 눈이 가리워도 좋다고 선택했기 때문에 과거나 지금이나 바른 길을 볼 수 없다. 개신교의 '초대형 교회'에 대한 욕망과 바티칸의 연합에 대한 욕망, 이 두 개념 모두는 개신교와 정면으로 대립되는 것으로 종교개혁에 생명을 불어넣었던 바로 그것을 파괴할 것이다. … 오로지 전투적인 개신교만이 미국과 세계를 구할 수 있다."

기독교 교회의 분파들이 매우 많다는 것은 놀랄 만한 일이 못된다. 분열의 과정은 사도시대 때부터 이미 시작되었다. 왜냐하면 충실한 친구들이었고 신실한 동역자들이었던 한 교회의 바울과 바나바가 바나바의 마가와의 동행 고집 때문에 서로간에 의견이 갈렸음을 우리는 알고 있기 때문이다. 사도행전 15:39은 "서로 심히 다투어 피차 갈라서니 … "라고 말한다.

고린도전서에서 바울은 교회의 분열에 관해 불평하였다. 왜냐하면 몇몇 사람들이 " … 나는 바울에게, 나는 아볼로에게, 나는 게바에게, 나는 그리스도에게 속한 자라 … "(1:12~13)고 말하였기 때문이다. 그러한 과정이 수세기 동안 계속되어 왔다. 교회가 하나의 굳건한 조직이었던 적은 한 번도 없었다. 1세기부터 분파주의자들이 있었으며 그들은 이단들이라고 불리웠다. 더군다나 그들은 교회 밖이 아니라 교회 내에서 나타났으며 교회 내의 구성원들에 의해 지지되기도 하였다. 교회는 여전히 영적인 통일성을 실현시키기까지 가야 할 기나긴 길을 앞에 두고 있다. 현재의 교회상태로는 불가피하게 분열되어 있을 수밖에 없다. 로마 카톨릭이 자신들만이 유일한 참된 교회라는 주장에 우리는 "말도 안돼!"라고 대답한다. 로마교회는 단지 더 큰 몸의 한 지체일 뿐이다. 사실 동구 정교회가 로마 카톨릭보다는 더 오래되었고 사도적 기독교와 더욱 직접적인 관계를 맺고 있다. 각 개신교 교파의 그 교파 단일 신도수는 로마 카톨릭이나 동구 정교회만큼 많다. 그리고 거의 모든 개신교 교회들은 로마 카톨릭이나 동구 정교회들보다 더욱 하나님 말씀에 진실된 헌신과 충성을 그리고 더 높은 도덕성과 영성을 신자들 내에서 만들어가고 있다.

오늘날 교회의 분열상을 방지할 유일한 방법이 있는데 그것은 통일성을 진리보다 더 높은 미덕으로 삼는 것이다. 로마교회는 종교의 자유를 없애버림으로써 통일성을 달성하였다. 교황의 판단에 자신의 판단을 복종시키지 않는 로마교회 구성원들은 파문된다. 그러나 그러한 통일성은 강한 종교적 확신을 가진 사람들을 끌어들이지 못한다. 그래서 로마교회에 대한 대체물이 마틴 루터에 의해 제시되었을 때 루터는 교황의 교서를 불태우고 그 교서를 만들어낸 교황을 적그리스도라 비난함으로써 그러한 요구들을 습관적으로 해온 로마교회에 대한 자신의 경멸을 신속하게 보여주었다.

기독교 교회 내에 일어났던 분파들 중 많은 것들은 불필요한 것들이었으며 어떤 것들은 해로운 것들이었음을 인정한다. 어떤 분파들은 다른 분파들에 대한 적대적인 동기들 때문에 또한 강한 의지력을 지닌 지도자들의 개인적인 야망 때문에 생겨났다. 그러나 다른 많은 분파들은 자연적인 환경, 예를 들면 인종, 언어, 국적, 지리적 여건, 정직한 견해차이 등 때문에 일어났다. 만약 우리가 참된 영적 통일성을 갖는다면 외적인 통일성의 결여로 인해 심하게 기독교인들의 삶과 생활이 훼방받지는 않을 것이다. 복음주의적 개신교를 특징지우는 영적 통일성은 서로를 다른 교파로 구분짓는 조직체적인 다양성보다 더욱 중요하다. 그래서 종교자유는 정확히 정치적 자유의 경우처럼 본래부터 어느 정도의 다양성을 가져올 수밖에 없다. 왜냐하면 우리 모두가 똑같이 생각하고 똑같이 행동할 수 없기 때문이다. 그러나 그러한 자유를 억압하는 것은 복음주의 신학의 바로 기초를 파괴하는 것이다.

개신교의 입장에서는 이러한 자유가 때로는 통합된 지도체제를 갖춘 호전적인 로마 카톨릭 교회와 맞대결할 때처럼 불이익을 가져다준다는 것 또한 사실이다. 그러나 그것은 정확하게 말하자면 정치분야에서 우리가 직면한 것과 똑같은 문제이다. 지역, 주, 연합정부에는 소수이지만 잘 조직된 압력 단체들이 자신들의 사업을 억지로 끝까지 밀고나가 잘 조직되어 있지 않은 다수에게 그 의지를 강요하는 일이 종종 일어난다. 우리는 특별히 오랜 기간 동안 수시로 또는 간혹 소수로 구성된 부패한 파렴치 집단들이 지배하는 바로 그 거대도시('로마'를 말함—역자주)에서 특별히 그러했던 그러한 정치 기계들을 보아왔다. 그러나 소수의 압력 단체들이 투표로 뽑힌 의회들을 언론, 출판, 라디오, 텔레비전 방송, 영화 그리고 자신들의 이익을 위해서 사용될 수 있는 다른 모든 방법들을 통해 위협하는 행위는 교회에서 가장 크게 비난받는다. 그러나 이 남용을 치료할 방법은 자유를 폐지하는 것이 아니고 국가적으로는 유권자들을 가르치고 일깨워서 그들로 하여금 청렴결백한 공직자를 선택해야 하는 것이며 교회적으로는 모든 구성원들을 복음으로 가르쳐 그러한 남용이 불가능한 건전한 기독교 양심을 발전시키는 것이다.

로마 카톨릭과 다른 교파들 사이의 가장 주된 차이점은 로마교회는 정부 형태의 계급체제이며 독재주의인 반면 다른 교파들은 근본적으로 민주주의이며 교회의 일들의 처리가 신자들에게 맡겨져있다는 사실이다. 로마 카톨릭 교회 내의 민주주의적인 과정들에 대해 무덤 행차가 선언되고 도저히 변경할 수 없는 전체주의의 길에 들어서게 한 것은 바로 교황무오설을 공포했던 1870년의 바티칸 공의회였다.

3 장

사 제 직

1. 사제의 업무
2. 신약성경에 없는 인간 사제직을 위한 권위
3. 로마 사제직에 대한 주장들
4. 기독교 성직자는 희생제물을 바치는 성직자가 아니다
5. 사제직을 위한 훈련
6. 사제직 속의 그룹과 평신도 속의 그룹들
7. 사제직을 떠남
8. 사제가 될 때의 서약을 파기함

사 제 직

1. 사제의 업무

　기독교 체계의 일부로서 사제의 임무 또는 일을 이해하고 설명하는 것은 아마도 가장 어려운 일일 것이다. 구약성경에는 그리스도의 직분이 선지자, 제사장, 그리고 왕으로서의 삼중직으로 예표되었다. 이들 각각은 이스라엘 국가 내에서 특별히 탁월한 위치로 부여되었다. 각각은 장차 오실 구속자의 사역의 특수한 단계를 설명하기 위해 계획되었다. 그리고 각각은 스스로 그 임무를 자원하여 맡은 사람들에 의해서가 아니라 하나님에 의해 그 임무를 부여받은 사람들에 의해 수행되었다.
　선지자는 그의 백성들에게 말할 하나님의 대변자로 임명되었고, 그는 그들에게 그들의 구원에 대한 하나님의 뜻과 목적을 밝혀 주었다. 제사장은 하나님 앞에서 그의 백성을 대표하는 자로서, 그들을 위해 제사를 드리는 자로서, 그리고 그들의 행위에 대해 하나님께 변명해 주는 자로서 임명되었다. 그리고 왕은 그의 백성을 다스리고, 그들을 보호하고, 그와 그들의 모든 적들을 억누르고 정복하도록 임명되었다. 그러나 여기서 우리는 단지 제사장 직만을 생각하고자 한다.
　제사장에 대한 기본적인 개념은 하나님과 인간 사이의 중재자라는 것이다. 타락 상태에 있는 인간은 죄인이고, 하나님 앞에서 범죄한 자로서 하나님과 소원해졌다. 인간은 하나님에게로 나아갈 아무런 권리도 가지고 있지 않을 뿐 아니라 그분에게로 다가갈 능력도, 심지어는 욕구조차도 가지고 있지 않다. 대신에 인간은 하나님으로부터 벗어나길 원하며 그와 아무런 관계도 맺지 않기를 원한다. 따라서 어떤 사람이 하나님 앞에서 이러한 인간을 대신하여 행동하기 전에는 인간은 아무런 도움도 받지 못한다.

고대 이스라엘에서 제사장들은 기본적인 세 가지 임무를 행하였다. 먼저 그들은 하나님 앞의 성소에서 봉사하고, 그 민족을 대신하여 하나님께 제사를 드렸다. 그들은 하나님의 법을 그 백성들에게 가르쳤다. 그리고 그들은 그 백성들이 하나님의 뜻에 관심을 갖도록 요구하였다. 옛 언약 아래 있었던 제사장, 선지자, 또는 왕의 직분을 담당했던 사람들은 단지 장차 오실 대선지자, 대제사장, 그리고 만왕의 그림자 또는 전형에 불과했다. 그리스도께서 오심에 따라 이 직분들 각각은 그 안에서 완성되었다. 그리고 그의 구속 사역이 성취됨에 따라 이들 각각의 직분들은 인간 수준에서 그 역할을 다하였기 때문에 그것은 절정에 도달하였고, 폐지되었다. 제사장직에 관해서 말하자면, 그리스도만이 오로지 우리의 제사장이며, 현재 우리의 유일한 대제사장이시다. 그는 하나님의 의를 만족시키기 위하여 한 번에 자기 자신을 제물로 드림으로 그 직을 성취하셨고, 그러므로 다른 모든 제사들이 불필요하게 되었으며 그것들의 종식을 가져오셨다. 그는 그의 백성들의 죄를 대신하여 그 빚을 감당하셨으며, 그렇게 함으로써 그의 백성들과 하나님 사이에 새로워진 교제의 길을 여셨다. 그리고 부활하셔서 승천하신 그의 백성들의 구주로서 그는 백성들을 위하여 성부 하나님께 영원히 중재하시고 계신다.

이 모든 것들이 히브리서의 저자에 의해 명확하게 설명되고 있다. 히브리서 9장에 "그리스도께서 장래 좋은 일의 대제사장으로 오사 손으로 짓지 아니한 곧 이 창조에 속하지 아니한 더 크고 온전한 장막으로 말미암아 염소와 송아지의 피로 아니하고 오직 자기 피로 영원한 속죄를 이루사 단번에 성소에 들어 가셨느니라"(11, 12절)라고 말하고 있으며, "영원하신 성령으로 말미암아 흠 없는 자기를 하나님께 드린 그리스도의 피"(14절)로 인해 우리는 구속되었다. 그리고 "그리스도께서는 참것의 그림자인 손으로 만든 성소에 들어가지 아니하시고 오직 참하늘에 들어가사 이제 우리를 위하여 하나님 앞에 나타나시고"(24절). 또한 "이제 자기를 단번에 제사로 드려 죄를 없게 하시려고 세상 끝에 나타나셨느니라"(26절), "이러한 대제사장이 우리에게 있는 것이라 그가 하늘에서 위엄의 보좌 우편에 앉으셨으니 성소와 참장막에 부리는 자라 이 장막은 주께서 베푸신 것이요 사람이 한 것이 아니니라"(8:1, 2).

이처럼 이스라엘의 희생제사 드리는 제사장직의 특성하에서, 특별히 속죄의 날에 바칠 피를 가지고 지성소에 들어간 대제사장의 특성을 통해, 우리는 우리의 대제사장이신 그리스도께서 그의 속죄제물 때문에 하늘의 성소에 들어가셔서 그 속죄와 청결의 권세를 계속 그를 믿는 모든 사람에게 부여해 주심을 본다.

신약성경 내에서 제사장직의 변화에 따르면, 즉 예수 그리스도의 속죄 사역을 미리 보여준 종교적 의식과 제사의 옛 질서가 성취되었으며 예수 그리스도만이 오로지 우리의 참된 대제사장이 되었다는 사실을 보면, 인간의 독특한 그리고 구별되는 질서로서의 인간적인 제사장직은 그 역할을 다하였으며, 폐지되었다. 나아가 구주이신 그리스도를 통해 하나님께로 다가갈 권리를 이제 부여받은 그리고 기도를 통해 하나님께로 직접 나아가 자기 자신들과 다른 사람들을 위해 중재할 수 있는 모든 중생한 신자들은 자기 자신들이 하나님의 제사장들이 되었다. 왜냐하면 이 모든 것들이 제사장의 역할이기 때문이다. 이것이 바로 우리가 신자들의 만인 제사장직이라고 부르는 것이다. 그리고 이것은 제사장직에 대한 교리로서 간주되는 개신교의 독특한 특징이다.

베드로는 "너희도 산 돌같이 신령한 집으로 세워지고 예수 그리스도로 말미암아 하나님이 기쁘게 받으실 신령한 제사를 드릴 거룩한 제사장이 될지니라 … 오직 너희는 택하신 족속이요 왕 같은 제사장들이요 거룩한 나라요 그의 소유된 백성이니"(벧전 2:5, 9)라고 말하고 있다. 베드로는 이 말을 제사장직에 속한 사람들에게 한 것이 아니라, 그의 서신을 다양한 나라에 흩어진 유대 기독교인들 즉 '흩어진 나그네'(벧전 1:1)에게 그리고 신앙 안에서 '갓난 아이들' 같은 사람들(벧전 2:2)에게 보내고 있다는 사실로 보아, 참된 모든 신자들에게 말하고 있는 것이다. 그리고 요한계시록 1:5~6에서 요한은 소아시아의 일곱 교회에게 그의 서신을 쓰면서 "우리를 사랑하사 그의 피로 우리 죄에서 우리를 해방하시고 그 아버지 하나님을 위하여 우리를 나라와 제사장으로 삼으신 그"라고 말하고 있다.

이 제사장직의 실행으로 기독교인에 의해 드려진 제사들은, 로마 카톨릭의 미사들이 명백하게 보여주고 있는 것처럼, 죄 때문임은 물론 아니다. 그리스도께서 죄 때문에 참된 그리고 유일한 제사를 모두를 위하여 단번에 드리셨다. 그의 제사는 완벽하였다. 그가 십자가 위에서 자신의 구속사역을 완성하시고서 그의 생명을 단념하셨을 때, 그는 "다 이루었다"(요 19:30)고 말씀하셨다. 하나님께서는 그의 희생제사에 완전히 만족하셨다. 따라서 그의 희생제사가 반복되어져야 할 필요도 없으며, 다른 방식으로 보완되거나 수정될 수 없다.

    기독교인에 의해 드려지는 제사는 '영적인' 의미를 지니고 있다. 그것은 예배와 봉사와 관련되어 있다. 먼저, 찬양의 제사이다. "우리가 예수로 말미암아 항상 찬미의 제사를 하나님께 드리자 이는 그 이름을 증거하는 입술의 열매니라"(히 13:15). 예배를 통해 하나님께 감사와 찬양을 드리는 이 제사는 감사의 마음을 표현하는 것으로서 하나님의 마음에 흡족한 드림이다. 둘째로, 우리의 본질은 하나님의 사역을 지원하기 위해 부여받은 것이기 때문에 우리의 재능들을 통해 드려진 제사가 있다. 하나님께서는 인간들이 기꺼이 순수한 동기로 드리는 그러한 재능들을 받을 때 기뻐하신다고 선언하고 계신다. "오직 선을 행함과 서로 나눠 주기를 잊지 말라 이같은 제사는 하나님이 기뻐하시느니라"(히 13:16). 셋째로, 기독교인으로서의 봉사를 통해 우리 자신을, 우리의 육체를, 우리의 생명을 드리는 제사가 있다. "그러므로 형제들아 내가 하나님의 모든 자비하심으로 너희를 권하노니 너희 몸을 하나님이 기뻐하시는 거룩한 산 제사로 드리라 이는 너희의 드릴 영적 예배니라"(롬 12:1). 나아가, 우리는 그리스도를 믿는 신앙을 통해 하나님의 자녀들이 되었다(요일 3:1~2). 더 이상 종이 아니라 하나님의 가족의 자녀로서 우리는 우리의 아버지로서 그분께 직접 접근하여, 더 이상 어떤 인간적인 제사장들의 체계로 중재받을 필요가 없다. 제사장들의 중재에 의존한다는 것은 유대교로 되돌아가는 것이며 기독교 내에 배교적인 요소를 도입하는 것이다.

    그러므로 신약성경은 제사장직에 대해 새로운 다른 것을 제시하고 있다. 첫째로, 그리스도께서 하늘에 계신 참된 대제사장이다. 둘째로, 신자들은 만인 제사장직을 통해 찬양과 재능과 자기 자신들을 기독교인으로서의 봉사를 통해 '영적인' 제사를 드린다. 따라서 로마 카톨릭의 자만적인 주장들은 거부된다. 왜냐하면 그것은 유대교의 제사장직을 영속화시킬 뿐 아니라 평신도들과 구별된, 미사를 통해 문자적인 제사를 드림으로 신앙고백을 하는, 그리고 다른 사람들보다 하나님께 더욱 가까이 있다고 가정되는 소수의 특별한 선택된 사람들에게 제사직이 한정되어 있기 때문이다.

현재 모든 신자들은 어떤 지상적인 제사장의 중재나 자기 자신 또는 다른 사람들에 대한 중재없이 기도를 통해 하나님께로 직접 갈 수 있는, 말로 표현할 수 없는, 귀중한 특권을 가지고 있다. 우리는 "구하라 그러면 너희에게 주실 것이요 찾으라 그러면 찾을 것이요 문을 두드리라 그러면 너희에게 열릴 것이니"(마 7:7), "너희가 무엇이든지 아버지께 구하는 것을 내 이름으로 주시리라"(요 16:23), "누구든지 '주의 이름을 부르는 자는 구원을 얻으리라"(행 2:21)라는 말씀을 듣는다.

물론 신자는 그 자신의 덕 때문이 아니라 우리를 위해 완벽한 제사를 드린 그리스도의 은혜만을 통해서 하나님께로 접근해 간다. 바로 이러한 면에서 로마 카톨릭은 하나님의 구원의 참 길을 보지 못한 것이다. 왜냐하면 그들은 여전히 인간이 구약 시대처럼 사제를 통하여, 또는 현재에 아마도 자신들을 위해 은혜를 베풀어 줄 수 있을 것이라고 여기는 성모 마리아와 몇몇 성인들을 통해 하나님께로 다가가야 한다고 생각하고 있기 때문이다. 그러나 바울은 "너희가 그 은혜를 인하여 믿음으로 말미암아 구원을 얻었나니 이것이 너희에게서 난 것이 아니요 하나님의 선물이라"(엡 2:8)고 말한다. 기독교인들은 그리스도와의 연합 덕택에 항상 하나님께 자유롭게 접근한다. 이 권리는 기독교 신앙에서 가장 소중한 것들 중 하나이다. 그리고 우리는 그것을 현재 소유하고 있다. 아직도 로마 카톨릭은 이 특권을 우리에게서 빼앗아 가고 있으며, 우리의 영혼과 하나님 사이에 사제들과 죽은 성인들을 끼워넣고 있다. 그러므로 로마 카톨릭의 가르침과 실천은 이교적이다. 왜냐하면 성경은 여러 곳에서 우리에게 어떤 사제들이나 다른 매개물들 없이 오직 그리스도를 통해 하나님께 가도록 초대받고 있음을 보여주기 때문이다.

성경은 "하나님은 한 분이시요 또 하나님과 사람 사이에 중보도 한 분이시니 곧 사람이신 그리스도 예수라"(딤전 2:5)라고 가르치고 있다. 로마 카톨릭 교회는 많은 중보자들, 마리아, 사제들, 성인들, 천사들이 있으며 그들에게 기도하는 것이 바르고 적합하다고 가르친다. 그러나 어떤 로마 카톨릭 교회 내의 정직한 사제들은 그리스도만이 유일한 참 제사장이시며 유일한 참 중보자이시고, 자신의 사제로서의 봉사는 단지 미사 제사를 드림으로 죄를 사한다고 기만하는 기만자로서의 역할을 할 뿐이라는 사실을 더욱더 분명히 확인해 가고 있다.

2. 신약성경에 없는 인간 사제직을 위한 권위

인간 사제직에 관한 모든 이론들에 대한 결정적인 답이 실제로 신약성경 자체에서 발견된다. 신약성경은 우리에게 제사제도, 의식, 레위기법, 성전 등등을 포함한 옛 질서의 다른 요소들처럼 제사장직도 그 목적을 다했으므로 없어졌다는 것을 가르쳐 준다. 그리스도께서 오셔서 그의 사역을 통해 구속을 성취하심으로 그것을 예표했던 구약의 모든 율법적 제사의식적 체계는 폐기되었고, 한 단위로서 사라져버렸다. 로마 카톨릭이 한편으로는 그러한 체계의 다른 요소들을 버렸음에도 불구하고 제사장직을 유보하고 있다는 것은 매우 모순된다.

1952년 7월호 "시카고 루터 신학교 논문"(*Chicago Lutheran Theological Seminary Record*)에 실려있는 기고문은 명료하게 사제직의 이러한 점을 축약적으로 나타내 주고 있다.

"신약성경의 기자들은 장로와 사제에 대해 서로 다른 말로 구분하였다. 그것들은 전혀 똑같지 않으며, 신약성경은 결코 그것들을 혼동하지 않는다. 사제를 의미하는 곳에 프레스부테로스(헬라어로 '장로': presbuteros), 엘더(영어로 '장로': Elder)라는 말을 절대 사용하지 않았다. 사제에 해당하는 신약성경의 단어는 '히에레우스'(hiereus)이다. 호머 이후로 헬라어에서 이 단어는 단 하나의 의미만을 가졌었다. 그것은 어떤 종교 의식적인 예배에서 어떤 기술적인 역할을 담당하도록, 특별히 적합한 제사를 드리고 효과적인 기도를 하도록 임명된, 성별된, 또는 그러한 권한을 부여받은 사람을 의미하였다. 70인경에서도 마찬가지로 '히에레우스'가 사제에 해당하는 유일한 히브리어 단어인 구약성경의 '코헨'(kohen)과 '카헨'(kahen)을 — 항상 일정한 것은 아니었지만 — 규칙적으로 번역한 단어였다. 그것은 구약성경에서 이러한 의미로 400번 이상 나타난다. 신약성경에서도 '히에레우스'는 항상 제사장을 의미하였지, 결코 장로를 의미한 적이 없다. 이 단어의 일반적인 의미로서의 어떤 기독교인 제사장, 즉 제사를 드리고, 제사장적인 중보를 감당하고, 오로지 제사장만이 행할 수 있는 어떤 다른 행동을 하는, 특별한 역할을 부여받지 못한 다른 사람들과 대조적으로 그러한 자격을 지닌, 기독교인을 암시하는 그림자조차 신약성경 어느 곳에서도 발견되지 않는다. 히브리서는 오로지 그리스도께로만 제사장직과 대제사장직 모두를 돌리고 있다. 이 서신의 주장은 기독교인 제사장직이 그 기자에게 알려지지 않았다는 것을 지적하고 있는 것이 아니라, 그러한 제사장직은 결코 수락될 수 없다는 것을 지적하고 있다. 기독교인들이 제사장으로서 간주할 수 있는 분은 오로지 예수 뿐이다. 그는 모든 신자들을 위한 제사장의 역할을 완벽하게 그리고 영원토록 행하신다. 이 완벽하고 영원한 그의 제사장직은 더 이상 계속적인 인간 제사장직을 필요없게 그리고 시대착오적인 사고로 만들어 버렸다."

바울은 기독교 교회 내의 여러 다른 사역자들과 직분자들을 나열하고 있으며, 제사장직은 그것들에 속해 있지 않다. "그가 혹은 사도로, 혹은 선지자로, 혹은 복음 전하는 자로, 혹은 목사와 교사로 주셨으니"(엡 4:11). 그리고 또한 "하나님이 교회 중에 몇을 세우셨으니 첫째는 사도요 둘째는 선지자요 셋째는 교사요 ⋯ "(고전 12:28). 제사장들에 대해선 어떤 언급도 없다. 오로지 신약성경 내에서 인정하고 있는 중재적인 제사장직은 그리스도 즉 위대한 대제사장 뿐이며, 오로지 그에게만 '제사장'이란 칭호가 부여되었다. "네가 영원히 멜기세덱의 반차를 좇는 제사장이라"(히 7:17). "예수는 영원히 계시므로 그 제사 직분도 갈리지 아니하나니 그러므로 자기를 힘입어 하나님께 나아가는 자들을 온전히 구원하실 수 있으니 이는 그가 항상 살아서 저희를 위하여 간구하심이니라 이러한 대제사장은 우리에게 합당하니 거룩하고 악이 없고 더러움이 없고 죄인에게서 떠나 계시고 하늘보다 높이 되신 자라 저가 저 대제사장들이 먼저 자기 죄를 위하고 다음에 백성의 죄를 위하여 날마다 제사 드리는 것과 같이 할 필요가 없으니 이는 저가 단번에 자기를 드려 이루셨음이니라"(히 7:24~27). "저가 한 제물로 거룩하게 된 자들을 영원히 온전케 하셨느니라"(히 10:14).

제사장직이 구약성경의 질서 내에서 그리고 유대인의 사고 내에서 중요한 위치를 담당하였기 때문에, 하나님께서 그것에 관해 ― 어떻게 제사장들이 선택되고 임명되는지, 그리고 그들이 어떻게 근본적으로 다른 이 질서 내에서 그들의 역할을 수행하는지 ― 신약성경의 질서 내에서 계속 아무런 언급도 하지 않으신다는 것은 용인될 수 없었다. 중요한 사실은 구약성경의 제사장직은 인간적이며 아론의 핏줄을 따른 것이라는 점과 그것의 본성상, 제사장직이 일부를 담당했던 제사제도와 정교한 성전 예배처럼, 일시적인 형태 즉 다가올 실재에 대한 단지 그림자 또는 예표였다는 점이다. 따라서 그리스도께서 오셔서 그의 제사장직을 성취하심으로, 그것은 떠오르는 태양 앞에서 모든 별들이 빛을 잃어버리는 것처럼, 꽃잎들이 열매가 익기 전에 다 떨어져 버리는 것처럼 사라져 버렸다. 사제의 지위로서의 제사장직은 폐지되었다.

히브리서 내의 여러 장들은 구약의 제사장직은 폐지되었으며 희생제사를 드리는 제사장직은 기독교 내에 어느 곳에도 위치하지 않는다는 것을 보여주고 있다. 왜냐하면 그리스도께서는 "오직 자기 피로 영원한 속죄를 이루사 단번에 성소에 들어가셨으며"(히 9:12), "오직 그리스도는 죄를 위하여 한 영원한 제사를 드리셨기"(히 10:12) 때문이다. 수많은 동물 제물로 제사드린 많은 인간 제사장들은 오로지 그들이 장차 오실 참 대제사장과 단 한 번의 참된 제사를 나타내 주고 있었다는 이유로 그들의 하나님과 사람 사이의 화해의 사역이 유효하였다. 그러나 그 참 실재가 나타난 이후로는 그것에 선행했던 그림자들과 전형들은 더 이상 필요없게 되었다. 이제 우리는 그리스도의 제사에 관해서 들어보자. "이제 자기를 단번에 제사로 드려 죄를 없게 하시려고 세상 끝에 나타나셨느니라"(히 9:26). 또한 "예수 그리스도의 몸을 단번에 드리심으로 말미암아 우리가 거룩함을 얻었노라"(히 10:10).

따라서 그리스도의 제사는 오직 그분만이 하실 수 있으며, 결코 반복될 수 없는 '단 한 번만의' 제사였다. 그것은 본성상 최종적이었으며 완전하였다. 그것은 하나님의 사역이었으므로 창조 사역과 마찬가지로 인간에 의해 반복될 수 없다. 그 한 번의 제사에 의해 거의 모든 하나님의 공의의 요구들이 완전하게 그리고 영원하게 만족되었다. 최종적인 속죄가 이미 성취되었다. 부차적인 제사를 드리기 위해 또는 그 한 번의 제사를 영속화하기 위한 더 이상의 제사장직들은 필요없게 되었다. 그의 제사가 모든 제사들의 종식을 가져온 단번의 제사였기 때문이다. 이제 모든 사람들은 갈보리 위에서의 그 단 한 번의 제사를 지켜보자! 그리스도께서 갈보리 위에서 드리셨던 제사와 똑같은 제사라고 표현하는 어떤 계속적인 제사장직과 '피없는 미사의 반복'은 실제로 기독교 교회 내에 유대주의의 재현 또는 모조품이다.

옛질서 속에서 하나님과 인간 사이에 서 있었던 제사장 계층의 폐지는 그리스도께서 십자가 위에서 돌아가시던 그 순간 극적으로 분명해졌다. 그가 "다 이루었다"고 외치시던 바로 그때, 성소와 지성소를 구분하던 장막이 위에서 아래로 찢어지면서 이상한 소리가 성전을 가득 메웠다. 그때 일하고 있던 제사장들은 놀라운 눈초리로 찢어진 장막을 뚫어지게 쳐다보았다. 왜냐하면 하나님이 자신의 손으로 그 장막을 제거하시고 지성소로 들어가는 길을 열어 놓으셨기 때문이다. 이는 인간이 제사장의 중재를 통해 하나님께로 더 이상 접근하지 못한다는 것이 아니라 하나님께로 다가가는 길이 이제는 모든 사람들에게 열려있다는 것을 상징하기 때문이다.

그러나 하나님의 손에 찢기웠던 장막은 다시 제사장들의 손에 의해 예루살렘이 멸망하던 그 날까지 40여년 동안 복원된 성전 예배를 통해 제사들을 계속 드렸으며, 유대교에는 그 장막이 하나님과 인간 사이에 계속 서 있다. 오늘날 로마 카톨릭이 다시 그 장막을 깁고 있다. 위조 제물을 사용하여 미사 제사, 고해성사, 면죄부, 그리고 그와 같은 다른 제사장직의 도구들을 사용하여 하나님 자신이 제거하셨던 그 장막을 특정한 장소에 두고 있다. 비록 성경이 매우 명백하게 "하나님은 한 분이시요 또 하나님과 사람 사이에 중보도 한 분이시니 곧 사람이신 그리스도 예수라"(딤전 2:5)고 말하고 있음에도 불구하고, 오류로 가득 찬 인간 사제들, 성모 마리아, 그리고 죽은 성인들을 죄인들과 하나님 사이의 중보자들로 계속 위치시키고 있다.

따라서 로마 카톨릭 교회의 계속된 제사장직은 전적으로 비성경적이며 비기독교적이다. 그러한 사제직의 존재는 인간이 만들어 낸 발전으로 교회사 구석구석에서 추적해 낼 수 있다. 왜냐하면 그것은 사제들이 교회 내에 출현하기 시작했던 3, 4세기까지 없었기 때문이다. 그 체계는 밝혀지지 않은 악의 근원이었다. 그러나 교황의 지배권은 그 체계의 실행 위에 세워졌고, 그것의 영속에 의존하고 있다. 계층적인 사제직이 없었다면, 그 즉시 로마 카톨릭 체계는 무너졌을 것이다.

자기 자신을 결코 사제나 교황으로 여기지 않았던 사도 베드로는 자신을 많은 장로들 중의 하나로 부르는 것에 만족하였다. 그리고 그는 특별히 자신들에게 할당된 책임을 특별한 것인양 뻐겼던 그 로마 카톨릭 사제들의 가장 뚜렷한 잘못을 범하지 말도록 장로들에게 경고하였다. 오히려 그는 그들이 양떼들의 본으로서의 역할을 하도록 주장하였다. "너희 중 장로들에게 권하노니 나는 함께 장로 된 자요 그리스도의 고난의 증인이요 나타날 영광에 참예할 자로라 너희 중에 있는 하나님의 양 무리를 치되 부득이함으로 하지 말고 오직 하나님의 뜻을 좇아 자원함으로 하며 더러운 이를 위하여 하지 말고 오직 즐거운 뜻으로 하며 맡기운 자들에게 주장하는 자세를 하지 말고 오직 양 무리의 본이 되라"(벧전 5:1~3).

커버넌트 신학대학원의 구약학 교수인, 세인트 루이스에서 살고있는, 해리스(R. Laird Harris) 박사는 로마 교회에 의해 만들어진 제사장직의 변화들을 고려하면서 다음과 같이 썼다.

"1세기에 기독교에는 사제들이 전혀 없었다. 신약 어느 곳에서도 기독교 예배의 인도자를 기술하는 데 그 단어를 사용하지 않았다. 유대교의 제사장직은 변화되었으며(히 7:12), 이제 그리스도께서 우리의 "영원히 멜기세덱의 반차를 좇는 제사장"(히 7:17)이시다. 그런데 사실 컨프러터니티(Confraternity)역을 제외하고 듀웨이(Douay)역은 제사장이란 말을(기독교와 관련하여) 사용하였다. 그러나 헬라어 본은 결코 '제사장'(priest)이란 단어를 사용하지 않았으며, 라틴어 본도 '제사장'(Sacerdos)이란 단어를 사용하지 않았다. 이 명백한 듀웨이 역의 오역이 새로운 로마 카톨릭 공동 편집에서 바르게 교정되었다. 기독교 제사장들은 로마 카톨릭이 만들어낸 발명품이다"(소책자, 『근본적인 개신교 교리들』〈Fundamental Protestant Doctrines〉, Ⅱ. p. 3).

그러나 신자들의 만인 제사장직 교리는 단순히 사제직을 폐지한다는 소극적인 가르침만은 아니다. 왜냐하면 신자가 자신의 신앙과 생활에서 하나님만에 대해 책임을 져야 한다는 자유에 더하여 부가적인 책임이 있기 때문이다. 우리는 기독교 공동체의 구성원들이다. "오직 너희는 택하신 족속이요 왕 같은 제사장들이요 거룩한 나라요 그의 소유된 백성"(벧전 2:9)이다. 그러므로 우리는 기독교인으로서 평신도들이 아니며 기독교의 사업에 참여하든지 아니든지 간에 단순한 방관자들이 아니라, '제사장'들로서 선택된 사람들이다. 따라서 다른 사람들의 신앙과 생활들에 대해서도 오직 하나님에 대해 책임을 감당해야 한다. 우리는 이 구원의 소식을 알려야 할 의무 아래 있다. '평신도'란 단어도 신약성경에서 발견되지 않으며, 성경 어느 곳에서도 '평신도 운동'을 찾아볼 수 없다. 제사장은 다른 사람들의 생활에 전적으로 참여하며, 하나님에 대해서 다른 사람들에 대한 책임을 진다. 그는 다른 사람들에게 하나님을 알릴 특권과 의무를 지니고 있다. 그러므로 이러한 제사장직은 모든 신자들에게 적용되며, 다음과 같은 두 가지 요소로 이루어져 있다.

(1) 자기 자신을 위하여 기도를 통해 하나님에게 직접적으로 접근함
(2) 다른 사람들을 중재할 권리와 의무

우리가 이러한 개념을 이해할 때에서야 비로소 우리는 신자들의 만인제사장직 교리의 의미를 완전하고 풍요롭게 인식할 수 있다.

나아가, 우리는 왕적 제사장직에 있다. 이는 우리가 왕중의 왕이신 분에 의해 우리의 동료들 앞에서 그분의 제사장들이 되도록 부름받았고 선택되었다는 의미이다. 우리는 사제나 평신도가 아니다. 우리는 무엇보다도 먼저 구원의 소식을 알려야 할 개인적인 의무 아래 있는 왕적 제사장직을 감당하고 있다. 그리고 이 이상한 직분이 의미하는 모든 것과 그 직책을 받아들여 실제 우리의 모습인 왕적 제사장들로서 하나님의 가족 내에서 봉사하려는 그 백성의 기꺼움에, 바로 여기에 개신교의 힘이 있다.

3. 로마 사제직에 대한 주장들

죄의 고통 또는 파문 아래서 전로마 카톨릭이 받아들여야만 했던 트렌스 공의회는 다음과 같이 말한다.

"사제는 하나님의 사람, 하나님의 사역자이다. … 그러한 사제를 경멸하는 자는 하나님을 경멸하는 것, 그에게 귀 기울이는 자는 하나님에게 귀 기울이는 자이다. 사제는 하나님으로서 죄를 경감시킨다. 그리고 그가 자신의 육체를 제단으로 불러낸 것은 자신과 온 회중에 의해 하나님으로서 숭배된다. … 사제들의 역할은 더 이상 인식할 수 없을 정도로 가장 크다는 것은 명백하다. 그런 까닭에 그들은 바로 천사들 뿐 아니라 하나님이라고 불리워진다. 그리하여 그들은 영원 불멸하신 하나님의 권세와 권능을 우리 가운데서 행하고 있다."

비슷한 문맥으로 캐나다의 오타와 주교가 승인한 어떤 로마 카톨릭의 책은 다음과 같이 말하고 있다.

"사제가 없다면 우리 주님의 고난과 죽음은 우리에게 무용지물이었을 것이다. 사제의 권능을 보라! 그의 입술로부터 나온 한 마디에 의해 빵 조각을 하나님으로 변화시키지 않는가! 천지창조보다 더욱 위대한 사건이다."

"내가 만약 사제와 천사를 만난다면, 나는 천사에게 절하기 전에 먼저 사제에게 절할 것이다. 사제는 하나님과 동등하다."

설사 이런 말들이 정말로 신성모독이 아니라 할지라도, 로마 카톨릭 밖에 있는 수많은 기독교인들은 그 말들이 신성모독에 접근한 것이라고 생각한다. 확실히, 그러한 단언들은 오로지 하나님에게만 속한 권능을 횡령한 것이다.

로마교회가 자신의 사제직 교리의 근간으로 인용하고 있는 것들의 성경적 권위가 얼마나 빈약한지를 안다면 놀랄 것이다. 그들의 주된 그리고 거의 유일한 근거는 마태복음 16:18~19 두 구절이다. 그러나 그들은 이를 잘못 해석하였고, 그래서 다른 인간적 전승을 더함으로써, 성경 내의 참된 근거도 없을 뿐 아니라 실제로 성경과 반대되는 정교한 체계를 만들었다. 그리고 신자들에게 이를 유일한 해석이라고 가르치고 그들에게서 그밖의 다른 해석을 읽거나 들을 권리를 빼앗음으로써 수많은 사람들을 잘못 인도하였으며, 그 결과 그 많은 사람들이 그것이 참 기독교라고 믿게 되었다. 이 구절들은 다음과 같이 해석되었다.

"그리고 내가 너에게 말한다. 너는 베드로이다. 내가 이 돌 위에 내 교회를 세울 것이다. 그런즉 지옥의 문들이 감히 그것을 누르지 못할 것이다. 또 나는 너에게 하늘 나라의 열쇠들을 주겠다. 네가 무엇이든지 땅에서 매면 하늘에서도 매여있을 것이며 땅에서 풀면 하늘에도 풀려있을 것이다" (컨프러터니티 역).

이 구절들에 대해선 해석들이 매우 다양하다. 그러나 이 구절은 상징적인 단어를 포함하고 있으며 로마 카톨릭이 채택한 '돌', '열쇠들', '지옥의 문제들', '매다', '풀다'에 대한 해석만이 유일한 것이 아니며 또한 거의 찬성할 만한 것이 아니라는 사실만을 말하는 것으로 충분하다. 우리는 이 구절들을 베드로를 지상 교회의 비유적인 우두머리로서 논의할 때 연관시켜 더욱 충분히 다룰 것이다.

아마도 성경에서 밝혀진 교리들 중 로마 카톨릭의 제사장직에 대한 교리만큼 뒤집혀진 교리는 없을 것이다. 신약성경의 어떤 사역자나 직분자의 역할도 로마교회의 사제의 역할과 닮은 것이 없다. '대주교', '추기경'(그들은 오히려 '교회의 왕자'로 불리기를 좋아한다), '교황'과 같은 명칭들은 성경에서 전혀 발견되지 않는다. '주교'(감독관, 또는 목동)란 단어는 현재 로마교회가 사용하는 것과는 완전히 다른 직책을 의미하였다. 실제로 '주교'(episcopos)와 '장로'(presbyteros)는 상호 교환적으로 사용되었다. 장로들에는 두 종류가 있다. 즉 가르치는 장로교 목사와 교회의 일반적인 사건들에 대해 회중을 대변하는 치리 장로이다.

바울은 새로 설립된 교회들에 장로들을 임명하였고, 그의 조력자들인 디모데와 디도를 보내 모든 도시에서 장로를 선택하고 임명하는 데 가르침을 주었다(딤전 3:2~7; 딛 1:5). 중세 동안, 가르치는 장로가 제단에 선 사제가 되었고, 치리 장로의 기능은 실제로 어떤 권위도 회중의 손에 남아있지 않을 때까지 주교들, 추기경들 그리고 교황에 의해 침해당했으며 그러한 상황은 물론 오늘날까지 로마 카톨릭 교회 내에서 계속되고 있다. 로마는 신도들에게서 거의 모든 특권들을 빼앗았다.

그리스도께서는 모든 참 신자들로 구성된 그의 교회가 그에 의해 수여된 모든 권리들과 특권들을 즐기도록 의도하셨다. 그러나 로마교회는 그 백성들에게서 그 권리들과 특권들을 회수하여 그것들을 사제직에 투자하였다. 그리스도께서는 그의 제자들에게 겸손을 실행하고, 다른 사람들을 평등하게 인정하며, 서로 서로 섬기도록 명령하셨다(마 20:25~28; 23:8; 벧전 5:3; 고후 4:5). 그러나 로마교회는 이 평등을 부정하고 사제를 신성한 질서에 속한 독재자로 세워, 교구민들과는 전혀 다를 뿐 아니라 그들보다 우위에 있는 사람으로 세웠다. 신실한 로마 카톨릭 신자라면 사제가 말한 것에 주의해야 한다. 왜냐하면 사제의 위엄은 무엇보다 높기 때문이다. 사제는 그의 교구민들의 교회, 학교, 결혼, 자녀들, 가족, 일상적인 사건들, 정치적인 활동들, 그들이 읽어야 할 도서 목록들 등등 그리고 고해성사 때에 그가 상세하게 요구한 그 모든 것들에 관해 그들에게 명령한다. 태어나기 전부터 죽은 후까지 그 영향은 계속된다. 자상하게 고해성사를 받는 자 그리고 '양심의 감독관'으로서, 그리고 그의 교구민들에게는 하나님의 대변자로서 그의 말은 전혀 의문시되어서는 안된다.

로마 카톨릭의 영역 내에서 살고 있는 사람들의 매우 특징적인 요소로 사제에 대한 두려움과 불안은 이교도들이 주술사에 대해 갖는 두려움과 비견될 만하다. 그러한 체제 내의 활동들에 대해 관찰할 수 있는 좋은 기회를 가졌던 남부 아일랜드 출신의 사람은 다음과 같이 말한다.

"이러한 영향하에 결코 있어 본 적이 없는, 어려서부터 언론의 자유와 양심의 자유를 허락받은 성직자와 평신도간의 구별을 본 적이 없는 여러분은 로마 카톨릭의 사제들이 그들 자신의 영역 내의 평신도들에게 끼치는 영향력을 결코 이해할 수도, 앞으로도 결코 이해하지 못할 것이다"(마가레트 쉐퍼드, 『수녀원에서의 나의 생활』⟨My Life in the Convent⟩, p. 46).

로마 카톨릭은 기독교 신자와 성경에서 계시된 하나님의 지식 사이에 사제를 두고서, 그가 유일한 진리의 해석자라고 한다. 또한 죄를 고백하는 것과 죄를 용서하는 것 사이에 사제를 위치시킨다. 로마 카톨릭은 마지막 순간까지 이렇게 중간자적 위치를 고수할 것이며, 사제는 종부 성사에서도 영혼과 영원 사이에 서며, 죽음 이후에서조차도 그 영혼이 연옥에서 나와 천국의 기쁨에 들어가는 것도 친척들이나 친구들에 의해 대가가 지불된 사제의 기도에 여전히 의존하고 있다. 로마 카톨릭 사제들은 중보자들로서 자신들과 동정녀 마리아, 성인들을 선정해 놓고, 그들 교회의 구성원이 되는 것만이 구원을 위한 필수 불가결한 요구로 만들어 놓음으로 하나님과 인간 사이에 장막을 설치한다. 그런데 이러한 체계 내에서 어느 곳에 그리스도가 들어오실까? 만약 당신이 찾으려 한다면 당신은 그 분을 뒤꼍에서, 사제 뒤에서, 동정녀 뒤에서, 교회 뒤에서 발견할 것이다. 그러므로 로마 카톨릭의 영적인 삶은 나약하며 빈혈증세를 보이고 있으며 스페인, 이탈리아, 남 아일랜드, 퀘벡, 라틴 아메리카와 같은 로마 카톨릭 나라들이 영적 어두움에 빠져있다는 사실은 불가피한 결과이다.

사제의 도덕적 특성이 어떠하든 간에, 그의 기도들과 사역들은 유효하며 효험이 있다고 단언된다. 왜냐하면 그는 거룩한 질서들 내에 있기 때문이다. 트렌트 공의회는 "죽을 죄를 지으며 살고 있는 사제라 할지라도 그리스도의 사역자들과 똑같은 죄를 사하는 기능을 행한다"라고 공언하였다. 이미 잘 알려진 전반적인 사제들의 부도덕성이 만연하던 16세기 중반 바로 그 시기에 로마 카톨릭이 조금이라도 그 기능을 계속하려면, 그러한 공언이 필요하였다. 의사에 의해 주어진 약이 그 의사의 도덕성과는 무관하게 환자를 치료하였던 것과 같이 사제의 공적 행동들은 그의 인성과는 관계없이 유효하며 효험이 있다고 가정되었다. 사제가 교회에 충성하는 한 그는 '훌륭한 사제'로 평가되었고, 그에 의해 행해진 의식들과 예식들은 옳았다. 어떤 저자는 다음과 같이 말한다. "사제직의 체계가 매일 완수되는 그 방법을 당신이 본다면, 바로 그 순간 당신이 개신교도임을 기뻐하게 될 것이다."

거의 모든 개신교도들도 로마 카톨릭의 사제직과 인간을 구분하는 거대한 틈의 본질과 중요성을 인식하지 못하고 있다. 그러한 틈은 개신교 성직자와 그의 회중 사이에 결코 존재하지 않는다. 사제의 특별한 미사드릴 때 나타나는 지혜와 거룩성의 허구가, 겁에 질려있고 존경심으로 가득 찬 카톨릭 평신도들로부터 사제를 구별케 한다. 아직도 로마교회는 성직자와 평신도 사이에 긴밀한 통일성이 존재한다는 것을 세상이 믿게 만들려고 애쓰고 있다. 그리고 계급 제도에 대한 정치적 음모들에 관해 카톨릭 신자들은 거의 전적으로 무지하기 때문에, 그들은 로마 카톨릭의 이름으로 제시된 프로그램은 무엇이든지 기꺼이 행동을 같이하며 뿐만 아니라 그렇게 하는 것에 대해 자부심을 갖는다.

성경의 가르침과 지상 교회의 실행에 걸맞다고 우리가 믿고 있는 우리의 사역자 선택 방법은 그가 상부 질서에 속해있다는 이유가 아니라 그의 동료들에게 영적인 일들을 전할 능력을 가지고 있다는 우리의 신념과 그는 정직하게, 겸손하게, 신실하게, 정의롭게 살 것이라는 우리의 믿음 때문에 그 사람을 선택한다. 일반적으로 성직자는 결혼하여 가정을 이룬다. 왜냐하면 이것이 인간의 자연스런 상태이며, 그렇게 함으로써 독신의 사제보다 더욱 그의 백성들과 친밀해지기 때문이다. 그러나 그는 그 백성의 뜻에 따라 다스리도록 하기 위해서가 아니라 성경에 계시된 그리스도의 뜻에 따라 다스리도록 그 백성에 의해 선택된다. 그는 받기 위해서가 아니라 베풀기 위해서 영적 지도자, 친구, 카운셀러로서 양떼들 사이에 있다.

4. 기독교 성직자는 희생제물을 바치는 성직자가 아니다

우리는 하나님 앞에서 인간을 대변하고, 제사를 드리며, 인간들을 위해 중재하고, 그렇게 함으로써 하나님께서 인간에게 호의를 가지시도록, 즉 인간들에게 자비를 베푸시도록 하는 것이 제사장의 일이라는 것을 말해 왔다. 유대교를 포함한 모든 기독교 이전의 종교들에는 두 가지 공통된 요소들이 있었다. 즉 (1) 인간 제사장직, (2) 불완전한 구원을 제공하는 가르침. 이러한 경우에 바로 그 본성상 그들의 제사들은 제한된 가치를 지녔으며 따라서 불충분하였다. 그래서 이방 종교들에서 이는 일반적으로 여전히 구원받지 못한 죄인이 그의 죄를 더욱더 속죄받도록 해주는 죽음 이후의 후생에 대한 믿음을 이끌어 냈다. 유대교에서 그것은 날마다 똑같은 의식이 반복되는 결코 끝이 없는 제사로 나타났다.

그런데 이제 로마 카톨릭이 비록 기독교라 하면서도 그와 같은 똑같은 두 가지 요소를 모두 가지고 있다. 로마 카톨릭은 인간 제사장직을 주장한다. 그리고 이생에서의 구원은 불완전한 것이어서 죽음 이후에 연옥에서 상당한 시간 동안 고통을 받아야 하며 반복되는 미사만이 죄의 대가를 지불한다고 가르친다. 그러나 개신교는 그리스도께서 오셔서 갈보리 위에서 그의 사역을 완수하심으로 새로운 한 가지 요소가 더해졌으며, 그것은 다른 두 가지 요소를 모두 제거시켜 버린 '복음' 즉 그리스도는 하나님이시며 인간이시기 때문에 그의 제사는 무한한 가치를 가지고 있으며 따라서 그것은 완전하였고 유효하며 최종적이었다는 것을 가르친다.

이는 히브리서에 명확하게 기록되어 있다.

"이 뜻을 좇아 예수 그리스도의 몸을 단번에 드리심으로 말미암아 우리가 거룩함을 얻었노라 제사장마다 매일 서서 섬기며 자주 같은 제사를 드리되 이 제사는 언제든지 죄를 없게 하지 못하거니와 오직 그리스도는 죄를 위하여 한 영원한 제사를 드리시고 하나님 우편에 앉으사 그 후에 자기 원수들로 자기 발등상이 되게 하실 때까지 기다리시나니 저가 한 제물로 거룩하게 된 자들을 영원히 온전케 하셨느니라"(10:10~14).

또한

"저가 저 대제사장들이 먼저 자기 죄를 위하고 다음에 백성의 죄를 위하여 날마다 제사 드리는 것과 같이 할 필요가 없으니 이는 저가 단번에 자기를 드려 이루셨음이니라"(7:27).

여기서 우리는 먼저 기독교 이전의 불완전한 구원이라는 요소가 그리스도에 의해서 단 한 번에 유효하게 드려진 제사를 통해 얻은 완전한 구원에 의해 무용화되었음을 배운다. 그리고 둘째로 매일 인간들의 죄를 위해 드려지는 제사를 감당한 인간 제사장직이 그리스도께서 자신을 드린 그 순간 단번에 드린 속죄제사에 의해 폐지되었다. 이는 나아가 죄는 죽음 이후에 속죄되는 것이 아니라는 것을 의미한다. 즉 우리는 절반쯤 구원받은 것이 아니라 완전하게 구원되었으며, 따라서 연옥과 같은 그러한 장소는 있을 수 없다.

유대교 제사장직에는 (1) 많은 제사장들이 있고, (2) 그들은 결점을 가진 인간들이었고, (3) 그들은 자기 자신들의 죄와 다른 사람들의 죄를 위하여 수차례 제사를 반복해야 할 필요가 있었다. 이와 똑같은 이유들이 로마 카톨릭을 거부하는 데 같은 능력을 발휘한다. 즉 (1) 로마 카톨릭 제사장들은 또한 많다. (2) 그들 또한 결점을 가진 인간들이다. 그리고 (3) 그들 또한 여러 번 자기 자신들과 백성들을 위해 제사를 반복한다. 유대 제사장직의 일은 본질상 영원할 수 없다. 왜냐하면 그것은 단지 그리스도에 의해 완수된 그 사역의 전조 또는 예고였기 때문이다. 그러나 그리스도에 의해 '단 한 번에' 드려진 '한 제사'는 그의 백성들의 죄값을 지불하였으나 따라서 제사 의식을 성취함으로 더 이상의 제사들이 불필요하게 되었다. 그러므로 기독교 질서 내에는 희생 제사를 드리는 제사장직은 없다.

이와 똑같은 진리를 우리는 그리스도께서 그의 사역을 완수하신 후 하나님 우편에 '앉으셨다'는 말에서도 배운다. 왜냐하면 이것은 그의 사역이 끝났고, 더 이상 더해질 것이 없다는 것을 상징하기 때문이다. 히브리서 1:3은 "이는 하나님의 영광의 광채시요 그 본체의 형상이시라 그의 능력의 말씀으로 만물을 붙드시며 죄를 정결케 하는 일을 하시고 높은 곳에 계신 위엄의 우편에 앉으셨느니라"고 말하고 있다. 그리고 히브리서 10:12~13에는 "오직 그리스도는 죄를 위하여 한 영원한 제사를 드리시고 하나님 우편에 앉으사 그 후에 자기 원수들로 자기 발등상이 되게 하실 때까지" 기다리신다.

그리스도의 희생제사의 사역의 위대성, 완전성, 최종성은 그의 왕적 휴식에서 발견된다. 그가 앉아계신다는 사실은 장막과 성전 안에는 제사장들이 앉아서 쉴 수 있는 자리가 없었기 때문에 특별한 관심을 받고 있다. 제사장들의 일은 결코 끝나지 않았다. 그들의 제사는 매일 반복되어야만 했다. 왜냐하면 그들에게는 구원의 능력이 없었기 때문이다. 따라서 그들의 임무는 끊임없었다. 그러나 그리스도의 사역은 완전히 다르다. 자기 자신을 제사드린 그의 제사는 '단 한 번'이었다. 그 한 번의 제사에 의해 그는 죄인들과 죄에 대해 완벽한 준비를 하셨다. 따라서 우리의 대제사장으로서 그는 권좌에 앉아 계시며, 지금 그의 적들이 굴복하여 그의 왕국이 무르익을 때까지 기다리고 계신다.

그리스도께서 그의 제자들을 파송하실 때, 그들에게 설교하고 가르치라고 명령하셨지만, 제사에 관해서는 한 마디도 언급하지 않으셨다는 것은 매우 관심있는 주목거리이다. 대 선교 위임령에서 그는 "그러므로 너희는 가서 모든 족속으로 제자를 삼아 … 세례를 주고 … 가르쳐 지키게 하라 … "(마 28:19 ~ 20). 아직도 로마 카톨릭 사제직의 가장 현저한 특징은 희생제사적인 특성이다. 미사가 바로 예배의 핵심이다. 사제 서품식 첫머리에서 사제는 다음과 같은 말을 듣는다. "산 자를 위하여, 죽은 자를 위하여 하나님께 제사를 드리고, 미사들을 축복할 권능을 당신은 받으십시오. 주님의 이름으로. 아멘."

사도행전에는 교회들을 세우는 것, 말씀을 전하는 것, 기독교인들의 모임, 교회들을 다스리는 것, 잘못을 변호하는 자들과의 논쟁 문제에 관한 많은 언급들이 있다. 그러나 제사를 드리는 제사장직에 대해선 아무런 언급도 없다. 바울은 유사하게 그의 모든 서신들에서 성직자의 임무들에 관해 많은 지침들을 주었다. 그러나 성직자들이 제사를 드린다는 것을 암시하는 곳은 어느 곳에도 없으며, 미사를 비유하고 있는 것도 어느 곳에도 없다! 우리가 이미 알고 있는 것처럼 제사장에 해당하는 헬라어 '히에레우스'는 신약성경의 사역자들에게 결코 적용되지 않았다. 만약 이것이 초기 사역자들의 일이었다면, 성경에서 우리가 그것에 관한 언급을 전혀 찾을 수 없었다는 것이 참으로 이상하지 않은가!

그러나 이와 반대로, 후기에 로마 카톨릭이 발전한 후에 우리는 미사에 관한 언급들—그것이 어떻게, 언제, 얼마나 자주, 그리고 어떠한 상황들하에서 시행되어야 하는가 하는 것들—로 가득 차있는 로마 교회 대변자들의 저서들을 발견한다. 오늘날처럼 중세에도 그것이 로마 예배의 가장 두드러진 특징이었으며, 그들이 표현하고 있는 것처럼 근본적인 일이었다. 확실히 미사 제사는 후기에 발전된 근본적인 배교이며, 로마 카톨릭의 사제직은 초대 교회에게는 매우 낯설었던 어떤 체계를 뒤따르고 있음이 명확하다.

개신교로 개종한 몇몇 로마 카톨릭 신자들은 그들이 로마 교회를 떠나기 전에 자신들을 상처입혔던 비난들의 대부분은 성경이, 교황과 사제직을 신적 권위를 부여받은 대리인들로서 가르칠 권한을 말하고 있지 않다는 것과 제단 위에 축복받은 제물이 신약성경에는 전혀 존재하지 않는다는 것을 단언한 것들이었다고 말하였다. 그러나 그들은 좀더 연구해 본 뒤에 실상이 그러하였으며 사실 사제직을 지원하는 것은 오로지 인간들의 전승뿐이라는 결론을 내릴 수밖에 없었다.

사제직에 관한 우리의 결론은 그리스도만이 우리의 참된 대제사장이시며, 하나님과 인간 사이의 유일한 중보자이시며 구약성경 전체의 의식과 제사와 제사장직이 내다본 실재이시며, 그가 그의 사역을 성취하신 바로 그 순간 그러한 모든 체계들은 폐기되었다는 것이다. 결론적으로 우리는, 로마 카톨릭에서든지 이교에서든지 간에, 모든 인간적인 그리고 지상적인 제사장들을 거부하며, 그들의 계속적인 실행을 하나님의 권위를 빼앗으려는 시도로 간주한다.

5. 사제직을 위한 훈련

미국에 거의 56,540명의 로마 카톨릭 사제들이 있다. 그리고 『공식의 예배규칙서』(The Official Catholic Directory, 1963. 5.)에 따르면 237명의 주교들, 대주교들, 추기경들이 미국의 계층구조를 이루고 있다. 사제들의 상당 부분, 약 34,465명이 교구 사제이며 그들의 사역은 지역 교회들 내에 있는 반면에, 나머지 약 22,075명은 다양한 종교적 집단, 즉 프란시스코회, 도미니카회, 베네딕트회, 예수회에 속해있다. 이러한 다양한 수도회에 속해 있는 사람들은 어떤 특별한 사역으로 전문화되는 경향을 보인다. 즉 이들은 다양한 영역들에서 상당히 겹쳐있지만, 프란시스코 회원들은 고통과 결핍을 구제하는 데 헌신하고 있으며, 도미니카 회원들은 신학적 목회적 연구들에, 그리고 예수회 회원들은 교육분야에, 베네딕트 회원들은 학교와 교회에서의 봉사에 헌신하고 있다. 세계적으로 약 35,000명의 예수회 회원들이 있으며, 그들 중에 약 8,000명이 미국에서 살고 있다. 몇몇 수녀들이 수녀원에 은둔해 있지만, 일차적으로 학교와 병원에서 일하는 약 177,000여명의 수녀들이 미국 내에 있다.

많은 사람들은 매우 많은 젊은이들이 로마 카톨릭 교회의 엄격한 체계에 사제와 수녀로서 자신의 일생을 바치기로 선택한 이유를 이해하기가 무척 어렵다는 것을 알고 있다. 그 대답은 그들 대부분이 자유로운 인격적 선택의 결과로서 들어간 것이 아니라, 유망한 소년 소녀들에게 주의를 기울이도록 명령받은 사제들에 의해 다소의 설득과 유혹으로 보통 매우 어릴 때, 즉 16세에서 18세 사이에 징집되기 때문이다. 젊은이들의 인격, 야망, 문제들을 깊이 알 수 있는 기회를 사제들에게 제공하는 고해성사는 그러한 사제나 수녀로의 유혹에 대해 매우 훌륭한 기회를 제공한다. 로마교회는 그러한 인적 자원들에서 후보자를 구하며, 소년소녀들의 정신적인 이상이 가장 활발할 때 그러나 환상적이고 피상적인 바로 그 시기에 그들에게서 서약을 받으려고 애쓴다. 그 시기는 소년들의 야망이 가장 용솟음칠 때이며 그들이 더 나은 세상을 건설하기 위해 자기 희생의 충동을 느낄 때이다. 로마교회가 원하는 그들은 대부분 사제들에 의해 선택되고, 상당한 기간에 걸쳐 양성되며, 때때로 그 기간이 수년일 때도 있다. 그래서 비록 사제가 된 그들이 원하는 모든 것을 성공적으로 전혀 얻지 못하지만, 다양한 봉사의 영역들로 인도된다. 그 결과 사제직이나 수도원 생활에 대한 자연스런 흥미를 전혀 느끼지 못했던 많은 소년들과 소녀들은 그 길을 따르고 있는 자신들의 모습을 발견하게 되고 그 결과들을 깨닫기 전에 다소간 거기에 속박되게 된다.

결국 사제가 된 사람들의 대부분은 중류층이나 하류층 가정에서 뽑혀지고, 그 소년들 대부분은 고등 교육이나 더 나은 삶의 기회를 가지지 못해, 그들에겐 사제 서품식이 그들 가족이 그들에게 줄 수 없는 일류지위로의 승격의 의미를 갖는다. 대부분의 훈련은 무료로 제공된다. 그들의 새로운 지위, 멋있는 사제관, 화려한 예복, 그리고 아름다운 자동차들에서 그들은 교구신자들 보다 더 우위에 있다고 느낄 수 있다. 그들은 그들이 획득한 이익들을 위해 계층 구조를 더욱 고맙게 여기며, 가장 쉽게 통제된다. 그러한 체계에서 훈련받고 통제받은 그들은 변화시킬 여지를 느끼지 못한다. 이는 특별히, 사제이건 수녀이건 간에, 고아 출신들에게 더욱 그러하다. 그들이 실제로 그 체계의 희생양들이다. 그러한 상황이 불건전하고 매우 불공평하지만, 고치거나 통제하기가 매우 어렵다.

전임 영국 사제였던 조셉 맥카베(Joseph Macabe)는 그의 책, 『교황들과 그들의 교회』(The Popes and Their Church)에서 많은 학교를 운영하고 있는 예수회와 베네딕트 수도회는 중간층들에 더욱 호소하고 있으나, 대체로 더 높은 수준의 학생들을 확보하는 데는 실패하고 있다고 말한다. 또한 사제들의 지적, 도덕적 수준은 선생들과 박사들의 수준만큼 거의 높지 않으며, 단지 소수만이 예외적인 능력이나 더 깊은 종교적 의견을 가지고 있다고 말한다. 다른 저자들도 본질적으로 그와 똑같은 것을 말하고 있다. 나아가 어떤 가족이 사제나 수녀를 배출하였다는 것은 특별한 영광이며, 로마교회는 그렇게 선택된 사람들의 가족들을 위해 때때로 매우 상당한 일반적인 특권들과 호의들을 베푼다는 생각이 로마 카톨릭 내에 조성되어 있다. 로마 카톨릭의 고용직에 들어가기는 쉽지만, 서약한 이후에 나오는 것이 진짜 문제이다.

　로마 카톨릭 사제들은 왜 그렇게밖에 행동할 수 없으며, 그들의 사제직이 어떻게 해서 그들을 그렇게 확고하게 붙잡을 수 있는지 이해하기 위해서는 그들이 받고 있는 훈련을 아는 것이 필요하다. 맥루글린 씨가 그것을 명확하게 제시하고 있으며, 우리는 캘리포니아 산타바바라에 있는 성 안토니 신학원에서 그가 받았던 훈련을 자세하게 공개할 것이다. 그가 우리에게 준 정보는 1922~1927년 동안에 있었던 것이다.

　"한 소년이 신학원에 들어간 그 순간부터 12년은 세상이 지금까지 알고 있는 것 중 가장 철저한 그리고 효과적인 지식주입으로 시작된다. 그것은 서서히 소년기의 합법적인 즐거움들, 학과들에 있어서 경쟁력 자극, 그리고 일상적인 교구 교회들에서는 볼 수 없는 고대 종교 형태의 화려한 허식을 혼합해가며 시작된다. 그리고 12년 후에 중세의 미신적 행위들에 대한 정신적 수용과 엄위 그리고 티벳의 얼어붙은 고립된 산들 위에 있는 불교 수도승들과 같은 케케묵은 종교적 관념들을 가진 채 끝마친다. 로웰 토마스의 『세상의 꼭대기에서』(On Top of the World) 내의 티벳에 관한 이야기가 미국의 도시들과 시골들에 널리 퍼져있는 수많은 로마 카톨릭 신학원에서 그와 비슷하게 일어나고 있다는 것에 비카톨릭 미국인들은 놀랄 것이다.

　사제직 훈련 과정은 크게 두 기간으로 구분된다. 첫 6년은 하급 신학원에서 보낸다—고등학교에 해당되는 4년 그리고 대학의 교양과정에 상당하는 2년. 상급 신학원은 마지막 대학 과정 동안 제공되며, 주로 카톨릭 철학에 몰두한다. 그리고 카톨릭 신학의 모든 복잡한 것들을 훈련하는 데 4년이 더해진다. 하급 신학원과 상급 신학원 사이에 수도회들(프란시스코회, 도미니크회, 빈센트회)에서는 종교적인 주입을 완전케 하기 위해 1년을 둔다. 이는 수련기간이다. …

　고등학교 과정에서조차도 우리의 모든 교과서들은 카톨릭 저자들에 의해서 쓰여졌다. 일간지들은 허락되지 않으며, 비카톨릭 잡지들도 안된다. 모든 우편물은 통제 부장 사제에 의해 뜯겨지며, 만약 그가 적절하다고 판단하면, 그 편지들은 몰수된다. 밖으로 보내는 모든 편지들은 개봉된 채 규율부에 놓여져야 했다. 신문들과 영화들처럼, 라디오도 하급 신학원생들에게는 금지되었다. 사제들이 관할하던 휴게실의 라디오는 그들에게 허락되었으나, 우리는 그 휴게실에 접근하지 못하였다. 우리는 점차 세상으로부터 격리되었으며, 뿐만 아니라 비카톨릭 대중들이 우리를 싫어하며 그들에게 기회만 주어진다면 그들은 우리를 괴롭힐 것일지도 모른다는 느낌을 지닌 채 성장하였다.

이 하급생 시절 동안 소년들은 교회와의 아무런 공적 유대관계를 맺지 않는다. 그들은 언제라도, 어떤 형벌을 받지 않고서, 그 신학원을 떠날 수 있다. 많은 소년들이 그랬었다. 그리고 다른 많은 이들이 지적으로 또는 세상적으로 앞서의 강력한 의식화를 감당할 만한 자질이 부족하다는 이유로 추방되었다.

신입생들의 입학식은 수세기 동안 웅장한 형식으로 내려왔다. 프란시스코 수도회 내의 사제직 지원자는 마음 속으로 앗시시(Assis)의 옛 길을 걷고 있는, 신성시되고 있는 수도원 방들에서 식사를 하고 있는, 6세기의 대 그레고리 찬가를 부르고 있는 자신을 깨닫는다. '옛' 사람과의 절연과 '새로운' 영적인 삶의 출발을 더욱 효과적으로 상징화하기 위하여, 우리의 이름들조차 바뀌었다. 나는 존 패트릭(John Patrick)이라 불리웠었다. 그러나 나는 지금 에메트(Emmett)라는 — 라틴어로는 엠마투스(Emmatus) — 초기 아일랜드와 프랑스의 역사 내에 그 기억도 희미한 성인의 이름으로 불리워진다. …

이 기간 동안의 미국 생활로부터의 고립과 카톨릭 교회의 '정신' 의식화가 너무 강력하여 나는 나 혼자만이 참 기독교인이며 하나님과 교제할 특권을 가지고 있다고 생각하게 되었다. 나는 미국의 생활방식은 로마 제국의 재탄생으로 이교적이며 죄많은 것이고, 역사의 그와 똑같은 불행한 운명의 잔재들로 운명지어졌다고 믿었다. 나는 미국 정부가 잘못을 저지르고 있지만 관대하게 취급되어질 수 있다고 생각하게 되었다. 즉 미국 정부는 다른 교회들에게 자유를 부여하고 있기 때문에 잘못을 저지르고 있지만, 로마 카톨릭 교회에 무제한의 자유를 주고 있기 때문에 너그럽게 보아줄 수 있었다. 나는 이상적인 정부 형태로 로마 카톨릭 교회가 되어야 한다고 믿었다. 왜냐하면 나의 정신은 그곳에 격리되어 살고 있었기 때문이다. 즉 교황이 왕들을 임명해야 한다. 이는 정권이 하나님으로부터 그분의 대변인인 교황을 통해 왕들에게 주어지기 때문이었다. 시민의 권리, 즉 피지배자들의 의견합일을 통해 법률과 정치의 과정들이 진행되도록 하는 인간의 권리에 대한 어릴 적의 생각들이 토마스 아퀴나스와 도덕 신학자들의 반복된 가르침하에서 점차 사라져갔다. 조국의 헌법과 주들의 법률들은 로마 카톨릭 교회의 전능한 법령과 비교되어 사소한 것들로 흐릿해져 갔다. 나는 실제로 로마교회의 한 시민이 되었으며, 우연히 미국에서 살게 된 것일 뿐이었다.

그러한 강력한 의식화가 파시즘, 나찌즘, 그리고 공산주의에 의해 복제되었을 때야 비로소 그것은 로마 카톨릭 교회 밖의 서구 세계에 알려졌다. 6년 이상의 신참의 세월 이후에도 사제직을 위한 훈련은 계속된다. 우리는 우리의 가족들 중 누군가가 죽었을 때만을 제외하곤 심지어 방학 중에도, 가정 방문이 더 이상 허락되지 않았다. …

모든 신학원들의 의식화 과정은 라틴어 사용에 의해 강화된다. 모든 카톨릭의 철학과 신학 교과서들은 라틴어로 되어 있다. 교수들의 강의들은(적어도 나 때까지만 해도) 라틴어로 진행되었다. 시험들도 라틴어로 치르어졌다. 잠재의식적으로 우리는 대통령들과 정치가들 또는 노동조합들과 자본가들의 시대가 아니라 주인들과 노예들, 왕들과 농노들, 하나님을 대변하는 교황들, 그리고 자신들의 결정들이 하나님 자신의 보좌로부터 나온 것이라고 온순하게 여겼던 신실한 자들의 시대에 살고 있었다.

로마 카톨릭 교회의 수도회들이 그들의 사제직 지원자들을 헌신적인 생활에 결속시켰던 고리들은 순종, 가난, 그리고 순결이라는 세 가지 서약들이다.

순종의 서약이 셋 중에서 가장 중요하다. 그것은 모든 교회의 고위층들을 로마교회와 동일시하는 것이며, 로마 카톨릭 교회를 하나님과 동일시하는 것이다. 종교 단체나 교회의 상급자들의 모든 명령은, 그것이 설사 까다롭더라도, 잘못 충고하고 있을지라도, 또는 부당한 것일지라도, 하나님 그분의 명령으로 간주되어야만 하며, 죄의 형벌하에서 하나님의 명령으로서 순종되어야 한다.

모든 프란시스코파 수도승들의 의복은 줄로 허리를 묶게 되어 있다. 그리고 한 가닥이 옆구리에 매달려 있는데 그것은 세 가지 서약—가난, 순결, 그리고 (가장 아랫 매듭은) 순종—을 상징하는 세 개의 매듭이 있다. 풋내기 프란시스코 수도자는 그 지역 상관에게 인사할 때 한 쪽 무릎을 꿇고서 먼저 그 상관의 허리띠의 가장 낮은 매듭에 입맞추고 그 다음에 그의 손에 입맞추도록 훈련받는다. 그것은 완전한, 비굴한, 무조건적인 순종의 상징이다. …

학생 사제는 금식, 자기 부인, 그리고 심지어는 육체적인 고통을 통해 육체의 욕구를 부셔야만 한다. 많은 미국인들은 육욕을 억제하기 위해 거친 모직 내의를 걸치고, 허리띠를 졸라매며, 널판지나 텅 빈 관안에서 잠을 잤던 기독교 중세 초기 시대의 금욕주의자들과 운둔자들에 대해 읽었을 것이다. 그러나 미국에 있는 프란시스코파 사제들을 위한 상급 신학원들 내의 각 방들 또는 침실의 문 안쪽에 회초리나 채찍이 걸려있다는 것을 안다면 미국인들은 놀랄 것이다. 그것은 몇 가닥의 육중한 끈들로 이루어져 있으며, 각각의 끝에는 매듭이 지어져 있다. 월요일, 수요일, 금요일 밤 5시 45분마다, 우리는 방문을 닫고서, '미제레레'(애원)의 찬가에 맞추어 옷을 벗고 우리의 육체를 굴복시키기 위하여 매질하였다. 감독관은 복도를 순시하면서 때리는 소리 ― 복종의 증표 ― 를 들었다. …

부정한 것과 정결한 것 사이의 구분이 우리의 마음 속에서는 파악되기 어려워 우리는 그것을 분별할 수 없었다. 우리는 여자들과의 관계의 위험들에 관해 끊임없이 경고받았다. 성자들은 그녀들을 악의 도구들, 즉 그녀들 자신들이 아름다운 형태를 입은 악마들이고, 하나님에 의해 남자들의 순결의 미덕을 시험하도록 그 존재가 허락된 도구들로서 특징지웠다"(『사람들의 신부』, pp. 7~18).

이 책 결론 부분에서, 맥루글린은 다음과 같이 말한다.

"비카톨릭 미국인들에게 나는 실제로 존재하고 있는 사제직 내의 생활들을 묘사하려고 시도하였다. 나는 그 신학원의 오랜, 편협된, 그러나 효과적인 정신적 의식화를 강조하였다. 그것은 어린 소년들을 그들의 가정으로부터 빼앗아 청년기라는 형성 시기 동안 그들을 사회로부터, 세상의 사건들로부터, 현대 교육으로부터 격리된 담 안에 가두어 둔 후, 미국에서 철저하게 헌신하고 있는 러시아 칙사처럼 사제서품 이후에 '포도원'으로 보내진다. 나는 그들이 미국의 자유와 일상적인 생활에 대한 환상을 깨고서 그것들을 동경하게 된 후에도 오랫동안 그들을 그들의 종교적인 위치들에 매이게 하는 두렵고 떨리는 그 독재를 묘사하였다. 나는, 내 자신의 경험과 유사한 것들을 통해, 로마 교회를 맹목적으로 추종하는 카톨릭 신자들로부터 그 진실을 감추기 위해 로마교회가 고의로 확산시켜 온 ― 생각, 예배, 행동, 삶 그 자체의 자유를 질식시키는 ― 독기어린 안개를 보여주려고 노력하였다. 나는 이 이국적인 일이 매우 정교하고, 전혀 솔직하지 못하며, 공산주의 자체만큼 미국의 생활 개념에 해롭다는 것을 주장한다. 그것은 종종 모든 국가들을 가난과 무지에 빠뜨림으로써, 그리고 크레믈린이 개발하고 있는 고문 기술, 의식화 기술, 정신적인 독재 기술을 개발케 함으로써 공산주의의 간접적인 원인이 되기도 한다. 16세기의 로마 카톨릭에 의해 주도된 종교재판이 체코슬로바키아, 폴란드, 그리고 러시아의 공산주의자들에 의해 자행되는 정치적 박해에서 그 유사성이 발견된다"(p. 279).

우리는 가능한 한 모든 사람들이 맥루글린 씨의 이 매우 유익한 재미있는 책을 읽도록 권장한다. 그것은 로마 카톨릭 교회를 상세히 알고 있는 사람에 의해 참된 기독교 정신으로 쓰여졌으며 앙심이나 미움, 또는 복수심으로 쓰여진 것이 아니라 로마 카톨릭 신자들 자신들에게 그들의 계층 구조 내에서 비밀리에 진행되고 있는 일들을 숙지시키기 위하여, 그리고 로마교회 밖에 있는 사람들에게 우리의 자유스럽고 호의적인 이 땅에서 매우 호화롭게 성장해 가고 있으나 그와 동시에 로마교회가 통제하는 그러한 지역들에선 사고와 행위를 교살하고 있는 그 본성에 관해 알리기 위해 쓰여졌다.

우리는 사제직을 준비하는 과정이 화려하고 엄숙한 사제 서품식에서 그 절정에 다달으며, 거기에서 주교는 다음과 같은 섬짓한 말을 선언하고 있음을 첨가해야 한다. "당신은 멜기세덱의 반차를 좇은 영원한 사제입니다." 신참 사제는 자신과 로마교회 세계를 위하여 '또 하나의 다른 예수'(alter christus)가 되며, 그는 미사를 통해 그리스도께서 십자가 위에서 드렸던 그와 똑같은 제사를 드린다. 사람들은 그 앞에서 고개숙이며 존경과 복종의 표로 그의 손에 입맞춘다. 특별한 허락으로 서품이 보다 일찍 행해질 수 있지만 보통 사제는 24세 이전에는 임명되지 않는다. 법령에 따르면, 일단 서품된 사제는 결코 그의 성직을 잃을 수 없다. 설사 그가 로마 카톨릭 교회를 떠나 그것을 포기하고 개신교 목회자가 된다 할지라도, 회개하고 되돌아 올 때까지는 사제로서의 기능을 할 수 없지만, 그래도 여전히 사제이다.

6. 사제직 속의 그룹과 평신도 속의 그룹들

풋내기 신참자들이 그들의 기나긴 준비과정을 마치고 사제로서 임명된 후에, 이제 자신들 스스로 알게 된 주변환경들에 대해 어떠한 반응을 보이는가? 로마 카톨릭 교회 내의 상황들에 대해 상세한 지식을 가지고서 저술한 이전에 로마 카톨릭 신도였던 드 스미스(Dee Smith)는 그들이 신학원을 나온 후에 다음과 같은 매우 명확하게 구분되는 세 부류들로 점차 진전됨을 발견하였다. (1) 고지식한 부류들, (2) (로마 카톨릭에 대해) 환멸을 느낀 부류들, (3) 카톨릭 내의 공격적인 부류들. 그는 다음과 같이 말한다.

(1) 고지식한 부류들은 그들 자신들이 너무나 순진하여 결코 다른 사람들의 정직에 대해 의문을 제기하지 않는 존경할 만한 영혼들이다. 그들이 사제 친구들 사이에서의 위선과 부패를 반복적으로 경험한다 해도 그들의 신앙을 흔들거나 그들의 무한한 순결을 소멸시키기에는 불충분하다. 그러한 사제들은 결코 상위 사제직에 진출하지 않는다. 그들은 도시 빈민 소교구들, 외딴 시골 역들, 또는 선교 지역에서 제외된 곳에서 발견되며, 빈민들의 열악한 생활을 공유한다.

(2) 환멸을 느낀 부류들은 어떠한가? 엠메트 맥루글린은 사제들의 약 27퍼센트가 사제직 뿐 아니라 로마교회를 떠나고자 한다고 어림하였다. … 떠난 모든 사람들이 전부 그곳에서 견딜 만한 정력을 가지고 있는 것은 아니다. 게으르고 매우 지루한 생활의 기억들로 무료함을 달래고 있다. 이 무기력한 사람들은 개신교에서 아부를 더한 그와 똑같은 일을 기대하였으나 그것을 발견하지 못하였기 때문에 어쩔 수 없이 로마교회로 되돌아간다.

그들은 다시 자신들의 쉽고도 편안한 직을 위험에 빠뜨리지 않게 하려는 열망으로 비열하게 그들에게 요구된 가식적인 '속죄'를 수용하고서 가장 열렬한 로마교회의 선전자들이 된다. 그럼에도 불구하고 이렇게 로마교회와 결별하지 못했던 모든 환멸을 느낀 부류들을 엄격하게 판단한다는 것은 불공평한 일일지도 모른다. 로마교회의 언론이 그들에게 가할 독설적인 공격들을, 그들에게서 생활수단을 빼앗아 굶주리게 만들 반대 여론들을, 그들이 가는 곳마다 그들을 찾아 끈덕지게 괴롭힐 적의로 가득 차있는 박해들을 생각할 때, 로마교회를 떠난다는 결정은 우리 대부분이 상기할 수 있는 것들 중 가장 영웅적인 것임을 쉽게 이해할 수 있다. 이러한 사제들 중 몇몇은 그들의 용기가 부족함을 속죄하기 위해 수많은 속임당하고 배신당한 로마 카톨릭 신자들을 위로하고, 용기를 북돋아 주고, 고통을 경감시켜 줄 수 있는 것들을 행하는 훌륭한 사람들이라는 것을 부인할 수 없다.

(3) 그러나 공격적인 일단의 사제들에 대해 말하지 않고서는 아무것도 말할 수 없다. 이 부류들은 하부 성직자들 뿐 아니라 상부 성직자들 그리고 그 계층구조에 속해있다. 이 부류에 속하지 않고서는 그 누구도 로마 카톨릭 사제직의 매우 높은 서열로 올라갈 수 없다. 사실 무자비한 야망의 길에 서있는 모든 적대자들에 대한 그들의 속좁은 만행은 그들 자신의 무언의 적대자인 비카톨릭 세계에 대한 그들의 미움을 넘어서 멀리까지 확장되고 있으며 마음속으로는 그들 자신의 관계들에까지 침투하고 있다. 승진을 위한 경쟁에서

상대방에게 행하는 그들의 전략들의 악함은 죄수들과 자객들을 고용하여 추기경회의에서 그들의 정적을 처치하였던 중세 추기경들의 행위와 똑같다.

"그들의 목표는 단순한 특권이 부여된 생활, 화려함, 그리고 세속적인 방종만은 아니다. 사실, 그중에는 엄격한 금욕주의 성격을 가진 사람들도 있다. 그러나 그들 각자는 그리고 그들 모두는 권력을 향한 탐욕스런 욕망으로 끌리고 있다. 각자는 자신들만이 전 세계적인 지배력을 고려할 수 있는 중개자로서 여기고 있다. 그들은 사랑의 능력을 잃어버리고서 자신들의 추종자들이 자신을 두려워하기만을 추구하고 있다. — 그들의 추종자들은 더욱 비열해지며 그럴수록 그들의 무모함은 더해간다. 그러한 계층 구조의 안전을 위해 품위 있는 선의의 카톨릭 신자들과 마음과 영적인 본성이 늑대들과 같은 이 사람들 즉 하나님은 없고 신경만, 종교는 없고 권력만 가진 이 사람들 사이에 건널 수 없는 간격이 요구된다는 것은 이상하지 않은가?"("기독교 유산", 1959. 5.)

로마 카톨릭 체계의 주된 희생양들은 신자들 자신들이며, 그들은 그들 교회의 가르침들을 맹목적으로 받아들이도록 교육받고 있으며, 그들의 사제들의 정치적 메카니즘에 대해 거의 전적으로 무지하다. 어느 정도 겹치기는 하지만 로마 카톨릭의 평신도들을 분류하는 분석을 다시 한번 드 스미스에게 의지하고자 한다.

(1) 먼저 첫번째 부류들은 우리가 로마교로의 '개종자들' 또는 '가입자들'이라 명명하는 상대적으로 매우 소수인 사람들이 있다. 그들은 로마교회의 영향력이 중대함을 보고서 "시류에 편승하였다." 이와 같은 사람들은 대부분의 운동들, 심지어는 자신들에게 발전을 제공해 주는 것처럼 보인다면 공산주의에도 참여할 것이다. 그들은 오로지 이름뿐인 기독교를 믿을 뿐이어서, 보통 어떤 형태로든 좌절을 겪어왔다. 로마교회에서 그들은 관심의 중심이며 그들만이 얻을 수 있는 영향력있는 위치를 점하고 있다.

(2) 두 번째 부류는 로마교회에서 가장 거대한 부류로 우리가 영적 자살자들이라 명명한 사람들로 이루어져 있다. 그들은 자신들이 직면하길 원하지 않는 종교적 진리들, 즉 끝까지 노력한다면 그들을 열렬한 영적 노력에 끌어들일 수 있는 진리들에 관한 어떠한 사려깊은 사고들도 두려워한다. 로마 카톨릭 교회에서 그들은 돈을 거부하고 헛된 기도문들을 암송함으로써 천국의 약속을 얻고 있다. 그들은 영적이고 지적인 문제들을 다른 사람들에게 떠맡

기고서 단순히 그들을 따라 떠다니는 것에 만족하고 있다.

(3) 세 번째 부류는 진실로 순수한 사람들로 이루어져 있다. 드 스미스가 말한 것처럼, 그들을 위해, "아름다운 음악, 멋진 예복, 향기로운 향, 장엄한 성당들, 그리고 눈이 휘둥그래질 만한 장관들로 이른바 그 희생양들을 천상적인 무아경으로 혼동케 하는 병적 쾌감의 상태로 감각들을 유혹하기 위해 로마교회가 구상한 의식을 집전한다. 서커스에 빠져버린 아이들처럼, 이러한 형태의 미사의 최면술의 희생양들은 그 현람됨 뒤에 숨어있는 조잡한 비열함을 전혀 보지 못한다."

(4) 우리가 '실용적인 카톨릭인들'이라 칭하는 사람들이 있다. 그들은 개인적인 이유로 그들의 교회와 관련된 것들을 직업으로 삼고 있는 사람들이다. 그들은 사제의 명령을 행할 수 있도록 항상 준비되어 있는 전형적인 구성원들이다. 그들은 비카톨릭 세계에 대항한 전위대로서 봉사하며, 반카톨릭 문헌들을 취급하지 않도록 서점들을 위협하고, 동맹 태업을 조직하고, 사업가들이 카톨릭의 자선사업을 후원하도록 강요하며, '카톨릭계의 여론'의 위협을 드러낸다. 등등.

(5) 또 하나의 다른 부류로는 '이름 뿐인 카톨릭인들'이다. 그들은 단지 그들이 카톨릭인으로 태어났기 때문에 그 교회의 구성원이 되었다. 그들은 그 교회의 규칙들이 자신의 편의에 부합하는 한에서만 그것을 따른다. 그들은 교회에 대해서 비판적이지도 않으며, 교회를 위해 특별한 헌신도 하지 않는다. 그들은 일반적으로 미사에 참여하며, 로마 카톨릭 후보자들에게 표를 던진다. 그러나 그들은 지속적이지 못하며, 사제들의 근심의 원천이다.

(6) 실제로 자유로운 사람들 중 상대적으로 수가 작은 부류의 사람들이 있다. 그들은 정직한 사람들로서 그들 교회의 가르침과 그들의 의식을 가능한 한 화해시키려고 애쓰고 있다. 그러나 교회와 자신들의 의식 사이에 대결이 일어나면, 그들은 자신들의 의식을 따르며 교회에서 벗어난다.

(7) 마지막으로, 어떤 기준에 의해서든 선하고, 착하고, 자존심있는 사람들인 그 구성원의 약 1/3로 구성된 부류가 있다. 확실히 그들은 상당히 순진하다. 그들은 동료 개신교 시민들에게 좋은 이웃들이나 때때로 자신들의 목적을 위해 로마 카톨릭에 대항하여 영합하는, 개신교 친구들을 불쾌하게 만드는, 그러한 종류의 사람들이다. 그들은, 만약 자신들 교회 지도자들의 참 목적, 동기들 그리고 성격을 알기만 한다면 싫증나서 자신들의 신앙을 배신하게 될 수 있는 사람들이다. 그들은 그들이 로마 카톨릭인이기 때문이 아니

라 그러한 사실에도 불구하고 착하다. 그들은 그들이 고백하는 신앙의 교리적 신조들을 검토해야 할 난관에만 빠지지 않는다면 그들이 참여할 수 있는 어떠한 신앙 내에서도 선한 사람들이다. 부지불식간에 그들은 그 계층구조의 완벽한 연막으로 봉사하고 있다. 이 추종자들의 선한 성격과 충성된 신앙을 사용함으로써 그리고 그들을 고양된 신앙의 무대장치로 둘러쌓음으로써, 사제들은 그들의 전 체계를 위한 참된 종교라는 환상을 창출할 수 있다. 그러나 그 체계의 근본적인 실재는 마치 헐리우드의 장엄한 성당들 같아서 미숙한 눈들에는 매우 인상적이고 두렵지만, 실제로는 합판과 캔버스 이상의 것이 아니다("기독교 유산", 1959. 5.).

영적인 것들에 대해 로마 카톨릭 신자들과 이야기해 보려고 노력했던 개신교도들은 그들이 자신들의 사제들로부터 성경적 가르침을 거의 받지 않았다는 것을 알게 된다. 그러나 그러한 성경지식의 부족은 사제들 자신들이 신학원 과정에서 성경연구를 거의 행하지 않았다는 사실의 자연스러운 결과이다. "개종된 카톨릭의 잡지"(*The Converted Catholic Magazine*: 현재는 "기독교 유산")를 세운 이전의 사제였던 레만(L. H. Lehmann)은 신학원에서 훈련받았던 마지막 몇 년 동안에만 성경공부를 했으며 그때에도 라틴어로였다고 말한다. 그는 "성경과정 그 자체는 단지 로마교회 권력의 과거 역사적 발전과 목적들에 부합한 어떤 특정의 성경본문들에 대한 로마교회의 해석을 위한 변호에 불과했다. 복음 그 자체 내에서의 그리스도의 영적인, 개인적인 메시지에 관한 어떤 것도 우리에게 가르쳐지지도 지적되지도 않았다. 그러므로 성경을 가르칠 때 구했던 것은 로마교회의 권력을 방어하는 단편적인 본문들을 구변좋게 사용하는 것이었다. 그 본문들의 내용이 아니라 문자들이 로마교회가 성경을 사용하는 구실을 제공하였다. 그 문자들의 영성은 간과되었다"고 말한다(『사제의 영혼』⟨*The Soul of a Priest*⟩, p. 54).

서로 다른 사제들의 질서들에 관해 더 말하고자 한다. 앞서 지지한 것처럼, 두 계층들이 있다. (1) 세속적인 또는 교구 사제들로서 그들은 각 지역의 주교들에게만 복종되며, 일반적으로 교회들에 할당된다. (2) 종교적인 수도 사제들로서, 그들은 한 수도회에 속하며 대부분의 경우에 그 수도원을 다스리는 수도원장에게 복종한다. 교구 사제들은 순결과 복종의 서약만을 하며 가난의 서약은 하지 않아, 그래서 재산을 소유할 수 있다. 종파적인 수도회의 구성원들은 세 개의 서약 즉 가난, 순결, 복종의 서약을 하며 이들은 두 계층으로 나누어진다. 종교적인 동기들 때문에 세상과 결별한 수도승은 일반적으로 수도원 내에서 살며 명상, 연구, 저작 등등에 참여하고 있다. 반면에 평이한 수도 사제들이 있는데 그들은 자신들이 속한 수도회의 목적을 위해 다양한 대중적인 활동들에 참여한다. 수도회에 속해있고 가난, 순결, 복종의 서약을 행했으나 사제서품을 받지 않은 사람들은 '수사'(Brothers)라 불리운다. 이들은 교회 학교에서 가르치거나 다른 종류의 교회 업무에 참여한다. 예수회 회원들은 수도회에 속해 있지만 수도승들이 아니며, 보통 대학들과 신학원들에서 교육 사업에 참여하고 있다.

대체로, 수도승들은 게으르다는 평이 있다. 그러나 예수회원들은 부지런하다고 평판이 나있다. 예수회 회원들은 군대식 통제하에서 치밀하게 조직되어 있으며, 그들의 구성원의 수는 다른 수도회들보다 상대적으로 매우 적다. 그러나 그들의 영향은 그 수에 비해 훨씬 대단하였다. 수 세기 동안 그들은 교황정치 뒤에서 실세를 장악해 왔으며, 때때로 교황들의 선출을 결정했으나, 자신들의 동료 사제들에 의해 신뢰받지도 않으며 자신의 구성원들 중 어느 누구도 선출할 수 없다. 그들은 의심스러운 도덕 원리들을 옹호함으로 많은 비판의 대상이 되었으며, 그런 까닭으로 '예수회의'(Jesuitical)란 단어의 동음이어로서 사전에 교활한, 기만적인, 간사한이란 의미가 들어가 있다. 때때로 예수회원들은 실제로 유럽과 남미 나라들 모두로부터, 개신교 나라들 뿐 아니라 카톨릭 나라들로부터 추방되었다. 어떤 경우에는 교황에 의해 그 수도회가 저주되었고 와해되었다. 그러나 다음 교황에 의해 그들은 다시 복원되었다. 간혹 그들과 다른 수도회들 사이에 심한 경쟁이 있다. 예수회 회원들은 이 다른 수도회들을 열등하게, 또는 적어도 덜 효율적인 것으로 간주하는 경향이 있다.

개신교에 의해 공격 대상이 되는 로마 카톨릭 사제직의 관습은 사람들로 하여금 사제들을 '신부'(father)라고 부르도록 시킨다는 것, 그리고 특별히 교황을 '거룩한 아버지'(Holy Father — 대문자로) — 우리는 단지 신성모독으로 본다 — 라고 부르는 것이다. 이와 관련하여, 그리스도 자신께서 영적 의미로 '아버지'란 용어가 우리 동료 사람들을 부를 때 사용되어서는 안된다고 가장 분명한 어조로 명령하셨다. 그는 말하기를 "땅에 있는 자를 아비라 하지 말라 너희 아버지는 하나이시니 곧 하늘에 계신 자시니라"(마 23:9). 아직도 사제들은 계속해서 공개적으로 이 명령을 어기고 있다.

7. 사제직을 떠남

 사제직은 로마 교회 체제 중에서 실로 문제의 관건(real crux)이다. 우리가 이미 지적한 것처럼, 그 사람들 중 대부분은 그들의 신학 과정 중에도 극히 매우 적은 성경연구를 할 뿐이다. 그리고 그들이 배우는 것들의 대부분은 성경에 관련되어 있지 않은 사항들이며, 그것들은 주로 성경의 동떨어진 일부분에 관계되어 있으며, 개신교도들이 로마 체계에 대항하여 말하는 주장들에 답하도록 준비하는 것을 목적으로 하는 것들인 것이다. 이것이 사제직을 떠났던 다양한 사람들의 증언이다. 이러한 점에서 목사나 사제를 훈련시키는 개신교와 로마 카톨릭의 훈련 사이에 커다란 대조가 된다. 로마 카톨릭은 사제들을 위한 또는 그들의 신도들을 위한 성경공부를 별로 좋아하지 않는다. 왜냐하면 그들은 그들의 교회에 일치되지 않는 많은 것들을 거기서 발견하기 때문이다.

 우리는 이 사람들이 만약 성경에 대해 전혀 편견없이 공부하도록 설득될 수만 있다면 많은 사람들이 그들의 체제의 잘못을 확신하게 되고 거기서 되돌아 올 것이라고 확신한다. 이러한 관점에서 고무적인 사실은 무용한 사제로서의 사역을 수년 동안 한 후에 상당히 많은 수가 자발적으로 성경을 신중하게 연구하였고, 그 결과 성경은 그들 교회의 분명한 교리들을 가르치지 않을 뿐 아니라 이 교리들에 반대된다는 것을 발견하고 있다는 것이다. 정직한 사제가 로마 교회의 전통이 아니라 하나님 말씀의 빛 안에서 편견없이 개신교를 연구할 때, 바로 그 순간 그는 그것이 순수한 본래의 기독교임을 인정하지 않을 수 없다. 매우 놀랍게도 그가 가르침 받아왔던 것과는 반대로 그는 개신교가 매우 단순하고, 매우 명확하며, 상당히 매력적인 것임을 발견한다. 그는 개신교의 교리가 성경에 굳건하게 기초하고 있으며, 성경만이 기독교의 참된 지침서이며 경전임을 알게 된다. 전에 카나다 사제였던 루시엔 비네트(Lucien Vinet)는 다음과 같이 말한다.

 "로마 교회 내에서의 신앙은 한 인간, 즉 교황의 권위와 많은 사람들의 전통들, 즉 교회의 교부들과 같은 이전의 신학자들의 의견들에 기초하고 있다.
 로마 카톨릭에서의 기독교는 인간들의 교리들과 실제들이지만 개신교에서의 기독교는 오류로 가득 찬 인간에 의해서가 아닌 오직 무오한 성경에 의해 우리에게 계시해 주신 그리스도의 교리들이다"(『나는 사제였다』⟨I was a priest⟩, p. 126).

마음의 도덕적 부패와 좌절에 투쟁하였던 많은 사제들은(고백실에서 많은 시간을 보낸 사제는 이 둘에 깊이 물들어 있다) 로마교회에 남아있어야 하는지 아닌지에 관해 자신의 내부에서 강렬한 전투를 치러왔다. 그는 성경을 가지고 있지만, 로마교회의 규칙에 따라서 보통 할당된 참고 자료나 주석을 제외하곤 성경을 감히 읽지 못한다. 그래서 성경의 구원의 메시지에 대해 무지하다. 죄로부터 용서를 받고 구원의 기쁨을 경험하기 위해 해야 할 모든 것은 그리스도께 자신의 죄를 고백하고 오로지 그에게 자신의 믿음을 두는 것이라는 사실을 그 사제가 깨닫는다는 일은 얼마나 어려운가! 그가 성경을 읽을 때 그가 간직해 왔고 가르쳤던 대부분의 교리들이 성경을 곡해한 것들이거나 인간의 발명품들이라는 것을 알게 된다. 그러한 수많은 사람들이 그 거짓되고 왜곡된 체제로부터 성경의 명백한 가르침으로 돌아서도록 설득되어질 수 있지 않겠는가! 모든 문제의 열쇠는 그 사제이다. 그리고 우리 앞에 있는 임무는 열린 마음으로 성경을 읽도록 그를 설득하는 것이다.

사제가 그 진리를 발견하는 데 매우 많은 시간이 걸린다는 것은 놀라운 일처럼 보인다. 그러나 사실 사제직 지원자는 아직 소년기에―적절한 나이는 16세이다―소교구 학교에서부터 12년 동안의 훈련과정에 들어가서 그 훈련 동안 그는 외부 주위 세계와 철저히 격리되어지며, 그 훈련은 성인이 된 후에야 끝난다는 것을 참작해야 한다. 그는 다른 형태의 삶에 대해 무지하다. 그렇게 길고도 강도 높은 훈련 동안 독립적인 사고의 조짐을 보인 사람들, 그의 태도가 자신들의 상부자들에게 불순종함을 보여주는 사람들, 그리고 어떤 이유로든 인내의 부족 또는 실패를 보여주는 기질상의 꼬투리가 있는 사람들 모두는 실제로 제거된다. 그러한 과정을 마친 사람들 모두가 반드시 주교에 의해 사제 서품자로서 선택되는 것은 아니다. 그러나 일단 선택된 사람들은 로마교회에 끊임없는 충성과 복종을 계속할 수 있도록 이성적으로 종속된 정형적인 사람들이다. 사제가 된 그들은 그러한 헌신을 위해 자원했던 사람들이라기보다는 그 계층구조에 의해 선택되어 그 직책에 맞게 조심스럽게 세뇌되고 훈련된 사람들이다. 그들이 바로 우리가 '가장 핵심적인 로마 카톨릭인들'이라 칭하는 사람들이다.

로마 카톨릭의 사제가 된다는 것은 개신교 목회자가 되는 것과는 매우 다른 일이다. 로마 카톨릭 사제들에게 로마교회는 만약 그가 로마 카톨릭 교회와 결별한다면 로마교회 밖이나 안이나 모든 사람들에게 불신될 것이며 현재 그에게 전혀 적합하지 않은 상업적인 세상에서 출세할 수 없을 것이라는 개념을 심기 위해 가능한 모든 것을 행해왔다. 그의 혹독한 라틴어, 교리, 예배의식 그리고 교회사에 대한 훈련은 바깥 세계에선 별 가치가 없으며 실제로 부분적으로는 사제직을 제외한 어떤 일에도 그를 부적당하게 하도록 계획되어 왔다. 그는 그 특별한 사역을 위해 훈련받았으며, 사실상 그의 영혼은 로마 카톨릭 교리의 벽들 내에 그리고 사제직의 속박들 내에 사로잡혀 있다. 그러한 속박을 풀고 새로운 삶으로—복음의 자유 안으로—나온다는 것은 그렇게 훈련을 받은 그리고 자신을 그러한 체계에 맡겨버린 사람에게는 매우 힘든 일이다. 왜냐하면 그는 그것이 의미하는 바가 무엇인지를 모르기 때문이다. 만약 그가 중년이나 그 이후에까지도 그러한 결정에 이르지 못한다면 이는 특별히 사실일 게다. 나아가, 로마 카톨릭 신자들은 사제직을 떠난 사람과 어떠한 관계도 맺지 말도록 금지되고 있다. 사제직으로 들어오는 것, 또는 나가는 것은 절대 쉬운 일이 아니다.

확실히 자신들이 가르치고 있는 것, 적어도 자신들이 가르치고 있는 것 전부는 아닐지라도, 믿지 않는 많은 사제들이 있다. 많은 사제들은 쉽게 병들며, 상당수가 좌절의 실제 의미와 투쟁하고 있다. 그러나 그들은 일반적으로 사제직에 여전히 남는다. 왜냐하면 그들은 도움받을 수 없음을 어느 정도 느끼고 있으며 떨어져 나올 용기를 가지고 있지 않기 때문이다.

워싱톤에 있는 컨스티튜션 홀(Constitution Hall)에서 1954년에 행한 연설에서 엠메트 맥루글린은 다음과 같이 말하였다.

"사람들이 자신들의 교회의 직책(Religious affiliation)을 변경한다는 것은 그리 흔하지 않은 일은 아니지만 그러나 로마 카톨릭 사제들이 그 사제직을 떠난다는 것은 매우 비정상적인 것으로 여겨진다. 내가 임명되었던 그 계층의 1/3이 그 계층구조를 포기했다. 나는 내가 14년 동안 살았던 피닉스(Phoenix)에 있는 성 마리아 교회를 떠난 10명의 사제를 알고 있다. 사제직을 떠난 사제들의 수는 가능한 한 비밀에 부쳐지고 있다. … 가장 신뢰할 만한 측정에 따르면 적어도 모든 로마 카톨릭 사제들 중에 30%가 로마교회를 떠난 것을 알 수 있다."

그는 『사람들의 신부』라는 책에서 다음과 같이 말한다.

"내가 관찰한 바대로 대부분의 성직자들을 지배하고 있는 로마 카톨릭의 계층 구조의 지탱은 사랑, 또는 충성 또는 종교적인 끈들이 아니다. 그것은 도저히 깨뜨릴 수 없는 두려움의 사슬 — 지옥에 대한 두려움, 가족들에 대한 두려움, 대중들에 대한 두려움, 절망과 불안전에 대한 두려움—에 의해서이다. 아마도 오늘날 사제직을 떠난 30%의 사제들 대신에, 거의 75%의 사제들이 그 두려움이 없었더라면 그렇게 사제직을 떠났을 것이라고 나는 굳게 확신한다. …

자신들이 그 계층 구조에 의해 잘못 이끌리고 있다는 지적 인식과 가족들의 반응에 대한 두려움 사이에서 갈갈이 찢긴 대부분의 사제들은 그 황량한 세월을 통해 조급해지며 사제직으로 생계를 유지한다. … 모든 사제들은 수년에 걸쳐, 사제직을 버린 사람들은 하나님에 의해 저주될 뿐만 아니라 대중들에 의해서도 거부될 것이라고 가르침 받았다. 그렇게 교육받은 사제는 사람들이 그를 엄숙한 약속들을 어긴 사람처럼 비웃을 것이며 그러므로 책임성 있게 신뢰될 수 없다고 믿는다. 카톨릭 내에선 결코 성공한 전직 사제들에 대해 언급하지 않으며 오로지 타락하고, 굶주리고, 다시 그 계층구조로 되돌아와 비굴하게 살고, 병들고, 술취하고, 정신이 파산되고, 자신들의 등을 따뜻하게 하기 위해 필요한 옷가지들을 위해 그리고 자신들의 배를 채울 음식들을 위해 속죄를 간청하는 사제들에 대해서만 언급할 뿐이다"(pp. 98~100).
"수백 명의 사제들이 매년마다 교회를 떠나고 있으며, 그 외에 그 이상의 수백 명의 사람들이 만약 그들에게 생계를 유지할 수단만 제공된다면 떠날 것이다"(p. 203).

계속해서 다음과 같이 말하고 있다.

"나의 경험은 전직 사제들이 자신의 두려움들을 극복할 수 있으며 로마 카톨릭의 가장 집요한 공격을 이기고 살아남을 수 있다는 것을 입증하였다. 그러한 경험들은 또한 비카톨릭 미국 국민들이 여전히 생각의 자유, 종교의 자유, 그리고 자신의 생계 수단을 바꿀 수 있는 자유를 강하게 믿고 있으며, 그들은 그러한 권리를 수행하려는 사제를 후원할 것이라는 것을 증명한다.

환멸을 느낀 사제들이나 수녀들이 로스앤젤레스, 뉴욕, 또는 디트로이트의 익명의 보호자들을 찾을 필요는 없다. 그들에게는 단지 그들의 확신에 대한 용기, 자신들의 행위에 대한 자진성, 미국에 대한 깊은 신념, 그리고 하나님에 대한 굳건한 믿음이 필요할 뿐이다"(p. 261).

루시엔 비네트는 사제들이 그 사제직에 여전히 남아있는 이유에 대해 다음과 같은 분석을 하고 있다.

"자신들의 교회에서 목회하고 있는 로마 사제들의 대다수가 많은 전직 사제들이 그랬던 것처럼 로마 카톨릭의 위선, 음모, 그리고 거짓을 알고 있다는 것은 의심할 여지가 없다. 그런데 그렇게도 지적인 사람들이 여전히 거짓 종교 체계에 부착되어 있으며 심지어 이 비기독교적인 종교 조직을 변호하기 위해 많은 시간과 정력을 소비하고 있는 데에는 다양한 이유들이 있다.

사제직에 남아있는 사제들은 다음과 같은 네 범주로 구분될 수 있다.

(1) 그리스도께서 로마교회를 세우셨으며, "로마교회 밖에는 구원이 없다"고 진실로 확신하고 있는 몇몇 사제들이 있다. 그들은 그리스도와 로마교회의 교리들 사이에 있는 모순은 단지 표면적인 것이라고 설명하고 있으며, 로마 카톨릭의 전통들이 성경 내의 성령의 말씀들과 동등한 교리적 가치들을 가지고 있다고 믿는다. 그들은 로마 카톨릭의 많은 스캔달들은 지상 위에 하나님의 교회란 조직을 세우는 데 필요한 인간적인 요소들이라고 핑계삼는다. 그들은 교황의 무오한 가르침의 권위를 믿으며 따라서 그들의 영적 그리고 교리적 확신들에 대해 로마 교황에게 의지함으로써 자신들의 양심을 진정시킨다. 우리는 진실로 이 범주로 분류될 수 있는 사제들을 사제 생활 9년 동안 거의 만나보지 못했다. 그리스도만이 유일한 기독교의 교사이시며 로마 카톨릭은 교리들과 실천들에 있어서 반기독교적이라는 것을 우리 뿐만 아니라 많은 사제들도 역시 알고 있다.

(2) 로마 사제직의 거짓과 위선을 완벽하게 알고 있으나 그러한 사제직을 떠난다는 것이 불가능함을 알고 있는 사제들이 있다. … 그들 중 많은 사람들은 언젠가 그들에게 로마 카톨릭을 떠날 기회가 주어지길 희망하고 있다. 그들은 신학원들에서 그들이 받은 훈련이 그들에게 적절한 생활을 꾸려나갈 수 있게 하는 생활의 적당한 지위를 위해 그 어떠한 형태의 준비도 제공하지 못했다는 것을 인식하고 있다. 라틴어, 헬라어, 교회사 그리고 로마 신학에 대한 그들의 지식은 우리의 현대 세계에서 품위있는 지위를 획득하는 데 별로 쓸모없는 것들이다. 그들의 사제직이 그리스도의 유일한 제사장직의 횡령이며 만인 제사장직의 횡령이라는 사실을 완전하게 깨달을 즈음이면, 일반적으로 그들은 생활의 적절한 직업을 위한 새로운 훈련을 시작하기에는 너무 늙

어버린다. 그들의 건강은 전과 같지 못하며, 만약 그들이 지금 즐기고 있는 편안한 삶을 떠나게 된다면 그들은 빈민가에 정착하게 될 것이라는 것을 두려워하고 있다.

사제들이 사제직을 지키는 가장 큰 자극은 두려움이다. 그들은 로마교회의 저주와 박해를, 그들의 로마 카톨릭 친구들의 비난을, 그리고 그들 가족들의 교제와 존경을 잃어버리는 것을 두려워한다. 물론 그들 중 몇 사람들은 고된 일을 두려워하기도 한다.

(3) 로마 카톨릭의 목회가 자신들에게 제공하는 편안함과 즐거움을 좋아하기 때문에 사제직에 머무르고 있는 사제들이 있다. 그들이 좋아하는 것은 바로 그러한 사제의 삶이다. 그들은 곧이 곧대로 받아들이는 많은 로마 카톨릭 신자들의 존경과 순종을 명령하고 있으며, 그들에게 행하는 최고의 독재를 즐기고 있다. … 그들의 생활은 보장되어 있으며, 그들은 경제적인 어려움을 겪지 않는다. 설사 그들이 로마교회의 모든 교리들을 받아들일 수 없다 할지라도, 그들은 그것을 공개적으로 인정하려 하지 않는다. 그들은 자신들의 신분이 알려져 있지 않아서 다른 인간존재들이 하곤 하는 것처럼 삶을 즐길 수 있는 먼 나라들로 광범위하게 여행할 수 있다. …

(4) 마지막으로 자신들의 로마 카톨릭의 신념들 때문이 아니라 그리고 로마교회의 사역에서 물질적인 평안함을 발견하기 때문이 아니라, 자신들의 로마교회의 사역을 실행하는 바로 거기에 있어서 말로 형용할 수 없는 정신적 그리고 성적인 쾌락을 경험하고 있기 때문에 사제직에 남아있는 사제들이 있다. 이 사제들은 세상에 깊은 종교심과 금욕적인 생활을 하고 있는 것으로 나타난다. 그들은 좀처럼 물질적인 편안함들에 탐욕을 부리지 않으며, 어느 누구도 어찌 되었든 간에 눈에 보이는 실제의 죄들로 그들을 고발할 수 없다. 그러나 그들은 영적인 변태자들이다. 그들의 생활에서 가장 커다란 만족 또는 쾌락은 '포도주, 여자 그리고 노래'가 아니라, 고해성사할 때 그리고 영적인 지도를 할 때 인간 영혼들을 고문하는 것이다. 그들은 영혼들과 마음들의 비밀들을 캐내는 것을 사랑한다. 그들은 무례한 질문과 처방으로서 여성 참회자들을 당황케 하는 데서 불결한 쾌락을 경험한다. 로마 카톨릭의 고해성사란 체계는 오로지 이 범죄적이며 불결한 쾌락을 탐하는 수단들을 그들에게 제공할 뿐이다"(『나는 사제였다』, pp. 75~80).

비네트 씨는 또한 만약 카나다에 있는 사제들에게 각각 만달러가 주어진다면, 교회들에 배치할 사제들이 충분히 남아있지 않을 것이라는 한 노사제의 말을 회상하고 있다. 우리는 어떤 사람이 카나다에서 혹은 미국에서 사제들로 하여금 사제직을 떠나도록 그러한 유혹을 하려 한다고는 생각하지 않는다. 그러나 의심할 바 없이, 생활을 꾸려나갈 수 없다는 두려움 때문에 많은 사제들이 자신들의 지위를 지켜왔다.

8. 사제가 될 때의 서약을 파기함

우리는, 환멸을 느끼며 로마교회가 거짓 주장으로 그를 속여왔다는 것을 알게 된 사제는 그의 서약들을 부정하고서 독립을 선언하여 새로운 출발을 해야 한다는 것을 주저없이 말한다. 그러한 경우에 로마교회는 그에게 자신을 올바르게 대변하지 않았으며, 로마교회가 그 앞에서 주장했던 관념은 기만이고 헛된 것임이 입증되었고, 따라서 그는 그러한 관계를 계속하도록 속박되지 않는다. 그가 사제직에 실패한 것이 아니라 사제직이 그를 실망시켰다. 그리고 그 사제직은 그가 사제 서품식을 할 때 대변되었던 것과는 다른 것임이 밝혀졌다. 그는 로마 카톨릭 교회만이 유일한 참 교회이며, 영혼 구원을 위해 하나님께서 선택하신 전적인 도구라는 것을 믿도록 인도되었다. 그러나 로마교회는 유일한 참 교회라는 자신의 주장을 실증할 수 없었으며, 오히려 참과 거짓이 혼합되어 있어 많은 경우에는 거짓이 참에 어두운 그림자를 던지는 것이었음이 밝혀졌다.

로마교회가 비성경적이며 비합리적인 서약들을 강요하는 한 그러한 서약들은 부정되어야 한다는 것이 바르다. 이 원리는 사제들과 수녀들 뿐 아니라, 자신들에게 강요된 결혼 서약에 서명할 때 자신들의 아이들이 태어나기도 전에 그들의 종교적 자유를 빼앗아 버리는 서약을 행한 부모들에게도 적용된다. 어느 누구도 그 자신의 종교적 또는 시민적인 자유 또는 다른 사람들의 그러한 자유를 빼앗음으로써, 자기 자신이나 또는 자신의 관심을 받고 있는 그 사람들을 하루살이 같은 동료들에게 복종해야 되는 상태로 둘 권리를 갖고 있지 않다. 육체적이든 정신적이든지 간에 인간 노예는 잘못된 것이며 견딜 수 없는 것이다. 자기 자신이나 자신의 아이들이, 다른 사람이나 조직에, 강제적으로 강요된 정신적 예속은 육체적 예속만큼이나 비열하며 화나게 만든다. "너희는 값으로 사신 것이니 사람들의 종이 되지 말라"(고전 7:23)고 성경은 말하고 있다. "너희가 … 구속된 것은 … 그리스도의 보배로운 피로 한 것이니 … ”(벧전 1:18~19). "한 사람이 두 주인을 섬기지 못할 것이니"(마 6:24). 그리스도만이 우리의 참 주인이시다. 그는 우리를 자유케 하셨으며 어떤 다른 사람도 또는 조직도 그 자유를 빼앗을 권리가 없다.

계약의 한 당사자가 그 계약을 깨뜨려서 그것의 정상적인 기능을 할 수 없게 만들 때 다른 상대방은 그 계약의 항목들을 계속 완수할 의무를 지지 않는다는 것은 보편적으로 인정되고 있다. 많은 사제들과 수녀들은 바로 자신들이 그러한 처지에 있음을 발견하였다. 인간적인 계약들에서도 그러한 의무는 약속을 이행한 사람만이 우리에게 그것들을 준수하도록 바라는 속박에서 그 효력이 계속된다. 그리고 이러한 하나님과의 약속들의 영역에서도 단지 거짓된 구실들 또는 증거들을 통하여, 우리가 그것을 행하도록 약속되어 졌다는 이유만으로 하나님께서 우리가 하길 원하시지 않은 것을 하도록 우리는 속박되어 있지 않다고 주장하는 것이 확실히 합리적이다. 이 경우에 사제는 다른 사람 즉 주교에게 완전히 복종하겠다는 비성경적인 서약을 하였고, 실제로는 존재하지도 않는 헌신에 자기 자신을 서약하였다. 우리는 이미 그리스도께서 오셔서 갈보리 위에서 그의 사역을 완성하셨으므로 인간적인 사제직은 영원히 폐지되었다는 것을 알고 있다. 따라서 로마교회의 사제직은 실제로 가짜이며 환상일 뿐이다.

이러한 근거들에 기초하여 모든 사제의 서약은 무효이며 헛된 것으로 간주된다. 이것이 종교 개혁자들, 루터, 칼빈, 쯔빙글리, 그리고 그밖의 사람들에 의해 취해졌던 입장이었다. 그들은 로마 교회의 권위를 부정하였고, 복음은 포로된 자들에게 자유의 선포, 묶인 자들에게는 감옥문의 열림이 되었다.

이러한 이유 때문에 로마 카톨릭을 떠난 사람들은, 로마 카톨릭 교회가 그들을 그렇게 믿게 만들려고 시도했던 것처럼, 그리스도의 교회의 반역자들이 아니다. 반대로, 그들은 계몽된 그리고 지성을 가진 사람들이며 그들은 용기있게 그 의무의 길을 뒤따르고 있다. 루시엔 비네트는 "참 배신자는 로마교회의 사악함을 알고서도 여전히 물질적인 이익을 위해 거기에 달라붙어 있는 로마 사제이다"라고 말한다(『나는 사제였다』, p. 10).

맥루글린은 다음과 같이 말한다.

"성직자들이 소유욕을 갖는 것처럼 심지어 카톨릭 평신도들도 소유욕을 갖는데, 그것은 비카톨릭인들에게 충격으로서 다가오게 된다. 자신의 직업을 바꿀 수 있는 성직자의 권리를 인정한다는 것은 개신교, 몰몬교, 유대교 집단들에서도 실제로 받아들여지고 있다. 랍비들이 상인이 되며, 몰몬교 사제들이 정치에 뛰어들고, 그 수는 알려져 있지 않지만 목사들이 설교자 대신에 농사, 법률, 광업, 교사, 무역 또는 단지 평범하게 빈둥거리는 일로 바꾸고 있다. 그러나 전직 사제들은 그렇지 않다"(『사람들의 신부』, p. 176).

맥루글린은 자신의 사제직을 떠남에 대한 정당성을 다음과 같이 표현한다.

"로마 카톨릭 신자들로부터의 많은 편지들은 내가 나의 엄숙한 서약들, 즉 하나님께 대한 나의 말을 깨뜨렸던 것을 애도하였다. 그러나 나는 무죄하다고 생각했다. 나는 내가 엄숙하게 가난, 순결 그리고 복종을 서약했을 때, 계약 즉 쌍방간의 계약을 성실하게 시작하였다. 나는 그 합의의 한 쪽 당사자였다. 그리고 대주교가 하나님을 대변하여 선언하였다. 나는 그분께서 하셨다고 믿도록 의식화되었다. 그러나 나는 지금 그분께서 하지 않으셨다는 것을 안다. 그러므로 그 계약은 무효이며 헛된 것이었다"(p. 183).

계속해서 다음과 같이 말한다.

"나는 전 역사 가운데서 가장 커다란 사기 행각의, 그것을 전혀 의심하지 않았던 앞잡이 또는 도구였다. … 나는 하나님을 부인하지 않았다―나는 하나님의 특권을 빼앗아 그분의 이름을 말할 권리를 독점하였다고 주장한 일개 조직을 부정하였다. 나의 유일한 후회는 나의 의식을 되찾을 때까지 너무 많은 세월을 보냈다는 것이다"(pp. 203, 204).

4 장

전 통

1. 전통이 무엇인가?
2. 어떻게 전통이 하나님의 말씀을 파기시키는가?
3. 외경
4. 외경서들의 특징
5. 벌게이트와 현대 역본들
6. 권위의 문제
7. 성경에 의하여 정죄받은 전통
8. 성경에 대한 개신교의 태도
9. 성경에 대한 로마 카톨릭의 태도
10. 성경을 해석함

전 통

1. 전통이 무엇인가?

　개신교와 로마 카톨릭교는 성경이 영감된 하나님의 말씀이라는 데에는 동의한다. 그러나 그들은 성경이 교회의 삶 속에서 차지하는 위치에 관하여는 크게 의견을 달리한다. 개신교는 성경만이 신앙과 행위에 있어서 권위있고 충분한 규칙이라고 주장한다. 그러나 로마교는 성경과 동등한 가치와 권위를 가지며, 그 자체로 진정성을 가지는 하나의 도서관인, 14~15권의 외경서들, 혹은 신약 권 수의 2/3에 해당되는 일련의 책들, 즉 희랍과 라틴 교부들의 방대한 저작들과 엄청난 양의 교회 회의의 선언들(Pronouncements)과 교령들(Papal decrees)로 이루어지는 전통에 의하여 보충이 되어져야 한다고 주장한다.
　교회의 권위의 근거에 관한 이러한 의견 차이는 반드시 근본적이고도 광범위한 효력을 가진다는 것은 아주 분명하다. 개신교와 로마 카톨릭교 사이의 해묵은 논쟁은 권위의 문제에서 절정에 달한다. 우리가 믿기로는 개신교와 로마 카톨릭교 사이의 근본적인 차이가 바로 여기에 있다는 것이다. 그리고 덧붙이고 싶은 것은 로마교가 전통을 사용할 때 자기네의 약점(Achilles heel)이 발견될 수밖에 없다고 우리는 믿고 있다. 왜냐하면 로마교는 바로 이 전통 안에서 자기네의 근본적인 교리들을 위한 권위를 발견하기 때문이다.
　어느 정도의 통일성을 유지해 나가고 계속해서 살아있는 모든 종교 운동은 자기네의 전통을 가지고 있다. 특히 이러한 전통들이 자기네의 교리적인 표준들과 통치 형태들로 표현될 때, 이것들은 그 집단의 신념과 사상 실천과 규칙을 이룬다. 그 운동은 이러한 방식으로 자신의 삶의 방식을 견고하게 하며 통제해 나간다. 그리고 그러한 삶의 안정성과 방식을 다음 세대에까지 넘겨준다.

우리는 모든 전통을 거부하지 않으며 오히려 그것이 성경과 일치하고 진리 위에 세워져 있는 한에서는 그것을 신중하게 사용한다. 예컨대, 우리는 다양한 교회들의 고백들과 회의의 선언들을, 특히 고대 교회와 종교 개혁 당시의 그런 것들을 존경심을 가지고 다루어야 하며 신중하게 연구해야 한다. 또한 우리는 오늘날의 교회들의 고백들과 회의의 결정들을, 물론 우리가 속해 있는 교파의 그것들을 가장 신중하게 검토하면서, 주의깊게 관심을 기울여야 한다. 그러나 우리는 어떠한 교회에게도 성경의 가르침들과 반대되는 새로운 교리를 형성하거나 결정할 권한을 주어서는 안된다. 전체 교회사는 교회 지도자들과 교회 회의들이 실수를— 그들 중 일부는 심각한 — 할 수 있고 정말로 하고 있다는 것을 너무도 명백히 보여주고 있다. 따라서 그들의 결정들은 그들의 근거가 성경에 있을 때를 제외하고는 어떠한 권위도 가져서는 안된다.

개신교도들은 이러한 표준들을 엄격히 성경에 종속시킨다는 점에서, 그리고 그러한 목적을 위해서라면 언제라도 기꺼이 그것들을 재검토할 준비가 되어 있다는 점에서 로마 카톨릭 교도들과 다르다. 다시 말해서, 그들은 교회의 삶에 있어서 성경이 우선적이고 교파의 표준들은 부차적이거나 제 2차적이라고 주장한다. 그래서 그들은 그들의 전통들을 한 가지 분명한 경고를 하면서 사용한다. 즉 그들은 그들의 신앙과 행위의 이러저러한 면이 성경에 충실한지를 끊임없이 묻는다. 그들은 전통의 모든 진술이 그러한 시험을 받게 하며, 그리고 그러한 시험에 통과하지 못하는 어떠한 요소도 기꺼이 변화시키려고 노력한다. 이와 반대로 로마 카톨릭은 권위의 두 원천이 있다고 주장한다. 즉 성경, 그리고 교회와 함께 성서의 판단자가 되며 그로 인해 올바른 성경 해석이 무엇인지를 권위있게 말할 수 있는 발전하고 있는 전통이다. 결국 이로 인해 성서, 전통, 그리고 교회라는 세 가지 권위가 생기게 된다. 우선권은 교회의 손에 있게 되는데 이는 교회가 전통과 성경 해석 양자를 조절하기 때문이다. 그러므로 이것은 로마 체계가 의존하고 있는 토대이다. 만일 이것이 오류가 있는 것으로 나타난다면 전 체계가 잘못된 토대 위에 놓여 있다는 것이 나타날 것이다.

로마 카톨릭교가 실제의 행위로 나타날 때, 교회의 전통들은 결국 교회가 말하는 것들이 되며 성경은 교회가 말하는 것을 의미하며, 교구민들(people)은 성경은 인정된 역분과 미리 정해진 한계 내에서만 읽도록 허용된다. 그러나 기독교의 메시지가 전통과 교회에 의해 말해진 해석에 의하여 족쇄가 채워질 때, 그것은 회개하는 죄인들에게 주어지는 하나님의 은혜임을 중단하고 교구민들의 조절을 위하여 성직자의 손에 들려진 도구가 된다. 로마교회는 성경을 전통의 빛 속에서 해석해야 한다고 공언하면서 사실상 전통을 성경 위에 두게 되며 그 결과 로마 카톨릭은 성경이나 혹은 성경과 전통에 의하여가 아니라 전통을 세우고 그것이 무엇을 의미하는지를 말하는 교회 자체에 의하여 지배를 받게 된다. 이론적으로는 로마교는 성경을 받아들인다. 하지만 실제로는 구성원들이 그것을 따를 자유의 여지를 남겨두지 않는다. 로마교의 전통들 속에서 발견되는 오류들은 자기네가 붙잡고 있다고 공언하는 대부분의 진리를 희미하게 하고 파기시킨다. 이것이 무엇을 의미하는가를 실제 행위에서 한 가지 예를 들어 보면, 로마 카톨릭 교회는 비록 자기들이 성경에 충실하다고 공언하면서, 하나님과 인간들 사이에는 유일한 중보자 즉 인간 자신인 그리스도 예수(딤전 2:5)만 있다는 개신 교회에 틀림없이 동의한다고 함에도 불구하고, 성경의 진술에 포함된 진리를 효과적으로 무효화시키는 많은 다른 중보자들, 즉 동정녀 마리아, 사제들, 그리고 수백만 명의 성자들과 천사들을 소개한다.

2. 어떻게 전통이 하나님의 말씀을 파기시키는가?

우리는 로마교가 성경은 하나님의 말씀이라고 분명히 주장한다는 점에서 로마를 신뢰한다. 로마교는 사실상 기독교 체계를 통틀어서 크든 적든 시종일관 초자연을 부인하여, 불행히도 몇몇 개신교 교회들에 큰 영향을 계속해서 미쳐오고 있는 자유주의(modernism)를 반박하고 부인한다.

자유주의자들은 성경의 역사적 사건들 중 몇몇을, 예를 들어서 인간 창조와 타락 이야기들을, 단순한 신화나 전설로 감소시키려고 애쓴다. 또한 자유주의자들은 성서는 하나님의 말씀이라고 늘상 얘기하지만 성경의 모든 부분들이 실제로 하나님의 말씀이라는 것은 부정한다.

그러나 그렇게 말을 함에도 불구하고 우리가 반드시 지적해야 하는 것은 로마 교회가 어떻게 하나님의 말씀을 무효하게 하며 파괴시키고 있는가 하는 점이다. 로마 교회는 기록된 말씀 외에도 기록되지 않은 말씀 즉 구전 전통(oral tradition)이 있다고 주장하는데, 이 구전 전통은 그리스도와 사도들에 의하여 가르쳐졌지만 성경에 기록되지는 않고 세대를 걸쳐서 구두에 의하여 물려받은 것이라는 것이다. 이 기록되지 않은 말씀은 말하자면, 교회 회의들의 선언들과 교령으로 나타나게 된다. 그것은 기록된 말씀보다 우선권을 가지며 기록된 말씀을 해석한다. 지상에서 하나님의 인간(personal) 대리자인 교황은 새로운 상황들이 발생할 때 성경에 첨부되어야 할 것들을 제정할 수 있다.

제반 로마의 회의들 중에서 가장 권위가 있고 가장 큰 역사적 중요성을 지니고 있는 트렌트 공의회는 1546년에 하나님의 말씀은 성경과 전통 양자 속에 담겨져 있으며, 이 둘은 동등한 권위를 가지며, 양자에게 동등한 숭배와 존경을 돌리는 것이 그리스도인의 의무라고 선포했다. 이로써 자유주의가 하나님의 말씀을 삭감한다면, 로마교회는 성경에다가 다른 것을 덧붙이고 있는 것이다. 양쪽 다 잘못이며 각자는 똑같이 나쁘게 보여지는 것이다. 어느 편이 더 참 기독교를 손상시키고 있다고 말하기 힘들다.

그러나 구전(口傳) 전통이 무가치하다는 것은 몇 가지 이유 때문에 명백하다. 우선, 그리스도와 사도들과 가장 가까웠고 그로 인해 그들의 증거가 가장 가치가 있음이 틀림없는 초대 그리스도인들은 그들이 당하고 있는 핍박 때문에 거의 저술을 하지 못했다. 그리고 제 2세기와 3세기의 저작들에 나타난 것을 보아도 오늘날 개신교와 로마 카톨릭 사이에 논쟁이 되고 있는 교리들에 관해서는 극히 미미하게 언급되고 있다. 그러므로 전통은 전해지는 바에 의하면 수백 년 동안 단지 소문으로만 전해졌다. 로마교회가 기록된 말씀과 동등한 권위를 가지고 있는 것으로 받아들이는 것이 바로 이것이다. 그러나 소문이라는 것은 극히 믿을 수 없는 것이니 "이야기는 전달되는 과정에서 상실되지 않는 것은 없다"(A story never loses in its carriage)라는 격언이 생겨났을 정도이다. 다시 말해서, 어떤 이야기도 덧붙임과 과장없이 그것의 본래적인 성격을 담고 있기는 거의 어렵다는 것이다. 다행히도, 우리는 소문이나 전통 속에 거짓된 것이 퍼져 들어가 있었으며 구전 전통이라는 것이 얼마나 쉽게 원래의 것은 손상 변질시킬 수 있는지를 보여주는 주목할 만한 실례를 신약 성경 그 자체 안에서 볼 수 있다는 것이다. 심지어 사도 시대에서조차도 특별한 경우에 있어서 원래의 것을 손상 변질되었던 것이다. 우리는 요한복음 21:21~23에서 다음과 같은 말씀을 읽는다. "이에 베드로가 그를 보고 예수께 여짜오되 주여 이 사람은 어떻게 되겠삽나이가 예수께서 가라 사대 내가 올 때까지 그를 머물게 하고자 할지라도 네게 무슨 상관이냐 너는 나를 따르라 하시더라 이 말씀이 형제들에게 나가서 그 제자는 죽지 아니하겠다 하였으나 예수의 말씀은 그가 죽지 않겠다 하신 것이 아니라 내가 올 때까지 그를 머물게 하고자 할지라도 네게 무슨 상관이냐 하신 것이러라." 확실히 우리는 구전 전통과 같은 그러한 불안전한 기초 위에는 집을 세울 수가 없는 것이다.

더 나아가서, 일련의 전통이 신적인 혹은 사도적인 기원을 가지고 있지 않다는 것은 어떤 전통들이 다른 전통들과 상충되고 있는 사실에 의하여 입증이 되고 있다. 교부들은 되풀이하여 사제가 임직을 받을 때 그는 오직 '교부들의 만장 일치의 동의'에 따라서 성경을 해석하겠다고 엄숙히 맹세한다. 그러나 그러한 '만장 일치의 동의'는 순전히 신화이다. 사실은 그들은 어떠한 교리에도 거의 동의를 하지 않는다. 그들은 서로 서로 모순되고 더군다나 그들의 마음을 바꾸고 그들이 이전에 부정하였던 것을 긍정함으로써 그들은 서로 모순된다. 교부들 중에서 가장 위대한 교부인 어거스틴(Augustine)은 그의 말년의 생애에서 특별한 책을 썼는데 거기에서 그는 '취소' (Retractions)를 발표했다. 제 2세기 교부들 중 몇몇 사람은 그리스도가 곧 돌아와서 예루살렘에서 천년 동안 인격적으로 통치하실 것이라고 주장했다. 그러나 초대 교회에서 가장 잘 알려진 학자들 중 두 사람 즉 오리겐(Origen; 185~254)과 어거스틴(354~430)은 그러한 입장에 대한 반박문을 썼다. 초기 교부들이 예배시 성상을 사용하는 것을 인정했다. 초기 교부들이 성경을 읽고 자유스럽게 사용하는 것을 거의 만장 일치로 옹호했던 반면, 후기 교부들은 그것을 읽는 것과 사용하는 것을 제한시켰다. 로마의 감독이고 초기 감독들 중 가장 위대한 사람인 그레고리 대제(Gregory the Great)는 우주적 감독(Universal Bishop)의 칭호를 적그리스도적인 것으로 간주하고 비난했다. 그러나 후기의 교황들은 심지어는 오늘날에 이르기까지 우주적 권위를 옹호하는 그러한 칭호들 혹은 비슷한 칭호들을 사용하는 것을 매우 고집스럽게 주장해 왔다. 그런데 교황 교리에 관한 우주적 전통과 교부들의 만장 일치의 동의가 어디에 있는가?

성경의 책들을 썼던 사람들은 성령에 의하여 영감이 되었으므로 오류로부터 보존되었다. 그러나 교회 교부들의 전통, 교회 회의들, 그리고 교황들은 더 낮은 등급(order)에 속해 있고 그리고 많은 오류들과 모순들을 담고 있다.

예수회 회원이고 유명한 로마 카톨릭 저술가인 벨라민(Bellarmine; 1542~1621)은 전통을 세 부류, 즉 신적인 것, 사도적인 것, 그리고 교회적인 것으로 나눈다. 신적인 전통들은 그리스도 자신이 가르쳤고 제정했으나 기록되지는 않고 세대에 걸쳐 구두로 전승되었다고 주장되는 것들이다. 사도적 전통들은 사도들에 의하여 가르쳐졌으나 기록되지는 않은 것들이다. 그리고 교회적 전통들은 수세기에 걸쳐서 축적되어 온 교회의 선언들과 교령들이다. 그러나 우리는 그러한 전통들이 세대에 걸쳐서 입으로 하는 말로써 그리고 오랜 연대의 교회 역사를 통하여 평신도와 사제가 똑같이 온전한 교회라고 특징지어 주었던 미신성과 부도덕성으로 어두워진 분위기 속에서 입으로 하는 말로써 정확하게 전해져 내려왔다는 것은 전혀 불가능한 것이었으리라고 주장한다. 그리고 우리는 그것들이 그렇게 전승되었다는 것에 대한 어떠한 증거도 없다고 주장한다. 분명히 그러한 엄청난 전통들은 중세 시대 동안에 수도사들에게서 비롯되었다.

종교 개혁의 지도자들이 성경에 호소하여 로마교회의 오류들을 격렬히 비난했을 때, 그 교회는 자신을 방어해야만 했다. 그리고 그 교회는 성경만으로는 그렇게 할 수 없었으므로 이러한 다른 저술들에 호소했다. 그 결과 로마교회의 주요한 교리들과 행위들이, 예컨대 연옥, 사제직, 미사, 화체설, 죽은 자를 위한 기도, 면죄(免罪), 고해성사, 동정녀 마리아 숭배, 예배시 성상 사용, 성수(聖水), 묵주알, 사제와 수녀의 독신, 교황제도 그 자체, 그리고 수많은 다른 것들이 오직 전통에 근거해서만 세워졌다.

로마교회가 자신을 '유일한 참된 교회'로 세우려 노력하는 것이 바로 이와 같은 토대 위에서이다. 그러나 로마교회의 평신도가 자기네 교회의 특징적인 교리들을 확증하기 위하여 성경을 찾을 때, 그는 완전한 침묵이나 분명한 부정을 발견한다. 예를 들어서, 성경은 교황 혹은 하나의 제도로서의 교황제도에 관하여서 전혀 말하지 않는다. 즉 성경은 예배시 성상이나 우상을 사용하는 것을 금하라는 명령에 있어서 강조적이고 비타협적이다. 로마교회가 전통을 포기하고 싶지 않은 것은 당연하다. 어쩔 수가 없다. 왜냐하면 만일 그가 전통을 포기한다면 전 체계가 무너져 버릴 것이고 그로 인해 대부분의 교리들과 행위들이 어떠한 다른 근거도 갖지 않을 것이기 때문이다.

이론적으로 로마교회는 교황이 새로운 계시를 받았다거나, 예언자들이나 사도들이 성경을 기록할 때와 같이 자기가 성령에 의하여 영감을 받았다고 주장하지 않는다. 사실 로마교회는 자기네가 어떠한 새로운 교리들도 결코 만들고 있지 않다고 주장한다. 오히려 로마교회가 주교좌(主敎座, ex cathedra)로부터 선언을 할 때, 성령이 교황으로 하여금 원래의 계시에 속한 것을 끌어내서 선포할 수 있게 한다. 그러나 로마교회는 주교좌로부터 선언할 때나 전통들을 형성할 때 성령의 신적인 현존을 주장하는데, 결국 이것은 원리에 있어서 영감을 주장하는 것과 똑같은 것이라고 우리는 말하고 싶다. 어쨌든 로마교회는 이러한 장치에 의하여 교회의 불변성을 주장하나 실제로는 새로운 교리들을 덧붙이고 있다.

로마의 신앙 규칙에 접근하기가 매우 어렵다는 것은 분명하다. 어떠한 사제도 만일 그가 이러한 엄청나고도 수많은 책들을 가지고 있지 않다면, 그가 임직 때 받아들이기로 맹세한 바 자신의 신앙의 규칙을 전혀 가지고 있지 않을 것이다. 비록 그것들이 전혀 모순을 달고 있지 않다 하더라도 어느 누구도 그러한 방대한 자료들을 가능하게 다룰 수 없다. 그리고 그러한 신앙의 규칙은 전적으로 평신도가 미칠 수 없는 곳에 있다.

3. 외 경

로마 카톨릭 교회가 성경에 덧붙이며 똑같이 영감되고 권위가 있다고 선언하고 있는 14 내지 15권의 책들은 외경으로 알려져 있다. 이것들은 성경의 일부분으로 인쇄되고 로마 카톨릭 교도들에 의하여 (위반하면) 죽을 죄에 처한다는 조건으로 참된 것으로 받아들여져야만 한다. 외경이라는 단어 '어파크리퍼'(Apocrypha)는 헬라어 '아포크루파'(apokrupha)로부터 나왔으며 교회의 저술가들에 의해서는 (1) 숨겨진 비밀, 혹은 신비스러운 (2) 기원이 알려지지 않은, 날조된 (3) 인정되지 않은 혹은 정경에 속하지 않는 일들에 대하여 사용된다. 우리가 그 용어를 사용하는 것은 주로 위조의 혹은 비정경적이라는 의미에서이다. 그 책들은 트렌트 공의회에 의하여 공식적으로 인정되기 전에는 이러한 이름을 가졌고 물론 이 이름은 신교도들에 의하여 주어진 이름은 아니다.

1. 에스드라(Esdras) 일서
2. 에스드라 이서
3. 토비트(Tobit)
4. 유디드(Judith)
5. 에스더서 부록
6. 솔로몬의 지혜
7. 집회서 혹은 시락의 아들 예수의 지혜
8. 바룩
9. 예레미야의 편지
10. 아자랴(Azariah)의 기도 그리고 세 젊은이의 노래
11. 수산나
12. 벨과 드라곤
13. 므낫세의 기도
14. 마카비 일서
15. 마카비 이서

이것들 중에서 제 일, 이 에스드라서만은(후자는 죽은 자를 위한 기도의 가치를 분명히 부인하고 있다) 트렌트 공의회에 의하여 공식적으로 인정되지 않았다. 인정된 책들은 신약 크기의 2/3 정도의, 혹은 만일 15권 전체가 포함된다면 신약 크기의 약 84 퍼센트에 해당하는 책 한권을 덧붙인다. 비교를 위해서 K. J. V.(King James Version)의 구약 단어 숫자는 총 592,439 단어이고, 신약은 181,253 단어이고, 외경은 152,185 단어이다. 그리고 외경서들이 구약의 종결과 그리스도의 오심 사이에 쓰여진 기독교 이전의 것들이므로 그러한 첨가의 효과는 구약과 유대인의 삶과 사상에 더 큰 우선권을 주고, 상대적으로 신약의 중요성을 감소시키는 것이다. 히브리 구약 성경은 그리스도의 때 이전 약 400년 동안에 완성되었다.

기원 전 제 2세기에 히브리 학자들에 의한 헬라어 번역은 알렉산드리아의 이집트에서 행해졌고 역자의 숫자가 70인이었으므로 70인경(Septuagint)으로 불리워졌다. 그러나 헬라어 역본과 히브리 정경 사이에는 중요한 차이가 나타나는데 이는 70인경이 히브리 성경책들 가운데 끼워 넣어진 열둘 혹은 그 이상의 외경서들을 포함시켰기 때문이다. 그러나 모든 사본들이 똑같은 책들을 포함하고 있지 않다는 사실은 이러한 부가적인 책들 중 어느 것이 권위가 있는 것인지에 관해서 역자들 사이에서도 공통의 일치가 전혀 없었다는 것을 암시하는 것이다.

70인경은 팔레스틴에서 사용되었고 예수님 당시에 통용되는 역본이었다. 하지만 팔레스틴 유대인들은 결코 외경의 부가물들을 받아들이지 않았다. 그리고 신교도들은 그리스도 당시 히브리어 성경 속에 있었던 구약 39권만

을 받아들인다.

그리스도 혹은 사도들 중 어느 누구도 비록 그들이 의심할 바 없이 외경서들에 관해서 알았음에도 불구하고, 외경서들로부터 인용한 적이 있거나 그것들에 관해서 언급했다는 어떠한 기록도 없다. 신약에는 구약 구절들로부터 직접 인용한 것들이 약 260군데 있고 간접적으로 언급한 것이 약 370군데가 있다. 그러나 그 모든 것들 중에서 외경서들에 대한 언급은 그리스도나 그의 사도들 중 어느 누구에 의해서도 단 한 번도 없다. 그들은 구약의 모든 주요한 책으로부터 그리고 더 작은 것들 중 거의 네 책으로부터 인용한다. 따라서 그들은 유대인의 구약에 대하여 인정하는 도장을 찍는다. 그리스도는 구약을 권위있는 것으로 인용했고, "성경은 폐하지 못하나니"(요 10:35)라고 말했다. 그러나 그도 사도들도 외경서들에 관해서 단 한 번도 언급한 적이 없다는 것은 분명하다. 그들은 그것들을 성경으로 간주하지 않았고, 그러한 전설의 책들을 성경의 일부분이 되도록 할 의향도 없었다. 로마교도들은 때때로 신교도들을 성경으로부터 그러한 책들을 잘라 버렸다고 비난한다. 그러나 기록은 누군가가 그것들을 잘라 버렸다면 그 사람은 바로 그리스도 자신이었다는 것을 분명하게 해준다.

이 사실은 우리가 그리스도 당시 팔레스틴에서 공통으로 사용되었던 언어는 히브리어가 아니라 아람어였으며, 헬라어는 그 당시에 팔레스틴의 구어 중 하나였으며, 아람어와 희랍어 두 언어를 말했던 그리스도인들은 아마도 교회에서 아람어권 출신자들이었으며, 그리고 그리스도 자신은 아람어 뿐만 아니라 헬라어도 말할 수 있었을 것이라는 사실을 기억할 때 더욱더 중요하다. 게다가 신약의 책들은 헬라어로 기록되었고 그리고 그러한 책들 속에서 우리가 발견하는 것은 몇몇 인용들은 히브리어의 직접적인 사용을 반영해 주는 구약으로부터 비롯되었던 반면 헬라어 70인경으로부터 인용하는 것이 선호하는 습관이었다는 것이다. 그러므로 저자들은 틀림없이 외경서들과 친숙해 있었고, 만일 그것들이 성서로 간주되었다면 의심할 바 없이 그것들로부터 인용하였을 것이다.

그래서 우리는 그리스도 당시에 팔레스틴에는 두 가지의 구약 역본이 통용되었음을 아는데, 하나는 외경서들을 포함시키고 있는 헬라어로 된 좀더 자유로운 알렉산드리아 70인경이고, 그리고 다른 하나는 오직 유대인들의 정경서들만을 포함시키는 좀 더 보수적인 히브리어 역본이었다. 그런데 로마 카톨릭 성경은 알렉산드라 역본을 따르고, 신교의 성경은 히브리어 역본을 따르고 있다.

몇몇 로마 카톨릭 저술가들이 이집트의 알렉산드리아에서 생겨난 70인경의 형태를 띤 '헬라어 성경'이 초대 교회의 성경이었다는 모호한 주장을 하는 것은 전혀 학적으로 신빙성이 없다. 왜냐하면 그것은 증거가 닿는 한도 내에서 예수와 신약 저작자들이 외경서들을 정경으로 간주하지 않았고 오히려 대신에 팔레스틴 구약 역본을 받아들였다는 무엇보다도 가장 중요한 면을 무시하기 때문이다.

더구나, 저명한 유대 역사가 요세푸스(Josephus)는 A. D. 약 90년경에 유대 율법서와 예언자들의 목록을 작성했지만 외경서들은 포함시키지 않았다. 다른 유대 자료들도 요세푸스를 지지한다. 외경은 어거스틴 이전의 교회에서 가장 학식있는 사람으로 흔히 알려져 있는 오리겐에게도, 초기 3세기의 뛰어난 학자 터툴리안(Tertullian)에게도, 니케아 회의에서 정통의 옹호자였던 아타나시우스(Athanasius)에게도, 로마 카톨릭의 권위있는 성경이 되었던 라틴 벌게이트의 번역자인 제롬(Jerome)에게도 배척을 당했다.

제롬은 외경은 구약 성서의 일부가 전혀 아니라고 분명하게 선포했다. 그러나 그는 자기의 뜻이나 더 나은 판단을 거슬러, 토비트서와 유디트서를 존중하는 그의 두 명의 감독 친구들에게 설득을 당해 그것들의 역본을 급히 만들었다. 일설에 의하면 그는 전자를 즉석에서 번역했다고 한다. 그러나 그것들 중 어느 것도 그가 정경으로 간주했던 책들에 관심을 기울였던 만큼 관심을 받지 못했다. 그러나 그가 그 역본들을 만들었다는 것은 참으로 애석한 일이다. 왜냐하면 그것들이 나중에 벌게이트와 섞여지게 되었고, 그리고 다른 외경서들을 덧붙이는 것을 격려하는 데 사용되었기 때문이다. 초대 교회의 탁월한 학자들 중에서 어거스틴만이 외경을 성서 속에 포함시키려 하였다. 그러나 그가 그것을 모든 경우에 권위가 있는 것으로 생각했는지는 분명치 않다. 그러나 이 모든 사실들에도 불구하고 트렌트 공의회의 53명의 감독들은 1546년에 외경서들은 정경이며 성경의 책들과 동등한 가치가 있다고 선언했다.

심지어는 로마 카톨릭 안에서도 외경의 정경성에 관한 의견은 나누어져 왔다. 우리는 제롬이 외경이 성서의 일부분을 이룬다는 것을 절대적으로 부정했다는 사실을 지적했다. 1518년 아우스부르그에서 루터의 적이었던 추기경 카제탄(Cardinal Cajetan)은 1532년에 교황 클레멘트 7세에게 헌정했던

"역사적으로 진정성을 가지는 제반 구약서들에 관한 주석"(Commentary on all the Authentic Historical Books of the Old Testament)에서 히브리어 정경을 알렉산드리아의 것보다 더 뛰어난 것으로 인정했다. 그리고 트렌트 공의회 자체 내에서도 몇몇 구성원들은 이러한 책들을 성경에 끼워넣는 것에 반대했다. 더구나 교황권 안에서조차도 트렌트 공의회가 외경을 구약에 덧붙이고 그것을 그렇게 선언할 때까지 구약이 완성되고 종결된 후 거의 2000년 동안 외경은 정경으로 인정되지 않았다.

해리스 박사는 이 문제에 관하여 다음과 같이 쓰고 있다.

"교황 그레고리 대제는 '외경서 마카비 일서는 정경이 아니다'라고 선포했다. 추기경 조메네스(Zomenes)는 트렌트 공의회 바로 직전에 여러 언어로 쓰인 대역 성경에서 외경을 배제시켰으며 그의 작품은 교황 레오 10세에 의해 인정되었다. 이 교황들이 잘못을 범할 수 있었던가, 아니면 그렇지 않았던가? 만일 그들이 옳았다면 트렌트 공의회의 결정은 틀렸다. 만일 그들이 틀렸다면 교리의 교사로서 교황의 무오성은 어디에 있는가?"(『근본적인 개신교 교리』, I, p. 4).

로마교회가 외경서들을 성경에 덧붙인 실제적인 이유는, 우리가 앞에서 말했던 대로 종교개혁 당시의 사건들과의 관련 속에서 발견되어져야 한다. 개혁자들은 그들이 비성경적이라고 간주했던 교리들을 맹렬히 공격했다. 특히 연옥 교리는 반드시 변명되어져야 했으며, 로마의 학자들은 연옥 교리가 유대 마카비의 일에 대해서 이야기하는 마카비 이서 12:40~45에서 지지를 얻었다고 생각했는데, 이 마카비는 한편으로는 전쟁에서 죽었던 병사들을 위하여 제사를 드리고 다른 한편으로는 우상 숭배를 했다는 죄의식 때문에 전쟁 후에 예루살렘에 돈을 보냈던 자다.

그러나 우리가 앞으로 연옥 교리를 토론할 때 살펴보겠지만, 이 구절은 실제로 로마 카톨릭의 입장을 전혀 지지하지 않는다. 왜냐하면 우상 숭배는 도덕적 죄이고, 그리고 로마 카톨릭 교리에 의하면 도덕적 죄로 죽는 자들은 지옥으로 직행한다. 오직 가벼운 죄를 지은 자들만이 연옥에 가며 그리고 그럴 때에만 그들은 미사와 기도에 의하여 도움을 받을 수가 있다. 이 사실은 또다시 로마 카톨릭의 특징적인 교리들의 지지를 위한 연구의 절망적인 성격을 드러내 준다.

4. 외경서들의 특징

그렇다면 이렇게 많은 논쟁을 야기시켜 왔던 이 책들의 특징은 무엇인가? 우선 그들은 구약의 종결과 신약의 개시 사이에 존재했던 유대주의의 역사를 제공하는 데 유익하며, 또한 그 점에 있어서는 요세푸스와 필로 그리고 그 당시의 다른 저자들과 쌍벽을 이룬다. 그들은 계속적인 역사를 제공하지는 않지만 특히 마카비 일, 이서에서는 유대 역사의 중요한 국면들을 서술하고 있다. 그러나 대부분의 책들은 평범한 독자들에게 전혀 흥미를 주지 못하는 반복과 시시한 것들로 가득 차있는 종교 소설들로 분류되어야만 한다. 그것들은 비성경적인 교리들과 환상적이고 믿을 수 없는 이야기들을 포함하고 있다. 예를 들어 토비트의 발랄한 이야기는 한 경건한 유대인이 기원전 약 190~170년에 종교적 도덕적 교훈을 제공하기 위하여 모험 이야기의 형태로 썼던 분명히 허구적인 것이다. 또 다른 인기있는 이야기 유디트도 분명히 허구이다. 집회서(Ecclesiasticus)는 기원전 2세기 동안의 팔레스틴 유대주의의 여러 면들을 그리고 있다는 점에서 역사적 가치를 지니고 있다.

그러나 어느 작가도 자기 작품에 대한 영감을 주장하지는 않으며, 몇몇은 그것을 명백히 선포한다(집회서 서문: 마카비 일서 4:46; 9:27; 마카비 이서 2:23; 15:38). 그들은 구약에 기록되어 있는 하나님께서 이스라엘을 다루시는 기록이든가, 혹은 신약에 기록되어 있는 기독교 복음에다 본질적인 어떠한 것도 덧붙이지 않는다.

이러한 책들 속에 있는 오류들 중 몇 가지 예들만 보자. 유디트 1:1~7에서는 느부갓네살을 앗시리아의 왕이라고 부르고, 그가 니느웨에서 다스렸다고 주장한다. 그러나 우리는 그가 바벨론 왕이었다고 알고 있다(단 4:4~6, 30). 토비트에서는 한 천사가 자기는 아나니아(Ananias)의 아들 아쟈리우스(Azarius)라고 주장하면서 거짓을 말하는 자로 묘사되고 있다. 그러나 천사는 피조된 영이며 어떠한 인간의 아들도 될 수 없다. 바룩서는 예레미야의 비서였던 그 사람의 이름에 의하여 쓰여져 왔다고 전해지고 있다. 그러나 그는 다니엘로부터 인용하는데 다니엘서는 예레미야의 때 훨씬 이후에 기록이 되었다. 왜냐하면 예레미야는 70년 감금의 시작 때 썼고 다니엘은 그것의 마지막 때 썼기 때문이다.

이러한 책들이 유대인들에 의하여 왜 정경으로 받아들여지지 않았는가에 관한 질문에 대답하여 웨스터민스터 신학대학원 구약학 교수인 에드워드 제이 영(Edward J. Young) 박사는 다음과 같이 말한다.

"그 대답은 이러한 책들이 결코 신적으로 영감된 것으로 간주되지 않았음이 틀림없다는 것이다. … 유디트, 토비트 두 책 다 역사적 연대기적 그리고 지리적 오류들을 포함하고 있다. 이 책들은 거짓과 사기를 정당화시키고 구원을 공적에 의존하도록 만든다. 예를 들면 구제가 죽음으로부터 구원하기 위해서라고 한다(토비트 12:9; 4:10; 14:10~11).

유디트는 거짓과 기만의 삶을 사는 그 가운데서 하나님에 의해 도움을 받는 것으로 묘사된다. 집회서와 솔로몬의 지혜는 선재하는 물질로부터의 세계 창조를 가르친다(7:17). 집회서는 자선을 행하는 것은 죄를 보상하는 것이라고(3:3) 가르치며, 마카비 일서에는 역사적 지리적 오류들이 있다. 이것은 외경서에 있는 수많은 세련되고 추천할 만한 것들을 부정하는 것이 아니고 오히려 그럼에도 불구하고 이 책들은 신적으로 계시된 진리와 모순이 됨을 스스로 나타내고 있다는 것이다. 따라서 그것들은 유대인들에 의해서 정경으로 결코 채용되지 않았다"(『계시와 성경』〈Revelation and the Bible〉, p. 167).

필라델피아 훼이스 신학교 구약학 교수인 알란 맥레이(Allan MacRae) 박사는 다음과 같이 말한다.

"소위 구약 외경서들은 경건한 유대인들에 의하여 기록되어진 책들이며 따라서 틀리지 않을 수 없는 인간의 개념들만을 포함하고 있는 것들이다. 그것들은 어떠한 의미에서도 하나님의 말씀이 아니며 또한 그것들이 하나님의 말씀이 될 수도 없다. 유대인들은 이 책들을 하나님의 말씀의 일부분으로 간주하지 않았다. 예수 그리스도도 구약의 실제의 책들에 찍었던 도장을 그들에게는 찍어주지 않았다. 그것들은 신약에서 전혀 인용이 되지 않고 있다. 사도들 중 어느 누구도 그 책들 중 어느 것을 어떤 의미에서 하나님의 말씀으로 간주한 적이 있다는 증거가 없다."

"중세 시대의 많은 사람들이 혼란을 겪게 되었고 이 책들 중 일부는 하나님의 말씀이라고 생각했다는 것은 사실이다. 이것은 그 책들이 벌게이트의 사본들 속에 포함되어 있었기 때문이다. 그러나 벌게이트를 원래의 히브리어에서 라틴어로 번역했던 그 사람은 그것들이 그렇게 포함될 것을 의도하지 않았다. 저명한 벌게이트 번역가 성 제롬은 서문에서 오늘날 구약에 포함되어 있는 책들만이 성경에 속하며, 소위 외경은 하나님의 말씀의 일부분이 아니라는 그의 신념을 강하게 그리고 분명하게 표현했다."

장로 교회와 개혁 교회의 입장을 나타내 주는 웨스트민스터 신앙고백은 다음의 진술이 말해주는 것처럼 외경서들을 읽는 것을 금하는 것이 아니라 오히려 그것들의 적절한 사용과 부적절한 사용을 구분해 주고 있다.

> "통상 외경으로 불리워지고 있는 책들은 신적으로 영감된 것이 아니며 결코 성서의 정경의 일부분이 아니다. 따라서 그것들은 하나님의 교회에서 어떠한 권위도 갖지 못하며 다른 인간 저작들과 다르게 인정되어서도 안되며 사용되어져서도 안된다"(1장 3항).

독일의 루터 교회는 외경에 관하여 공식적인 선언은 하지 않았다. 하지만 루터가 제공한 성경에는 외경이 포함되어 있는데 구약 맨 끝에 아주 작은 글씨로 인쇄가 되어 있다. 이 사실은 그것이 구약과 신약과 비교해 볼 때 부차적인 중요성밖에 가지지 못한다는 것을 의미하는 것으로 이해되어졌다.

영국 교회와 미국에 있는 영국 성공회는 외경을 전적으로 정경으로 받아들이지는 않지만 그 책들 중에서 몇몇 어구들을 뽑아내어 교회 예식서에 포함시키는데 이 사실은 그들이 그러한 저작들에게 부여하는 지위 이상의 지위와 거의 신, 구약에 맞먹는 권위를 돌리고 있다는 것을 암시하고 있다. 39개조(영국 국교의 신앙 개조―역자주)의 여섯 번째 조항은 외경 논문들을 "교회가 삶의 모범과 예절을 가르치기 위해 읽어야 하지만 교회는 그것들을 이용하여 어떠한 교리도 세우지 말아야 하는" 책들로 부르고 있다.

동방 정(통)교회의 입장은 분명하지 않다. 이 교회는 오랜 역사에 걸쳐 이 문제를 토론해 왔지만 최종적인 결정을 하지 못했다. 실제에 있어서는 이 교회는 외경을 권위있는 것으로 받아들이는 결합이 있어 왔지만 그러나 이 교회는 로마교회와 같이 자기 자신을 교회의 엄격한 교리 조절에 맡기지 않았으며, 그 결과 몇몇 교부들과 신학자들은 그것을 권위있는 것으로 받아들이나 다른 사람들은 그것을 배척하는 현상이 나타난다. 70인경이 동방 정(통)교회에서는 여전히 사용되고 있다. 영국 해외 성서공회(The British and Foreign Bible Society)는 1827년에 외경을 성경 속에 포함시키는 것을 반대한다는 판결을 내렸다. 그리고 미국 성서공회도 그 보기를 따랐다. 오늘날 거의 모든 신교 교회들은 외경의 사용을 반대한다. 또한 상당수의 신약 외경들이 있는데 이것들은 유대인들 혹은 그리스도인들 혹은 양자 중에서 때때로 발행되었던 것들이었다. 이것들은 2세기에서 8세기에 걸쳐 쓰여졌는데 주로 정경서들을 보충해 주고 바로잡기 위해 쓰여졌다. 프린스톤 신학대학원 신약학 교수 브루스 엠 메츠거(Bruce M. Metzger) 박사는 이 책들에 관하여 다음과 같이 말한다.

"사복음서들이 예수의 유아기, 유년기 그리고 청년기에 관한 언급을 극히 미미하게 언급하고 무덤 속의 3일 동안의 그의 경험에 관하여 전적으로 침묵하고 있기 때문에 몇몇 외경 복음서들이 예수의 삶의 이 두 시기에 관한 그리스도인들의 경건한 호기심을 만족시키기 위하여 만들어졌다. … 게다가 다른 복음서들 예컨대 도세티즘(예수는 단지 인간으로 보일 뿐이었다는 입장) 같은 이집트인들의 복음이 빌라도의 죄를 극소화하기 위해서 베드로의 복음이 그리고 니고데모의 복음 등등이 쓰여졌다."

"이 책들이 본질적으로 신약의 책들과 다른 궤도에 있다는 가장 확실한 증거는 그것들을 신약의 책들과 병행하여 읽을 때, 그리고 각자에게 자기 자신의 특징을 주도록 허용할 때 제공된다. 더우이 제임스(M. R. James)는 '어떤 사람이 신약으로부터 그것들을 배제시켰느냐는 것은 전혀 문제가 되지 않는다는 것은 아주 빨리 보여질 것이다. 왜냐하면 그것들이 스스로 그렇게 했기 때문이다' 라고 말하고 있다. 저자들은 믿을 수 없는 이야기들을 정교화하는 데 주저하지 않았다. 그리고 그 당시의 쉽게 믿어버리는 풍토에서는 모든 것이 믿어졌다"(『외경 서문』, pp. 249, 250, 262, 263).

신약 외경 혹은 위경 중 몇몇은 다음과 같았다. 『바나바 일반 서신』, 『고린도인에게 보내는 클레멘트의 첫번째 편지』, 『고린도인에게 보내는 클레멘트의 두번째 편지』, 『사도의 규약』, 『헤르마스 일서』, 『헤르마스 이서』, 『헤르마스 삼서』, 『이그나티우스의 여러 편지들』, 『증보된 그리고 수정된 요한 복음』, 『구세주 유년기 복음』 그리고 『마리아 탄생 복음』.

그러나 이러한 가짜 저술들은 로마 카톨릭 성경에 포함되지 않았다. 트렌트 공의회는 종교개혁자들과의 논쟁에 도움을 줄 수 있는 책들만을 선택했는데 이 책들 중 어느 것도 그렇게 하도록 약속을 주지 못했기 때문이다. 게다가, 이 책들이 중요한 것은 그들이 다루려고 하는 시대(기독교의 제 1세기)에 관한 믿을 수 있는 역사적 정보 자료이기 때문이 아니라, 이 책들은 그것들이 산출되었던 시기에 관하여 알려주고, 로마교회의 결정적인 교리들 중 대다수가 뿌리를 두고 있는 그 시대에 유행했던 전설, 민요, 무지, 그리고 미신에 관하여 어느 정도의 정보를 제공하고 있기 때문이다. 그러한 이야기들이 믿어질 수 있었다는 사실은 사람들이 얼마나 무지와 미신에 익숙해 있었는가를 보여준다.

5. 벌게이트와 현대 역본들

로마 카톨릭 교회의 공식 성경은 벌게이트(Vulgate, 뜻은 '공통의')라 불리우는 제롬의 라틴 역본이다. 제롬은 거의 4세기가 끝날 무렵 감독 다마수스(Damasus)에 의하여 표준 라틴역 성경을 준비하도록 위임을 받았으며, 그의 목적은 성경을 평민의 공통 언어로 정확한 그리고 읽을 수 있는 형태로 번역하는 것이었다. 만일 로마 카톨릭 교회가 계속적으로 신도에 의한 성경 연구를 증진시켜 나갔다면 교회와 세계 역사의 과정이 얼마나 달라졌을까! 그러나 불행히도 그 과정은 후기의 교황들에 의하여 역전이 되어서 성경은 신도들로부터, 심지어는 사제들로부터도 회수되었다. 최근에서야 비로소 로마는 몇몇 나라에서 성경을 신도들에게 주었는데, 이것은 대개 신교의 압력 때문이었다.

스코틀랜드 에딘버러의 교회사가 렌위크(A. M. Renwick)는 그의 책 『교회의 이야기』(The Story of Church)에서 다음과 같이 말한다. "교회사에 있어서 가장 흥미롭고 그림 같은 인물들 중 한 사람인 제롬(340~420)은 북쪽의 달마티아(지금의 유고슬로비아)에서 태어났다. 그는 오늘날까지도 로마교회에 의해 권위있는 것으로 인정되고 있는 유일한 역본인 라틴 벌게이트 성경 역본을 출판했다. 그는 34년을 베들레헴에서 보냈는데 거기에서 그는 대개 은둔자로서 동굴에 살았으며, 엄청난 저술과 학문 활동을 했다."

로마교회는 약 서기 400년경의 라틴 벌게이트 역본이 오류가 없다고 주장하는 것 같다. 트렌트 공의회는 "만일 어느 누구라도 구약 라틴 벌게이트 판에 포함되어 있는 전술한 책들을, 모든 부분들과 함께 전체로, 신성하고 정경적인 것으로 받아들이지 않는다면, 그는 저주를 받을지니라!"라고 선언했다. 1870년의 바티칸 공의회(교황무오설 교리를 발표했던 공의회)는 "구약과 신약의 이 책들은 그것들이 전술한 회의의 선포에서 열거된 대로, 그리고 고대의 라틴 벌게이트 판에 포함된 대로, 모든 부분들과 함께 전체로, 신성하고 정경적인 것으로 받아들여져야 한다"는 트렌트 공의회의 선언을 "그것들은 오류가 전혀 섞이지 않은 계시를 포함하고 있다"고 덧붙이면서 재확인하고 있다.

1590년에 식스투스 5세(Sixtus V)는 자기가 최종적이라고 선언했던 벌게이트 판을 발행했으며, 그 후의 어떠한 새로운 판도 만일 그것들이 자기의 것과 같지 아니하면 저주 아래 발행을 금지시켰다. 그러나 그는 얼마 안있어 죽었으며, 학자들은 그의 판에서 수많은 오류들을 발견했다. 이년 후에 새로운 판이 교황 클레멘트 8세 하에서 발행이 되었는데 이것은 오늘날 일반적으로 사용되고 있는 판이다. 분명히 식스투스 5세는 오류를 범했다. 왜냐하면 교황이 신앙과 도덕 문제에 있어서 오류가 없다고 주장하는 그 교리가 불합리하다는 것을 보여주는 다른 예가 있기 때문이다. 벌게이트의 권위 혹은 무오성의 이러한 교리는 최근에 로마 학자들을 큰 곤궁에 몰아넣고 있는데 이는 많은 오류들이 지적이 되어 왔고 지금은 모든 학자들에 의하여 인정이 되고 있기 때문이다.

로마 카톨릭 듀웨이(Douay) 성경 역본은(신약 1582, 구약 1609) 로마 카톨릭 역본들이 현대어들로 번역될 때, 라틴 벌게이트로부터 만들어졌다. 최근의 공동 번역본은 "라틴 벌게이트로부터 번역된"이라는 부제를 달고 있다. 오늘날의 학문이 밝혀낸 바에 의하면 제롬의 벌게이트의 부정확성은 엄청나다. 그리고 그 본문은 수세기 동안 개정되지 않았다. 그래서 오늘날 로마 카톨릭 역본 중 가장 좋은 것이라 할지라도 책 권두의 면지 위에 있는 부제에 의하면 역본의 역본 즉 헬라어 원문의 라틴어 역본의 영어 역본이다.

로마 카톨릭은 장구한 역사를 자랑한다. 그러나 개신교의 성경 역본이 훨씬 더 정확하지 않은가! 개신교 학자들은 로마 카톨릭이 매여있는 벌게이트보다 훨씬 오래된 헬라어와 히브리어 성경 원문으로 돌아가며, 더 나아가 그들은 신교의 성경들을, 소문에 의하면 그것들이 오류를 포함하고 있다는 주장에 근거해서, 가능한 한 어디서나 파괴시킨다. 1957년에는 영국 해외 성서공회에 속하는 스페인의 마드리드에서 수많은 성경들이 탈취당해 불태워졌다. 그러나 개신교들로서의 우리는 로마 카톨릭 성경들을 없애버린다는 꿈도 꾸지 않는다. 오히려 우리는 그것들의 한계들에도 불구하고 그것들이 아주 좋은 역본들이고, 그리고 그것들이 진리를 진지하게 추구하면서 그것들을 읽는 자들을 밝게 해주기에 아주 충분한 계시를 지니고 있어 하나님의 진리를 분명히 나타내 준다는 것을, 그리고 해석적 각주들을 제외하면 그것들은 우리의 킹 제임스나 미국 표준 역본들과 같이 놀라운 것이라는 것을 인정한다. 결국 로마 카톨릭 종교의 가장 두드러진 특징들은 그들의 성경들로부터 나오는 것이 아니라 그들의 전통들로부터 나온다.

6. 권위의 문제

우리는 개신교와 로마 카톨릭 사이의 최고 쟁점(The most controversial issue)은 — 기독교에 있어서 최종 위치의 권위는 무엇인가? 하는 — 권위(Authority) 문제로서 개신교에서는 오직 성경만을 신앙과 생활의 최고 규칙에 두고 있는 반면에 로마 카톨릭에서는 교회가 해석하는 데에 따르는 성경과 전통에다가 그것을 두고 있다. 사실상 실제로는 로마 카톨릭은 1870년의 무오교리성 선포 이후, 권위의 최종적 좌소는 교회를 향하여 말하는 교황이라고 주장하고 있다.

그러나 우리가 교회사를 읽어보면 권위의 다른 원천이 성경과 똑같은 중요성을 가진 것으로써 성경과 나란히 놓이면 성경은 뒷전으로 추방된다는 것을 발견할 수 있다. 그 다른 원천이 이성, 감정 혹은 전통이든 간에 필연적인 결과는 그것들은 성경을 밀어내고 점차적으로 그것을 약화시킨다. 그 다른 원천이 이성이면 합리주의가 되고 그것이 감정이면 신비주의가 된다. 그것이 전통이면 교회의 명령 혹은 성직권위주의가 된다. 이러한 경우에서는 입술로는 섬긴다고 하더라도 실제적으로는 그것들을 성경과 대체(代替)하는 것이다.

개신교 종교개혁 당시에 마르틴 루터는 확고하게 성경 위에 서있었으며 만일 그의 가르침이 성경에 반대된다는 것이 보이지 않는 한 움직이기를 거부했다. 그의 신앙을 변명하도록 웜스(Worms) 종교회의에 나타나도록 소환을 받았을 때 그의 담대한 진술은 다음과 같이 단언했다. "여기에 내가 서있습니다. 나는 달리 어찌 할 수 없습니다. 하나님이여! 나를 도우소서." 그의 가르침이 성경에 위배된다는 것이 보여질 수 없었으며, 그의 입장은 비판의 여지가 없었다.

종교개혁의 우선적이고 거의 급진적인 결과는 개혁자들이 축적된 모든 전통을 배제하고 그들의 가르침을 단호하게 성경 위에 둠으로써 성경의 교리들을 분명히 인간들의 정신 앞으로 가져온 것이었다. 로마 교회가 "성경의 참된 의미를 판단하는 것은 교회에 속한다"라고 선언한 반면, 대륙과 영국에 있는 개혁자들은 비록 평신도라 할지라도 성령의 인도 아래 부지런히 그리고 기도하면서 연구하고 읽음으로써 성경을 해석할 수 있다고 선언했다.

물론 다시 태어나지 않은 사람이, 즉 성령의 중생시키는 능력의 대상이 되지 않았던 사람, 그러므로 그리스도인이 아닌 사람이 영적인 진리를 이해할 수 없다는 것은 물론이다. 이 사실은 성경에서 분명히 가르쳐지고 있다. "육에 속한 사람은 하나님의 성령의 일을 받지 아니하나니 저희에게는 미련하게 보임이요 또 깨닫지도 못하나니 이런 일은 영적으로라야 분변함이니라"(고전 2:14). 그러나 다시 태어난 모든 그리스도인은 성령의 은사를 가지고 있으며 따라서 하나님께서 쓰셨던 근본적이고 필수적인 것들을 이해할 수 있다. 또한 다시 태어난 신자들 중에서도 많은 사람들이 중요치 않은 점들에서는 의견을 달리한다는 것은 사실이다. 그러나 그것은 그들이 성경을 충분히 주의깊게 읽지 않고 여러 부분들과 비교하지 않았기 때문이다. 그것에 대한 처방은 좀더 충실하게, 끈기있게 그리고 부지런히 성경을 공부하는 것이다. 어쨌든 하나님께서 성경 해석을 어떤 개인 혹은 개인들의 그룹에게 위임하셨다는 것을 암시하는 언급은 성경 어디에도 없다.

진리의 중요한 요소를 지니고 있는 로마 교회가 어찌 구멍이 뻥뻥 뚫어진 이교주의 투성이가 되었으며, 어떻게 공공연하게 기독교 교회로서 반이교 조직을 세우려고 의도했겠는가 하고 묻는다면, 대답은 이렇다. 로마 교회가 전통에게 준 권위가 비합법적인 권위요 영감되지 않은 전통이었기 때문에 결과되었다는 것이다. 그러한 발전은 이스라엘 민족 속에서 똑같이 병행을 했다. 이스라엘은 영감된 선지자들을 가지고 있었지만 거짓 선지자들의 편안하고 아첨하는 가르침들을 좋아했고 그로 인해 얼마 안있어 선지자들의 참된 가르침에 전통들을 보태어서 발전시켰다. 유대인의 지도자들이 거짓 선지자들의 가르침과 저술 속에서 그들이 원하는 것을 발견했던 것처럼, 그와 똑같이 교황들과 감독들도 인간이 만든 그들의 교회의 전통들 속에서 그들의 이기적이고 교만한 본성에 이끌려, 그리고 종교라는 가면 아래 그들이 원하는 것을 그들에게 주었던 것들을 발견해 냈다. 종교의 오류들에 관한 한 연구가 그것들이 이러한 공통의 특징을 가지고 있다는 것을 보여줄 것인데, 즉 성경에다 덧붙이거나, 혹은 성경으로부터 감함으로, 아니면 아마도 그 둘을 혼합하여 구성하고 있다는 것이다.

우리는 물론 예수께서 말씀하시고 행하셨던 것들 중 많은 부분이 복음서에 기록되어 있지 않다는 로마주의자들의 말을 부정하지 않는다. 요한은 "예수께서 제자들 앞에서 이 책에 기록되지 아니한 다른 표적도 많이 행하셨으나 오직 이것을 기록함은 너희로 예수께서 하나님의 아들 그리스도이심을 믿게 하려 함이요 또 너희로 믿고 그 이름을 힘입어 생명을 얻게 하려 함이니라"(20:30~31)라고 분명히 말한다. 그러나 우리가 주장하는 것은 "기록되어진 것이 충분하다"는 것이다. 성경은 구원에 필요한 모든 것을 포함하고 있으며, 어떤 다른 저술들 혹은 교회의 선언들도 신적인 권위를 가지는 것으로 인정되어서는 안된다는 것이 개신교의 교리이다. 수많은 구절들이 성경의 충족성을 말해준다. 어느 곳에서도 우리는 이것들이 교회 회의들 혹은 어떤 종류의 교령들에 의하여 보충이 되어야 한다는 암시를 결코 발견하지 못한다. 이 구절들 중 몇몇은 다음과 같다.

"마땅히 율법과 증거의 말씀을 좇을지니 그들의 말하는 바가 이 말씀에 맞지 아니하면 그들이 정녕히 아침 빛을 보지 못하고"(혹은 킹 제임스 역본은 "그들에게는 전혀 빛이 없기 때문이다"라고 번역한다; 사 8:20).

"모든 성경은 하나님의 감동으로 된 것으로 교훈과 책망과 바르게 함과 의로 교육하기에 유익하니"(딤후 3:16).

"너희가 성경에서 영생을 얻는 줄 생각하고 성경을 상고하거니와 이 성경이 곧 내게 대하여 증거하는 것이로다"(요 5:39).

우리의 주님은 성경의 무오성을 선포했다. 왜냐하면 그가 "성경은 폐하지 못하나니"(요 10:35)라고 말씀했기 때문이다.

부자의 형제들은 충분한 증거를 가지고 있었다. 왜냐하면 예수께서 "그들은 모세와 선지자들을 가지고 있다"(눅 16:29)라고 말했기 때문이다. 예수님은 사두개인들을 "너희가 성경을 알지 못하였으므로 오해하였도다"(마 22:29)라고 책망하셨다.

예수께서 부활하신 후에 그의 제자들과 그의 죽음의 목적과 필요에 관하여 이야기하실 때, 우리는 "이에 모세와 및 모든 선지자의 글로 시작하여 모든 성경에 쓴 바 자기에 관한 것을 자세히 설명하시니라"(눅 24:27)라는 말씀을 듣는다.

베드로는 "또 우리에게 더 확실한 예언이 있어 어두운 데 비취는 등불과 같으니 날이 새어 샛별이 너희 마음에 떠오르기까지 너희가 이것을 주의하는 것이 가하니라 … 예언은 언제든지 사람의 뜻으로 낸 것이 아니요 오직 성령의 감동하심을 입은 사람들이 하나님께 받아 말한 것임이니라"(벧후 1: 19, 21)라고 썼다.

야고보는 예루살렘 회의에서 논쟁이 되고 있는 문제를 해결하기 위하여 성경을 인용했다(행 15:16~18).

바울은 "성경이 무엇을 말하느뇨"(롬 4:3)라고 말하면서 거듭거듭 성경에 호소하고 있다. 그리고 그는 디모데에게 "또 네가 어려서부터 성경을 알았나니 성경은 능히 너로 하여금 그리스도 예수 안에 있는 믿음으로 말미암아 구원에 이르는 지혜가 있게 하느니라"(딤후 3:15)라고 썼다.

성경에 의하여 모든 것들을 시험하는 베뢰아인들의 열심이 장려되고 있다. 즉 "베뢰아 사람은 데살로니가에 있는 사람보다 더 신사적이어서 간절한 마음으로 말씀을 받고 이것이 그러한가 하여 날마다 성경을 상고하므로"(행 17:11). 베뢰아인들이 가지고 있던 성경은 구약이었다. 그들은 예수에 관한 바울의 가르침들을 구약이 예언했던 것과 비교했다. 그들은 신학자들도 학자들도 아니었고 보통의 신자들에 불과했지만 사도행전의 저자 누가는 그들이 위대한 사도 바울의 가르침과 성경을 비교함으로써 그가 옳았는지 틀렸는지를 분별할 수 있었다고 말했다.

그리고 계시록은 읽는 자들과 듣는 자들이 둘다 복이 있다고 선언한다. "이 예언의 말씀을 읽는 자와 듣는 자들과 그 가운데 기록한 것을 지키는 자들이 복이 있나니 때가 가까움이라"(계 1:3).

따라서 성경의 충족성은 곳곳에서 발견된다. 이 모든 경우들에서 우리 주님과 신약의 저자들은 성경을 분명하고 권위있고 최종적인 것으로 언급했다. 결코 단 한 번도 그들은 성경 외에 전통이 덧붙여질 필요가 있으며, 혹은 어떤 사람 혹은 인간들의 그룹이 성경의 권위있는 해석을 하도록 권한을 위임받았다는 것을 말하거나 암시한 적이 없다.

7. 성경에 의하여 정죄받은 전통

신약 시대에 유대인들은 수세기의 집적물(集積物)인 방대한 양의 전통을 가지고 있었고 그것들은 성경보다 우선권을 가지고 있었다. 그러나 예수님은 그것에 대하여 정죄하시거나 경고하시는 일 이외에는 그것을 결코 언급하지 않으셨다. 그는 바리새인들을 이러한 말씀들로 책망하시되, "너희가 하나님의 계명은 버리고 사람의 유전을 지키느니라 … 너희가 너희 유전을 지키려고 하나님의 계명을 잘 저버리는도다 … 너희의 전한 유전으로 하나님의 말씀을 폐하며"(막 7:8, 9, 13), "대답하여 가라사대 너희는 어찌하여 너희 유전으로 하나님의 계명을 범하느뇨 … 너희 유전으로 하나님의 말씀을 폐하는도다 … 사람의 계명으로 교훈을 삼아 가르치니 나를 헛되이 경배하는도다"(마 15:3, 6, 9).

따라서 예수님은 바리새인들을 그들의 행위 때문에 책망하셨는데 그들의 행위라는 것이 바로 오늘날 로마 교회가 하는 것과 꼭 같았으니, 즉 인간의 교훈들을 대체시켜서 하나님의 말씀과 같은 것으로 만들거나 심지어는 하나님 말씀보다 더 우위에 두고 있었던 것이다.

구약 초기 모세는 이와 똑같은 위험에 대하여 경고했다. "내가 너희에게 명하는 말을 너희는 가감하지 말고 내가 너희에게 명하는 너희 하나님 여호와의 명령을 지키라"(신 4:2). 바울은 전통의 사용에 대해 분명히 경고하고 있다. "누가 철학과 헛된 속임수로 너희를 노략할까 주의하라 이것이 사람의 유전과 세상의 초등 학문을 좇음이요 그리스도를 좇음이 아니니라"(골 2:8). 그리고 요한은 신약의 마지막 책에서 하나님의 말씀에 더하거나 제하는 것에 관하여 심한 질책을 나타낸다. "내가 이 책의 예언의 말씀을 듣는 각인에게 증거하노니 만일 누구든지 이것들 외에 더하면 하나님이 이 책에 기록된 재앙들을 그에게 더하실 터이요 만일 누구든지 이 책의 예언의 말씀에서 제하여 버리면 하나님이 이 책에 기록된 생명나무와 및 거룩한 성에 참예함을 제하여 버리시리라"(계 22:18~19).

우리는 오늘날의 로마교회에서 일련의 성경과 동등하게 심지어는 성경보다 우위에 두었던 바리새인들과 서기관들의 성격을 규정했던 태도의 완벽한 예를 보고 있다. 예수님 당시에 전통주의는 너무도 잘못되고 강력하여서 결국 그를 십자가에 못박았다. 종교는 자신이 하나님의 말씀을 왜곡시킴으로써 눈이 멀어져서 그들의 왜곡을 알게 해주고 전복시키도록 십자가를 지게 했고 결국은 진리를 한번 더 드러나게 했던 것이다. 비슷한 방법으로 로마교회는 자기네가 수세기 동안에 축적했던 일련의 전통들을, 즉 로마교회가 자신의 선포들에 의하여 하나님의 말씀과 동등하게 심지어는 하나님의 말씀보다 우위에 두었던 것을 따르고 있다. 물론 그 교회의 목적은 성경 속에 전혀 근거를 가지고 있지 않은, 교리들과 실제들을 정당화시키려는 것인데, 그것들은 성경의 계명에 위배된 것들이다.

신약이 완성된 지 오랜 후에 허용적으로 사용하게 된 자기네의 전통 사용을 변호하기 위하여, 그들의 교회에 있어서 교회의 권위가 성경의 권위보다 더 높다라고 주장하는 것이 필요하였다. 개신교는 성경이 신앙과 행위의 무오의 규칙이며, 교회는 모든 신자들이 그 권위에 의하여 지배를 받아야 하는 하나의 제도라고 주장한다. 다른 한편으로, 로마교회는 교회가 신앙과 행위 문제에 있어서 최고의 권위라고 주장한다. 그 교회는 심지어는 로마 카톨릭 교회가 성경을 만들었고 그리고 지상에서 그리스도의 대리자인 교황이 교회를 위하여 법률을 제정할 권리를 가지고 있다고 말하려고 시도한다. 그러나 그러한 주장들은 터무니없는 것이다. 왜냐하면 신약은 기독교 시기의 제 1세기에 완성된 반면 로마 카톨릭 교회는 약 4세기 후에야 비로소 자기네의 독특한 특징들과 다른 양식을 가지고 나타났기 때문이다. 게다가 로마교회를 특징지었던 죄와 타락은, 특히 정말로 많은 교리들과 행위들이 만들어졌던 중세 시대 동안의 죄와 타락은 이 교회가 결코 성경보다 우위에 있지 않으며 오히려 그 반대라는 것의 증명이다.

그러나 평범한 로마 카톨릭 신자에게 연옥, 미사, 면죄부, 고해성사, 성상의 사용 등등의 교리들이 성경 속에 있지 않고 오히려 그것들은 성경과 반대라는 것이 지적되었을 때에도 그런 가르침 때문에 영향을 받지 않을 수 없다. 그가 이러한 가르침들을 믿는 것은 그가 그것들에 대한 성경의 권위를 가지고 있기 때문이 아니라 오히려 교회가 그것들을 가르치기 때문이다. 이 사실은 한번 더 전통이 얼마나 음험하게 사용될 수 있는가를 보여준다.

유대인들이 성경을 떠났던 이유는 그들이 전통과 교회 회의의 결정들을 신앙의 안내자로써 받아들였기 때문이었다. 로마교회도 같은 잘못을 범했다. 그 교회는 역시 전통을 따르기 위하여 성경의 진리를 홍정했던 것이다. 그 교회가 자신을 성경과 나란히 놓을 때 그 교회는 거기에서 멈춘다는 것이 불가능했다. 다음 단계에 그 교회는 자신을 성경 위에 두게 되는 것이며, 그 이후부터는 그들은 계속 그 입장을 취했던 것이다.

8. 성경에 대한 개신교의 태도

첫번째 완역 영어 성경은 '종교 개혁의 샛별' 요한 위클리프(John Wycliffe)에 의하여 1382년경에 번역되었다. 그의 시대 전에는 비록 몇몇 단편적인 부분들이 번역되어 있었지만 영어로 된 성경이 없었다. 위클리프는 라틴어 성경만 알고 있었다. 그의 역본은 오늘날과 같은 로마 카톨릭 번역서와 같은 바로 그 번역서였는데 그것은 번역서를 또 번역한 것이었다. 헬라 원어로부터 번역된 최초의 영어 성경은 1525~26년에 번역된 윌리암 틴델(William Tyndale)의 것이었다. 그 작업은 몇 년 더 이른 에라스무스의 헬라어 신약성경의 발행을 통하여 가능해졌다. 그러나 영국에 있는 교회 당국이(헨리 8세는 왕임과 동시에 교회의 우두머리였다) 신도들이 그들 자신의 언어로 성경을 가지는 것을 원하지 않았기 때문에 틴델은 그의 작업을 영국에서 실행하는 것을 금지당했다. 대신에 그는 독일로 갔는데 거기에서 루터의 작품이 그러한 모험을 위한 호의적인 환경을 제공했다. 그의 작품은 완성되었고 1526년에 보름스시에서 발행되었다. 그러나 그것은 영국 정부에 의해 정죄당했으며, 그리고 영국에 들어가기 위해서는 몇몇 사본들로 나누어져 동시에 반입되어야 했다.

그러나 틴델은 결국 성경에 대한 그의 헌신 때문에 자기의 생명을 지불했다. 그가 벨기에의 안트워프(Antwerp)에 거처를 정하였을 때, 그의 작품에 대한 반대가 시작되었으며 그가 체포되어 정죄를 당할 때까지 계속되었다. 1536년에 그는 교수형으로 처형되었으며 그의 시신은 불에 태워졌다. 그의 유언은 "오! 하나님이여, 영국 왕의 눈을 열어주소서"였다. 그 기도는 응답을 받게 되어 결국 하나님께서 헨리 8세의 눈을 열어주셨다. 1536년에는 마일스 코버데일(Miles Coverdale) 성경 역본이 출현하였는데 이것은 영국 밖에서 발행되었으며 영국에서도 상당히 자유롭게 유포되었다. 그리고 1539년에는 두 번째 판이 영국에서 발행되어 자유롭게 유포되었다. 코버데일은 틴델의 친구이자 동료였으며 그의 역본은 대부분이 틴델의 것이었다.

그 다음으로 중요한 역본은 로마 카톨릭 여왕 메리 튜더(Mary Tudor)가 통치하는 동안에 스위스 제네바에 망명해 있던 일련의 영국 학자들에 의해 번역된 제네바 성경(Geneva Bible, 그 도시 이름을 따라 붙여졌다)이었다. 이것은 용감한 존 낙스와 초기 청교도들의 성경이 되었다. 세익스피어도 이

성경을 사용했던 것 같다. 그 다음으로 중요한 역본은 킹 제임스 역본으로서 1611년에 발행되었다. 이 성경은 크롬웰의 군대와 스코틀랜드의 언약자들(Scottich Covenanters), 그리고 존 번연에 의하여 사용되었다. 이 성경은 순례자들과 청교도들에 의해 이 나라(미국—역자주)에 유입되었다. 그리고 오늘날까지도 이 성경은 모든 영국 역본들 중에서 가장 인기있는 성경으로 자리를 잡고 있다.

종교 개혁 때까지 성경은 단지 사제들만을 위한 책이었다. 그것은 라틴어로 쓰여져 있었으며, 로마 카톨릭 교회는 그것이 대중의 언어로 번역되어지는 것을 허용하지 않았다. 그러나 개혁자들이 무대에 나타났을 때 모든 상황은 변했다. 루터는 전 성경을 그의 모국 백성을 위하여 독일어로 번역했으며, 이 성경이 발행된 후 25년 내에 백 판이 인쇄되었다. 또한 그것은 대부분의 유럽 본토어들로 번역되었으며, 종교 개혁의 빛이 비쳐지는 곳마다 대중의 책이 되었다. 교황들과 교회 회의들의 칙령들은 '생명의 말씀' 앞에 무릎을 꿇었다. 유럽과 미국의 개신교 교회들은 성경을 그들 자신의 언어로써 사람들의 손에 들려지는 데 진력해 왔으며 도처에 있는 사람들이 그것을 스스로 읽도록 독려했다. 개신교 성서 공회들은 이제 종교개혁 이전 15세기 동안 발행되었던 부수보다 더 많은 부수의 성경을 매년 발행하고 있다.

미국 성서공회의 1983년도 보고서에 의하면 약 이백만 신, 구약 완역 성경 부수가 미국에서 매년 인쇄되고 있으며, 삼백만부 이상의 신약 그리고 수백만의 부분 성경이(적어도 한 책, 자주 복음서들 중의 한 책) 매년 발행되고 있다. 그리고 1984년 보고서에 의하면 완역 성경은 286개 언어와 방언으로 가능하며, 신약은 594개 이상으로, 그리고 성경의 몇몇 부분들은 928개 이상으로, 전부 합해서 1,808개의 언어와 방언으로 성경과 그것의 몇몇 부분이 번역이 되었다는 것이다. 오늘날은 아마도 세계 국민의 96%가 모국어로 된 성경을 전체로서 혹은 부분적으로 이용할 수 있을 것이다.

피츠버그의 장로교 목사인 고 휴우 톰슨 케어(Hugh Tompson Kerr) 박사는 다음과 같이 적절하게 말했다.

"개신교도들은 성경 번역에 있어서 개척자들이었으며 전세계를 망라하는 대규모의 성서공회들을 조직하고 지원했다. 그들은 성경은 성령 외에 어떠한 다른 해석자를 필요로 하지 않는다고 믿고 있다. 성령의 지도 아래 읽혀지는 성경은 그리스도인의 권위있는 안내자이다. 그러므로 신교도들은 기독교를 성경에 쓰여져 있는 대로 올바로 제시하고 해석한다고 주장한다. 그들은 성경을 기도하면서, 최고의 학문의 도움을 받으면서 읽으려는 사람은 누구나 개신교가 초기 기독교의 가르침들을 정직하게 해석하고 확충한다는 결론에 도달할 것이라고 주장하고 있다"(소책자, 『개신교도들은 무엇을 믿는가』 〈What Protestants Believe〉, p. 8).

그리고 다른 사람은 다음과 같이 말한다.

"성경이 평범한 사람들을 위하여 기록되었다는 것은 사실이다. 구약의 언어는 히브리인들의 가정과 시장에서 말해지는 언어였다. 신약의 헬라어는 초기의 고전 헬라어(Classic Greek)가 아니었고 평범한 사람들에 의해 말해지는 헬라어였다. 이것은 코이네(Koine)라 불리워졌는데 공통의 언어라는 뜻을 가지고 있으며 오늘날 우리가 신문 언어로 부르는 것이다. 이 사실은 하나님께서는 성경을 평범한 사람들이 이해하도록 쓰셨다는 것을 보여준다. 보통의 지성을 가지고 영어를 읽을 수 있는 사람이라면 누구나 예수님이 죄인들의 구주라는 것을 읽을 수 있고 배울 수 있다"(Edward J. Tanis, 소책자, 『카톨릭교는 무엇을 가르치는가』〈What Rome Teaches〉, p. 9).

개신교의 이상은 모든 사람이 성경을 읽어야 한다는 것이다. 개신교 국가들 즉 미국, 영국, 스코틀랜드, 네덜란드 그리고 스칸디나비아 국가들이 일직선상의 발전을 따랐던 반면, 로마 카톨릭 국가들 이탈리아, 스페인, 프랑스 그리고 라틴 아메리카 국가들이 분명히 다른 패턴을 따랐던 이유가 바로 여기에 있다고 우리는 믿고 있다. 개신교도들은 성경을 진지하게 그리고 기도로 연구하는 사람들은 어렵지 않게 성경의 기본 진리들을 이해하리라고 믿고 있다. 앞에서 언급되었던 예수님의 말씀들은 평범한 사람들이 성경을 알아야 하며, 그것을 이해할 수 있다는 사실을 암시해 주고 있다.

성경이 개방되어(허용되어) 있는 곳은 어디에서나 인간들은 더 이상 속박을 당하지 않는다는 것은 실제로 공리이다. 하지만 그 증거로서 성경이 닫혀 있는 책으로 머무르는 곳은 어디서나 인간들은 곧바로 자신들이 어두움의 종살이를 하고 있음을 깨닫게 된다. 도처에서 성경은 문명과 자유의 선구자가 되어 왔으며, 햇빛으로부터 도망치는 박쥐들과 해충들 같은 야만과 전제주의를 내몰았다. 성경을 자유스럽게 속박없이 읽도록 격려해 왔던 모든 나라에서 성경은 무지와 미신을 내어쫓았다.

9. 성경에 대한 로마 카톨릭의 태도

성경에 대한 개신교의 태도와는 반대로, 로마교회는 신도들이 그것을 자유스럽게 사용하는 것을 전통적으로 반대해 왔다. 오늘날까지도 로마 카톨릭이 우세한 나라들에서는 로마교리가 성경을 가까이 하지 못하게 하거나 혹은 그들에게 성경을 제공하기 위한 어떠한 노력도 하지 않고 있다. 그 결과는 그런 나라에 사는 사람들은 몇몇 개신교 단체들이 들어가서 책들을 나누어 준 경우를 제외하고는 성경에 대하여 실제로 거의 모른다는 것이다. 로마교회는 개신교와 날카롭게 대립하고 있는 나라들에서 성경에 대한 요구가 있을 경우에만 국한하여 허용했지만, 그것도 그 역본은 반드시 본문과 같은 페이지에 인쇄가 되어 논쟁이 되는 구절에 대한 해석을 제공하는 일련의 각주(各註)들을 담고 있는 두웨이 혹은 좀더 최근에 나온 카톨릭 공동번역본이어야 한다는 것이다. 오늘날까지도 그밖의 다른 역본들은 심지어는 각주(各註) 혹은 설명이 붙어 있지 않은 성경 그 자체까지도 혐의를 받는다. 이른바 그 이유는 이러한 역본들이 오류를 포함하고 있다는 것이다. 그러나 실제 이유는 로마교회가 성경이 자기네의 해석학적 주석이 없이 읽혀지는 것을 원하지 않기 때문이다.

성경은 로마교회에 의해 신도들에게 첫번째로 공식적으로 금지되었으며 1229년에 열렸던 발렌시아 공의회(Valencia 스페인 남동쪽에 위치한 대성당이 있는 도시)에 의해 다음과 같은 교령과 함께 금서 목록에 두어졌다.

> "우리는 만일 평신도가 경건한 감정을 가지고 거룩한 섬김을 위해서 시편집(150장으로 된 기도문—역자주)과 일과 기도문을, 혹은 축복받은 마리아의 시간들을 가지기를 원하지 않는다면 그가 신, 구약 책들을 가지도록 허용하는 것을 금한다. 그러나 우리는 그들이 위에 언급된 책들을 통속적인 언어로 가지는 것을 엄격히 금한다."

여기에서 우리는 성경이 평신도에게 시편집과 일일기도문을 제외하고는 금지되었으며, 심지어는 그때까지도 성경은 평신도들의 수준으로서는 도달할 수 없는 라틴어로만 존재할 수 있었다는 것을 알 수 있다. 발덴시안(Waldensians) 때에 통과되었던 그 교령은 점점 힘을 얻었고 쓰라린 학대와 함께 강요되었다. 트렌트 공의회는 그 교령을 재확인했으며 교회의 어떤 회원도 그가 상급자로부터 허가를 받지 아니하면 성경을 사용치 못하게 했다. 그 교령은 다음과 같다.

"만일 거룩한 성경이 저속한 언어로 번역이 되어 모든 사람에게 무분별하게 허용된다면 경험에 비추어 볼 때 사람들의 무모함이 성경으로부터 얻을 수 있는 유익보다 더 많은 악을 야기시킨다는 것이 자명하기 때문에 감독들이나 종교 재판관들이 필요하다. 왜냐하면 이들은 사제나 고해 신부의 충고를 받아 카톨릭 저자들에 의하여 대중 언어로 번역된 성경을 그들이 읽으면 신앙과 경건이 증대되고 그것에 의해 해를 받지 않을 사람들에게 읽도록 허용하기 때문이다. 그리고 그들은 이러한 허가를 서면으로 가져야만 한다."

이 회의가 통과시켰던 수백 개의 다른 것들보다 훨씬 중요한 이 교령을 감히 위반하는 자에게는 파문이 따랐으며 그러한 책들을 불법적으로 소지하거나 파는 사람에게는 벌금이 부과되었다. 여기에서 우리는 성경을 모국어로 읽는 것이 "유익보다 해가 더 많다"는 진술에 주목해 본다. 이것이 바로 그리스도인임을 자부하는 교회가 심사숙고해서 만든 가르침이라고 생각조차 할 수 있겠는가! 신도들에게 읽혀지는 하나님의 말씀이 유익보다 해를 더 많이 끼칠 것이라는 그러한 가르침은 얼마나 하나님을 모독하는 것인가? 하나님의 말씀에 대한 그러한 태도는 참된 교회의 표지가 아니라 오히려 거짓 교회의 표지이다.

신도들로부터 성경을 빼앗는 것이 로마교회의 정책이 되어왔던 반면에 소위 그 교회의 창시자 베드로는 성경을 '더 확실한 예언'으로 언급하며, 그리고 어두운 데 비치는 등불에 비유한다(벧후 1:19). 만일 로마교회가 진정으로 베드로의 가르침을 따른다면 세상을 향해 참으로 복있는 교회가 될 것이다.

이스라엘의 초기 역사에서도 하나님은 모세에게 율법의 말씀들이 알려지고 모든 사람들에게 쉽게 접근될 수 있도록 지시했다. "그리고 너는 그것들 네 자녀에게 부지런히 가르치며 집에 앉았을 때에든지 일어날 때에든지 길에 행할 때에든지 누웠을 때에든지 일어날 때에든지 이 말씀을 강론할 것이며 … 또 네 집 문설주와 바깥 문에 기록할지니라"(신 6:7~9). 성경의 정확성과 그것의 개인에 대한 중요성을 시편 119:11에는 다음과 같이 표현한다. "내가 주께 범죄치 아니하려 하여 주의 말씀을 내 마음에 두었나이다."

심지어는 트렌트 공의회가 아마도 너무도 철저히 로마 카톨리시즘 교리로 주입이 되어 있어서 어느 것도 그들의 신앙을 흔들지 못할 사람들에게 성서를 읽도록 허용한 곳에서조차도 그러한 허용이 반드시 서면으로 되어야 하다니!

교회법(Canon Law)에 대하여 최고의 권위를 가진 자 중 한 사람으로서 그의 책들이 어떤 다른 저자들의 책들보다 더 권위있고 아마도 더 자주 인용이 되는 리과리(Liguori)는 다음과 같이 말한다.

"성경과 논쟁이 되는 책들은 통속어로 허용되지 않을 뿐만 아니라 허락없이는 읽혀질 수도 없다."

18세기 동안 네 명의 다른 교황들이 성경을 신도들에게 그들 자신의 언어로 주는 것을 반대하는 교령을 발표했는데 이것들 중 전형적인 것이 클레멘트 11세의 우니게니투스(Unigenitus; 하나의 소유—역자주) 법안이었다. "우리는 평신도들이 구약과 신약의 책들을 통속적인 언어로 소유하는 것을 엄격히 금한다." 로마 카톨릭이 평신도가 성경을 공부하도록 독려하는 문장으로 때때로 인용하는, '성경 연구'에 관한 레오 13세의 회칙으로부터 우리는 다음과 같은 점들을 볼 수 있다. (1) 연구를 위하여 인용된 성경은 물론 평신도들이 이용할 수도 이해할 수도 없는 라틴 벌게이트였다. (2) 그 진술은 평신도들이 다르게 해석하는 것을 금했다. 그리고 (3) 그것은 평신도들이 성경을 자유스럽게 사용하는 것을 금지시켰던 교회의 상위법을 무효화하거나 변경시키지 않았다.

로마교회의 가르침과 행위는 수세기 동안 그와 같았다. 자기의 윗사람과 감독의 경계의 눈 아래에서 허락없이, 서면으로 된 그의 모국어로 성경을 소유하거나 읽는 자는 누구나 죽을 죄에 해당되었다. 그리고 그 책이 신부에게 넘겨질 때까지는 그 죄에 대한 면제가 결코 허용될 수 없었다. 율법과 의식이라는 너무도 무거운 구조가 발전하였으므로, 성경은 신도들에게 부인되어야 했다. 그렇지 않았다면 그들은 그것이 단지 인간이 만들어 낸 구조일 뿐이라는 것을 보았을 것이다. 다른 한편 성경은 신학자들과 사제들이 어떤 본문의 그럴듯하고 융통성이 있는 해석에 의하여 사제직의 권세를 지탱시키기 위한 참고 서적으로 유지되어야 했다. 그러나 신도들에 관한 한 그것은 당연히 잊혀졌을 것이다. 무지, 미신, 궁핍, 그리고 저급한 도덕적 상황이 참으로 로마 카톨릭 국가들의 특징이 되어 왔다는 것은 약간 놀랍다. 그러나 신교 국가들에서는 최근 몇 년 동안 교회의 행위에 상당한 변화가 일어났으며, 신교의 비판 때문에 부끄러움을 무릅쓰고 다른 태도를 취하게 되었다. 즉 로마교회는 이제 신도들에게 성경을 읽을 특권을 부여하며, 그리고 심지어는 그것을 서점에 꽂아 두는데 물론 인정된 역본들만을 사용할 경우이다. 로마교회는 성경의 적이 나타나기를 원하지 않는데 따라서 그 입장은 변호할 여지가 없다. 연간 '카톨릭의 성경읽기 주간'(Catholic Bible Week)이 제정되었고 성경 읽는 데 몰입하는 시간이 매일 적어도 15분이 허용되었다. 그러나 이것은 결코 깨끗한 양심에 의해 주어지지 않은 자연스럽지 못한 강조인 것 같다. 왜냐하면 로마교회는 이것을 인정은 했지만 좋게 여기지 않았기 때문이다. 의미심장한 것은 로마 카톨릭이 우세한 나라들에서는 어떠한 성경 읽기 프로그램도 제정하지 않았다는 것이다. 단지 신교국가들에서만, 주로 미국에서 이 정책이 수반되었다. 그리고 그것은 길고 긴 로마교회의 역사에서 최근에야 확실히 나타난다. 만일 몇 가지 이유 때문에 신교의 영향이 제거된다면 어떤 결과가 올 것인가는 누구라도 쉽게 추측할 수 있다.

불행히도, 로마 카톨릭이 있는 어느 곳에서도 K. J. V., 미국 표준 성경(A. S. B.: American Standard Bible), 개역 표준 성경(R. S. V.: Revised Standard Bible) 혹은 다른 역본들을 읽는 것은 아직도 죽을 죄에 해당한다. 그래서 성서 자체까지도 금서 목록으로 머물러야 한다는 말인가! (로마 카톨릭 교도들은 공인된 사람에 의해서 주석이 붙여진 책만 읽도록 허용되었다.) 성 바울이 썼던 것도 그 자체로만 있다면 부록에 불과하다. 로마 카톨릭에 의하면 첫번째 교황이었던 성 베드로 자신이 썼던 것도 몇몇 로마 카톨릭 신학자가 그의 서신에 주석을 달지 아니하면 부록으로 머무를 뿐이다. 그러나 로마교회는 그것에 주석을 단 그 신학자에게는 무오를 주장하지 않지 않는가! 따라서 우리는 여기에서 어리석음의 극치를 보는데 그것은 결국 오류를 범하지 않을 수 없는 신학자의 작품을 가지고 하나님의 영감에 의하여 기록했던 사람들의 본문을 교정하고 편집하고 합법적으로 그리고 정통으로 만드는 것이 아닌가? 성서 공회에 대한 로마교회의 태도는 고집스런 반대 중의 하나였다. 교령들 중 몇몇은 전적으로 그것들을 반대하도록 만들어졌다. 1824년에 교황 레오 12세는 그의 회칙서에서 다음과 같이 말했다.

"친애하는 형제들이여, 여러분들은 잘 알려진 트렌트 공의회 포고령과 정반대로 성서를 모든 국가의 모국어로 번역하려고, 더 나아가서 왜곡시키려고 온 힘을 기울이고 온갖 수단을 동원하는 성서공회라 불리우는 한 단체가 세계 전역에 걸쳐 뻔뻔스럽게 활개를 치고 다닌다는 것을 잘 알고 있습니다. … 우리는 우리의 사도적 의무에 따라서 여러분들이 여러분의 양을 온갖 수단을 다하여 이러한 악독스런 목장들에서 돌아서게 할 것을 권고합니다."

1844년에 교황 그레고리 16세는 이러한 단체들을 다시 정죄했고, 그리고 교황무오설 교리의 당사자이며 1878년에 죽었던 교황 피우스 9세(Pius IX)는 "자신들을 성서 공회라 부르며 성서를 미숙한 젊은이들에게 주는 이러한 교활하고 파렴치한 단체"를 부인했다.

그러나 실제로 이 고상한 단체들과 그들의 신실한 서적 보급이 세계 민족들에 가져다주었던 엄청난 유익을 누가 평가할 수 있겠는가? 이 공회들 중에서 가장 눈에 띄는 것들은 영국 해외 성서공회, 미국 성서공회, 스코틀랜드 성서공회, 그리고 네덜란드 성서공회인데 이들은 성서를 수백 개의 언어들과 방언들로 번역했으며 지금은 매년 수백만 권의 성서를 발행하고 있다. 수차례 성서는 사제들에 의해 공개적으로 불에 태워졌다.

성경에 대한 바티칸의 실제적 태도가 변하지 않았다는 것은 1957년에 스페인 마드리드에 있는 영국 해외 성서공회의 저장소가 폐쇄되었으며 저장된 성경들은 몰수되어 불태워졌다는 사실에 의하여 입증된다. 프랑스와 로마 카톨릭 교회의 세력을 강화시켜 주었던 스페인 시민 전쟁 이후에 성경을 주머니에 넣고 호의적인 스위스 가족들로부터 되돌아오는 스페인 아이들은 스페인 국경에서 그들의 귀중한 책들을 그 지방의 사제에게 넘겨주도록 강요되었다. 지난 10년 동안 콜롬비아에서는 수차례 광신적인 로마주의자 단체들이 거의 항상 지역 사제들의 선동으로 그리고 대개 새로운 개신교 교회들이 형성되어지고 있는 지역들에서, 개신교도들로부터 성경을 빼앗아 불태웠다.

이 사실은 개신교가 우세한 나라들에서만 성경을 자유롭게 발행할 수 있다는 사실을 의미한다. 자신들이 지상에서 하나님의 대리자들이라고 공언하면서도 그들의 신도들과 모든 다른 사람들이 '하나님' 자신의 '생명의 책'을 읽지 못하게 하는 교황들을 생각해 보라! 확실히 로마교회는 그런 행동에 의해 자신이 배교적이고 그릇되어 있음을 입증한다. 그래서 6세기 초반부터 16세기까지 천여 년 동안 로마교회가 지배할 때, 성경은 금지된 책으로 머물렀다. 로마교회는 빛의 왕국이 되는 대신에 무지와 미신을 조장시키고 신도들을 감금시키는 어두움의 왕국이 되었다. 대부분의 로마 카톨릭 나라들에 있어서 오늘날도 성경은 금지된 책으로 머무르고 있다. 오직 개신교 종교개혁 이후에만 성경은 어떤 나라에서도 자유롭게 발행되었다.

미국에 있는 복음주의 그리스도인들 중에는 수천 종류의 성경 연구 그룹이 있다. 그러나 로마 카톨릭 가운데는 그런 그룹들이 거의 없다. 로마 카톨릭 교도들과 조금만 토론을 해보면 그들이 자기네 교회의 교리들 혹은 역사에 관해 거의 모르고 있으며, 성경에 관하여 거의 모른다는 것이 드러날 것이다. 성경 인쇄를 제한시키고 자기네의 특징적인 교리들로 주석이 되어 있지 않은 모든 역본들을 저주하고 파괴하려는 로마의 전통적인 정책은 그 교회가 실제로 그것을 두려워하고 있다는 것을 보여준다. 분명한 사실은 그 교회는 자기네 신도들이 영적으로 눈이 뜨여 자기네의 특징적인 교리들이 인간이 만들어 낸 발명품에 불과하다는 사실을 발견할 때 그들을 구속할 수 없다는 것이다. 금서 목록에 관하여 한 가지 이상한 사실은 로마교회는 자기네 교회 밖의 몇몇 교회 저작자들의 책들을 그것들이 자기네 교리들과 모순된 내용을 담고 있지 않을 경우에 읽도록 허용한다는 것이다. 심지어 몇몇 이교도의 책들이 성인들에게 허용이 되고 있는데 이는 그들의 '품위와 교양'을 위해서이다. 그런데 성경은 자기네의 해석을 담고 있지 않다고 해서 읽을 수 없다니! 성경의 장려와 연구에 대한 로마 카톨릭 교회의 전통적인 태도는, 우리가 믿기로는 4세기에 이교도들이 교회로 들어온 이래로 가장 큰 영적 문화적 비극이었다.

10. 성경을 해석함

미국에 있는 로마 카톨릭 신도들이 성경에 접근할 때, 그들은 그것을 이해할 수 없으므로 사제를 통해서 말하여지고 교회에 의해 해석되어져야 한다고 듣는다. 신도들은 대개 그들이 설득당한 어떤 책을 읽는 데 시간을 소비하지 않는다. 이는 이해할 수 없기 때문이다.

그리고 사제들은 스스로는 성경을 해석할 수 없으며 교회가 해석하는 방식으로 그리고 '교부들의 만장 일치의 동의'에 의해 해석해야 한다고 맹세를 당한다. 그러나 교회는 그런 해석을 제공하는 공식적인 주석을 제공한 적이 없다. 그리고 우리가 앞에서 지적했던 바와 같이 교부들의 만장일치의 동의는 순전히 신화에 불과한데 이는 거의 하나의 교리도 서로 일치하지 않기 때문이다. 무염시태(無染始胎)는 예컨대, 위대한 로마 신학자들 중 세 사람인 안셀름, 보나벤투라 그리고 토마스 아퀴나스에 의해서는 부인되고 있다. 그러나 로마는 마리아가 죄없이 태어났으며, 이 사실은 교부들의 만장 일치의 가르침이라고 감히 가르치고 있다.

로마 카톨릭은 자기네는 공식적인 해석을 따른다고 주장하면서도, 성경은 가지고 있으나 그것은 메어리 베이커(Mary Baker)의 책 『과학과 건강』, 『성경에 이르는 비결』에 의해 해석이 되어져야 한다고 주장하는 크리스천 사이언티스트(Christian Scientists)의 방식과 또 성경은 가지고 있으나 그것은 몰몬경(Book of Mormon)에 의해 해석해야 한다는 몰몬교도들의 방식과 비슷한 방식을 추구하고 있다.

사제들이나 신도들은 스스로 성경을 해석할 수 없다고 주입됨으로 인해 생기는 실제적인 결과는 그들이 그것을 거의 읽지 않는다는 것이다. 왜 그들이 그렇게 할 수밖에 없는가? 그들은 그것을 이해할 수 없기 때문이다. 그들은 여기저기 몇 페이지들을 읽을 수는 있지만 사제들 가운데서조차도 처음부터 끝까지 그것을 읽고 실제로 연구하는 사람은 스무 명에 한 명꼴밖에 되지 않는다. 그 대신에 사제들은 교회가 요구하는 인간적인 기원을 가지는 매일의 헌신과 기도들을 담은 책인 일과 기도문을 읽는 데 많은 시간을 소비한다. 성경을 신비스러운 책으로 제시하는 이러한 행위는 기독교를 신비 종교로 나타내는 로마의 전체 프로그램 중 일부분에 불과하다. 로마교회는 이러한 신비 종교 속에서 미사를 포함한 여러 다른 행위들을 이해할 수는 없으나 내재적 신앙(implicit faith)으로 받아야 하는 신비들로 표현한다.

사제들과 신도들은 똑같은 성경을 신비스러운 책들로 간주한다. 그리고 어찌되었던 간에 그 해석은 좀더 분명하고 좀더 쉽게 이해되도록 선포되었던 교령들과 교회 회의의 선언들의 형태로 그들에게 주어진다. 더 나아가서 이러한 교령들과 교회 회의의 선언들이 성경을 대신한다. 해석이 문서보다 더 중요하게 될 때마다 문서는 묻혀지고 해석만이 남는다는 사실은 경험으로 알 수 있다. 이러한 이유 때문에 평범한 로마 카톨릭 교도는 그의 교회에는 충실하나 그의 성경은 등한시한다. 하나님의 가르침을 따르는 대신에 사제들과 신도들은 인간들의 전통을 따른다.

미국 카톨릭 자선회(Knights of Columbus)가 신교와 다른 종교들에게 항의하기 위해서 만든 일련의 신문과 잡지들에서 최근에 발표한 거짓된 주장은 로마 카톨릭 교회가 성경을 만들었으며 우리는 그 교회로부터 그것을 받았다는 것이다. 대변인들 중 몇몇은 성경의 경전은 4세기에 즉 서기 397년에 교황과 카르타고 회의에 의해 제정되었다고 말하려고 노력한다. 그러나 그 말은 두 가지 사실들을 고려할 때 잘못이 있다.

첫째, 서기 397년에는 그와 같은 교황이 결코 없었다는 것이다. 서기 451년 칼케톤 회의에서 비로소 로마 감독이 교황으로 임명되었으며, 그리고 로마 감독의 권위는 동방 교회들에 의해서는 결코 인정되지 않았다. 그때 전에는 모든 사제들과 감독들이 교황들(라틴어로 papa)로 불리워졌으며, 동방 교회에서는 그 칭호가 오늘날에 이르기까지 보통 사제들에게 적용되고 있다. 칼케톤 공의회는 그 칭호를 전적으로 그 당시의 로마 감독 레오 1세에게만 제한시키려 했으며 그리고 그 칭호를 베드로로부터 시작해서 교황들은 단절되지 않고 계승되었다는 것을 나타내기 위해서 이미 죽은 모든 이전의 로마 감독들에게 부여했다.

그리고 둘째로, 신약은 기독교 시대의 제 1세기 동안에 자기네의 결정적인 특색들을 발전시키기 수세기 전에 이미 오늘날의 형태를 나타냈다. 그 당시에는 기독교의 제반 문제를 다루는 데 동방 교회가 주도권을 가지고 있었다. 로마교회는 상대적으로 변변치 못했다. 590년에 교황에 임명되었고 604년에 죽었던 그레고리 1세가 실제로 교황 제도의 창시자였다. 그는 교회를 재조직화했고, 의식을 개조했으며, 수도원적 훈련을 회복했으며, 성직자에게 독신을 강요했고, 그리고 로마교회의 권위를 이태리에 인접해 있는 여러 나라들로 확장시켰다. 그는 어느 누구 이상으로 로마교회에 그의 특징적인 형태를 부여했으며 이후의 역사에서 마땅히 따라야 할 과정을 세워놓았다.

게다가, 카르타고 공의회 오래 전에 오늘날 신약에서 발견되는 책들만이 교회에 의해 그것들의 진정성과 권위의 토대 위에서 전체로 영감되고 오류가 없는 하나님의 말씀으로 간주되었다. 그 당시의 여타의 모든 다른 책들과는 달리 이 특별한 저술들만이 우리가 그것들을 읽을 때 이러한 진정성과 권위를 자체 안에서 스스로 드러낸다 그리고 카르타고 회의는 신약으로 받아들여졌던 그 책들을 선택하지 않았고 오히려 그 당시에 교회가 성령의 신적 통제 아래서 신약 정경으로 간주했던 정선물에 대하여 인정한다는 도장만 찍었다. 구약 정경은 그리스도께서 오시기 오래 전에 완성되었고 오늘날의 형태를 가지고 있었다. 물론 로마교회는 그것과 조금도 관련이 없었다.

5 장

베드로

1. 로마 카톨릭 교회에서의 위치
2. '반석'에 대하여
3. '천국 열쇠'에 대하여
4. 교황의 권위는 베드로에 의해 인정될 수 없다
5. 베드로에 대한 바울의 입장
6. 베드로에 대한 다른 사도들의 태도
7. 베드로는 로마에 간 적이 있는가?
8. 로마인들에게 보내는 바울 서신
9. 결론

베드로

1. 로마 카톨릭 교회에서의 위치

교회에서 베드로의 신분에 관해 논쟁이 되는 성경구절은 마태복음 16:13~19이다.

"예수께서 가이사랴 빌립보 지방에 이르러 제자들에게 물어 가라사대 사람들이 인자를 누구라 하느냐 가로되 더러는 세례 요한, 더러는 엘리야 어떤 이는 예레미야나 선지자 중의 하나라 하나이다 가라사대 너희는 나를 누구라 하느냐 시몬 베드로가 대답하여 가로되 주는 그리스도시요 살아계신 하나님의 아들이시니이다. 예수께서 대답하여 가라사대 바요나 시몬아 네가 복이 있도다 이를 네게 알게 한 이는 혈육이 아니요 하늘에 계신 내 아버지시니라 또 내가 네게 이르노니 너는 베드로라 내가 이 반석 위에 내 교회를 세우리니 음부의 권세가 이기지 못하리라 내가 천국 열쇠를 네게 주리니 네가 땅에서 무엇이든지 매면 하늘에서도 매일 것이요 네가 땅에서 무엇이든지 풀면 하늘에서도 풀리라 하시고" (카톨릭 공동번역본).

마태복음 16:13~19에 카톨릭 단체가 만든 공동번역본은 다음과 같이 해석을 덧붙이고 있다.

"반석은 베드로이다. … 지옥의 문은 적대적이고 악의 세력이다. 그들이 교회에 대항하여 공격하는 힘은 헛되다는 것이 알려질 것이다. 교회는 결코 정복되지 않을 것이어서 교회는 여전히 견고할 수 있다. 여전히 교회는 교사의 직무를 하며(28, 16~20 참조), 여전히 무오하며 잘못된 공격을 압도하게 될 것이다. 천국 열쇠: 권위의 상징이다. 베드로는 교회에 들어오도록 하는 권세와 들어오지 못하도록 하는 권세를 가지고 있다. 그는 단순히 대문을 지키는 문지기가 아니라, 그는 교회 안에서 완전한 권세를 가진다. '매고 푼다' 는 구절은 유대인들에게는 금하거나 허락하는 의미로 사용되어져 왔다. 그러나 현재의 관련에서는 보다 포괄적인 의미를 요구한다. 그것은 베드로가 지상에서 그리스도의 이름으로 만든 결정들을 하나님께서는 하늘에서 재가해 주신다는 것이다"(pp. 36, 37).

미국 로마 카톨릭을 대표하는 한 사람이었던 발티모어(Baltimore)의 전임 대주교인 기본스(Gibbons) 추기경은 그의 책 『우리 교부들의 신앙』(Faith of our Fathers)에서 다음과 같이 카톨릭 교회의 입장을 설명하였다.

"카톨릭 교회는 주께서 베드로에게 그의 전 교회를 다스리도록 처음으로 영예와 권한(재판권)을 수여했다고 가르치고 있으며 베드로를 계승하여 동일하게 영적인 권한도 항상 교황이나 로마의 주교들에게 속해있다고 가르치고 있다. 결과적으로 모든 그리스도인들이 그리스도를 참되게 따르고자 하기 위해서 성직자나 평신도는 로마 교회 교구 안에서 교제하지 않으면 안된다. 베드로는 그 교구 안에서 그의 후계자들의 인격 속에서 통치한다"는 것이다(p. 95).

로마 카톨릭의 전체적인 구조는 마태복음 16:13~19에 그리스도께서 베드로를 첫번째 교황으로 임명했다는 사실과 이러한 이유로 그에게 교회권이 주어졌으며 교황제도를 임명했다는 가정 위에 세워진다. 그러나 베드로의 교황권이 논박되고 교황제도의 기초가 파괴되어졌다. 교황권이 파괴되고 전 로마 카톨릭 계급제도(hierarchy)가 이러한 것들을 무너뜨렸다. 사제직의 체계는 절대적으로 베드로가 로마의 첫번째 교황이었으며 그들이 베드로의 계승자라는 그들의 주장에 기인한 것이다. 우리는 여기서 다음과 같은 사실들을 제안할 수 있다. (1) 마태복음 16:13~19은 그리스도께서 베드로를 교황으로 임명했다고 가르치지 않는다. (2) 베드로가 로마에 있었다는 증거가 없다. (3) 신약성경은 특별히 베드로 자신의 저작 — 베드로전후서 — 에서, 그가 결코 다른 사도들보다 높다거나 교회보다 높은 권위를 갖고 있다고 가르치지 않는다. 그러한 권위는 결코 베드로에게 조화를 이루지 못한다.

2. '반석'에 대하여

"또 내가 네게 이르노니 너는 베드로라 내가 이 반석 위에 내 교회를 세우리니 음부의 권세가 이기지 못하리라"(마 16:18; 카톨릭 공동번역본).

로마 카톨릭주의자들은 재미있게 위의 구절을 인용한다. 그리고 교황권에 대한 권위를 주장하기 위해 그들 자신의 해석을 덧붙인다. 그러나 헬라어에서 베드로란 단어는 페트로스(Petros)이다. 이 단어는 인격을 나타내는 남성명사이다. 그 반면에 '반석'이라는 헬라어 단어는 페트라(Petra)이며 여성명사이다. 이는 인격을 언급하고 있는 것이 아니라 베드로가 "주는 그리스도시요 살아계신 하나님의 아들이시니이다"라고 그리스도의 신성을 고백한 것과 관련된다.

베드로의 이름을 사용함으로, 다시 말하면 언어유희를 사용함으로 예수께서는 베드로에게 말했다. "너는 베드로(페트로스)라 이 반석(페트라) 위에 내가 내 교회를 세우리니." 베드로가 방금 고백한 진리는 그리스도께서 그의 교회를 세우시겠다는 기초이다. 그리스도께서는 베드로가 그의 인격에 관한 기본적이고 중요한 진리를 알았으며 그러한 기본적이고 중요한 진리 위에 교회가 세워질 것이며 세상의 어떤 것도 그 진리를 전복시킬 수 없으며 심지어 악의 권세들도 그 진리를 반대할 수 없다는 의미로 말했다. 베드로는 하나님의 그리스도로 주를 알아본 제자들 가운데 첫번째 사람이다. 그리스도는 베드로의 영적인 통찰력을 칭찬했다. 그리고 그의 교회를 그와 같은 사실 위에 세울 것을 말씀하셨다. 물론 이와 같은 내용들은 베드로 위에 교회를 세울 것이라는 것과는 전혀 다른 의미임을 알아야 한다.

그리스도께서 언제 교회가 베드로 위에 세워질 것이라고 의도하며 말했는가? 문장에서 단어의 여성형태로 바뀌졌다는 것은 그에게 조소적인 것임에 틀림이 없다. 다시 말하면 우리가 이 문장을 문자적으로 번역하면 매우 묘한 문장이 된다. "또 내가 네게 이르노니 너는 미스터 반석(Mr. Rock)이라 그리고 이 미스 반석(Miss Rock) 위에 나의 교회를 세우리라" 어떻게 똑같은 명사가 한 문장에서 성이 바뀌져 나타날 수 있겠는가? 베드로가 말한 진리는 그리스도의 신성을 나타냄이 명백하다. 연약하고 마음이 변하여 흔들리기 쉬운 베드로를 가리키는 것이 아니다. 헬라어 '페트로스'는 일반적으로 조그마하고 움직일 수 있는 돌, 즉 단순한 조약돌을 말한다. 그러나 '페트라'는 이런 경우에 확고한 기초를, 즉 베드로가 금방 고백한 그리스도의 신성을 나타내는 중요한 진리를 말한다. 사실 이러한 문제들은 오늘날 복음주의와 현대주의 또는 자유주의 사이의 교회에 있어서 상충된다. 복음주의는 교회가 신뢰할 만한 성경에 계시된 그리스도의 신성에 기초한다고 말한다. 그러나 현대주의와 자유주의는 그리스도의 신성을 무시 또는 거부한다. 단지 교회를 뛰어난 선한 사람이 하나의 표본(example)으로 조직한 사회봉사기관이요 도덕적인 복지기관으로 본다.

성경은 우리에게 교회가 베드로 위에 세워질 것이 아니라고 가르쳐준다. "너희는 사도들과 선지자들의 터 위에 세우심을 입은 자라 그리스도 예수께서 친히 모퉁이돌이 되셨느니라"(엡 2:20), "이 닦아 둔 것 외에 능히 다른 터를 닦아 둘 자가 없으니 이 터는 곧 예수 그리스도라"(고전 3:11). 이러한 진리의 기본적인 가르침이 없다면 참된 기독교회는 존재할 수 없다.

만약 마태복음 16:18이 교회가 베드로 위에 세워진 것을 가르치기 위해 의도되어졌다면 다음과 같이 쓰여져야 할 것이다. "너는 베드로라 또 내가 너 위에 나의 교회를 세우리라" 또는 "너는 베드로라 또 내가 너, 반석 위에 나의 교회를 세우리라" 그러나 이러한 문장을 그리스도께서 말씀하시지 않으셨다. 그리스도는 두 가지를 분명하게 완전하게 말씀하셨다. 그리스도께서 말씀하시기를 "너는 베드로라", "이 반석 위에(성의 변화, 주어의 변화를 지시함) 내가 내 교회를 세우리라".

음부의 권세는 교회를 이기지 못한다. 그러나 음부의 권세는 나중에 간단히 베드로를 이겼다. 마태복음 16장에 기록된 대로 그는 그리스도가 십자가에 못박힐 것을 가르치자 예수를 붙들고 그렇게 하지 말 것을 간구하였다. 그즉시 그는 다른 제자들의 면전에서 신랄한 질책을 받았다. "예수께서 돌이키시며 베드로에게 이르시되 사단아 내 뒤로 물러가라 너는 나를 넘어지게 하는 자로다 네가 하나님의 일을 생각지 아니하고 도리어 사람의 일을 생각하는도다"(마 16:23). 방금 교황으로 임명한 베드로에게 어떻게 강한 말을 사용할 수 있겠는가!

우리는 그리스도께서 십자가를 앞두고 고뇌에 차 있을 때 베드로는 겟세마네 동산에서 잠을 잔 복음서의 이야기를 읽을 수 있다. 종의 귀를 잘라버린 베드로의 경솔한 행위는 예수로부터 책망을 받았다. 베드로는 그의 주인을 위해 죽을 준비가 되어있다고 자만하였다. 그러나 그는 후에 수치스럽게 이러한 맹세를 저버렸고 그리스도를 아는 것까지 거부하였다(마 26:35).

심지어는 오순절 이후로도 베드로는 이러한 실수를 하였고 바울은 베드로의 위선을 책망하였다. 바울이 말하기를 "게바가 안디옥에 이르렀을 때에 책망할 일이 있기로 내가 저를 면책하였노라"(갈 2:11;로마 카톨릭 교리에 따르면 이때는 베드로가 교황권을 가장 최고로 갖고 있을 때이다). 여전히 로마 카톨릭주의자들이 그들의 교황을 베드로의 계승자로 신앙과 도덕적인 측면에서 무오하다고 생각하는 것이 얼마나 우스꽝스러운 일인가!

베드로의 절친한 친구이자 그의 뒤를 이어 사역을 감당했던 마가는 그의 복음서에 기술하기를 가이사랴 빌립보 지방에서 베드로의 고백을 보도하면서 '반석'이란 표현을 기록하지 않고 있다(막 8:27~30). 분명코! 그리스도는 그의 교회를 연약하고 죄성있는 사람 베드로 위에 세우지 않았다. 오히려 베드로의 신앙고백으로부터 나온 그리스도의 중요한 신성이 기초가 되는 돌이다. 교회가 세워질 출발점이 바로 여기이다.

베드로에게 어떤 탁월한 지위가 수여되지 않았다는 사실은 그들 중에 누가 크냐고 제자들 사이에서 논쟁을 벌인 사건으로부터 명백해진다. 이미 제자들 가운데 순위가 주어졌다면 그리스도께서 단순하게 베드로에게 그의 권세를 수여하였을 것이다. 우리는 이러한 본문 대신 다음과 같은 내용을 읽을 수 있다.

"가버나움에 이르러 집에 계실새 제자들에게 물으시되 너희가 노중에서 서로 토론한 것이 무엇이냐 하시되 저희가 잠잠하니 이는 노중에서 서로 누가 크냐 하고 쟁론하였음이라 예수께서 앉으사 열두 제자를 불러서 이르시되 아무든지 첫째가 되고자 하면 뭇사람의 끝이 되며 뭇사람을 섬기는 자가 되어야 하리라 하시고"(막 9:33~35).

"세베대의 아들 야고보와 요한이 주께 나아와 여짜오되 선생님이여 무엇이든지 우리의 구하는 바를 우리에게 하여 주시기를 원하옵나이다 이르시되 너희에게 무엇을 하여 주기를 원하느냐 여짜오되 주의 영광 중에서 우리를 하나는 주의 우편에, 하나는 좌편에 앉게 하여 주옵소서 예수께서 가라사대 너희 구하는 것을 너희가 알지 못하는도다. 너희가 나의 마시는 잔을 마시며 나의 받는 세례를 받을 수 있느냐 저희가 말하되 할 수 있나이다 예수께서 이르시되 너희가 나의 마시는 잔을 마시며 나의 받는 세례를 받으려니와 내 좌우편에 앉는 것은 나의 줄 것이 아니라 누구를 위하여 예비되었든지 그들이 얻을 것이니라 열 제자가 듣고 야고보와 요한에 대하여 분히 여기거늘 예수께서 불러다가 이르시되 이방인의 소위 집권자들이 저희를 임의로 주관하고 그 대인들이 저희에게 권세를 부리는 줄을 너희가 알거니와 너희 중에는 그렇지 아니하니 너희 중에 누구든지 크고자 하는 자는 너희를 섬기는 자가 되고 너희 중에 누구든지 으뜸이 되고자 하는 자는 모든 사람의 종이 되어야 하리라" (막 10:35~44).

교회의 교부들 가운데 몇몇, 그들 중에서 어거스틴과 제롬이 '반석'이란 단어를 베드로가 아니라 그리스도라 이해하고 마태복음 16:18을 개신교적 주석을 한 사실은 흥미로운 일이다. 물론 다른 교부들은 교황제도로 해석하였다. 로마 카톨릭 교회가 이러한 주제에 대하여 주장하는 의견조차도 하나가 아니었음을 보여준다.

해리스(Harris) 박사는 '반석'에 관해 다음과 같이 말했다.

"마가복음은 초대교회 전통에 의한 베드로와 관련되어 있다. 마가복음은 예수의 이러한 말씀을 베드로에게 포함시키지 않고 있다. 베드로 서신에도 이러한 주장이 없다. 베드로전서 2:6~8에서 그리스도는 반석이라 불리우며 모퉁이돌이라고 불리운다. 그러나 여기서 베드로는 그 자신은 아무것도 아님을 주장하고 있다. 정말로 모든 신자는 모퉁이의 머리인 그리스도와 더불어 영적인 집을 짓는 살아있는 돌들임이 분명하다"

"그리스도는 반복하여 반석으로 불리워진다. 이렇게 불리우는 배경이 구약성경에 약 34번 나타나고 있다. 하나님은 반석으로, 이스라엘의 반석으로 불리워진다. 이는 하나님의 명칭이다. 메시야적 구절, 이사야 8:14; 28:16; 시 118:22에서 그리스도는 반석으로 불리워지거나 우리가 믿어야 할 돌로 불리워진다. 이러한 구절들은 신약성경에 인용되었다. 이러한 이유로 그리스도는 여러 번 반석이라 불리워진다. 그리고 그리스도를 신성을 가진 분으로 규명한다. 이런 몇몇 이유로 구약성경을 아는 모든 유대인들은 베드로가 신성을 가진 분으로 규명한 것을 거절하였다. 반석은 그리스도이시다. 우리는 그 위에 세워진 살아있는 돌들이다. 에베소서 2:20은 위의 사실들을 잘 말해주고 있다. 우리는 사도들과 선지자들의 기초 위에 세우심을 입은 자들이다. 예수 그리스도는 친히 모퉁이돌이 되셨다. 바울은 고린도전서 10:4에서 신령한 음료를 마신 반석을 말하면서 그리스도를 예표시키고 있다. 신약성경에서는 12군데의 터가 있고 그 터 가운데는 12사도의 이름들이 있으며 그들 어느 누구도 뛰어난 사람은 없다"(*The Bible Presbyterian Reporter*, 1959. 1.).

또 우드(Henry M. Woods) 박사는 다음과 같이 말했다.

"만약 그리스도께서 베드로가 터가 될 것이라고 의미했다면 다음과 같은 문장이 자연스러울 것이다. '너는 베드로라 또 너 위에 내가 내 교회를 세우리라.' 그러나 그리스도께서는 위와 같은 문장으로 말씀하지 않으셨다. 왜냐하면 베드로는 교회가 세워질 반석이 될 수 없기 때문이다. 뿐만 아니라 '이 반석 위에'란 표현에서 그리스도께서는 의도적으로 다른 헬라어 단어, 베드로에게 사용되어진 페트라, 페트로스를 사용하였다. 이러한 사실은 다음과 같은 진리를 보이기 위함이다. 베드로가 아니라 그에게 방금 계시되어진 위대한 진리, 즉 우리 주께서 '그리스도시요, 살아계신 하나님의 아들'이란 진리가 교회의 터가 된다는 사실을 나타내고자 함이다. 영원한 구주 그리스도 위에 세워졌기 때문에 음부의 권세가 결코 교회를 이기지 못한다. 그러나 잘 알려진 이름 그러나 죄성있는 베드로 위에 세워졌을 때 음부의 권세는 교회를 이기고 말았다. 그리스도께서는 베드로를 심하게 책망하면서 '사탄'이라고 불렀기 때문이다"(『우리의 귀한 유산』〈*Our Priceless Heritage*〉, p.40).

3. '천국 열쇠'에 대하여

"내가 천국 열쇠를 네게 주리니 네가 땅에서 무엇이든지 매면 하늘에서도 매일 것이요 네가 땅에서 무엇이든지 풀면 하늘에서도 풀리리라 하시고"(마 16:19; 카톨릭 공동번역본).

틀림없이 이 성경 구절은 해석하기가 난해한 부분이다. 그래서 많은 해석들이 있다. 하지만 매고 푸는 권세가 베드로에게 독점적으로 주어진 것이 아니라는 것에 주의함이 중요하다. 마태는 그의 복음서 18장에서 그와 동일한 권세가 제자들 모두에게 주어져있음을 말하고 있다.

"그때에 제자들이 예수께 나아와 가로되 … 진실로 너희에게 이르노니 무엇이든지 너희가 땅에서 매면 하늘에서도 매일 것이요 무엇이든지 땅에서 풀면 하늘에서도 풀리리라"(마 18:1,18; 카톨릭 공동번역본).

결과적으로 마태복음 16:19은 베드로 쪽에 어떤 우월성이 있다는 것을 증명하지 아니한다. 심지어 서기관들과 바리새인들도 같은 능력을 가지고 있는 것으로 예수께서 그들에게 말씀하시기를 "화 있을진저 외식하는 서기관들과 바리새인들이여 너희는 천국 문을 사람들 앞에서 닫고 너희도 들어가지 않고 들어가려 하는 자도 들어가지 못하게 하는도다"(마 23:13). 또 예수께서 다른 경우에 말씀하시기를 "서기관들과 바리새인들이 모세의 자리에 앉았으니 그러므로 무엇이든지 저희의 말하는 바는 행하고 지키되 저희의 하는 행위는 본받지 말라 저희는 말만 하고 행치 아니하며 또 무거운 짐을 묶어 사람의 어깨에 지우되 자기는 이것을 한 손가락으로도 움직이려 하지 아니하며"(마 23:2~4).

여기에서 분명히 의미하는 것은 서기관들과 바리새인들이 하나님의 말씀을 그들의 손에 쥐고 있으므로 능력이 있고 말씀을 사람들에게 선포하므로 그들에게 하나님나라 왕국을 열게 하며, 그들이 하나님 말씀을 지키지 않고 보류하므로 그들은 사람들이 하나님 나라 왕국으로 들어가지 못하도록 한다는 것이다. 바로 이러한 것이 율법을 수여한 모세의 기능이다. 그러므로 그것은 선언적인 권위로서 하나님께서 구원을 주실 것이라는 말을 알려주는 권위이며, 하늘 나라에 들어오도록 하거나 혹은 못들어 오게 하는 절대적인 권위를 말하는 것이 아니다. 오직 하나님만이 그것을 하실 수 있으며 하나님은 그 능력을 인간에게 결코 위임하지 않으시는 것이다.

누가복음 11:52에서 예수께서 말씀 하시기를 "화 있을진저 너희 율법사여 너희가 지식의 열쇠를 가져가고 너희도 들어가지 않고 또 들어가고자 하는 자도 막았느니라"고 하셨다. 여기에 구원의 길을 아는 지식의 열쇠(지식의 열쇠에 의해서 하나님 나라에 들어감이 획득됨)가 모세로부터 율법을 수여받은 바리새인들의 손에 있음을 보게 된다. 그러한 의미에서 그들은 하나님 나라의 열쇠를 소유하고 있다. 그들은 백성들에게 하나님의 말씀을 선포하는 일을 실패함으로 그 열쇠를 제거해 버렸다. 그들 자신이 하나님 나라에 들어가지 않았을 뿐만 아니라 하나님 나라에 들어가려고 원하는 자들도 막았다.

더욱이 베드로에게 행한 말씀에서 매고 푼다는 것이 '사람'이 아니라 '사물'이란 점에 주의해야 한다. '누구든지'가 아니라 '무엇이든지'이다. 가령 이러한 것들은, 즉 구약시대의 의식법이나 관습들은 폐지되었고 신약시대(복음시대)의 새로운 의식들이나 관습들은 확립되어졌다.

이와 같이 '열쇠'는 이러한 경우에 복음 선포를 통하여 사람들에게 하늘

나라를 열도록 해주는 권위를 상징한다. 예수께서 제자들에게 이런 특권을 행하도록 위임한 것은 서기관들과 바리새인들이 행했던 권위하고는 정반대의 것이다. 다시 말하면 그들은(제자들) 백성들이 하늘 나라에 들어가도록 돕고 있다. 물론 제자들에게는 모세가 갖고 있었던, 또 당시 서기관들과 바리새인들이 누렸던 그런 물리적인 지위는 없었다. 당시 서기관과 바리새인들은 모세의 율법을 점유하였고, 그 자체 안에 권위와 선 개념을 지니고 있기 때문에 당연히 복종되어야 할 개념들을 가르치고 있었다. 그러나 그들 자신이 그 개념에 따라 살지 않았기 때문에 그들은 백성들의 본보기가 되지 못했다.

열쇠가 권위를 상징하고 있음은 자명한 일이다. 그런데 여기에서 그 권위는 매고 푸는 권세로 구체화된다. 제자들이 이와 같은 점들을 행한 것의 중요성은 현세를 초월할 뿐만 아니라 하늘에서도 그들의 영원한 결과로 남을 것이다. 제자들은 실제적인 면에 있어서 영원을 위해 하늘 나라를 세우고 있는 자들이다. 천국의 열쇠를 언급하면서 예수는 하늘 나라와 그가 세울 집을 비교하여 상징의 의미로 말하고 있다. 그 집은 견고한 반석 위에 세워질 것이다(마 7:24). 그 집으로 들어가기 위해서는 믿음의 문을 통해야만 가능하다. 그 문은 유대인들에게 뿐만 아니라 이방인들에게도 열려진다. 그리스도의 신성 안에 있는 인격을 맨 먼저 이해하고 다른 제자들 앞에서 그리스도의 신성을 고백했던 제자 베드로는 그 문을 열 수 있도록 첫번째로 위임받았다.

이와 같은 의미에서 열쇠가 베드로에게 처음으로 주어졌다. 베드로는 제자들 가운데서 유대인 세계에 첫번째로 믿음의 문을 연 최고의 영예를 얻었다. 사도행전 2:14~42에 나타난 바에 의하면 베드로는 오순절날 그의 설교를 통해 삼천 명의 유대인들이 회개하고 주께 돌아오는 일을 하였다. 그리고 얼마 후에 이방 세계에 믿음의 문을 여는 영예를 얻게 되었다. 그는 고넬료의 집에서 이러한 일을 행했다(행 10:1~48). 이런 의미에서 베드로에게 열쇠가 주어진 것이다.

또 이러한 열쇠는 얼마 후에 다른 제자들에게도 유대인이나 이방인에게 복음을 선포했을 때 주어졌다. 그러나 유대인이나 이방인에게 하늘 문을 여는 영예로운 권위가 베드로에게 주어졌을지라도 그는 어떤 다른 권위를 요구하거나 남용, 주장하지 않았다. 엄밀히 말해서 베드로의 권위는 다른 제자들이 행한 것과 마찬가지로 모든 점에서 동일한 기반 위에 서있다.

그러므로 열쇠를 소유하는 것은 베드로가 뛰어나게 그 자신의 인격 안에,

로마 카톨릭주의자들이 그 권위를 교황이나 사제에게 수여한 것처럼, 매고 푸는 권세를 결정할 권위를 갖는다는 것을 의미하지 않는다. 궁극적인 권위는 오로지 그리스도의 손 안에 있다. "빌라델비아 교회의 사자에게 편지하기를 거룩하고 진실하사 다윗의 열쇠를 가지신 이 곧 열면 닫을 사람이 없고 닫으면 열 사람이 없는 그이가(It is He) 가라사대"(계 3:7). 그러나 이것은 복음의 메시지를 소유한 베드로나 다른 제자들이 진실로 문을 열었으며 사람들 앞에서 메시지를 선포함으로 사람들이 문으로 들어올 수 있는 기회를 제시했다는 것을 의미한다. 다른 사람에게 구원의 문을 닫고 여는 동일한 특권은 오늘날 모든 그리스도인들에게도 주어져 있다. 왜냐하면 그리스도께서 그의 교회에게 모든 족속으로 제자를 삼으라(마 28:19~20)고 명령했기 때문이다. 이와 같이 '열쇠의 권세'는 단지 선언적인 권세임을 알아야 한다.

로마 카톨릭은 그들의 교회를 '반석'과 '교회'라 말하고 있는 이 두 구절 위에 세우고 있음이 분명하다. 그들은 베드로에게 주어진 권세가 절대적이며 그 권세가 베드로에 의해 그의 계승자들에게 옮겨졌다고 말한다. 비록 그들이 이러한 가르침을 주장하는 구절이 어느 한 곳이라도 성경에 없다는 것을 인정할지라도 로마 카톨릭은 위의 주장을 폐기하지 않는다. 이러한 '열쇠의 권세' 아래 로마 카톨릭교회는 "하늘에서 하나님이 베드로가 지상에서 결정한 것들을 재가(裁家)한다"고 주장하고 있다(각주, 카톨릭 공동번역본, p. 37).

그러나 베드로 자신이 예수께서 허락한 권세를 어떻게 이해했는가를 알아보는 것은 매우 흥미로운 일이다. 열쇠의 권세를 활용하면서 그가 이르기를 "누구든지 주의 이름을 부르는 자는 구원을 얻으리라 하였느니라"(행 2:21)고 말하였다. 로마의 백부장 고넬료의 집에서 그는 다시 우주적인 복음에 초대하며 다음과 같이 선포하였다. "저에 대하여 모든 선지자도 증거하되 저를 믿는 사람들이 다 그 이름을 힘입어 죄사함을 받는다 하였느니라"(행 10:43). 신약성경 다른 곳에서와 마찬가지로 베드로의 설교에서, 구원은 그리스도를 믿는 믿음에 기초하는 것으로 말하여졌으며, 어디에서도 베드로에게 순종하거나, 교황에게 순종하거나 그 어떤 누구에게도 순종하라고 말하기는커녕 암시도 하지 않았다.

로마 카톨릭 교회는 이 '열쇠의 권세'를 형편없이 남용해 교회 교인들에게 명령하여 로마 카톨릭 교회에 온전하게 순종하도록 하게 했으며 그들에게 공포감을 집어넣고 교회가 그들의 구원을 가져다준다고 하여 정절을 지켜

변함없이 의존하도록 하게 했다. '모(어머니) 교회'(Mother Church)라는 영구한 인용문과 관련된 공포감과 의존감은 로마 카톨릭이 전체적으로 신도를 가지고 있다는 권세를 설명하도록 해준다. 심지어 로마 카톨릭은 신도들이 그들의 교회에서 배운 것과 반대되는 어떤 것을 듣거나 읽을까봐 두려워하여 그들을 위협한다. 어린시절부터 로마 카톨릭의 가르침이 로마 카톨릭의 신도들에게 반복되어 오기 때문에 로마교회가 평신도들을 훈련시키는 무서운 힘은 쉽게 납득할 만하다.

4. 교황의 권위는 베드로에 의해 인정될 수 없다

로마교회는 베드로가 로마에서 첫번째 교황이며 그 후의 교황들은 베드로의 계승자라고 주장한다. 그러나 어느 한 사람에 대한 신분의 위치와 권위의 최고 증거는 그 자신의 증언이다. 베드로는 그 자신이 교황이라고 다른 사도들보다 그가 탁월하다고 주장하고 있는가? 다행히도 그는 신약성경에서 두 서신을 기록하여 자신의 증언을 남겼다. 거기에서 그는 자신의 위치를 말해주며 다른 사람들이 동일한 입장에서 그들의 의무를 어떻게 수행해 가는가에 대해서 교훈을 제시해주고 있다.

"예수 그리스도의 사도 베드로는 … 너희 중 장로들에게 권하노니 나는 함께 장로된 자요 그리스도의 고난의 증인이요 나타날 영광에 참예할 자로라 너희 중에 있는 하나님의 양 무리를 치되 부득이함으로 하지 말고 오직 하나님의 뜻을 좇아 자원함으로 하며 더러운 이를 위하여 하지 말고 오직 즐거운 뜻으로 하며 맡기운 자들에게 주장하는 자세를 하지 말고 오직 양 무리의 본이 되라"(벧전 1:1; 5:1~3).

여기서 베드로는 예수 그리스도의 사도인 자신을 장로(헬라어, presbuteros)로 말하고 있다. 물론 이는 속죄적인 사제직과는 무관하다. 베드로는 다른 사람 몇몇이 그가 교회에서 높은 위치를 주장했으리라고 기대했을 행동을 취하지 않았다. 베드로는 높은 위치를 주장하지 않았다. 그는 성직자의 우월감을 취하지도 않았다. 매우 겸손함으로 그 자신을 그가 권고하는 사람들과 동일한 위치에 놓았다. 그는 교회가 권위를 주장하기보다는 민주적이 되어야 함을 분명히 했다. 그는 지도자들이 백성들 위에 군림하는 것을 금했다. 돈을 목적으로 사역하는 것과 불의하게 돈을 취하는 것을 금했다. 그는 말하기를 자원하여, 기쁨으로 봉사할 것과, 지도자 자신이 양무리의 본이 될 것을 말했다.

그러나 사실 로마 카톨릭 교회는 이러한 가르침과 직접적으로 정반대로 행한다. 후대의 거만한 교황이 이러한 베드로의 겸손의 배역을 채용한 것이라고 누가 상상할 수 있겠는가? 교회가 순수성과 영적인 능력을 잃어버리고 세속의 홍수에 떠밀려 침몰되었을 때 몇 세기 후에 독재적인 교황의 권위가 나타나기 시작했다. 4세기 후에, 로마 제국이 멸망했을 때, 로마의 주교는 가이사의 후임으로 들어앉게 되었다. 그리고 이교의 최고 승원장(Pontifex Maximus, 로마 최고의 성직자단의 원장)이라는 칭호를 취하고 가이사의 보좌에 앉아 가이사의 번지르르한 치장을 하고 정신을 잃고 있었다. 그들은 이러한 역할을 그 이후 계속하였다.

승원장(Pontifex, 로마 최고의 성직자 단원)에 대해서는 표준국제 백과사전 (The Standard International Encyclopedia)에서 다음과 같이 정의하고 있다.

"이 칭호는 고대 로마인들에 의해 두 유명한 종교적인 대학 가운데 하나의 단원들에게 주어졌다. 여기서 제일 높은 수령을 승원장 Pontifex Maximus 라고 칭했다. 주교들(Pontiffs)은 공식적인 종교의 일을 일반적으로 관할했고 그들의 수령은 국가 안에서 최고의 종교적인 권위가 있었다. … 율리우스 카이저(Julius Caesar) 황제 다음이 승원장이었다. 데오도시우스 황제 (Theodosius; A.D 395년에 죽음) 때 이 타이틀은 교황과 동등하게 되었고 지금은 로마 카톨릭 교회의 상부명칭 중 하나로 쓰이고 있다."

베드로는 사람들로부터 존경받는 것을 거절했으니 로마 백부장 고넬료가 그의 발 아래 엎드려 그를 경배하려고 했었을 때처럼, 베드로는 급히 항변하여 다음과 같이 말했다. "일어나라 나도 사람이라"(행 10:25, 26). 그러나 로마 교황들은 이러한 존경을 받을 뿐만 아니라 요구하기까지 한다. 심지어 가장 높은 자리에 있는 자들(추기경)까지도 포함하여 사람들은 새로 선택된 교황 앞에서 그들 자신을 마룻바닥에 엎드리거나 또는 임직식 때 그 앞에서 맹세를 하며 그의 발에 입맞춤을 한다. 교황은 그들의 행위가 옳은 것인 양 '거룩한 아버지'(Holy Father)라는 불경스러운 명칭을 받는다. 어찌하여 추기경과 주교 그리고 신부들은 그들 자신을 회중과 분리하기를 그처럼 좋아하며 백성들 위에 군림하기를 그처럼 좋아한단 말인가!

확실히 베드로가 '교회의 최고 머리'인 교황이었다면, 그는 그의 일반서신들을 그의 권위를 주장하는 모든 다른 장소들로 삼아서 선언했었을 것이다. 교황들은 가능한 한 그들의 권위를 널리 알리거나 선포하는 일을 함에 있어서 결코 천천히 하지 않았을 것이다. 그러나 반면에 베드로는 자신에 대하여 기술하기를 오직 한 사람의 사도일 뿐인 자(다른 열한 제자가 있는 위치와 같이)이며, 연장자 혹은 장로로서, 즉 단순히 그리스도의 사역자로서 기술하고 있는 것이다.

5. 베드로에 대한 바울의 입장

베드로에 대한 바울의 태도를 조사해 보는 것은 매우 관심있는 일이다. 바울은 후기에, 즉 교회가 시작되어진 후에 사도가 된 것으로 알려졌다. 그렇지만 베드로는 만약 교황이었다면 바울이 사도되는 선택에 관여를 했을 그 선택에 있어서 아무 일도 하지 않았다. 하나님은 마치 수천의 전도자들과 사역자들을 로마의 교황과 관련없이 세우신 것처럼 베드로와 상의하지 않고 바울을 불러 성직을 주었다. 바울은 구원의 길과 생명과 죽음의 신비에 관해 보다 폭넓게은 계시된 지식을 통찰하는 심오한 지혜로 쉽게 사도 중에 위대한 사람이 될 수 있었다. 그는 베드로보다 많은 신약성경의 서신들을 썼다. 바울의 13개 서신은 2,033절이나 되지만 반면 베드로는 두 서신서만 기록했으며 단지 166절 밖에 되지 않는다. 만약 우리가 히브리서까지 바울의 저작으로 돌린다면 로마 카톨릭 교회가 그렇게 인정했던 것처럼(카톨릭 공동번역본, p. 397), 그는 베드로보다 훨씬 많은 비율의 저작을 기록하였다. 베드로의 서신은 신약의 서신서들 가운데 첫번째로 서지 못하며 바울의 서신들 다음으로 자리를 차지하고 있다. 그리고 베드로후서는 교리에 의해 수용되어진 마지막 서신 가운데 하나이다. 바울은 베드로보다 많은 이적들을 행했으며 교회들도 베드로보다 많이 세웠다. 평신도들에 의해 세워졌다고 믿고 있는 로마교회는 제쳐두고 베드로에 의해 세워진 교회보다 바울이 탁월하게 지속적으로 세운 교회들이 더 많이 있다. 신약성경은 로마교회에서 바울의 영향력이 베드로의 영향력보다 훨씬 더 컸음을 보여주고 있다. 바울은 베드로를 한 번 언급했다. 그러나 어느 곳에서도 베드로의 권위를 존경하고 거기에 따르거나 그를 교황으로 인정하는 구절들이 나타나지 않는다.

실지로 전혀 반대되는 경우가 있다. 바울이 고린도교회를 세웠을 때, 몇몇 사람들이 그의 권위에 반역했을 때(심지어 바울을 좋아하는 자들까지도) 그는 자신의 권위를 한 치도 양보하지 않았다. 그는 열정적으로 그의 권위를 변호하여 "내가 사도가 아니냐 예수 우리 주를 보지 못하였느냐"(고전 9:1)라고 선포하였다. 그는 또 말하기를 "내가 어리석은 자가 되었으나 너희가 억지로 시킨 것이니 내가 너희에게 칭찬을 받아야 마땅하도다 내가 아무 것도 아니나 지극히 큰 사도들보다 조금도 부족하지 아니하니라"(고후 12:11)고 하였다. 카톨릭단체 성경은 고린도후서 12:11의 후반부를 "어떤 면에서도 나는 탁월한 사도들보다 부족할 이유가 없다"고 번역하고 있다. 그는 갈라디아서 2:7, 8에서 다음과 같이 기록하고 있다. "도리어 내가 무할례자에게 복음 전함을 맡기를 베드로가 할례자에게 맡음과 같이 한 것을 보고 베드로에게 역사하사 그를 할례자의 사도로 삼으신 이가 또한 내게 역사하사 나를 이방인의 사도로 삼으셨느니라." 그러므로 그는 자신을 다른 사도들과 동일한 수준에 놓고 있다. 분명히 이러한 개념은 바울의 때에는 교황에 대한 어떠한 개념에도 반대되는 것이었다.

그러나 이보다 더 바울이 공적으로 베드로를 책망한 경우가 한 곳에서 나타나고 있다. 베드로가 안디옥에서 유대의 율법주의 안에서 '그릇된 형제들'의 편에 있어서 이방인으로부터 '그 자신을 분리해 물러섰을' 때 이 일로 심지어 바나바까지 유혹되었을 때, 바울은 엄한 책망으로 판결을 하였다.

"게바가 안디옥에 이르렀을 때에 책망할 일이 있기로 내가 저를 면책하였노라 야고보에게서 온 어떤 이들이 이르기 전에 게바가 이방인과 함께 먹다가 저희가 오매 그가 할례자들을 두려워하여 떠나 물러가매 남은 유대인들도 저와 같이 외식하므로 바나바도 저희의 외식에 유혹되었느니라 그러므로 나는 저희가 복음의 진리를 따라 바로 행하지 아니함을 보고 모든 자 앞에서 게바에게 이르되 네가 유대인으로서 이방을 좇고 유대인답게 살지 아니하면서 어찌하여 억지로 이방인을 유대인답게 살게 하려느냐?"(갈 2:11~14)

바울은 그때 베드로에게 건전하고 복음적인 신학을 인식시키면서 다음과 같이 말하였다.

"사람이 의롭게 되는 것은 율법의 행위에서 난 것이 아니요 오직 예수 그리스도를 믿음으로 말미암는 줄 아는 고로 우리도 그리스도 예수를 믿나니 이는 우리가 율법의 행위에서가 아니고 그리스도를 믿음으로서 의롭다 함을 얻으려 함이라 율법의 행위로서는 의롭다 함을 얻을 육체가 없느니라"(갈 2:16).

다른 말로 하자면 바울은 '거룩한 아버지'를 모든 사람들 앞에서 복음의 진리 안에서 바르게 행하지 않고 있다고 호되게 꾸짖었다. 확실히 그것은 교황에게 하는 말투가 아니다! 어떤 사람이 오늘날 심지어 추기경이라도 이러한 언어로 실지 교황에게 책망하고 교훈하였다고 상상해 보라! 바로 바울이 누구관대 그가 그리스도의 대리자에게 그가 비기독교적인 행위를 했다고 책망할 수 있는가? 만약 베드로가 최고였다면 바울의 의무와 다른 사도들의 책임은 그를 그대로 인정하게 하고 베드로가 승인한 것을 오직 가르치는 일이었을 것이다. 명백히 바울은 베드로를 신앙과 도덕에 있어서 무오한 인물로 여기지 않았고 그의 분야에서 지고한 인물로 인정하지도 않았다.

6. 베드로에 대한 다른 사도들의 태도

바울과 마찬가지로 다른 사도들도 전적으로 베드로가 교회의 머리로 임명되었다는 것을 의식하지 못하고 있는 것 같다. 어떤 곳에서도 베드로의 권위를 그들은 인정하지 않고 있다. 베드로 역시 어떤 곳에서도 다른 사도들에게 그의 권위를 휘두르려고 하는 흔적을 찾아볼 수 없다. 다른 사람이 사도의 직무를 계승하기 위하여 선택된 곳이 유일하게 한 군데 나타나는데 사도행전 1:15~26에 기록되어 있다. 거기에서 선택은 베드로에 의해서가 아니라 120여 명의 형제들에 의해 제비 뽑아, 즉 대중의 선택에 의해서 이루어진다.

또 다른 경우가 사도행전 8:14에 나타나는데 거기에서 베드로는 요한과 더불어 사마리아 지방에 복음을 증거하기 위해 다른 사도들에 의해 보내졌다. 교황이 오늘날 이와 같은 경우와 동일한 선교를 이루기 위해 주교나 추기경에 의해 보내졌다고 상상을 해보라! 설령 복음을 증거한다고 할지라도 오늘날 이러한 일이 교황에게 좀처럼 행해지지 않는다는 사실이 잘 알려진 바이다. 그들은 그들에게 오는 청중들에게 그것도 가려뽑아서 성명을 발표하고 말할 뿐이다.

예루살렘에 있어서 중요한 교회 회의는 사도시대에 어떻게 교회가 화합되었는가를 밝히 보여주고 있다(행 15장). 유대로부터 어떤 사람들이 바울과 바나바가 일하고 있는 안디옥, 수리아에 내려와 유대인의 의식(ritual)의 어떤 부분들이 지켜져야 한다고 주장했을 때 의견차이로 불화가 발생했다. 현재 로마 카톨릭의 교황제도 원리를 좇는다면 그 예루살렘 회의는 아무 필요 없는 회의가 된다. 안디옥 교회는 베드로에게 분명히 편지를 썼을 것이고 베드로는 그들에게 문제를 해결하기 위해 로마 카톨릭이 말한 회칙이나 교황의 칙령을 보냈을 것이 분명하다. 모든 교회들 가운데 안디옥 교회는 예루살렘에 이러한 문제를 해결하기 위해 바울과 바나바를 파송할 정도로 중요한 교회였다. 로마 카톨릭의 전설에 따르면 베드로는 그의 주교로서 지위가 로마에 양도되기 전 7년 동안 안디옥의 주교였다.

그러나 중요한 사실은 문제를 해결하기 위한 호소가 베드로에 의해서가 아니라 예루살렘에 있는 교회에 의해 이루어졌다는 사실이다. 즉, 예루살렘 교회가 이 문제를 해결하려고 했다. 그 공의회는 베드로에 의해서가 아니라 야고보에 의해 주재되었다. 야고보가 그 공의회를 주재하는 의장이였다. "그러므로 내 의견에는 … "(행 15:19). 그리고 그의 판단은 사도들과 장로들에 의해 받아들여 졌다. 베드로가 그곳에 있었지만 "많은 변론이 있은 후에"(행 15:7) 그의 견해를 표현하였다. 그는 심의중의 문제가 믿음의 매우 중요한 문제였음에도 불구하고 확실한 선언을 시도하지 않았다. 좌우간 지상교회의 화합은 베드로의 발언을 통해서가 아니라 예루살렘 교회의 지도자였던 야고보에 의해 주재된 공의회의 결정에 의해 이루어졌다. 더욱이 예루살렘 공의회 이후 베드로는 사도행전에서 결코 다시 언급되지 않고 있다.

사람이 그들의 동료에 대해 권위를 휘두르려고 하는 것은 인간의 잘못된 실수이다. 제자들이 노중에서 그들 가운데 서로 누가 크냐고 논쟁했을 때 예수께서는 다음과 같이 그들을 꾸짖으셨다. "아무든지 첫째가 되고자 하면 뭇사람의 끝이 되며 뭇사람을 섬기는 자가 되어야 하리라"(막 9:35). 또 다른 경우에 야고보와 요한의 어머니가 예수께 나와 그녀의 두 아들이 하나님 나라에서 중요한 자리를 얻을 수 있도록 요청하자 예수께서는 제자들을 불러다가 "가라사대 이방인의 집권자들이 저희를 임의로 주관하고 그 대인들이 저희에게 권세를 부리는 줄을 너희가 알거니와 너희 중에는 그렇지 아니하니 너희 중에 누구든지 크고자 하는 자는 너희를 섬기는 자가 되고 너희 중에 누구든지 으뜸이 되고자 하는 자는 너희 종이 되어야 하리라 인자가 온 것은 섬김을 받으려 함이 아니라 도리어 섬기려 하고 자기 목숨을 많은 사람의 대속물로 주려 함이니라"(마 20:25~28)라고 하셨다. 그리고 심지어는 그리스도께서 돌아가시기 위해 인도되는 밤에도 제자들은 서로 "그들 가운데 누가 크냐"(눅 22:24)는 다툼을 하였다. 이러한 다툼이 매번 일어날 때마다 예수께서는 그들에게 주인의 행세를 추구하기보다는 오히려 섬겨야 한다고 가르쳤다. 예수께서는 결코 베드로가 사도들 가운데 가장 높은, 가장 큰 왕자라고 말함으로 논쟁을 해결한 적은 한 번도 없다. 사실, 그들은 로마 카톨릭에서 주장한 것처럼 베드로가 제자들 가운데 가장 우월한 신분을 가지고 있었다면 전혀 이러한 논쟁을 벌이지 않았을 것이다.

그리스도만이 오로지 교회의 머리이시다. "이 닦아 둔 것 외에 능히 다른 터를 닦아 둘 자가 없으니 이 터는 곧 예수 그리스도라"(고전 3:11). 교회는 "사도들과 선지자들의 터 위에 세워지며, 예수 그리스도는 그 자신이 모퉁이 돌이 되셨다"(엡 2:20). 바울은 말하기를 하나님이 "그리스도를 모든 정사와 권세와 능력과 주관하는 자와 이 세상뿐 아니라 오는 세상에 일컫는 모든 이름 위에 뛰어나게 하시고 그를 만물 위에 교회의 머리로 주셨느니라 교회는 그의 몸이니"(엡 1:21~23)라고 하였다. 그리스도 외에는 어느 것도 그 기초와 교회의 머리가 될 수 없다. 기형적인 괴물만이 한 몸에 두 개의 머리를 가질 수 있다.

7. 베드로는 로마에 간 적이 있는가?

로마 카톨릭 전통에 따르면 베드로는 로마의 첫번째 교황이었다. 그는 로마 교황으로 A.D. 42~67년까지 25년 동안 직무를 수행하였다. 그리고 A.D. 67년에 순교하였다. 라틴어 벌게이트 역 성경의 영역인 듀웨이 성경과 카톨릭단체 성경은 "베드로가 사도행전 15장의 예루살렘 공회의 이전에 로마에 있었고 예루살렘 공회의를 위해 예루살렘에 돌아왔으며 그 후 그는 안디옥으로 갔고 다시 로마로 돌아왔다"고 말하고 있다.

"예수 그리스도 부활 후에 교황의 지상권이 베드로에게 수여되어졌고 즉시 그리스도의 승천 후에 그는 그것을 행사하였다. 예루살렘과 팔레스타인에서 말씀을 전파한 후, 아마 감옥에서 풀려난 후 그는 로마로 갔다. 맨 처음 교회 회의를 위해 그가 예루살렘에 있은 지 몇 년 후에 곧바로 안디옥으로 갔다. A.D. 67년에 그는 로마에서 순교했다"(성 베드로 전서 서문).

그러나 로마에서 베드로의 추정된 교황직에 대해 현저한 사실들이 신약성경에 단 한 마디도 언급되지 않고 있다. 로마라는 단어가 유일하게 아홉 번 성경 안에 나타나지만 결코 베드로와 관련하여 언급되지 않고 있다는 사실이다. 그의 서신에서도 로마에 대한 암시가 전혀 없다. 로마에 대한 바울의 여행이 상세하게 사도행전 27장과 28장에 기록되어 있다. 베드로가 로마에 있었다는 역사적인 자료나 신약성경의 자료가 나타나있지 않다. 모든 것들은 전설에 기인한 것들이다. 사도행전의 12장까지는 베드로의 사역과 팔레스틴, 시리아(수리아)의 선교여행을 말하고 있다. 틀림없이 그가 제국의 도시 로마에 갔었다면 언급되었을 것임이 분명하다.

만약 베드로가 바울보다 우월하다면 왜 그가 바울보다 곳곳에서 덜 언급되었을까? 하는 질문은 당연하다. 그렇지만 그가 광범위하게 여행을 했다는 것과 선교여행시 그의 아내와 동행했다는 몇몇 내용을 제외하고는 베드로의 후기 생애에 대해 잘 알려진 바가 많지 않다. 바울은 위의 사실을 다음과 같이 말하고 있다. "우리가 다른 사도들과 주의 형제들과 게바와 같이 자매된 아내를 데리고 다닐 권이 없겠느냐"(고전 9:5) — 카톨릭단체 성경은 '아내' 대신 '자매'라 번역하고 있다. 그러나 헬라어 성경은 아내인 '군네'(gune)를 말하고 있지 자매인 '아델페'(adelphe)를 말하고 있지 않다.

우리는 로마에서 기독교가 어떻게 시작되었는지 그 기원에 대해 아는 것이 없다. 이러한 사실은 몇몇 로마 카톨릭 역사가들도 인정하는 바이다. A.D. 58년에 바울이 로마에 편지를 썼을 당시는 이미 상당히 번창한 교회였다. 왜냐하면 누가가 사도행전 2:10에서 위의 사실을 증거해 줄 수 있는 자료를 제공해주기 때문이다. 그렇다면 로마교회는 오순절날 예루살렘에 모여 베드로의 설교를 듣고 약 3,000여명의 회심한 사람들에 의해 기초가 놓여졌다. 좌우간 베드로가 로마교회를 세웠다는 주장과 그가 25년 동안 교황으로 있었다는 주장은 확실치 않은 전설에 불과할 뿐이다.

전설은 베드로의 생애에 대해 초기부터 많은 말을 해주고 있다. 그가 25년 동안 로마에서 교황의 직위를 수행했다고 말해주는 전설은 이단그룹에 기원을 두고 있는 위경의 이야기들에 뿌리를 두고 있다. 그 이단적인 그룹은 에비온파(Ebionites)이다. 그들은 신약성경의 초자연적인 내용들을 부정한다. 그 이야기들은 그 기원과 내적인 불일치성으로 인해 의심을 받고 있다. 이러한 모든 것을 믿을 수 있는 참조물들이 유세비우스(Eusebius)의 저작물에서 나오며 그 참조물들은 심지어 로마 카톨릭 저작자들도 의심하고 있다. 유세비우스는 헬라어로 310년에 대해 썼으며 그의 작품은 제롬에 의해 번역되었다. 17세기 역사학자이며, 영국의 찰스 2세(Charles II) 왕 때의 사제 윌리엄 케이브(William Cave; 1637~1713)는 그의 유명한 책『사도들의 생애』(The Lives of the Apostles)에서 다음과 같이 썼다.

> "제롬의 번역에 있는 베드로가 분명히 그 도시의 교황으로 25년 동안 계속 있었다는 것을 부인할 수 없다. 그러나 이것은 그 자신이 부가한 것이 명백하다. 아마 제롬은 그 당시 소문에 의지했으리라고 여겨진다. 유세비우스의 헬라어 사본에는 그 어떤 사실도 발견되는 것이 없다."

베드로가 로마를 방문했다는 최소한의 증거를 제시하기 위해 로마에 있는 고대 지방의 흔적들과 카타콤(Catacombs)에 있는 몇몇 비문들을 찾아 수세기 동안 철저한 연구가 고고학자들에 의해 이루어져 내려왔다. 그러나 혈통이 분명치 않지만 가망성을 주는 몇 개의 뼈들이 발견되었다. 로마에 위치한 믿음을 전파하기 위한 목적으로 세워진 대학(the University for the Propagation of the Faith)에서 성직자가 되기 위해 교육받은 레만은 우리에게 유명한 로마의 고고학자 마루치(Marucchi) 교수의 강의를 자료로 제공해주고 있다. 마루치 교수는 그의 강의에서 베드로가 영원한 도시 로마에 있었다는 어떠한 증거가 조금도 발견되지 않았다고 말했다.

또 다른 고고학자 디 로씨(Di Rossi)는 40년 동안 사도 베드로가 실제로 로마에 있었다는 로마 교황의 주장을 확증할 만한 몇몇 자료나 비문의 흔적들을 발굴하기 위해 커다란 야심을 가지고 로마에 머물렀다. 그러나 결국은 자신의 연구를 성취하겠다는 희망을 포기해야만 했다는 사실을 시인할 수밖에 없었다. 만약 그가 성공했다면 그는 교회로부터 상당한 보상을 받았을 것이다. 그가 발견한 것이라야 로마에 있는 기독교 교회의 형태에 관해 신약성경이 언급한 내용을 확인시켜주는 것이었을 뿐이지 로마의 교황들이 사도 베드로의 계승자가 될 만한 주장에 대해서는 절대적으로 침묵을 지키고 있었다(『사제의 영혼』, p. 10).

결국 베드로의 뼈가 확실히 발견되어졌다고 가정한다면 그 증거는 무엇인가? 중요한 것은 정말 로마교회가 베드로가 가르쳤던 동일한 복음을 가르치는가? 하는 문제이다. 베드로의 계승문제는 베드로의 뼈를 발견한 사람들에 의해 요구되어져야 할 것이 아니라 그가 가르친 복음, 즉 믿음을 통하여 은혜로 구원을 얻는다는 복음 메시지를 가르친 사람들에 의해 요구되어져야 한다.

더욱이 만약 단순한 머무름이 지역간의 우월을 낳았다면 안디옥이 로마 위에 있어야 한다. 왜냐하면 베드로가 로마에 거주했다고 말하는 전승이 베드로가 안디옥에 거주했다는 것을 확증하고 있기 때문이다. 사도시대 동안 그리고 수세기 후에 동방의 도시들과 교회들이 영향력을 미쳤다는 사실은 잘 알려진 바이다. 그리고 당시 로마교회는 비교적 영향력이 없는 중요치 않은 교회였다. 첫번째 공의회가 동방의 도시에서 열렸고 거의 동방의 주교들이 그 회의를 주도하였다. 관구(patriarchates)의 네 군데 지역(예루살렘, 안디옥, 콘스탄티노플 그리고 알렉산드리아)이 다 동방이었다. 로마는 수세기 후에야 즉 로마 제국이 멸망한 후 비로소 주도권(ascendancy)을 얻게 되었다.

만약 어떤 교회가 모든 교회의 여왕(Mistress)이라 불리워지게 될 특별한 권리를 얻었다면 이는 분명히 예루살렘에 있는 교회였다. 왜냐하면 예루살렘은 우리 주 예수 그리스도께서 사셨고, 가르치셨으며, 거기서 십자가에서 못박히셨고, 베드로와 다른 사도들에 의해 처음으로 복음이 전파되어 기독교가 설립되었던 곳이며 베드로의 유명한 오순절 설교가 행해졌던 곳이며, 거기서부터 안디옥과 로마로 그리고 모든 세계로 기쁜 구원의 소식이 퍼져 나아갔기 때문이다. 사실상 종교개혁 훨씬 이전에 로마교회가 유일한 참된 교회가 되었다는 로마교회의 주장은 가장 오래되고 초대교회 시대에 세계에서 가장 영향력 있었던 동방교회들에 의해 거절되어졌다.

여기에 관한 또 다른 흥미있고 매우 중요한 증거는 비록 그것이 순위를 결정하는 것이 아니지만 바울이 이방인의 사도들 가운데 가장 탁월했으며, 베드로는 유대인의 사도 가운데 가장 탁월했다는 사실이다. 이러한 구분은 신적인 임명에 의해 이루어진 것이다. 갈라디아서 2:7~8에서 바울은 말하기를 "도리어 내가 무할례자에게 복음 전함을 맡기를 베드로가 할례자에게 맡음과 같이 한 것을 보고 베드로에게 역사하사 그를 할례자의 사도로 삼으신 이가 또한 내게 역사하사 나를 이방인에게 사도로 삼으셨느니라"고 하였다. 이처럼 바울의 사역은 이방인 가운데 최초의 사역이었다.

반면 베드로의 사역은 유대인 가운데 최초의 사역이었다. 베드로는 소아시아에 있는 흩어져있는 유대인들을 섬겼다. 베드로전서 1:1~2은 "본도,

갈라디아, 갑바도기아, 아시아와 비두니아에 있는 흩어진 나그네 곧 하나님 아버지의 미리 아심을 따라 성령의 거룩하게 하심으로 순종함과 예수 그리스도의 피뿌림을 얻기 위하여 택하심을 입은 자들에게"라고 기록하고 있다. 베드로의 선교여행에 있어서 그는 바벨론과 같은 먼 동쪽으로 가서 그 도시로부터 그의 첫번째 서신이 소아시아에 있는 유대 그리스도인들에게 전해졌다. "함께 택하심을 받은 바벨론에 있는 교회가 너희에게 문안하고 … " (벧전 5:13). 바울의 편지들 대부분이 그가 복음을 전했던 교회에 전해진 것처럼 베드로 역시 그가 복음을 전한 유대인 형제들(여러 지역에 흩어진)에게 서신을 썼다. 베드로가 서쪽지역의 로마에 갔었다는 성경적인 증거는 한 군데도 없다. 있다면 동쪽 바벨론에 그가 갔다는 성경의 평이한 진술만이 있을 뿐이다. 왜 로마교회는 효과있는 베드로의 말을 받아들이지 아니하고 있는가?

그러나 그의 증거가 물론 베드로가 로마에 있었다는 것을 열망하는 사람들에 의해 함정에 빠뜨려질 수 있다. 그들은 이러한 일을 하는 것을 호기심을 가지고 한다. 카톨릭단체가 만든 번역판은 베드로전서 서문에 다음과 같은 노트를 붙여놓았다. "작성의 장소는 바벨론이다. … 이는 로마 도시의 비밀 규정이다."

그러나 '바벨론'이 '로마'를 의미한다고 말하는 충분한 근거가 전혀 없다. 로마교회에 의해 바벨론이 로마를 의미한다고 이해하고 있는 추정된 그러한 이유는 요한계시록에서 로마가 그 이름으로 불리워지기 때문이다(계 17:5; 18:2). 그러나 대부분은 비유적으로 상징적인 언어로 쓰여진 요한계시록과 같은 묵시 문학과 사실 문제 그 자체를 직설적으로 쓰는 이와 같은 서신서 사이에는 큰 차이가 있다.

유대인들 가운데 일하도록 한 사역 임명에 관해서 신약시대에 바벨론 지역에 많은 유대인들이 있었다는 사실은 잘 알려진 바이다. 많은 사람들이 포로 이후 팔레스틴에 돌아오지 못했다. 역사가인 요세푸스는 이러한 역사적 사실을 다음과 같이 말하고 있다. "대제사장 힐카누스(Hyrcanus)는 바벨론에 거주지를 가졌다. 거기에는 많은 유대인들이 있었다"(*Antiquities*, 14권, 2장, 2). 유대인들에 대한 지정된 베드로의 사역은 유대인들이 많이 있었던, 심지어 바벨론에서도 미행되었다.

8. 로마인들에게 보내는 바울 서신

　베드로가 결코 로마에 있지 않았다고 믿는 모든 이유 중 가장 강력한 이유는 로마인들에게 보내는 바울의 편지에서 발견된다. 로마교회 전통에 따르면 베드로는 A.D. 42년부터 67년까지 25년 동안 로마의 교황으로 통치하였다. 일반적으로 로마의 그리스도인들에게 보내는 바울의 편지는 A.D. 58년에 쓰여진 것으로 학자들간에 일치를 보이고 있다. 그때는 베드로의 교황으로서 감독직이 매우 절정에 달한 시기였다. 바울은 베드로에게 그의 서신을 쓰는 것이 아니라 로마교회의 성도들에게 쓰고 있다. 만약 모든 교회의 머리인 베드로가 로마에 있었다면 바울은 당연히 베드로에게 편지를 써야 마땅했다. 생각을 해보자! 선교사인 그가 그 지역의 목회자인 베드로에 대해서는 한 마디도 언급하지 않고 회중들에게 다음과 같이 "내가 거기에 가서 성도들 가운데 몇몇의 열매를 맺도록 하고 싶다. 그들을 가르치고 믿음을 견고하게 하고 싶다. 전에 복음이 전파되지 않는 곳에 복음을 증거하고 싶다"고 감히 편지를 쓴다면 어떠하겠는가? 이러한 편지가 로마서 16장에 기록된 그의 가장 탁월한 구성원 27명에서 보내어졌다는 것을 그가 안다면 그들의 목회자는 어떤 심정이겠는가? 바울은 27명에게 문안인사를 전하였으나 베드로에 관하여는 한 마디도 언급하지 않고 있다. 베드로가 이러한 바울의 목회 윤리를 찬성할 수 있겠는가? 만약 그가 그 도시에 가장 유명한 사역자였다면 소문대로 그가 로마의 교황이었다면 그와 같은 무례한 일은 용서받을 수 없는 일이다. 이러한 사실은 로마교회의 전통에 의해 소경이 된 가장 완전한 사람의 눈을 유일하게 열게 할 수 있음이 분명하다.
　만약 베드로가 로마교회에서 약 16년 동안 일하고 있었다면 왜 바울이 이와 같은 말로 교회의 성도들에게 편지를 썼겠는가? "내가 너희 보기를 심히 원하는 것은 무슨 신령한 은사를 너희에게 나눠 주어 너희를 견고케 하려 함이니"(롬 1:11). 이는 베드로에게 불필요한 모욕이 아니겠는가? 바울이 교황의 머리를 넘어가며 뒤집는 것은 건방진 일이 아니겠는가? 만약 베드로가 로마에 있었고 거기에서 16년 동안 사역을 하고 있었다면 바울이 순서를 무시하고 모든 것을 덮치는 일이 왜 필요했겠는가? 특별히 그는 그의 편지에서 다른 사람이 세운 기초 위에 짓지 않겠다고 말하고 있지 않은가? "또 내가 그리스도의 이름을 부르는 곳에는 복음을 전하지 않기로 힘썼노니 이는 남의 터 위에 건축하지 아니하려 함이라"(롬 15:20). 이는 분명히 베드로가 그 때 로마에 있지 않았다는 사실을 보여주고 있다. 사실 바울은 로마에 어떤 사도도 없으므로 그들에게 복음을 명확히 제시해주며 그들을 복음진리의 믿음 안에 견고히 세우기 위해 이 편지를 쓰고 있는 것이다. 이 편지의 결론에서 바울은 위에서 언급된 27명에게(여자도 포함됨) 인사를 하고 있다. 그러나 베드로는 어떤 자격으로든지 한 마디도 언급되지 않고 있다.

또다시 말하건대, 베드로가 로마에 A.D. 61년 바울이 죄수로서 로마에 도착했을 때나 그 이전에 있었다면 바울은 반드시 그를 언급하였을 것이다. 왜냐하면 그의 투옥기간 동안 서신들—에베소서, 빌립보서, 골로새서, 빌레몬서—이 그곳으로부터 쓰여졌기 때문이다. 바울은 로마에 있는 그의 동역자들에 대해 완벽할 정도로 목록을 작성하였다. 그렇지만 베드로의 이름은 그들 가운데 존재하지 않는다. 바울은 2년 동안을 거기에서 죄수로 보냈다. 그리고 그를 방문하러 오는 모든 사람들을 다 영접했다(행 28:30). 바울은 디모데에게 보내는 두 번째 서신에서도 베드로를 언급하지 않고 있다. 디모데후서는 바울이 두 번째 투옥될 때 A.D. 67년 로마로부터 쓰여진 편지이다. 그 해는 베드로가 로마에서 순교했다고 추정되는 때이다. 바울은 디모데후서 4:6~8에서 그 자신의 죽음을 간략하게 암시해주고 있다. "관제와 같이 벌써 내가 부음이 되고 나의 떠날 기약이 가까왔도다"(딤후 4:6). 바울은 그를 버리고 간 모든 그의 동역자들을 말하고 있고 오직 누가만 그와 함께 있다고 언급하고 있다(딤후 4:10, 11). 베드로는 어디에 있었는가? 바울이 죄수로 로마에 있을 때 만약 베드로가 로마에 있었다고 한다면 그는 반드시 그리스도인의 예의가 결핍된 사람이다. 왜냐하면 그는 결코 바울을 돕지 못했기 때문이다. 그는 매우 큰 실수를 범한 첫번째 부재자 교황임에 틀림이 없지 않은가?

이러한 모든 사실은 베드로가 전혀 로마에 없었다는 증거를 확실하게 해준다. 초대교회 교부들의 어느 누구도 5세기에 제롬이 나타날 때까지 베드로가 로마의 교황이었다는 주장에 어떤 지지도 하지 않고 있다. 로마 카톨릭의 역사가인 듀 핀(Du Pin)은 "베드로의 교황으로서 지상권이 초대 기독교 작가들, 순교자 저스틴(Justin Martyr; 139), 이레니우스(Irenaeus; 178), 알렉산드리아의 클레멘트(Clement of Alexandria; 190), 그밖의 다른 고대의 교부들에 의해 기록되지 않고 있다." 로마교회는 이처럼 그들의 교황제도를 신약성경의 가르침도 아니요 역사의 사실 위에도 아니요, 단지 의심스러운 거짓된 전승 위에 세우고 있다.

우리가 베드로의 사역에 대해 연대표를 만든다면 다음과 같이 대강 살펴볼 수 있을 것이다.

대부분의 학자들이 바울의 회심이 A.D. 37년에 일어난 것으로 일치하고 있다. 그후 그는 아라비아로 갔다(갈 1:17). 그리고 3년 후 예루살렘으로 가 거기에서 15일 동안 베드로와 함께 유했다(갈 1:18). 그 해가 A.D. 40년임을 우리는 알 수 있다. 14년 후에 그는 다시 예루살렘으로 갔다(갈 2:1). 거기에서 사도행전 15장에 묘사된 것처럼 예루살렘 공회의에 참석하였다. 거기서 그는 이방인의 할례 문제에 관여하였다(행 15:6). 이 회의는 원초적으로 맨 처음 유대인과 이방인 공동체 안에 복음을 제시하여 서로간의 사회적인 접촉의 문제를 다루고 있다. 바울과 바나바는 그들의 입장을 제시했고 이방인들에게 그들의 사역을 계속할 수 있는 권위를 그 회의를 통해 얻어냈다 (행 15:22~29). 바울은 맨 처음 이방인들 가운데 사역을 할 수 있도록 이방인의 사도가 된 반면 베드로는 유대인들 가운데서 일할 수 있는 할례자의 사도가 되었다(갈 2:7~8). 예루살렘 공의회는 갈라디아서 2:1~10의 유사한 문맥 속에 언급되어지고 있다. 이 해가 A.D. 54년쯤 된다. 그때 베드로는 수리아에 있었다. 로마 전승에 의하면 그 후 12년 동안 베드로는 로마를 통치했다고 전해지고 있다.

예루살렘 공의회 이후 종종 베드로는 안디옥에 왔다. 거기에서 바울은 유대의식에 일치한 베드로를 책망하였다(갈 2:11~21). 또 로마 전승에 의하면 그가 로마에 가기 전 7년 동안 안디옥에서 교회를 다스렸다고 전해지고 있다. 우리는 여기서 베드로가 여전히 시리아에 있는 그 해가 A.D. 61년이란 사실을 알 수 있다.

정말 어떻게 베드로가 이방인 세계의 중심지인 로마에 갈 수 있었겠는가? 그가 유명한 첫번째 기독교 공의회인 예루살렘 공의회에서 여러 형제들과 사도들에 의해 결정되어진 사항을 무시하고 도전할 수 있겠는가? 분명히 성경은 베드로가 그 결정을 받아들인 것으로 증거하고 있다. 그의 사역은 흩어진 유대인들을 대상으로, 처음에는 소아시아와 후에는 바벨론 동쪽까지 하였다. 사실 베드로의 사역은 로마 전승에 내려오는 그의 사역과는 정반대 편이다.

설령 베드로가 로마의 첫번째 교황이었다고 할지라도 그것은 그를 계승하는 교황이 베드로가 가지고 있는 특별한 능력 중 어떤 것을 가지고 있다는 것을 의미하지 않는다. 사도들은 기적을 행하는 권세를 가졌고 영감된 성경을 쓰는 능력을 가졌다. 설령 베드로가 다른 사도들이 가진 능력 위에 특별한 권세를 수여받았다고 할지라도 그러한 능력과 권세들이 그의 계승자들에게 전수되었다는 증거들은 성경에 하나도 없다. 베드로후서 1:14에서 그는 그의 다가오는 죽음을 언급하고 있다. "이는 우리 주 예수 그리스도께서 내게 지시하신 것같이 나도 이 장막을 벗어날 것이 임박한 줄을 앎이라"(벧후 1:14). 그는 다가오는 죽음을 앞두고 분명히 그의 계승자에게 말한 장소라든가 미래의 교황을 택해야 할 방법들을 말해야 했지 않겠는가? 그러나 그는 이러한 일을 생각했다는 암시도 주지 않고 있다.

베드로는 교황들이 가질 수 없고 감히 주장할 수 없는 재능이나 자질을 사도로서 가지고 있다. 문제의 요지는 다음과 같다. 즉 사도들의 계승과 관련하여 교회를 안내하는 그들의 지위는 무오한 교황에 의해서 취해진 것이 아니라 시대에 의해 개진된 영감되고 무오한 성경에 의해 취해진 것이다. 이 성경이 신약성경이다. 하나님은 이 성경을 통해 이 세대가 종말을 고할 때까지 교회에게 말씀하신다.

만약 겸손하고 영적인 통찰력을 지닌 베드로가 이 세상에 다시 온다면 그는 그의 계승자라고 말한 거만한 로마 카톨릭의 교황들 ─ 화려한 옷을 입고, 3중으로 장식된 옷을 입고, 금으로 장식한 관을 쓰고, 굉장히 값비싼 옷을 입으며, 사람들에게 무거운 짐을 지우고, 예배의 높은 단 위에 서기를 좋아하며, 스위스의 군사 호위병에 의해 에워싸여 비굴한 복종을 받으며, 실제적으로 그렇지는 않지만 경배를 받으며 ─ 을 인정하지 않을 것이다. 그의 백성을 겸손하게 그리고 신실하게 섬기고자 하는 헌신된 기독교 사역자는 교황이 아니라 베드로의 참된 계승자이다.

9. 결 론

우리는 여기서 베드로를 얕잡아 보거나 격하시키기 위한 것이 아니라 단지 로마교회가 교황이라든가 성직자 계급제도를 주장한 터무니없는 요구들을 폭로하고자 한 사실을 알도록 함이다. 베드로는 하나님의 왕자들 중 하나이지 사도들의 왕은 아니다. 그는 다른 사도들, 마리아, 초대 그리스도인들과 함께 그들이 태어난 곳의 종교, 유대교로부터 개종해 단순히 그리스도를 따르는 자가 되었다. 그들 가운데 어느 누구도 로마 카톨릭인이 아니다.

 베드로의 지상교황권 교리는 로마교회가 기독교에 덧붙힌 많은 잘못들 가운데 중요한 실수 중 하나이다. 이러한 허위를 폭로함으로 로마 카톨릭의 기초는 일소되어졌다. 전(全)교황제도는 베드로가 로마의 교황이냐 아니냐에 따라 존폐를 달리한다. 신약성경 어느 곳도 신뢰할 만한 역사적 기록도 베드로가 로마의 교황이었다거나 그가 교황으로서 그러한 권세를 가졌다는 어떤 이유도 제공해주지 않는다.

6 장

교황권
1. 교황권의 출현
2. 교황권의 법적 권리 주장
3. 교황권의 세속적인 특성

교 황 권

1. 교황권의 출현

교황권에 관해서 언급해야 될 필요가 있는 대부분은 이미 교회, 사제, 그리고 베드로를 취급하는 논의 과정에서 대강 드러났다. 그러나 보다 더 명백하게 해두어야 할 점들이 몇몇 남아있다.

로마 교회의 수장(The head)으로 알려진 '교황'(pope)이란 말과 최고의 수령으로 인정된, 교황하에 있어 교회의 정치 제도를 의미하는 '교황권'이란 말은 성경에 없다. '교황'(pope)이라는 말은 라틴어 파파(papa)에서 왔으며 '아버지'(father)를 의미하는 말이다. 그러나 예수님은 그의 제자들에게 영적인 의미에 있어서 어떤 사람을 '아버지'라고 부르는 것을 허용하지 않았다. "땅에 있는 자를 아비라 하지 말라 너희 아버지는 하나이시니 곧 하늘에 계신 자시니라"(마 23:9). 여러 세기 동안 이 용어는 모든 주교(bishop)들에게 적용되었으며, 심지어 동방 교회에서는 지금까지 그렇게 사용되고 있다.

이태리에서 '교황'이라는 용어는 영예의 칭호로서 모든 주교들에게 적용되고 있으며, 그리고 로마의 주교에게는 전세계적인 주교로서(as the universal bishop) 독점적으로 사용되고 있다. 이 칭호는 처음 사악한 황제 포카스에 의해서 604년에 그레고리 1세에게 주어졌었다. 이 포카스는 그의 전임자 황제 모리스(Mauritius)를 암살하도록 만들었고 이 때문에 콘스탄티노플 주교는 정당하게 포카스를 파문하였다. 이런 관계 때문에 포카스는 콘스탄티노플 주교에게 원한을 품게 되었다. 그레고리는 자기에게 주어졌지만 이 칭호를 거절하였다. 그러나 그의 두 번째 계승자 보니페이스 3세는 이 칭호를 당연하게 받아들였다. 그리고 지금까지 이 칭호는 로마 주교들의 명칭으로 계승되고 있다.

또, 문자적으로 '다리 건축가'(pons: 다리 그리고 facio: 만들다)라는 의미가 있는 '교황'(pontiff)의 칭호(과장 방식으로 말하는 의미를 가진 '교황의 직위 pontificate'라는 용어와 같이)는 성경에서 유래하지 않고 이방 종교의 가장 높은 제사장인 황제가 있는 우상 숭배의 도시 로마에서 유래하였다. 그리고 이 명칭은 이생과 내세 사이를 연결하는 다리 또는 고리가 된다고 신봉하는 그런 의미에 있어서 '승원장'(Pontifex Maximus)으로 불리운다. 그러므로 이 명칭은 이교 신앙(paganism)으로부터 유래하였으며, 로마 카톨릭 교회의 수장에게 적용된 것이다. 구약 시대의 대제사장이 하나님과 사람 사이의 중보자였던 것과 같이 역시 교황은 영혼을 연옥(purgatory)에 넣는 권능을 지닌 하나님과 사람 사이의 중보자가 된다고 주장한다. 그러므로 교황은 더욱이 영혼을 고통에서 해방시켜서 하늘에 가도록 허락하거나, 반대로 이들의 고통을 무기한으로 연장시킬 수 있다.

그러나 오로지 그리스도만이 하나님과 사람 사이의 유일한 중보자이시다. "하나님은 한 분이시요 또 하나님과 사람 사이에 중보도 한 분이시니 곧 사람이신 그리스도 예수라"(딤전 2:5). 그리고 그리스도만이 유일한 교회의 머리이시다. 그리스도는 교회를 창설하시었고 또 그 자신의 보혈로 교회를 구속하셨다. 그리스도는 심지어 세상 끝날까지 항상 그의 교회와 함께 하시겠다고 약속하셨다. 오로지 그리스도만이 고귀한 직무(high office)를 수행할 수 있는 완전한 속성들을 가지셨다. 왜냐하면 "그 안에는 신성의 모든 충만이 육체로 거하시기" 때문이다(골 2:9). "만물을 그 발 아래 복종하게 하시고 그를 만물 위에 교회의 머리로 주셨느니라 교회는 그의 몸이니"(엡 1:22~23). "그는 몸인 교회의 머리라"(골 1:18). 그러므로 교회의 머리와 하나님과 사람 사이의 중보가 된다고 주장하는 교황이나 그의 추종자들은 오만한 사람인 동시에 죄인이다.

교황 제도는 수세기에 걸쳐서 발전하는 과정 가운데 있다. 로마 교인들은 소위 첫째 교황 베드로로부터 그 계열상 262번째라고 주장되는 현재의 교황에 이르기까지 끊어지지 않고 계속 계승되어 왔다고 주장한다. 그러나 이 명단은 대부분의 경우에 있어서 믿을 것이 못된다. 옛날에 정통 교황으로 명부에 올라있던 교황이 지금은 상당수 대립 교황(anti-popes)으로 기재됨으로써 이 명부는 수긍할 만한 숫자로 몇번 개정되었다. 그들이 베드로에서부터 현재에 이르기까지 확실히 로마의 주교들로 불리워질 수 있다는 것은 솔직히 거짓이다. 카톨릭 백과사전(Catholic Encyclopedia)에 기록된 초기 교황들을 각각 주의깊게 관찰하면 실제로 처음 열 번째 교황들은 거의가 하찮은 존재들이거나 역사상 존재했던 인물이 아님을 볼 수 있다. 그리고 그 다음 열 명의 주교들 중에 오직 한 명만이 분명하게 역사상 존재했던 인물로 확정된다. 이런 일련의 사실은 역사적 기록이 너무 불안전하기 때문에 사도들로부터 현재에 이르기까지 계속 계승되어 온 존재가 증명되어질 수 없으며 또 반증될 수도 없음을 보인다.

그리스도의 시대 이후 6세기 동안 지방의 교회들은 다른 지방의 교회들에게 권위를 행사하려고 시도하지 않았다. 초기 전 기독교 회의는 공동 관심사를 가지고 모이는 다양한 교회들의 대표자로 구성되었다. 이 종교회의를 통해서 한 교회에게 특별한 지위를 주기 위하여 어떤 명령이나 교회 법규, 결의를 요구하는 대표자는 아무도 없었다. 초기 기독교 시대의 육백 년 동안은 로마 주교들에게 영적인 최상의 권위를 부여한 어떤 흔적도 보이지 않는다. 실제로 교황권은 그레고리 대제로 알려진 그레고리 1세와 더불어 590년에 시작되었다. 그레고리는 로마에 있는 주교직의 권위를 고양시켰으며 교회를 새로운 진로 위에 두는 계기를 마련하였다. 우리는 교황권의 발단에 있어서 그레고리의 위치에 관하여 같은 시대에 교회 역사가로 활동했던 개신교 학자와 다른 로마 카톨릭 학자의 글을 인용하고자 한다. 스코틀랜드 에딘버러에 소재한 자유 교회 신학교의 교수 렌비크는 다음과 같이 말한다.

"그레고리의 빛나는 통치는 그의 뒤를 이은 후계자들을 위하여 어떤 표준이 되었다. 그리고 그는 실제로 완전히 엄밀한 명칭이 부여될 수 있는 처음 '교황'이다. 레오 1세(440~461), 그레고리 7세(1073~1085), 그리고 인노센트 3세(1198~1216)와 더불어 그레고리는 교황 제도의 주요한 창시자 가운데 한 사람으로서 두드러진 위치에 있다"(『교회의 이야기』, p. 64).

그리고 로마 카톨릭 역사가인 필립 휴즈(Philip Hughes)는 그레고리 1세에 대하여 다음과 같이 말한다.

"그레고리 1세는 일반적으로 그의 모든 계열 중에서 가장 위대한 사람으로 간주된다. … 그는 북쪽에서 침입한 롬바르드족에 의해서 극심한 위기에 처한 로마를 구출하였다. 그는 그의 백성들에게 용서를 구했으며 내습자들을 쫓아내었다. 그는 노예들을 석방하였으며 과부와 고아들을 위하여 위대한 구호 제도를 조직하였다. 마침내 그는 598년에 30년의 휴전(truce)을 획득하였다. 이 여러 해 동안 로마의 실제 통치자였던 사람은 성 그레고리였다. 그리고 매우 실제적인 의미에 있어서 그는 교황 왕족(The papal monarchy)의 창설자이다"(『로마교회의 민간전승』⟨A Popular History of the Catholic Church⟩, p. 75, 1947. 맥밀란 회사의 허락으로 인용함).

2. 교황권의 법적 권리 주장

'대관' 의식에서 삼중의 면류관이 새로운 교황의 머리에 씌워졌을 때에 의식을 집행하는 추기경에 의해서 다음과 같은 선언문이 포고된다.

"세 가지 왕관으로 장식된 삼중관을 받으라. 그리고 그대는 왕자들과 왕들의 아버지이며 세계의 지배자, 우리 구주 예수 그리스도의 대리자(The Vicar)임을 알라 … "(National Catholic Almanac).

뉴욕 교리문답서는 다음과 같이 기록되었다.

"교황은 지상에서 예수 그리스도를 대신한다. … 신적인 권위에 의해서 교황은 개인과 모든 성직자 그리고 그의 백성에 대해 신앙과 도덕적인 측면에서 지고하고 완전한 권력(power)을 가진다. 그는 그리스도의 참된 대리자이며, 전체 교회의 머리이며, 모든 기독교인의 아버지이며 스승이다. 교황은 전혀 오류가 없는(the infallible) 통치자, 교리의 창립자(founder), 종교회의의 권위자이며 재판관이시다. 즉 교황은 진리의 보편적인 지배자, 세계의 중재인, 하늘과 지구에서 최고의 재판관, 누구에 의해서 판단받지 않는 동시에 모든 것의 심판자, 지상에서 하나님 자신이시다."

그리고 교황 레오 13세는 그의 회칙(encyclical) "기독교국의 재결합"(The Reunion of Christendom)에서 교황은 "이 지상에서 전능한 하나님의 자리를 대신한다"고 선언하였다.

이런 까닭에 로마교회는 다음과 같이 주장한다. 즉 지상에서 그리스도의 대리자로서 교황은 세계의 통치자이며, 로마교회 그 자체 뿐만 아니라 모든 왕들, 대통령들(presidents), 그리고 시민의 지배자들, 참으로 모든 사람과 국가들 위에 군림하는 최고의 통치자이다. 사실 많은 경우에 있어서 교황은 로마교회가 강력한 영향력을 행사하고 있는 국가에서 그의 권위를 실행하고 있다. 교황들은 왕들이나 통치자들을 추방하거나 물러나게 하였다. 그리고 영국의 엘리자베드 1세, 또 독일의 황제 헨리 4세의 경우와 같이 그들은 백성들로 하여금 그들의 통치자에게 충성하지 못하게 하여 반란을 일으키도록 역사하였다. 그들이 미국에서 영향력을 행사하지 못하고 또 그런 외부의 간섭을 막는 방패와 같은 미국의 헌법이 집행되고 있기 때문에 그들은 미합중국에서 그러한 권위를 행사하는 데 방해를 받고 있다.

이와 같이 교황은 그의 백성에게와 참으로 복종을 효과적으로 만들 수 있는 한에서는 모든 사람들에게 요구한다. 그것은 오직 하나님께만 해야 하는 것이다. 때때로 이 복종은 부분적으로 굴종적인 형태를 취한다. 심지어 로마교회 안에서 교황 다음으로 가장 높은 직위인 추기경들까지도 그들 스스로 교황의 발 앞에 엎드려 그의 발에 입을 맞춘다. 교황은 자신이 하나님의 지위에 있다고 생각하는 한 심지어 자신의 명칭이 '거룩한 아버지', '그의 거룩' 등으로 불리움 받기를 계속 주장할 것이다. 이같은 명칭을 단순한 사람에게 적용하는 것은 물론 신성 모독이며, 비기독교인만이 그렇게 할 수 있다. 그러나 사람들이 교황을 자기의 어깨 위에 올려 다니고, 그의 손과 발에 입맞추고, 그를 '거룩한 아버지'라고 큰 소리로 부르고, 그 앞에서 경배를 드릴 때 우리는 교황의 마음이 어떠할 것인지를 쉽게 짐작할 수 있다. 이같은 방법에 의해서 소위 '그리스도의 대리자'로 자처하는 것은 마귀가 그리스도에게 제의한 세계 통치자의 지위를 수용하는 것이다. 그러나 그리스도는 "사탄아 물러가라"고 명령함으로써 사탄의 제의를 거절하였다.

교황이 쓰고 있는 삼중의 왕관은 하늘, 지구, 그리고 지하 세계, 즉 하늘의 왕, 지구의 왕, 그리고 지옥(hell)의 왕으로서 그의 권위를 상징한다. 하늘과 땅에서 인정받은 그의 완전한 영혼을 통해서 교황은 영적인 능력은 물론이고 또 정치적인 능력까지 행사하려고 시도하며, 연옥에 있는 영혼들에게 시행하는 특별한 재판권과 그의 '열쇠의 권능'의 실행을 통해서 교황은 더욱이 자기가 기뻐하는 영혼은 누구든지 고통에서 해방할 수 있으며 그가 해방하지 않는 영혼들은 계속 그들의 고통 가운데 있게 된다. 교황이 땅에서 내린 결정은 하늘에서 인준받는다.

인간에 불과한 교황이 받는 신적 영광의 엄청난 어리석음과 죄악을 신랄하게 비난하는 것은 불가능하다. 그러나 교황권은 하나님과 사람 사이에 필요한 중보자로서 제사장 직분을 고양시킨 결과로 발생했다.

그리스도께서 그의 교회를 사람 위에 세웠다고 실제로 누가 믿을 수 있는가? 성경은 명백하게 땅 위에서 그리스도의 대리자는 성령이라고 가르친다. "보혜사 곧 아버지께서 내 이름으로 보내실 성령 그가 너희에게 모든 것을 가르치실 것이다"(요 14:26). 삼위의 세 번째 위격(The third person)이신 성령 하나님은 그리스도의 교회를 인도하시고 성장시키는 사역을 효과적으로 완전히 수행할 수 있는 지혜와 능력의 속성을 가지셨다. 그리스도는 로마교회가 주장하는 바와 같이 그러한 대리자(교황)를 필요로 하지 않으신다. 그리고 역사는 그리스도의 대리자와 같은 역할을 하려고 하는 모든 사람들의 시도가 비참하게 실패했다는 것을 보여준다. 로마 교회의 주장에 반대하면서 종교 개혁자들은 하나님의 말씀에 기초해서 개혁을 단행하였다. 종교 개혁자들은 로마교회의 "이와 같이 교회가 말씀하신다"에 반대하여 "이와 같이 주님께서 말씀하신다"로 대치하였다. 루터와 칼빈은 오직 그리스도만을 교회의 머리로서 기꺼이 인정했으며 교황을 적그리스도로서 고발하였다. 교황이 사람들의 영혼 그리고 교회와 국가 위에 군림하여 우주적이며 전적인 권위를 가졌다고 하는 주장은— 그가 그리스도의 대리자이며 하나님의 부섭리자(Vice-regent)이다라고 주장하는 것은— 그가 이제까지 세상에 존재했던 가장 큰 사기꾼(imposter)이며 가짜(fraud)임을 드러내는 것이다.

3. 교황권의 세속적인 특성

교황이 그리스도의 대리자(부섭리자)라는 주장에 관한 오류는 교황과 그리스도를 명백하게 대조하는 가운데 확실해진다. 교황은 그에 의해서 주장된 권위에 적합한 상징으로서 보석으로 꾸민 지극히 값비싼 왕관을 쓴 반면에 그리스도는 우리의 유익을 위해서 쓰신 보좌의 왕관을 제외하고는 전혀 세속적인 왕관을 가지지 아니하셨다. 엄숙한 의식이 있을 때 교황은 열두 사람이 어깨에 메고 가는 의자에 앉아 식장에 들어가게 되지만 그리스도는 그가 가야 될 필요가 있는 곳이면 어디든지 걸어서 가신다. 우리는 섬김을 받으러 오신 것이 아니라 오히려 섬기러 오신 그리스도께서 사치스럽게 사람들의 어깨에 타고 옮겨지는 것을 상상할 수 없다. 교황은 무릎꿇고 엎드려 드리는 경배(숭배하기 위해서 무릎을 꿇고 절함)를 받으며, 교황의 십자가(The papal cross)와 공작의 깃털로 만들어진 두 큰 부채에 의해서 앞서 가게 된다. 그리고 그의 예복은 매우 정성들여서 만든 값비싼 것이다. 이런 일련의 모든 것은 그리스도의 인격과 방식에 조화되지 않는다. 교황은 바티칸 시내에 있는 거대한 궁전에서 많은 시종들을 거느리고 호화스럽게 생활하는 반면에 그리스도는 지상에 계실 때 "그의 머리를 둘 거처도 없었다." 특히 중세기 동안에 대부분의 교황들은 심히 부도덕하였던 반면에 그리스도는 온전히 거룩하였다. 그리스도는 그의 나라가 이 세상에 속하지 않았다고 말씀하셨으며, 또 그는 세속적인 권세를 행사하는 것을 거절하셨다. 그러나 교황은 바로 그 자신의 나라에서, 그 자신의 재판소, 신하들, 화폐 주조, 우편제도, 그리고 교황의 경호원으로서 근무하는 스위스식의 군대 경비병(16세기 제복을 착용한 백 명)을 거느린 세속적인 군주이다. 교황은 정치적인 능력을 요구하며, 여러 해 동안 교황령을 통치하였으며, 이 교황령은 이태리를 가로지르는 모든 방면에 전개되어 있었으며, 만육천 평방마일의 넓이였고, 인구는 대략 3백만 명이었다. 교황령은 애국자 가리발디(Garibaldi)의 지도력 아래에서 1870년에 이태리에게 압수당하였다. 이때부터 교황은 로마 시내에 위치한 바티칸 시만 관할하게 되었다. 이 바티칸 시는 넓이가 대략 육분의 일 평방마일이며, 영주하는 인구는 약 천 명이며, 그곳에 고용된 사람은 더 많은 이천 명이다. 교황은 그가 요구하는 정치적인 권력을 유지하기 위해서 대사들과 공사들을 외국의 정부에 파견했으며, 또 교대로 이들 정부에서 파견한 대사들과 공사들을 수용하였다. 1960년 10월 12일에 이르러 31개 국가들이 대사들을 바티칸에 상주시키고 바티칸으로부터 대사들을 받아들였으며, 11개 국가들은 바티칸에 공사를 상주시켰다. 로마에서 파견한 교황의 대사는 각국에서 외교 단체의 수장으로서 의무를 다 수행해야 한다. 이와 같이 교황 대사는 다른 대사들보다 더 높은 지위를 부여받았다.

로마교회의 직무는 단단히 관리되는 관료 정치, 철저한 독재주의자, 그리고 그 자체 영속하는 체제에 의하여 지배받는다. 이 모든 정치 제도는 교회의 직무가 사람의 수중에 있는 신약 시대의 교회 정치의 원리와 뚜렷하게 대조가 된다. 그 다음 이 모임은 해산되며 그 위에 또 교황의 어떤 행동에 대해서 비난할 권리를 가지지 못한다. 교황은 누구하고도 의논할 필요없이 독자적으로 새 추기경들을 임명하며, 그가 지명하는 새 추기경들의 숫자는 제한되지 않는다. 추기경단의 전체 숫자는 교황 요한 23세가 85명으로 증가시킨 그 이전까지 수세기 동안 변함없이 70명 그대로 있었다(이 숫자는 1969년 교황 바울 6세에 의해서 134명으로 증가하였다. 이들 중의 10명은 아메리카 사람이었다).

 교황에 의해서 선출되는 주교들 역시 교황이 원하는 대로 승진되고 이동되며 강등 또는 해직될 수 있다. 사제들과 수녀들은 주교단에 의해서 선택된다. 선택할 때와 같이 주교들은 어떤 설명없이 이들을 승진시키거나 해직시키며 전임시킨다. 그리고 신자들은 사제들에게 온전히 복종해야 한다. 비록 교회에는 신중을 기해 만든 모든 제도가 있지만 신자들은 전혀 공식적인 주장을 할 수 없을 뿐만 아니라 교회 일에 대하여 그들의 생각이나 의도를 표현할 수 있는 어떤 공식적인 통로도 존재하지 않는다. 그러므로 교황권은 그리스도 안에 있는 영적인 조직체(Unity)가 아니라 교황과 수많은 적대감과 비극으로 점철된 회의들을 통해서 양산된 교회 명령들 속에 내재된 분쟁과 의견 차이로 얼룩진 덮개 아래에 있는 외부적인 조직체이다.

 우리는 교회 정치와 교회들간의 사건들에 관하여 신약성경의 가르침을 정확하게 진술했다고 확신하는 해리스 박사의 글을 인용함으로써 교황권에 대한 이 논의를 맺고자 한다.

 "사실 초대 교회는 지상에서 수장을 가지지 아니하였다. 그리스도가 그들의 머리(수장)였으며, 그들 모두는 형제였다. 그러나 그들은 어떤 조직을 만들어야 했다. 장로교회 신자들은 초대교회가 조직을 어떻게 운영했는가에 대한 훌륭한 예로서 사도행전 15장을 지적한다. 안디옥 교회에 어떤 교리적 문제가 있었다. 안디옥 교회가 그 문제를 해결하기 위해서 어떻게 하였는가? 그들은 이 문제에 관한 해결을 위해서 베드로에게 편지를 보냈는가? 이런 견해는 로마교회의 입장일 것이다. 그러나 그들은 베드로에게 편지를 보내지 않았다. 안디옥 교회는 '사도들의 모임'(College of Apostles)에 편지를 보냈는가? 이런 주장은 사도적 계승에 의해서 주교들이 교회 안에서 전적인 권위를 가진다고 하는 주교의 위치를 대변한다. 그러나 안디옥 교회는 그렇게 하지 않았다. 그들은 안디옥 교회에서 교회 회중의 모임을 소집하고 회중들의 투표에 의해서 그 문제를 결정하였는가? 이런 의견은 교회 정치에 있어서 독립적인 이론이 될 것이다. 그러나 안디옥 교회는 이런 행동도 하지 않았다. 오히려 그들은 이 문제를 해결하기 위해서 사도들과 장로들이 함께 모여 있는 예루살렘에서 개최되는 공의회에 대표자를 파송하였다. 예루살렘에서 사도들과 장로들은 기도와 성경을 상고하는 가운데 그 문제를 주의깊게 숙의하였다. 마침내 사도들과 장로들은 방침을 결정하였으며 모든 교회들이 이 규례를 지키어 순종하도록 교회들에게 결정할 규례를 보내주었다(행 16:4). 거기에는 베드로와 그밖의 어떤 사람이 교황직으로 있지 않았다. 대신 거기에는 하나님의 말씀에 따라서 이 문제를 판정하기 위해 교회에서 위임받은 지도자들의 민주적인 모임이 있었다. 이런 견해는 베드로에 관한 로마 카톨릭의 주장에 대한 대답이다"(*The Bible Presbyterian Reporter*, 1959. 1.).

7 장

마리아

1. 성경에서 마리아의 지위
2. '하나님의 어머니'라는 교리
3. 역사적 발전
4. 로마교와 신교 가르침과의 대조
5. 예배의 대상으로서 마리아
6. 그리스도의 자리를 강탈한 마리아
7. 마리아는 예수보다 더욱 동정심이 많은 존재로 묘사된다
8. 유일한 중보자
9. 예배인가, 아니면 우상 숭배인가?
10. 라트리아 - 두리아 - 하이퍼 두리아
11. 마리아에 대한 예수님의 태도
12. 마리아에 대한 개신교의 태도
13. 요셉과 마리아의 가족 가운데 다른 자녀들이 있는가?
14. 순결한 임신
15. 마리아의 승천
16. 마리아 숭배에 대한 로마교회의 사실상 목적

마리아

1. 성경에서 마리아의 지위

놀랍게도 신약성경에는 마리아에 대한 기록이 아주 적다. 그녀의 마지막 말이 기록된 것은 예수님 사역 초기에 가나 혼인 잔치에서 한 말이다. "너희에게 무슨 말씀을 하시든지 그대로 하라." 그리고는 침묵한다. 그러나 로마 교회는 이 침묵을 깨뜨리고 전적으로 성경밖에 있는 자료들을 가지고 마리아의 사역과 그녀에 대한 헌신을 위해서 가장 정교한 체계를 수립하였다.

가나 혼인 잔치 때 그녀의 출현이 있고 난 다음에 우리는 예수의 공적 사역 기간에 단지 몇번 마리아의 등장을 보게 된다. 예수께서 군중들에게 말씀하시는 장소에 그 모친과 동생들이 그를 만나기 위해서 찾아왔을 때에 예수는 다음과 같이 말씀하셨다. "누가 내 모친이며 동생들이냐 … 누구든지 하늘에 계신 내 아버지의 뜻대로 하는 자가 내 형제요 자매요 모친이니라"(마 12:46~50). 마지막으로 사도행전 1:14에서 마리아는 제자들과 다른 여자들 그리고 주의 형제들과 함께 열심히 기도하고 있는 것으로 언급되었지 그녀는 유명한 위치에 있지 않았다.

사도들은 마리아에게 기도하지 않았으며, 성경에 기록되어 있는 바와 같이 사도들은 그녀에게 특별한 존경심을 나타내지 않았다. 베드로, 바울, 요한 그리고 야고보는 교회에게 보내는 그들의 서신에서 그녀의 이름을 단 한 번도 언급하지 않았다. 요한은 그녀가 죽을 때까지 마리아를 돌보았지만 그가 기록한 세 서신서나 계시록에서 그녀에 대한 어떤 언급도 하지 않았다. 우리는 처칠 수상이 공적인 연설을 할 때에 여왕에 대한 존경을 나타내기 위해서 늘 특별한 명칭을 사용했다는 사실을 기억한다. 영국의 수상이 국회에서 하는 그의 연설이나 또는 그의 공적인 문서에다 여왕을 결코 언급하지 않았다라고 상상해 보라!

오순절에 교회가 설립되었을 때 사람들 가운데 주어진 오직 유일한 이름이 있었는데 그 이름은 바로 우리를 구원하시는 예수이시다(행 4:12). 교회가 하나님 은혜의 풍성함에 대해서 언급할 때마다 마리아에 관해서는 침묵하였다. 확실하게 이런 침묵은 마리아의 주위에 구원의 체계를 세우려고 하는 사람들을 꾸짖는 것이다. 하나님께서는 우리가 마리아에 관해서 필요로 하는 모든 기록(성경)을 우리에게 주셨으며, 이 기록은 어떤 형태로든지 마리아에게 주어지는 예배나 숭배를 지시하지 않는다. 그러므로 마리아에게 최상의 경배를 드리고 헌신하는 로마교회의 오류가 얼마나 완전한지!

2. '하나님의 어머니'라는 교리

우리가 아는 바와 같이 오늘날 '마리아, 하나님의 어머니'(Mary, the Mother of God)에 관한 교리는 수세기 동안 발전하고 가끔 교회 고위 성직자들의 결의에 의해서 자극을 받은 결정체이다. 그리고 성모 숭배의 완전한 체계는 로마 카톨릭 교리에 있어서 비교적 최근에 발전한 것이다. 사실 지난 백 년은 '마리아 숭배의 세기'(Century of Mariolatry)라고 불려지는 것이 잘 어울릴 것이다. 대체로 4세기 초반까지도 마리아에 대한 어떤 특별한 숭배의 징조가 보이지 않았다. 그 당시에는 단지 성인(saint)으로 인정된 사람들만 그런 숭배(veneration)를 받기 시작했으며, 오직 순교자들만 성인으로 불리워졌다. 그러나 마리아가 순교의 죽음을 당했다고 하는 명백한 증거가 없기 때문에 그녀는 성인의 계열에서 제외되었던 것이다. 그 후에 고행자(the ascetics, 수도승)들이 성인 계열 속에 포함되는 것으로 알려지기 시작했다. 후자의 사례는 마리아를 억지로 성인 계열에 끼워넣는 기회를 제공해 준다. 그리고 그들이 주장하는 바는 그리스도가 동정녀 마리아에게서 태어났다는 것을 교회가 인정하고 있는 터에 마리아가 다른 사람들처럼 고행을 해야 하겠는가! 하는 것이다.

외경의 전통이 이런 가능성들 위에 세워졌으며 서서히 하나의 체계로 형성되었다. '하나님의 어머니'(신모)라는 명칭은 431년에 열린 에베소 공의회(The Council of Ephesus)에서 유래하였다. 이 명칭은 451년 칼케돈에서 개최된 종교회의에 의해 채택된 칼케돈 신조 속에 반영되었다. 그리고 이 종교회의는 그리스도가 가지신 인성에 관련하여 선언하기를 그는 "인성의 편으로는 하나님의 모친이신, 동정녀 마리아에게서 나셨다"고 하였다. 여기에서 '인성의 편으로'의 용어는 '인간 육체의 성질에 따라서'라는 의미이다.

에베소 공의회에서 사용한 것과 같이 그 표현의 목적은 마리아를 영광스럽게 하자는 것이 아니라 성부와 성령과 동일하게 가지신 그리스도의 속성을 부정하는 사람들에 반대하여 그리스도의 신성(The deity)을 강조하려는 데 있었다. 이단 종파 네스토리우스주의자들(Nestorians)은 예수를 두 인격으로 된 존재라고 생각하거나, 또는 오히려 신적인 로고스와 인간 나사렛 예수와의 결합으로 이루어진 이중의 존재라고 생각하는 그런 정도로 그리스도 안에 있는 두 본성을 분리시킨다. 그들은 로고스가 단지 인간 예수 안에 거주한다고 가르치며, 또 마리아에게서 태어난 인성은 오직 인간이었다고 주장하기 때문에 비난받는다. 그러므로 마리아게서 나신 '인성'은 참된 신성(divine)이셨으며, 이 때문에 그녀는 '하나님의 어머니'로 불리움을 받는다.

그리고 오늘날 이 용어(인성)는 초대교회에서 나타내었던 의미와는 전혀 다른 뜻으로 전승되어 왔다. 이제 더 이상 그리스도의 인성에 관한 정통적인 교리를 언급하지 않고, 대신 마리아를 하늘의 여왕, 천사들의 여왕 등등과 같이 초자연적 신분으로 높이는 것이 예사이다. 이처럼 로마교회는 그녀가 하늘의 높은 위치에 있다고 생각하며, 그 결과 마리아는 효과적으로 그의 아들(예수)에게 나아갈 수가 있고, 그녀를 통해서 간청하는 것은 무엇이든지 그녀의 신봉자에게 응답해 줄 수 있다는 것이다. 우리가 마리아를 인성의 어머니라고 말할 때는 언제나 우리는 그녀가 인성을 낳으셨다는 것을 나타내려고 하였다. 그러나 확실히 마리아는 하나님을 낳지 않았으며 하나님의 영원한 아들로서 예수 그리스도를 낳지 아니하였다. 마리아는 예수 그리스도의 신격에 있어서 어머니가 아니며 다만 육신에 있어서 어머니일 뿐이다. 반면에 삼위의 두 번째 위격이신 그리스도는 영원 전부터 존재하셨으며, 마리아의 창조자이시다. 때문에 오늘날 로마교회에서 사용하는 바와 같은 용어는 거부되어져야 마땅하다. 생활과 예배에 있어서 오랫동안 발전의 과정을 거쳐온 로마교회는 마리아의 영원한 처녀성, 원죄와 실제적인 죄로부터의 사면 그리고 그녀의 육체적인 하늘나라에로의 승천을 공표하고 있는 것이다. 로마교회에 있어서 마리아와 그녀의 예배자들과의 관계는 그리스도와 우리들과의 관계와 같다. 마리아는 모든 종교, 애정의 주체이며, 그리고 추구하고 기대하는 모든 구원에 대한 축복의 원천이다.

성경은 마리아를 '예수의 모친'이라고 부르지만 그녀에게 다른 호칭을 부여하지 않았다. 로마교회는 성경에서 떠나 전적으로 마리아가 어떤 수도사나 수녀에게 나타났다고 전해 내려오는 전통과 마리아를 성자로서 숭배하게 되었다는 전설들에 입각해서 마리아의 숭배를 구체화시켰다. '하나님의 어머니'라는 용어를 처음 얼른 보면 비교적 거기에 포함된 해악이 없어 보인다. 그러나 실제적인 중요성은 로마교회가 이 명칭의 용법 때문에 마리아를 그리스도보다 더 강하고 성숙하며 또한 그리스도보다 더 능력있게 보는 결과를 가져왔다. 로마교회에 있어서 마리아는 그(예수)의 존재 근원이 되게 하여 예수를 무색하게 하고 있다. 결국 로마교회는 그리스도에게 가지 않고 마리아에게 간다. 로마교회는 다음과 같이 말한다. "그는 마리아를 통해서 우리에게 오신다. 그리고 우리는 마리아를 통해서 그에게 가야 한다"고. 더 접근하기 쉽고 또 응답 잘하는 그의 모친이 있는데도 불구하고 누가 구원을 위하여 비록 거룩한 아이(The holy child)라고 하더라도 어린애한테로 가겠는가? 로마 카톨릭주의는 성령께서 극소화한 자를 극대화하고 성령께서 극대화한 자를 극소화하고 있다. 앤더슨(S. E. Anderson)은 다음과 같이 말한다.

"로마교회 사제들은 마리아를 불가능하고 불합리적이며 그리고 비성경적인 '하나님의 어머니'라고 부른다. 하나님은 어머니를 가질 수 없기 때문에 이런 호칭은 불가능하다. 마리아는 태어나서 짧은 세월 동안 살다가 죽은 반면에 그 (예수)는 영원하며 시작이 없으시다. 하나님은 그의 존재를 위해서 어머니를 필요로 하지 않기 때문에 이 호칭은 '불합리적'(illogical)이다. 예수님은 '아브라함이 나기 전부터 내가 있느니라'(요 8:58)라고 말씀하셨다. 성경은 마리아에게 그런 모순되는 명칭을 주지 않았기 때문에 그런 호칭은 '비성경적' (unscriptural)이다. 마리아는 예수의 인간 육신의 어머니로 존경받는다. 다만 모든 카톨릭은 그가 합리적이고 성경적이 되기를 원했다는 사실을 인정해야 한다. 그리스도의 신적 성품은 마리아에게서 태어나기 오래 전 과거 영원부터 존재하였다. 예수는 그녀를 '어머니!'라고 결코 부르지 않았다. 그는 그녀를 '여자여'라고 불렀다"(Booklet, *Is Rome The True Church?* p. 20).

그리고 마르쿠스 메이어(Marcus Meyer)는 다음과 같이 주장한다.

"하나님은 어머니가 없다. 하나님은 항상 존재하신다. 하나님 그 자신이 모든 만물의 창조자이시다. 어머니는 시간적으로 그의 아들보다 먼저 존재해야 되기 때문에 '하나님의 어머니'라고 주장하는 카톨릭은 하나님 앞에 누군가를 두어야 할 것이다. 이런 논리에 입각한 카톨릭은 인간 하나님을 만들고 있다. … 마리아는 자기가 창조자의 어머니로 불리울 만큼 그렇게 진리가 곡해되는 것을 누구에게 듣고 슬퍼할 것이다. 참으로 예수는 하나님이시며 그분은 또한 인간이신 것이다. 단지 사람으로서 그분은 어머니를 가질 수가 있었던 것이다. 당신은 마리아가 다른 사람들에게 예수를 소개하기를 '이는 하나님이시요, 내 아들이다'라고 하는 말을 생각해 볼 수 있는가?"(Pamphlet, No Mother).

더 나아가서 만일 로마 카톨릭의 용법이 옳고 마리아가 하나님의 어머니로 불리움을 받아야 한다면 요셉은 하나님의 의붓아버지가 되고, 야고보, 요셉, 시몬, 그리고 유다는 하나님의 형제들이 될 것이고, 엘리자베드는 하나님의 숙모, 세례 요한은 하나님의 사촌, 헬리는 하나님의 조부가 되고 그리고 아담은 하나님의 59대 조상이 될 것이다. 하나님의 친척이라고 하는 이런 관계는 기독교보다는 오히려 몰몬교(Mormonism)의 기록에서 나온 것 같이 생각된다.

카톨릭의 이런 주장에 반대하여 우리는 그리스도의 인격에 관한 정확한 진술을 다음과 같이 한다: 그의 인간 성품(human nature)이 아버지가 없는 것처럼 그의 신적 성품(divine nature)은 어머니가 없다.

3. 역사적 발전

처녀 마리아 숭배에 관한 기원을 추적하는 것은 어렵지 않다. 초대교회는 오늘날 행해지고 있는 바와 같은 마리아 숭배(Cult)에 대해서 아는 바가 없었다. 그리고 우리는 여기서 "어떤 인간 또는 사물에 대한 숭배 또는 예배, 즉 지나친 경배"(extravagant homage)라는 사전적 의미에 있어서 '숭배'라는 단어를 사용한다. 마리아에 관한 전설의 처음 언급은 2세기 후반에 기록된 소위 제임스의 최초의 복음(Proto-Evangelium)에서 발견된다. 여기에는 마리아의 탄생에 관한 환상적인 이야기가 기록되어 있으며, 역시 마리아는 그의 전 생애에 걸쳐 처녀성을 유지했다는 진술도 포함되어 있다. 165년에 사망한 저스틴 마티어(Justin Martyr)는 성경에 기록된 두 유명한 여인인 마리아와 이브를 비교하였다. 202년에 사망한 이레니우스는 '처녀 이브'의 불순종이 '처녀 마리아'의 순종에 의해서 속죄되어졌다고 주장하였다. 고대 교회에서 가장 위대한 권위자들 중의 한 사람이었고, 222년에 사망한 터툴리안은 마리아의 탄생에 관한 전설에 대해서 적극적으로 비판하였다. 역시 터툴리안은 예수가 탄생한 다음에 마리아와 요셉은 정상적인 결혼 생활과 성관계를 하였다고 주장하였다. 처음 알려진 마리아에 관한 그림은 로마에 있는 프리스킬라 카타콤(Priscilla catacomb)에서 발견되었으며, 그 그림의 연대는 대략 2세기경으로 추정된다.

이와 같이 기독 교회는 마리아의 이름을 우상화하지 않고 적어도 150년 동안 발전해 왔다. 비록 수세기 동안 교회가 전혀 마리아에 대한 숭배를 하지 않았지만 그 이후부터 마리아에 관한 전설이 나타나기 시작했다. 그러나 기독교를 공인하는 콘스탄틴 대제의 칙령이 선포되고 난 다음에 헬라, 로마의 이방 종교는 그들의 남신들과 여신들과 더불어서 교회에 더욱 더 강력한 영향력을 행사하였다. 그 다음에 교회로 들어온 수많은 사람들은 이 신들과 함께 그들이 오랫동안 이시스, 이스타, 다이아나(Diana), 아테나, 아테미스, 아프러다이트(Venus), 그리고 다른 여신들에게 바치었던 미신과 숭배를 가지고 들어왔다. 그런 다음에 그들은 편리하게 마리아를 숭배하였다. 이시스, 다이아나에게 바쳐졌던 신상들이 그 곳에 있던 것과 같이 우상들은 그녀에게 헌납되었다. 그리고 그 우상들 앞에서 사람들은 엎드려 절했으며 그들이 전에 이방 여신상 앞에서 늘 행하였던 풍습과 같이 기도하였다.

교회로 들어온 대부분의 사람들은 기독교인의 행동 양식과 이방 종교를 숭상할 때의 습관을 마음으로 명백하게 구별하지 않았다. 이방 신들과 영웅들의 형상들이 교회 안에서 발견되었으며 서서히 성자들의 형상들로 대치되었다. 사람들은 당시에 발전하고 있는 기독교의 유형과 조화될 수 있는 그런 것들을 그들의 옛종교에서 교회로 가지고 올 수 있도록 허락받았다. 때문에 마리아의 형상 앞에서 절하는 많은 사람들은 실제적으로 새로운 이름 아래서 그들의 옛날 신들에게 경배하였다. 역사는 수세기 동안 로마 카톨릭 교회가 성자들과 같은 지방 신들(local deities)에게 사로잡혀 있었으며 그리고 마돈나의 형상 속으로 지방의 여신들을 흡수하였음을 보여준다. 최근에 들어온 이런 예들 중의 하나는 멕시코에 있는 인디안들에 의해 경배되는 여신인 구아다르페(Guadalupe)의 처녀성에 관한 것이다. 이런 현상은 로마 정신과 이교 정신의 이상스런 혼합의 결과를 가져왔으며 때로는 한 쪽이 우세하고 때로는 다른 쪽이 우세할 때가 있다. 즉 지금 드러난 처녀 마리아의 어떤 그림들은 그녀의 손에 아기가 없는 마리아를 보이고 있다.

우리가 관찰한 바와 같이 에베소 공의회의 법령에서 발표된 대로 '하나님의 어머니'라는 표현은 비록 그 실현이 2세기 또는 3세기 후반까지 일반화되지 않았지만 마리아 숭배에 대한 원동력이 되었다. 15세기부터 마리아 숭배는 더욱 일반화되었다. 마리아는 그림 속에서 더욱 자주 나타났으며, 교회는 그녀의 이름을 따서 명명되었으며, 기도하는 사람들은 중보자로서 그녀를 언급하게 되었다. 407년에 사망한 유명한 설교자 크리소스톰(Chrysostom)은 전심으로 그런 운동을 저지하였지만 그의 반대는 그 운동을 저지하기에 역부족이었다. 로마 카톨릭은 천사가 마리아에게 전한 누가복음 1:28 말씀을 그들의 본문으로 취한다. "그에게 들어가 가로되 은혜를 받은 자여 평안할지어다 주께서 너와 함께 하시도다." 그러나 우리는 다음과 같은 사실에 주의해야 한다. 천사가 마리아에게 말한 후 곧바로 엘리사벳은 성령의 영감에 의하여 "여자들보다 위에 있는 그대는 복이 있도다"라고 말하지 않고 "여자들 가운데(among) 그대는 복이 있도다"라고 말하였다(눅 1:42). 마리아가 다른 모든 여자들 위에 군림한다는 잘못된 전제 아래서의 시작은 그녀에게 경배하는 관습으로 발전하였다.

성자 숭배도 비슷한 기원을 가진다. 610년에 교황 보니페이스 4세는 처음으로 축제일에 모든 성인들에게 찬양할 것을 제시하였으며, 모든 신들에게 바쳐진 로마에 있는 이방 신전인 판데온(Phantheon)을 기독교회로 전환시키고, 그 장소에 성자들의 유골을 안치하라고 명령하였다. 그 다음에 그는 그 교회(판데온)를 축복받은 동정녀(마리아)와 모든 순교자들에게 헌납하였다. 이와 같이 이방 신들과 여신들에 대한 숭배는 마리아와 성자들의 숭배로 대체되었으며, 이 사실은 단지 다른 것으로 대용된 오류 가운데 한 경우에 불과했다.

중세 시대의 영적인 환경은 마리아 숭배의 발전에 유리하게 조성되었다. 수많은 이방 미신들이 교회에 슬며시 침투해 들어왔으며 자연스럽게 동정녀와 성자들의 숭배 속에 자리하였다. 이런 관행의 순수한 이방적 특색들은 연대와 의식의 방법과 더불어 유능한 역사가에 의해 추적되어질 수 있다.

중세 시대의 예술은 아기 예수를 안고 있는 마리아와 십자가 밑에서 '슬퍼하는 성모' 등으로 대표된다. 로자리오의 기도는 유행되었다. 즉 시와 찬미는 '신-모'(god-mother)에게 영광돌리는 내용으로 가득 차있다. 마리아에 의해서 되어진 기적의 이야기들은 그녀에게 간구하는 기도자들에 대한 응답으로 시작된다.

역시 중세기 동안에는 '보호하는 성자들'(patron saints)에게 의지하는 풍습이 나타났으며 사실 이 보호자는 단지 옛날 이방 신들을 기독교화한 형태로 만든 것이다. 다신론(polytheism)에 있어서 모든 것은 그 자신의 신(god), 즉 바다, 전쟁, 사냥, 상업, 농업 등등의 신들을 소유한다. 이같은 풍습 이후에 로마 카톨릭 미술(gallery)은 선원, 군인, 여행자, 사냥꾼을 위한 '보호하는 성인', 그리고 지금은 조종사, 운전사, 자전거 선수, 포 사수(artillerymen)를 위해서 보호하는 성인에 관한 그림으로 발전하였다. 이런 이방 문화와의 관계는 콘스탄틴 대제가 기독교를 공인한 후 마리아의 숭배가 그렇게 급속하게 발전한 이유를 설명한다.

4. 로마교와 신교 가르침과의 대조

우리는 기독교 안에서 마리아의 올바른 위치에 관한 다음의 진술을 위하여 펜실바니아 클레어틴(Clairton)에 사는 『개종자』(The Convert)라는 책의 편집인인 조셉 자첼로(Joseph Zacchello)의 도움을 많이 받았다. 다음의 내용은 리구오리(Liguori)가 지은 책 『마리아의 영광』(The Glories of Mary) 가운데 한 칼럼에서 발췌하였으며 그리고 성경이 가르친 바를 발췌해 놓은 비교 칼럼을 인용한 것이다.

"이야기 중에서 가장 아름다운 이야기는 우리 주 예수의 탄생에 관한 것이다. 그리고 이 아름다운 이야기 가운데 한 부분은 우리 주님의 어머니 마리아에 대한 설명이다. 마리아는 순결한 정조를 지닌 여인이다. 모든 하나님 말씀 속에서 이 진리보다 더 명백한 것은 없다. 마태복음서와 누가복음서의 설명을 읽으라. 그러면 여러분은 마음이 순수하고 겸손하여 하나님의 손 아래에 있으며, 하나님의 축복에 대하여 감사하며, 하나님의 말씀을 신임하는 신앙을 소유하였으며, 그녀의 일상 삶 속에서 하나님의 목적을 이해하는 현명한 여인으로서 마리아를 보게 될 것이다. 마리아는 다른 모든 여자들을 초월하여 가장 높은 은혜를 입었다. 그녀가 우리 주 예수 그리스도의 어머니가 되었다는 사실은 그녀의 독특한 영예를 드러낸다. 여자들 가운데 마리아만 이런 복을 받았다. 마리아를 통해서 하나님은 인간에게 그의 가장 귀중한 은사(선물)를 주었다.

그러나 비록 마리아가 모든 다른 사람들을 초월하여 하나님의 은총을 받은 여자로서 모든 영예의 인물이지만, 그리고 비록 그녀가 진실로 빛나고 아름답고 경건한 인품의 소유자이지만, 그리고 비록 그녀가 우리 주님의 어머니이지만 마리아는 우리를 위하여 하나님께 중보할 수 없으며 우리를 구원할 수도 없다. 그래서 확실하게 우리는 그녀에게 경배해서는 안된다. 하나님의 말씀에는 이 진리보다 더 명백한 것은 없다.

로마 카톨릭 교회의 가르침과 하나님의 말씀과 부지런히 비교함으로써 이 진리에 대해서 바로 인식해 보자. 다음의 인용문은 『마리아의 영광』에서 발췌한 것이다. 이 책은 로마 카톨릭 교회에서 가장 헌신적인 작자 중의 한 사람인 알퐁스 데 리구오리 주교에 의해서 쓰여졌다. 그리고 또 하나의 인용문은 볼티모어의 대주교인 제임스 카디널 기본스(James Cardinal Gibbons)에 의해서 승인된 듀웨이 성경에서 인용한 하나님의 말씀이다. 편집자는 다음과 같이 말한다. '말하자면 우리 성인이 기록한 모든 것은 그것을 논하는 주제에 의거한 카톨릭 전통의 요약이다. 이 전통은 개인들의 창작물(author)이 아니라 모든 나라와 시대에 걸쳐서 교회(her)의 선지자들, 사도들, 교황들, 성인들, 교부들, 박사들에 의해서 우리에게 이야기한 교회 그 자체(the church herself)이다. 이 점에 있어서 마리아의 영광보다 더욱 추천할 만한 가치가 있어 보이는 다른 책은 없다'"(브루크린, 『주께 바쳐진 신부』, 1931년판). 다음의 치밀한 비교에 주의하라.

(1) 마리아는 그리스도에게 속한 지위를 부여받았다

로마 카톨릭 교회:
"그리고 마리아는 진실로 죄인들과 하나님 사이에 있어서 평화의 중보자이다. 죄인들은 오직 마리아 … 에 의해서 용서받는다"(pp. 82, 83). "마리아는 우리의 생명이다 … 그녀의 중재에 의해서 죄인들에

하나님의 말씀:
"하나님은 한 분이시요 또 하나님과 사람 사이에 중보도 한 분이시니 곧 사람이신 그리스도 예수라"(딤전 2:5). "예수께서 가라사대 내가 곧 길이요 진리요 생명이니 나로 말미암지 않고는 아버지께

게 이런 은총이 내려진다. 이런 까닭에 그들은 다시 생명을 회복한다"(p. 80). "마리아에게 의뢰하지 않는 사람은 실패자요 길을 잃은 사람이다"(p. 94).

로 올 자가 없느니라"(요 14:6). "그리스도는 … 우리의 생명이시다"(골 3:4).

(2) 마리아는 그리스도보다 더욱 영광스럽게 되었다

로마 카톨릭 교회:
"성 교회는 마리아에게 특별히 경배 드릴 것을 명령하였다"(p. 130). "많은 사람들은 … 하나님을 필요로 하지만(are asked from God) 허락받지 못한다(be not granted). 그들은 마리아를 필요로 하며, 필요한 것은 얻는다." 왜냐하면 "더욱이 마리아는 지옥의 여왕이며, 마귀들의 여군주이기 때문이다"(pp. 127, 141, 143).

하나님의 말씀:
"그리스도 예수 이름으로 … 다른 이로서는 구원을 얻을 수 없나니 천하 인간에 구원을 얻을 만한 다른 이름을 우리에게 주신 일이 없음이니라"(행 3:6; 4:12). 그의 이름은 "이 세상뿐 아니라 모든 세상에 일컫는 모든 이름 위에 뛰어나다"(엡 1:21).

(3) 마리아는 그리스도 대신 하늘로 들어가는 문이다

로마 카톨릭 교회:
"마리아를 통하지 않고 축복된 하나님 나라로 들어갈 수 있는 사람은 아무도 없기 때문에 그녀는 하늘의 문(gate)으로 … 일컬음 받는다"(p. 160). "구원의 길은 오직 한 가지 방법 즉 마리아를 통해서 들어갈 수 있게 열려있다. 그리고 우리의 구원은 마리아의 손에 달려 있기 때문에 … 마리아에 의해서 보호받는 사람은 구원을 얻을 것이며, 그렇지 못한 사람은 멸망할 것이다"(pp. 169, 170).

하나님의 말씀:
"나는 양의 문이라 누구든지 나로 말미암아 들어가면 구원을 얻으리라"고 그리스도께서 말씀하셨다 (요 10:1, 7, 9). "예수께서 가라사대 내가 곧 길이요 진리요 생명이니 나로 말미암지 않고는 아버지께로 올 자가 없느니라"(요 14:6). "천하 인간에 구원을 얻을 만한 다른 이름을 우리에게 주신 일이 없음이니라"(행 4:12).

(4) 마리아는 그리스도의 권세를 받았다

로마 카톨릭 교회:

"하늘과 땅에 있는 모든 권세는 그대(마리아)에게 주어졌다. 때문에 마리아의 명령에 모든 사람, 즉 하나님이라도 복종해야 한다 … 그리고 이와 같이 … 하나님은 전 교회를 … 마리아의 지배 아래 두셨다(pp. 180, 181). 마리아는 역시 모든 인류(Human race)의 변호사이시다 … 왜냐하면 그녀는 자기가 원하는 바를 하나님과 함께 할 수 있기 때문이다"(p. 193).

하나님의 말씀:

"하늘과 땅의 모든 권세를 내게 주셨다. 모든 무릎을 예수의 이름에 꿇게 하셨다. 그는 … 친히 만물의 으뜸이 되려 하심이요"(마 28:18; 빌 2:9~11; 골 1:18).

"만일 누가 죄를 범하면 아버지 앞에서 우리에게 대언자가 있으니 곧 의로우신 예수 그리스도시라 … 저는 우리 죄를 위한 화목 제물이시다 …"(요일 2:1, 2).

(5) 마리아는 예수 그리스도 대신 우리 평화의 조정자이시다

로마 카톨릭 교회:

"마리아는 죄인들과 하나님 사이에 평화의 조정자(The peace-maker)이시다"(p. 197).

"가끔 우리는 예수께 호소하는 것보다 마리아에게 요청함으로 우리가 구한 것을 더 빨리 얻는다. 그러므로 마리아는 우리의 구원, 생명, 소망, 변호인(Counsel), 피난처(Refuge), 도움이시다"(pp. 254, 257).

하나님의 말씀:

"이제는 전에 멀리 있던 너희가 그리스도 예수 안에서 그리스도의 피로 가까와졌느니라 그는 우리의 화평이신지라"(엡 2:13, 14). "너희가 무엇이든지 아버지께 구하는 것을 내 이름으로 주시리라." "그의 뜻(His will)에 따라서 구하라 그리하면 받으리라"(요 16:23, 24).

(6) 마리아는 오직 그리스도에게 속한 영광을 받았다

로마 카톨릭 교회:

"오! 마리아여 삼위 하나님은 그대의 이름을 모든 다른 이름 위에 뛰어나게 하셨으며, 그대의 이름 앞에 하늘과 땅과 지하에 있는 모

하나님의 말씀:

"이러므로 하나님이 그를 지극히 높여 모든 이름 위에 뛰어난 이름을 주사 하늘에 있는 자들과 땅 아래에 있는 자들로 모든 무릎을

든 자들이 무릎 꿇고 절하게 하셨 예수의 이름에 꿇게 하셨느니라"
나이다"(p. 260). (빌 2:9, 10).

어떤 다른 인물보다 리구오리는 로마교회에서 마리아 숭배를 촉진시키고, 사람들 마음 속에 그리스도 권세를 폐지시키고 대신 그 권좌에 오른 마리아를 심어준 것에 대하여 책임이 있는 사람이다. 그러나 이러한 그의 이단 사설 때문에 그를 파면하지 않고 대신 로마교회는 그를 성인으로 추대했으며, 그의 책을 여러 판으로 출판하였으며, 더욱 지금은 뉴욕의 패트릭 죠셉 하이스(Jeseph Hays) 주교의 발행 허가 아래서 간행되도록 하였다.

널리 사용되고 있는 기도서 라콜타(The Raccolta)는 특별히 몇몇 교황들의 사랑을 받았으며, 그러므로 카톨릭 신자들에 의하여 권위있는 기도서로 받아들여졌다. 아래 인용문은 라콜라 내용의 일부이다.

"오! 여왕, 자비의 어머니, 우리의 생명이신 그대를 찬양합니다(Hail). 아름다움, 그리고 소망, 모든 기쁨이시여! 이브의 타락된 후예, 우리는 그대에게 부르짖나이다. 우리는 이 눈물의 골짜기에서 그대에게 탄식하며, 괴로워하며 슬퍼합니다."

"우리는 그대의 보호의 품 속으로 날아갑니다. 오! 하나님의 성모이시여 궁핍한 가운데 있는 우리의 탄원(petitions)을 경멸하지 말아주소서. 그리고 모든 위험으로부터 우리를 구원하소서. 오! 영광스럽고 축복받은 동정녀여!"

"사랑(Heart)의 마리아, 하나님의 어머니 그대는 … 모든 천사들과 사람들의 존경을 받기에 합당합니다. … 성 교회는 당신 속에서 안전한 보호처를 발견합니다. 그대는 성 교회의 보호자이며, 피난처이며, 망대이며, 능력입니다."

"사랑스러운 마음을 가지신 마리아는 나의 구원입니다."

"나의 어머니시여, 나의 손을 붙들어 주옵소서. 그렇지 않으면 나는 멸망합니다. 오직 내가 그대에게 매달리게 해주옵소서. 나의 소망이시여 나를 구원하옵소서. 지옥으로부터 나를 건지소서."

역시 라콜타 기도문 속에는 요셉이 언급되었다.

"우리의 인도자, 인자한 요셉이시여 그대는 그 자체 무죄하신 그리스도 예수와 위탁받은 처녀들 중의 처녀 마리아를 성실하게 지키셨습니다. 내가 모든 부정에서 보존되고 흠없는 마음과 순결한 정신, 그리고 정결한 육체를 소유함으로 언제나 예수님과 마리아를 가장 순결하게 섬길 수 있도록 이들 두 소중한 보증자(pledges) 예수님과 마리아를 통해서 그대에게 기도하고 간청합니다. 아멘."

가장 인기있는 로마 카톨릭 의식의 기도인 로자리오는 "아베 마리아"(Hail Marys)를 50번이나 포함하고 있다. 헤일 마리아(또는 아베 마리아)는 다음과 같다.

"은혜가 풍성하신 아베(hail) 마리아여 주님이 당신과 함께 하십니다. 여인들 중에 당신은 복이 있습니다. 당신의 태의 열매 예수는 복이 있습니다. 거룩한 마리아, 하나님의 어머니시여 지금, 그리고 우리가 죽을 때 우리 죄인들을 위하여 기도하여 주옵소서. 아멘."

5. 예배의 대상으로서 마리아

로마 카톨릭의 예배에 있어서 마리아에 대한 헌신은 무엇보다도 가장 자발적이다. 일요일 미사의 참석은 의무적이며, 만일 신자가 수긍할 만한 이유없이 미사에 빠지면 도덕적인 죄의 형벌 아래 놓이게 된다. 따라서 공식적인 예배의 대부분은 형식적이며 일상적이다. 그러나 수많은 신자들은 '비탄에 잠긴 성모'를 위하여 자발적으로 9일간의 기도에 참석한다. 거의 모든 종교적인 법령은 그 자체 처녀 마리아에게 헌정된다. 프랑스에 있는 로데스(Lourdes), 포루투칼에 있는 파티마(Fatima), 그리고 멕시코에 있는 구아다루페의 우리 마님(Our Lady of Guadalupe)과 같은 그런 국제적인 성당들은 마리아에게 헌납되었으며 수백만 성도들의 관심을 끌고 있다. 퀘벡(Quebec)에 있는 안네 데 뷰우푸레(Beaupre)의 성당과 카나다에 있는 거의 모든 유명한 성당들은 위경의 문학(apocryphal literature)에 의하면 마리아의 모친이었다고 하는 성 안네(Saint Anne)에게 헌납되었다. 수천의 교회, 학교, 병원, 수도원 그리고 성당들은 마리아의 영광을 위해서 존재한다.

기독교 신자들은 열성적인 로마 카톨릭의 처녀 마리아를 위하여 가지는 깊은 애정과 숭배를 감히 이해하지 못한다. 우리는 이런 애정과 숭배를 이해하기 위하여 로마 카톨릭 정신에 몰두하고 깊이 젖어들어야 한다. 수녀인 마가레트 세페드는 다음과 같이 진술한다.

"내가 처녀 마리아를 위하여 가지는 경건한 사랑의 느낌을 나의 독자들에게 표현할 수 있는 단어는 없다. 성모 마리아상 앞에 공손히 무릎 꿇고 엎드림으로 나는 마리아를 상냥하고 동정심이 많은 예수의 어머니로, 죄인들의 친구와 중보자로서 생각한다. 어떤 특별한 은총을 위하여 마리아의 중보를 요청하지 않고 그리스도에게 기도한다는 생각은 나에게 결코 일어날 수 없는 것이다"(『수녀원에서의 나의 생활』, p 31).

마리아에게 주어진 명칭들은 자체적으로 그녀를 향한 로마 카톨릭 정서를 드러내고 있다. 마리아는 하나님의 어머니, 사도들의 여왕, 하늘의 여왕, 천사들의 여왕, 낙원의 문, 하늘의 문, 우리의 생명, 은혜의 어머니 그리고 그녀의 초자연적인 능력을 묘사하는 다른 많은 명칭으로 불리워진다.

이들 모든 호칭들은 거짓이다. 이 명칭들 가운데 두 가지만 생각해 보자. '사도들의 여왕'이라는 명칭은 언제 사도적인 교리로 정해졌는가? 이 명칭이 어디에서 발견되는가? 확실히 이 호칭은 성경에서 발견되지 않는다. 사도들이 언제 마리아를 그들의 여왕으로 선택하였는가? 또는 그녀가 하나님에 의하여 사도들의 여왕이 되도록 언제 서명이 되었는가? 그리고 '하늘의 여왕' (Queen of Heaven)이라는 칭호 역시 거짓이거나 심지어 더 나쁜 호칭이다. 하늘은 '여왕'을 소유하지 않는다. 성경 안에서 '하늘의 여왕'에게 기도 (분향)하는 것에 관한 언급은 단지 예레미야 7:18; 44:17~19, 25에서 발견된다. 이 구절에서 그 명칭은 어떤 변절된 유대인들이 사용하던 이방 풍습으로서 엄격하게 정죄를 받았다. 소위 이러한 '하늘의 여왕'은 가나안 족속(Canaanitish)이 숭배하던 부(fertility)의 여신 아스다롯(Astarte, 복수 Ashtaroth)이었다(삿 2:13). 마리아에게 이런 이방신의 명칭을 적용시키는 것과 그녀를 신으로 존경하는 것이 얼마나 부끄러운 일인가!

세계 도처에 마리아의 보호를 바라는 약 일억의 로마 카톨릭 신자들 가운데 어느 한 사람이라도 마리아가 특별한 보호를 위하여 옷을 입고 자기에게 기도하는 신자를 보호하고, 그를 자기의 영광으로 가득 찬 낙원으로 데리고 가며, 또한 동시에 마리아는 자기에게 기도하는 다른 사람들을 보호하고, 또 하늘에서 자기의 직무를 수행하고 연옥에서 영혼을 구출하여 하늘로 안내하는 능력을 가졌다고 생각할 수 있는가? 보통의 로마 카톨릭 신자들은 마리아가 신적인 능력을 가졌다는 생각에 입각해서 행동한다.

선하게 살다가 사망한 어떤 인간 존재가 더욱이 이 지상에서 일어난 사건들과 관계하거나, 또는 지상에서 기도하는 것을 들을 수 있다고 지시하는 성경 구절은 아무데도 없다. 그런데도 모두 같은 시간에 많은 다른 나라에서, 많은 다른 언어로 기도하는 수백만의 로마 카톨릭 사람들의 기도를 마리아와 같은 그런 인간 존재가 어떻게 들을 수 있는가? 신부 또는 평신도가 동시에 단지 세 사람과 대화하려고 시도해 보라. 그러하면 그것이 인간 존재에게 얼마나 불가능한 것임을 알 수 있다. 로마 카톨릭은 인간 존재가 할 수 없는 사역을 마리아에게 강요한다. 오직 하나님만이 할 수 있는 사역을 마리아에게 강요하는 것이 얼마나 불가능하며, 얼마나 불합리한가! 마리아는 편재하지도 않고 전능하지도 않기 때문에 그러한 기도나 예배는 피조물에게 신적 영광을 바치는 우상숭배이다.

성경에는 마리아에게 기도하라는 어떤 암시도 없다. 만약 하나님이 우리가 마리아에게 기도해야 할 것을 작정하셨다면 확실히 그는 그렇게 말씀하셨을 것이다. 예배(경배)가 아기 예수께 드려졌지만 그의 모친에게는 결코 드려지지 않았다. 예수가 베들레헴에서 탄생되었을 때 동방으로부터 박사들이 그곳에 이르러 그 집에 들어가 그 모친 마리아와 함께 있는 아기를 보았다. 그리고 박사들은 무엇을 하였는가? 그들이 꿇어 엎드려 마리아나 또는 요셉에게 경배하였는가? 그렇지 않다. 우리는 "그들이 엎드려 아기께 경배하였다"(마 2:11)라는 말씀을 읽는다. 그리고 박사들은 누구에게 황금과 몰약을 드렸는가? 마리아에게 또는 요셉에게 드렸는가? 아니다. 박사들은 그들의 예물을 아기 예수께 드렸다. 그들은 마땅히 경배를 받아야 할 사람으로서 마리아 또는 요셉이 아니라 아기 예수를 인식하였다.

더욱이 구약 시대에 유대인들은 하나님께 기도했지만 아브라함, 또는 야곱, 또는 다윗, 그밖의 어떤 선지자들에게 기도하지 않았다. 구약 성경에는 하나님 외에 어떤 다른 사람에게 기도했다는 기록이 전혀 없다. 더구나 사도들이 초기 기독교인들에게 마리아 또는 어떤 다른 인간 존재에게 예배, 또는 숭배, 또는 기도하라고 결코 요청하지 않았다.

마리아에게 기도하는 것에 대한 반대는 역시 동등하게 성인들에게 대한 기도에도 적용된다. 왜냐하면 성인들 역시 무한한 하나님이 아닌 피조물이며 그러기에 그들은 동시에 한 장소에만 있을 수 있으며, 동시에 단지 한 가지 일만 할 수 있다. 그런데 그들이 어떻게 동시에 많은 언어로 기도하는 수천 수만의 청원을 듣고 응답할 수 있겠는가? 그런 많은 청원들은 단지 말로

만 표현되는 것이 아니라 마음으로, 침묵으로 표현된다. 하나님과 같은 존재가 아닌 마리아와 성인들이 어떻게 편재할 수 있으며, 마음 속의 모든 비밀들을 인식할 수 있는가?

  살아있는 성인들은 매우 어리석게도 이미 세상을 떠난 성인들의 흉상에게 기도한다. 그러나 사실은 대부분의 로마 카톨릭 신도들이 하나님께 기도하기보다는 더욱 마리아와 성인들에게 기도한다. 그들은 세상을 떠난 성인들이 어떻게 기도를 들을 수 있으며 또 응답할 수 있는지에 대해서 설명하지 못한다. 마리아와 수없이 많은 성인들에게 계속하는 기도는 하나님께 상달될 수 없다. 그리고 특별히 우리가 신비스런 여왕에 대한 로마의 왜곡된 이설에 의존하는 모든 화려한 장식물들을 볼 때에 그 전체적인 과정이 진실로 신교들에게 거부감을 준다.

  로마교회는 마리아의 예배를 조장시킨 슬퍼해야 할 죄를 범하였다. 그들은 첫째, 형상의 사용으로 하나님의 명예에 손상을 주었으며 둘째, 오직 조물주에게 드려야 할 예배를 피조물에게 드림으로 하나님의 명예를 더럽혔다. 여기서 우리는 하나님이 정하신 구원의 방식에다 더 추가시킨 로마 카톨릭의 완고한 경향에 관한 다른 예를 보게 된다. 로마 카톨릭은 구원의 수단으로써 신앙 그리고 행위, 성경 그리고 전통, 그리스도 그리고 마리아를 제시한다.

  전에는 카나다 몬트리올에서 사제로 있었으며 지금은 장로교 목사가 된 찰스 키니퀴(Chiniquy)는 마리아에게 주어진 위치에 관한 의심이 그에게 엄습해 왔을 때 자신과 그의 주교 사이에 오고 간 다음의 대화를 소개한다.

  "나의 주인님, 십자가 위에서 당신과 나를 구원하신 분이 누구입니까?" 그는(자신) "예수 그리스도"라고 대답하였다.

  "그리고 당신과 나의 죄를 그의 피를 흘림으로써 용서해 주신 분이 누구입니까? 그 분은 마리아입니까, 아니면 예수님입니까?" 주인께서 "예수 그리스도"라고 대답했다.

  "그런데 나의 주여, 예수님과 마리아가 지상에 계실 때 누가 더욱 죄인들을 사랑하셨습니까? 그 분은 마리아입니까, 아니면 예수님입니까?" 다시 주께서 우리를 더욱 사랑하신 분은 예수님이었다고 대답했다.

  "죄인은 지상에서 구원받기 위하여 마리아에게 와야 합니까?"

  "너는 죄인이 구원받기 위해서 예수님께 갔다는 것을 기억하느냐?" "예. 기억합니다." "예수님이 그들을 꾸짖으셨느냐?" "절대로 꾸짖지 않으셨습니다.""예수님께서 죄인들에게 '마리아에게 오라. 그리하면 그녀가 당신을 구원할 것이다'라고 말한 적이 있음을 기억하느냐?"

"아니오. 그는 그렇게 말씀하지 않으셨습니다."

"너희는 예수님께서 불쌍한 죄인들에게 '내게로 오라'고 말씀하신 것을 기억하느냐?" "예, 예수님은 그렇게 말씀하셨습니다." "예수님은 이 말씀들을 취소하신 적이 있었느냐?"

"아닙니다."

"그러면 죄인들을 구원하기에 더욱 강력한 능력을 가지신 분은 누구였습니까?"라고 내가 물었다.

"오, 그 분은 예수였다."

"그러면 나의 주여, 지금 예수님과 마리아는 하늘에 계시기 때문에 당신은 예수님이 죄인들을 구원하려는 간절한 갈망과 권세를 상실하셨거나 아니면 그의 권세를 마리아에게 위임했다는 성경의 가르침을 나에게 보여줄 수 있습니까?"

주교가 "성경을 보여줄 수 없다"고 대답했다.

"그러면 나의 주여, 우리는 왜 예수님께 가지 않고 마리아에게만 갑니까? 당신 스스로 고백하기를 마리아는 권세, 자비, 사랑, 그리고 죄인들을 향한 동정에 있어서 예수님과 아무것도 비교되지 않는다고 하시고서 왜 불쌍한 죄인들을 마리아에게 오라고 초대하였습니까?" 이에 대해서 주교는 아무 대답도 할 수 없었다(Fifty Years in the Church of Rome, p. 262).

지금까지 퀘벡 지방의 사람들은 거의 독실한 로마 카톨릭 신자들이다. 그 지방 도처에 사는 사람들은 간신히 어떤 교회에서 또는 지방 라디오 방송을 통해서 복음을 들을 수 있으며, 단순히 로마 카톨릭 저술을 통해서는 아무것도 얻을 수 없다. 퀘벡은 완전히 우상 숭배에 빠져있다. 후에 교황 피우스(pius) 12세는 퀘벡 지방을 세계에서 가장 많은 카톨릭 신자를 가진 도시로 선언하였다. 그러나 어디에서나 그리스도가 아닌 마리아가 오직 4백만의 프랑스계 캐나다 사람들(French-Canadians)의 희망으로 상징되고 있다. 그리고 더욱이 퀘벡 지방은 가장 많은 문맹인, 가장 적은 학교, 캐나다 어느 지방보다 가장 낮은 생활 수준을 가지고 있다는 사실을 주의해야 한다.

그리스도는 기도를 통해서 하나님께 직접 갈 수 있는 중보자가 되신다는 사실을 로마 카톨릭 신자들에게 납득시키는 것이 아주 어렵다. 그들은 성경을 아주 적게 읽는다. 그 대신 그들은 그들을 가르치는 신부들을 의지하며 또 신부들은 하나님과 가깝고 친밀한 친구인 어떤 성인들을 통해서 자비와 용서를 받도록 하고, 신자들을 위하여 중재한다. 물론 이 모든 사람들 중에서 가장 권세있는 중재자는 그리스도의 어머니인 마리아이다. 그러나 성자 숭배는 마리아나 그 어떤 성인도 그들이 이 땅에 살고 있을 때 그들이 하늘에 도달한 후에 자기의 신자들을 위하여 기도해 주겠다고 약속하지 않았기 때문에 어리석은 일이다.

신약성경의 용법에 따르면 모든 참된 크리스천은 성인들이다. 에베소교회에 보내는 서신에서 바울은 '에베소에 있는 성도들'에게 문안했으며(엡 1:1), 빌립보에 보내는 그의 서신에서도 '빌립보에 사는 모든 성도'들에게 편지한다고 하였다(빌 1:1). 역시 로마서 1:7; 16:15, 고린도전서 1:2; 고린도후서 1:1에도 같은 내용이 기록되어 있다. 만약 당신이 당신을 위해서 기도해 줄 어떤 '성도'를 원한다면 당신은 그런 훌륭한 성도를 발견할 것이고 그는 당신을 위해서 기도해 줄 것이다. 그의 기도는 세상을 떠난 성도들을 통해서 할 수 있는 어떤 간청보다 더욱 효과가 있을 것이다. 우리는 우리 자신이 그리스도를 통해서 하나님께 직접 나아갈 수 있기 때문에 마리아, 또는 세상을 떠난 성인들, 또는 천사들의 중재를 필요로 하지 않는다. 더욱이 우리는 살아있는 성도가 세상을 떠난 성도에게 예배를 드려야 한다는 어떤 경우도 성경에서 찾을 수 없을 뿐만 아니라 살아있는 사람이 죽은 사람과 접촉하려는 모든 시도는 엄격하게 정죄되었음을 성경에서 발견한다(신 18:9~12; 출 22:18; 레 20:6; 사 8:19~20).

성경은 직접적으로 모든 성인 숭배를 거절한다. 우리는 특별한 경우들을 베드로, 바울, 그리고 심지어는 그런 경배를 물리친 천사를 통해서 가진다. 베드로가 지붕(다락)에서 기도하다가 받은 환상에 따라서 고넬료의 집으로 갔을 때 "고넬료가 맞아 발 앞에 엎드리어 절하니 베드로가 일으켜 가로되 일어서라 나도 사람이라"고 한 말씀을 우리가 읽는다(행 10:25~26). 비록 베드로는 열두 제자 중의 한 사람이었고 개인적으로 예수님과 교제하였지만 그는 단지 인간인 자기가 그런 경배를 받을 자격이 없음을 알았다. 루스드라에서 바울이 앉은뱅이를 고친 후에 많은 군중들이 바울과 바나바에게 경배하려고 시도하였다. 이에 대해서 바울과 바나바는 옷을 찢고 무리 가운데 뛰어들어가 소리질러 "여러분이여 어찌하여 이러한 일을 하느냐 우리도 너희와 같은 성정을 가진 사람이라 너희에게 복음을 전하는 것은 이 헛된 일을 버리고 천지와 바다와 그 가운데 만유를 지으시고 살아계신 하나님께로 돌아오라 함이라"고 외치었다(행 14:15). 그리고 사도 요한은 밧모섬에서 있었던 그의 체험에 대하여 기록하였다. "이것들을 보고 들은 자는 나 요한이니 내가 듣고 볼 때에 이 일을 내게 보이던 천사의 발 앞에 경배하려고 엎드렸더니 저가 내게 말하기를 나는 너와 네 형제 선지자들과 또 이 책의 말을 지키는 자들과 함께 된 종이니 그리하지 말고 오직 하나님께 경배하라 하더라"(계 22:8~9). 그러나 사람들이 자기 앞에서 무릎을 꿇고 손이나 반지에 입맞추기를 기대하는 교황, 주교, 신부들의 태도는 얼마나 다른가! 교황은 어떤 신분이기에 심지어 사람들이 자기 발에 입맞추는 것을 허락하거나 기대하는가! 그러나 그것을 기대하는 교황과 그들 스스로 그런 비굴한 행동에 굴복하는 사람들 양쪽 다 어리석다.

6. 그리스도의 자리를 강탈한 마리아

로마 카톨릭교에 있어서 뚜렷한 현상은 그들이 하나님과 사람 사이에 주된 중보자로서의 그리스도의 지위를 마리아로 하여금 빼앗도록 하는 효과적인 방법으로 원인 제공을 하는 것이다. 그리스도는 보통 구유 또는 그의 모친의 팔 가운데 있는 무력한 아이로, 또는 십자가 위에서 죽은 그리스도로 묘사된다. 구유 위에 또는 그의 모친의 팔에 있는 아기는 누구를 도울 수 있다고는 거의 약속할 수 없다. 그리고 끔찍하게 추하고 고통스런 모습으로 십자가 위에서 죽은 그리스도는 사람들의 필요와 문제에 대하여 전혀 상관이 없는 바로 무력함과 비참함의 화신이다. 이러한 그리스도는 긍휼과 동정을 느낀다고 해도 신뢰하거나 희망을 가질 수 있는 상태는 아니다. 그는 패배했으며 승리하지 못한 그리스도이다. 로마교회는 그의 신도들에게 죽은 그리스도를 사랑하라고 인도하지 못하면서 그분 앞에서 행해지는 그 많은 미사든지 혹은 그 많은 형상(Image)들이 그분에게 드려지는 것들은 모두 소용없는 일이다. 예배자가 실제로 프로테스탄트 교회들이 제출하는 것과 같이 예수를 살아계신 구주로 그를 위해 죽으실 뿐 아니라 살아나셨고 지금도 영광스럽고 승리에 찬 모습으로 살아계시는 분으로 알지 않는 한 참으로 그리스도를 사랑하는 것이 될 수 없는 것이다. 로마교회에 있어서 신도들은 죽은 그리스도보다는 살아있는 마리아를 더 높은 위치에 둔다. 그 결과로 예배의 중심이 그리스도에게서 마리아로 바뀌어진 것이다.

이런 모순에 대한 모든 반대에도 불구하고 마리아에게 부여된 예배, 중재, 그리고 헌신은 그리스도의 영광을 어둡게 하며, 교회로 하여금 기만적인 역할을 하는 인간의 공로가 포함된 구원의 체계를 전파하도록 만든다. 로마교회는 그리스도의 신성을 주장하는 반면에 그를 처녀 마리아의 보조자(Subservient)로 만들며, 사제의 주선을 통해서 구원을 하나의 보상으로 나누어준다. 이와 같이 여인 중에서 가장 축복받은 예수의 모친을 인간 마음에서 우러나오는 충성과 헌신을 차지하기 위해서 예수의 최고 적수와 경쟁자로 만든다. 로마교회에서 마리아는 신격(Deity)에 대하여 행정적인 지배자(director)가 되어 신자들의 기도는 마리아를 통해서 가장 효력있게 된다.

마리아가 우리의 구원을 위하여 한 일은 아무것도 없다. 그녀가 무엇을 할 수 있다고 생각하는 모든 사람은 단순히 속고 있다. 그러나 로마 교회에서 기도자는 아마도 그리스도에게 하는 것처럼 마리아에게 10번씩 기도하도록 명령받는다. 로마 카톨릭 의식 때 가장 인기있는 기도문 로자리(rosary)는 각 사람이 하나님께 나아가기 위하여 마리아에게 10번씩 기도하라고 한다. 이 기도문은 그리스도에게보다는 마리아와 성인들에게 마땅히 드려야 할 기도가 더 많이 포함되어 있다. 마리아는 의심의 여지없이 기도의 최고 대상이다.

7. 마리아는 예수보다 더욱 동정심이 많은 존재로 묘사된다

중세기의 영적인 상태는 마리아 숭배(The Mary-Cult)의 발전을 위해서 호의적이었다. 특별하게 이 시대에 있어서 그리스도는 단호한 진노의 사람으로, 엄중한 심판자로, 냉혹한 정의로 악을 응징하는 자로 묘사된 반면에 마리아는 인자와 자비의 덕으로 채색되었다. 그리스도가 정의를 요구하는 곳에서 마리아는 자비를 베풀어 주었다. 진노로 심판하시는 하나님은 항상 죄인들을 지옥으로 보낼 준비를 하신다는 것을 늘 들어온 순진한 신자들은 마음씨가 상냥스럽고 사랑이 많은 마리아의 보호를 통해서 이런 진노에서 해방되기를 원한다. 심지어 금욕적인 생활을 하며, 유혹과 타락의 도구가 되는 여자를 싫어하는 수도자들도 마리아의 보호를 추구한다.

리구오리는 마리아의 영광에서 그리스도를 무섭고 잔인한 심판자로 묘사한 반면에 마리아는 친절하고 자애로운 중보자로 묘사하였다. 리구오리는 이 책에서 다음과 같이 말한다. "만일 하나님께서 죄인에게 진노하시고, 마리아는 그 죄인을 자기의 보호의 품에 끌어들인다면 마리아는 그의 아들의 복수를 보류시키고 죄인을 구원할 것이다"(p. 124). "오! 순결한 처녀시여 우리의 죄 때문에 화나게 된 당신의 사랑하는 아들이 우리를 마귀의 세력에게 넘겨주지 않도록 보호해 주소서"(p. 248). 그리고 계속해서 그는 "우리는 예수의 이름으로 기도하는 것보다 오히려 마리아의 이름으로 기도한 것을 더욱 신속하게 응답받을 수 있다"(p. 248)고 말한다.

다른 경우에 있어서 리구오리는 마리아는 죄인들의 구세주이며, 그녀 외에 다른 구원자는 존재하지 않는다고 가르친다. 그는 죄의 짐을 지고 있는 사람이 하늘에 매달린 두 사다리를 보았는데 한쪽 끝에는 그리스도가 서계시고 다른 한쪽 끝에는 마리아가 서있었다는 환상적인 광경을 묘사한다. 그 죄인이 그리스도가 서계시는 사다리에 올라가려고 시도하였지만 그는 그리스도의 화난 얼굴을 보고서 사다리에서 떨어졌다. 그는 낙심이 되어 방향을 돌리자마자 그에게 "다른 사다리로 올라가라"고 말하는 음성을 들었다. 그래서 그는 그대로 순종했으며, 놀랍게도 쉽게 사다리에 오를 수 있었다. 그리고 그는 자기를 하늘로 데려가서 그리스도를 소개시켜 준 축복받은 동정녀 마리아를 그 꼭대기에서 만나게 되었다. 이 교훈은 "아들이 그의 모친의 요구를 거절할 수 있는가?"에 대한 것이다.

똑같은 원리가 오늘날 로마 카톨릭 안에서 발견된다. 그리스도는 아직도 진노의 심판자로 인식되고 있다. 그러나 모친으로 존재하는 마리아는 어머니의 심정을 가지고 있기 때문에 그의 자녀들의 문제들을 더 잘 이해할 수 있는 분으로 인식된다. 마리아는 그의 요구들과 청원을 가지고 그의 아들에게 나아갈 수 있으며, 또 그리스도는 모친이 요구하는 어떤 청원도 거절할 수 없다. 마리아는 어디에나 존재하는 분으로 묘사된다. 마리아가 죄인들을 위하여 기도한다는 것이 신약성경 아무데도 발견될 수 없다는 사실에도 불구하고 로마 카톨릭 신자들은 마리아가 그리스도의 무서운 심판을 진정시키고 그의 찡그린 얼굴이 친절한 미소로 변할 수 있게 역사한다는 확신을 가지고 그녀에게 호소하도록 교육받는다.

그러나 그리스도는 정의를 요구하고 마리아는 자비를 베푼다고 가르치는 것은 성경적 진리를 우스꽝스럽게 만드는 것이다. 그리스도는 그의 백성들을 위한 연민과 사랑이 부족하고, 그의 모친에 의하여 끝까지 설득당해야만 한다고 가르치는 것이 얼마나 그리스도에게 불명예가 되는가! 그리스도가 지상에 계실 때 어느 누구도 그에게 동정심을 가지라고 설득할 필요가 없었다. 오히려 그가 장님과 벙어리 그리고 괴로움과 굶주림에 떠는 사람들을 보았을 때 그는 '민망히 여기시고' 그들을 모든 고통에서 구원해 주셨다. 그는 사악하지만 회개한 십자가에 달린 바로 옆의 강도를 사랑하셨으며, 비록 마리아가 거기에 있었지만 그녀의 중재를 필요로 하지 않았다. 우리를 위한 그의 사랑은 그가 지상에 계실 때와 마찬가지로 위대하다. 그의 마음은 온유하다. 그리고 우리는 우리를 위해서 탄원해 줄 다른 중재자가 필요없으며, 그를 낳으신 모친이나 어떤 성자나 천사도 필요없다.

8. 유일한 중보자

성경은 하나님과 사람 사이에 오직 유일한 중보자만 있음을 가르친다. 성경은 다음과 같이 교훈한다.

"하나님은 한 분이시요 또 하나님과 사람 사이에 중보도 한 분이시니 곧 사람이신 그리스도 예수라"(딤전 2:5). 이 구절이 이해되면 로마교회의 전 체계는 그 뿌리째 무너진다. 왜냐하면 이 구절은 교황, 사제제도, 그리고 모든 형태의 마리아 숭배를 무효로 만들기 때문이다.

같은 진리를 가르치는 다른 성구들은 다음과 같다.

"예수께서 가라사대 내가 곧 길이요 진리요 생명이니 나로 말미암지 않고는 아버지께로 올 자가 없느니라"(요 14:6).
"다른 이로서는 구원을 얻을 수 없나니 천하 인간에 구원을 얻을 만한 다른 이름을 우리에게 주신 일이 없음이니라"(행 4:12).
"그(그리스도)는 새 언약의 중보이시다"(히 9:15).
"만일 누가 죄를 범하면 아버지 앞에서 우리에게 대언자가 있으니 곧 의로우신 예수 그리스도시라"(요일 2:1).
"다시 살아나신 이는 그리스도 예수시니 그는 하나님 우편에 계신 자요 우리를 위하여 간구하시는 자시니라."— 성경은 마리아가 아닌 그리스도께서 하나님 우편에서 우리를 위하여 중재하신다고 말한다(롬 8:34).

"그러므로 자기를 힘입어 하나님께 나아가는 자들을 온전히 구원하실 수 있으니 이는 그(예수)가 항상 살아서 저희를 위하여 간구하심이니라"(히 7:25).

이와 같이 그리스도는 하나님과 사람이시기(신성과 인성) 때문에 유일한 구세주, 유일한 중보자, 하나님께 가는 유일한 길이시다. 성경은 중보자로서 마리아, 또는 교황, 사제, 성인들에 대해서 언급하지 않는다. 그러나 로마교회는 많은 중보자가 있다고 가르치며, 우리가 그들에게 질문하면 대다수 로마 카톨릭 신자들은 하나님께 나아갈 수 있는 주된 매개체는 동정녀 마리아이며, 오직 그녀가 우리를 위하여 간청하기 때문에 우리는 하나님의 면전에 들어갈 수 있다고 말할 것이다.

사제들은 마리아가 중보자라고 가르침으로써 그리스도의 영광을 땅에 떨어뜨린다. 인간적으로 말해서 이런 사실은 그리스도에게 모든 영광이 돌려지기를 원하였던 마리아를 슬프게 하는 것이다. 사제들은 마리아에게 이런 비성경적인 지위를 부여할 수 있는 권리가 없다. 마리아는 성경에서 세례 요한과 다른 사람들이 했던 것처럼 언약에 따라서 교회에서 자신의 직무를 수행하셨던 주님의 시녀(handmaiden)로서 소개되고 있다. 그러나 이런 시중 드는 역할은 중단된 지 오래 되었다. 위대한 대조(antithesis)는 로마교회가 주장하는 것처럼 이브와 마리아가 아니라 아담과 그리스도이다(롬 5:12~21; 고전 15:21~22; 45~47). 로마교회의 전통은 마리아의 모습을 너무 변경시켰기 때문에 성경에서 발견되는 마리아와 로마 카톨릭 교회에서 발견되는 마리아는 서로 다르고 모순되는 두 인물이 되었다. 정직한 로마 카톨릭 신자는 그의 교회가 마리아에게 첫째가는 지위를 부여했으며, 그리스도는 그 배후에 위치하게 되었다는 것을 알고 있다.

마리아, 성인들, 또는 천사들이 우리의 제사장이나 중보자로서의 역할을 할 수 없다는 이유는 그들이 우리의 죄를 위하여 희생 제물이 되거나 속죄할 수 없다는 데 있다. 오직 참된 희생 제물이 될 수 있는 제사장만이 하나님과 사람 사이의 중보자로서 직무를 수행할 수 있다. 그리스도만이 유일한 참된 희생 제물이셨으며, 그만 오로지 우리의 제사장으로서 직분을 감당하실 수 있다. 이에 관련하여 칼빈은 다음과 같이 말한다.

"나는 교황직이 명백하게 허위라고 생각한다. 왜냐하면 교황직은 인간에게 예배하는 우상 숭배를 조장하기 때문이다. 하나님께서 그러한 목적을 위하여 사제들을 임명하라고 하신 명령은 어디에도 없다. 그러나 교황은 산 제물의 목적으로 그의 사제들을 임명한 반면에 사도(바울)는 로마교회가 합법적인 사제들이라고 생각하는 것을 부정한다."

9. 예배인가, 아니면 우상 숭배인가?

로마교회는 공식적으로 마리아 숭배를 부정한다. 공식적으로 카톨릭은 마리아는 단지 피조물이며, 아주 고상하지만 하나님과 동등하지 않은 그런 의미에서 여전히 피조물이라고 말한다. 그러나 로마교회는 마리아가 수백만 신자의 기도를 들으며 그리고 그녀는 계속적으로 세계 도처에서 자기를 따르는 사람들에게 보호를 베푼다고 우리에게 말한다. 로마교회가 주장하는 바와 같이 그들이 우상 숭배를 꾀하지 않는 것이 사실일지 모른다. 그러나 그 체계로부터 나오는 의향과 실제적인 행동은 두 가지 다른 일들이다. 우리는 수백만의 신도들이 마리아의 형상 앞에서 무릎꿇고 기도하며 또 그녀에게 찬미하기 때문에 이같은 행위가 예배이며 그러므로 우상 숭배임을 주장해야 한다. 이들 대부분의 신도들은 그들의 신학자들에 의해서 되어진 우상 숭배와 예배에 관한 기술적인 구별에 관하여 전혀 알지 못한다. 마리아에게 편재와 전능의 속성을 부여하고, 최근에 교황 피우스 12세는 마리아에게 공식적으로 '하늘의 여왕' 그리고 '세계의 여왕'이라는 칭호를 붙여주었으며, 신자는 구원을 위해서 그녀에게 기도하는 바와 같이 하나님에게 속한 명칭과 역할들을 그녀에게 부여한 것은 확실하게 우상 숭배적이다.

마리아와 성인들에게 하는 기도가 우상 숭배적이라는 것은 다음의 사실에서 명백해진다: (1) 이 기도는 하나님께 기도하는 것과 같이 명백하게 같은 종류이며 같은 용어로 표현된다. (2) 이 기도들은 하나님께 예배드리는 것과 같은 일반적인 과정으로 드려진다. (3) 무릎꿇고 기도한다. 그리고 (4) 기도의 형식과 내용이 하나님께 드리는 것과 같다.

우리는 마리아에게 하는 가장 유명한 기도인 아베 마리아 또는 헤일 마리아에 대해서 언급하였다. 일반적으로 사용되는 이 기도문은 주기도문을 뒤따라가고 있으며, 정확하게 같은 방법으로 사용되고 있다. 전세계적으로 이 기도문을 '사용하는' 로마 카톨릭 신자는 약 백만명이며, 이 가운데서 약 절반은 적어도 하루에 한 번씩 '헤일 마리아'가 50번이나 포함된 로자리오 기도문을 중얼거리며, 어떤 때는 대부분 반복한다. 이와 관련해서 볼 때 마리아는 수백만의 기도를 듣고 응답할 수 있는 신적 속성을 가지고 있어야 한다. 확실히 로마 카톨릭은 그들 자신이 인정한 바와 같이 하나님이 아닌 단순한 인간이 그 모든 사람들의 기도를 듣고 응답하기란 불가능하다는 사실을 깨달을 수 있다. 이 모든 것들은 사기이며 환상이다. 비록 세상을 떠난 영혼들이 이 세상과 접촉하는 것이 사실이라고 할지라도 그것은 신적 계시에 의하지 않고는 알려질 수 없다. 그리고 그러한 계시는 존재하지 않는다.

사실 교회 역사에 있어서 성장한 마리아 숭배는 비극적인 한 장(sad chapter)이 될 것이다. 모세 시대의 놋뱀 우상과 같이 히스기야왕 시대에 우상 숭배에 빠지게 되었으며 또 우상과 산당들은 파괴되었다. 마찬가지로 로마교회에 있어서 마리아는 구원에 이르는 수단으로서 숭배되고 있으며 또 구원의 수단으로서 그녀에게 신적인 영예가 주어졌다. 로마교회는 그리스도에 의해서 행해졌던 모든 기적들처럼 완전히 같은 초자연적인 수많은 기적들이 마리아에 의해서 행해졌다고 주장한다. 마리아를 위해서 수많은 외적인 현상들이 요구된다. 어떤 경우에 있어서 마리아상이 눈을 깜박거리거나 눈물을 흘렸다고 주장되기도 한다. 대량의 유품들이 유럽의 대성당에 전시되어 있다. 마리아의 옷, 머리, 이빨, 그리고 젖의 견본들이 수많은 곳에 전시되어 있다.

물론 마리아 숭배는 그녀에게 있어서 하나님의 명령을 거역하는 기회를 제공하는 것이 되기 때문에 그녀 자신에게 커다란 불의가 된다. 성경에서 신적 예배는 오직 하나님께만 드려야 한다는 것보다 더 명백하게 계시된 것은 없다. "주 너의 하나님께 경배하고 다만 그를 섬기라"(마 4:10). 온갖 종류와 형태의 우상숭배보다 더욱 엄하게 견책받는 것은 없다. 만일 마리아가 모든 로마 카톨릭 신자들이 수천의 교회와 수백만의 가정에 있는 자기의 형상 앞에서 엎드려 절하는 것을 볼 수 있다면 그녀의 슬픔이 얼마나 크겠는가! 마리아에게 기도하는 것은 적어도 시간 낭비이다. 그리고 비성경적인 교리를 만들어 내고 또 그에 따라 행동하는 것보다 더 나쁜 것은 우상 숭배이다.

10. 라트리아—두리아—하이퍼 두리아

로마교회는 성경적인 근거가 있는지 없는지 숙고하지 않고 예배를 기술적으로 세 종류로 나눈다: (1) 라트리아((Latria): 오직 하나님께 드리는 최고의 예배이다. (2) 두리아(Dulia): 성인들과 천사들에게 드리는 숭배의 두 번째 종류이다. (3) 하이퍼 두리아(Hyperdulia): 처녀 마리아에게 드리는 보다 높은 숭배이다.

그러나 이런 이론은 보통의 예배자들이 구별할 수 없으며 심지어 그들은 이런 구별이 있는지조차 모르기 대문에 실용성이 없다. 이런 교묘한 정의는 단지 문제만 복잡하게 만든다. 그리고 누가 하나님, 처녀 마리아, 그리고 성인들에게 가지는 자기의 감정들을 그러한 적당한 비율로 훌륭하게 나눌 수 있겠는가? 이태리, 스페인 그리고 라틴 아메리카에 사는 로마 카톨릭 신자는 대부분 문맹인이며 온갖 미신에 사로잡혀 있기 때문에 예배에 관한 이런 구별을 알 수 없다. 우리는 기도와 찬양으로 이루어지거나, 또는 절하며 무릎을 꿇거나 굴복하는 것과 같은 그런 외적인 의식에 의해서 표현된 내외적인 모든 종교적 예배는 정당하게 조건을 갖춘 예배이며 오직 하나님께만 드려져야 한다고 주장해야 한다.

"마리아를 통해서 그리스도에게"(Through Mary to Christ)라는 표어는 본질적으로 많은 예배자들의 헌신이 마리아와 함께 중단된다는 확고부동한 사실을 의미한다. 카톨릭 신자는 그리스도가 아니라 마리아에게 기도한다. 이들의 기도는 그녀 개인에게 향한다. 로마 카톨릭 신자들은 모든 은혜가 필연적으로 마리아를 통해서 흘러나온다고 배워왔다. 마리아는 복있는 삼위의 네 번째 위격(fourth person)으로서 간주된다. 마리아에 대해서 '거룩', '하나님의 어머니' 그리고 '그리스도와 같이 협동하는 구세주'라고 주장하는 것은 단지 그녀가 인간 이상의 신적 존재임을 강조하는 것이다. 교황 베네딕트 15세(1914~1922)는 마리아가 고난당하고 죽은 그의 아들과 함께 고난을 겪었으며, 예수와 함께 인류를 구속하였다는 사상을 발표하였다. 이러한 선언은 역시 1923년에 교황 피우스 11세에 의하여 재가되었다.

로마교회가 예배를 라트리아, 두리아 그리고 하이퍼 두리아로 나눈 이런 구별은 카톨릭 교회가 마리아의 '숭배'를 가르치지 않았다는 사실을 공식적으로 주장할 수 있게 만든다. 그러나 교회의 변명가(apologists)들이 그러한 헌신과 실제적인 예배를 계속 구별하려고 시도하는 동안 카톨릭이 마리아에게 주어진 고상한 명칭과 이로 인해 파생되는 실제적인 결과에 대하여 불안을 느끼며, 교회 안에서 계속되는 헌신과 숭배에 대해서 감히 책임을 지지 않으려고 함이 명백하다. 그리고 이런 미묘한 입장과 더불어 어떤 카톨릭 신학자들은 신도들이 마리아를 숭배하고 있다는 사실을 인정한다.

11. 마리아에 대한 예수님의 태도

우리는 주 예수님 자신이 마리아에 대하여 어떤 태도를 취하셨는지를 상세히 관찰해야 한다. 그의 활동에 관한 처음 기록은 12살 때 되어졌다. 소년 예수는 예루살렘에서 유월절을 지킨 다음에 그의 양친과 함께 성전에 남게 되었다. 성경에는 예수와 그의 모친과의 대화가 다음과 같이 기록되었다. 그 모친이 가로되 "아이야 어찌하여 우리에게 이렇게 하였느냐 보라 네 아버지와 내가 근심하여 너를 찾았노라 예수께서 가라사대 어찌하여 나를 찾으셨나이까 내가 아버지 집에 있어야 될 줄을 알지 못하셨나이까 하시니 양친이 그 하신 말씀을 깨닫지 못하더라"(눅 2:48~50).

새성경 주석(The New Bible Commentary)은 이 사건에 대한 설명을 다음과 같이 한다. "예수의 대답은 놀라움의 표현이다. 그의 대답 속에는 예수가 그의 양친이 알지 못하기 때문에 놀라는 모습이 내재되어 있다. … 그는 항상 그의 아버지의 일에 전념하고 있었으며, 사사로운 그 자신의 일에 대해서는 관심을 가지지 않았다. 그의 양친이 인식해야 할 점은 바로 이 점이다"(p. 844).

예수가 완전히 성장한 후에 마리아는 어버이로서 권위를 행사하려고 시도하였지만 매번 저지당한 경우가 몇 번 있었다. 첫번째 경우는 갈릴리 가나 결혼식 잔치에서 술이 떨어졌을 때 일어났다. 요한복음 2:1~5에는 다음과 같이 기록되었다.

"사흘 되던 날에 갈릴리 가나에 혼인이 있어 예수의 어머니도('하나님의 어머니'라고 말하지 않았음에 주의하라) 거기 계시고 예수와 그 제자들도 혼인에 청함을 받았더니 포도주가 모자란지라 예수의 어머니가 예수에게 이르되 저희에게 포도주가 없다 하니 예수께서 가라사대 여자여 나와 무슨 상관이 있나이까 내 때가 아직 이르지 못하였나이다 그 어머니가 하인들에게 이르되 너희에게 무슨 말씀을 하시든지 그대로 하라 하니라."

예수님은 그의 공적 사역을 시작한 후 처음 행한 이적을 통해서 마리아에게 어떤 사람도 심지어 그의 어머니까지도 자신의 공적 사역의 시작에 대한 시기와 방법에 관해서 자기에게 지시해서는 안된다는 점을 이해시켰으며, 이후 마리아는 예수에게 어떤 권위도 행사하지 않았다. 그리고 엄밀하게 말해서 기적과 영혼을 구속하는 그의 사역은 마리아에게 속한 것이 아니었다. 이때부터 예수는 그녀에게 종속되지 않지만 그녀는 자기에게 의존해야 함을 그 모친에게 지시하였다. "너희에게 무슨 말씀을 하시든지 그대로 하라"고 하인들에게 지시한 마리아의 말은 그녀가 이런 새로운 역할을 이해하고 수용하였음을 의미한다. 어떤 경우에 있어서도 마리아는 숭배받을 수 없으며, 사람들에게 은혜를 베푸는 데 있어서 그의 아들과 함께 권위를 가질 수 없다. 만약 예수가 그의 어머니의 제안과 지휘에 굴복하였다면 '마리아 숭배'와 "마리아는 모두의 희망이다"라는 로마 카톨릭의 주장을 위한 어떤 근거가 될 수 있을 것이다. 그러나 그의 공적 사역의 시초부터 예수는 그런 주장을 할 수 있는 근거를 끊어버렸다.

두 번째 경우는 명백하게 예수가 몇 주 동안 집에 없기 때문에 마리아는 예수께서 무리에게 말씀하시는 장소에 그를 찾으려고 왔지만 많은 군중들 때문에 그에게 접근하지 못했다. 분명하게 마리아는 예수가 자기에게 왔으면 하는 그의 바람을 알리기 위해서 어떤 전달자를 통해서 예수에게 말하려고 왔든지 아니면 예수의 사역이 방해가 되든 말든 상관없이 같이 집에 가자는 요청을 직접적으로 하기 위해서 왔을 것이다. 그러나 예수는 그녀의 요구를 무시했거나 거절하였다. 마태복음 12:46~50에는 다음과 같이 기록되었다.

> "예수께서 무리에게 말씀하실 때에 그 모친과 동생들이 예수께 말하려고 밖에 섰더니 한 사람이 예수께 여짜오되 보소서 당신의 모친과 동생들이 당신께 말하려고 밖에 섰나이다 하니 말하던 사람에게 대답하여 가라사대 누가 내 모친이며 내 동생들이냐 하시고 손을 내밀어 제자들을 가리켜 가라사대 나의 모친과 나의 동생들을 보라 누구든지 하늘에 계신 내 아버지의 뜻대로 하는 자가 내 형제요 자매요 모친이니라 하시더라."

마리아의 요청에 응답하는 대신에 예수는 공적인 책망의 효과를 내는 그러한 방법으로 대답하였다. 분명하게 마리아는 이 사실을 예리하게 통찰하였다. 아마도 마리아는 자신의 아들이 군중들로부터 많은 관심을 끌고 있다는 사실이 부끄러웠을 것이고 그래서 그를 군중들로부터 떼어놓고 싶어했을 것이다. 왜냐하면 마가가 이 사건에 대해서 다음과 같이 기록했기 때문이다.

"집에 들어가시니 무리가 다시 모이므로 식사할 겨를도 없는지라 예수의 친속들이 듣고 붙들러 나오니 이는 그가 미쳤다 함일러라"(막 3:20~21). 신약성경을 읽음으로 우리는 예수의 어머니와 형제들은 예수께서 지상에 계실 동안 그의 행동에 대해서 이해하지 못했다는 인상을 받는다("이는 형제들이라도 예수를 믿지 아니함이러라"; 요 7:5). 또한 마리아는 일찍이 그를 믿었던 반면에 그의 형제들은 그가 부활한 후나 아니면 승천한 후까지 신자들의 모임에 동참하지 않았을 것이다.

요셉과 마리아 집에서 자라는 동안 소년 예수는 양친에게 복종하였다. 그러나 그가 공적 사역을 시작한 후, 예수님이 자신을 하나님의 아들과 세상의 구주로 계시하신 후에 마리아는 그 이면으로 사라져야 했다. 세상을 구원하는 사역을 담당하는 분은 오직 예수님 뿐이시다. 확실하게 예수님은 마리아가 인간으로서의 그의 어머니였으며, 하나님으로서의 그의 어머니는 아니었다는 사실을 세상에 알릴 목적으로 그녀를 책망하였다. 로마교회에서 주장하듯이 만약 마리아가 예수님에게 영향력과 권위를 행사하였다면 예수께서 성경의 기록과 같이 그녀에게 대답하지 않고 오히려 그녀의 요구를 신속하게 들어주었을 것이다. 여기서 우리는 다시 마리아는 하나님의 아들과 함께 구원하는 어떤 직무도 수행할 수 없다는 명백한 성경적 증거를 가진다. 이러한 진술에 의해서 예수는 공손히 마리아와 그의 형제들을 다른 개종자와 같은 부류로 취급하고 있다. 예수에게 있어서 모친과 형제들은 다른 모두와 동일하였다. "누가 내 모친이며 내 동생들이냐 … 누구든지 하늘에 계신 내 아버지의 뜻대로 하는 자가 내 형제요 자매요 모친이니라." 하나님의 아들과 사람들의 구속자로서 그와 마리아와의 관계는 그의 말을 듣고 순종하는 다른 사람과의 관계와 동일하였다.

세 번째 경우는 군중들 가운데서 한 여자가 큰 소리로 마리아를 찬양하였다.

"이 말씀을 하실 때에 무리 중에서 한 여자가 음성을 높여 가로되 당신을 밴 태와 당신을 먹인 젖이 복이 있도소이다 하니 예수께서 가라사대 오히려 하나님의 말씀을 듣고 지키는 자가 복이 있느니라 하시니라"(눅 11:27~28).

이 말씀은 마리아 숭배를 위해서 사람의 정서와 감정에 호소하기에 가장 적합한 도구가 된다. 심지어 오늘날에도 이 말씀은 굳세지 못한 신자들을 마리아 경배 즉 마리아 숭배에 빠뜨리는 장치로 악용된다. 그러나 다시 여기서 예수님은 마리아의 우월함이나 마리아 숭배의 조장에 관한 문제를 영원히 해결할 수 있는 분명하고 결정적인 대답을 주셨다. 예수님은 궁극적으로 마리아가 다른 여자들보다 더 높은 거룩한 위치를 차지하거나, '하늘의 여왕'의 자리에 앉아야 하고, 또 숭배의 대상이 된다고 하는 관념을 거부하셨다. 예수님께서 승천하신 후에 마리아는 예루살렘에서 사도들과 몇몇 다른 여자들과 함께 기도하기 위해서 모였으나(행 1:14) 그녀에게 주어진 것과 같은 특별한 영예나 지위를 부여받지 못하였다. 마리아 자신은 특별히 예수의 모친으로 선택받았으며, 가정에서 자란 예수가 가장 훌륭한 어린이로 성장할 수 있도록 그에게 친절과 사랑을 베풀었다는 것을 제외하고 그 어떤 다른 고결한 여인들보다 더 뛰어나지 않았다.

우리는 더욱 예수님이 그의 공적인 사역을 수행하는 동안 내내 마리아를 '어머니'가 아닌 '여인'으로 조심스럽게 불렀다는 점을 주의해야 한다. 심지어 그는 십자가에 달리셨을 때에도 마리아를 여자라고 불렀다. 헬라어, 히브리어, 그리고 라틴어는 물론 '어머니'를 위한 단어를 가진다. 그러나 성경에는 '어머니'가 아닌 '여인'으로 기록되었다. 물론 예수님은 로마 카톨릭 교회에서 그렇게 많이 사용하는 '마님'이라는 용어를 절대로 사용하지 않았다. 고로 우리는 오직 성경만 따라가야 한다.

예수님은 항상 그의 모친에게 공손하게 말하였지만 그럼에도 불구하고 그녀나 다른 어떤 사람도 구원 사역에 동참할 수 없다는 점을 분명하게 하였다. 인간은 구원하시는 그리스도의 조력자가 될 수 없다. 성경은 어떤 형태의 조력이나 명령도 허용되지 않음을 신중하게 지적하고 있다. 예수님이 나사렛에서 그의 가정 생활을 마치시고 공적 사역을 시작하셨을 때 새로운 관계는 성립되었다. 이때부터 그의 초자연적인 지위는 강조되었다. 왜냐하면 그는 하늘에 계시는 아버지의 독생자이시기 때문이다. 예수님은 인간들의 혈연관계를 신과의 영적인 관계보다 더 높이 두려고 하는 잘못된 시도를 꾸짖으셨다.

12. 마리아에 대한 개신교의 태도

우리는 복음적 개신교 신자로서 성경이 "여자 중에 네가 복이 있도다"라고 부여한 명예와 함께 마리아, 우리 주님의 어머니를 존경한다. 인류 민족 가운데 다른 사람들은 세상의 구세주의 어머니가 되도록 선택받은 마리아에게 주어진 것과 같은 그러한 높은 명예를 받지 못하였다. 마리아는 참으로 미덕과 뛰어난 믿음을 가진 여인이었다. 그녀는 자기에게 맡겨진 직무를 훌륭하게 완수하였다. 마리아는 죄로 인해 저주받은 세상으로 생명의 떡이 올 수 있도록 선택받은 도구였다. 그러나 그녀는 단지 도구였지 생명의 떡은 아니었다. 우리가 필요로 하는 것은 유일한 생명의 떡이지 먹을 수 없는 그릇이 아니다. 우리가 필요로 하는 구세주는 유대인 처녀 마리아가 아니라 하나님의 아들 예수님이시다.

우리는 마리아를 존경하며, 모든 세대 사람들이 그녀를 '축복받은 여자'로 부를 것이다. 그 이유는 그녀가 하나님의 말씀을 믿고 천사 가브리엘의 전언을 받아들였기 때문이다. 그러나 우리는 그녀를 신격화시키지 않으며, 그녀를 경배하지 않으며, 그녀에게 기도하지 않는다. 그리고 우리는 그리스도를 그의 왕적 지위에서 끌어내리고 대신 마리아를 오직 그리스도에게만 속한 지위로 끌어올릴 때 강력하게 항의할 것이다. 우리는 그녀와 함께 하나님의 아들에게 예배하지만 그녀에게 예배하지 않으며, 마치 그녀가 중보자인 것처럼 그녀를 통해서 예배하지도 않는다. 마리아를 존경하는 것과 그녀에게 경배하는 아주 비성경적인 행동 사이의 차이점을 완전히 이해하는 것이 중요하다. 우리는 지속적으로 예수님의 말씀을 기억해야 한다. "누구든지 하늘에 계신 내 아버지의 뜻대로 하는 자가 내 형제요 자매요 모친이니라"(마 12:50).

로마 카톨릭 사제들은 자기들이 마리아를 존경한다고 말하며, 그렇게 하지 못하는 개신교에 대해서 비난한다. 물론 알려진 마리아 숭배의 죄악을 혐오하는 가운데 우리는 성경이 그녀 자체에 관해서 계시하는 대로 그녀의 지위를 구별하고 존경하기를 무시하는 위험에 직면해 있다. 그리고 우리는 이런 위험을 경계해야 할 것이다. 그러나 사제들은 그녀에게 너무 과한 책임을 맡김으로 중대한 불의를 행하고 있다. 초대 교황으로 일컬어지는 베드로는 위와 같은 과오를 범하지 않았다. 베드로는 그의 설교를 통해서 또는 그의 두 서신서를 통해서 전혀 마리아를 언급하지 않았다. 개신교에서 강조하는 바와 같이 베드로는 그의 백성을 죄로부터 구원하시는 유일한 구세주로서 그리스도에 관하여 많이 언급했지만 중보자로서 마리아에 대해서는 전혀 소개하지 않았다. 마리아에게 그와 같은 자격을 부여하는 것은 하나님에게서 그의 영광의 일부분을 빼앗아 주는 것이며 사람들에게 거짓 구원을 안겨 주는 것이다. 성경에는 어느 누구도 구원을 마리아에게 요청했다는 기록이 없다.

로마교회에서 마리아의 지위에 관해서 가지는 거짓된 존경은 예수님께서 십자가에 달리셨을 때 요한에게 "보라 네 어머니라" 하신 주님의 말씀을 대부분 잘못 해석한 데서 기인한다. 로마교회는 예수님이 요한에게 하신 말씀은 현재와 미래에 있어서 모든 사람들에게 주어진 말씀이며, 그리고 그녀의 아들로서 모든 사람에게 마리아를 위탁한 것이라고 주장한다. 그러나 신약성경은 이 점에 관해서 오해의 소지가 없도록 명백히 계시하며, 주님이 그녀의 여생 동안 보살펴 주도록 요한에게 그의 모친을 위탁하였으며, 아들과 같이 그녀를 섬기도록 개인적인 책임을 요한에게 부여하셨다는 사실은 진리이다. 요한복음 19:26~27에는 다음과 같이 기록되었다.

> "예수께서 그 모친과 사랑하시는 제자가 곁에 섰는 것을 보시고 그 모친에게 말씀하시되 여자여 보소서 아들이니이다 하시고 또 그 제자에게 이르시되 보라 네 어머니라 하신대 그때부터 그 제자가 자기 집에 모시니라."

이 말씀의 본질적인 의미는 다음과 같다. 즉 이 말씀은 마리아와 요한 각 개인에게 주어진 것이며, 그때부터 마리아는 예수께서 사랑하시는 제자 요한을 자기의 아들과 같이 자기의 생애에 있어서 예수의 역할을 대신할 수 있는 사람으로 생각하게 되었으며 그리고 요한은 아들의 의무를 떠맡게 되었으며 효성스러운 애정으로 마리아를 돌보았으며 참된 아들과 같이 외로운 처지에 있는 그녀를 위해 주었다. 그리고 마리아와 요한이 이 말씀을 너무나 잘 이해하였다는 사실은 다음의 구절에서 즉시 명백해진다. "그때부터 그 제자가 그녀를 자기 집에 모시니라"(27절).

그리고 우리가 존경하는 마리아는 울고 있는 석상이나 반여신이 아니며, '하늘의 여왕'도 아니라 예수와 더불어 은혜를 입고 예수의 모친이 된 하나님의 비천한 종이다.

13. 요셉과 마리아의 가족 가운데 다른 자녀들이 있는가?

성경은 우리에게 예수가 처녀에게서 태어나셨다고 가르친다. 예수님이 태어나신 후 요셉과 마리아의 가족은 얼마나 되는가? 요셉과 마리아는 다른 자녀들을 두었는가? 아니면 오직 유일하게 예수만 있었는가? 이 질문에 관한 대답은 로마 카톨릭과 개신교 사이에 명백하게 나누어진다.
마태복음 13:53~56에는 다음과 같이 기록되었다.

"예수께서 이 모든 비유를 마치신 후에 거기를 떠나서 고향으로 돌아가사 저희 회당에서 가르치시니 저희가 놀라 가로되 이 사람의 이 지혜와 이런 능력이 어디서 났느뇨 이는 그 목수의 아들이 아니냐 그 모친은 마리아, 그 형제들은 야고보, 요셉, 시몬, 유다라 하지 않느냐 그 누이들은 다 우리와 함께 있지 아니하냐."

마가 역시 예수의 형제들과 자매들의 이름을 언급한다(6:3).
이 구절들은 명백하게 요셉과 마리아의 가족 가운데 다른 자녀들이 있었다는 사실을 밝히고 있다. 이 용어는 복수이기 때문에 가족 중에는 네 아들과 적어도 두 딸이 있었다. 그 누이들은 '모두'라고 사용된 용법 때문에 아마도 셋 또는 더 많은 딸들이 있었을 것이다. 만약 두 딸들만 있었다고 한다면 우리는 '모두'가 아니라 '둘'이라고 말해야 한다. 요한복음 7:5의 "이는 그 형제들이라도 예수를 믿지 아니함이러라"라는 언급을 통해서 우리는 요셉과 마리아 사이에 다른 아들들이 있었다고 하는 가장 자연스러운 사실을 발견한다. 일반적으로 사람들은 예수를 믿지 않았으며 더구나 요한은 여기서 예수의 가족의 일원인 그 형제들이라도 그를 믿지 않았다고 말한 것은 예수 외에 다른 형제들이 존재했음을 자체적으로 증명한다.
"내가 내 형제에게는 객이 되고 내 모친의 자녀에게는 외인이 되었나이다"(시 69:8)라는 그리스도에 관한 예언은 그에게 대한 예수의 형제들의 태도 안에서 자연적으로 성취되었다. 그리스도의 오심과 사역에 관하여 예언된 메시아의 시편은 그 예언들을 그에게 적용시킨 수많은 신약 성경의 언급을 통해서 분명하게 되었다. 시편 69:4, 8, 21, 25; 요한복음 15:25; 2:17; 로마서 15:3; 마태복음 27:34; 그리고 사도행전 1:20을 비교해 보라. 이 구절들 속에서 시편의 다른 요소들도 성취되었다. "그녀는 맏아들을 낳다"(2:7)라는 마리아에 관한 누가의 진술은 예수 이후에 태어난 다른 아들들이 있음을 의미한다. 사도행전 1:14은 제자들에 추가해서 언급된 '예수의 모친 마리아와 예수의 아우들'에 관해서 언급한다.
사실 예수는 단지 마리아의 아들인 반면에 그들은 요셉과 마리아의 아들과 딸들이기 때문에 예수의 씨다른 형제들이요 씨다른 자매들이었다. 주님의 씨다른 형제 야고보는 예루살렘 교회의 수장이 되었으며 예루살렘 공의회를 주재하였다(행 15:13, 19). 그리고 신약성경 두 책에서 야고보와 유다는 요셉과 마리아의 아들로 기록되었다.

로마 카톨릭 교회에서는 이들을 예수의 사촌으로 설명하려고 시도하며, 때문에 결국 요셉과 마리아가 다른 자녀들을 가지지 않았다고 강변한다. 그러나 헬라어는 '바나바의 생질 마가'라는 골로새서 4:10과 같이 사촌을 의미하는 다른 단어 '아네프시오스'($ἀνεψιός$)를 가진다.

동일한 사실을 지시하는 다른 언급은 마태복음 1:24~25에 기록되었다. "요셉이 잠을 깨어 일어나서 주의 사자의 분부대로 행하여 그 아내를 데려왔으나 아들을 낳기까지 동침치 아니하더니 낳으매 이름을 예수라 하니라." 성경은 요셉이 예수를 낳기까지 그녀와 동침하지 않았다고 확실하게 증거한다. 우리는 이런 말씀에 근거하여 다음과 같이 추론할 수 있다. 즉 예수를 낳은 후에 마리아는 전적으로 또 완전하게 요셉의 아내가 되었으며, 그 다음에 그들은 정상적인 남편과 아내로서 생활하였으며 그리고 우리가 인용한 바 있는 다른 언급들과 관련하여 그들은 다른 자녀들을 출산하였다.

성경은 마리아가 예수를 출산시킨 후까지 처녀였음을 확증한다. 그리스도의 신성과 마리아의 순결성을 보호할 필요가 있다는 것 외에는 아무것도 아니다. 예수가 동정녀에게서 나셨다는 것을 더욱 증명할 필요가 있는가? 우리가 요셉은 예수의 아버지가 아니었다는 사실을 더욱 증명할 필요가 있는가? 로마 카톨릭은 그 이상을 지나서 마리아의 '영구적인 처녀성'을 가르치는 가운데 성경을 초월하고 있으며 성경적 권위가 없는 사람이 만든 교리 위에 서 있다.

사제들은 '처녀 마리아'를 반복해서 언급한다. 그들은 요셉과 마리아가 남편과 아내였다는 사실을 인정하며, 그들을 이상적인 인간 가족으로 묘사하려고 시도하는 반면에 그들이 정상적인 결혼 관계 가운데 생활하였다는 사실은 부정한다. 그러나 그러한 부자연적인 관계는 있을 수 없는 일이며 성경 어디에도 그러한 비정상적인 관계에 대하여 증명하는 구절은 없다. 그러한 관계는 인간 본성과 솔직히 두 사람이 가진 욕구와 정면으로 배치된다. 사제들은 마리아의 영구적인 처녀성에 관한 생각을 포기해야 하며, 요셉과 마리아를 이상적인 인간 가족으로 묘사하는 사상을 버리지 않으면 안된다.

물론 마리아의 영원한 처녀성에 관한 로마 카톨릭 주장의 배후에는 사제들과 수녀들의 독신 생활을 정당화하려는 욕구가 숨어있다. 로마 카톨릭은 독신 신분이 결혼한 신분보다 더욱 고상하며, 결혼에 대해서는 어떤 본질적인 불결과 부정이 있다고 가르친다. 처녀 마리아에 관해서 쓴 로마 카톨릭 작가는 다음과 같이 말한다. "한때 신성의 그릇이 되도록 바쳐진 가장 거룩한 그릇이 나중에 인간의 사용에 의해서 불결해지거나 세속적이게 된다는 것은 예의상 상상할 수 없다." 이러한 가르침에 따르면 여자가 정상적인 결혼 생활의 과정을 통해서 모친이 되었을 때 그 여인의 육체는 불결해지거나 세속적이게 된다. 수녀는 사랑스런 아이를 가진 어머니보다 더 거룩하다. 로마 카톨릭은 결혼을 거룩하지 않고 불결한 것으로 생각하기 때문에 또 교회 스스로의 거룩과 심지어 마리아의 무죄 완전성을 유지하려는 목적에서 마리아는 항상 변함이 없는 처녀로 있다는 것을 가르쳐야 할 의무에 사로잡혀 있는 자신을 발견한다.

14. 순결한 임신

'순결한 임신'에 관한 교리는 마리아가 무죄하게 태어났으며 존재의 시초부터 그녀는 원죄의 흔적으로부터 자유롭게 되었다고 가르친다. 나머지 모든 인류는 원죄를 가지고 태어나지만 오직 마리아만은 하나님의 특별한 기적에 의해서 예외이 되었다는 점을 주장한다. 이런 교리를 언급한 근본적인 선포는 교황 피우스 9세에 의해서 1854년 12월 8일에 되었다. 이 선언 내용은 다음과 같다.

>"우리는 가장 축복받은 처녀 마리아가 전능하신 하나님의 기묘한 은총과 특전, 인류의 구세주인 예수 그리스도의 중보의 은총에 의하여 임신의 시초에 모든 원죄의 오염으로부터 순결하게 보존되었다는 사실을 단언하고 선언하는 동시에 확정한다. 그리고 이 교리는 하나님에 의해서 계시되었으며 그러므로 모든 성실함으로 확고하게 또 지속적으로 믿어야 할 것을 선언한다"
>(From the papal bull, *Ineffabilus Deus*, quoted in *The Tablet*, 1953. 12. 12.).

많은 개신교 신자들은 이 교리를 오해하며 또 이 교리가 그리스도의 처녀 탄생과 관련이 있는 것으로 가정한다. 그러나 이 교리는 마리아 자신의 탄생과 관련이 있으며 그리스도의 처녀 탄생과는 전혀 무관하다.

마리아가 무죄하게 태어났다는 교리와 병행하여 그녀는 전생애 동안 어느 때도 범죄하지 않았다고 하는 교리가 발전하게 되었다. 그리고 나서 서로 연결된 하나의 고리(link)처럼 로마 카톨릭은 범죄할 수 없음을 의미하는 무죄완전한 속성 즉 범죄하기 불가능한 그러한 본성을 마리아에게 부여하였다. 이런 모든 것은 자연적으로 마리아 숭배에로 발전하였으며 더욱이 그녀를 신격화하는 데로 나아갔다. 그들의 마리아 숭배는 결국 신격화를 요구한다. 그들은 만약 우리 주님에게 돌려야 할 예배를 그녀에게 드리려면 그녀가 무죄하지 않으면 안된다는 사실을 인식하고 있다. 그러나 로마 카톨릭의 다른 특수한 교리 체계와 같이 이 교리는 완전히 성경적인 지지를 받지 못하며, 사실 직접적으로 원죄에 관한 성경적 교리와 배치된다. 성경은 하나님으로 선재하셨다가 그 신성에는 변동이 없이 성육신하신 그리스도를 제외한 모든 인간은 죄인임을 가르친다. 마리아 자신은 구세주를 필요로 하는 인간임을 알았다. 때문에 그녀는 다음과 같이 고백하였다.

"내 영혼이 주를 찬양하며 내 마음이 하나님 내 구주를 기뻐하였음은 그 계집종의 비천함을 돌아보셨음이라"(눅 1:46~47).

특별히 마리아가 '나의 구주'라고 한 말을 주의하라. 무엇보다도 죄인은 구세주를 필요로 한다. 왜냐하면 무죄한 사람에게는 어떤 형태로든지 형벌이나 재해가 가해지지 않기 때문이다. 로마 카톨릭은 마리아의 말 또는 호소를 근거없이 '우리 마님'으로 이해하려고 한다. 왜냐하면 이 말씀 속에서 마리아는 자기가 구세주를 필요로 하는 죄인임을 고백하고 있기 때문이다. 기독교인은 단연 마리아에게 기도해야 할지 하지 말아야 할지를 결정해야 한다. 마리아는 확실히 훌륭한 인물이다. 그러나 그녀는 무죄하지 않으며 오직 인간일 따름이다. 그러므로 그녀는 성령으로 다시 태어날 필요가 없으며 그녀의 아들에 의하여 제공된 구속에 참여해야 한다.

성경은 분명하게 단언한다. "모든 사람이 죄를 범하였으매 하나님의 영광에 이르지 못하였다"(모든 사람은 마리아를 포함한다; 롬 3:23), "이러므로 한 사람으로 말미암아 죄가 세상에 들어오고 죄로 말미암아 사망이 왔나니 이와 같이 모든 사람이 죄를 지었으므로 사망이 모든 사람에게 이르렀느니라"(롬 5:12), "아담 안에서 모든 사람이 죽었다. …"(고전 15:22). "만일 죄 없다 하면 스스로 속이고 진리가 우리 속에 있지 아니할 것이요 … 만일 우리가 범죄하지 아니하였다 하면 하나님을 거짓말하는 자로 만드는 것이니 그의 말씀이 우리 속에 있지 아니하니라"(요일 1:8,10), "의인은 없나니 하나도 없도다"(롬 3:10).

성경은 마리아가 예수를 낳은 후에 율법에 지시한 대로 두 번의 제사 즉 번제(하나님의 뜻에 완전히 굴복한다는 상징)와 속죄제(의식된 죄악을 속하는 제사)를 하나님께 드렸다(눅 2:22~24; 레 12:6~8)는 사실을 우리에게 계시한다. 마지막으로 마리아는 신약성경에서 사람들에게 기도받는 것이 아니라 다른 가난한 성도들과 똑같은 신분으로 기도하고 있는 성도로 언급되었다(행 1:13~14). 순결한 임신에 관한 교리는 깊고 다양한 역사를 가지고 있다. 이 교리는 사도 시대의 교회에 알려지지 않았으며, 심지어 마리아가 죽은 후 수세기 동안까지 토론의 문제가 되지 못했다. 이 교리는 그리스도가 처녀 마리아에게서 성육신하신 후 18세기보다 더 오랜 1854년까지 공식적인 교리가 되지 못했으며, 로마교회에 있어서 최근에 교리 가운데 하나가 되었다. 주후 431년 에베소 공의회에서 '하나님의 어머니'라는 표현을 사용하였지만 이 용어의 사용 목적은 마리아에 관한 교리를 진술하려는 것이 아니라 그리스도의 신성을 강조하려는 데에 있었다. 그러나 그리스도가 어떤 죄의 흔적도 없이 태어나야 하기 때문에 마리아 자신은 무죄해야 하며 심지어 다른 모든 인간 존재에게 있는 원죄까지도 없어야 한다는 일반적인 견해가 나오게 되었다.

주후 430년에 사망하였고, 분명히 고대 교회에서 가장 위대한 신학자였던 어거스틴은 순결한 임신에 관한 관념을 거부하였으며, 명백하게 마리아의 육체는 죄의 육체였다고 선언하였다(De Peccatorum Meritis, ii, c. 24). 그리고 다시 그는 "마리아는 아담의 후손이며, 고로 죄 때문에 사망하였지만 마리아로부터 유래된 우리 주님의 육체는 속죄의 제물로 드려졌다"고 말하였다. 어거스틴은 그의 시편 강해 설교(Sermon on Psalm 2)를 통해서 명백하게 마리아에게는 원죄가 있었다고 말했다. 이 교리는 역시 크리소스톰, 유세비우스, 보나벤투라, 카제탄 추기경(아우스벅에서 루터의 대적자)을 포함한 중세 시대의 가장 위대한 스콜라 학자들, 그리고 역시 가장 위대했던 두 교황 즉 그레고리 대제와 인노센트 3세에 의해서 반대를 받았다.

토마스 아퀴나스는 그리스도는 어떤 방법으로든지 원죄에 물들지 않았지만 그럼에도 불구하고 "축복받은 처녀는 원죄에 오염되었으며, 그러나 그녀는 태어나기 전에 원죄로부터 깨끗하게 되었다"고 주장하였다(*Summa Theol.* III, ad 2; Quest. 27. Art. 1~5). 그리고 그는 계속해서 "그러므로 마리아는 원죄에 오염되었지만 특별한 방편을 통해서 원시적 오염으로부터 깨끗하게 되었다고 생각된다"고 말하였다(*Compendium Theol.*, p. 224). 게데스 막그레고르(Geddes MacGregor)는 그의 저서 바티칸 혁명 (The Vatican Revolution)에서 다음과 같이 말하였다.

"토마스 아퀴나스는 이 교리를 너무 강하게 반대하였기 때문에 이 교리는 전 도미니크 수도회에서 신학적으로 지지받지 못하는 것으로서 반대에 직면하게 되었다. 그러나 둔스 스코투스를 신봉하는 프랜시스코 수도회는 이 관념을 소중히 여겼으며 나중에 예수회에서는 이 교리를 중요시하고 특별한 관심 중의 하나로 만들었다. 만약 교황 피우스 9세가 이 교리를 정당하고 절대적으로 확실한 것으로 선포했다면, 지난 1800년 동안 교회의 지적인 생활의 지도자요, 교회에 빛을 비추이는 발광체로서의 기독교 세계의 학식있는 신학자들은 자기들의 성장에 비례하여 순진한 교인들을 잘못 지도하고 그러한 잘못된 교리에 현혹되도록 방치한 개탄스러운 일이 되었을 것이다"(p. 9; Beacon Press: Macmillan & Co., London and Toronto).

도미니크 수도사들과 프랜시스코 수도사들 사이에 논쟁이 너무 치열했기 때문에 교황 식스투스 4세는 마침내 이 문제에 개입하여 양쪽 다 찬성하는 가운데 문제를 해결하지 않고 더 이상의 논쟁을 금지하였다. 개신교 종교개혁 때문에 발생한 문제를 다루기 위해서 최초로 소집된 트렌트 공의회는 교황 피우스 4세에 의해서 이 문제에 관한 선언이 요구되었지만 이 사건을 다루지 아니했다.

그럼에도 불구하고 마리아가 무죄하다는 이념은 계속적으로 전면에 부각되었다. 예수회 사람들은 즉시 이 교리를 새롭게 선전하기 시작했으며 이런 운동은 대규모로 확산되어 결국 '베드로의 무오한 계승자'(the infallible successor of Peter) 교황 피우스 9세는 1854년에 마리아 무죄설을 선언하였고, 1870년에 유순한 바티칸 공의회에서 이 교리는 공식적으로 비준되었다(이 공의회는 역시 신앙과 도덕적인 문제에 있어서 교황의 무오성에 관한 법령을 재가하였다).

대부분의 중세기의 신학자들은 마리아 무죄설이 보편적인 원죄와 조화를 이룰 수 없기 때문에 이 교리를 반대하였다. 신학자들 대부분은 만약 마리아가 무죄하고 인류의 탈당자라면 그녀는 그리스도의 신성과 인간 본성을 위해 요구되는 인성 사이의 접촉점이 되어질 수 없다는 점을 주장하였다. 이런 경우와 더불어 교리 문제에 있어서 로마교회의 일반적인 피난처가 되는 전통조차도 이러한 교황의 신조를 부인한다.

결국 마리아가 지금 무죄와 관계되는 한에서는 마땅히 경배받아야 할 그의 아들 예수 그리스도와 절대적으로 동등한 위치에 있다. 로마교회는 다른 교리와 같이 이 교리도 '모든 신부들의 동의'를 그 바탕으로 삼고 있다고 주장한다. 실은 수세기 동안 논쟁이 계속되었고 때로는 그 논쟁이 매우 치열했지만 결국 이 교리는 선택의 여지가 없이 교황에 의해서 공식적으로 선언되었기 때문에 오늘날 모든 로마 카톨릭에 의해서 수용되고 있다. 왜냐하면 누가 감히 이 선언을 불신하면 즉시 유죄 선고가 따르기 때문이다.

"그러므로 만약 누가 우리가 결정한 것 이외에(하나님이 금하신) 어떤 다른 생각을 감히 그 마음에 품고 있다면 그들은 신앙을 파괴했기 때문에 자신의 판결에 의하여 정죄를 받으며, 교회의 일치로부터 떨어진다는 사실을 인식하고 철저히 이해할 것이다. 그리고 만약 그들이 그 마음 속에 있는 생각을 감히 말이나 글 또는 다른 외부적인 방법으로 나타낸다면 그들은 이러한 여러 불순한 행위 때문에 스스로 율법에 정해진 형벌을 받을 것이다."

얼마나 거짓된 교리와 악명 높은 교회 전제 정치의 실례들인가! 이런 전제 정치는 '맡기운 자들에게 주장하는 자세'를 금한 베드로가 정죄하는 바로 그것이다(벧전 5:3). 트렌트 공의회는 감히 이 교리가 틀렸다고 주장하는 신교에게 최초로 저주를 선포하였다. 그러나 근래에 공의회에서 선언된 저주는 카톨릭 신자들의 탈선을 방지하기 위하여 자기 교인들에게 처음으로 내려졌다.

그러나 로마 카톨릭이 자기 교회 안에서의 가장 위대한 신학자들이 거부한 교리를 왜 기꺼이 수용하였는가? 참으로 성경이 가르치지 않는 교리를 사람들이 믿는 이유가 무엇인가?

15. 마리아의 승천

오랜 로마 카톨릭의 신앙 목록에 있어서 가장 최근에 추가된 이 교리(더욱 정확한 용어라고 해도 좋을 '발명')는 1950년 11월 1일에 성 베드로의 성당에서 교황 피우스 12세에 의해서 권위적으로 마리아의 육체는 죽은지 얼마 후에 무덤에서 부활하였으며, 그녀의 육체와 영혼은 재결합되었으며, 그리고 그녀는 승천하여 하늘의 여왕의 자리에 앉으셨다고 선언되었다. 그리고 여기서 선언된 이 교리와 더불어 "이제부터 누구든지 이 교리를 의심하거나 부정하면 오로지 하나님과 카톨릭 신앙으로부터 버림받게 된다"는 일반적인 경고가 추가되었다. 따라서 이 경고는 카톨릭 신자가 이 교리를 부정하는 것은 도덕적 범죄임을 의미한다. 마리아의 승천에 관한 전설은 다음과 같다.

"마리아가 죽은 지 삼일 후에 사도들이 그녀의 무덤에 모였을 때 그들은 그 무덤이 비어있는 것을 발견하였다. 신성한 육체는 하늘의 낙원으로 올리워졌다. 예수 자신은 낙원으로 마리아를 안내하기 위하여 마중나왔으며, 하늘의 전체 천사와 대신(Court)들은 승리의 찬송을 부르면서 주 하나님의 어머니를 환영하러 나왔다. 얼마나 장엄한 환희의 합창인지! '오! 너희 왕자들이여, 그대의 출입문을 들어올리자, 그리고 오! 영원한 문들이여 들지어다. 영광의 왕비가 들어가리로다' 라는 환희의 소리에 귀를 기울이라."

이 전설은 마리아에 관하여 성경에 기록된 정보에 만족하지 않고, 이 사건들이 발생할 것이라고 상상한 대로 이 광경을 묘사하였다고 이해한 중세 수도사들이 기대했던 기사의 한 형태이다. 여기서 우리는 마리아가 하늘로 접대받아 들어갔을 뿐만 아니라 성인들이 도달 가능한 것보다 훨씬 뛰어난 탁월한 위치에 올려졌음을 알 수 있다. 그녀가 그의 아들의 수난에 동참했다고 하는 주장 때문에 그녀는 가장 높은 지위에 임명되었다. 마리아는 영원한 성부에 의해서 하늘의 여왕 위에 오르게 되었으며 그녀의 아들 우편에 오르게 되었으며 그녀의 아들 우편에서 왕권을 받았다.

이와 같이 마리아의 육체는 기적적으로 부패로부터 보존되었으며 그녀의 부활과 승천은 그리스도의 부활과 승천에 필적하게 되었다. 그리고 그리스도와 똑같이 마리아는 그녀의 도움을 추구하는 전 세계에 흩어져 있는 수백만 사람들을 위해 중재할 수 있는 하늘의 보좌에 앉아 있다고 주장되고 있다. 이런 주장은 1854년에 선언된 순결한 임신(The Immaculate Conception) 즉 자연적 삶에서 나와 초자연을 위한 삶 속으로 초자연적인 들어감의 자연적인 결과이다. 신비스러운 거룩한 후광(halo)은 그녀의 전 존재 위에 떨어졌다. 성인들이 세상의 끝날에 영광의 자리에 들어서는 것에 반하여 마리아는 이미 영광의 자리에 들어가 있다.

근래에 교황 피우스 12세는 마리아 승천에 관한 이 교리를 공표하고, 마리아를 하늘의 여왕으로 선언한 그의 업적 때문에 '성모 마리아의 교황'으로 불리운다. 교황의 명령에 따라서 12개월 동안 성모 마리아를 위한 회의, 특별한 예배, 그리고 로마로 가는 순례(물론 아메리카에서 오는 순례자나 여행객에게서 나온 거대한 수입이 바티칸에게로 돌아간다)를 포함하여 전세계의 관심을 강력하게 마리아에게 집중시킬 공공연한 목적으로 특별한 행사들이 열리며, 이런 행사들은 불가피하게 사람들로 하여금 그리스도를 외면하게 만든다.

개신교에 있어서 마리아 승천의 교리에 대한 가장 놀라운 일은 이 교리가 전혀 성경적인 증거를 가지고 있지 않다는 데 있다. 로마 카톨릭은 마리아의 죽음, 장사, 무덤의 위치, 또는 그녀가 언제 또 어떻게 하늘로 승천했는지에 대한 그 어떤 증거도 성경 안에서 발견할 수 없다. 그러나 로마 카톨릭은 이러한 곤란을 전혀 개의치 않는다. 교황 피우스 12세는 예수 그리스도에 의해서 사도들에게 주어진 최초의 '신앙에 관한 계시'에 입각해서 최대한의 확신을 가지고 이 교리를 선언하였다. 그러나 우리가 알고 있는 바로는 19세기 후반까지 명백하게 이런 교리가 알려지지 않았다. 이런 사건에 가장 가깝게 있던 초대 교회 교부들은 그런 승천에 대하여 전혀 알지 못했다. 우리는 그러한 비성경적, 비역사적, 분별없는 교훈이 마치 변함없는 성경의 진리처럼 사람들에 의하여 수용되고 취급될 수 있다는 사실에 대해서 놀라게 된다.

로마교회가 일찍부터 이런 교리를 지탱하기 위해서 근거로 삼았던 모든 것은 6세기에 남 프랑스 뚜르(Tours) 출신인 그레고리에 의해서 쓰여진 『영광스런 순교자』(In Gloriam Martyrum)라는 책 속에 포함된 묵시적인 전설에 있다. 이 책의 내용은 단지 옛날 이야기에 불과하다. 이 책은 마리아가 그녀의 침상 주위에 모여있는 사도들 곁에서 죽음으로 예수님이 그의 천사들과 함께 나타나서 가브리엘 천사에게 마리아의 영혼을 돌보라고 지시하셨으며, 그리고 그녀의 육체는 구름 속으로 끌어올려졌다는 것에 대해서 언급한다. 에드워드 제이 타니스(Edward J. Tanis)는 이 전설을 적절하게 다음과 같이 평가한다. "이 전설의 진실성에 대한 증거는 우리 할아버지에게서 들었던 유령 이야기 그 이상이 아니다"(『카톨릭교는 무엇을 가르치는가』, p. 26). 그러나 이 이상스러운 중세기 민간 전승(folklore)은 지금 로마교회의 공식적인 교리가 되었으며, 이 전설의 수용을 거부하는 많은 사람들은 "하나님과 카톨릭 신앙으로부터 버림받게 된다"고 하는 교황의 명령에 의하여 정죄 아래 놓이게 된다.

여기서 우리는 로마 카톨릭 교리가 어떻게 발전했는지에 대한 전형적인 예를 보게 된다. 수백만의 사람들은 교회를 통해서 성경적이고 역사적인 증거를 제공받지 못한 상태에서 모두 똑같이 마리아의 승천을 믿을 것을 강요당하고 있으며, 심지어 이에 대한 항의조차 못하고 있다. 학문을 추구하는 학교에서도 그런 교리에 대한 증거를 요구하는 그 어떤 목소리조차 낼 수 없다. 이 교리가 성경적이든 비성경적이든, 역사적이든 비역사적이든, 과학적이든 비과학적이든, 이성적이든 비이성적이든간에 로마교회의 모든 사람들은 이 교리를 받아들이고 믿어야 할 의무 아래 있다. 그래서 교황이 그의 권위를 가지고 전혀 오류가 없는 것으로 선포하고, 또 교회의 일반 신도들이 그의 신앙에 대하여 어떤 추론을 시도할 수 없고 다만 교회가 가르치는 것을 의심없이 수용해야 하는 이 교리는 같은 종류의 교리들에 유해한 영향을 끼친다.

마리아 승천에 관한 교리는 단지 로마교회의 신학자들이 그들의 신학 체계를 유지하기 위해서 유추한 소위 '논리적 결론' 가운데 하나이다. 우리는 마리아는 무죄하기 때문에 그녀의 육체가 무덤에 머물러 있다고 가정하는 것은 비논리적이라는 말을 듣는다. 그러나 이에 대한 대답은 다음과 같다. 만일 마리아가 무죄하였다면 왜 그녀는 결국 죽어야만 했는가? 사망은 죄로 인한 형벌이다. 그리고 무죄한 곳에는 형벌이 있을 수 없다. 만약 하나님이 무죄한 사람에게 형벌을 내리셨다면 하나님은 정의롭지 못할 것이다. 마리아는 무죄하기 때문에 죽지 않았거나 또는 죄가 있기 때문에 죽어서 그녀의 육체가 무덤에 그대로 변함없이 있거나 간에 어느 한쪽을 택해야 한다.

로마교회는 마리아의 역할을 너무 강조하기 때문에 만약 마리아가 성경에서 그녀에게 주어진 위치대로 물러나 있게 된다면 카톨릭 교회의 전체적인 특성이 변하게 될 그 정도로 그녀의 역할은 오늘날 로마 카톨릭의 필수적인 부분이 되었다. 심지어 혹자는 로마 카톨릭 교회가 처음 그녀에게 부여한 지위에서 오는 생활과 관례 때문에 '마리아의 교회'로 불리워질 수 있음을 시사하였다.

순결한 임신과 마리아의 육체적 승천에 관한 권위적인 선언은 결국 그리스도와 함께 협동하는 구속자로서 로마교회에게 위탁된 마리아의 역할을 완성시키는 하나의 중요한 고리가 되었다. 이 고리는 여러 해 동안 토론의 대상이 되었다. 어떤 유명한 성직자는 앞으로 마리아가 비록 전문적으로 신은 아니지만 그럼에도 불구하고 구원의 문제에 있어서 성부와 성자 그리고 성령과 함께 의논하며, 또 그녀는 '모든 은혜의 조정자' 또는 '그리스도와 함께 협동하는 구속자'라는 것을 공식적으로 선언하게 될 것을 지적하였다. 이대로 가다가 우리는 마침내 하늘에서 더 이상 3위 하나님을 보지 못하고 오직 4위 (Quartet) 하나님을 보게 될 것이다. 이와 같이 모든 시대에 있어서 로마교회는 고의적으로 마리아에 관한 교리를 공식화하는 방향으로 나아갔다.

16. 마리아 숭배에 대한 로마교회의 사실상 목적

이 단락의 전개에 있어서 디 스미드(Dee Smith)가 저술한 '마리아 숭배의 은밀한 목적' 가운데 한 단락이 대규모로 사용되었으며 이 책은 "기독교 유산"에서 1958년 12월에 출판되었다.

로마교회는 마리아라는 인물에게 너무 많은 신화와 전설을 부가시켰기 때문에 실제 마리아는 거의 잊혀졌다. 비록 성경에는 그녀에 대하여 아주 적게 언급되었지만 마리아는 성경에서 숭고하고 용기있는 인물로 묘사되었다. 마리아의 참된 특색은 어떤 다른 경우보다도 밤새도록 철야한 갈보리 언덕에서 가장 명백하게 드러났다. 대부분의 어머니들이 의기 소침한 상태에 빠져 있을 때 마리아는 가장 용맹스러운 사람만이 견디어 낼 수 있는 길고 고통스러운 시련을 처음부터 끝까지 잘 인내하였다.

고상하고 영웅적인 여인과 우리가 로마 카톨릭 교회에서 살펴본 것처럼 지나치게 화려하게 장식된 옷을 입은 어리석은 여인을 비교해 보라. 얼마나 차이가 있는지! 자기의 품위에 대한 솔직하고 정직한 자각과 자기의 여자다움에 대한 자존심 대신에 '축복받은 처녀'는 마치 부끄러운 것처럼 비굴하게 숙인 머리와 내리뜬 눈으로 움츠리고 있다. 인간은 그리스도를 양육하기 위하여 선택받은 여인은 우아해야 하므로 그러한 인물에 대한 단 하나의 흔적을 위하여 무표정한 얼굴 모습을 추구한다. 관찰력이 예민한 사람은 재미없는 만화가(카톨릭 교회)가 성경에 계시된 마리아와는 전혀 관계가 없이 불필요한 장식으로 그녀를 꾸몄으며, 그리고 이것은 단지 배후의 목적을 증진시키기 위한 순수한 조립이며 허구라는 사실을 인식한다.

그러면 마리아를 이전 특별한 인물로 조장하는 로마 카톨릭의 목적은 무엇인가? 마리아는 그들의 목적을 위해서 어떤 방식으로 이용되고 있는가?

축복받은 처녀는 로마 카톨릭 여성들을 위한 모델, 더욱 정확하게 표현해서 그녀는 신부(Clergy)가 여인들을 단단히 속박하는 도구로 이용되고 있음이 명백하다. 마리아는 거대한 로마교회의 조직체를 지배하는 성직의 절대 권력을 유지하는 데 가장 도움이 되는 전형적인 여인을 상징한다. 마리아의 뛰어난 성품은 권위에 굴종적으로 순종하는 겸손, 복종, 유순함이다. 이런 마리아의 성품은 로마교회가 할 수 있는 대로 사람들을 고용하며, 대체로 무보수로 봉사하는 학교와 병원 같은 그런 카톨릭 기업체에서 봉사가 잘 유지되도록 로마 카톨릭 여성들에게 참으로 서서히 주입시켜야 할 그런 이상적인 것이다.

이러한 축복받은 마리아에 대한 묘사에 의해서 주어진 가장 중요한 공헌은 로마 카톨릭 여성들에 대한 로마 성직자들의 지배를 유지시키는 것이다. 교회 계획의 촉진을 위해서 카톨릭 여성들이 마리아에게서 볼 수 있는 것처럼 변함없이 우유부단하고 바보스러우며 온순하고 상냥해야 하며, 불평하지 않고 자기의 역할을 잘 감당하고 기꺼이 고역에 종사하는 것은 절대적으로 본질적이다. 로마 카톨릭 국가들에 있어서 이러한 지배는 과거 어느 시대와 마찬가지로 오늘날도 완전하게 그대로 시행되고 있으며, 미국과 같은 그런 국가들에 있어서 이런 굴종 상태로부터의 일탈은 그리스도인의 영향력 때문에 여성들의 지위가 고양된 개신교 국가에서 태어난 여인들의 좋은 행운에 그 원인을 돌려야 한다. 로마 카톨릭 교회는 남성들에게서 얻을 수 없는 그런 봉사를 교회의 여성들에게 강요하지만 이와 반대로 쓸모없는 남성들에 대한 여성들의 경멸은 카톨릭 여성들에게 의존하는 전체 권력 조직과 그리고 만약 여성들이 반기를 들어 복종을 거절한다면 전 세계적인 지배 체계는 그 능률을 잃게 되고 돌이킬 수 없게 붕괴될 것에 대한 여성들의 완전한 자각과 연결된다.

교육받은 여인들이 적어서 문맹률이 높은 로마 카톨릭 국가에서 교육받은 지적인 신부들은 그들의 목적에 잘 어울리도록 여인의 정서를 자극하고 여인들의 마음에 두려움을 주입시키고 미신을 조장하는 그런 일을 전혀 꺼리지 않는다. 문명화된 국가에 있어서 보편적인 지식층에 있는 사람들은 그런 많은 속임수를 억제하며 로마 카톨릭 여인들은 그들의 개신교 자매들과 더불어 일반 문명의 혜택을 공유한다.

모든 국가들에 있어서 로마 카톨릭 성직자들이 교회 신자들에게 많은 자녀들을 낳도록 권장하는 것은 잘 알려진 사실이다. 이런 다산에 대한 권장은 두 가지 목적을 가진다. 첫째로 어머니는 아이들을 양육하고 아버지는 생활비를 마련하기 위해 분주하게 노동해야 되기 때문에 양친 모두가 주위를 돌아볼 수 있는 기회를 가지지 못하며, 그리고 카톨릭 신조에 나타난 윤리와 개신교 국가의 윤리를 비교할 수 없도록 하는 데 그 목적이 있다. 그리고 둘째로 이 대가족 계획은 카톨릭 교회를 떠나는 많은 사람들의 배교에 의해서 줄어드는 신자의 숫자를 메꾸는 데 그 일익을 담당한다. 로마 카톨릭 여인들은 로마 카톨릭의 영광을 위하여 아이들을 낳아서 양육하든지 아니면 교회 내에서 거룩한 고역에 종사, 즉 수도원에서 수녀가 되는 특권을 제의받든지 해야 한다. 여기서 다시 축복받은 처녀는 봉사자를 보충하는 중요한 역할을 담당한다. 이에 더하여 그의 훌륭한 명성은 로마 카톨릭 소녀들에게 유년기부터 축복받은 처녀의 복제라고 할 수 있는 신비적인 매력을 지닌 수녀가 되도록 동기를 부여해 준다. 그러나 오늘날 로마교회는 아메리카 소녀들을 여자 수도원에 들어가도록 설득시키는 것이 점점 어렵다는 것을 발견하고 다소 놀라게 된다. 사실 아메리카 소녀들을 설득시키는 것이 너무 어렵기 때문에 로마교회는 필요한 교사와 간호원을 보충하기 위해 유럽에서 자매들을 별수없이 데리고 와야 한다.

결론을 내리기 이전에 디 스미스의 주장을 인용하고자 한다.

"로마 카톨릭 여인의 두 가지 기능 즉 아기를 낳아 기르는 것과 무보수의 노동을 공동으로 통괄하는 것은 여인들의 선동자와 보호자가 되는 처녀 마리아의 형상에 위치한다.

교회의 특권을 안전하게 하는 여인들의 봉사와 로마 카톨릭 여성들을 복종시키는 성직 정치의 능력에 필적하는 마리아 숭배의 재정적인 이용 때문에 증가된 교회의 막대한 재산은 단지 부수적인 것이지만 일련의 가치가 있다.

성화(holy picture), 인쇄물, 수도사들의 성의, 마리아의 제단 앞에서 타고 있는 양초 등의 판매와 미사를 위한 헌금(fees for masses) 등등, 그리고 안네 데 부프레(Anne de Beaupre) 성당, 구아다루페의 마리아(Our Lady of Guadalupe) 성당과 같은 그러한 영리화된 성당에서 계속 흡수하는 거대한 재정은 로마교회의 금고 속으로 흘러들어간다. 사람들은 대부분 '하나님의 어머니'라는 로마교회의 명칭을 '황금의 연금술사'로 바꾸어 부르기도 한다.

그러나 이런 모든 것은 신분상의 특권을 유지하기 위한 신성한 마리아의 중대하고 필수적인 기능과 비교하면 아무것도 아니다. 신성한 마리아의 격려 없이 로마 카톨릭 여인들은 아이 낳는 것과 고된 일을 계속해서 할 수 없다. 카톨릭 여인들의 복종없이는, 로마 교회에 의해서 부여된 마리아의 지배에 대한 여인들의 복종적인 수납없이는, 로마의 성직 제도를 구성하고 있는 강력하고 제멋대로 하는 야심적인 남자들은 인간의 자유와 권리에 대항하는 무기와 같은 그들의 권력을 사용할 수 없게 될 것이다.

확실하게 신성한 처녀에 대한 헌신은 계속적으로 신앙이 아니라 편리주의에 의해 격려받은 교회의 성직자들에 의해서 모든 로마교회 신도들에게 강요될 것이다. 성직자들을 위한 마리아에 대한 헌신은 단지 돈과 황금의 문제가 아니라 생존에 관계된 문제이다. 명목 뿐인 그들의 성직은 마리아에 대한 신도들의 헌신에 의존한다. 이것이 바로 마리아 숭배의 숨겨진 목적이다."

그러면 마리아에 관한 이념과 마리아 숭배에 관한 이러한 상황과 전체적인 문제를 위한 해결책은 무엇인가? 그 해결책은 참으로 간단하다. 로마교회 신도들에게 성경, 특별히 신약성경을 읽도록 권면하자. 성경에서 그들은 삶과 사랑과 구속하시는 그리스도와 마리아에 관해서 언급된 부분들을 발견할 것이다. 로마교회의 사제들은 신도들이 성경을 읽지 못하게 그렇게 열성적으로 방해하며, 심지어 현재 신도들은 공인된 해석상의 주석이 포함된 성경 이외에 성경 읽는 것을 엄하게 금지당하고 있는 것은 다 특별한 이유가 있다.

8 장

미 사

1. 정의
2. 미사의 본질
3. 미사는 갈보리 위에서의 희생과 동일한가?
4. 화체설
5. 잔이 평신도들에게 보류됨
6. 그리스도의 희생의 종국성
7. 미사와 돈
8. 교리의 역사적인 발전
9. 칠 성례
10. 결론

미 사

1. 정의

"거룩한 성체(The Holy Eucharist). 저희가 먹을 때에 예수께서 떡을 가지사 축복하시고 떼어 제자들을 주시며 가라사대 받아 먹으라 이것이 내 몸이니라 하시고 또 잔을 가지사 사례하시고 저희에게 주시며 가라사대 너희가 다 이것을 마시라 이것은 죄 사함을 얻게 하려고 많은 사람을 위하여 흘리는 바 나의 피 곧 언약의 피니라"(마 26:26~28; 카톨릭 공동번역본).

"성체의 제정(Institution of the Eucharist). 내가 너희에게 전한 것은 주께 받은 것이니 곧 주 예수께서 잡히시던 밤에 떡을 가지사 축사하시고 떼어 가라사대 이것은 너희를 위하는 내 몸이니 이것을 행하여 나를 기념하라 하시고 식후에 또한 이와 같이 잔을 가지시고 가라사대 이 잔은 내 피로 세운 새 언약이니 이것을 행하여 마실 때마다 나를 기념하라 하셨으니 너희가 이 떡을 먹으며 이 잔을 마실 때마다 주의 죽으심을 오실 때까지 전하는 것이니라"(고전 11:23~26; 카톨릭 공동번역본).

뉴욕 교리문답(Catechism)에서 우리는 다음과 같은 내용을 읽을 수 있다.

"예수 그리스도는 우리에게 미사의 희생을 주심으로 종말이 올 때까지 십자가 위에서 그의 희생이 계속되어지도록 눈에 보이는 희생을 그의 교회에 남겨놓으셨다. 미사는 십자가 위에서 희생과 동일하다. 거룩한 교제는 빵과 포도주로 출현한 것(appearance) 속에 있는 예수 그리스도의 피와 살을 받는 것이다."

로마교회의 공식적인 신조 중의 하나인 교황 피우스 4세의 신조는 다음과 같이 말하고 있다. "하나님께 참되고, 타당하며, 산 자와 죽은 자를 위한 화해의 희생으로 드려진 미사에서(즉, 여기서 희생이란 하나님의 의를 만족시키고 그리하여 죄에 대한 형벌을 없이하는 것을 의미함), 거룩한 성체의 성례전에서, 우리 주 예수 그리스도의 살과 피가 영혼과 신성과 더불어 참으로 실질적으로 존재한다는 것을 나는 단언한다. 그리고 거기에는 빵의 전 실체(the whole substance of the bread)가 살로 포도주의 전 실체(the whole substance of the wine)가 피로 변하는 변화가 있다. 이것을 로마 카톨릭 교회에서는 화체설(Transubstantiation)이라 부른다."

트렌트 공의회는 다음과 같이 선포했다. "미사에서 희생은 예수 그리스도가 제사장이며 친히 자신이 희생 제물이므로 십자가의 희생과 동일하다. 유일한 차이점이 있다면 제물을 드리는 방법에 있는데 십자가 위에서 피로 드리는 방법과 제단 위에서 피없이 드리는 방법의 차이이다."

로마 카톨릭 신자인 존 오브라이(John A. O'Brien)은 그의 책들에서 다음과 같이 말하고 있다. "다채로운 의복과 생생한 의식으로 행해지는 미사는 갈보리 위에서 그리스도의 희생을 피없이 드라마틱하게 재현하는 것이다"(『수많은 믿음』, p. 382).

2. 미사의 본질

마태복음 26:26~28과 고린도전서 11:23~26에서 특별히 다음의 말, "이것은 나의 몸이다", "이것은 나의 피다"라는 말은 단순하며 이해하기에 쉽게 느껴진다. 그러나 위의 말들은 신학적인 교리 역사(교리사)에서 매우 논쟁이 되어왔고 어느 다른 것들보다 교회 내에서 분열의 원인이 되었던 말들이다.

많은 개신교도들이 로마 카톨릭의 미사의 중요성을 이해하지 못한 것은 놀라운 일이다. 몇몇 사람은 단순하게 미사를 교회 의식으로 생각하며 단지 주의 만찬이나 거룩한 교제의 다른 형태로 단순하게 처리해 버리고 만다. 그러나 그것은 그 경우와는 전혀 별개의 문제이다. 개신교나 로마 카톨릭에 있어서 둘 다 주의 만찬이나 거룩한 교제는 성례전에 포함된다. 개신교에 있어서 이는 영적인 축복의 한 수단이며 갈보리에서 우리를 위하여 그리스도께서 대속하신 위대한 섬김과 그리스도의 영광스러운 인격을 기억하여 회상하며, 기념하는 의식이다. 그렇지만 로마 카톨릭에 있어서는 개신교의 견해와 다르다. 그들에게 있어서 미사의 의미는 사제에 의해 수행된 희생이다. 미사의 희생적인 요소는 훨씬 중요하다. 실제로, 미사의 희생은 그들의 예배에 있어서 중심점이 된다. 그 반면 복음을 전하는 것은 중심점이 아니라 종속적인 역할을 하는 것으로 귀속되어지며 심지어 제사장 직무의 중요한 것으로도 간주하지 않고 있다.

로마교회에서는 미사의 두 부분, 즉 고유의 미사(the mass proper)와 거룩한 교제(holy communion) 사이에 구분이 있음을 주의해야 한다. 소위 희생(sacrifice)이라고 부르는 미사는 유일하게 사제에 의해 드려지며 그가 떡과 포도주를 함께 취한다. 거룩한 교제에서는 백성들이 빵에는 참여하지만 포도주에는 참여하지 못하며 다른 의식에 있어서도 능동적으로 참여할 수 없다.

로마 카톨릭의 가르침에 따르면, 미사의 희생에서 빵과 포도주는 신부가 축성(祝聖)하는 순간에 그의 능력에 의하여 실제로 그리스도의 몸과 피로 변한다. 얇고 둥근 웨이퍼(wafer, 살짝 구운 과자의 일종)같은 수백 개의 떡이 동시에 성별되어 금접시 위에 놓여있다. 포도주는 금컵에 담겨져 있다. 그때 그리스도의 가정된 몸과 피가 사제의 손에 의해 제단 앞에서 올리워져 산자와 죽은 자들의 죄를 위해 하나님께 드려진다. 이 의식이 행해지는 동안 사람들은 단지 종교적인 드라마를 보는 구경꾼에 지나지 않는다. 모든 것이 다 실제적으로 사제에 의해 행해지며 또는 사제와 그를 돕는 자에 의해 행해진다. 청중들은 노래도 하지 않으며, 신부 쪽이거나 신도들 쪽에서든지 다같이 자발적인 기도는 없다. 의식은 대개 생각없이 기계적으로 시행된다고 할 정도로 딱딱하다.

거룩한 교제의 의식에 있어서는, 사제는 큰 웨이퍼를 먹고 다음에는 신도들의 유익을 위하여 포도주를 마신다. 평신도들은 교회 앞쪽으로 나아가 난간 앞에 무릎을 꿇고 앉아 있으면 열려진 입 속으로 신부는 작은 웨이퍼를 넣어준다. 로마 카톨릭 신학은 그리스도의 완전한 몸과 피가 떡과 포도주에 있다고 주장한다. 이 점에서 다음과 같은 질문은 피할 수 없게 된다. 만약 사제가 회중을 위하여 포도주를 먹는다면 왜 그는 빵 역시 교인들을 위하여 먹지 않는가?

이전에는 누구든지 새벽 미사에 참여하기 위해서는 어떤 음식이나 마실 것을— 심지어는 물까지도— 자정(12시) 이후에는 삼가해야만 했다. 그러나 그것은 하찮은 문제이다. 지금은 어떤 사람이 거룩한 교제를 받기 전 한 시간 동안 단단한 음식을 삼가해야만 하지만 물은 전혀 삼가해야 할 필요가 없다. 더욱이 신약성경은 그리스도가 주의 만찬을 자신과 그의 제자들과 함께 유월절 잔치를 드신 후에 즉시 제정하셨음을 가르쳐주고 있다. 만약 그리스도가 빵이 다른 음식과 섞여지는 것을 반대하지 않으셨다면 로마 카톨릭이 반대해야 할 이유가 있는가?

미사의 정교한 의식은 실제로 과장된 겉치레이며 그리스도의 경험, 즉 다락방에서의 주의 만찬으로부터 겟세마네 동산에서의 고민, 배신, 시험, 십자가에 못박히심, 죽음, 장사지냄, 부활, 승천 등을 각색해보려고(design)하는 것이다. 이는 분명히 여러 날의 상세한 사건 하나 하나를 한 시간 또는 그 이하의 시간에 쑤셔넣으려고 하는 종교적인 드라마이다.

미사의 바른 실행을 위해 사제는 신학교에서 오랜 시간 동안 훈련을 받는다. 그리고 불가사의한, 매우 어려운 기억들을 하고 있어야만 한다. 그러한 증거들은 다음과 같다. 그는 16번 성호를 긋는다(makes the sign of the cross), 회중에게 돌아서 6번 성호를 긋는다, 그는 눈을 하늘을 향해 11번 올린다, 제단에 8번 입맞춤을 한다, 그의 손을 4번 껴앉는다, 그의 가슴을 10번 두들긴다, 그의 머리를 21번 숙인다, 무릎을 8번 구부린다, 그의 어깨를 7번 활모양으로 휘게 한다, 제단에 30번 성호를 그으면서 축복한다, 그의 손을 제단 위의 편평한 부분에 29번 놓는다, 은밀히 11번 기도한다, 크게 13번 기도한다, 빵과 포도주를 취하고 그것을 그리스도의 몸과 피로 변하게 한다. 잔을 10번 덮고 씌운다, 그리고 20번 왔다갔다 한다. 그리고 다수의 다른 행동들을 첨가한다(미사의식⟨liturgy⟩은 1965년 상당히 단순화되어 현재는 구어체 언어로 행해지고 있다). 여기서 사제가 절을 하고 무릎을 구부리는 행위는 그리스도의 고뇌와 고통의 모방이다. 드라마의 매 다른 단계마다 사제가 입는 다양한 옷의 품목은 그리스도가 입은 옷을 나타낸다. 이 음매 없는 옷, 자줏빛의 화려한 코트, 가야바의 집 뜰에서 예수의 얼굴을 뒤집어 씌운 베일, 겟세마네 동산에서 예수를 결박한 끈을 나타내는 허리띠, 십자가에서 예수를 묶은 끈 등이다. 만일 사제가 이와 같은 드라마의 한 가지 요소라도 잊어버린다면, 그는 큰 죄를 범하게 되며 기능적으로 미사는 무효된다. 성직자들이 입은 매우 다채로운 옷 외에도 촛불, 종, 향, 음악, 가끔 희미하게 비추이는 성가대석의 특별한 건축양태가 어울려지고, 사실상 미사는 알지 못하는 말, 라틴어로 말해지고 노래불려지는데 그것은 신도들에게 이해되지 않는 것이며, 우리는 그 프로그램의 복잡성의 어떤 것을 보게 되는 것이다. 볼테르(Voltaire)가 전성기였을 때 프랑스의 대성당에서 행해진 미사에 대해 그가 언급한 표현은 분명코 중요한 진리가 있다. 바로 그 진리는 미사가 '가난한 자들의 장엄한 오페라' 라는 것이다.

그러나 이러한 모든 것들이 연극과 같이 얼마나 가련한 것인가! 가엾은 사람들이 영원한 생명을 위해 의존하고 있는 복음을 바꾸고 있지 않는가! 대조적으로 그리스도께서 주의 만찬을 제정하셨을 때 다락방에서 행해진 장면들은 얼마나 단순한가! 고린도전서 11:23~26에서, 바울은 전체적이고 단순한 의식의 개요를 말해주고 있다. 주 예수께서 잡히시던 밤에 떡을 가지사 그가 축사하시고 그가 떡을 떼어 … 그들을 위해 십자가에서 돌아가신 자신의 몸을 기념하기 위해 예수는 떡을 떼어주셨다. 단지 떡에 관한 네 개의 단순한 행동들이 있을 뿐이다. 그리고나서 두 개의 행동들이 포도주와 관련되어 기록되어있다. 그가 잔을 취하고, 그들을 위해 흘리는 그의 피를 상징하는 것으로 포도주를 주셨다. 우리가 기억해야 할 모든 것은 그가 죄인들을 위해 죽으셨다는 것과 우리는 그가 다시 오실 때까지 그의 죽으심을 기념하는 것이다. 그러나 이 단순한 사건을 로마 카톨릭 교회는 지나치게 현란할 정도로 화려하게, 허황된 미사의 겉치레와 드라마로 확대하고 있다.

미사의식을 행하는 것은 로마 카톨릭의 사제직의 중요한 임무이다. 그렇지만 신약성경은 어떻게 미사를 집행해야 하는가에 대하여 한 마디의 교훈도 주지 않는다. 사실 성경에서 그 주제에 대해 한 군데도 언급하지 않고 있다. 그리스도는 미사를 행하기 위해 사도들을 보낸 것이 아니라, 그들을 가르치고 세례를 주도록 사도들을 보내셨다. 교회에 대한 그의 궁극적인 교훈이 마태복음 28:19~20에 기록되어 있다. "그러므로 너희는 가서 모든 족속으로 제자를 삼아 아버지와 아들과 성령의 이름으로 세례를 주고 내가 너희에게 분부한 모든 것을 가르쳐 지키게 하라 볼지어다 내가 세상 끝날까지 너희와 항상 함께 있으리라". 복음서와 사도행전 그리고 서신서들을 연구해보면 여러분은 기도하며, 찬양하며, 복음을 선포하는 많은 훈계를 발견하게 된다. 미사에 대한 언급은 한 마디도 있지 않다. 바울은 교회의 의무와 다스림에 대해 많은 교훈과 권고를 주고 있지만 미사의 희생에 대하여는 전혀 언급하지 않고 있다. 수세기 동안 구약시대의 제사장직은 다가올 참다운 제사장의 모형이었다. 그러나 그가 오시고 그의 사역을 성취하신 후 더 이상 이러한 무의미한 형식을 계속할 필요가 없다. 그래서 제사장직은 폐지되었고 그리스도께서도 어떤 희생제사가 계속 되어지도록 그의 사도들이나 성직자들을 위하여 규정을 만들지 않으셨다. 히브리서 기자는 끊임없이 반복해서 옛 희생제사들의 무익함에 대해 많은 언급을 하고 있다. 그는 또한 희생제사의 유일한 참된 가치는 상징적인 것이며 그리스도에 의해 이루어질 하나의 참다운 제사를 기대하는 것이라고 했다. "이 뜻을 좇아 예수 그리스도의 몸을 단번에 드리심으로 말미암아 우리가 거룩함을 얻었노라 제사장마다 매일 서서 섬기며 자주 같은 제사를 드리되 이 제사는 언제든지 죄를 없게 하지 못하거니와 오직 그리스도는 죄를 위하여 한 영원한 제사를 드리시고 하나님 우편에 앉으사 그 후에 자기 원수들로 자기 발등상이 되게 하실 때까지 기다리시나니 저가 한 제물로 거룩하게 된 자들을 영원히 온전케 하셨느니라"(히 10:10~14). 그러므로 신약성경은 그리스도만이 유일하게 우리의 희생제물이 되시며 그가 그 자신을 단번에(once for all) 드리셨다고 말함으로 모든 희생제사의 영원한 종결을 선포하고 있다.

성경에 그토록 모순되고 반대되고 있는 순전히 인간이 만든 판토마임이 받아들여지는 것이나 매일 매주일 노예처럼 참석하는 일을 인정한다는 것은 생각있는 남녀들에게는 현기증이 나는 일이다. 신약성경은 구약성경에 나타난 희생제사들이 연속된다는 것에 대해 전혀 교훈을 주지 않고 있기 때문에 로마 카톨릭의 사제들은 일종의 새로운 희생을 꾸며내야 할 필요가 있었다. 그들이 만든 것은 미사에서 행하는 '피없는' 희생과 십자가 위에서 그리스도의 '피를 흘리는' 희생사이의 구별을 극소화시킨 것에 의하여 생긴 것이다. 물론 사제는 희생을 드려야만 한다. 왜냐하면 희생을 드리는 일이 그의 직업에 있어서 구별된 표(mark)이기 때문이다. 희생이 없는 사제는 솔직히 사제가 아니다.

주의 만찬을 진실되게 고찰해보면 빵과 포도주는 상징의 의미가 있음을 발견할 수 있다. 그러나 로마 카톨릭 의식에서는 상징의 의미가 전혀 없다. 왜냐하면 빵과 포도주는 실제로 예수 그리스도의 피와 몸이 되기 때문이다. 로마 카톨릭 의식에 있어 새롭게 고안된 상징은 제단 위의 사제에게 집중된다('미사의 드라마'를 구성하고 있는 빵을 거룩하게 구별하는 행위, 그의 화려한 긴 옷 그리고 다양한 움직임 등이다). 로마교회는 요소들(빵과 포도주)

이 상징의 의미를 가지고 있음을 파괴시킨다. 그 요소들은 갈보리 위에서 희생을 상기시키며 성체(sacrament)를 집행하는 사제를 상징시키는 것으로 대체시킨다.

사제가 의식을 집행하는 제단(altar)에 관하여 해리스 박사는 다음과 같이 말했다.

"제단을 소개한 것은 아마 사제들에 의해 고안된 것 같다. 초대 교회는 제단을 가지고 있지 않았다. 유대인의 제단, 그리스도 안에서 폐지된 제단은 항상 활활 타오르는 불이 유대인의 제물을 태우는 커다란 놋그릇 형태였다. 물론 그것은 그리스도께서 그 자신을 '단번에'(히 9:26) 드린 십자가의 표본의 모습이다. 마치 미사의 피없는 희생이 성경의 분명한 가르침과 모순된 것과 같이 불이 없는 제단은 용어상 모순이다. 히브리서 9:22은 '율법을 좇아 거의 모든 물건이 피로써 정결케 되나니 피 흘림이 없은즉 사함이 없느니라'고 말하기 때문이다. 또 로마서 5:9은 "그러면 이제 우리가 그 피를 인하여 의롭다 하심을 얻었은즉 ··· "이라고 말하고 있다. 지금 사용되어지고 있는 제단은 로마 카톨릭이 꾸며낸 허구이다"(『중요한 개신교 교리』, II, p. 5).

주의 성찬 요소들에 대한 개신교의 견해는 매우 단순하게 진술된다. 그들은 다소 빵과 포도주의 상징적인 의미에 대해서는 다르다. 그러나 그 사건을 기념하는 것에 관해서는 그들은 그의 백성들의 죄를 위해 단번에 그리스도 자신이 갈보리 위에서 유일하게 희생제물로 바쳐졌다는 사실에 동의하고 있다. 기독교 유산시리즈(the Christian Heritage Series) 제1권 52~53페이지에 개신교 견해가 다음과 같이 기록되어져 있다.

"루터교회(The Lutheran Church)는 화체설을 거부하고 요소들이 상징적(figurative)임을 가르친다. 그러나 그들은 성찬시 그리스도의 실재적인 임재에 대하여는; 즉 마치 영혼이 몸 안에 있으며, 자력(磁力)이 자석 안에 있는 것처럼 계신다. 신학자들은 이것을 '성체 공재설'(consubstantiation)이라고 부른다. 루터는 이것을 성찬의 요소와 함께(with), 그 안에(in), 그 주변에(under), 그리스도가 있다고 표현했다"(그들이 이런 말을 하는 이유는 승천이 장소적 이동이 아니고 형태의 변화라고 보기 때문에, 즉 부활로 인해 그리스도의 신성의 편재성이 인성에 전달되므로 인성도 신성과 함께 편재성을 지닌다고 주장하기 때문이다 — 역자주).

"개혁파(또는 장로교)의 견해(Reformed and Presbyterian)는 그리스도의 말씀을 '상징적'(metaphorically)으로 이해한다. '이것은(의미하는 바) 나의 몸이다'라고. 성찬의 요소를 은유적인 이해에 따라서 그리스도께서 실질적으로 표현하시는 바를 의미하는 것이다. 혹은 핫지(Dr. Hodge) 박사가 말한 대로 '십자가상의 구속주의 몸의 희생의 효과나 결과는 성령의 주권적 의지에 따른 도구로서의 성례를 사용하시는 성령의 능력에 의하여 그 가치를 성례를 받는 자에게 성례 안에서 실제적으로 운반해 주며 나타내 주는 것'이라고 한다."

"그밖의 다른 모든 개신교회들도 빵과 포도주가 그리스도의 몸과 피의 단순한 상징이며 그 이상 아무것도 아니라고 알고 있다. 이러한 주장은 우리 죄를 위하신 그리스도의 죽음에 대해 다만 기념적이고 그리스도가 다시 오실 때까지 기념되어져야 한다는 것이다."

3. 미사는 갈보리 위에서의 희생과 동일한가?

로마 카톨릭 교리문답 278문항에서 다음과 같이 묻고 있다. "거룩한 미사는 십자가 위에서의 희생과 일치하며 동일한가?" 그 답은 다음과 같다.

"거룩한 미사는 십자가의 희생과 일치하며 동일하다. 그리스도께서 그 자신을 십자가에서 피를 흘리며 그의 천부께 희생제물로 드려졌으므로 그의 사제들의 사역을 통해 제단 위에서 피흘림이 없는 방법으로 그 자신을 계속 드린다."

로마교회는 미사가 그리스도께서 갈보리 위에서 희생하신 것의 연속이라 주장하며, 미사는 실제로 되풀이하여 피흘림이 없는 방법으로 우리 주의 십자가를 재현하는 것이라고 주장한다. 또 이 희생은 십자가 위에서 희생이 죄를 제거한 것과 같이 효험있다고 주장한다. 미사가 행해질 때마다 전세계의 수천 개의 로마교회에서 매일매일 그리스도는 아마 희생제물로 바쳐질 것이다. 그러므로 미사는 단순한 개념이 아니라 포도주와 빵이 실제적으로, 문자적으로 예수 그리스도의 살과 피로 변하는 의식이다. 이때 참된 희생으로 미사가 드려지게 된다. 이와 같이 로마교회는 성경이 약 2000년 전에 완성되었다고 증거하는 행위를 계속할 것을 요구하고 있다.

미사의 희생에서 로마 카톨릭의 신부는 '또 다른 그리스도'(Alter

Christus, Another Christ)가 된다. 그는 제단 위에서 실제의 그리스도 (the real Christ)를 희생하며 연옥에 있는 영혼들을 인도하기 위해, 신실한 자들을 구원하기 위해 예수 그리스도를 내어주는 것이다. 로마교회에서는 그리스도가 성병(聖餠)의 형태로 실제로 제단 위에 있으며 사제가 그리스도를 그들의 권세로 희생시킬 수 있다고 가르치며 사제가 그를 손에 잡고서 이 장소에서 다른 곳으로 운반하는 것이다. 물론 우리는 이러한 거짓된 희생에 대해 강한 반론을 취해야 한다. 우리는 그와 같은 로마교회의 주장을 속임수나, 조소, 하나님 앞에 가증한 것 이상으로 간주해서는 안된다. 소위 미사에서 희생은 틀림없이 갈보리 위에서의 희생과 동일하지는 않다. 사제들이 말한 것은 고려할 가치가 전혀 없다. 미사에서는 실제적인 그리스도도, 고통도, 피흘림도 없다. 그리고 피흘림이 없는 희생은 효과가 없다. 히브리서 기자는 히브리서 9:22에 "피흘림이 없은즉 사함이 없다"고 말하고 있으며 사도 요한도 요한일서 1:7에서 "그 아들 예수의 피가 우리를 모든 죄에서 깨끗하게 하실 것이요"라고 기록하고 있다.

신약성경에서 주의 성찬식은 항상 성례전으로 제시되고 있지 희생으로 결코 언급되고 있지 않다. 더욱이 레위기의 율법에 의하면 죄에 대해 바쳐진 제물은 결코 먹을 수 없었다. 결코 피째 먹는 일, 심지어는 동물의 피일지라도, 더욱이 사람의 피를 먹는 일은 엄히 금지되어 있다. 주의 성찬에서 떡과 포도주를 먹을 수 있다는 사실은 그 자체가 결코 희생이 될 수 없다는 사실을 증거하고 있다.

4. 화체설

화체설이란 단어는 실체의 변화를 의미한다. 로마교회는 빵과 포도주의 전 실체가 문자적인 육체의 그리스도의 몸과 피로 바꾸어진다고 가르치고 있다. 로마 카톨릭 교리문답은 다음과 같이 묻고 있다. "거룩한 미사는 무엇이뇨?" 그 답은 다음과 같다.

"거룩한 미사는 실제적으로 제단 위에서 빵과 포도주의 형태에 의해 예수 그리스도의 살과 피의 희생이며 그리고 산 자와 죽은 자들을 위해 하나님께 제물로 바쳐지는 것을 말한다."

화체설과 사제들의 권세에 대해서는 분명하게 리구오리가 다음과 같이 설명해주고 있다.

"그리스도의 실제적인 몸을 지배하는 사제들의 권세에 관해서는, 그들의 성례집행의 말을 선언하면, 성육신하신 하나님(예수 그리스도) 자신이 그들의 손으로 와서 빵과 포도주로 나타난 성찬식하에서 그들에게 순종하기를 당연히 한다고 믿고 있다. 우리는 사제들이 '이것이 나의 몸이라'(Hoc est corpus meum)고 말했을 때 성육신하신 하나님이 제단 위에 내려오신다는 것과 사제들이 예수를 부를 때마다 그가 오신다는 것과 그들이 예수를 부를 때 그들의 손에 놓을 수 있다는 사실들을 — 심지어는 그들이 예수 그리스도의 대적이라 할지라도 — 발견할 때 놀라움에 이르게 된다. 그들은 원한다면 성육신하신 하나님을 성체를 담는 성함(聖盒)에 담기도 하고 제단 위에 드러내기도 하고 그를 교회 밖으로 옮길 수도 있다. 또한 그들이 택할 수만 있다면 그들은 그의 육을 먹을 수도 있고 다른 사람들의 음식으로 그를 줄 수도 있다. 거기다가 사제의 권세는 축복받은 성모 마리아의 권세를 능가한다. 왜냐하면 마리아는 아주 작은 죄 하나라 할지라도 카톨릭 교도들을 그 죄로부터 속할 수 없기 때문이다"(『사제들의 위엄과 의무들』).

사제들은 필경 그의 성직 수임식 때 주교로부터 빵과 포도주를 실제의 문자적 의미인 그리스도의 살과 피로 변화시킬 수 있는 권세 — 그것은 성병(host)으로 알려져 있으며 — 와 그 제단 아래로 그리스도를 가져올 수 있는 권세를 부여받는다. 그 몸이 모든 부분에서 완전하게 될 수 있으며 속눈썹과 발가락 끝까지 내려올 수 있단 말인가! 어떻게 그 조그마한 빵조각이 수천 개의 장소마다 완전하게 존재할 수 있단 말인가! 이는 결코 설명될 수 없으며 기적 같은 믿음으로 취해질 수밖에 없다.

현대 로마 카톨릭 교도들은 이러한 중세의 당치않은 미신을 문자적으로 믿고 있다. 그들은 이러한 거짓된 미신을 유아 때부터 가르침받아 왔으며 또한 그렇게 믿는다. 화체설은 가장 엄격한 로마 카톨릭 교회의 교리이다. 만약 정말 그것이 중요한 교리가 아닐지라도 로마 카톨릭 교회가 의존하는 중요한 교리들 중의 하나이다. 사제들은 화체설을 문자적으로 강조하여 일년에 몇 번씩 설교한다. 그리고 로마 카톨릭 평신도들은 감히 이러한 교리에 대하여 어떤 의심도 표현할 수가 없다. 성별된 떡조각에 기도한 후, 사제의 치켜올려진 손은 산 자들과 죽은 자들을 위한 희생으로서 그것은 다름아닌 바로 그리스도의 몸과 피를 하나님께 바치는 흉내를 한다. 그때 떡으로 성체를 행하면서 그는 살아있는 예수 그리스도를 먹은 체하며, 사람들의 면전에서 또한 예수 그리스도를 사람들에게 주는 체 한다.

물론 미사의 교리는 "이것은 나의 몸이니라" 그리고 "이것은 나의 피니라"(마 26:26~28)는 그리스도의 말씀을 문자적으로 받아들이고 있는 가정에 기초하고 있다. 주의 만찬의 제정에 대한 기사(accounts)는 복음서들에, 고린도교회 교인들에게 보내는 바울 서신에서 예수께서 상징적인 의미로 말하고 있음이 분명하다. 예수는 누가복음 22:20에서 "이 잔은 내 피로 세우는 새 언약이니 곧 너희를 위하여 붓는 것이라"고 말했다. 그리고 바울은 예수의 말을 다음과 같이 고린도전서 11:25~26에서 "식후에 또한 이와 같이 잔을 가지시고 가라사대 이 잔은 내 피로 세운 새 언약이니 이것을 행하여 마실 때마다 나를 기념하라 하셨으니 너희가 이 떡을 먹으며 이 잔을 마실 때마다 주의 죽으심을 오실 때까지 전하는 이것이라"고 했다. 이러한 말들에서 그는 이중적인 뜻이 있는 언어의 상징을 사용하셨다. 잔은 포도주로 표현되고 있으며 포도주는 새 언약으로 불리워지고 있다. 비록 떡이 그리스도의 몸으로 분명하게 표현되고 있는 것처럼 잔이 그리스도의 피를 표현하고 있을지라도 잔은 문자적으로 새 언약이 아니다. 그들은 문자적으로 잔을 마시지 않는다. 그들은 문자적으로 새 언약을 마시지도 않는다. 그들이 그렇게 행한다고 말한다는 것이 얼마나 우스꽝스러운 짓인가? 문자적으로 결코 떡이 그리스도의 몸이 될 수 없으며 포도주가 그리스도의 피가 될 수 없다. 예수께서 제자들에게 포도주를 주신 후에 "내가 너희에게 이르노니 이 유월절이 하나님의 나라에서 이루기까지 다시 먹지 아니하리라"고 하였다. 예수께서 제자들에게 포도주를 주시면서도 문자 그대로의 피가 아닌 '포도나무에서 난 열매'의 포도주임을 기억해야 한다! 바울도 또한 그 떡을 떡으로 말하고 있다. "그러므로 누구든지 주의 떡이나 잔을 합당치 않게 먹고 마시는 자는 주의 몸과 피를 범하는 죄가 있느니라 사람이 자기를 살피고 그 후에야 이 떡을 먹고 이 잔을 마실지니"(고전 11:27~28). 어떤 변화는 요소들에 일어나지 않는다. 로마 카톨릭 교회는 이러한 변화가 성별히 기도를 드린 후에 있었다고 한다. 그러나 어떤 변화도 일어나지 않는다. 예수와 바울도 이 요소들이 여전히 떡과 포도주로 있었다고 말하고 있다.

또한 떡과 포도주가 문자적이며 실제적으로 그리스도의 육과 피로 변하지 않았다는 또 다른 중요한 증거는 다음과 같은 것이다. 문자적인 해석은 성체를 카니발리즘(cannibalism)의 형태를 만들어내기 때문이다. 정확히 말하자면 카니발리즘은 '육신의 고기를 먹는 것'을 의미하기 때문이다(신의 살을 먹는 사상은 이교의식인 풍습에서 발단한 것으로 이교 제사장들은 모든 제물의 일부분을 즉 인간 제물인 경우도 제사장들은 인간의 살〈육신〉을 먹었음. Cahna-Bal은 바알의 제사장을 의미함 ― 역자주). 로마교회는 이러한 것을 부인하려고 하지만 그러나 논리에 맞지 않다. 분명히 다소 전해내려오는 전승이 로마주의의 설명 안에 있다(역사가인 두란트〈Durant〉는 로마 카톨릭 교회 내에 거행되고 있는 화체사상이 고대의 원시종교의식과 관련이 있다고 말하고 있다 ― 역자주).

정말, "이것은 나의 몸이니라" 그리고 "이것은 나의 피니라"고 말한 그리스도의 말씀을 어떻게 문자적인 의미로 취할 수 있는가? 이러한 말씀들이 행해졌을 때 떡과 포도주는 그리스도 앞의 식탁 위에 있었고 그리스도가 육신을 가지고 계실 때 그는 살아있는 사람으로 앉아 있었다. 십자가 사건은 아직 일어나지 않았었다. 그들은 십자가 사건이 일어나기 이전에 주의 만찬을 먹었었다. 더욱이 우리는 로마주의자들이 그리스도가 미사에 현존하고 있다고 말하는 것처럼 현존하는 사람을 기념하지도 않고 기념할 필요도 없다. 그러나 장래에, 그리스도가 계시지 않을 때 이러한 것들은 그의 상한 몸과 흘린 피를 상징하게 될 것이었다. 그들은 그 당시 그리스도의 희생을 기억하도록 초대되었고 그때에 그를 '기념하라'는 말씀을 받게 된 것이었다 (고전 11:25).

"이것은 나를 기념하는 것이라"고 말한 예수의 말씀은 주의 만찬이 일종의 마술적인 효력(magical operation)이 있는 것이 아니라 근본적으로 기념하는 것(a memorial)을 의미하는 이것은 후세대의 모든 그리스도인들에게 우리를 위해 십자가에 못박히신 주와 십자가의 말할 수 없는 은혜(유익)와 교훈들을 기억하며 주의를 불러일으키도록 하기 위하여 제정되어졌다. 기념설은 실제를 의미하지 않으며 이런 경우에 그리스도의 참된 몸과 피는 꽤 다른 것으로, 오로지 실제의 것을 생각나게 하는 것으로 역할을 할 뿐이다.

우리는 종종 친구에게 사진을 보여주며 다음과 같이 말한다. "이 사람은 나의 아내일세", "이 사람은 나의 아들일세", "이 사람은 나의 딸일세", 이러한 언어는 평범한 대화로 쉽게 이해할 수 있다. 어떤 사람도 이 말을 문자적으로 취하지 않는다. 성경은 평범한 사람들의 언어로 쓰여졌다. 여기서 주의 만찬이 문자적으로 다시 육체를 부여하는(reincarnation) 의미가 아니라 단순한 기념의 성격으로서 맨 처음 의도되어졌다는 것이 사려깊은 독자들에게 분명함을 알 수 있다.

우리는 그리스도의 참된 말씀의 의미를 예수께서 요한복음 4:13, 14에서 사용한, 단순한 상징적인 의미가 들어있는 언어와 비교해 볼 때 발견할 수가 있다. 거기에서 야곱의 우물가에 있는 여인에게 그는 다음과 같이 말했다. "예수께서 대답하여 가라사대 이 물을 먹는 자마다 다시 목마르려니와 내가 주는 물을 먹는 자는 영원히 목마르지 아니하리니 나의 주는 물은 그 속에서 영생하도록 솟아나는 샘물이 되리라."

또 다른 경우에 예수는 이와 유사한 언어를 사용하고 있다. 그는 요한복음 10:7에서 말하기를 "나는 양의 문이다"라고 하고 있다. 그러나 물론 여기서 그가 자물쇠나 돌쩌귀를 가진 나무로 만든 문자적인 문을 의미하지 않았다. 요한복음 15:5에서 그는 "나는 포도나무라"고 말하고 있다. 그러나 어느 누구도 예수 그리스도를 문자적인 의미를 지닌 포도나무로 이해하지 않았다. 요한복음 10:14에서 "나는 선한 목자"라고 그가 말했을 때 예수는 그가 실제적으로 양치는 목자이었음을 의미하지 않았다. 그가 요한복음 3:7에서 "너는 다시 태어나야만 한다"고 말했을 때 육신적인 탄생을 언급하고 있는 것이 아니라 영적인 탄생을 언급하고 있다. 그가 요한복음 2:19에서 "이 성전을 헐라 그리하면 내가 3일만에 다시 그 성전을 세우리라"고 말했을 때 돌이나 나무로 지어진 건축물을 의미한 것이 아니라 그의 몸을 의미했다. 그가 요한복음 6:54에 "내 살을 먹고 내 피를 마시는 자는 영생을 가졌다"고 말했을 때 구약의 예표(type) 관점에서, 즉 유월절 어린양을 먹고 유월절 포도주를 마시는 그 자신과 그의 백성 사이의 영적인 관계를 말하고 있다. 그러나 로마 카톨릭주의자들은 유대인처럼 문자적으로 예수의 말씀을 오해하여 이해한다. 그는 "너희는 세상의 소금이다"(마 5:13), "너희는 세상의 빛이다"(마 5:14)라고 말했다. 그는 "사두개인들과 바리새인들의 누룩"(마 16:6)을 말씀하셨다. 야고보는 "너희는 잠깐 보이다가 없어지는 안개니라"(약 4:14)라고 말했다. 모세는 '고난의 떡'(신 16:3)을 말했다. 만약 위의 언급한 내용들이 문자적인 해석을 취한다면 참된 것이 하나도 없다. 제자들은 예수의 상징적인 언어들을 이해하는 데 어려움이 없었다. 마찬가지로 "이것은 나의 피니라", "이것은 나의 몸이니라"란 표현도 중세 신학자의 가르침을 따르는 자들이나 그 의미를 발견하지 못한 자들을 제외하고는 상징적인 의미가 분명하다. 다른 성경의 구절들이 상징적인 의미로 취해짐에도 불구하고 이 두 구절만 문자적으로 취해진다는 것은 불합리하다.

인간의 살과 피를 실제로 먹고 마시는 것은 올바른 마음을 가진 사람들에게 불쾌한 것이며 혐오감을 준다. 특별히 유대인들에게는 더욱 그렇다. 이러한 행위는 성경과 상식에 위배된다. 레위기 17:10에는 이러한 행위가 성경에 위배됨을 잘 보여주고 있다. "무릇 이스라엘 집 사람이나 그들 중에 우거하는 타국인 중에 어떤 피든지 먹는 자가 있으면 내가 그 피 먹는 사람에게 진노하여 그를 백성 중에서 끊으리니"(레 17:10). 신명기 12:16에서는 "너희는 피를 먹지 말라"고 말하고 있다. 유대인의 율법에 강한 벌이 피를 먹는 것에 대해서는 법률로 규정되어졌다. 사도행전 10장에 보면 베드로가 비몽사몽간에 "베드로야 일어나 잡아먹으라"는 소리를 들었을 때 그는 즉시 "깨끗지 아니한 물건을 내가 언제든지 먹지 아니하였다"고 항의하였다. 조금 후에 예루살렘 공의회에 그리스도인의 율법을 법률화하면서 피를 먹는 것을 금하여 규정을 인준하였다. "우상의 제물과 피와 목매어 죽인 것과 음행을 멀리 할지니라"(행 15:29). 사도들이 하나님의 법을 공포했을 때 그들 자신이 동물의 피 뿐만 아니라 사람의 피를 먹는 것에 참여한 자들(partakers)이라고 믿는다는 것은 불가능하다. 주의 만찬시 사도들이 정규적으로 문자적인 그리스도의 육과 피를 먹었다면 그들은 분명히 그리하였을 것이다.

로마 카톨릭 교회는 미사를 행할 때 떡이나 포도주가 눈에 보이게 변화하지 않는다는 것을 인정한다. 그리고 그것들이 동일한 특성을 즉 동일한 맛, 색깔, 무게, 부피 등이 그대로임을 인정한다. 이러한 것들은 화체설의 교리를 도저히 있을 수 없는 일이라고 반박하여 지적하기에 충분하다. 만약 실체가 변화한다면 포도주와 떡의 속성(attributes)이나 감지할 수 있는 특성들이 그대로 남아있다는 것은 불가능한 일이다. 속성의 변화없이 실체의 변화가 결코 있을 수 없다. 만약 육신이나 피의 속성들이 거기에 있지 않았다면 실제적인 육신이나 피가 거기 없다는 것은 자명한 일이다. 예수께서 갈릴리 가나에서 물을 포도주로 변화시켰을 때 그것이 포도주였다는 것은 의심할 여지가 없이 포도주의 특성을 가지고 있었다. 그러나 성례에 있어서 빵과 포도주는 육과 피의 속성들을 가지고 있지 않기 때문에 어떠한 변화가 이와 같이 일어난다고 말하는 것은 터무니없는 짓이다. 우리의 이성에 모순되는 것은 비이성적인, 분별력없는 짓으로 선포되어져야 한다. 영원한 정죄의 위협 아래, 로마 카톨릭을 신봉하는 자들은 그들의 교회가 그들에게 말하는 것을 믿도록 강요받고 있다. 심지어 그것들이 그들의 상식에 모순된다고 할지라도 그러하다. 사람들이 거짓된 것으로 알고 있는 것을 참된 것으로 받아들이도록 강요받았을 때 효과는 해로운 것 외에는 아무것도 없다. 헨리 우드는 다음과 같이 말하고 있다.

"사람들이 조금이라도 생각해 본다면 영원한 저주의 형벌 아래에서, 교황 교회가 성체에 있어서 교도들로 믿도록 요구한다는 것이 터무니없는 비진리라는 것을 알 것이다. 그들은 인간의 육신을 먹는 것이 아니라 빵을 먹고 있으며 어떤 인간적인 사제도 죄에 대해 참된 속죄의 희생을 드릴 수 없다는 것을 안다"(『우리의 귀한 유산』, p. 107).

로마 카톨릭의 사제가 빵조각(wafer)를 성별했을 때 그 빵조각은 그때 '성병'이라 불리워지며 그들은 그것을 하나님으로서 경배한다. 그러나 만일 화체설의 교리가 그릇된 것이라면 그때 성병은 다른 빵조각이 그리스도의 몸이 아닌 것과 같이 아니다. 만약 그리스도의 영혼과 신성이 없다면 그것을 경배하는 것은 미신을 섬기는 이방부족들과 다름없는 완전한 우상숭배이다. 로마 카톨릭의 교리와 관련된 호기심있고 재미있는 이야기거리는 성례를 집행하는 사제의 행동에 대한 효율성(efficiency)이 그의 '의도'(intention)에 따라 의존된다는 것이다. 만약 그가 성례를 행하는 데 있어서 올바른 의도를 가지지 않는다면 무효하다는 것이다. 트렌트 공의회는 다음과 같이 선포했다; "만일 어느 누구도 그러한 의도에 대해 최소한 교회가 행하는 데에 있어서, 성례를 집행하는 사역자들에게 순종하지 않는다면 그를 저주(anathema)에 처할 것이다"(Sess. VII, Can. II).

교황 피우스 4세의 강령은 다음과 같이 말하고 있다.

"만약 이러한 어떤 것들에 흠이 있다면 즉 기일의 문제, 의도하고자 하는 형태, 미사를 집행하는 사제의 질서 등 그것은 성례를 무효화시키는 것이다." 그리고 중요한 권위자들 중 하나로 인정되는 벨라민 주교(cardinal Bellarmine)는 다음과 같이 말한다. "어느 누구도 믿음의 확실성(신뢰)과 관련하여 참다운 성례를 받았다고 확신할 수 없다. 왜냐하면 성례는 사제들의 의도없이 결코 집행되지 않기 때문이며 어느 누구도 다른 의도로 볼 수 없기 때문이다"(Works, Vol. 1, p. 488).

그러므로 미사, 세례, 그밖의 다른 성사를 집행하는 데 있어서 만약 사제의 편에 바른 의도가 결여되었다면 — 즉 그가 행하고 있는 것에 대해 관심이 부족하다거나 그 앞에 있는 사람에 대한 나쁜 감정, 그의 윗사람에 대한 악의, 그를 괴롭히는 육신적이고, 정신적인 고난 등 — 그 성례는 무효한 것이다. 만약 사제가 미사를 집행했을 때 빵과 포도주에 변화가 일어나지 않았다면 그때 그는 성체를 거양(擧揚)하고(elevates the 'host') 사람들은 몸을 굽혀 그 성체를 경배한다. 그들은 로마교회에 의해 그렇게 인정된 것이라고 단순한 피조물을 경배하고 있다. 물론 이러한 행위는 완전한 우상숭배이다. 어떻게 우리 지식 밖의 일이 발생할 수 있단 말인가! 만약 누가 참다운 성례에 참여하고 있다는 것을 확신할 수 없다면 그는 그가 단순한 빵과 포도주를 경배하지 않는다고 확신할 수 없다. 이러한 사실을 고려하여 많은 사제들이 결국 사제직(priesthood)을 버린다(어떤 사람은 1/4 또는 1/3이나 될 정도로 많다고 말한다). 사제들이 사제직을 떠나기 전이나 의심과 불확실성의 상태에 있을 때 상당히 오랫동안 그렇게 많은 사제들이 종종 성례를 집행하는 데 신실한 의도가 결핍하였다는 사실은 이해가 갈만한 일이다. 정말로 로마 카톨릭이 만든 교리를 따르는 로마 카톨릭의 신도들이 그들의 교리를 따라서 세례, 성직 수임식, 결혼, 고해성사로 인한 죄의 사면(absolutions) 등의 무가치함을 받아들이는 비율이 얼마인지를 아는 것은 흥미로울 것이다. 의심할 것없이 그 비율은 상당하다. 그렇지만 또한 만약에 비율을 아는 것이 가능하다면, 그러한 개인들이 누구인지 아는 것 역시 흥미있을 것이다. 의심의 여지없이 거기에는 많은 놀라운 일들이 있으며 로마 카톨릭의 유명하고 열렬한 지지자들 가운데 몇몇은 합법적으로 성직 수임을 받은 신부들이 아니고 심지어 로마 교회의 교인도 아닌 자들이었다는 것이다.

전에 사제였고 "회심자"란 잡지의 편집인이었던 죠셉 자첼로 박사는 지적하기를 사제에 대한 자격의 교리가 로마 카톨릭 교회의 교리의 근본을 약화시키고 있다고 하였다. 그는 말하길

"이러한 가르침은 어떤 로마 카톨릭 교도도, 사제이든 평신도이든, 그가 세례를 받고 견진성사를 받으며 고해성사를 함으로 면죄받고, 결혼을 하였으며 거룩한 교제나 최고의 주유(注油, extreme unction)를 받은 일이 올바르

게 된 것이 아님을 암시해 주고 있으며, 어린이도 올바른 자격이 결핍된 채 성직자가 된 신부에 의해서 세례를 받게 된다고 생각하게 한다. 그때 그 세례는 효과가 없는 것이며 그 아이는 이교도로 성장할 것이다. 만약 그가 신학교에 들어가 사제로 성직을 부여받는다면 그의 성직 수임식은 무효가 될 것이다. 그가 말하는 수천의 미사들 그가 집행하는 성례들은 마찬가지로 무효가 될 것이다. 만약 그가 주교가 된다면 그에게 성직을 수여해준 사제들 그리고 그를 성별시킨 다른 주교들은 이러한 권세를 갖지 않을 것이다. 만약 우연히 그가 교황이 되었다면 심지어 그리스도인으로 출발도 안된 그를 로마 카톨릭 교회가 '그리스도의 대리자'이며 '무오한' 우두머리라고 말할 수 있겠는가!" (『로마교의 비밀들』, p. 110)

5. 잔이 평신도들에게 보류됨

로마 카톨릭 교회의 또 다른 중대한 실수는 성체를 베풀 때나 거룩한 교제시 평신도들에게 포도주를 보류시킨 점이다. 로마 카톨릭 교회는 이처럼 신자들에게 성례의 혜택 중에서 절반을 빼앗는다. 이러한 결정은 신약성경의 명령과 관계없이 이루어진 것이다. 신약성경에는 이와 같은 성직자와 평신도 사이의 구분에 대해 어떤 암시도 전혀 없다.

심지어 카톨릭 공동번역본에서도 모든 신자들이 잔(the cup)에 참여할 것을 말하는 그리스도의 명령이 분명하고 명료하게 나타나 있다; "너희 모두가 다 이것을 마시라"(마 26:27). 그리고 마가는 다음과 같이 말하고 있다; "그들 모두가 이것을 마시니라"(막 14:23). 그리스도께서는 다음과 같이 말씀하셨다. "식후에 또한 이와 같이 잔을 가지시고 가라사대 이 잔은 내 피로 세운 새 언약이니라"(고전 11:25). 모든 신자들이 새 언약 아래 있기 때문에 모든 그리스도인들이 그들을 위해 십자가에서 돌아가신 그리스도의 속죄의 죽음을 기억해야 하기 때문에, 모든 그리스도인들은 새 언약의 신(seals)이며, 그리스도의 죽음을 생각나게 해주는 것(reminder) 가운데 하나인 잔에 참여해야만 한다.

주의 만찬을 준수하는 데 바울의 명령을 보면 평신도가 떡과 포도주에 참여하는 것이 명백함을 알 수 있다. 사도 바울은 고린도교회에 편지를 쓰면서 폭식하는 자요 술취한 자를 경계하여 성도들에게 훈계하는 것이 필요함을 알았다. 우리는 다음과 같은 성경 본문을 읽을 수 있다. "너희가 교회에 모일 때에 … 그런즉 너희가 함께 모여서 … "; 그리고나서 다음과 같은 경고가 뒤따른다. "주의 만찬을 먹을 수 없으니 이는 먹을 때에 각각 자기의 만찬을 먼저 갖다 먹으므로 어떤 이는 시장하고 어떤 이는 취함이라 너희가 먹고 마실 집이 없느냐 너희가 하나님의 교회를 업신여기고 빈궁한 자들을 부끄럽게 하느냐 내가 너희에게 무슨 말을 하랴 너희를 칭찬하랴 이것으로 칭찬하지 않노라 내가 너희에게 전한 것은 주께 받은 것이니 곧 주 예수께서 잡히시던 밤에 떡을 가지사 축사하시고 떼어 가라사대 이것은 너희를 위하는 내 몸이니 이것을 행하여 나를 기념하라 하시고 식후에 또한 이와 같이 잔을 가지시고 가라사대 이 잔은 내 피로 세운 새 언약이니 이것을 행하여 마실 때마다 나를 기념하라 하셨으니 너희가 이 떡을 먹으며 이 잔을 마실 때마다 주의 죽으심을 오실 때까지 전하는 것이니라 그러므로 누구든지 주의 떡이나 잔을 합당치 않게 먹고 마시는 자는 주의 몸과 피를 범하는 죄가 있느니라"(고전 11:18~27). 설령 잔이 그에게 주어지지 않았다면 합당치 않은 방법으로 주의 잔을 마시는 것이 어느 누구에게 죄가 될 수 있겠는가? 이는 로마 카톨릭 교회가 그것을 스스로 취하여 복음의 명령을 변경시키는 또 하나의 예(instance)임이 명백하다.

초대교회에서 성도들은 떡과 포도주 둘 다에 참여했다. 그리고 그러한 역사의 실행이 11세기 초까지 계속되어져 왔다. 그리고나서 사제가 자신과 회중들을 위해 포도주를 마시는 의식을 인정하는 관례가 살금살금 스며들기 시작했다. 1415년 콘스탄스 공의회는 공식적으로 평신도들에게 잔을 거부하였다. 이 결정은 트렌트 공의회에 의해 확정되었고 그 관례가 현재까지 계속 내려오고 있다. 평신도들에게 잔이 보류되는 비유를 사제들은 다음과 같이 설명했다.

(1) 어느 누가 그 내용물을 엎지를 수 있기 때문이다(포도주는 문자적인 예수 그리스도의 피로 변화되었기 때문에 그러한 일이 발생할 때 정말 이는 큰 비극이었다). 제자들도 또한 혹시 얼마를 엎질렀는지 모른다. 가능성이 있었을 것이다. 그러나 예수는 이러한 근거가 없는 천박한 이유로 인해 그들에게 잔을 보류시키지 않았다.

(2) 그리스도의 몸인 살과 피가 떡과 포도주 모두에 완전하게 포함되어

있다고 보기 때문이다. 그러나 성경에는 이러한 암시가 전혀 없다.

오브리언은 인정하기를 "떡과 포도주로 성찬을 행하는 것은 처음 12세기 동안의 일반적인 관습이었다." 그리고 "평신도들에게는 성찬에 오직 떡의 형태만 제공하는 현재의 법은 1415년 콘스탄스 회의로부터였다"고 하였다(『수많은 믿음』, p. 223).

6. 그리스도의 희생의 종국성

갈보리 위에서 그리스도의 희생은 유일한 제물로서 완전한 것이며 결코 그것은 반복될 수 없는 것이라는 사실이 히브리서 7장, 9장, 10장에 잘 나타나 있다. 거기에서 우리는 다음과 같은 내용을 읽을 수 있다.

"저가 저 대제사장들이 먼저 자기 죄를 위하고 다음에 백성의 죄를 위하여 날마다 제사드리는 것과 같이 할 필요가 없으니 이는 저가 단번에 자기를 드려 이루셨음이니라"(히 7:27).

"염소와 송아지의 피로 아니하고 오직 자기 피로 영원한 속죄를 이루사 단번에 성소에 들어가셨느니라"(히 9:12).

"율법을 좇아 거의 모든 물건이 피로써 정결케 되나니 피흘림이 없은즉 사함이 없느니라 그러므로 하늘에 있는 것들의 모형은 이런 것들로써 정결케 할 필요가 있었으나 하늘에 있는 그것들은 이런 것들보다 더 좋은 제물로 할지니라 그리스도께서는 참것의 그림자인 손으로 만든 성소에 들어가지 아니하시고 오직 참하늘에 들어가사 이제 우리를 위하여 하나님 앞에 나타나시고 대제사장이 해마다 다른 것의 피로써 성소에 들어가는 것같이 자주 자기를 드리려고 아니하실지니 그리하면 그가 세상을 창조할 때부터 자주 고난을 받았어야 할 것이로되 이제 자기를 단번에 제사로 드려 죄를 없게 하시려고 세상 끝에 나타나셨느니라 한 번 죽는 것은 사람에게 정하신 것이요 그 후에는 심판이 있으리니 이와 같이 그리스도도 많은 사람의 죄를 담당하시려고 단번에 드리신 바 되셨고 구원에 이르게 하기 위하여 죄와 상관없이 자기를 바라는 자들에게 두번째 나타나시리라"(히 9:22~29).

"이 뜻을 좇아 예수 그리스도의 몸을 단번에 드리심으로 말미암아 우리가 거룩함을 얻었노라 제사장마다 매일 서서 섬기며 자주 같은 제사를 드리되 이 제사는 언제든지 죄를 없게 하지 못하거니와 오직 그리스도는 죄를 위하여 한 영원한 제사를 드리시고 하나님 우편에 앉으사 그 후에 자기 원수들로 자기 발등상이 되게 하실 때까지 기다리시나니 저가 한 제물로 거룩하게 된 자들을 영원히 온전케 하셨느니라"(히 10:10~14).

각 절에 '단번에'(one of all)라는 문구가 전체적으로 나타나고 있음을 주시하라. '단번에' 라는 문구는 완전함, 종국성의 의도를 가지고 있으며 반복을 막고 있다. 십자가 위에서 그리스도의 사역은 완전하고 결정적인 것이다. 그 사건은 결코 다시 반복될 필요도 없으며 사실상 반복될 수 없는 단회적인 역사적 사건이다. 다음 성경구절은 명확하게 이러한 의미를 보여주고 있다. "오직 그리스도는 죄를 위하여 한 영원한 제사를 드리시고"(히 10:12). 바울은 다음과 같이 말하고 있다. "그리스도께서 죽은 자 가운데서 사셨으매 다시 죽지 아니하시고"(롬 6:9). 또한 히브리서 기자도 다음과 같이 기록하고 있다. "저가 한 제물로 거룩하게 된 자들을 영원히 온전케 하셨느니라"(히 10:14).

그리스도의 제사직은 구약시대 제사장들의 사제직과 대조되어진다. 고대의 제사직은 중단되어져 왔고 그리스도의 제사직이 그것을 대신하게 되었다. 그리스도는 그의 사역을 완성한 표로 좌정하고 계신다. 틀림없이 그는 결코 고귀한 자리로부터 보다 더 나은 제사를 드리기 위해 로마 카톨릭이 주장하는 제단이나 그밖의 다른 곳에 내려오지 않는다. 방금 인용된 구절들은 로마교회가 미사에 대해 말하고 있는 것과 완전히 모순된다. 왜냐하면 이러한 제사는 거기에 사실상 필요가 없기 때문이다. 갈보리에서 우리 주님이 이루신 사역을 회고할 수 있다는 것에 대해 감사하라. 그리고 단번에 우리 죄를 위해 제사를 그가 완성하셨다는 것과 우리의 구원은 일시적이고 독단적인 제멋대로의 어떤 사제나 교회의 교리에 의존하고 있지 않다는 것을 아는 것에 대해 감사하라. 죄에 대해 계속적인 제물이 있어야 한다는 어떤 거짓된 술수는 매우 악한 것이고 무용한 것이다. 왜냐하면 갈보리 위에서 그리스도의 속죄 제사의 효력을 부인하는 것이 되기 때문이다.

미사의 성례가 매일매일 드려지고 있을 때와 같이 죄를 위한 계속적인 제물이 있는 곳에서 실제적으로 죄들이 결코 없어질 수 없는데 사제라고 불려지는 자들은 그리스도의 미완성의 사역을 계속하고 있는 것처럼 가장하고 있는 것이다. 어떤 기념일에 우리가 군인의 묘에 화환을 놓았다고 했을 때 그가 그의 조국을 구원하기 위해 희생했다고 말할 수 있다. 그러나 그의 희생은 다시 부활될 수 없다. 그는 한번 죽은 것이다. 그의 희생은 완성된 것이다. 그리스도의 희생도 이와 마찬가지로 그가 한번 죽으신 것이다. 성경은 이러한 사실을 강조하여 반복적으로 진술하고 있다. 그는 성육신하신 하나님이시며 무한한 위엄과 존귀를 가지신 분이시기 때문에 그의 사역은 완전히 효력이 있으며 그가 의도하고자 하신 일, 즉 속죄사역을 완성하는 데 완전하다. 여기에 대해 바울은 다음과 같이 말하고 있다. "너희가 이 떡을 먹으며 이 잔을 마실 때마다 주의 죽으심을 오실 때까지 전하는 것이니라"(고전 11:26). 바울은 우리가 주의 죽으심을 반복해야 한다거나 보충해야 한다거나 그것을 종국적으로 효력있게 해야 한다고 말하지 않았다. 그는 그것을 우리가 선포해야 할 것을, 기념해야 할 것을 말했다.

로마교회의 구성원이 되고 그리고 대부분의 경우 유아기 때부터 미사에서 매일매일 그들을 위해 제사를 드리도록 환경에 빠져왔던 로마 카톨릭 교도들은 엄밀히 로마교회를 떠나기가 어렵다는 것을 발견한다. 왜냐하면 개신교에는 그들이 드릴 미사도 없으며 미사가 없으면 그들은 구원을 잃어버릴까 하는 두려움에 사로잡히기 때문이다. 헌신된 로마 카톨릭 교도들은 이러한 미사를 통한 구원의 문제를 개신교 성도들이 깨닫는 것보다 더 훨씬 신중하게 중요시한다. 그리고 성직자들도 수세기 동안 사람들의 마음에 이러한 중요한 교리를 붙잡도록 하는 것이 미사에 있어왔음을 재빨리 깨달았다. 미사는 그리스도의 고난과 죽음을 상징을 통하여 눈으로 볼 수 있도록 하는 희생제사의 재현(a visible re-enactment)이다. 묵상하며 기도하는 마음으로 성경을 읽기 시작할 때 구원을 이루는 데 오직 필요한 제사는 갈보리 위에서 그리스도께서 이루신 일임을 발견하게 되며 미사는 계속되는 희생이 되기에 가능할 수가 없다는 것을 알게 된다. 이러한 관점에서 그가 보았을 때 개신교 믿음의 다른 교리들을 쉽게 수용할 수 있게 될 것이다.

로마 카톨릭 교회가 미사에 참여하도록 하는 은혜는 개신교가 교회에 출석하여 누리는 자유와는 거리가 먼 차이가 있는 일이다. 발티모어 교리문답(The Baltimore Catechism)은 다음과 같이 말하고 있다.

"만약 우리가 몇 가지 이유 때문에 변명하여 주일날 또는 제사를 드려야 할 거룩한 날 미사를 보지 않는 것은 죽음을 면치 못할 죄이다. 그들은 또한 어떤 충분한 이유없이 미사를 보지 못하게 하여 다른 사람들로 하여금 방해하는 죽음을 면치 못할 죄에 맡겨지고 있다"(Answer, 390).

이러한 권위있는 표준(카톨릭 교리문답)에 따라 로마 카톨릭 교도들은 매 주일마다 미사에 참석한다. 미국에서는 여섯 개의 특별한 종교 축제일(holyday)이 있다. 미사는 로마 카톨릭 교회의 가장 중요한 의식이며 예배에 있어서 중심되는 가장 지고한 행위이다. 모든 카톨릭 의식들이 여기에, 즉 미사에 걸려있다. 그러므로 미사는 로마 카톨릭 모든 신도들에게 있어서 훈련의 규칙(the rule of discipline)이 된다. 그리고 사제들에게 있어서는 평신도들을 손아귀에 넣고 지배할 수 있는 강력한 기구가 된다.

외적으로 드러난 모습으로 판단해 볼 때 비록 만족할 만한 본질을 이행함이 없다는 사실을 몇몇이 인정하지만 로마 카톨릭 신도들은 주일날 미사에 참석하는 것이 꽤 믿음있는 것 같다. 그러나 선한 행위의 효력을 믿는 로마주의자들은 교회 출석하는 것을 다른 세계에서 그 자신을 위해 공적을 쌓는 수단이라 간주하며 그에 대한 악한 비난을 없애는 것으로 간주한다. 미사에 참석하는 행위는 그에게 그의 의무를 다 이행했다는 의식을 준다. 그는 거기서 요구들을 지불한다. 그가 악한 사람인데도 불구하고, 만약 그가 규칙적으로 미사에 참석하여 교회의 권위를 인정하고 최소한 일 년에 한 번씩 고해성사를 하면 선한 지위를 가진 한 신도로 남는다. 예를 들어 큰 도시 안에 있는 많은 갱(gangsters)이나 부정직한 경찰관들이 끊임없이 나쁜 행위를 계속 행함에도 불구하고 교회에서 그들은 좋은 평판을 가진 사람으로 남는다.

로마교회의 오랜 경력의 약삭빠른 특징과 더불어 로마교회는 인간의 본성 안에 있는 약점을 이용했다. 인간은 본성적으로 예배하는 데 있어서 어떤 가시적이고 외적인 대상을 갈구하기 때문이다. 거룩히 성별된 '영성체'를 통해 로마교회는 로마교회 신도들에게 그들이 보고 느낄 수 있는 한 신(a god)을 제시한다. 그리고 일반적으로 로마주의자들은 특히 주일날 미사에 참여함으로 그들이 그날 이외의 날을 만족시킬 수 있다는 사실을 수용한다. 충성의 표시에 관심이 있다. 이는 거룩한 삶 또는 주께 매일매일 거룩히 드리는 것보다 그 이상의 의미를 함축하고 있다.

미사의 또 다른 특징은 라틴어로 행해진다는 사실이다(1965년에 소개된 '새로운 미사' 집전은 더 이상 라틴어를 사용하도록 강요하지 않았다). 라틴어는 중세교회 신도들이 말할 수도 없고 만약 그들이 번역을 사용하지 않는다면 오늘날 신도들이 이해할 수 없는 언어이다. 라틴어는 수세기 동안 죽은 언어였다. 바울은 다음과 같이 말하고 있다. "그러나 교회에서 네가 남을 가르치기 위하여 깨달은 마음으로 다섯 마디 말을 하는 것이 일만 마디 방언으로 말하는 것보다 나으니라"(고전 14:19). 미사에 참여하여 예배하는 자가 참여하는 자도 아니요 말하는 것을 이해할 수도 없다는 비평에 답하여 어떤 로마교회는 그 지역의 방언으로 미사를 행하거나 이용가능한 번역본을 만들어, 최소한 미사의 내용을 이해할 수 있도록 하여 참여토록 한다. 그러나 이러한 것은 일반적으로 행해지는 것이 아니라 사실상 트렌트 공의회는 "미사가 통속적인 언어로 행해져야 한다"고 말하는 자들에게 저주 가운데 하나로 처단될 것을 확정해 놓았다. 그러나 구약에 나타난 유대인들의 기도를 보면 여러 번 항상 히브리 방언으로 드려졌음을 알 수 있다. 초대교회 성도들도 그들이 예배하러 만났을 때 다음과 같이 기도하였다. "저희가 듣고 일심으로 하나님께 소리를 높여"(행 4:24). 이러한 사실에 대해 스탠리 로웰(C. Stanley Lowell)은 상당히 잘 논쟁하였다; "미사에서 그들이 이해했다는 것은 중요한 것이 아니다. 인식은 미사를 통합시키는 것이 아니라 심지어는 그것의 목적을 무너뜨릴 수도 있다. 여기에서 목적은 사제들의 거짓되게 집행된 기적의 매개물을 통해 감정적인 황홀경(an emotional ecstasy)을 낳게 하는 것이다. 감정적인 황홀경에서 사상이나 인식, 인지는 불필요한 것이다"(소논문, "개신교와 교황무오설").

7. 미사와 돈

로마교회에서 행해지고 있는 미사의 또 하나의 중요한 특징은 재정적인 원조를 끌어들이는 것이다. 그것은 분명히 교회에서 의식을 행함으로 들어오는 큰 수입이다. 교묘한 제도들이 만들어졌다. 미국에서 연옥에 있는 영혼들을 위해 드리는 평미사(low mass)는 사제에 의해 낮은 목소리로 음악이 없이 1달러의 매우 적은 비용으로 행해진다. 주일날이나 축제일에 드리는 장엄미사(high mass)는 사제에 의해 큰 목소리로 음악과 합창단이 있어 10달러의 비용을 가지고 행해진다. 장엄미사에서 일반적인 값(비용)은 25달러에서 35달러까지 된다. 장례식 때 드리는 장엄미사(the high requiem mass), 결혼식 때 드리는 결혼미사(the high nuptual mass)는 심지어 100달러까지 소요되며 이는 사제들의 참석하는 숫자와 계급, 꽃의 진열, 음악, 촛불 등에 따라 결정되어진다. 미사를 드리는 비용(가격)은 교구 주교나 비용을 지불해야 할 교구민의 능력에 따라 다양하다. 어떤 미사도 돈이 없이 행해질 수 없다. 아이레(Irish)의 격언은 이를 잘 나타내주고 있다. "많은 돈이 있으면 장엄한 미사를 드릴 수 있고 적은 돈이 있으면 평미사를 드릴 수 있고 돈이 없으면 미사를 드릴 수 없다."

다양한 미사의 종류에 대해서는 다음과 같다.

(1) 봉헌미사(Votive masses). 이는 다양한 목적으로 드려지는데 예를 들어 연옥에 있는 영혼의 고통을 제거해주거나 병으로부터 회복시켜주며, 어려움 가운데 있는 사업에서 성공하도록 해주며, 여행기간 동안에 안전을, 폭풍우나 홍수, 가뭄 등 재난으로부터 보호를 목적으로 드리는 미사이다.

(2) 장례미사(Requiem or funeral masses). 죽은 자들을 위해 드리는 미사이다.

(3) 결혼미사(Nuptual masses). 결혼을 위해 드리는 미사이다.

(4) 주교미사(Pontifical masses). 주교나 그밖의 고위 성직자에 의해 집행되어지는 미사이다.

이러한 각각의 미사는 장엄미사나 평미사에서 드려질 수 있으며 그 값은 다양하다.

매년 11월 2일 연옥의 날에 세 가지 미사가 드려지는데 두 개의 미사는 연옥에 있는 영혼들을 위해 그리고 하나의 미사는 교황의 '의도'에 따라 드려지는데 '의도'라는 것은 우리가 추측건대 헌납자를 위해 미사가 드려지는 것을 의미한다. 교회의 모든 신도들은 바로 이 연옥의 날 참석할 것을 강요받고 있다. 500여명의 신도를 가지고 있는 교회의 사제는 그 날 500달러에서 5000달러까지 수입을 받아들일 수 있다.

가장 인기있는 미사는 연옥에 있는 영혼들의 고통을 경감하거나 종결시키는 미사이다. 연옥에서 괴로워하는 영혼들을 위해 드려지는 미사일수록 더 좋다. 때때로 교회신문의 광고에 다양하고 반복되는 미사들의 값이 게재되어진다. 연옥단체와 미사모임은 수혜자들이 암송할 수 있도록 일괄하여 한꺼번에 총괄적인 미사들을 제공한다. 그런데 가령 10달러를 보내는 자는 누구나 죽은 자들을 위해 한달 동안 또는 그 이상 매일매일 많은 장엄미사를 드릴 수 있다. 미저리(Missouri)에 살고있는 현대의 어느 작가는 과거의 크리스마스 때 두 번이나 우편으로 사제와 마리랜드(Maryland)에 있는 교회로부터 여러 미사를 위해 간청을 받아왔다. 이는 완곡하게 말하자면 '영적인 부케'(spiritual bouquets)라 불리우는데 정확하게 그 값을 합리적으로 계산하자면 10달러이다. 오랜시대 동안 계속되어져오는 이러한 많은 미사들의 요구는 분명히 미사가 구원의 문제에 있어서 매우 중요하다는 주장에 의심을 던져주고 있다.

이러한 제도의 한 가지 결과는 가난한 자들이 연옥에서 보다 오랫동안 타도록 남겨진다는 것이다. 그러한 반면 부유한 자들은 보다 많은 그리고 높은 등급의 미사를 드림으로 보다 빨리 도피할 수 있다. 가난한 사람들은 때때로 기도해주는 사람에게 또는 그들의 영혼을 위해 끊임없이 드려지는 미사에 수천 달러를 위임하도록 강요받는다. 로마 카톨릭 교회의 가르침에 따르면 교회 영역 안에서 죽은 대다수의 많은 사람들은 연옥에 간다. 거기서 그들은 고통의 상태에 남게 된다. 심판 전에 있게 되는 고통의 끝은 아무도 모른다. 대부분 로마교회 밖에 있는 자들은 절망적으로 기회를 놓친 자들이며 따라서 도움밖에 없다.

미사제도에 대한 가장 악한 특징들 가운데 하나는 사제가 미사드리는 영혼이 연옥 밖에 있다는(연옥을 벗어남) 확신을 결코 할 수 없다는 것이다. 그는 명백히 그러한 것들을 알 수 있는 기준을 가지고 있지 않다. 따라서 기만당한 로마교회 신도가 계속하여 돈을 지불하는 한 수년동안 이 제물(헌금)들이 계속 되어진다. 스티븐 테스타(Stephen L. Testa)는 다음과 같이 말하고 있다.

"그가 기도드리는 영혼이 이미 연옥을 벗어나 하늘나라에 가 있으며 더 이상 미사드릴 필요가 없다고 한다면 사제에게 헌금을 지불하지 않을 것이다. 그것은 풍요로운 수입의 원천을 잘라버리는 것과 같다. 건강한 환자의 질병을 오히려 연장하는 많은 부도덕한 외과의사처럼 그 역시 이러한 시나리오(treatments)를 계속해야만 한다. 사제는 그녀의 딸이 '예수와 함께' 하늘에 있으며 더 이상 장래미사를 드릴 필요가 없다는 것을 사별한 어머니에게 결코 말할 수 없다. 개신교 목사는 하나님의 말씀으로부터 위로의 확신을 주지만 카톨릭 사제는 결코 그렇지 않는다"(『카톨릭, 개신교 그리고 유대교에 대한 진리』, p. 13).

자첼로 박사는 다음과 같이 말한다.

"로마 카톨릭 미사에서 '제사' 는 사제가 집행하는 신비스러운 의식들을 위해 사제에게 가난한 자들의 돈이 지불되어진다. 그는 연옥 불에 있는 그들의 사랑하는 자들의 고통을 사제가 경감할 것이라는 믿음을 갖는다"(『로마교의 비밀들』, p. 82).

그리고 킹(L. T. King)은 다음과 같이 지적하고 있다.

"죽음은 로마 카톨릭 교회의 모든 것을 끝내지 못한다. 어떤 사람도 죽음으로 로마 카톨릭 교회의 지급금(dues)을 피할 수 없다. 그의 재산 또는 친구들은 계속하여 지불해야만 한다. 세금을 거두는 징수인은 비록 죽은 사람에게 늦출 수도 있지만 로마 카톨릭 교회는 결코 그렇지 않다. 그들이 죽은 후에도 오랫동안 로마교회의 통제력이 계속 보유된다. 사제들은 영혼들이 연옥의 활활 타오르는 불꽃 속에 고통받고 있으며 거기에 그들이 오랫동안 남게 될 것이며 따라서 활활 타오르고 있는 감옥에 억류되어 있는 아들이나 딸을 위해 슬퍼하는 어머니로부터 최종적인(결정적인) 돈을 가져오도록 위협한다."

미사를 위해 돈을 거부하는 사람들은 하나님의 선물이 많은 돈을 가지고 결코 살 수 없다는 사실을 인정하지 못한다. 그것은 정확히 마법사 시몬의 죄다. 그는 돈으로 하나님의 능력을 사려고 하였다. 그러므로 그는 베드로의 강한 책망을 받았다. "베드로가 가로되 네가 하나님의 선물을 돈 주고 살 줄로 생각하였으니 네 은과 네가 함께 망할지어다 하나님 앞에서 네 마음이 바르지 못하니 이 도에는 네가 관계도 없고 분깃될 것도 없느니라 그러므로 너의 이 악함을 회개하고 주께 기도하라 혹 마음에 품은 것을 사하여 주시리라 내가 보니 너는 악독이 가득하며 불의에 매인 바 되었도다"(행 8:20~23). '시몬니'(Simony)라는 단어가 사전에는 '거룩한 물건으로부터 이익을 취하는 것', '교회의 은사를 사고 파는 죄' 라는 의미로 기입되어 쓰여져 있다.

8. 교리의 역사적인 발전

오늘날 로마교회의 미사가 주어지게 된 현저한 처지를 생각하면 매우 흥미롭다. 미사는 초대교회에 알려지지 않았고 베네딕트 교단(Benedictine)

수도승인 라드베르투스(Radbertus)에 의해 처음 고안되어졌으며 교황 이노센트 3세의 지시하에 1215년 라테란 공의회에 의해 선포되어질 때까지 로마주의 교리의 공식적인 부분이 되지 못했다. 미사는 1545년 트렌트 공의회에 의해 재확인되었다. 화체설은 사도신경이나 니케아신경(Nicene Creed) 또는 아다나시우스신경(Athanasian Creed)에 언급되어 있지 않다. 그것은 처음으로 1564년 교황 피우스 4세에 의해 교령으로 언급되어졌다.

1415년 이후에서야 콘스탄스 공의회의 교령에 의해 로마교회는 평신도들에게 잔을 주는 것을 거부하였다. 여러 다양한 이유로 초대교회 역사에서 교황들은 성찬식 때 단지 떡만을 떼는 것을 신성모독으로 정죄해왔다. 단지 떡만 평신도들에게 주어져야 한다는 법령은 1415년 6월 15일 로마교회 교황없이 단번에 법률로 정하여졌다. 이와 같은 공회의로 1415년 5월 29일 교황 요한 23세를 폐위시켰다. 왜냐하면 교회와 국가를 대항하여 범죄하였기 때문이다. 1417년 11월 11일 요한 23세의 계승자로 마틴 5세(Martin V)가 선택되어졌다.

평신도들에게 잔을 거부하는 교령은 선행되어온 로마교회법(Roman Canon Law)과 모순된다. 대제(The Great)라 불리우는 교황 레오 1세(Leo I;440~461)는 마니교도를 선고판결하면서 다음과 같이 말했다; "그들은 부끄러운 입으로 그리스도의 몸을 받는다. 그리고 우리의 구속의 피를 취하는 것은 완전히 거절한다. 그러므로 우리는 거룩한 형제인 너희에게 이런 종류의 사람들은 거룩한 성도의 교제로부터 사제의 권위로 추방해야 한다고 알린다."

교황 겔라시우스 1세(Gelasius I; 492~496)는 몇몇 주교들에게 서신으로 다음과 같이 말했다; "거룩한 몸의 한부분(몫)을 받는 어떤 사람이 거룩한 피의 잔(성배, chalice)에 참여하지 못했다는 것을 확인했다. 이러한 사람들은 … , 즉 완전히 성체를 받거나 또는 완전한 성체로부터 추방되도록 해야 한다. 왜냐하면 하나인 그 신비(one and the same mystery)를 분리하는 일은 큰 죄가 신성모독없이 일어날 수 없기 때문이다. 즉 신성모독의 죄이다." 1905년 교황 우르반 2세(Urban II), 1118년 교황 파스칼 2세(Paschal II)가 의장으로 있었던 클레몬트 공의회의 교령 역시도 성찬식 때 유일하게 떡만 주는 행위를 정죄하였다. 어떻게 로마교회가 교황없이 공회의에서 교묘하게 성찬문제에 대해 네 명의 교황의 가르침을 뒤집어엎었는데도 불구하고 그 결정이 공교회적이며 사도적이며 영원하다고 주장할 수 있겠는가!

우리는 미사가 중세의 미신이며 주의 성만찬을 신비의 베일로 파기하며 무지한 사람들을 이용하기 위해 꾸며낸 것임을 확신할 수가 있다. 단순한 기념잔치가 갈보리 위에서 희생을 다시 재연하는 불가사의한 것이 되었다. 이와 비슷한 결과가 미사의식 때 라틴언어를 사용하고 있다는 데에서도 나타난다. 왜냐하면 결코 미사 때 로마교회 신도들이 보다 더 잘 이해하도록 주의 만찬을 만들기 위해 의도되어졌다고 말할 수 없기 때문이다. 실제적으로 어느 누구 한 사람도 라틴어를 이해할 수 없다. 이러한 제도들의 목적은 성직 계급제도를 고양시키며 찬양토록 하는 것이며 그것을 신비의 모습으로 옷입히는 것이며 특히 미사에 관해서 사제를 초자연적인 권세를 가지는 사람으로 보이게 하는 것이다.

9. 7성례

성례란 무엇인가? 이 물음에 대해 웨스트민스터 표준 소요리문답은 다음과 같이 답하고 있다.

> "성례는 그리스도께서 세우신 거룩한 예식인데 그 속에 그리스도와 새 언약의 유익이 감각적인 표(sensible signs)로써 표시되며 인쳐져서 신자들에게 적용되는 것입니다."

신약성경과 개신교 교회의 가르침에 따르면 오직 두 가지의 성례만이 그리스도에 의해 제정되어졌다. 이러한 것들은 세례와 주의 만찬이다. 다락방에서 마지막 밤을 그의 제자들과 함께 하신 예수님은 "이것으로 나를 기념하라"(눅 22:19)고 말씀하시면서 주의 만찬을 제정하셨다. 세례는 세례 요한으로부터 시행되어졌고 그리스도가 부활하신 후 "그러므로 너희는 가서 모든 족속으로 제자를 삼아 아버지와 아들과 성령의 이름으로 세례를 주고 …"(마 28:19)라고 말씀하시면서 성례로 특별히 제정하셨다.

이 두 가지 성례에 로마교회는 다섯 가지를 더하여 다음과 같은 목록을 현재 가지고 있다. (1) 세례 (2) 견신례 (3) 성만찬(미사) (4) 고해성사 (5) 종부성사 (6) 결혼 (7) 성직수임식(신부의 서품식과 수녀의 헌신) 등이다.

로마교회는 삶의 일반적인 과정에 있어서 이러한 다섯 가지, 즉 세례, 견신례, 성만찬, 고해성사, 종부성사는 구원에 있어서 필수적인 것으로 결혼과 성직 수임식은 선택되어진 것으로 주장한다. 그러나 어떤 교회 지도자들도 어느 공회의도 성례로 지정할 권리를 갖고 있지 않다. 교회는 그리스도의 교회이며 오직 교회의 머리되신 그리스도만이 성례를 제정할 권리를 갖고 있다. 더욱이 로마교회는 성만찬을 성례 뿐만 아니라 희생으로써 만듦으로 형태를 변형시켰다.

로마 카톨릭은 부가된 다섯 가지 성례들을 위해 어떤 증거도 제시할 수 없고 단지 로마교회의 전통만이 그것을 보증할 따름이다. 일곱 숫자도 표류하다 몇 세기 후에 이르러서야 나타나게 되었다. 초대교회 교부들은 때때로 넓은 의미에서 그 말을 사용했는데 기도자의 성례, 성경의 성례, 기독교의 성례, 참회의 성례 등 하나님께 더 가까이 가기 위해 계획된 것으로 혹은 성화의 방법으로써 간주되는 여러 가지 것들에 그 말을 적용하였다. 그렇지만 교부들의 작품을 보면 엄격히 말해서 그들은 두 가지 성례만을 인식했던 것이 분명하다. 어거스틴과 다른 교회 지도자들의 작품을 담고 있는 『판결』(Sentences)이라는 유명한 책을 출판한 베드로 롬바드(Peter Lombard; 1100~1164, 이 책은 종교개혁시대까지 신학에 대한 표준 문서로 간주됨)는 칠이란 숫자를 처음으로 정의한 사람이었다. 그리스도 이후 1000년 이상 동안 어떠한 저자도 칠 성례가 있다는 것을 가르쳤던 사람이 없었다는 것을 인식하는 것은 중요하다.

일곱 성례가 공식적으로 신조가 되었던 것은 1439년 플로렌스 공의회(the Council of Florence)였다. 후에 트렌트 공의회는 다음과 같이 선포하였다. "만약 어느 누가 새 규범의 칠 성례가 우리 주 예수 그리스도에 의해 제정된 것이 아니라고 말하거나 세례, 견신례, 성찬식, 고해성사, 종부성사, 결혼, 성직수임식 등 일곱 가지에 더하거나 감하는 경우 그리고 이 일곱 가지 중 어느 하나라도 사실이 아니며 합당한 성례가 아니라고 말한다면 그에게 저주가 있을 것이라"고 공언하였다.

칠 성례를 정하는 데 있어서 로마교회의 목적은 무엇인가? 아마도 그것은 로마 카톨릭 신자들을 요람에서 무덤까지 전 삶을 완전히 지배하기 위한 것이다. 이 성례적 제도는 사제에게 인간사의 가장 중요한 일들을 지배할 수 있도록 고안되어져 있다. 출생 이후 가능한한 빨리 시행된 세례로부터 다가

오는 죽음의 그림자에 이르기까지 평신도들은 사제들의 지배 아래 계속 의존적으로 있다.

로마교회에 의해 부가된 거짓의 다섯 가지 성례들은 의심의 여지없이 분명하게 밝혀져야 한다. 견신례, 고해성사, 종부성사는 성경에 언급조차 되어 있지 않고 있다. 따라서 전적으로 권위가 없는 것이다. 우리는 이제 이 일곱 가지 성례를 차례로 논의해 보도록 하자.

(1) 세례

로마교회는 세례 의미를 곡해하여 그들은 세례가 그리스도와 새 언약의 은혜를 통한 외적인 표시로 상징적인 의식으로써 믿는 자들에게 나타내어지고 전해지며 믿음에 의해 받아들여지고 있는 것으로 여기는 대신에 세례적 중생(baptismal regeneration)을 낳기 위한 신비적 방법으로, 과거의 죄를 자동적으로 용서해주는 보증으로 그리고 구원에 절대적으로 필요한 요소로서 여기게 되었다. 로마교회는 갓 태어난 유아들조차도 만약 그들이 세례받지 않는다면 하늘의 기쁨들을 즐기기 위한 구원이 가능하지 않다고 가르쳤다. 트렌트 교리문답은 다음과 같이 말하고 있다. "유아들이 만약 세례의 은혜를 통해 하나님께로 거듭나지 않는다면 그들의 부모들이 기독교이든 불신자이든 비참함과 영원한 파멸에 이른다." 얼마나 무시무시한 교리인가! 그리고 일반적으로 받아들여지고 있는 개신교 교리 즉 세례 받았든 받지 않았든 간에 유아 때 죽은 모든 사람들이 구원될 수 있다는 것과 얼마나 대조를 이루고 있는가!

로마교회의 교리는 너무나 끔찍하고 평신도들에게 받아들일 수 없기에 유아 림보(the Limbus Infantum)라고 하는 제3의 영역을 고안하게 되었다. 유아 림보라고 하는 곳은 세례받지 않는 유아들(어린아이들)이 가는 곳을 말하는데 거기에 유아들이 천국의 복음으로부터 제외되어 실제적인 고통이 없이 억류되어 있다. 리온과 플로렌스 공의회와 트렌트 공의회의 교회법은 세례받지 않는 유아들이 이와 같은 영역에 감금되어 있다고 긍정적으로 선포했다. 천국으로부터 세례받지 않는 아이들을 제외시키는 로마 카톨릭의 원 목적은 가능한 하나의 로마교회에 그들의 자녀들을 위탁하도록 강화하기 위해서였다. 그렇지만 긴 안목에서 볼 때 그 계획은 모든 사람들을 로마교회에게 종속되도록 하는 것이며 할 수 있는 한 모든 사람에게 소유권을 인치려는 것이다. 이러한 압력은 로마 카톨릭 부모들에게 그들의 자녀들이 빨리 세례를 받는 것이 거의 믿기 어려운 것임을 알도록 해준다.

(2) 견신례

소위 견신례(confirmation)의 성례는 주교가 전에 세례를 받았던 사람의 머리 위에 그의 손을 놓는다. 왜냐하면 그에게 성령을 부여하기 위해서이다. 그러나 사도적 교회에서 어떤 사도나 목사도 이러한 의식을 행하지 않았다. 그리고 이 땅 위의 어떤 사람도 그의 명령으로 성령을 소유할 수 없다. 로마 카톨릭 신학자들은 소위 이러한 성례가 언제 제정되었는지에 대해 확실히 알지 못한다. 이러한 의식은 그들이 성령을 받았다고 생각하도록 끌어들이지만 사실 그들 모두는 오류가 있는 사제의 말과 의식을 받는다. 또한 견신례가 미국 성공회(the Protestant Episcopal Church)에서 실행되어지지만 그들은 그것을 단지 교회의 규율로 여기지 그리스도에 의해 확립된 제도로 생각하지 않는다.

(3) 성찬식

성찬식에 대해서는 이 앞 장을 통하여 논했다.

(4) 고해성사

고해성사(penance)가 무엇인가? 권위있는 교리문답은 다음과 같이 말한다.

"고해성사는 세례 후 범한 죄를 사제의 사죄를 통해 용서받는 성례를 말한다. ⋯ 사제는 고해 후에 우리의 죄로 인해 일시적인 처벌을 받음으로 하나님을 만족시킬 수 있는 고행을 준다. 따라서 우리는 사제가 주는 고행을 받아야만 한다."

하나님의 말씀은 죄인이 반드시 그가 지은 죄에 대해 마음으로부터 깊이 회개해야만 한다고 가르친다. 그렇지 않으면 거기에는 결코 죄의 용서함이 없다. 그러나 로마교회는 복음서에 나타난 회개를 고행으로 대치시켰다. 고행은 외적인 행위들 가령 수 차례 어떤 기도를 반복하는 것과 같은 즉 아베 마리아나 로자리오, 자초한 처벌(selfinflicted punishments), 금식, 순례 등으로 구성되어진다. 고해는 거짓된 희망을 나타낸다. 왜냐하면 그것은 단지 외적인 행위들과 관련을 하고 있기 때문이다. 참된 회개는 죄에 대한 통회함이 내포되어 있으며 하나님을 향하여 나아가게 하고 그가 죄로부터 용서함 받았다는 외적인 행위들이 자발적으로 보여진다. 로마교회는 고해성사가 제정되어졌다는 어떤 사건 하나도 성경 안에서 지적할 수 없다.

(5) 종부성사

종부성사(Extreme Unction)는 다음과 같이 묘사되어진다. "질병으로 인하여 죽음의 위험에 있는 사람들에게 사제가 거룩한 기름(올리브유)을 가지고 바르는 행위이다. … '종부'(Extreme)라고 부르는 이유는 생(life)이 마지막에 왔다고 생각되어졌을 때 병든 사람에게 집행되어지기 때문이다." 이 의식에서 사제는 죽은 사람의 눈과 귀, 코, 손, 발에 라틴 기도 형식을 동반하여 선포하며 '성유'(holy oil)를 붓는다(기도형식은 "이 성스러운 도유와 그의 지극히 양선한 자비를 통하여 주님께서 그대가 보고, 듣고, 냄새맡고, 말하고, 맛보고, 손대고, 걷는 것을 통해 지은 죄를 용서하기를 원하도다"이다. 그리고나서 사제가 그의 엄지손가락으로 성호를 긋는다 - 역자주). 이 때 그의 몸의 지체들이 범한 죄들이 감해진다. (1965년부터 이 의식이 단순화되어졌다).

그러나 사제나 사제의 기도가 아무리 훌륭하다고 할지라도 그는 여전히 죽은 사람이 천국에 있다는 것을 확신하지 못한다. 그가 할 수 있는 최선의 일은 고작 그를 연옥으로 끌어들여 거기에서 불의, 고통을 당하게 하는 것이다. 그의 사랑하는 사람은 그가 빨리 연옥으로부터 벗어나도록 하기 위해 수많은 미사들을 구입하게 되어 있다. 그러나 죽은 모든 신자들은 그리스도가 재림할 때 그와 같은 모습으로 변하며 천국의 기쁨을 맛보게 될 것이라는 개신교의 확신과 얼마나 다른가! 그리스도는 "내가 진실로 진실로 너희에게 이르노니 내 말을 듣고 또 나 보내신 이를 믿는 자는 영생을 얻었고 심판에 이르지 아니하나니 사망에서 생명으로 옮겼느니라"(요 5:24)고 말씀하셨다. 그리스도는 자유를 주지만 사제는 속박을 부과시킨다.

현재 형태의 종부성사의 성례는 20세기에 비로소 교회에 소개되어졌다. 로마신학자들 역시 종부성사가 언제 제정되었는지에 대해 알지 못한다. 그것은 전혀 성경적 근거가 없는 것이다. 성경에 어떤 사도도 사람에게 기름을 붓는 경우가 나오지 않고 있다. 야고보서 5:14~15에 기록된 경우는 합당한 성경적 근거로 요구되어질 수 없다. 왜냐하면 거기서의 목적은 병든 사람을 건강하게 회복하는 것이기 때문이다. 그러나 종부성사는 오직 죽음에 처한 사람들에게만 의도되어진 것이지 회복하기 위한 사람들에게 의도되어진 것이 아니며 다음 생을 준비하기 위한 것으로 행해진 것이다.

(6) 성직수임식

교회직원의 성직임명은 그리스도에 의해 제정되어졌다. 그렇지만 그것은 로마 카톨릭이 채용한 특별한 순서, 즉 사제, 주교, 대주교, 추기경 그리고 교황과 같은 성직임명이 아니다. 더욱이 교회직원을 지정하는 데에 있어서 성례의 표식은 나타나지 않는다.

(7) 결혼

결혼(Matrimony) 역시 신적인 임명이다. 그러나 그것은 외부적으로 규정되어진 표식이 아니다. 사실 수천 년 전, 심지어 타락하기 전 제공되어졌다. 따라서 새 언약의 제도가 아니다. 로마교회는 성례로서 결혼이 언제 제정되었는지에 대해 확실하지 않음을 인정한다.

성례로 결혼을 지정하는 데에 있어서 로마교회의 실수가 벌게이트역(Vulgate Version, 제롬이 번역한 라틴성서 역본)을 잘못 번역한 데서 나오게 되었다. 트렌트 공의회는 벌게이트역을 로마교회의 공식적인 영감된 번역으로 받아들였다. 문제가 되는 성경구절인 에베소서 5:31~32을 정확하게 번역하여 읽으면 다음과 같다; "이러므로 사람이 부모를 떠나 그 아내와 합하여 그 둘이 한 육체가 될지니 이 비밀이 크도다 내가 그리스도와 교회에 대하여 말하노라"(엡 5:31~32). 그러나 벌게이트역은 "이 비밀이 크도다"란 성경구절을 "이것이 큰 성례이다"라고 번역하였다. 다행히도 그러한 실수가 카톨릭 단체가 만든 새 번역판(the New Confraternity Version)에서는 "이것이 큰 비밀이다"라고 정정되어졌다. 그러할지라도 로마교회는 계속해서 결혼은 성례라고 가르친다. 그러나 아우구스부르그에서 루터를 반대했던 카제탄 추기경은 다음과 같이 솔직히 시인했다. "당신은 결혼이 성례라고 한 이 곳(즉 벌게이트역)으로부터 취하지 말고 신실한 독자 바울로부터 취해야 한다. 왜냐하면 그는 결혼이 이 큰 성례라고 말하고 있는 것이 아니라 큰 비밀이라고 말하고 있기 때문이다."

더욱이 기독교가 세워진 후 6~7세기 동안 평신도들은 성직자만이 결혼을 집례할 수 있고 성경의 근거에 그들만이 이혼의 권리를 행사할 수 있다는 어떤 주장도 알지 못했다. 힐데브란드(Hildebrand)와 같은 평신도들을 보다 완전한 사제의 권한 아래 두어 마침내 결혼을 교회가 통제하는 데 안전하도록 하는 강한 교황들의 영향이 두루 있어왔다. 이러한 것은 중세시대 동안 있어왔던 일들이었다. 새로운 형태로서 결혼인 성례는 오직 사제에 의해서만이 집례될 수 있고 그것은 변개할 수 없는 것이었다. 로마 카톨릭의 규율을 강화시킬 수 있었던 로마 카톨릭 교회의 국가에서 도덕의 낮은 상태는 로마 카톨릭의 교리가 그릇된 것임을 보여준다. 물론 결혼의식에 대한 요금이 항상 부과되어졌다. 그리고 라틴 아메리카와 같은 곳에서는 비싼 결혼비용으로 인해서 비정상적인 낮은 결혼률을 나타내고 있다(다른 지역에서는 70%의 높은 결혼률을 나타낸다). 로마의 성직자들이 보다 진실한 그리스도인이었다면 이러한 요구와 관습들의 실제적인 결과들이 증거로 나타났을 때 로마 카톨릭의 주장이나 실행되어진 것들을 수정했어야 한다. 그리고 무엇보다 먼저 카톨릭 교회와 그 가족의 명예를 안전하게 하기 위해 노력했어야 한다. 그러나 로마 카톨릭 교회는 그 대신 완고하게 자신의 특권있는 입장을 고수했으며 어떤 다른 것도 포기하는 것을 거부하였다.

성례를 증식하는 것에 관해서는 구약의 율법에 대해 하나님께서 모세에게 하신 말씀이 특별하게 잘 어울린다. "내가 너희에게 명하는 말을 너희는 가감하지 말고 내가 너희에게 명하는 너희 하나님 여호와의 명령을 지키라"(신 4:2).

로마교회는 보다 중대한 실수들을 성례의 교리에 있어서 하고 있으며 그들이 자동적으로 기계적으로 외적인 행동에 의해, 마치 난로에 의해 불이 타는 것처럼, 화학적인 특성에 의해 약으로 치료하는 것처럼, 신적인 은혜를 주는 것으로 가르친다. 그러나 하나님의 말씀은 이와 정반대이다. 축복은 성례 그 자체에 있어서 타고난(본질적인) 것이 아니다. 또 그것을 집행하는 그 사람 안에 있는 것도 아니다. 오로지 그것은 직접적으로 성령에 의해 부여된다. 그리고 그것은 진실한 믿음을 가진 자만이 받을 수 있다. 히브리서 기자는 이와 같은 진리를 잘 묘사해주고 있다. "믿음이 없이는 기쁘시게 못하나니 하나님께 나아가는 자는 반드시 그가 계신 것과 또한 그가 자기를 찾는 자들에게 상 주시는 이심을 믿어야 할지니라"(히 11:6). 성례는 내적으로 보이지 않는 은혜를 외적으로 보이도록 하는 하나의 표식이다. 그리고 은혜의 축복은 믿음에 의해 전유되었을 때 임하게 된다. 성령이 성경의 페이지 안에 거주하는 것이 아닐지라도 우리가 성경을 읽었을 때 마음을 조명하고 심장을 뜨겁게 하는 것처럼 은혜 역시 본질적으로 성례에 거주하지 않지만 믿음으로 성례를 받는 신자는 받을 수 있는 것이다.

10. 결 론

본 장에서 우리의 목적은 미사에서 떡과 포도주가 예수의 살과 피로 변화될 수 없으며 따라서 떡과 포도주 안에 그리스도의 육체적인 현존(physical presence of Christ)이 없다는 것을 보여주고자 하는 것이다. 또한 미사에 있어서 참된 제사(희생)가 없으며, 그리스도께서 우리 구원을 위해 행하신 것과 우리 주를 생각하는 것을 통하여 그를 기념하는 것과 영적인 축복의 수단을 성체로 바꿔버렸다는 것을 보여주고자 하는 것이다.

우리는 로마교회에서 행해지고 있는 미사가 사기요 속임수라는 것을 절대적으로 주장한다. 그 이유는 실제적으로 존재하지 않는 사고 파는 행위를 하기 때문이다. 다양한 목적으로 속기 쉬운 사람들에게 미사를 파는 행위는 로마교회의 성직자들을 제사드리는 사제들로 전락시켰으며 거짓된 구실하에 로마교회 신도들로부터 막대한 금액의 돈을 탈취하는 효과적인 수단이 되게 하였다.

세상의 모든 이방 종교에서도 미사보다 더 거짓되고 조소적인 날조된 고안을 발견하기는 어렵다. 떡과 포도주의 특성을 그대로 보유하고 있는 떡과 포도주를 실제적으로 그리고 완전히 그리스도의 신성과 인성으로, 몸과 피로 변한다고 주장하는 것은 달걀이 코끼리요 검은 것이 하얀 것이라고 주장한 것과 다름없는 유치하고 터무니없는 주장이다.

성례의 로마교회의 교리는 문명화된 종교가 고안했던 신비적이고 의식적인 가장 교묘한 체계를 구성하고 있으며 처음부터 마지막까지 성직자들의 권력과 위신을 높이기 위해 고안되어졌다. 그것의 기본적인 사상들은 기독교의 전반적인 정신과 맞지 않는다. 마치 중세의 점성학이 천문학과 조화되지 않으며 연금술이 화학과 조화되지 않는 것처럼 로마교회 교리는 현대시대와 조화되지 않는다. 그럼에도 불구하고 아직까지 이러한 것들은 로마교회 신도들이 충성을 맹세한 신념들이며, 그들은 언젠가 미국이나 다른 세계로 전향하기를 소망하고 있다. 이러한 신념들 때문에 그들은 기꺼이 중세시대의 모든 혐오들과 교황들의 타락(부패), 그 시대 — 그들이 그 시대의 역사에 대해 모든 것을 아는 한에 있어서 — 의 교황제도를 눈감아 주었다.

미사의 그러한 정교한 의식은 성경에 전적으로 나타나있지 않다는 사실과 사제의 행함에 의해 보충되어질 때까지 십자가 위에서 그리스도의 사역을 무효하게 만들어버릴 정도로, 그리스도를 매우 불명예스럽게 한다. 이러한 사실은 로마교회 평신도들에게 신중하게 감명을 주지 못한다. 왜냐하면 그가 실제적으로 성경이 이러한 것들에 대해 가르치는 것을 전혀 모르기 때문이다.

우리는 모든 것을 신중하게 물어보아야할 필요가 있다. 로마 카톨릭에서 드리는 미사와 개신교에서 준수하고 있는 주님의 만찬 사이의 차이점은 무엇인가? 후자에 있어서 당신은 평신도들과 분리시키는 거만하며 그들 자신들끼리 교제하는 성직자 제도라든가 고위급만 제단 위에 서서 회중에게 등을 돌리고 떡과 포도주에 참여한다든가 그 반면에 평신도들은 어린아이처럼 성직자 앞에서 무릎을 꿇고 눈을 감고 입을 벌려 단지 그들의 입에 떨어지는 단지 몇 조각의 빵조각을 받아먹는 것을 찾아볼 수 없다. 개신교에서는 목사가 설교단에서 내려와 성도들과 같은 위치에 있는 성만찬 교제 식탁에 앉는다. 목사와 성도는 함께 주의 만찬을 기념하는 데에 참여하는 형제요 친구이다. 그들은 이 의식이 맨 처음 제정되어진 것과 같이 각각 떡을 떼고 잔을 마신다. 신약성경의 계시에 비춰볼 때 후자가 분명히 맞고 오로지 이것 하나 뿐이다.

9 장

고해성사
1. 고해성사 제도의 성질
2. 용서될 수 없는 죄와 용서될 수 있는 죄(대죄와 소죄)
3. 사제들은 죄를 사할 수 없다
4. 고해성사에 관한 성경의 가르침
5. 그들이 변명하려고 내놓는 로마 카톨릭 성경의 증거
6. 고해제도의 남용

고 해 성 사

1. 고해성사 제도의 성질

발티모어 교리문답은 고해성사에 대하여 다음과 같이 정의한다.

"고해란 죄사함을 얻고자 하는 목적에서 공인된 사제에게 우리의 죄를 말하는 것이다."

또한 그 교리문답은 덧붙여 다음과 같이 말했다.

"공인된 사제는 사제직의 성직수임에 의해서 죄를 사해 주는 권한을 가질 뿐 아니라 자기에게 나오는 사람들을 관찰하는 권한을 가진 사람이다. 그는 이 관할권을 그 주교로부터 받거나 혹은 그의 직책 때문에 받는다."

여기에서 중요한 말은 '공인된 사제'이다. 그리고 순전해지기 위해서는 고백하고 판단받고 공인된 사제가 고행, 즉 선행, 기도, 금식, 쾌락으로부터 멀리하는 것 등을 명할 때, 순종함으로 따라야 한다. 고행은 그 사제가 주는 죄를 회개한 표로서 행해진 벌을 말한다. 보통은 매우 가벼운 형벌이 이에 속한다.

뉴욕 교리문답에는 이렇게 기록되어 있다.

"나는 사제에게 가서 나의 죄를 말해야 하고 그러면 그는 나를 면죄해 줄 것이다. 나는 가끔 면죄부의 조건을 충족시키기 위해서 고백하러 가는 것이다. 알면서도 고해성사 때에 대죄를 숨겨두는 사람은 무서운 신성 모독 죄를 범하는 것이다. 그리고 그는 그의 고백을 계속해야 한다. 고백 성사는 대죄와 그들의 영원한 형벌을 면죄해 준다. 즉 그것은 대죄에 의해 무효화된 공적들을 되살리고 미래의 죄를 피하는 특별한 은혜를 준다."

프랑스 교리문답에는 이렇게까지 기록되어 있다.

"사람은 온전히 겸손한 마음에서 그 고해 신부를 그가 대신한 예수 그리스도 자신인 것처럼 생각하면서 사죄를 받아야 한다."

사제들은 그보다 더 큰 요구를 할 수 있겠는가! 교회법(Canon Law) 888은 이르기를 "사제는 고해를 들을 때 자신이 재판관이라는 것을 기억해야 한다"고 했고 교회법 870은 이르기를, "고해에 있어서 사제는 세례 이후에 범한 모든 죄를 사해 주는 권세를 가진다"라고 하였다. 그리고 로마 카톨릭 교회로 갓 개종한 사람들을 위한 '비카톨릭 교도를 위한 교훈들'(Instructions for Non-Catholics)에는,

"사제는 당신의 죄를 사하기 위해서 하나님께 기도할 필요가 없다. 사제 자신이 그리스도의 이름으로 사죄할 수 있는 권세를 가졌다. 당신의 죄들은 당신이 그리스도 앞에 무릎 꿇고 그리스도에게 고백하는 것과 똑같이 사제에 의해 용서함을 받는다"(p. 93).

그래서 로마 카톨릭 교도들은 그들의 모든 대죄를 재판관으로 앉아 있고, 하나님의 이름으로 죄를 용서해 주는 권세를 가졌다고 주장하는 사제에게 고백해야 한다. 사제는 대죄를 용서한다. 그래서 참회자를 지옥행으로부터 구출한다. 그러나 사제는 그 죄들의 형벌을 사면할 수는 없다. 그래서 참회자들은 그러한 죄의 형벌을 위해서 사제가 지시한 선행을 행함으로 속함을 받아야 한다. 또한 주교, 추기경, 심지어 교황까지를 포함하여 사제들은 이 같은 방법으로 다른 사제에게 그들의 죄를 고백하여 사죄를 받아야 한다.

로마교 용어에 있어서 '참회자'(penitent)란 사제에게 고백하는 사람을 말한다. 비록 용어에 암시되어 있다 하더라도 반드시 죄를 회개하는 사람일 필요는 없다. '고해 신부'(confessor)란 고해를 하는 사람이 아니라 그 사제를 지칭한다.

모든 로마 카톨릭 교회에 있는 고해실은 두 개의 칸막이 방으로 나뉘어져 있는데 사제가 한 방에 들어가고 고해자가 다른 한 방에 들어간다. 두 방 사이의 나무로 된 칸막이 벽에는 약 2평방피트(2 feet square)의 가는 철사망

이 있다. 고해자는 무릎을 꿇고 철사망을 통해 자신의 죄를 낮은 목소리로 아뢴다. 고해는 비밀이다. 그리고 그것은 사제의 귀에 말해지기 때문에 귓속말이라 칭한다. 그것은 가장 최근의 고해 이래 범한 모든 대죄에 대해서 낱낱이 아뢰는 것이다.

고해자는 보통 사제에 의해 질문을 받아서 충분히 고해를 하게 된다. 물론 그것은 사제로 하여금 사제가 그 사람이나 혹 그 단체에 대해서 알기를 원하는 어떤 것을 실제적으로 알 수 있게 한다. 그런데 여기서 강조되는 것은 고백하지 않은 어떤 죄도 용서하지 못하고 단 하나의 죄라도 빠지면 전체의 고해를 무효로 할 수 있다는 것이다.

고해의 형식은 아주 흥미롭다. 사제 앞에 무릎을 꿇고는 그의 강복을 구하고 받는다. 이때 고해자는 고백송 첫부분을 반복해야 한다.

"나는 전능하신 하나님께, 은총을 입은 성모 마리아께, 은총을 입은 미카엘 천사장에게, 은총을 입은 세례자 요한에게, 성 사도 베드로와 바울에게, 모든 성인들에게, 그리고 신부님 당신에게 내가 생각, 말, 그리고 행위로 심히 죄를 범했기에 고백하나이다"(후에 3번을 반복한다).

고해자는 그때 하나도 숨김없이 그의 모든 죄를 고백해야 한다. 소죄들은 대부분 생략되어질 수 있다. 그 이유는 그것들을 다른 수단에 의해서 속함받을 수 있기 때문이다.

우리는 이런 고해의 형식에 대해 알게 되는데, (1) 그 형식은 마리아, 미카엘, 세례자 요한, 베드로, 바울, 로마교 성인들, 그리고 고해 성사를 집전하는 사제를 전능하신 하나님과 동등하게 놓는다. (2) 이것은 그들 모두에게 죄를 고백하게 하는 것인데, 마치 죄를 그들 모두에 대해서 똑같이 범했고 그들은 다같이 죄를 사해줄 수 있는 성스러운 존재인 것처럼 되어있다. (3) 또한 그를 통해서만 용서함 받을 수 있는 그리스도나 그에 의해서만 영혼이 정결케 되는 성령에 관해서는 전혀 언급이 없다.

하나님의 자리를 빼앗고 사제가 바로 그 자리에 앉아서 죄를 용서해 준다니! 또한 항상 고해자는 종의 위치에 있어 사제의 자비를 구하는 것을 보라.

모든 충성스러운 로마 카톨릭 교도는 최소한 1년에 한 번씩은 고해실에 가서 죄를 고백할 의무를 가진다. 1215년 제 4차 라테란 공의회는 모든 성인 남녀는 자기의 죄를 최소한 1년에 한 차례 이상 고해해야 한다고 명시화

했다. 이 교령은 1546년 트렌트 공의회에 의해서 비준되었는데 오늘날도 시행되고 있는 것이다. 더욱 자주 고해가 권고되는데 특히 공적이거나 극악한 죄를 범했을 때는 더욱 그렇다. 이 교령은 여러 교회법에 의해서 보다 정교하게 되고 확장되어서 일반 카톨릭 교도들에게 자주 가서 고해를 받도록 했고 한 달에 한 번 정도가 적당하다고까지 했다.

고해는 여러 종교 단체나 자선 단체를 통해서 촉진되는데 그것에서는 지도 사제가 각 회원들에게 적어도 한 달에 한 번은 가서 고해하도록 권고하는 것이다. 젊은 여자들은 "마리아의 자녀들"이라는 단체에 속할 수 있다. 소년들과 젊은 청년은 이와 비슷한 단체에 들어가는데 대부분 이런 단체들은 적어도 한 달에 한 번은 고해해야 한다는 규칙이 있다. 이런 단체에 가입하는 것은 아마 자발적일 것이다. 그러나 사회적 압력이 심해서 가입하지 못한 이들은 사실상 배척당하는 느낌을 받는 것이다. 그러므로 자발적 고해라고는 하지만 매우 자주 하게 되고 의무적이 되는 경향이 많은 것이다. 보통 아이들은 7살 때부터 고해하러 다니기 시작한다.

역사적 발달, 우리는 은밀하게 사제의 귀에다가 고해성사를 하는 교리를 지지하는 성경 말씀을 찾아보지만 헛수고다. 처음 기독교 천년의 역사에서 고해의 일반적인 시행을 찾아보지만 역시 찾을 수 없다. 사제들이나 혹은 하나님 한 분 외에 다른 이에게 죄를 고백한다는 글귀는 초대 교부들의 글에서 한 줄도 찾아볼 수 없다. 비밀 고해는 어거스틴, 오리겐, 네스토리우스, 터툴리안, 제롬, 크리소스톰, 아다나시우스 등의 글에 전혀 언급되어 있지 않고 많은 다른 이들의 글에서도 고해하러 갔다는 흔적은 찾아볼 수 없다. 이와 같은 저자들은 기독교인의 삶에 관한 많은 지침들을 주고 있지만 고해하러 간다는 말은 전혀 언급하지 않았다. 참회자는 결코 사제에게 가서 무릎 꿇고 자신들의 악한 생각들, 욕망 그리고 인간적인 나약함에 대해서 고백할 필요가 없는 것이다. 하나님 외에는 어떤 이도 죄의 고백을 듣고 죄를 용서할 수는 없는 것이다. 물론 범죄자들이 교제를 회복하기 위해서 지역 교회 앞에 공적으로 죄의 고백을 하는 일은 있었다. 이러한 관습은 오늘날 어떠한 개신교 단체에서도 찾아볼 수 있다. 그러나 이러한 죄의 고백은 개방되어 있고 일반적이며 자발적이어서 비밀스런 고해와는 아주 다르다.

그러나 점차 교회가 세력을 얻게 되자 사제로부터 영적인 충고를 구하는 관습이 생겨서 고해제도 쪽으로 나아가게 되었다. 고해제도는 5세기 레오 대제(Leo the Great) 때에 자발적 원칙에서 교회에 도입되었다. 그러나 1215년 교황 인노센트 3세 때에 있었던 제 4차 라테란 공의회에서야 비로소 개인의 비밀 고해는 의무적이 되었고 모든 로마 카톨릭 교도들은 적어도 일 년에 한 차례씩은 사제에게 죄를 고백하고 죄의 용서를 구하게 되었다. 그 회의에서는 비밀 고해제도와 화체설이 교리화되었다. 그때가 가장 일반 사람들에 대한 교황권이 확장된 때였다는 것을 기억할 필요가 있다. 즉, 국가와 교회의 가장 암흑기에 이런 허위 체계가 유입된 것이다.

2. 용서될 수 없는 죄와 용서될 수 있는 죄(대죄와 소죄)

로마교회는 모든 죄를 두 가지로 나눈다. 소위 대죄(Mortal Sin, 용서받지 못할 죄)와 소죄(Venial Sin, 용서받을 수 있는 죄)가 그것이다. 대죄는 하나님의 법에 대한 범죄로 설명된다. 이것은 영혼을 죽이는 데 치명적이며 영혼으로 하여금 영원한 형벌을 받게 하기 때문에 이렇게 부른다는 것이다. 심지어는 고해자가 죄의 사함을 받고 난 후에도 커다란 그러나 알려지지 않은 정도의 형벌의 양이 남아 있어서 연옥에서 속죄를 받아야 한다는 것이다.

한편 소죄란 하나님이나 이웃에 대해 작고 용서받을 수 있는 죄라고 설명한다. 학술적으로 말한다면 소죄는 그것이 비교적 가볍고, 선행, 기도, 병자성사, 연옥들에서 속함을 받을 수 있기 때문에 고해되어질 필요가 없다. 그러나 사제들은 이러한 학술적 구분에 구애를 받지 않는다. 이 용어들은 아주 모호해서 고해자의 일들을 더 깊숙이 개입하기를 원하는 이들에게 상당한 재량권을 부여한다. 사제만이 무엇이 대죄이고 소죄인가를 판단하기 때문에 추정된 소죄들 역시 고해하는 것이 훨씬 안전하다고 권고받는다. 물론 사제에 의해서 기록된 발티모아 교리문답에는 이르기를, "우리가 우리의 지난번 고해 이래로 어떠한 대죄도 범치 않았을 때, 우리는 우리의 소죄나 혹은 먼저의 고해에서 고백했지만 다시 꺼림직하게 여겨지는 죄를 사제가 우리에게 사면해 주도록 고백해야 한다"(p. 329). 이런 체계라면 가난한 죄인들은 어떻게 할 수 있겠는가?

어떤 죄가 대죄이고 어떤 죄가 소죄인가에 대해서는 사제들간에도 일치가 없다. 그러나 그들 모두는 그런 구별이 존재한다는 가정을 가지고 있다. 어떤 사제에 의하면 소죄인 것이 다른 사제에 의하면 대죄가 될 수 있는 것이다. 로마교회가 주장한 대로 교황이 신앙과 의식 문제에 있어서는 오류가 없다면 그는 어느 것이 대죄이고 어느 것이 소죄인가를 명확하게 분류함으로써 이 중요한 문제를 해결해야 할 것이다. 그러나 교황은 그러한 목록을 만든 적이 없다. 대신 그들이 가지고 있는 것은 교회의 권위를 신장시키며 사제에게 개개인의 경우에 편리하도록 상당한 재량권을 주는 정교한 타협의 체계만을 가질 뿐이다.

그러나 대죄 중에는 소위 일곱 가지 용서할 수 없는 죄와 함께 십계명을 범한 죄들이 있다. 일곱 가지 용서할 수 없는 죄는 교만, 탐욕, 호색, 분냄, 탐식, 시기, 그리고 게으름이다. 말이나 생각, 행동으로 범한 모든 성적 범죄, 개신교 교회에 출석한 것, 개신교 성경을 읽는 것, 혹은 충분한 이유없이 주일 아침에 미사에 빠지는 것 등 일련의 긴 죄목들이 실제적으로 포함된다. 이것은 전 세계 로마 카톨릭 교도의 절반 이상이 대죄 중에 있다는 것이 된다. 때때로 교회 규칙의 위반이 대죄로 취급된다. 반면에 하나님의 계명을 범하는 것이 소죄로 다루어지기도 한다. 모든 대죄는 반드시 사제에게 소상히 고백되어야 한다. 그렇지 않으면 용서받을 수 없는 것이다. 이론적으로는 그 사안을 어떻게 다루고 무슨 고행이 주어져야 하는가를 판단하기 위해 사제가 모든 사실을 알아야 한다는 것이다. 물론 사실을 안다는 것은 사제가 고해자들을 충분히 장악하기 위해서이다.

그러나 성경은 대죄와 소죄를 구분하고 있지 않다. 실제로 소죄 같은 것은 없다. 모든 죄는 대죄인 것이다. 어느 한 죄가 다른 죄보다 더 나쁜 경우는 물론 있을 수 있으나 용서받지 못했다면 모든 죄는 마땅히 받아야 할 크고 작은 징벌로 영혼을 죽음에 이르게 한다. 성경은 말하기를 "죄의 삯은 사망이요"(롬 6:23)라고 하셨는데 여기서 바울은 특별한 종류의 죄를 말하지 않고 모든 죄를 지칭하고 있다. 에스겔이 "범죄하는 그 영혼이 죽으리라"(겔 18:4)라고 하고, 야고보는 "누구든지 온 율법을 지키다가 그 하나에 거치면 모두 범한 자가 되나니"(약 2:10)라고 했을 때 이것이 의미한 것은 사람이 한 가지 죄를 범했을 때 모든 종류의 죄를 범했다는 것이 아니고 죄 하나라도 회개하지 않으면 그 사람을 하나님으로부터 유리시키고 징벌받게 한다는 것이다. 이것은 흡사 눈동자를 한 번 찔린 사람은 눈이 멀게 된다거나 등산하는 사람이 한번 실족함으로 아래 계곡으로 떨어지게 되는 것과 같다. 이러한 구절들에 비춰 볼 때 대죄와 소죄 사이의 구분은 자의적이고 불합리한 것이다.

장로교 웨스트민스터 소요리 문답에 보면 "죄가 무엇이냐?"라는 질문에 "죄는 하나님의 율법에 순종하지 못하거나 범하는 것이다"(질문 14)라고 답하였다. 우리는 에덴 동산에서 선악과를 따먹은 것이 매우 사소한 범죄같아 보이지만 그 결과는 아담과 하와 뿐만 아니라 전 인류에게 미치는 것이다.

로마교회는 임의로 죄를 분류하고 있다. 그 분류의 결과 자체가 비도덕적이다. 인간의 본성이 타락해서 범죄에 대해 변명하려 하고 이러한 죄의 분류가 범죄에 대해 인가를 하게 된다. 더 나아가서 죽음 직전에 대죄를 범한 로마 카톨릭 교도가 고해할 사제를 찾지 못하면 카톨릭의 기준에 비춰보면 대죄 가운데 죽게 되는 위험이 있음을 지적할 수 있다. 대죄를 범하기는 매우 쉽다. 심지어 충분한 이유없이 미사에 나가지 않는 것조차 대죄인 것이다.

고해를 통해서 사제는 개개인의 양심을 들여다 볼 수 있어서 이단을 피할 수 있고 가정의 사생활까지도 파악할 수 있다. 사제의 감독과 감시가 미치지 않는 생활의 영역은 없다. "아는 것이 힘이다." 그리고 그 힘은 성당 프로그램을 촉진시키는 방향으로 사람들을 유도하기 위해서, 혹은 사제 자신의 개인적인 이익을 위해 많은 면에서 행사될 수 있다. 어떤 사람이 자기가 가지고 있던 생각이나 욕망, 그리고 죄스러운 행동을 사제에게 고백했을 때 그 사제는 그를 자기 통제하에 놓는다는 것은 자명하다. 이것은 노예 상태나 다를 바 없다. 이것은 특히 성인 여자나 소녀들의 경우에 두드러지는데, 그들은 스스로 사제에게 다 드러내 보임으로써 자기 자존심을 파괴하기조차 한다. 그 결과 수치와 염려, 그리고 사제의 자비만을 바라는 마음 뿐이다. 고해성사제도를 통해서 로마교회는 가정 뿐만 아니라 모든 계급의 정치 관리들, 교사, 의사, 법률가, 고용주, 고용인 등, 그 교리에 복종하는 모든 사람들을 효율적으로 통제해 왔던 것이다.

3. 사제들은 죄를 사할 수 없다

성경은 하나님 한 분만이 죄를 용서할 수 있다고 가르친다. "오직 하나님 한 분 외에는 누가 능히 죄를 사하겠느냐"(막 2:7). " … 인자가 세상에서 죄를 사하는 권세가 있는 줄을 너희로 알게 하려 하노라"(막 9:6). 그 이유는 하나님이 우리의 창조자, 소유주, 그리고 재판장이 되시기 때문이다. 그리고 우리가 그의 법을 어겼기 때문에 그는 죄를 사할 수 있다. 주 예수 그리스도 그가 하나님이므로 이 권세를 가진다.

　그러나 로마교회는 로마교회의 사제도 죄를 사할 수 있다고 가르친다. "그들은 예수 그리스도의 대사일 뿐만 아니라 재판관이고 재판권에 의해서 죄를 면죄할 수 있다"(트렌트 공의회 회기. 14, 9; 벨라민, *De Poenit*, 3, 2). 트렌트 공의회는 또 공포하기를 "사제의 성례적 면죄가 재판적인 행위가 아니고 단지 고백하는 죄만이 용서받는다는 선언일 뿐이라고 생각하는 모든 자는 저주를 받는다." 그리고 사제는 고해하는 것을 들은 후에 고해자에게 말하기를 "내가 너를 성부와 성자와 성신의 이름으로 네 죄로부터 석방하노라. 아멘"한다.

　그래서 사제는 고해제도에서 고해자의 죄가 용서받았다고 하는 선언적 권세 뿐만 아니라 그것을 통해서 고행을 주는 재판적 권위까지도 주장한다. 단지 문둥병자에게 문둥병으로부터 깨끗함을 받았다고 선언하는 구약의 제사장과는 달리 로마교회 사제는 실제적으로 죄를 용서하는 하나님의 대리자로서의 권세를 주장한다. 그는 인간에 불과함에도 자신을 하나님과 인간 사이의 꼭 있어야 하는 중보자의 위치까지 높인다. 그리고 고해 신부로서 그의 위치에서는 그가 그리스도 자신처럼 간주되어야 한다고 주장한다. 그러므로 고해자가 자기의 삶만을 위해서는 그럴 수 없어서 사람 앞에 머리를 숙이고 하나님만이 줄 수 있는 것을 사제에게 구하기 때문에 비밀 고해제도는 명백한 우상숭배 행위가 되었다. 그리고 로마교회 쪽에서는 단지 인간이며 죄인에 지나지 않는 사제를 하나님의 자리에 놓음으로 불경스러운 교만과 오류의 절정을 이루고 있는 것이다.

　대죄 중에 있는 사제도 고해하고 있는 죄를 용서하는 경우가 있을 수 있다. 쉰(Fulton J. Sheen) 주교는 "교회는 고해자를 면죄하는 사제가 은혜의 상태, 즉 그 스스로가 성스러운 삶에 참여한 자일 것을 요구한다"고 말한 후에 덧붙이기를 "그러나 이것은 대죄 상태에 있는 사제가 죄를 면죄하는 권세가 없다거나 그 권세를 행사할 때 고해자에게 효력이 없다는 말은 아니다" (*Peace of Soul*. p. 136; 1949: McGraw Hill Book Co., New York)라고 한다.

　자첼로 박사(Dr. Zacchello)는 개신교로 개종하기 전 고해할 때의 그의 경험을 이렇게 말한다.

"내가 의심 때문에 더욱 고통스러웠던 곳은 고해실 안이었다. 사람들은 나에게 와서 내 앞에 무릎을 꿇고 그들의 죄를 내게 고백한다. 그러면 나는 십자가의 표상을 가지고 내가 그들의 죄를 사하는 권세를 가졌다는 것을 약속한다. 죄인이며 한 인간인 내가 하나님의 자리, 하나님의 권리를 차지하고 있는 것이다. 나의 폐부를 찌르는 두려운 소리가 있어 소리 지른다. '네가 하나님에게서 그의 영광을 빼앗고 있다. 죄인들이 그들의 죄를 용서받고자 하면 그들은 네가 아니고 하나님께로 가야 한다. 그들이 범하였던 것은 너의 법이 아니라 하나님의 법이다. 그러므로 그들은 고백해야 한다. 그리고 그들은 하나님 한 분에게만 죄 용서함을 위한 기도를 해야 한다. 어떤 사람도 죄를 용서할 수 없고 예수님만이 죄를 용서할 수 있으며 지금도 죄를 용서하신다.'"

미국에서는 로마교 성직자 계급 제도가 로마 카톨릭 나라들보다 그들의 주장에 있어서 보다 완화되었다. 그래서 사제들은 가끔 모르는 사람들에게 그들이 감히 죄를 용서하는 것이 아니라고 말한다. 그러나 그렇게 말하는 것은 트렌트 공의회 공식 교령과 "내가 당신을 면죄하오. 평안히 가시오"라는 면죄의 고백문이 보여주듯이 계산된 거짓이다. 로마교의 주장은 베드로에게 주어졌고 그리고 사도적 계승에 의해서 받은 권세에 의해 그들이 죄를 용서하고 혹은 죄를 용서하지 않을 권세를 가진다는 것이다. 이것은 이교도 로마 사제들에 의해서 주장된 권세였는데 로마 카톨릭 교회 사제들에 의해서 받아들여졌다. 많은 미국 로마 카톨릭 교도들은 개신교와의 접촉을 통해서 그런 주장을 믿지 않을 정도가 되었다. 그러나 로마교회가 우호적인 곳에서는 이런 주장이 대담하게 받아들여진다.

로마교 체계에서 사제는 항상 죄인과 하나님 사이에 있다. 뉴욕의 스펠만 추기경에 의해 출판인가된 『신 교리문답 1번의 맥가이어 신부판』에서 우리는 다음의 내용을 읽을 수 있다. "당신은 당신의 죄를 용서함받기 위해서 사제에게 고백해야 한다. 고해는 용서함을 받기 위해서 사제에게 당신의 죄를 고백하는 것이다." 고해자가 사제에게 죄를 고백하고 고행이 배당되기 때문에 그것은 하나님과는 직접적인 관계가 없고 사제에게만 관계가 있다. 로마 카톨릭 교도들은 친구이며 위로자요 면죄자인 사제에게 하는 것처럼 동시에 하나님께는 기도하지 않는다. 카톨릭 교도에게 하나님은 보통 대죄 이상 멀리 높아져 있고 그의 접촉은 낮은 수준, 즉 사제와 이루어진다. 이 사제는 자신을 하나님의 대리자로서 나타낸다. 그 결과 로마 카톨릭 교회는 결코 사실상 죄 문제를 해결하지 못한다. 그들이 갖고 있는 유일한 해결책은 그들이 교회와 접촉해서 얻는다. 원죄는 세례에 의해서 제하여지고 대죄와 소죄는 면죄권을 가지고 있는 사제에게 고백한다. 그들은 하나님께 대한 기도시간을 엄수할지는 모르나 단지 존경하고 숭배할 뿐이다. 사제는 개인적인 문제에서 하나님을 대리한다. 결국 그들은 종교는 가졌으나 그것은 성서의 종교가 아니다. 마틴 루터도 이렇게 말한다. 그가 사제가 된 후에 그는 자신의 구원에 관하여 확신을 얻을 수단으로서 고해를 했다. 그러나 그는 대부분의 사제들이 결국 그러했듯이 카톨릭 고해제도에서의 죄용서는 그에게 아무런 효력이 없고 그는 고해 후에도 전과 똑같다는 것을 알게 된 것이다.

이런 맥락에서 웨스트민스터 신학교 교회사 교수인 폴 울리 박사(Dr. Paul Wooley)는 이렇게 말한다.

"사람들은 오늘날 권위를 사랑한다. 직면한 무질서와 불확실한 세계에서의 그들은 참으로 지식을 사랑하는 사람과 교회에 귀기울이고 싶어한다. 로마 카톨릭 교회는 교회가 참된 길을 안다고 말한다. 그러나 하나님의 권위를 교회의 권위로 대체시키는 것은 참으로 위험한 일이다. 그런 이유 때문에 스페인과 콜롬비아에서 개신교 선교 자유가 부정되는 현상과 로마교가 득세하는 여러 지역에서 개신교도에 대한 육체적 핍박이 생긴다. 이것은 하나님의 권위의 행사가 아니다. 이것은 하나님의 권위가 죄인에 의해서 강제적으로 왜곡된 것이며 복음이 영적인 수단에 의해서 전파되어야 한다는 신약성경의 교훈을 부정하는 것이다. 결과적으로 폭력은 하나님의 나라를 가져올 수 없다. '믿음은 들음으로 생긴다.' 하나님의 말씀을 들음으로 생기는 것이지 외부로부터 부과된 것이 아니다."

"카톨릭교는 게으르게 생각만 하고 있는 사람들의 은신처이다. 모든 것의 답을 듣기 원하고 어린애처럼 취급되어지기를 원하는 사람은 로마교에서 그가 원하는 것을 찾을 수 있다. 그러나 하나님은 읽고 공부하고 생각하고 적용하기를 원하는 사람에게 그의 말씀을 주셨다. 이것은 현대 개신교의 자유하에서만 선한 양심을 가지고 이룰 수 있다. 이러한 자유들은 우리의 자유의 핵심에 속한 것으로 반드시 보호되어야 한다. 로마교는 자기들이 자유스러운 선교 자유를 금하고 전반적으로 시민의 자유를 부인할 수 있는 권리를 가지고 있다고 주장한다. 결코 이런 자유를 팔지 말자"(《The Presbyterian Guardian》, 1958. 12. 15.).

고해제도에 음침한 분위기가 있다는 것은 부인할 수 없다. 사제는 자기 앞에 오는 모든 사람의 영원한 운명의 재판관으로서 자리잡는다. 그는 자기 재량에 따라 모든 죄에 대해 사면을 베풀 수도 있고 사면을 보류할 수도 있다. 그가 말한 것에 대한 증인은 아무도 없고 진행 기록도 보관되어 있지 않다. 고해자는 단지 비밀이 지켜질 것이란 약속만 받는다. 경건하고 진지한 로마 카톨릭 신자에 대해서 구원은 고백하는 동안 그의 모든 죄를 기억하고 고백하는 그의 능력에 달려있다. 고백되어지는 죄만이 사면받는다는 것이 그에게는 주입되어 있다. 사제는 그가 알지 못하는 죄는 사면할 수 없다. 혹시 고백할 것들이 빠져서 연옥에서 보충해야 하는 것을 두려워하는 수많은 영혼들은 얼마나 큰 영적 고통을 겪겠는가? 그들은 자기의 최선을 다하지만 매번 대죄에 빠져 잊을 수도 있는 것이다.

다른 한편 가령 살인, 강도, 간음, 사기 등, 그 죄가 아무리 중하다 할지라도 공적인 징역형이나 벌금형이 부과되지 않는 대신 단지 잠시 동안의 기도, 묵주의 기도서나 아베 마리아를 외우기, 그리고 개심의 구두 약속이 부과되는 경우가 있다. 사죄와 죄의 은닉의 비밀스런 과정은 죄인이 교회 규칙에 순종하는 한 반복해서 이루어질 수 있다. 수월한 면죄의 결과는 많은 사람으로 하여금 도덕적 율법을 더 가볍게 여기게 하고 보다 자유롭게 죄를 짓게 만드는데, 이는 그들이 면죄의 수월성을 알기 때문이다.

로마교회는 누구나 영생의 보장을 가질 수 있다는 것을 부인한다. 물론 이런 보장은 고백 자체를 쓸모없게 할 것이다. 왜냐하면 고해자들은 사제와 교회에 대해서 항상 의존하고 싶도록 만들어져야 하기 때문이다. 그러나 이런 가르침은 얼마나 그리스도의 말씀에 위배되는가! "내가 진실로 진실로 너희에게 이르노니 내 말을 듣고 또 나 보내신 이를 믿는 자는 영생을 얻었고 심판에 이르지 아니하나니 사망에서 생명으로 옮겼느니라"(요 5:24). 여기서 그리스도는 다음과 같은 사실을 분명히 가르친다. (1) 믿는 자는 이제 영생을 가졌다. (2) 그는 이제 심판에 이르지 않는다. (3) 그는 사망에서 생명으로 옮겼다. 이 세 가지 축복 모두는 사람들이 그리스도의 약속을 듣고 믿기 때문에 주어진다. 단 한마디도 사제에 대한 고백이나 혹은 고행에 대해 언급된 것은 없다. 그리고 신약 어느 곳에도 사제로부터 얻었던 죄사함의 기록은 없다.

우리는 마땅히 다음과 같은 질문을 할 수 있다. 로마교 사제들이 죄의 사면이나 또는 사면의 거절을 하는 사도적 권능을 가졌다면 왜 그들은 그리스도께서 사도들에게 주셨던 이적을 행하는 권능은 없는가? 그리스도께서는 "네 죄 사함을 받았느니라"(마 9:5)라고 말하는 것만큼 "일어나 걸으라"라고 말하는 것이 쉽다고 말씀하셨다. 왜 로마교 사제는 같은 것을 할 수 없는가? 사실인즉, 모든 사람은 죄인이고 큰 허물과 잘못이 있다. 그러므로 어떤 사람도 하나님의 권능을 행할 수는 없다. 하나님 역할을 하는 사람들은 어리석게 행동하고 있을 뿐이다.

4. 고해성사에 관한 성경의 가르침

성경은 죄인이 그의 죄를 하나님께 직접 고백할 수 있는 것은 모든 참회자의 특권이라고 가르친다. "만일 우리가 우리 죄를 자백하면 저는 미쁘시고 의로우사 우리 죄를 사하시며 모든 불의에서 우리를 깨끗케 하실 것이요"(요일 1:9). 주 예수께서 바리새인과 세리에 대해서 말씀하실 때 무엇이라 말씀하셨는가? 세리는 사제가 없었다. 그는 고해하러 가지 않았다. 그는 감히 머리를 들지 못하고, "하나님이여! 나를 긍휼히 여기소서 나는 죄인이로소이다."라고 했다. 그는 직접 하나님께로 나갔다. 예수께서는 그가 의롭다하심을 받고 집에 갔다고 말씀하셨다(눅 18:9~14). 참으로 성경이 그렇게 분명하게 말씀하셨는데 왜 사람들이 죄를 고백하러 사제에게 가야 하는가? "하나님은 한 분이시요 또 하나님과 사람 사이에 중보자도 한 분이시니 곧 사람이신 그리스도 예수라"(딤전 2:5). 그러나 사제는 주제넘게 "내가 당신을 면죄하노니", "내가 당신의 죄를 용서하노니"라고 말한다.

죄의 고백은 성경 전체를 통해서 말씀되어졌다. 그러나 그것은 하나님께 대한 고백이지 사람에게 가서 고백하라는 것이 아니다. 주목할 사실은 바울이나 베드로, 요한이 죄 중에 있는 남자나 여자를 취급할 때, 사도들의 가르침과 행동 중 어디에서도 결코 사도들에게 죄를 고백하는 죄인이나 성인은 용납하지 않았다는 사실이다. 바울은 신약성경 중 13권의 서신을 썼다. 그 가운데서 그는 자주 기독교인의 의무와 습관에 관해서 말한다. 그러나 그는 한 번도 비밀 고해에 대해서 언급하지 않았다. 베드로와 요한 그리고 유다는 6권의 서신을 썼는데, 여기서 구원 문제에 대해서 많이 말했다. 그러나 그들 중 어느 누구도 비밀 고해를 말하지 않는다. 분명히 그리스도께서는 누구에게도 죄사함을 위해서 사제에게 가라고 말씀하지 않으셨다. 성경 어느 곳도 하나님께서 죄의 고백을 듣고 죄를 용서하는 특별한 계급의 사람들을 임명하셨다고 말씀하지 않는다.

고해소 같은 그런 중요한 재판소가 설립되었다면, 틀림없이 사도들이 반복해서 거기에 대해서 말씀했을 것이다. 죄사함의 권세가 사도들에게 맡겨졌었다면, 그것은 그들의 직분 중 가장 중요한 직분이었고 기독교의 가장 중요한 교리 중 하나였을 것이다. 그런데 사도들이 그런 중요한 직분을 결코 행사하지 않을 정도로 태만했다거나 어느 곳에서도 거기에 대해 넌지시라도 말하지 않을 정도로 부주의했다고는 상상할 수 없다. 예를 들면 요한은 말하기를, "만일 누가 죄를 범하면 아버지 앞에서 우리에게 대언자가 있으니 곧 의로우신 예수 그리스도시라"(요일 2:1). 그는 사제의 재판소가 있으며 우리가 그 곳에 갈 수 있고, 거기서 고백한 우리 죄가 용서함 받는다라고 말한 것이 아니다. 성경 어느 곳을 보아도 죄의 용서와 구원을 얻는 것은 그리스도를 믿는 믿음과 관련되어 있다. "아들을 믿는 자는 영생이 있고 아들을 순종치 아니하는 자는 영생을 보지 못하고 도리어 하나님의 진노가 그 위에 머물러 있느니라"(요 3:36). "그러므로 믿음으로 의롭다 하심을 얻었은즉 우리 주 예수 그리스도로 말미암아 하나님으로 더불어 화평을 누리자"라고 바울은 말한다(롬 5:1). 어느 곳에서나 권면의 내용은 "믿고 구원받는다"이다. 반면에 어느 곳에서도 사제의 면죄를 구하라는 말은 없다.

"이러므로 너희 죄를 서로 고하며 병 낫기를 위하여 서로 기도하라"(약 5:16)는 야고보서의 말씀과 사도행전 19:18의 "믿은 사람들이 많이 와서 자복하여 행한 일을 고하며"라는 말씀이 로마 카톨릭에 의해서 자기들의 입장을 지지하는 말씀이라고 주장된다. 그러나 그 말씀들은 사제에게 개인적인 죄를 고백하라고 가르치는 것이 아니라 오히려 카톨릭 입장에 반대되는 증거이다. 왜냐하면 그것은 평신도들이 사제에게 죄를 고백하는 것 뿐만 아니라 사제가 평신도에게 죄를 고백하는 것도 암시하고 있기 때문이다. 이 말씀은 "너희 과실과 부족을 너희에 의해서 상처받는 너희 동료 기독교인들에게 고백하라"라는 뜻이다. 그것은 사람이 그의 이웃에게 잘못했을 때, 그는 자기 잘못을 인정하고 배상하라는 의미인 것이다. 사도 바울이 "유대인의 율법이나 성전이나 가이사에게나 내가 도무지 죄를 범하지 아니하였노라"(행 25:8)라는 말씀을 했을 때 그는 이 의미에서 죄라는 단어를 사용했다.

공적 고백은 지금도 일부 개신교 교회에서 교우들이 그들의 삶에 대해 증거하기 원할 때 행해지는 것처럼 초기 교회에서 때때로 행해졌다. 그러나 개인을 뽑아내서 자세히 조사하며 또한 그를 재판해서 고행을 주는 특권을 가진 사제가 있고 그 사제에게 은밀히 죄를 고백하는 비밀스런 고해와는 완전히 다른 것이다. 성경은 우리에게 사제나 회중 앞에서 우리 죄를 나열하라고 가르치지 않고 하나님에게만 죄를 고백할 것을 가르치고 있다. 어떤 경우든지 죄인이 죄용서를 위해서 그의 죄를 다른 사람에게 고백하는 것은 타락되고 퇴폐적인 것이며, 더 나아가서 그것은 하나님께 망령된 일이다.

5. 그들이 변명하려고 내놓는 로마 카톨릭 성경의 증거

고해제도를 변명할 때 사제들은 다음 두 성구에 의존한다.

"내가 천국 열쇠를 네게 주리니 네가 땅에서 무엇이든지 매면 하늘에서도 매일 것이요 네가 땅에서 무엇이든지 풀면 하늘에서도 풀리라"(마 16:19).
"예수께서 또 가라사대 너희에게 평강이 있을지어다 아버지께서 나를 보내신 것같이 나도 너희를 보내노라 이 말씀을 하시고 저희를 향하사 숨을 내쉬며 가라사대 성령을 받으라 너희가 뉘 죄든지 사하면 사하여질 것이요 뉘 죄든지 그대로 두면 그대로 있으리라 하시니라"(요 20:21~23).

베드로에 관한 그 장에서 그리고 '열쇠들'을 다룬 부분에서 우리는 마태복음 16:19의 의미를 논하고, 사도들에게 준 권세는 상징적이고 단언적이었고, 그것은 회개와 죄사함을 위한 하나님의 조건을 담은 복음을 그들에게 전하라고 주신 그 권세를 말했다라는 것을 지적한다. "죄 사함을 얻게 하는 회개가 그의 이름으로 모든 족속에게 전파될 것이었다"(눅 24:47). "저(그리스도)에 대하여 모든 선지자도 증거하되 저를 믿는 사람들이 다 그 이름을 힘입어 죄사함을 받는다 하였느니라"(행 10:43). 그리고 다시 "그러므로 형제들아 너희가 알 것은 이 사람을 힘입어 죄사함을 너희에게 전하는 이것이며 또 모세의 율법으로 너희가 의롭다 하심을 얻지 못하던 모든 일에도 이 사람을 힘입어 믿는 자마다 의롭다 하심을 얻는 이것이라"(행 13:38~39).

그리스도께서 가끔 비유로 말씀하셨는데 이르시기를 "서기관들과 바리새인들이 모세의 자리에 앉았으니 그러므로 무엇이든지 저희의 말하는 바는 행하고 지키되 저희의 하는 행위는 본받지 말라 저희는 말만 하고 행치 아니하며"(마 23:2~3), 그리고 "화 있을진저 외식하는 서기관들과 바리새인들이여 너희는 천국 문을 사람들 앞에서 닫고 너희도 들어가지 않고 들어가려 하는 자도 들어가지 못하게 하는도다"(마 23:13).

서기관들과 바리새인들이 율법을 책임지고 있었다. 그런 의미에서 그들은 모세의 자리에 앉았다. 율법이 그 백성들에게 귀하게 주어졌거나 혹은 주어지지 않은 것처럼, 하늘에 이르는 길도 그들 앞에 열려졌거나 닫혀있다. 서기관들과 바리새인들이 그 백성들에게 율법을 주지 못할 때, 그들은 문자적이 아니고 비유적으로 사람들에 대하여 천국 문을 닫고 있는 것이다.

'천국의 열쇠들'이란 구원의 길을 설명하는 구약성경을 말하는 상징적인 표현이다. 물론 구약성경은 그 당시에 그들이 갖고 있는 유일한 성서였다. 그 성경은 서기관과 바리새인들의 책임이었다. 그들은 성경을 사람들에게 이용할 수 있도록 만들어서 그들에게 그 지식을 알게 하는 성경의 보호자였다. 그러나 그 의무를 태만히 했을 뿐 아니라 실제로는 성서를 가리고 그 의미를 왜곡시켜서 그 지식을 원하는 사람들은 그것을 저지당했다. 마찬가지로 그리스도 법 시대에서는 사도들은 천국의 열쇠들을 받았는데, 물론 그것은 금속 열쇠 한 세트가 아니고 그들이 단순한 한마디 말로 어떤 사람들은 배제하고 어떤 사람은 천국에 들여보낼 수 있었다는 것도 아니며 바울의 고백에서 볼 수 있듯이 그들이 "하나님의 말씀을 맡았다"(살전 2:4)라는 것이다. 그리고 그들이 생명의 말씀을 전하거나 보류했듯이 천국을 열거나 닫았던 것이다. 그런 의미에서 말씀을 가르치는 오늘날의 모든 목사와 모든 기독교인은 '그 열쇠'를 가지고 있고 천국으로 인도하거나 물리칠 수 있다. 천국의 열쇠는 그리스도의 복음이다. 베드로는 그 열쇠를 받았다. 그리고 그는 그 열쇠를 사용해서 그가 복음을 전한 사람들에게 천국 문을 열었다. 우리도 같은 열쇠를 가졌다. 그래서 우리도 구원의 소식을 알림으로 같은 방법으로 그 열쇠를 사용해서 천국의 길을 다른 사람들에게 열어야 한다.

묶거나 푸는 그리고 죄를 용서하거나 죄를 보류하는 권세들은 사제들로서가 아니고 하나님 말씀의 선포자로서 사도들에게 주어졌다. 우리가 그밖에 다른 곳에서도 볼 수 있는 것처럼 신약성경 시대에는 어떠한 기독교 사제들도 없다. 사도들은 결코 로마교 사제들이 하는 것처럼 면죄를 시킴으로써 죄를 용서하는 권세를 가졌다고 주장하지 않았다. 오히려 그들은 그리스도로 말미암은 구원의 복음을 전했다. 그것은 선언하는 권세이며 그렇게 함으로써 사도들은 구원이 죄인들에게 주어지는 은혜의 약정임을 선포하였다.

우드(Woods) 박사는 다음과 같이 말했다.

"이 표현들은 단지 선언하는 권세를 지칭한다. 즉 그리스도의 이름으로 또한 그의 권세를 가지고, 용서와 구원을 위해서 참으로 회개하고 그리스도를 믿는 모든 자는 반드시 죄 용서를 받고 구원을 받을 것을 선포하는 권리이다. 그러나 용서하는 분은 성직자가 아니고 그리스도 한 분 뿐이다. 성경에 의하면 성직자는 죄인 편에서 회개하고 믿을 때 왕(그리스도)이 할 것을 선포하는 사자에 지나지 않는다.

이것은 사도들과 교황이 그것을 타락시키기 전 초대교회의 가르침이다. 3세기에 터툴리안은 모든 기독교인은 베드로처럼 그리스도로 말미암은 죄사함과 구원을 선포할 수 있는 열쇠의 권세를 가진다고 주장했다. 그리고 이것은 항상 모든 교파를 망라해서 개혁 교회의 교리였었다"(『우리의 귀한 유산』, p. 118).

이것이 마태복음 16:19과 요한복음 20:21~23의 참된 의미라는 것은 사도들의 관행과 전파로부터 분명해진다. 그들은 항상 죄인들을 그리스도께로 인도했다. 한번이라도 어느 사도든지 "내가 당신을 면죄하노니"라든가 "당신의 죄가 사함받았으니"라고 말한 적이 없었다. 대신에 우리는 이런 부분을 성경에서 읽는다. 베드로가 로마 백부장 고넬료 집에 들어갔을 때, "고넬료가 맞아 발 앞에 엎드리어 절하니 베드로가 일으켜 가로되 일어서라 나도 사람이라"(행 10:25~36). 그리고 루스드라 사람들이 바울과 바나바에게 신적인 영광을 돌리려 할 때에 이 두 명의 기독교 선교사들은 재빨리 그들의 행동을 저지하며 가로되 "우리도 너희와 같은 성정을 가진 사람이라"(행 14:15)라고 했다.

사도들에게 말해진 것과 비슷한 표현들이 선지자 예레미야에게도 말해진다. 기록되기를, "여호와께서 그 손을 내밀어 내 입에 대시며 내게 이르시되 보라 내가 내 말을 네 입에 두었노라 보라 내가 오늘날 너를 열방 만국 위에 세우고 너로 뽑으며 파괴하며 파멸하며 넘어뜨리며 건설하며 심게 하였느니라"(렘 1:9~10). 그러나 예레미야는 결코 문자적으로 뽑거나 파괴하거나 파멸하며 열방 만국을 심지 않았다. 그의 사명은 하나님이 민족들을 세우거나 파괴하며 상을 주거나 벌을 줄 약정을 민족들에게 선포하는 것이었다. 그의 사명은 권세를 행사하는 것이 아니며 선포하는 것이었다. 마찬가지로 베드로나 다른 사도들도 하나님이 그의 백성을 구원하고 그들의 죄를 용서할 약속을 선포하는 권세를 받았다.

분명히 죄를 용서하거나 보류하고 묶거나 푸는 것에 관한 이런 구절의 가르침은 이 주제에 관한 성경의 다른 가르침과 결코 상반되는 것이 아니다. 그것은 분명히 하나님만이 죄를 사해주는 권세를 가졌다는 것이다. 예를 들면 우리가 마태의 설명을 주의깊게 읽어 보면 지역 교회에서의 훈계하는 문제를 다루고 있다는 것을 알게 된다. "네 형제가 죄를 범하거든 가서 너와 그 사람과만 상대하여 권고하라 만일 들으면 네가 네 형제를 얻은 것이요 만일 듣지 않거든 한두 사람을 데리고 가서 두세 증인의 입으로 말마다 증참케 하라 만일 그들의 말도 듣지 않거든 교회에 말하고 교회의 말도 듣지 않거든 이방인과 세리와 같이 여기라"(마 18:15~18) 그리고 다음 구절이 계속된다. "진실로 너희에게 이르노니 무엇이든지 너희가 땅에서 매면 하늘에서도 매일 것이요 무엇이든지 땅에서 풀면 하늘에서도 풀리리라"(마 18:19).

여기에 두 신자 사이에 불화가 생긴 하나의 사례가 있다. 이 구절들은 그런 불화가 어떻게 해결되어야 하는가를 우리에게 가르치고 있다. 우리는 먼저 그에게 가서 그것에 대하여 먼저 얘기해야 한다. 만일 그가 우리 말을 듣고 고치면 잘한 일이다. 그러나 만일 그가 우리 말을 듣지 않으면 우리와 한두명의 형제가 함께 가서 얘기한다. 그것도 실패하면 우리는 공회 앞에 그 일을 가지고 가야 할 것이다. 만일 그가 교회 즉 신자들의 전체 모임의 다스림에 순종하지 않으면 그를 이방인과 세리와 같이 취급한다. 이런 방식으로 징계의 행위가 비밀스럽게 사제 앞에서가 아니고 분명하게 지역 교회의 다른 모든 기능에서도 하는 것처럼 지도하는 장로들에 의해서 행사되어야 한다. 만일 그들의 노력이 쓸데없으면 이 신자의 죄는 강제적으로 다스려져야 한다. 그 죄인은 공식적으로 기소되어야 하고 죄가 있다는 것이 공포되고 교회로부터 추방되어야 한다. 그러나 그가 무죄한 것이 판명되면 그는 그 죄로부터 자유하게 된다. 즉 그가 기소된 것으로부터 면제된 것이다. 이런 의미에서 한 명의 사제나 한 명의 장로가 치리권을 행사하는 것이 아니고 지역 교회의 회중이 치리권을 행사하는 것이다. 그래서 그리스도께서 그것이 성경의 지도하에서 기독교 양식으로 되어지는 한 그리스도의 교회에서의 그런 행위를 존중하겠다는 것을 약속하셨다. 즉 그들이 땅에서 매면 하늘에서도 매일 것이요 땅에서 풀면 하늘에서도 풀리리라고 약속하셨다.

6. 고해제도의 남용

고해제도가 성경에서 인정받지 못한다면 어떻게 교회에서 확립되었을까? 우드 박사의 설명을 들어보자.

"고해제도가 성직자단의 이익에 크게 부합되었기 때문에 고해제도는 교황과 성직자의 권위를 매우 강화시켰다. 사제들은 왕으로부터 시작해서 비천한 농부에 이르기까지 사람들의 비밀을 알게 되었다. 그 결과 사회의 모든 계층의 사람들은 그들의 종교 지도자들의 권한 아래 놓이게 되어서 그들은 감히 불순종하거나 반항할 수가 없게 되었다. 개인과 가족들의 죄와 스캔들이 노출되었을 뿐만 아니라 국가의 모든 음모들 그리고 유럽의 통치자들의 모든 정치적 책략들을 고해 신부가 알게 되어서, 그들은 알게 된 지식을 교회가 발전하는 데 사용하거나 그가 관심이 있는 정치적 단체들을 도울 수가 있었다. 인간에 대한 결박 가운데서 로마교의 고해제도 결박보다 더 심한 지적, 도덕적 결박을 상상할 수 있으며, 더 위험한 권력을 가질 수 있겠는가? 역사는 충격적인 경고들을 보여준다. 찰스 9세와 성 바돌로매의 대학살 사건, 또한 루이 14세와 1685년에 있었던 그의 잔인한 낭트 칙령의 폐지들을 보라"(『우리의 귀한 유산』, p. 129).

루시엔 비네트는 수년 동안 고해를 들었고 로마교 제도를 잘 아는 사람인데, 이 루시엔 비네트의 증언을 다시 들어보자.

"로마 카톨릭 교회는 가르치기를 카톨릭 교도는 누구든지 하나님과의 평화를 얻기 위해서는 범한 죄의 종류들과 죄의 무게를 바꿀 수 있는 시기와 모든 환경을 자세히 말하면서 자신의 모든 죄스런 행동, 태만 그리고 그의 가장 은밀한 생각들과 욕망들까지도 고백해야 한다. 살인자는 자기 죄를 고백해야 하고 어린 소녀도 그의 가장 깊은 마음 속의 생각과 욕망들을 고백해야 한다. 우리는 그들의 죄를 우리에게 고백할 시간이 다가올 때 벌벌떠는 남자들, 기진해진 여자들, 그리고 우는 어린이들을 보아왔다. 한편 우리는 당황한 고해자들에게 사제들은 말하면서 웃고 농담하는 것을 보아왔다. 고해제도는 사제들이 인간 존재의 영혼과 마음을 조사하여 권위를 횡령한 것이다. 로마교 체계와 같은 조직이 교인, 가족 그리고 시민들에 관한 시민 정부의 정책들 뿐만 아니라 심지어 그 사람들의 사고와 욕망까지도 통제할 수 있을 때 우리는 그 조직이 번성하고 성공할 수 있다는 것은 의심하지 않는다. 로마 카톨릭 교도들은 그들이 그 사실을 받아들여야 한다고 느끼든지 그렇지 않든지간에, 혹독한 비밀 고해제도의 과정을 통해서 로마 카톨릭교에 종속될 수밖에 없다."

그런 후에 비네트는 고해제도의 남용에 관한 몇 가지 예를 든다.

(1) 어린아이의 고해

그 아이는 단지 7살일 수도 있을 것이다. 그는 그의 모든 죄를 사제에게 고백해야 한다고 들었다. 그가 하지 않는다면 그는 신성 모독죄를 범해서 죽어야 할 것이다. 그는 하늘 나라에 갈 수 없다. 그 아이는 당연히 무엇이 실제로 죄가 되는 줄을 잘 알지 못한다. 당연히 자기가 행동한 것과 생각한 것을 말하기를 부끄러워하고 주저하게 된다. 그 결과 실제로는 죄가 안되는데 그 아이가 죄라고 생각하는 어떤 것들을 고백하지 못하고 뺀다. 죄를 숨겼다는 양심의 질책 때문에 그 아이는 하나님과 평화로울 수가 없다. 고해는 많은 어린아이들의 영혼을 파괴한다. 이 모든 것들은 '어린아이들'이 내게 오는 것을 용납하라는 그리스도의 말씀과 얼마나 다른가!

(2) 어린 소녀의 고백

우리는 카톨릭 교도인 수줍음 잘 타는 어린 소녀가 있다고 생각해 보자. 사춘기인 그녀는 이제 막 고해하러 들어간다. 그녀는 자연히 당황한다. 그 사제는 이제는 어린 소녀로부터 그녀의 영혼의 가장 은밀한 생각과 욕망을 들을 것이다. 그녀의 마음과 영혼은 로마교의 단 위에 바쳐진다. 고백되어진 죄에 따라서 많은 곤혹스러운 질문들을 받을 것이다. … 고해에 관한 이런 부끄러운 적나라한 것들은 바로 고해는 고문을 뜻하는 것임을 지적하기 위해서 여기서 말했다. 로마 카톨릭교는 우리가 폭로하는 것이 있는 그대로의 사실이라는 것을 매우 잘 안다.

(3) 결혼한 여자의 고백

어떤 결혼한 여자가 고해하러 들어간다. 그녀는 아마 자기 남편에게도 말하지 않은 비밀들을 낯선 남자에게 말할 것이다. 그녀는 심지어 자기 남편의 어떤 비밀들도 말해야 한다. 로마교회에서는 모든 형태의 산아 제한은 죄요 그것은 모든 정황과 더불어 반드시 고백되어질 것이다. 남편은 개신교도일 수도 있다. 카톨릭 교도인 그의 아내는 그들의 부부 생활의 가장 은밀한 부분까지도 그 사제에게 말해야 할 것이다. 사제는 그 여자에 대해서 남편보다 더 잘 알 것이다. 로마교가 사제는 마음과 영혼을 속속들이 알고 있어야 한다고 하기 때문에 가정 비밀이 없다. 이런 식으로 로마교는 결혼한 부부의 모든 사생활을 조종한다.

"결혼한 여자가 조금이라도 사려깊고 진실하다면 고해실에 들어갈 때 염려하고 자주 절망할 것이다. 그녀는 그 무섭고도 피할 수 없는 질문들을 두려워한다. 그녀가 이제 그 무시무시한 강제적인 고백에 의해서 경험하는 정신적인 피해는 형언할 수 없다."

"불쌍한 로마 카톨릭 여신도들이여! 우리는 당신들의 유순한 영혼들이 당신들의 죄 뿐만 아니라 결혼 생활의 가장 은밀한 부분까지도 고백해야 한다는 규정 때문에 죽을 지경일 정도로 고통을 당하고 있다는 것을 잘 안다. 전직 사제들로서 우리는 당신들에게 당신들의 영혼을 짓누르고 있는 이러한 정신적 고문은 당신들의 죄를 용서하기 위해서 인류의 구세주께서 주신 처방이 아니라 당신들의 마음과 정신을 혹독한 로마교의 종교 조직이라는 하나의 체계하에 두려는 순전히 인간적인 기도라는 것을 말할 수 있다. 우리는 사제이기 때문에 죄를 용서하는 권세를 가진 것은 아니라는 사실을 받아들여야 한다. 어떠한 사제도 그런 권세는 없다"(『나는 사제였다』, pp. 62~67).

찰스 치니퀴(Charles Chiniquy) 신부는 캐나다와 미국에서 25년을 보낸 후에, 로마교회의 사제직을 버리고, 고해 과정에 종사하면서 느꼈던 수치와 부끄러운 감정을 다음과 같이 털어놓았다.

"내 얼굴이 화끈거리고 내 마음에 후회하면서, 나는 하나님과 사람 앞에 고백한다. 나는 지난 25년 동안에 어리석은 사제가 밤낮으로 헤매야 하는 끝없는 불법의 바다에 고해제도를 통하여 관여해 왔다."

"나는 로마교회가 모든 사제들로 하여금 알아내도록 했던 그 파렴치한 질문들을 외워서 나에게 그들의 죄를 고백하러 오는 여인네들과 소녀들에게 그 불순하고 비도덕적인 질문들을 했다. 그 질문들은 너무 천박해서 수치심을 모르는 사람들만이 할 수 있는 것들이었다. 그들은 그 여인들에게 거기에 관한 대답을 끌어냈다."

"그렇다. 나는 양심이 결박당해서 그런 질문들을 여인네와 소녀들의 귀, 마음, 상상, 기억, 그리고 영혼 속에 집어 넣었다. 그 질문들은 직접적이고도 즉각적으로 사제들과 고해자들의 마음을 속된 생각과 유혹으로 채우는 경향이 있었다. 나는 고해제도의 그러한 분위기에서 25년 동안을 살아왔다. 모든 로마교 사제들이 그런 것처럼 나 역시 고해제도에 의해서 오염되어 왔고 타락해

왔다. 내가 정결케 되기 위해서는 죄인들을 위해서 갈보리에서 죽은 그 위대한 희생의 보혈이 필요하다"(『사제, 여자, 그리고 고해제도』, pp. 67, 68).

찰스 치니퀴가 쓴 이 책은 고해제도의 모든 것을 가장 효과적으로 다룬 책이다. 그래서 그 제도에 포함되어 있는 악의 실체를 분명하게 알고 싶은 사람들은 그 책을 읽어야 할 것이다. 그 책은 19세기 중반의 몬트리올과 카나다 다른 지역들의 상황을 기술하고 복음적인 힘에 의해서 제지당하지 않는다면 고해제도가 갈 수밖에 없는 심연을 보여준다. 우리가 인용한 증언들은 고해제도가 고해자와 사제를 똑같이 타락시키는 것임을 보여준다. 여인의 가장 중요한 장식은 겸손과 순결이다. 그러나 여자들이 고해제도에 있어서 겸손과 절제는 그 자체가 죄라고 배울 때는 여인의 덕목은 희생당할 수밖에 없는 것이다. 대부분의 사제들은 배웠고 훈련받았고 현명한 사람들이다. 그래서 그들은 그들의 고해자들을 안전하게 다룰 수 있는 방법과 정도를 안다. 여기서는 이런 말이 적당하다.

"악습은 증오스럽고 단지 보여질 필요가 있는
그러한 추악한 태도인 괴물입니다.
그러나 너무 자주 보여지고 악의 얼굴과 친밀해지면
우리는 즉시 인정하고, 칭송하며 그리고는 포용합니다."

남편과 아버지들은 보통 소녀들과 여자들이 고해실에서 듣는 그런 질문을 받지 않는다. 그들이 사제들과 그들의 아내와 딸들 사이에 무슨 대화가 오갔는가를 알게 되었을 때 그들이 절대적으로 자기 아내와 딸들에게 고해하러 가는 것을 금하는 것은 당연하다. 그러나 불행한 것은 그들이 로마교의 이러한 양상을 알게 된 후에도 그들은 보통 그 교회에 남는다. 그리고 고해제도에 관한 규정에 순종하지 못한 것 그 자체가 대죄라는 사실에도 불구하고 다른 모든 요구 사항들을 계속적으로 이루려고 노력한다는 것이다.

로마 카톨릭 교회에서 자란 또 다른 사람은 고해제도와 사람들에게 끼친 영향을 이렇게 기술한다.

"고해제도는 스파이 행위의 제도, 즉 노예 신분의 제도이다. 사제는 모든 가정의 스파이다. 모든 카톨릭 교도들은 그들에게 주어진 질문들의 특성에 의해서 속박되어 있다. 어떤 카톨릭 여신도가 개신교도 친구에게 '나는 고해하러 가는 것보다 차라리 채찍질 당하기를 원한다'라고 말했다. 대부분의 카톨릭 교도들이 소심하고 사제를 두려워하여 사제의 소망의 증서에 예속되어 있는 이유를 쉽게 알 수 있다. 이는 사제들이 다른 사람들은 모르는 자기들의 습관과 생활을 고해제도를 통해서 잘 알고 있기 때문이다. 보통 사제들은 도도하게 활보할 수 있다. 그는 자기 교구 사람들을 만날 때 자기가 마치 반쯤은 하나님이 된 것처럼 가끔 머리를 끄덕인다. 이유가 무엇인가? 그 이유는 자기 교구의 모든 사람들, 즉 그를 신뢰하는 모든 사람들의 개인 생활의 비밀을 알고 있기 때문이다"(John Carrara, *Romanism Under the Searchlight*, p. 70).

로마교회 규칙에 의하면 사제는 고해 중에 그에게 말한 것을 발설해서는 안된다. 이것을 가리켜서 '고해제도의 봉인'(seal of the confessional)이라 한다. 그렇지 않으면 고해의 관습은 유지될 수 없다. 그러나 어떤 여건에서는 그가 얻은 정보를 넘겨줄 수 있다. (1) 고해자의 동의가 있으면 된다. 그러나 사제에게 있어서는 종종 그것은 얻기 어려운 것이 아니다. (2) 고해제도와는 별도로, 즉 그 이상의 대화를 나누는 중에 드러난 것을 건네줄 수 있다. (3) 사제들은 자기들끼리는 고해에서 얻은 정보를 이름을 언급하지 않고 가끔 논할 수 있다. 그렇게 해서 정경법 테두리를 벗어나지 않는 것이다. 그리고 (4) 허락할 것인가, 말 것인가라는 논쟁이 일어나면, 사제의 말은 고해자 말보다 우선하여 받아들여져야 한다. 그리고 성직자가 고해 시간에 밝혀진 것을 말할 수 없을 때는 고백한 사람들도 그것을 반복할 수 없다. 왜냐하면 그들 또한 교회 체계의 일부분이기 때문이다. 그런데 이렇게 하면 사제들은 그들의 교구 사람들의 사생활과 그들의 가족들의 생활, 공동체 일들, 투표하는 일, 혹은 그들에 의해 지도되는 어떤 정치 기구의 운용과 그들에 의해 장악된 정치 사무소를 이상적으로 비밀스럽게 통제할 수 있게 해준다.

고해제도가 개개인의 영혼에 평강을 가져다 준다는 사제들의 주장은 잔인한 풍자이다. 대부분 결과는 정확히 그 반대다. 그리고 고해자는 때로는 더 길기도 하고 때로는 더 짧기도 하지만 일정한 시간 동안 고뇌하게 된다. 젊은 사람이든 늙은 사람이든 정직하고 양심적인 사람에게 있어서는, 여러 경험을 말하지 않거나 부정확하게 말하여 선한 고해가 되지 못함으로, 고해한 것 전체가 무효화될지도 모른다는 두려움은 그 자체가 고통스러운 염려임이 틀림없다. 사제들이 그렇게 가르치거니와 자신들의 구원은 자신들의 죄를 완전히 고백하는 데 있다고 믿기 때문에 그러한 정직한 사람들은 자신들이 충분히 참회하지 않고 있거나 어떤 사소한 것을 감추고 있는 것은 아닌가하고 두려워한다. 특히 여자들이 고해제도를 싫어하고 보통 스스로 말해야 될 것만 말한다.

로마 카톨릭 교도들은 그들이 그것의 규칙에 순복할 정도로 이러한 허구에 경의를 표한다. 물론 많은 것이 사제 개인에 달려있다. 나머지 사람들이 그 특권을 남용하는 반면에 어떤 사람들은 참으로 자기 교구 사람들의 감수성을 생각해서 불합리하게 캐묻는 것은 삼간다. 어쨌든 모든 사제들은 자기가 고해자들에게 강복을 내릴 때마다 흉악한 거짓을 말한다는 것을 알고 있다. 그들은 강복시에 "평안히 가시오, 당신의 죄가 사함받았소."라고 말한다. 개신교도들에게는 고해제도가 틀림없이 로마교 제도 중에서 가장 싫은 것이다.

다행히 개신교가 우세한 곳인 미국에서는 로마 카톨릭 나라들에서 만큼 고해제도를 남용하는 정도가 그렇게 심각하지는 않다. 예를 들면 왜 남아일랜드의 로마 카톨릭 교도들은 북아일랜드의 자기 이웃 개신교도들보다 열등한가? 왜 그렇게 가난하고, 무식하고, 미신적이고, 비도덕적인가? 거의 1세기 전에 찰스 치니퀴는 자기 시대의 로마 카톨릭 국가들에 관해서 다음과 같이 썼다.

"아일랜드가 타락한 중요한 원인은 고해제도에 의해서 아일랜드 여인들이 노예화되는 데 있다. 아일랜드 여인들이 노예화되고 비천해진 후에 그 여인들은 다음으로 자기 남편과 아들들을 노예화시켰고 비천하게 만들었다. 아일랜드는 동정의 대상일 것이다. 그 나라가 그리스도를 거절하고 고해 신부에 의해서 통제되는 한, 가난하고 비참하고 타락할 것이다." 그는 덧붙이기를, "고해제도로 말미암아 프랑스 여인들의 몰락과 타락은 이제 주지의 사실이다. 누구도 그것을 부인할 수 없다. 최고의 지성인들은 그것을 보고 고백한다. 스페인이 그토록 비참하고, 약하고, 가난하고, 어리석고도 잔인하게 아름다운 계곡들을 자기 어린애들의 피로 붉게 물들이는 이유가 무엇인가? 그렇게 큰 나라가 몰락한 중요한 이유는 고해제도이다. 거기서도 또한 고해 신부는 여자들을 더럽히고 타락시키고 노예로 만들었다. 그리고 그 다음으로 여자들이 자기 남편과 아이들을 더럽히고 타락시켰다"(『사제, 여자, 그리고 고해제도』, pp. 64~66).

로마 카톨릭 나라들과 개신교 나라들의 지위를 비교한다면, 오늘날 세계의 모든 로마 카톨릭 나라는 파산하였고 개신교 국가인 미국에 어떤 형태에서든지 재정적이고 경제적 원조를 구하고 있는 것이 사실이다. 유럽의 개신교 나라들―영국, 스코틀랜드, 화란, 노르웨이, 스웨덴, 덴마아크, 그리고 북부 독일 등은 그들의 이웃 카톨릭 국가들보다 훨씬 더 개화되었고 발전되어 있다. 이것은 우연한 일이 아니다. 종교 개혁 시대 이후로 증거가 있는 지속적인 모델이다. 분명히 그것은 사실이다. 혹자는 말한다. "모든 개신교 나라는 모든 카톨릭 나라들보다 더 우세하다." 우리는 그것이 진실이라고 믿는다.

트렌트 공의회 회의에 의하면 죄인이 고해시에 자기의 죄가 하나님을 거역한 것이어서, 사면을 얻기 위한 것이라면 반드시 뉘우칠 필요는 없다. 단지 그가 사제에게 고백하여 용서를 받지 않는다면, 영원히 지옥에 갈 것을 두려워하여서 뉘우쳐야 한다. 그 칙령은 다음과 같이 쓰여있다.

"그렇지 않고 영원히 지옥에서 불탈 것을 두려워 하여 뉘우친다면 그는 그것으로 충분하다"(Sess. 14, C. H.).

고해제도에 관한 이 구절을 논평하여 자첼로 박사는 다음과 같이 말한다.

"누구든지 카톨릭의 이러한 고해제도의 시행이 범죄를 억제하지 못하고 실제로 쉽게 계속 범죄하는 구실을 갖게 할 수 있다는 것을 알 수 있다. 가장 흉악한 범인들과 상습적인 협박꾼들은 보통 시민법과 그 처벌을 피할 길을 찾을 수 있다. 그들이 카톨릭 교도이고 고해를 믿는다면 또한 다음 생의 징벌을 피할 수 있는 쉬운 길이 보장된 것이다.

대단히 흉악한 범인들과 조직적인 사기꾼들이 조금도 양심의 동요가 없이 계속 범죄하는 사례는 많다. 캔사스 시티의 '빅 톰'(Big Tom)이라는 별명을 가진 펜더가스트가 그런 사람 중의 하나였다. 그는 연방 교도소에서 출소한 후에 죽었다. 그의 지배하에서 캔사스 시티는 젊은이, 노인들 할 것없이 사람들의 품행이 위협받았다. 매음굴이 공공연히 성행되었고 흉악한 악한 것들이 그의 칙령을 강제로 시행되게 했다. 도박업소들이 보편화되었고 펜더가스트 자신이 당대의 최고의 도박사였다. 정치적 타락은 점점 더 심해졌고 그 모든 것의 보스로서 펜더가스트는 불법적인 지하 거래로 부를 축적해 갔다. 그러나 1945년 1월 26일에 그가 죽었을 때, 카톨릭 고위 성직자인 토마스 비 맥도날드(Thomas B. McDonald)는 장엄한 미사 후에 그의 장례식 설교를 했는데 공개적으로 그를 '고귀한 심성을 가졌고 진실한 친구였던 사람'이라고 칭송했다. 그 이유는 '그가 30년 동안 7시 30분에 미사에 갔기 때문'이라는 것이다.

톰 펜더가스트는 나라의 법을 두려워하지 않았다. 왜냐하면 그가 재판관들과 자기가 임명한 법을 집행하는 관리들에게 뇌물을 주고 타락시킴으로 법을 피할 수 있었기 때문이다. 그는 또한 그가 정기적으로 고해하러 가서 사제에게 자기 죄를 고백하고 단지 지옥에 가는 것을 두려워하기 때문에 뉘우친다고 말하는 한, 하나님의 징벌을 피할 수 있다고 교회의 가르침에 의해서 보장받고 있었다. 그는 죽기 전에 자기를 면죄하고 후에 연옥에 있을 자기 영혼을 위해서 미사들을 드려줄 사제가 있다고 확신하는 한, 안심하고 계속 범죄를 할 수 있었다. … 이제 이전에 사제였던 우리들은 그리스도의 가르침에서 참된 죄의 용서가 무엇을 의미하는지를 안다. 하나님만이 죄를 용서하시고, 그 용서를 받고나서야 완전한 삶의 변화가 있다. 카톨릭 고해제도의 시행은 하나님으로부터 면죄의 보증도 없고 계속 반복하여 같은 죄를 범하는 경우를 방지할 아무것도 없는, 범죄한 인간에 대한 단순한 암송에 지나지 않는 것이다(『로마교의 비밀들』⟨Secrets of Romanism⟩, pp. 123~125).

고해제도를 운영하는 것이 사실 얼마나 부정하고, 부정직하며, 무익하고, 비성경적인 관습인가!

10 장

연 옥
1. 연옥에 관한 로마교의 가르침
2. 연옥의 무서운 양상
3. 연옥교리에서 돈의 동기
4. 성경의 가르침
5. 교리의 역사
6. 결론

연 옥

1. 연옥에 관한 로마교의 가르침

로마 카톨릭 교회는 교회와 함께 평화롭게 죽었으나 완전치 못한 모든 자들은 연옥으로 알려진 중간 영역에서 형벌에 상당하고 정결케 하는 고통을 겪어야 한다고 주장하는 교리를 발전시켜왔다. 그리스도의 완전 상태에 도달한 신자들만이 즉시 천국에 간다. 세례받지 않았거나 세례받은 후일지라도 대죄를 범한 모든 자들은 즉시 지옥으로 간다. 교회와의 교제 가운데서 죽어서 부분적으로 정결함을 받았으나 어느 정도 죄를 짓고 있는 대다수의 사람은 연옥으로 가는데, 그것에서 그들은 모든 죄가 일소될 때까지 고통을 받은 후에 천국으로 옮겨간다.

로마교회의 세례는 이전의 모든 죄, 즉 원죄와 자범죄를 다 제거해서 어떤 사람이 세례받은 즉시 죽는다면 바로 천국에 갈 것이라고 주장한다. 기독교의 순교자들은 제외하나 최고의 성직자조차 포함해서 모든 다른 신자들은 세례 후에 범한 죄의 형벌을 지불하기 위해서 연옥으로 가야 한다. 순교자들의 희생들, 특히 교회에 영광을 가져다주는 희생들은 연옥 고통을 가장 적절하게 상쇄시킬 수 있는 것으로 여긴다.

연옥의 교리는 성서에 기초하지 않고 로마교가 죄를 두 가지로 분류함으로써 만든 구분에 의존하고 있다. 자첼로 박사가 이 구분을 명백하게 설명한다. 그는 말하기를,

"로마교 가르침에 의하면, 사람은 하나님에 대해서 두 가지 죄를 지을 수 있다. 대죄는 하나님의 법과 교회법을 크게 범한 죄이다. 대죄를 '죽여야

할' (mortal) 죄라고 부른 것은 영혼으로부터 정결케 하는 은혜를 완전히 제하여서 영혼을 죽이기 때문이다. 소죄는 하나님과 교회의 법을 적게 그리고 용서받을 수 있게 범한 것이다. 그리고는 이 혼란스럽고 비성경적인 교리는 계속 된다. 두 종류의 형벌이 대죄에 해당한다. 영원한 것(영원히 지옥에 있는 것), 일시적인 것(연옥에 있는 것)이 그것이다. 영원한 형벌은 세례와 참회의 성례들, 혹은 고해의 약속을 가진 완전한 참회에 의해서 취소되어진다. 일시적 형벌은 이러한 성례에 의한 것이 아니고 참회의 일, 자선, 사제에게 미사를 드려달라고 예물을 지불함, 혹은 면죄에 의해서 취소되어진다. 그것들은 연옥에서 고통당해야 하는 대죄의 일시적 형벌을 줄인다. 그래서 어떤 로마 카톨릭 신자의 모든 대죄가 사제에게 고행해서 용서받았다 할지라도 그가 이러한 선행을 충분히 행하지 않으면, 그는 연옥에 가야 한다. 거기서 그의 영혼이 완전히 정결케 되기까지 고통 중에 남아있는다"(『로마교의 비밀들』, p. 101).

연옥교리는 하나의 가정을 하고 있는데, 그 가정은 하나님께서는 죄를 용서하시는 반면에, 그의 공의는 죄인이 천국에 가도록 하기 전에 그의 죄에 해당하는 응분의 형벌을 받아야 한다는 것을 요구하는 것이다. 그러나 그러한 구별은 인간의 추리에 의해서도 불합리한 것이다. 왜냐하면 어떤 죄인에게 그의 죄값을 용서해 놓고서는 그 죄 때문에 고통을 당하도록 감옥에 보낸다는 것은 아주 부당한 것이기 때문이다.

로마 카톨릭 교도들은 그들의 친척들과 친구들의 영혼이 연옥에서 불꽃 가운데 큰 고통을 당할 때, 하나님조차도 그의 공의가 만족할 때까지는 그들을 도울 수 없고 단지 지상에 있는 그들의 친구들만이 그 고통을 짧게 하거나 줄일 수 있다고 배운다. 연옥은 교황의 특별한 관할하에 있다고 여겨지는데 교황이 적합하다고 여겨질 때 사면을 주는 것은 그리스도의 지상 대리자로서의 그의 특권이다. 이 권세는 그 고통을 경감시키거나 짧게 하고, 혹은 끝마치게 하기 위해서 교황에 의해서 직접 행사될 수 있다. 그것은 또한 일정한 한도 내에서 교황을 대리하는 사제들에 의해서도 행사될 수 있다. 물론 이런 유형의 권세는 아무리 훌륭한 사람에게 주어졌다 해도 남용될 수밖에 없다. 틀림없이 대부분의 경우가 그러한데 보통 사람에게 그런 권세가 주어졌거나 혹은 자주 있는 경우인, 돈만 아는 사람이다. 사악한 사람에게 주어졌을 때는 그 남용되는 정도가 분명히 소름이 끼칠 정도이다. 이 교리로부터 유래되는 죄악들과 그것의 불가피한 결과들을 미루어 볼 때, 연옥의 교리가 신적인 기원을 가지지 않았다는 것은 명백하다.

2. 연옥의 무서운 양상

실질적인 성인들 외에는 아무도 연옥의 고통을 피할 수 없기 때문에 이 교리는 로마 카톨릭 교도들의 죽음과 장례식에 두렵고도 소름끼치는 분위기를 준다. 그러한 교리의 어두운 그림자가 가리우고 있기 때문에 죽음은 복음적인 개신교에서 그러는 것처럼 그의 사랑하는 자를 위한 그리스도의 임재가 아니라 두려워하는 영혼을 형언할 수 없는 고통으로 이끄는 것이다. 로마 카톨릭 교도로 태어나서 성경에 대해서는 전혀 알지 못하고 그들 교회의 교리들만 맹목적으로 믿는 수많은 사람들이 죽음을 두려워하고, 연옥이라는 그곳에서 심한 고통과 고민 속에서 알 수 없는 기간을 보내야 된다는 두려움 속에서 살고 죽어야 한다는 것은 조금도 이상할 것이 없다. 이 사람들이 두려움과 사제들에게 예속된 상태에서 사는 것이 얼마나 비극인가! 사제들이 이 사람들로 하여금 그리스도께서는 그들의 구속을 위해 충분히 지불하셨을 때, 바로 사제들 자신의 손에 생사의 권세를 주셨다는 것을 믿게 한다. 그들 자신의 로마 카톨릭 성서에조차 이렇게 기록되어 있다. "그러므로 자녀들은 함께 혈육을 가지고 있기 때문에 그도 마찬가지로 혈육을 가졌습니다. 이는 죽음으로 말미암아 죽음의 권세를 잡은 자, 곧 마귀를 멸망시키시고 일생 동안 죽음의 두려움에 예속되어 있는 자들을 구원하려 하심입니다"(히 2:14~15; 카톨릭 공동번역본). '죽음의 두려움에 예속되어 있는'이란 이 말은 심지어 열렬한 로마 카톨릭 교도들의 영적 상태까지도 기술한 것이다. 그들은 일생 동안 허구인 연옥에 대한 두려움 때문에 종살이하는 것이다.

연옥에서의 고통은 고통을 받는 사람의 죄와 불결 그리고 강퍅함에 비례하여 강도와 기간에서 크게 다르다고 한다. 그 고통은 어떤 경우에는 단 몇 시간 동안만 있을 정도로 가볍기도 하지만, 반면에 어떤 경우는 수천 년 지속되고 그 자체가 지옥의 고통의 축소판인 것도 있다고 설명한다. 연옥의 고통은 끝이 있지만 지옥에서의 고통은 끝이 없다는 것이 다르다. 그 연옥의 고통은 어떤 경우든 최후의 심판으로 끝난다. 그러므로 연옥은 결국 고통당하는 사람이 없게 되어 텅비게 될 것이다.

그 고통의 강도에 관해서 유명한 로마 카톨릭 신학자인 벨라르미네(Bellarmine)는 이렇게 말한다.

"연옥의 고통은 매우 혹독하고 금생의 어떤 고통을 능가한다." 헤이스(Hayes) 추기경의 추인을 받은 연옥 사회에 관한 소책자(The Manual of the Purgatorial Society)에 이렇게 쓰여있다.

"교회의 성 교부들에 따르면, 연옥의 불은 지속성을 제외하고는 지옥의 불과 다를 바 없다. 성 토마스 아퀴나스는 '지옥에서 버림받는 자들을 괴롭히는 불은 연옥에서 의로운 자들을 괴롭히는 불과 같은 불이다. 연옥에서 가장 적은 고통도 금생의 최대의 고통을 능가한다!'고 말한다. 영원히 계속된다는 것 외에는 지옥의 불은 연옥의 고통과 다를 바 없다."

스펠만(Spellman) 대주교의 발행허가를 받은 또 다른 책에서, 벨라르미네의 말을 인용한다.

"연옥의 고통들이 어떤 경우에는 전(全)세기 동안 계속된다고 하는 것은 의심의 여지가 없다"(John M. Haffert, *Saturday in Purgatory*).

로마 교회는 오히려 영리해서 연옥고통의 성질과 강렬함에 관해서 어떤 공식적인 발언도 하지 않는다. 개신교도들을 위한 책이나 강연에서는 연옥을 중간기 상태라고만 말한다. 그러나 로마 교회가 그렇게 한다고 해서 책임을 피할 수 있는 것은 아니다. 왜냐하면 로마 교회는 최고로 무서운 묘사를 담은 책들을 의도적으로 인가해서 보급해 왔다. 그런 책들은 비교적 가벼운 징계수단으로부터 회개하지 않은 영혼들이 들어가 있어야 하는 이글거리는 불못까지를 망라해서 묘사하고 있다. 카톨릭 교도들 중에서와 사제들 수중에서 연옥교리는 무시무시한 권력의 도구가 되어 왔다. 우리는 이것과 관련된 찰스 핫지의 말을 되새겨 볼 필요가 있다.

"발톱을 숨긴 그 사자의 발들은 융단처럼 부드럽기만 하다. 그러나 일단 그 발톱들이 드러나면 그것은 갈기갈기 찢고 죽이는 무서운 도구가 된다."

더 나아가서 스트롱(Augustus H. Strong) 박사는 적절하게 다음과 같이 말한다.

"고통은 그 자체에 개혁하는 힘을 가지고 있지 않다. 성령의 특별히 새롭게 하는 영향력이 수반되지 않는 한, 그것은 단지 영혼을 강퍅하게 하고 고통스럽게만 할 뿐이다. 우리는 성령의 그러한 영향력이 사후에 아직도 회개하지 않은 자들에게 역사한다는 성경적 증거가 없다. 그러나 역으로 인간의 죽음 후에 오는 그 필연적 상태는 영원한 그들의 상태다. 회개하지 않는 자들과 거역하는 자들에 대한 기회는 내부에서가 아니고 외부에서 와야 한다. 그러한 기회는 하나님께서 그의 성령에 의해서 금생에 주신다. 이 금생이 끝나고 성령이 떠나가면 회개할 수 있는 어떠한 기회도 없다. 그 영혼이 하나님을 싫어하는 것은(우리는 죄인이 하나님을 증오하는 것이라고도 말할 수 있을 것이다) 불평과 반감에서만 나올 것이다"(『조직신학』, p. 1041).

우리는 질문을 한다; 영들이 어떻게 부활 몸체를 갖기 전에 연옥에서 현상적인 불의 고통을 겪을 수 있느냐? 로마교 신학자들은 이 질문에 답변하여 연옥에서는 영혼이라 정의할 수는 없지만 고통을 느낄 수 있는 다른 형체를 갖는다라는 한 이론을 제시한다. 그러나 그것은 연옥교리 자체일 뿐, 순전히 허구적인 가설이고 전혀 성경적 증거가 없다. 오히려 사실 성경은 그 반대다. 로마 카톨릭은 가끔 공포의 종교로서 묘사된다. 연옥의 교리는 그러한 공포를 가장 많이 모아놓은 것이다. 거기에는 사제에 대한 것, 고해제도, 진노하는 하나님의 의로운 심판에 관한 두려움 등이 있다. 레만은 우리에게 아일랜드에서의 그의 소년 시절에 관해서 이렇게 말한다.

"항상 두려운 감정이 매사를 짓눌렀다. 뿌리깊은 두려움은 카톨릭적인 아일랜드에서 태어나서 자라난 모든 아이들의 전생애를 지배하는 특징이다. 심지어 미국에서의 후기 생활에서조차 그 두려움을 거의 제하지 못했다. 그 두려움은 공포에 관한 두려움이다"(『사제의 영혼』, p. 34).

3. 연옥교리에서 돈의 동기

고해교리를 제외하고는 로마 교회 교리 중에서 연옥교리만큼 그렇게 복음을 왜곡시키고 사람들을 사제들에게 예속시키는 교리는 없다 해도 무방하다. 교회가 수세기 동안 확실하게 통제하고 있는 남부 유럽과 라틴 아메리카의 여러 로마 카톨릭 국가들의 현재의 상황은 언급하지 않고도 테츨(Tetzel), 루터 그리고 개신교 종교개혁 시대만 잠깐 살펴보아도 이 점을 충분히 알 수 있다. 해마다 수백만 달러가 이런 가공된 고통으로부터 안심을 하기 위해서 지불된다. 정확한 수치는 얻을 수 없다. 개신교에서는 매년 수입, 지출이 항목별로 설명된 재정보고서를 발간한다. 그러나 로마 카톨릭 교회의 재정은 이와는 대조적으로 비밀이다. 그 재정의 수입원이 어디이고, 총액은 얼마이며, 얼마나 로마 교황청에 보내지며 또 남은 금액은 어떻게 그리고 어디에 사용되는가 하는 예산보고서는 결코 발간되지 않는다. 다른 것도 그렇지만 이 부문에서도 그들은 맹목적으로 교회를 신뢰해야 한다.

자주 연옥교리를 '성직자의 금광'이라고 한다. 그 이유는 그것이 대단히 수지맞은 수입원이기 때문이다. 로마교회는 "이런 계략으로 우리는 우리의 재산을 가졌다"라고 말해야 할 것이다.

보통 연옥에서의 고통당하는 기간은 헌금과 사제의 기도 그리고 미사로 단축할 수 있는데 이 헌금과 기도와 미사는 죽기 전에 본인에 의해서 드려질 수도 있고, 죽은 후에 친지들이나 친구들에 의해서 드려질 수 있다. 살아있을 때 이런 것을 더 많이 하면 할수록 연옥에서 속죄되어야 할 것이 더 적게 된다.

임종시에 사제는 연락을 받고 죽어가는 사람의 침상에 가서, 종부성사를 거행하고 엄숙하게 사면을 선포한다. 그러나 죽은 후에는 슬퍼하고 있는 친지들과 친구들로부터 연옥에서 고통당하는 기간을 단축시키기 위해서 드려질 미사는 돈을 받아낸다. 특히 순진하거나 무식한 사람은 말할 것 없고, 결과적으로 로마교회는 외부적이거나 직접적으로는 아니지만 실제적으로는 구원을 돈 때문에 팔고 있다. 모든 사람들은 연옥에 있는 영혼의 구원을 보장하기 위한 교회의 예식은 거기에 적절한 예물이나 봉사로 보답되야 한다고 믿고 있다. 그래서 로마교회는 거대한 돈 모으는 기관이고 로마교에 있는 모든 것에는 가격표가 붙여 있다고 흔히 말한다.

로마 카톨릭 교회가 심지어 가난한 지역에서조차 엄청난 부를 축적하고 거대한 대성당들과 남녀 수도원들을 지을 수 있었던 것은 이 연옥교리에 크게 기인하였다. 이러한 경우는 특히 라틴 아메리카 나라들에서 많다. 예를 들면, 멕시코에서 거의 모든 도시에 거대한 로마 카톨릭 성당이 서있고 그 주변에 비참한 원주민 오두막들이 있는 것을 보는 경우는 비일비재하다. 연옥교리가 실제적으로 하는 일은 여러 나라들 예컨대 프랑스, 영국, 이탈리아, 오스트리아, 멕시코 그리고 다른 나라들에서 엄청난 재산이 로마 카톨릭 교회 수중에 들어갈 때 볼 수 있다. 때로는 그것이 그 나라 부의 1/4 혹은

1/3에 해당되는 것이어서 경제상황을 균등하게 하기 위해서 정부에 의해서 몰수되거나 재분배되어야 했다. 제한되지 않으면 로마교회가 스스로 추구하는 재산의 양에는 문자적으로는 어떤 한계도 없다. 미사를 위해서 헌금하는 사람들, 특히 성직자들의 재촉에 자기 재산의 상당 부분을 로마교회에 남겨서 앞으로 자신들을 위해 미사가 드려지도록 하는 사람들이 그 무서운 제도를 유지하고 수지맞도록 돕고 있는 것이다. 그 제도는 주후 수세기 동안에는 정식 규례가 되지도 못하였다. 그 제도는 기독교의 수치다.

이런 점에서 다른 질문을 할 수 있다. 교황이나 그를 위해서 일하는 사제가 참으로 연옥에서 영혼들이 고통받는 것을 줄이거나 바꾸거나 끝나게 하는 권세를 가졌다면, 그가 선한 사람이라면 왜 그 사역을 그리스도의 봉사로서 무료로 그리고 기꺼이 인류를 위해서 사용하지 않은가? 병원에서는 의사들과 간호원들이 그들에게 오는 사람들의 고통을 덜어주기 위해서 모든 가능한 방법으로 노력한다. 왜 교황이나 혹은 사제는 어느 때라도 그가 성인들의 풍부한 공로의 보고에서 그들 모두의 빚을 갚게 할 수 있다면, 그 불쌍한 영혼들이 불 속에서 계속 무서운 고통을 당하도록 하는가? 왜 그러는가? 로마교는 대답할 수 있는가?

우리 중에 어떤 사람이 연옥으로부터 영혼들을 풀어줄 수 있는 권세를 가졌는데도 돈을 받지 않고는 그 권세를 행사하려 하지 않는다면, 그는 잔인하고 또한 불신자로 여겨질 것이다. 사실이 그렇다. 기독교의 모든 기준에 의하면 봉사는 값없이 그리고 자원하는 심정으로 주어야 하는 것이다. 고상한 사람이라면 개 주인에게서 5달러를 받아내지 못하더라도 개조차도 불 속에서 고통당하게 하지는 않을 것이다. 영혼이 풀려나기 전에 꼭 돈을 바쳐야 된다는 것이나 때로는 오랜 기간 동안 돈을 내야 한다는 것은 연옥교리의 사악한 목적을 분명하게 보여준다. 단순한 사실은 연옥이 텅 비고 거기서 고통당하는 모든 사람들이 천국으로 가게 되면 사람들이 성직자들에게 돈을 줄 기회가 거의 없어지게 된다는 것이다.

연옥교리는 무서운 교리다. 그 교리에 종사하는 성직자들, 적어도 미국의 모든 성직자들은 지식인들이고 그 교리가 순 엉터리라는 것을 안다는 것만 보더라도 그것이 무섭다는 것을 알 수 있다. 영혼들을 그 고통받는 것으로부터 구해내는 것처럼 꾸며대서 사별한 사람들이 마음이 슬프고 거의 그런 일에 관해서 합리적으로 생각할 수 없을 때에 굉장한 액수의 돈들을 짜내는 것이다.

스티븐 엘 테스타는 이렇게 말한다.

"연옥교리는 소위 '거대한 사기극'이고 '엄청난 공갈'이다. 왜냐하면 그것 때문에 가난한 사람들이 거의 돈을 빼앗기고 부자들은 헛되이 엄청난 액수의 돈을 강탈당하는 것이다. 중세시대에는 부자들은 서로 앞다퉈 그들의 토지를 교회에 기증했고 가난한 사람들도 그 적은 재산을 교회에 바쳐서 결국 교회가 어느 나라에서든지 가장 부유한 토지 소유주가 되었다. 여러 나라에서 교회는 그 나라 땅의 반과 모든 부자된 돈의 1/3을 차지하였다. 교회는 거대할 때 성당과 주교관을 지었고 대신에 가난한 사람들은 오두막집에서 살게 하는 결과를 낳게 했다. 여러분들은 심지어 오늘날도 유럽이나 멕시코에서 무지와 비참함 속에서 허덕이는 가난한 사람들의 오두막 집들에 둘러싸인 거대한 대성당들을 볼 수 있을 것이다.

그러나 19세기 중에 그런 많은 나라들이 프랑스 대혁명을 시작으로 해서 독립전쟁을 했다. 교회는 세속사에 대한 권력을 빼앗겼다. 토지는 국가에 의해서 압류당해서 가난한 농부들에게 분배되었다. 이탈리아에서는 1870년에 이런 일이 일어났다. 그러나 뭇솔리니가 교황의 세속사에 대한 권력을 회복하였다(이름 뿐이었다). 그러나 교회는 전처럼 그렇게 많은 땅을 소유한 것이 아니었다. 자유와 민주정신은 로마교회의 독재주의와 전체주의에 치명적이었다"(소책자, 『카톨릭, 개신교 그리고 유대교에 대한 진리』, p. 14).

그리고 로버트 케치암(Robert Ketcham) 박사는 이렇게 질문한다.

"사제여, 당신은 주어진 사례에서, 그만 기도하고, 교구 사람들로부터 돈받을 때를 어떻게 아느냐? 당신은 존 머피가 연옥에서 나온 때를 어떻게 아느냐? 그가 나온 것은 유족에 의해 지불된 미사를 드림에 달려있다. 당신이 한 두 미사를 너무 빨리 끝내면, 어떻게 되느냐? 만일 당신의 그 사람이 연옥에서 나온 후에도 계속해서 그 사람을 위해서 미사를 드리고 있다면, 당신이 잘못됐다. 당신이 이처럼 빠르든, 늦든 잘못된 것이다. 로마 카톨릭 사제 여러분께 내가 진심으로 묻겠는데, 당신들이 그 개인을 위해서 미사를 멈출 때를 어떻게 아느냐? 당신들이 그 보이지 않는 세계와 무슨 연관이 있느냐?"(소책자, 『로마교는 스스로 말하라』⟨Let Rome Speak for Herself⟩, p. 20)

사실은 로마 카톨릭 사제들도 어느 한 영혼이 연옥에서 놓임을 받는 때를 아는 방법이 없다는 것을 인정한다. 이 문제에 관해서 현재 글을 쓰고 있고 과거에 카톨릭 평신도였던 어느 사람은 그것을 연옥교리에 관한 사제들의 직분 남용이고, 자기도 결국 그것 때문에 카톨릭 교회에서 나왔다고 말한다. 그가 말한 경우는 이렇다. 그가 다니던 성당에 어떤 사람이 죽었는데, 그가 죽은지 46년이 되도록 계속해서 집례하는 사제는 그 미망인에게 남편을 위해서 미사를 드릴 수 있게 돈을 요구했다. 후임 사제들도 항상 그녀의 남편을 연옥에서 나오도록 하는 체하면서 돈을 요구해왔었다. 그러나 그들은 결코 그 사람을 나오게 하지 않았다. 45년이 지난 후에도 그들은 순전히 거짓인 주장을 하면서 돈을 우려내고 있었다.

우리는 연옥에 있는 영혼들을 위해서 미사를 드리는 것이 거짓 구실하에 돈을 우려내는 엄청난 농간이며 사기극이라고 강력히 비판한다. 왜냐하면 실재하지도 않는 곳인 연옥으로부터 사람들을 나오게 한다고 하기 때문이다. 우리는 부를 얻기 위해서 법을 교묘히 다루는 재판관이나 뇌물을 요구하는 경찰관이 있다면 그들을 신뢰하지 않을 것이다. 그렇다면 왜 우리가 성경에도 없을 뿐 아니라 성경의 가르침과도 명백하게 상치되는 사후 삶의 해석을 말하는 사제를 믿어야 하는가? 그러한 관례는 거짓이고 오직 한 가지 목적을 위해서 조작된 것이다. 그 목적이란 사람들을 사제의 권세하에 있게 하고 가능한 한 속속들이 그들의 생활과 재산을 통제하기 위함이다.

4. 성경의 가르침

연옥교리가 비성서적이라고 하는 것은 쉽게 입증될 수 있다. 성경은 그런 장소에 관해서는 일언반구도 언급하지 않았다. 또 사실은 연옥교리를 가장 무색하게 하는 주장을 성경에서 찾을 수 있다. 그리스도께서는 연옥교리에 미혹될 만한 것은 전혀 말씀하지 않으셨다. 대신에 그는 말씀하시기를, "내 말을 듣고 또 나 보내신 이를 믿는 자는 영생을 얻었고 심판에 이르지 아니하나니 사망에서 생명으로 옮겼느니라"(요 5:24). 그러므로 영원한 생명은 그리스도를 믿는 영혼에 의해서 이미 소유되었다. 따라서 그 영혼에 관해서 어떠한 정죄도 있을 수 없다. 예수께서 십자가 상의 회개한 강도에게 말씀하시기를 "오늘 네가 나와 함께 낙원에 있으리라"(눅 23:43)라고 하셨을 때, 그 말씀의 진정한 의미는 그가 죽은 즉시 천국에 가리라는 것이다. "다 이루었다"(요 19:30)라고 그리스도께서 십자가 상에서 고통을 받으신 최후에 하신 말씀은 그가 오셔서 이루려던 구속의 역사가 부분적이 아니고 완전히 성취되고 완성되었다는 의미이다. 더 나아가서 사후에 한 영역에서 다른 영역으로 옮겨지는 일은 결코 없다. 바깥 어두운 곳에 있는 사람들은 그 곳에서 다른 곳으로 건너갈 수 없다. "너희와 우리 사이에 큰 구렁이 끼어 있어 여기서 너희에게 건너가고자 하되 할 수 없고 거기서 우리에게 건너올 수도 없게 하였느니라"(눅 16:26).

사도 요한은 마찬가지로 다음과 같이 가르치고 있다; "그 아들 예수의 피가 우리를 모든 죄에서 깨끗하게 하실 것이요"(요일 1:7). 그러므로 우리의 모든 죄가 예수의 희생으로 용서받는다. 인간의 공적으로 용서받을 어떤 죄도 없다. 그리고 다시, "또 내가 들으니 하늘에서 음성이 나서 가로되 기록하라 자금 이후로 주 안에서 죽는 자들은 복이 있도다 하시매 성령이 가라사대 그러하다 저희 수고를 그치고 쉬리니 이는 저희의 행한 일이 따름이라 하시더라"(계 14:13).

이 주제에 관한 사도 바울의 교훈은 아주 풍부하다. 그는 어떤 연옥도 예상하지 않았고, 오히려 떠나는 것은 "그리스도와 함께 있기" 위함이고 이것이 "더욱 좋다"고 말했다(빌 1:23). 우리가 몸에 거할 때에는 주와 따로 거하는 반면에 그러나 "몸을 떠나 주와 함께 거하게 된다"(고후 5:8). 그는 빌립보 교인들에게 편지하기를, "이는 내게 사는 것이 그리스도니 죽는 것도 유익함이니라"(빌 1:21)고 했다. 그는 또 "우리가 구원을 얻기 위해서는 무엇을 할꼬?"라는 질문에 답하여 간결하고도 절대적인 답변, "주 예수를 믿으라 그리하면 너와 네 집이 구원을 얻으리라"(행 16:31)고 했다. 거기에는 사제에 대한 고백, 고해성사, 연옥, 혹은 행위가 중시되는 종교같은 어떤 것에 관해서도 언급이 없다. 그리스도의 대속의 죽음을 믿는 자들은 심판에 이르지 않는다. "그러므로 이제 그리스도 예수 안에 있는 자에게는 결코 정죄함이 없나니"(롬 8:1).

로마교의 설립자로 추정된다는 베드로는 이르기를, "그리스도께서도 한 번 죄를 위하여 죽으사 의인으로서 불의한 자를 대신하셨으니 이는 우리를 하나님 앞으로 인도하려 하심이라"(벧전 3:18). 그러므로 우리가 그 죄를 위해서 두 번째로 고통을 당할 필요가 없다. 그리고 히브리서 저자는 하나님이 우리 죄를 사하신다고 단지 말하였다; "저희 죄와 저희 불법을 내가 다시 기억지 아니하리라"(히 10:17).

죽음 직후에 관한 이러한 성서의 말씀과 연옥의 고통은 무한하여 적어도 수년 동안은 계속될 것이 틀림없다고 우리가 믿도록 가르치는 그러한 가르침과는 얼마나 대조적인가! 물론 로마 교회는 이런 대단히 중요한 연옥교리가 성경에 없다는 것을 안다. 그리고 그것이 틀림없이 오랫동안 신자들을 성경을 보지 못하도록 하는 중요한 이유 가운데 하나이다.

그러므로 연옥은 하나님의 공의를 어설프게 개작한 것이다. 하나님의 공의는 그리스도의 희생으로 단번에 충분히 만족하셨다. 그리고 하나님께서는 그리스도를 한 번 벌하시고 또다시 그리스도를 위하여 죽은 자를 벌하시는 이런 반복된 형벌은 주실 리가 없다. 그러므로 구속받은 영혼은 지상과 천국 사이의 어느 중간 영역에 가지 않고 즉시 천국으로 간다. 골고다의 희생은 어떠한 연옥도 필요없고 우리는 모든 죄를 깨끗하게 하기(purg)에 충분하다.

어느 카톨릭 교도든지 두려움과 공포의 심정으로 임종을 맞이할 수밖에 없다. 왜냐하면 그가 연옥교리에 충실할 때는 그 너머의 무서운 불밖에 볼 수 없기 때문이다. 연옥교리의 믿음처럼 그렇게 황당하고도 무서운 믿음을 갖기도 어렵다. 그러나 죽으면 바로 천국에 간다는 것은 대단히 신기하고 영화로운 것이다. 로마 카톨릭 교도들이 연옥같은 곳은 실제로는 없고 죽고난 후 구원받은 영혼은 더 이상 고통을 받지 않는다는 것을 알았을 때 그것은 그들에게 얼마나 놀라운 복음인가!

그러면 로마교는 어디에서 연옥교리의 근거를 찾는가? 네 부분의 성서구절에 인용되고 있는데, 그 중의 한 부분은 실제로는 그 주제에 관해서 언급되지 않았다. 그 구절들은 이렇다(카톨릭 공동번역본); "그분은 너희에게 성령과 불로 세례를 주실 것이다"(마 3:11, 그리스도에 관한 세례 요한의 말). 그의 일이 불에 타버리면 상을 잃고 말 것이다. 그러나 그 자신은 구원을 얻어 마치 불 가운데서 얻은 것 같을 것이다"(고전 3:15). "어떤 의심하는 자들을 긍휼히 여기라 또 어떤 자를 불에서 끌어내어 구원하라"(유 22~23). 그리고 "그리스도께서 … 영으로는 살리심을 받으셨으니 저가 또한 영으로 옥에 있는 영들에게 전파하시니라 그들은 옛날 노아가 배를 준비하는 동안 하나님께서 참고 기다리셨으나 하나님께 불순종하던 자들이다. 그때 방주에 들어가 물에서 구원받은 자는 여덟 명이라"(벧전 3:18~20).

이 구절 중에서 어느 것도 연옥을 말하지 않고 또한 그런 곳이 존재한다고 믿을 수 있는 어떤 근거도 제공하지 않는다. 베드로전서 3:18~20은 얼핏보면 더 그럴 듯하다. 그러나 좀더 자세히 조사해 보면 이 구절은 단지 우리에게 그리스도께서 부활시에 성령으로 말미암아 살리심을 받고, 우리가 믿기를 성령이라 지칭하는 그 영은 그리스도께서 성령으로 말미암아 노아시대에 전파한 영과 같은 영이라는 것을 말해준다. 베드로에 의해서 언급된 그 전파는 오래되었다. 방주가 지어질 때 전파되었다. 그러나 전파되었지만 비극적이게도 여덟 사람만이 그 하나님 말씀의 전파에 응했던 것이다. 그 여덟 사람, 단지 그 사람들로만 물로 말미암아 구원을 얻은 것이다. 그리스도께서 노아를 통하여 말했을 때 그리스도의 영의 증거를 거절했던 사람들이 바로 옥에 있는 그 영들이었다(미국 표준 번역 성경은 그 부분을 더욱 정확하게 번역했다. '옥에 있는 영들'〈the spirits in prison〉). 여기에서 '옥'이란 죄의 감옥 즉 지옥을 지칭한다. 그들은 아직도 갇혀 있다. 이 구절들은 간단히 말해서 하나님에 대한 불순종과 복음의 거절에 대한 경고이다. 그 구절들은 결코 연옥교리를 나타내고 있지 않다. 그러므로 로마 카톨릭 교회에 의해서 인용되는 이 네 부분의 구절들은 아주 무거운 무게를 지탱하고 있는 매우 가냘픈 실과도 같다 할 수 있다.

그러나 로마교는 그의 연옥교리를 주로 마카비 II서의 한 구절에 의존하고 있다. 마카비 II서는 구약성경이 다 기록된 직후에 기록된 유대인 책이다. 물론 그것은 위경기록이지 개신교에 의해서 어떤 권위를 가진 책으로 인정된 것은 아니다. 얼마나 이 증거가 빈약한가를 보이기 위해서 우리는 이 구절을 충분히 인용해 본다.

"그 다음날 유다(마카비)가 죽은 시체들을 가져다가 그들 조상들의 묘소에 혈족들과 함께 장사를 지내기 위해서 그의 사람들과 함께 왔다. 그런데 그들은 죽은 사람들의 겉옷 밑에서 율법이 유대인에게 금한 얌니아 우상 몇 개를 발견했다. 모든 사람들은 분명히 이 때문에 그들이 죽었다는 것을 보았다. 그래서 모든 사람들은 감추어진 것을 발견하신 하나님의 의로운 심판을 찬송하였다. 또 전심으로 기도하면서 그들이 범한 죄가 용서되기를 간구하였다. 그러나 매우 용감한 유다는 죽은 자들의 죄 때문에 일어난 일을 그들이 직접 보았으므로, 그들에게 죄를 멀리하라고 권면하였다. 그리고 많이 모았기 때문에 부활에 관하여 훌륭하고도 경건하게 생각을 하면서 그는 죽은 자들의 죄를 위해 제사를 드리도록 예루살렘으로 은 일만 이천 드라크마를 보냈다. 그가 죽은 자들이 다시 살아날 것을 바라지 않았다면 죽은 자들을 위해서 기도

한다는 것은 무의미하고도 헛된 일일 것이다. 그는 경건하게 죽은 자들은 그들을 위해서 큰 은혜를 쌓아 두었기 때문이라고 생각했다. 그러므로 죄로부터 풀려날 수 있도록 죽은 자를 위해서 기도한다는 것은 거룩하고 건전한 생각이다"(12:39~45, 듀웨이 성경).

그러나 사실은 이 구절들이 전혀 연옥교리를 가르치지 않는다. 이 구절의 어디에도 영혼에 고통을 주는 불에 관한 언급이 없다. 여기서 언급된 모든 것은 죽은 자를 위한 기도 뿐이다. 여기에서 카톨릭 신학자들은 첫째는, 그러한 기도가 적절하고 둘째는, 그러한 기도가 죽은 자의 구원을 위해서 효력이 있을 수 있다고 추론한다. 게다가 로마 카톨릭의 입장에서 이 구절들은 너무 많이 설명된다. 왜냐하면 그들은 대죄, 즉 우상숭배 죄 가운데서 죽은 군인들의 구원도 가능하다고 가르치기 때문이다. 그러나 그것은 대죄 중에 죽은 자들은 즉시 지옥에 가고 영원히 멸망한다는 카톨릭 교리에 어긋난다. 그들은 아직 지상에 있는 사람들의 기도에 의해서 도움을 받을 수 있다는 연옥에 가지 않는다. 확실히 연옥에 관해 들어본 적이 없는 사람은 이 구절에서 연옥에 대해서 찾지 못할 것이다. 연옥이라는 단어는 여기 없다. 다시 말하거니와 이것은 그런 중요한 교리가 기초한 근거가 확실치 않은 구절인 것이다.

5. 교리의 역사

후에 연옥교리로 발전한 것의 기원은 기원전 고대인들 가운데서 사후에 불에 의해서 정결케 된다는 관념에서 발견할 수 있다. 특히 이런 관념은 인디아나 페르시아 사람들 중에 있었다. 이것은 이집트인들과 후에는 그리스인과 로마인의 생각에도 비슷했다. 플라톤은 그 관념을 받아들여서 그의 철학 책에서 그것을 설명했다. 그는 사후의 완전한 행복은 죄의 대가를 다 치러야만이 가능하며 그의 죄가 너무 크면 그의 고통은 끝이 없을 것이라고 가르쳤다. 알렉산더 대제의 정복 후에 그리스의 영향력은 팔레스틴을 포함해서 서부 아시아의 모든 나라에 퍼졌다. 우리는 그것이 마카비II서에 나타난 것을 보았다. 랍비들은 속죄물에 의해서 자녀들이 죽은 부모의 고통을 줄일 수 있다고 가르쳤다. 후에 유대 사색가들은 지하세계를 행복의 장소인 낙원과 고통의 장소인 게헨나로 나눴다.

우리는 이 교리가 어떻게 해서 천천히 현재의 형태가 되었는지를 보기 위해서 교회사를 읽을 필요가 있다. 사도 시대에 이어서 초기 기독교 시대인 2세기 말경의 말시온의 저작들과 헤르메스의 목자에서 그리스도께서 십자가상에서 죽으신 후 지하세계로 가서 옥에 있는 영들에게 전파하고(벧전 3: 19) 승리하여 그들을 하늘나라로 인도하였다고 주장하는 연옥교리의 처음 진술이 언급된다. 죽은 자를 위한 기도는 초기 기독교 기도문에 나타나고 그 교리를 암시하는데 이는 그들이 죽은 자의 상태가 아직 고정되지 않았다고 생각했기 때문이다. 초대교회 교부들 중에 가장 학식이 많은 오리겐은 먼저 불로 정결케 되는 것이 부활 후에 일어날 것이고, 다음으로 우주적 회복이 있는데 모든 사람과 천사들이 하나님과 함께 영광 가운데 있기 위해서 회복 되어질 세상의 종말에 불로 정결케 될 것이라고 말했다.

A. D. 430년에 죽은 어거스틴의 저작에서 연옥교리가 처음으로 구체적인 형태로 나온다. 물론 어거스틴 자신은 어떤 구절들에 대해서는 의문을 표시하였다. 그러나 그것은 6세기가 되어서야 비로소 교황 그레고리 대제에 의해서 공식적인 형태를 갖게 되었다. 그레고리 대제는 A. D. 590년부터 604년까지 교황직에 있었던 인물이다. 그 이후 종말론은 암흑기로 알려진 역사의 기간에 가공된 것이라 할 수 있는 것이었다. 볼 수 없는 세계를 천국, 지옥 그리고 연옥 세 부분으로 나누고 상상력을 가지고 각 영역의 지형과 경험을 할 수 있는 한 생생하게 묘사하려고 애썼다. 그 교리는 1439년 플로렌스 공의회에 의해서 신조로 선포되고 후에 1548년 트렌트 공의회에 의해서 승인되었다. 그러나 어느 지성인이 연옥같은 곳이 성경에 묘사되어 있다면 교회 교부들이 그것을 발견하는데 600년이 걸렸고 그것을 승인하는데 또 1000년이 걸렸다고 믿겠는가? 어쨌든 개신교 종교개혁은 그러한 공포와 환상의 고안들을 깨끗이 소제해 버리고 천국과 지옥이라는 성서적인 대조로 돌아갔다. 덧붙여 말하면 동방의 정교회는 연옥교리를 가르치지 않았다.

찰스 핫지 박사의 다음 구절은 이 교리가 중세시대에 모든 계급의 사람들의 삶과 사고에 끼쳤던 영향력을 보여준다.

"교회에 유포되어 있는 모호하고 상충되는 견해들을 통합시켜서 교리형태를 갖추게 하였고 그 결과로 통치와 수입의 효율적인 수단이 되게 한 사람은 그레고리 대제이다. 그의 연옥교리는 아직도 남아있는 것이다. 이때부터 모든 중세기간을 통해 연옥교리는 대중적 토론에서 가장 부각되고 지속적으로 반복되는 주제가 되었다. 그것은 대중의 마음을 완전히 장악했다. 최고의 성직자로부터 하위 성직자까지와 여러 계급의 수도사들이 그 교리를 지지하여 서로 경쟁적으로 열심을 내고 종교적 환영을 말한다는 경외감에서 끈덕지게 연옥을 주입시켰다. 프란시스파 수도사들은 그들 계급의 지도자가 해마다 연옥에 내려가서 그곳에 억류되어 있는 모든 형제들을 구출했다고 주장했다. 갈멜파 수도사들은 성 처녀 마리아가 말하기를 갈멜파 수도사의 겉옷을 어깨에 걸치고 죽은 사람은 멸망하지 않을 것을 약속했다고 주장했다. 예술가의 끌과 연필은 대중의 마음을 움직이기 위해서 연옥의 공포를 묘사하는 데 사용됐다. 어떤 부류의 사람들도 그런 전염병적인 믿음으로부터 벗어나지를 못했다. 무식한 자, 유식한 자, 낮은 자, 높은 자, 속세를 저버린 자, 군인, 신자, 회의주의자 할 것없이 다 똑같이 이 교리의 노예가 되었다. 이러한 노예 신분으로부터 성경은, 과학의 진보로서가 아닌, 개신교도들을 구해 냈다. … 무신앙이 미신에 대한 방지책이 되지 못한다라는 것은 모든 경험이 그것을 입증한다. 사람들이 합리적이고 참된 것을 믿지 않는다면, 그들은 불합리하고 거짓인 것을 믿게 될 것이다"(『조직신학』, 3권, p. 770).

해리스 박사는 다음과 같이 말한다.

"모든 로마 카톨릭 교도의 마음에 무거운 짐처럼 놓여있는 연옥교리가 어느 초대교회 교부들에 의해서도 가르쳐지지 않았고 5세기까지는 매우 느리게 자라왔다는 것을 기억하는 것이 좋다. 죽은 자를 위한 기도에서 그것이 시작된 것과 순교자로 죽은 사람과 보통 기독교 인간의 차이가 난 것은 일찍이 200년 터툴리안에서 볼 수 있다. 형벌로써의 불에 관한 언급은 훨씬 후에 나왔고 연옥에 있는 불쌍한 영혼들을 위한 기도는 더 후에 나왔다. 연옥교리는 로마 카톨릭 교회 신학의 악성종양처럼 스스로 꼼짝못하게 하는 외래적 성장교리 중의 또 다른 하나인 것이다"(『근본적인 개신교 교리들』, 5권, p. 7).

그리고 로마 카톨릭 교리들의 기원에 관해서 정열적으로 연구해 온 알렉산더 히슬롭(Alexander Hislop)는 연옥교리가 이교 신앙, 즉 바빌로니아, 그리스, 그리고 로마신화에서 채택된 것을 찾아냈다.

"성경을 제외한 모든 체계에서 사후의 연옥과 죽은 자를 위해 기도한다는 것이 항상 있었다는 것을 찾아볼 수 있다. 고대든 현대든 우리가 어디를 가든지 이교신앙은 죽을 때 자신은 복받은 자를 위한 그 처소에 적합지 않다는 것을 아는 죄인들에게 사후 희망의 여지를 남기고 있다는 것을 보게 될 것이다. 이 목적을 위해서 중간 영역이 만들어졌고 거기서는 연옥의 고통에 의해서 제때에 제하여지지 않은 죄가 미래 세계에서 깨끗하게 되어서 그 영혼이 최후의 지고의 축복을 맛보게 될 것이다. 그리스에서는 연옥교리가 대단히 중요한 철학자들(플라톤)에게 주입되었고 로마 이교에서도 연옥은 마찬가지로 사람들의 마음에 자리잡았다."

"이집트에서도 실질적으로 연옥교리와 같은 사상이 주입되었다. 그러나 일단 이 연옥교리가 대중들의 마음에 받아들여졌을 때 다음으로는 모든 형태의 사제직 착취의 문이 열렸다. 죽은 자를 위한 기도도 병행해서 이루어졌다; 그러나 어떤 기도도 사제들의 중재없이는 완전히 효험이 없고, 어떠한 사제적 기능들도 특별한 사례가 주어지지 않는 한 드려질 수 없다. 그러므로 우리는 모든 나라에서 과부의 가산을 삼키고 슬퍼하는 친척들에게 죽은 고인의 불멸의 행복을 준다함으로써 기분을 가라앉게 하여 상품화하는 이교 사제들을 발견한다"(『두 바벨론들』⟨The Two Babylons⟩, p. 168).

6. 결 론

우리가 살펴본 대로, 중간기 상태에 관해서 성경에는 놀라울 정도로 거의 나타나있지 않다. 이 사실 때문에 오히려 어떤 사람들은 아주 빈약한 상태로 주어진 계시의 그 그림을 채우기 위해서 짐작이나 상상을 해야 한다고 주장할지 모르겠다.

로마 카톨릭 신학자 뉴만은 연옥교리를 빈약한 성경의 싹틈으로부터 발달한 가장 분명한 사례 중의 하나로서 인용했다. 그러나 사실인즉 연옥교리는 성경으로부터는 도무지 시작될 수 없는 싹틈으로부터 발달한 사례이다. 마치 이것은 겨자씨로부터 떡갈나무를 키워낸 것과 같다고 할 수 있다.

이 교리를 변명하면서 로마 카톨릭교는 죽은 사람을 위해서 기도하는 관습이 교회에서 초창기부터 시작되어서 오래되었다라는 사실을 상당히 강조해 왔다. 그러한 기도를 드리는 자들은 당연히 죽은 자들이 우리의 기도를 필요로 하고 또한 그들은 즉시 하늘나라로 올라가는 것은 아니라고 여긴다. 그러나 사실은 죽은 자를 위한 기도는 전혀 성경의 근거가 없는 또 하나의 미신일 뿐이다. 그것은 이방 종교로부터 교회로 초기에 유입된 부패 중의 하나이다.

　연옥교리를 어느 정도 그럴듯하게 한 것이 있다면, 그것은 우리 모두가 죄인이고 어떤 사람도 금생에서는 완전한 거룩함에 이르지 못한다는 것이다. 또한 하늘나라는 어떠한 악인도 들어갈 수 없는 완전한 곳이라는 사실이다. 그래서 영혼이 하늘나라에 들어가기 전에 어떻게 아직도 남아있는 죄로부터 깨끗해질 수 있는가라는 질문이 자연스럽게 일어난다. 이것이 우리의 경험의 영역 밖의 일이기 때문에, 또 다른 정화시키는 곳이 있을 것이라고 믿는 것이 오히려 합리적일 것이다. 이 경우에 성경은 우리가 신뢰할 수 있는 유일한 근거이다. 그러나 이 주제와 관련된 모든 구절들은 조심스럽게 조사해보면, 죽은 자들이 가는 곳은 두 군데 밖에 없다는 것을 알게 된다. 구원받은 사람을 위한 천국, 멸망당할 사람을 위한 지옥이 바로 그것이다. 기독교인이 하늘나라를 위해서 어떻게 준비되는가 하는 질문에 답해서, 성경은 완전한 의는 어떠한 과정에 의해서도 되어지지 않고 오직 그리스도를 믿는 믿음으로 말미암는다(갈 2:16)고 했다. 우리는 율법과 행위에 의해서 의롭다 함을 받지 못한다. 웨스트민스터 신앙고백에 나타난 대로, "신자의 영혼은 죽을 때 거룩에 있어서 완전하게 된다"라는 것이다. 일순간에 거룩하게 된다는 것이 의심스러우면, 이것을 생각해보면 된다. 병으로부터 회복되는 것도 보통 예수님께서 "내가 원하노니 깨끗함을 받으라"라고 말씀하실 때의 한 순간이다. 그 문둥병자도 일순간에 깨끗해진 것이다(마 8:3).

　사람이 죽은 자와 계속 관계할 수 있고 선악간에 그들에게 영향을 미칠 수 있다는 것은 이방종교의 공통적인 요소이다. 이스라엘 사람들이 가나안 땅에 왔을 때에 모세는 엄히 그들에게 경고하여 그들은 절대로 그 땅의 풍습을 좇아 죽은 자를 위하여 예물을 드리거나 제물을 드리는 것, 혹은 그들이 죽은 자들의 영혼을 달래거나 접촉하기 위해서 그들의 몸에 어떤 표시도 하지 말아야 한다라고 말했다. 신명기 26:13~14에서 우리는 다음과 같은 말씀을 읽는다. "네 하나님 여호와 앞에 고하기를 내가 성물을 내 집에서 내어 … 내가 애곡하는 날에 이 성물을 먹지 아니하였고" 죽은 자를 위해서 예물을 드리거나 죽은 자에게 또한 죽을 자를 위해서 기도드리는 로마교의 관습은 참으로 제거하여야 하는데도 불구하고 그런 풍습으로부터 완전히 떠나지 못한 것이다.

　북 아일랜드 벨패스트의 노만 포터 씨는 로마 카톨릭 수도원을 방문하여서 이 주제와 관계하여 이런 대화를 하였다. 나는 사제에게 물었다. "당신은 죽으면 어느 곳에 갑니까?" "나는 죽을 때 최소한 연옥의 제일 낮은 곳이라도 갈 것입니다"라고 그는 대답했다. 그것이 그의 소망이다. 나는 말하기를 "교황이 죽으면, 어느 곳에 가는지를 나에게 말해주시오." 그는 말하기를 "그도 나와 마찬가지일 것입니다. 그는 그가 연옥에 가기를 바랍니다." 나는 또 말하기를 "소위 자칭 그리스도의 지상 대리자라고 하는 분이 연옥에 갈까요?" 그는 "예"라고 대답했다. 그래서 "당신은 언제 연옥에서 나옵니까? 또 언제 하늘나라에 있게 되나요?"라고 나는 물었다. 그는 "모른다"라고 대답했다. 로마교 성직자조차도 영혼이 언제 그 비밀스런 곳으로부터 나오게 되는지 알지 못한다. 얼마나 저주받은 곳의 이야기인가?

더 나아가서 연옥교리는 하나님을 사람 차별하는 분으로 나타낸다. 그러나 성경은 하나님은 그런 분이 아니라고 한다. 돈이 있기 때문에 부자는 훨씬 더 받을 자격이 있고, 하나님 보시기에 더 칭찬할 만한 많은 가난한 사람들보다 기도나 미사를 드려주도록 많은 돈을 남길 수 있다. 그래서 부자는 가난한 사람보다 더 쉽게 연옥을 벗어나서 천국에 갈 수 있는 것이다. 그러나 성경은 하나님의 심판은 사람의 인격에 바탕을 둔 것이지 결코 부, 지위 혹은 특별한 위치와 같은 외부적 여건을 보시지 않는다라고 가르친다.

이 교리는 죽은 사랑하는 사람들의 친척들과 친구들의 슬픔을 상업적 이익을 얻는 데 이용하고, 죄인들의 두려움과 혹시 죽으면 끝나 버릴지도 모를 사람들의 희망에 대한 성직자들의 권한을 무한히 연장한다. 그의 교회의 가르침을 받아들여 그의 부모나 자식이 연옥의 불꽃에서 고통당하고 있다고 믿는 경건한 로마 카톨릭 교도의 심적 고통을 상상하기가 어렵지 않다. 수많은 사람들이 그러한 미신적 제도에 흠뻑 빠져있다. 그것을 진정 믿는 사람들은 마음의 평안을 얻기 위해서 거의 모든 것을 다 바칠 것이다. 로마 카톨릭 교회가 그런 부를 축적하는 것이 이상한 것이 아니다.

개신교도와 카톨릭 교도 장례식은 얼마나 대조적인가! 개신교도에게 죽음은 영광의 나라에 속히 가는 것 즉 그의 대관식인 것이다. 그는 그리스도와 함께 있게 되는 천국으로 가는 것이다. 그는 우리보다 아버지의 집에 먼저 가는 것이다. 우리는 잃어서 슬퍼하기 위함이 아니고 승리를 축하하기 위해서 모인다. 성경에 기록된 그리스도의 말씀이 우리의 마음을 위로한다. "너희는 마음에 근심하지 말라 하나님을 믿으니 또 나를 믿으라 내 아버지 집에는 거할 곳이 많도다 만일 그렇지 않으면 내가 너희에게 일렀으리라 내가 너희를 위해 처소를 예비하러 가노니 처소를 예비하면 내가 다시 와서 너희를 나에게로 영접하리니 이는 나 있는 곳에 너희도 있게 하려 함이라." 사도 바울은 다음과 같이 고백하였다; "내게 사는 것이 그리스도니 죽는 것도 유익함이라 … 떠나서 그리스도와 함께 있는 소망을 가졌으니 이는 이것이 더 좋음이라", " … 차라리 몸을 떠나서 그리스도와 함께 평안히 있기를" 등, 기독교인은 천국에 대한 이런 찬송가를 부른다. 예컨대 "예수의 팔에서 편히", "오, 거기 있는 집을 생각하니", "우리 모두 천국에 도착할 때", "내가 뵈옵고 '은혜로 구원받았다' 고 아뢰리니", "죽음을 넘어서" 등. 이 찬송들은 천국을 우리집으로 노래한다. 그래서 사별한 가족들에게는 위로의 말씀이, 모인 회중들에게는 권면과 경고의 말씀이 주어져서 그들이 그리스도를 구주로 영접하게 하고 그리스도께서 천국으로 이끄는 길이기에 그의 도에 행하도록 하는 것이다.

그러나 카톨릭 교도의 장례식은 얼마나 다른가! 우리는 스티븐 테스타가 최근에 장례식에 참석해 적은 글을 인용해본다.

"그것은 대단한 진혼미사였다. 의식을 집행하는 성직자만도 3만명이었는데, 그들은 모두 검은 예복을 입었다. 특히 그들은 마치 라틴국가에서 온 것처럼 라틴어로 노래했고, 또한 사별한 가족들의 애곡하는 소리를 고양시키는 그런 애처로운 음조로 죄를 참회하는 시편의 애가를 낭송하는 것이었다. 가족들의 친지들은 수행원이 문에서 나눠준 기도서를 보고 기도를 읽고 있었다. 그들은 그리스도께서 죽은 자의 영혼에게 자비를 베풀어서 갇혀있기로 되어있는 연옥의 삼키는 불꽃에서 속히 놓여나기를 기도하는 것이었다. 미사를 드리는 중 어느 순간에 사제는 관에 성수를 뿌리고 죽은 자의 사죄를 선포한다. 그리고난 후에 사제는 라틴어 기도문을 낭송하면서 관 주위를 돌고 향기로운 향을 피워서 향내가 풍기도록 하는 것이다."

"천국에 관해서는 어떤 찬송도 불려지지 않는다. 사실은 카톨릭 기도서에는 천국에 대한 노래는 아주 없다(1965년 새 로마 카톨릭 찬송가집에는 천국에 관한 몇몇 개신교의 찬송을 포함시켰다). 그리고 사제는 사별한 가족들에게 어떤 위로의 설교나 말을 하지 않는다. 왜냐하면 전체 미사에서 하나님의 진노를 가라앉혀서 하나님께서 죽은 자의 영혼에 자비를 베푸셔서 그를 연옥의 불꽃으로부터 속히 구출하려 함이기 때문이다. 만일 영어로 어떤 말이든지 하면, 사별한 가족들의 친지들은 연옥에 있는 그 영혼을 다시 새롭게 하고 편히 쉬도록 더 많은 진혼미사를 드리기 위해서 1인당 5$를 내야 된다."

가장을 해서 돈을 우려내는 것에 대한 반감이 어느 곳에서나 발견되는데, 이런 강한 대중적 반감이 그들이 드린 그럴듯한 기도와 미사가 죽은 자의 상태를 개선한다고 해서 속은 친척들로부터 돈을 착취하는 로마 카톨릭 성직자들에게 쏟아져야 한다. 교파에 관계없이 모든 정직한 사람들은 이런 형태의 속임수를 계속하는 그 교회를 조롱하고 혹평해야 한다.

그러므로 연옥교리를 집중적으로 분석한 후에 우리의 결론은 연옥교리는 성경에는 없고 사람들이 만들어낸 것으로 성경의 가르침에 위배된다는 것이다. 구원받은 영혼들은 연옥의 불에 의하지 않고 그리스도의 피로 정결해졌고, 그것도 금생에서 깨끗해졌다. 왜냐하면 성서는 "그 아들 예수의 피가 우리를 모든 죄에서 깨끗하게 하실 것이요"(요일 1:7)라고 말하기 때문이다. 이 말씀에 의하면 단번에 죄가 깨끗하게 되고 연옥과 같은 그런 무서운 곳에 갈 필요가 조금도 없다. 우리는 연옥을 믿는 사람은 어떤 사람이든 기독교인이 아니라고는 말하지 않는다. 우리는 경험을 통해서 불신자 뿐만 아니라 그리스도인들도 때로는 대단히 일관성이 없어서 성경의 가르침에 위배되고 사실이라고 마음으로 아는 것에 상처되는 것도 충분히 생각하지 않고 받아들일 수 있다는 것을 안다. 그러나 우리는 사려깊게 연옥의 고통으로 위협하며 미혹하는 교회나 성직자의 거짓 교훈에 놀아나지는 않아야 하고, 그 대신 죽을 때에 우리는 즉시 천국에 가서 천국의 기쁨에 참여하게 된다는 것을 확신해야 한다.

11 장

교황의 무오성

1. 정의
2. 교황무오성의 본질
3. 교황무오성은 성경의 가르침이 아님
4. 1870년 이전의 교리사
5. 1870년의 바티칸 공의회
6. 교황들의 오류들

교황의 무오성

1. 정의

1870년 로마에서 개최되었던 바티칸 공의회는 교황무오성의 교리를 다음과 같이 정의하였다.

"우리는 신적으로 계시된 교리인 교황에 대하여 가르쳐 확실하게 하고자 하나니, 교황이 그의 지고한 사도적 권위를 인하여, 모든 그리스도인을 목양하고 치료하는 직무를 수행하기 위하여, 그의 자리에서 말할 때는, 신적 구속주 예수 그리스도께서 그의 교회를 향하여 믿음과 도덕에 관계된 교리들을 분명하게 하기 위하여 부여하신 무오성을 소유하게 된 축복받은 베드로에게 약속하신 신적인 지원에 의해, 온 세계 교회가 지켜야 할 신앙과 도덕에 관계된 교리를 분명하게 언급하는 것이다. 그러므로 교황 자신이 언급한 이러한 정의들은 ─ 교회의 동의가 있더라도 ─ 변경시킬 수 없다."

이러한 바티칸 공의회의 선포를 이상히 여기고 무시하는 모든 자들에게 피할 수 없는 교회의 저주를 다음과 같이 그들은 부착시켰다.

"만일 어떤 사람이라도 ─ 하나님이 금하여 주시기를! ─ 반대하는 자들은 그를 교회 밖으로 추방할 것이다."

우리는 바티칸 공의회의 이와 같은 선포에 세 가지 중요한 한계가 있다는 사실에 주의할 것이다.

⑴ 무오성은 교황에 의해 되어진 모든 진술에게 요구하고 있는 것이 아

니고, 다만 그가 교황의 자리, 즉 성 베드로의 의자인 교황의 의자에 앉아서 이야기할 때, 교회의 머리로서 그의 공적인 직무 안에서 말하고 있을 때의 일들에 대하여 주장하고 있는 것이다.*

(2) 이러한 선포는 공교회를 속박하려는 의도로 되어졌음에 틀림이 없다. 무오성은 지역적인 조건들에 다소간 관계된 교회 내의 특정한 분파나 그룹에게 제출하려고 주장된 것이 아니다. 그리고,

(3) 이러한 선포는 '믿음과 도덕'(faith and morals)에게 관계된 일들에 속한 일임에 틀림없다. 그러나 사실상 '믿음과 도덕'이란 용어는 종교적이고 일반적인 삶 모두를 거의 전반에 걸쳐 포괄하기에 충분한, 광범위한 용어이다. 그렇기에 실제적으로 모든 공적인 문제들이 믿음의 문제나 도덕적인 문제 또는 이 둘을 다 포함한 문제들과 관련을 갖는다고도 간주할 수 있다. 바티칸 공의회는 이에 대한 충분한 이점을 가지고 그 결과 로마교회는 교황에 의해서 주어지는 진술의 거의가 권위적인 것이 되도록 하게 된 것이다.

2. 교황무오성의 본질

교황무오성 교리는 교황이 사람으로서 무오하다는 즉 전혀 잘못이 없다는 것을 의미하지 않는다. 그것은 개인의 습성이나 기질과 관련되지 않는다. 교황무오성은 교황 그 자신이 죄가 없다는 것을 의미하지 않는다. 그것은 사도들이 성경을 쓸 수 있었던 것과 같이 교황이 영감받았다는 것도 의미하지 않는다. 교황무오성은 그가 교회의 교사로서 직무를 행사할 때 그가 성령의 안내 역할을 함으로 처음부터 교회유산의 한 부분으로 추정되어 온 교리를 분

---

* 교황 바울 6세(Paul VI)에 의해 1968년 6월 '성 베드로의 자리'에 대한 고대성(古代性)을 조사하라는 즉 현대의 과학적인 방법을 이용하여 연대를 밝히라는 과학적인 임무가 주어졌다. 그 보고의 조사에 의하면 1969년 초에 그 의자에 대한 기원은 9C 후반에 기인한 것으로 알려졌다. 그것은 프랑스에서 기원을 갖는 것으로 나타났다. 몇 가지 증거가 있었는데 이는 찰스 발드(Charles Bald)로 알려진 프랑스 왕 찰스 2세의 대관식 자리였다. 그는 요한 8세(John VIII)에 의해 875년 크리스마스날에 로마에서 왕관을 받아 서구의 제국(거룩한 로마제국)을 복귀시키려고 시도한 사람이었다. 이러한 것들은 역사적이고 상징적인 가치를 주고 있지만 제 1C의 고대성을 갖는 가치는 전혀 없다.

명하게 그리고 완전하게 해석할 수 있고 말할 수 있으며 주장할 수 있다는 사실을 의미한다. 이론적으로 그는 새로운 교리들을 만들어 낼 수 없다. 단지 효능을 가지게 하는 법령들을 제시한다.

무오성이 개인의 도덕과 관련되지 않는다는 것이 역사의 관점에서 볼 때도 분명하게 나타난다. 우리는 한 가지 사실을 말할 수 있는데 교황들의 몇몇이 매우 부도덕했다는 것이다. 이러한 사실은 개신교의 종교 개혁이 급속도로 진전토록 기여하는 요소 중의 하나였다. 로마 카톨릭 역사가들도 기꺼이 이와 같은 사실들을 시인하고 있다. 몇몇 교황들은 너무나 무식하여 그들에게 심오한 교리에 대한 학자적인 능력을 충분히 갖고 있다고 인정하는 것은 터무니없는 일이었다. 심지어, 예수회 교인이었고 교황의 변호인이었으며 지금은 공인된 성인으로 추앙받았던 벨라마인 추기경도 빈번히 교황 클레멘트 8세(1592~1605)에게 신학자가 아닌 이상 몰리니스트 논쟁(the Molinist controversy, 반 펠라기안 주의에 관한)을 이해한다고 기대할 수는 없다고 경고했다. 위그노파(the Huguenots)가 근절되어야 한다는 취지로 피우스 5세가 한 것과 같은 말들은 그러한 경우들에 있어서는 교황이 권위를 가지고(ex cathedra) 말을 하지 않았다는 근거로 설명되어진다.

교황들이 그들의 법령들이나 의견들을 발표할 때 그들에게 교황이 권위를 가지고(ex cathedra)라는 문구나, 교황이 권위를 가지지 않고(not ex cathedra)라는 라벨을 붙이지 않는다. 이 사실을 안다는 것은 흥미있다. 우리는 이 권한이 실제적인 것이라면 그들은 법령들이나 의견들에 라벨을 붙이는 것을 주저하지 않을 것이며 또 실제로 그렇게 하는 것이 그들에게 유익을 주는 것을 확실히 발견하게 될 것이다. 분명코 어떤 의견이 교황의 권위를 가지고 있는 것인지 아닌지, 어떤 것이 무오하며 믿을 만한 권위가 있는 것인지, 어떤 것들은 단지 개인적인 소견이어서, 따라서 다른 사람들의 소견들만큼 오류일 수도 있다는 것을 안다는 것은 이루 말할 수 없이 가치없는 일일 것이다. 하지만 위에서 언급한 항목들에 완전할만큼 확실하게 한다는 것은 불가능한 것처럼 보인다. 우리는 성모 마리아의 몽소승천(蒙召昇天, Assumption of the Virgin Mary, 마리아가 이 세상에서 생애를 마친 후 육체 그대로 천국으로 옮겨갔다는 교리)에 관한 교황 피우스 12세의 선언(1950년)은 교황의 권위를 가지고 말해진 것이었다고 가정할 수 있다. 몇몇 로마 카톨릭 작가들에 따르면 그러한 발언들은 상대적으로 희귀하다는 사실이다. 또한 조직적 성격을 지닌 로마카톨릭 교회나 무오한 교황들 어느 누구도 성경주석을 통해 세상에 그들이 지닌 성스러움과 절대 무오함의 혜택을 베풀어 준 일이 없다는 사실을 아는 것도 매우 흥미있는 일이다. 이 일이 감히 가치를 측정할 수 없을만큼 놀라운 은총이 될텐데 말이다. 사실 그들은 어느 한 장에서조차도 무오한 해석을 출판한 일이 없다.

어떻게 사람이 선언된 내용이 권위를 가지고 있으며 무오한가를 알 수 있단 말인가? 선언을 발표한 교황만이 그 자신의 본래 의도를 아는 가장 가까운 사람이 될 것이다. 그가 어떻게 그 선언들 사이의 차이점을 구별할 수 있단 말인가? 그가 언제든지 어떤 특별한 영감을 떠올릴 수 있단 말인가? 그가 하고자 하면 언제든지 활용할 수 있는 특별한 감각이나 느낌을 갖고 있단 말인가?

이 모든 일에 있어 보다 흥미로운 면은 이 법령이 효력을 발생한 1870년 이래 모든 교황들이 이 놀라운 은사를 사용하는 것을 극도로 꺼려하고 있다는 점이다. 교회와 세계는 수많은 논쟁들을 경험하였고 배후에 신적 권위를 지닌 몇몇 무오한 선언들이 지고의 축복이 되지 못했음에 대해 답변을 해야 하는 당혹스러운 문제에 봉착해왔다. 하지만 그 대신에 다른 사람들 뿐 아니라 성직자들은 자주 혼란에 빠져 수많은 실수들을 저질러왔다. 우리는 단지 여러 사건들, 곧 바티칸이 뭇솔리니가 병력을 모아 이디오피아와 스페인을 침공하는 것을 지지하였고, 히틀러(Hitler)와는 정교조약을 맺었으며, 스페인의 독재자 프랑코(Franco)가 집권한 이래로 부단한 지원을 아끼지 않았던 일들을 떠올릴 필요가 있다. 이런 당혹스런 시대 동안 교황들은 다른 사람들과 마찬가지로 크게 혼돈되었다. 그들은 단지 회칙(encyclicals)들만을 발표하였는데 이는 공식적인 편지들로써 라틴어로 씌어졌으며 모든 주교들에게 하달하는 것이었다. 이 회칙을 보더라도 교황의 무오성은 주장될 수 없으며 이 회칙은 계승자에 의해 수정될 수도 폐기될 수도 있는 것이었다. 어떤 상황이 교회로 하여금 권위를 가지고 말하도록 요구할 때 교회가 분명하고 확실한 진술을 할 수 없다면 교황의 무오성에 대해 주장할 수 있는 근거는 무엇인가? 더욱이 교황이 중요한 진술을 하고자 할 때 뒤따르는 절차는 다음과 같다. 교황은 신학자들이 주교들에게 그 주제에 대해 연구하여 그들의 보고서를 제출케 한다. 그 보고서는 그 후 많은 다른 사람들에게 넘겨져서 오랫동안 그들의 토의의 대상이 된다. 그리고 마지막으로 교황이 그 문제에 대해 최종적인 결론을 내린다. 그러나 그가 무오한 속성을 지녔다면 왜 개인적으로 오류를 범하기 쉬운 신학자들 및 주교들과 협의를 거쳐야만 하는가? 왜 그 자신의 권위만으로는 선언을 할 수 없단 말인가? 우리는 원치 않은 다음의 사실들을 증거로 택하고자 한다. 즉 이러한 것과 관련된 모든 사람들은 무오성이 존재하지 않는다는 사실을 알 뿐더러 교황들은 이러한 진술들에 의해 의심받게 되는 모험을 원치 않는다는 사실이다.

보통의 로마 카톨릭 평신도들은 항상 어떤 것이든지 교회가 믿음과 도덕에 관해 기술한 것은 마치 그리스도 자신에 의해 언명된 것처럼 무오하다고 가정한다. 교계의 대표부(representative churchmen)는 좀더 신중하게 경고하기를 교황이 교황의 자리에서 진술한 것인지 교황의 자리에 앉지 않고 진술한 것인지의 사이에 구별을 하기란 용이한 일이 아니라고 한다.

어떤 사람이 절대 무오하다는 믿음은 보통의 기독교인 마음에 좋은 인상을 주지 못한다. 대부분의 사람들에게는 그러한 주장이 전혀 진지하게 생각할 가치가 없는 일처럼 보인다. 실제에 있어서는 평범한 사람에 불과한 교황이 지상에 있는 하나님의 대변인이며 하나님의 유일한 대리인이고 거기에다 파문의 고통과 이생에 있어서의 죽음 뿐 아니라 내세에 있어서도 구원을 상실케 하는 법령을 내릴 수 있다고 하는 이러한 주장보다 더 교만하고 편협되고 고집불통이며 뻔뻔스런 주장은 있을 수 없다. 그 자신이 로마 카톨릭교도 이면서 로마를 방문하여 역대 교황들이 직접 쓴 저작물을 본 후 영국의 액튼(Acton) 경이 한 말 "모든 권력은 부패한다. 그리고 절대 권력은 절대적으로 부패한다"는 말은 얼마나 진실된 말인가?

그들이 계승한다고 주장하는 베드로의 태도와 교황들의 태도는 얼마나 판이하게 다른가? 베드로는 겸손히 자신을 '친구들 중 연장자'로 부르며 '맡기운 자들에게 주장하는 것'(벧전 5:1~3)에 대하여 명백히 경고하고 있다. 그리고 더욱 중요한 것은 예수 그리스도가 말한 태도와는 얼마나 다른가? 그는 말씀하시기를 "이방인의 집권자들이 저희를 임의로 주관하고 그 대인들이 저희에게 권세를 부리는 줄을 너희가 알거니와 너희 중에는 그렇지 아니하니 너희 중에 누구든지 크고자 하는 자는 너희를 섬기는 자가 되고 너희 중에 누구든지 으뜸이 되고자 하는 자는 너희 종이 되어야 하리라 인자가 온 것은 섬김을 받으려 함이 아니라 도리어 섬기려 하고 자기 목숨을 많은 사람의 대속물로 주려 함이니라"(마 20:25~28)고 말씀하셨다.

교황무오성의 교리는 지식이 빈곤하고 영적으로 표류하는 자들에게 호소력을 가진다. 이들은 실제적으로는 성경에 대해 아는 바가 전혀 없다. 결과적으로 그들은 그들의 행동에 기초할 수 있는 건전한 신학이 없다. 종종 그들은 여러 교회들의 상충하는 주장들과 몇몇 교인들의 실망스런 행동에 의해 당황해하곤 한다. 특별히 영적 영역에 있어서 불확실한 상태는 비참한 상태이다. 그래서 로마 카톨릭 교회는 이러한 상태가 자신의 목적에 이상적으로 부합됨을 안다. 이 교회는 교묘히 그들의 주장을 신적 권위를 가지고 펼치며 또 그들에게 응답하는 사람이 있다는 것은 놀랄 일이 못된다. 이들은 안정과 평온을 약속하는 교회의 부름에 매혹된 사람들이다. 그들에게는 사제나 교회가 옳다고 하는 것은 무엇이든지 다 옳다. 그들의 양심들은 어떤 행위의 옳고 그름을 판단하기 위해 더 이상 염려할 필요가 없다는 점에서 구원받았다. 그들은 그 약속된 확실성을 한 번도 검토해보지 않고 복종하는 경향이 있으며 그들이 잔인하게 속임을 당해왔고 어느 사람이나 교회의 지배하에 그들의 양심을 복종시킬 수 없다는 사실을 너무 늦게 깨닫게 되곤 한다.

3. 교황무오성은 성경의 가르침이 아님

교황무오성에 관한 것처럼 베드로에 대하여 또는 교회에 대하여 무오하다는 것을 성서가 전혀 언급하지 않고 있다는 사실은 이러한 사상을 논박하기에 충분하다. 그러나 교황정치(the papacy)의 가장 두드러진 특징은 다른 모든 교회로부터 분리시키는 것인데 교황의 최고 주권, 권위, 무오성을 주장하는 것이다. 교회 안에 권위에 대한 무오한 자료들이 만약 있었다면, 신약성경에서 두 개의 일반서신을 쓰고 그의 떠날 날이 가까웠다고 언급한(벧후 1:15) 베드로(로마 카톨릭이 주장한 로마교황)가 교회 성도들에게 그가 떠난 후에 그들을 따라야 할 권위나 지침이 무엇이며 그 권위나 지침이 어떻게 결정되어야 하는가에 대한 방법을 알리지 않았다는 것은 납득이 가지 않는 일이다. 그러나 그는 심지어 그러한 주제에 대해서도 일절 언급하지 않고 있다는 사실이다. 이와는 반대로 그리스도와 사도들은 이러한 것들을 일으키거나 주장하는 거짓 그리스도, 거짓 선지자들, 거짓 교사들에 대해 경고하고 있다.

성경은 다음과 같이 말하고 있다. "무릇 하나님의 영으로 인도함을 받는 그들은 곧 하나님의 아들이라"(롬 8:14). 그러나 로마 카톨릭 교회는 모두가

다 맹목적으로 그리고 절대적인 믿음을 가지고 교황이나 로마 카톨릭 성직자에 의해 취해진 성경 해석을 따를 것을 요구한다. 이렇게 함으로써 그러한 행위는 교사이며 인도자인 성령의 지위를 빼앗아 버리고 만 것이다. 로마의 초대 교황으로 추정된 베드로가 신앙과 도덕의 교사로서 무오하지 않다는 사실은 그가 예루살렘으로부터 어떤 유대인들의 기분을 상하지 않게 하기 위해 이방인 그리스도인들과 함께 식사하는 것을 거절한 안디옥 지방의 행위에서 명백하게 증명된다(갈 2:11~16). 오히려 그대신 베드로는 새로운 기독교회에 유대주의적 의식들을 요구했다. 만약 그가 로마교회의 교황으로서 성령의 특별한 지침을 가졌다면 그에게 전혀 문제가 없었을 것이다. 더욱이 만약 사도들 중 한 사람이 교회의 무오한 지도자로 선택되어지기로 했다면 베드로가 아니라 마땅히 바울이어야 했었을 것이다. 왜냐하면 한 인간으로서 교사로서 바울이 베드로보다 훌륭한 인격을 가졌기 때문이다. 그러나 신약성경 어떤 곳에서도 어느 누가 이러한 위치(자리)에 선택되어져야 하는가에 대해 조금도 언급을 주지 않고 있다는 사실이다.

신약성경에서 베드로에 의해 쓰여진 두 개의 서신에 더하여 13개의 서신이 바울에 의해 쓰여졌음을 알 수 있다. 그러나 이러한 서신들 가운데 그는 로마의 교황 베드로나 그밖의 다른 교회의 교황에 대해 언급하지 않고 있다. 로마교회에게 보내는 바울의 가장 중요한 서신에서 그는 베드로에 대한 이름도 언급을 하지 않고 있다. 디모데에게 보내는 서신에서 그는 감독이나 장로의 직무에 대해 언급하고 있을 뿐 대감독, 대주교(archbishop), 교황에 대해 언급하지 않고 있다. 분명히 이러한 대감독, 교황과 같은 중요한 직책이 존재했다면 그는 그것에 대해 언급했었을 것이 분명하다. 2~3세기의 초대교회 문헌에서도 대감독, 교황에 대한 언급은 나타나지 않고 있다. 목자장이신 그리스도에 대해 언급이 있을 뿐 어떤 다른 유사한 명칭을 가지고 있는 사람은 한 사람도 없었다.

사실은 우리의 믿음과 도덕에 있어서 무오한 규칙을 오직 신약성경에서 가지고 있다는 것이다. 이와 같은 사실은 어떤 다른 사람에게 무오성을 수여할 필요가 없다는 것을 의미한다. 진리를 알고자 원하는 사람에게 우리는 성경을 가르쳐주고 이렇게 말해줄 수 있다. "여기 있습니다. 여기서 배운 것을 믿고 행하십시오. 그리하면 살 것입니다. 이 규칙으로부터 벗어난 자들은 생명을 얻지 못할 것입니다."

4. 1870년 이전의 교리사

혹자들은 그리스도나 그의 사도들 중 누구라도 교황 무오성의 교리를 가르쳤다면 왜 로마 카톨릭 교회는 그것을 승인하기까지 18세기가 넘도록 기다려야 했는가? 라고 반문할지도 모른다. 이에 대해 게데스 막그레고르 박사는 그의 저서 『바티칸 혁명』(The Vatican Revolution)에서 다음과 같이 말하고 있다.

"로마 교황청의 중대성과 교황청 주교의 막강한 위치를 일찍이 인정했음에도 불구하고 11C 전까지는 주교의 권좌에 대한 개념조차도 드러나있지 않다. 14C에도 교황의 선언들에 대한 근본적인 권위에 대해 열띤 논쟁을 벌였지만 그러한 근본적인 개념이 논의되거나 지지되어지지 않았다"(p. 137).

그리고 에드워드 타니스는 『로마교회는 무엇을 가르치는가』라는 그의 소책자에서 다음과 같이 쓰고 있다.

"폴리캅(Polycarp, 사도 요한의 제자)의 제자였던 이레니우스는 A.D. 200년 경에 죽었다. 그는 초대 교회가 무엇을 믿었고, 가르쳤는가를 알고 있었으며 또한 여러 가지 이단에 대항하는 많은 책들을 저술했다. 그러나 이레니우스도 그리스도가 어떤 주교를 교회의 무오한 통치자가 되도록 계획하셨다라고 가르치지는 않았다.

터툴리안은 어거스틴 이전 초대 교회의 가장 위대한 신학자로서 삼위일체 교리를 발달시켰으며 성부, 성자, 성령의 동등성을 강조한 박식한 학자였다(그는 A.D. 200년에 사망했다). 그러므로 만약 당시의 어느 사람이 그리스도나 사도들의 가르침에 대해서 알고 있다면 그 역시 알고 있었을 것이다. 그러나 터툴리안은 교회의 무오한 통치자에 관해서 결코 들어본 적이 없었다.

초대교회의 가장 유능한 학자들 중 하나였던 제롬은(그는 A.D. 420년에 죽었다) 교회에 새롭고 더 나은 성서번역법을 제시했으며 오늘날까지도 그의 라틴어 성서번역은 로마 카톨릭 교회에서 사용되고 있는데 이는 이 학자가 로마 카톨릭 사이에서 높이 평가되고 있다는 증거가 된다. 그러나 그렇게 위대한 학자도 교회가 무오한 통치자를 가지고 있다고 가르친 적은 없었다.

그레고리 대제는 가장 강력하고 영향력있던 교황들 중 한 사람으로서 A.D. 590~604까지 로마 카톨릭 성소의 주교였다. 그는 설교와 교회음악의 발전에 커다란 기여를 했으며 카톨릭 성전의 열렬한 옹호자였지만 그가 전체 교회의 무오한 통치자라고 가르친 적은 결코 없었다. 학구적인 사학자였던 포아케스 잭슨(Foakes Jackson)은 '전체 교회의 대주교'(Ecumenical Bishop)로서 교황의 칭호를 지니고 있었던 그레고리 대제는 교만하고 어리석었으며 '악마의 화신이었다' 라고 쓰고 있다"(p. 17).

분명한 역사의 가르침은 교황의 지위는 서서히 발달되었다는 것이다. 로마의 초대 주교들은 그러한 사실을 전혀 알지 못했다. 그들은 권리를 주장하거나 권위를 행사하지 않았다. 그러나 시간이 지남에 따라 특히 로마제국의 몰락 이후 종교적으로 뿐만 아니라 정치적으로도 점점 더 많은 권력들이 로마주교의 손에 놓이게 되었다. 따라서 교황의 지위도 향상하게 되었다.

교황의 무오성교리가 채택되기 이전 수세기 동안 그 무오성의 근거가 어디에 있는가에 대해서 여러 가지 이견들이 있었다. 어떤 이들은 교회를 대변하는 공의회에 그 근거가 있다고 주장했다. 2대 공회 중 5년간 여러 명의 추기경과 주교들을 임명해서 그들과 함께 재직했던 교황 13세를 폐위시켰던 콘스탄스 공의회(1415)와 바젤 공의회(Basle, 1432)는 "교황일지라도 공의회의 결정에 복종해야 한다"라고 선포하였다. 또 어떤 때 무오성은 교황에 의해 승인된 공의회의 명령에 존재한다고 주장되기도 했다. 그러나 1870년에는 무오성이 교황단독에게 존재한다고 주장하였으며, 이제 선한 모든 로마 교회 교도들은 이 견해를 받아들이도록 강요되어졌던 것이다. 예수회 교단은 로마교황청과 교황에 대한 그들의 영향력 때문에 그러한 주장을 지지했다. 그러나 근본적인 문제는 여전히 남아있다. 즉 어느 공의회 선언이 절대로 옳은 것인가 하는 문제이다. 바젤 공의회인가, 아니면 바티칸 공의회인가?인 것이다. 분명히 그들은 서로 모순적이어서 양쪽 다 옳을 수는 없다. 교황들이 항상 무오적인 것으로 간주되어지지 않았다는 사실은 15세기 초에 있었던 일련의 사건들을 돌이켜 봄으로써 분명해진다. 해리스 박사의 조사에 의하면 다음과 같다.

"1300년대 교황들은 프랑스의 아비뇽(Avignon)으로 옮겨져서 70년 동안 명백하게 프랑스 왕들에게 굴종하였다. 이 사건은 교황의 '바빌론 감금' (Babylonian Captivity)이라고 불리운다. 그 이후 그레고리 2세는 로마로 돌아왔다. 그의 후계자 우르반 6세(Urban VI; 1378~1389)는 프랑스로 돌아간다는 취임공약을 했지만 취임공약이 항상 지켜지는 것은 아니었다. 후에 그는 거절했다. 그러나 프랑스인들은 그의 취임을 불법으로 간주했으며 새로운 교황 클레멘트 7세(1378~1394)를 내세웠다. 이러한 분열은 1409년 피사(Pisa)에서 공의회가 소집되어 적대시하던 두 교황을 퇴위시키고 새로운 교황 알렉산더 5세(Alexander V; 1409~1410)를 뽑기까지 계속되었다. 적대시하던 두 교황은 그러한 공의회의 결정을 수용하기를 거부했고 따라서 한꺼번에 세 명의 교황이 등장하게 되었다. 알렉산더 5세의 사망 이후 교황직은 요한 23세에게로 계승되었는데(로마 카톨릭은 그를 인정하지 아니함), 오늘날 교황은 그의 비정통성을 나타내기 위해 그의 이름을 처음 뽑힌 요한 23세라고 부르고 있다. 로마 카톨릭은 피사 공의회를 전체 교회의 대표 공회로 받아들이지 않는다. 그러나 그들 중 대부분은 그 공의회가 선출한 알렉산더 5세는 받아들이고 있다(헤펠, 『교회공의회의 역사』, p. 58). 피사 공의회는 공의회가 교황보다 우선한다고 선언했다."

"분열은 계속되었고 콘스탄스 공의회는 공의회가 교황에 우선한다고 선언하고 이 선언은 곧 세 명의 교황을 물러나게 하는 일을 했다. 가장 널리 알려진 로마관청의 권위자들 중 한 사람인 헤펠(Hefele)은 공의회의 처음 40회기는 대표적인 것이 아니었으며 그들이 선출한 마틴 5세에 의해 주도된 41~45회기는 대표적인 것이라는 희한한 입장을 취하고 있다. 마틴은 교황의 권위를 약화시키는 법령을 제외하고는 처음 40회기의 모든 법령을 승인해 나갔다. 그러나 여기에 교황의 딜레마가 있었다. 만약 처음 회기의 판결이 유효하다면 공의회가 교황의 우위에 있게 된다. 만약 그렇지 않다면 다른 교황들이 물러나지 말았어야 했다. 즉 마틴 5세는 정당하게 선출된 것이 아니었다! 1870년 바티칸 공의회는 다음과 같이 선언했다. "로마 교황의 권위보다 더 높은 권위에 대해서 로마 교황의 판결보다 대표 공의회에 호소하는 것이 더 합법적이다라고 주장하는 사람은 잘못을 범하고 있다! 이것은 놀라운 것이다. 교황이 공의회보다 더 높다는 것이다. 바티칸 공의회가 교황을 그렇게 만든 것이었다. 그러나 이전의 공의회는 한결같이 교황의 그러한 권위를 부인했었다"(*The Bible Presbyterian Reporter*, 1958. 12.).

콘스탄스 공의회는 "교회를 대표하기 위해 합법적으로 소집된 모든 대표 공의회는 그리스도로부터 직접적으로 그 권위를 인정받는다. 따라서 교황을 포함한 모든 사람은 신앙의 문제에서 종파분립의 치유에서 그리고 교회의 개혁에서 공의회에 복종해야 한다"고 선언하였다. 그러나 1870년의 바티칸 공의회는 교황의 권위를 말할 때 무오성은 교회의 머리로서 교황에게 부여된 것이라고 발표하였다.

　중세기에는 교황의 세력이 증대되어 교회와 국가의 절대적 지배자로 군림하게 되었다. 어떤 교황은 군주들이나 하급관리들을 물러나게 했으며 수감시키거나 개개인을 종신노예로 만들 수도 있었다. 추방령이 개인에게 언도되면 언도받은 추방자들은 교회에서 출교되어 시민법의 보호를 받지 못하게 되었다. 파문을 당한 사람들은 범죄자로 낙인찍혀서 활동이 금지되는 끔찍한 것이었다. 어떤 교황들은 그들의 마음에 들지 않는 것을 무효로 하는 어떤 정치적 행동을 취하기도 했다. 한때 인노센트 3세는 전제 군주로부터 영국 국민이 얻어낸 대헌장을 그렇게 했으며, 피우스 5세도 1570년 영국의 엘리자베드 1세의 왕위를 빼앗아 그녀에게 대한 영국 국민의 충성심을 제거하기 위해 그렇게 하였다. 로마 카톨릭의 생각은 교황이 왕들을 임명하거나 폐위시킬 수 있어야만 한다는 것이었다. 즉 왕들이나 다른 시민 통치자들이 교황을 하나님의 대리자로서 그들의 통치권이 교황을 통해서 하나님으로부터 온다는 사실을 인정토록 하는 것이었다. 따라서 로마교회는 시민 통치자들을 교황의 봉신(封臣)으로 만들게 하는 그들의 꿈을 실현할 수 있었다.

　1870년 이전에는 로마교회에서 인정하는 최고의 권위자는 공의회를 대변하는 교회였었다. 한편 교황의 무오성은 수세기 동안 논의되었으나 결코 전체적인 지지를 받지는 못했다. 수많은 저명한 학자들과 신학자들 그리고 다수의 일반 계층에게 반대를 받았다. 바티칸 공의회 전 거의 200년 동안 로마 카톨릭 주교들과 영국과 아일랜드의 목사와 평신도들은 무오성이 교회의 교리라는 사실을 부인하였다. 예를 들면 1825년에 영국의 로마 카톨릭에 대한 정치적인 특권회복에 대한 의안이 의회에서 논의되었을 때 영국 정부위원회는 아일랜드(Irish)의 로마 카톨릭 위원회에게 로마교회가 교황의 무오성을 인정하고 있는지에 대해서 물었다. 주교들은 그렇지 않다고 정확히 답했다. 그러한 확신에 근거해서 특권들이 회복되었다.

　1870년 전에 일반적으로 사용된 두 개의 교리문답서가 이러한 입장을 정당화하고 있다. 케난(Keenan)의 교리문답서는 묻는다. "카톨릭 신자들은 교황 자신이 무오한 것으로 믿어서는 아니되는가?" 그리고 그 대답은 "그것은 개신교도의 꾸며낸 이야기이다. 그것은 카톨릭 신앙의 규범이 아니다. 만약 교황의 결정이 가르치는 자, 즉 교회의 주교들에 의해서 받아들여져서 실행되어지지 않는다면 이단사설로서 그 결정은 수용을 강요할 수 없다"(p.

305). 교황 무오성이 교황 피우스 4세에 의해 1870년에 선포될 때 이 문답은 아무 조항이나 어떠한 설명없이 문답서에서 슬그머니 삭제되어졌다. 카톨릭교의 교리문답서도 실제로 똑같은 답변을 주고 있다(p. 87).

추기경 뉴만이 무오성의 공포에 대해서 강력히 항의했다는 사실은 잘 알려진 일이다. 그러나 로마교회에 가입하기 위해서 영국 교회를 떠난 후 그는 그것에 대해 아첨하고 찬양하고 그러한 변화를 견뎌낼 힘이 없었고, 다시 되돌아 설 용기조차 갖지 못했다. 마침내 법령이 공포되자 그는 1854년에 공포된 '마리아의 무염수태'와 임박한 법령 공포를 서로 비교하는 편지를 그의 친구에게 썼다. "원죄없는 잉태가 급작스럽거나 은밀한 것이 전혀 없었던 것에 비해 … 이 법령은 모두를 놀라게 한다." 그리고 1870년 1월 28일 공의회가 열리고 있었을 때 그는 절박한 상황을 개탄하는 편지를 울라트론(Ullathorne) 주교에게 썼다. 그는 묻기를 "신앙적인 것으로 간주해서 우리가 행한 것이 전에는 결코 다루어지지 않았지 않은가? 왜 공격적이고 오만무례한 한 당파(예수회 교단을 의미)가 하나님께서도 슬프게 하지 않는 정의의 심장들을 비탄에 젖도록 만들게 하는가?" 그것은 뉴만이 삼켜야 하는 쓴 알약이었다. 그러나 그는 굴복해서 교황의 무오성을 인정하였다.

5. 1870년의 바티칸 공의회

교황무오성의 교령(敎令)을 재가한 바티칸 공회는 교황파를 조종했던 예수회파에 분명히 유리하도록 짜맞추어진 것이었다. 이 공회와 로마교회에 미친 영향력에 대해서 특별히 연구해온 맥그레고르는 다음과 같이 말하고 있다.

"유럽 541명의 대표자(주교) 중에서 인구 2,700만의 이탈리아 대표자는 276명이었으며 이는 영국과 아일랜드를 포함한 나머지 전체 대표자보다 11명이 많은 숫자였다. … 더욱 놀라운 것은 당시에는 교황의 지배를 받지 않았던 인구 75만에도 채 못미치던 도시에서 교황령의 대표로 62명의 주교가 있었던 반면, 인구 500만의 나머지 도시에서는 전체 카톨릭 교도의 대표자로는 단 세 명의 주교가 있었을 뿐이었다. 파리(Paris), 캠브라이(Cambrai), 퀼른(Cologne)의 주교 이들 세 명만이 교황 옹호파들의 견해에 대한 유일한 비판자들이었다. … 191명의 공의회원들이 공회에 참석할 합법적인 권리를 전혀 갖고있지 않았다는 사실이 5개월의 회기 후에 로마에 회람된 익명의 팜플렛에 드러나 있으며 이는 아마 파리의 대주교 다보이(Mgr. Darboy)의 것으로 간주된다"(『바티칸 혁명』, p. 28, 29).

교회 역사학자 필립 사프(Philip Schaff)는 공의회 소집을 놓고 강한 반발이 있었으며 8,000만 로마 카톨릭을 대표하는 대표자들은 이를 반대하였다고 말한다. 비밀리에 진행된 예비투표에서는 대표자들에게 자신의 입장을 표명할 수 있는 기회가 제한되었다. 88명의 대표가 반대를, 65명이 조건부 찬성을, 80명 이상이 기권하였다. 그러나 교황파의 강압으로 투표는 최종표결까지 순조롭게 진행되었다. 확고부동한 교황파와 예수회파에 반대하기 위해서는 특별한 용기가 소수당에게 필요하였다. 그러나 교령의 통과는 이미 내려진 기정 사실이었다. 반대는 분명히 무고한 짓이었다. 그것은 대표자들의 현재의 지위에 영향력을 가하는 보복이나 장래의 승진 기회에 타격을 입힐 수 있음을 의미하는 것이었다. 최종표결이 이루어지기 전 410명의 주교들이 이 교령에 찬성을 청원하였으며 162명이 이에 반대를 청원하였다. 이 교령에 반대한 사람 중에는 학자이며 대주교였던 스트로스마이어(Strossmayer)가 있었다. 그는 과감히 자신의 입장을 밝힌 유명한 연설을 남겼다.

"나는 가장 진지한 자세로 신구약성경을 연구하려고 애써보았습니다. 그리고 나는 이처럼 거룩한 진리의 기록에게 만약 이곳을 주재하고 계시는 신성한 교황께서 성 베드로의 참된 후계자요 그리스도의 대리자이며 교회의 흠없는 성경 박사인지를 묻는 바입니다. 나는 사도시대에 교황은 성 베드로의 후계자이며 그리스도의 대리자로서 또 당시 존재하지 않았던 마호멧 이상의 인물로서 전혀 의심할 바 없었음을 알게 됩니다. 그러나 이제 신약성경의 전체를 읽고나서 나는 하나님 앞에 그리고 위대한 십자가 앞에 손을 들어 맹세코 지금 존재하고 있는 것과 같은 교황의 권세에 대해서는 그 어떤 흔적도 발견할 수 없었음을 단언하는 바입니다."

그리고 연설을 끝맺으며 다음과 같이 말했다.

"나는 다음과 같은 사실들을 확신하는 바입니다: (1) 예수께서는 베드로에게 주었던 것과 같은 권세를 그의 다른 사도들에게도 주었습니다. (2) 사도들은 성 베드로를 예수 그리스도의 대리자로서 결코 인정하지 않았습니다. (3) 베드로는 자신을 교황으로 생각하거나 결코 그처럼 행동하지도 않았습니다.

(4) 처음 4세기 동안 공의회는 로마라는 이유 때문에 로마의 주교가 갖고 있던 높은 지위를 인정했으나 그것은 어디까지나 최고의 명예를 부여한 것이지 권세나 사법권을 인정한 것은 결코 아니었습니다. (5) 당시의 교황들은 "너는 베드로라 내가 이 반석 위에 교회를 세우리라"라는 말씀을 교회가 베드로 위에(Super Petrum) 세워진 것이 아니라 반석 위에(Super Petram) 세워진 것으로 이해하였습니다. 그것이 사도의 신앙고백이었습니다. 이제 나는 승리자의 심정으로, 역사적으로, 이성적으로, 정당한 논리로, 양식적(良識的)으로 그리고 그리스도인의 양심으로 말합니다. 예수 그리스도는 성 베드로에게 최고의 어떤 권세도 부여하지 않았으며, 로마의 주교들이 교회의 주권자도 아니었습니다. 다만 그들이 주교단의 모든 권리를 하나씩 하나씩 빼앗아 갔을 뿐입니다."

미국과 캐나다의 주교들이 무오성의 교령을 싫어하는 데에는 매우 특별한 이유들이 있었다. 로마 카톨릭의 역사학자이며 편집자요 고매한 학자였던 영국의 로드 액튼은 이 교령이 미국과 영국의 주교들에게 놓여있는 특수한 상황을 이해하고 다음과 같은 답변서를 썼다.

"미국인들은 스스로 교황의 무오성을 입증하는 다음과 같은 원리들을 수용한 후 그들이 국가의 자유헌법 아래서 어떻게 살아갈 수 있으며 동료시민들과 평등한 지위를 어떻게 유지할 수 있을까 하고 물었다. 즉 (1) 종교적 박해와 교회의 강제력 (2) 국가의 배타적 지배력에 대한 천주교의 권리주장 (3) 선서에 대한 교황의 면책 특권 (4) 교황의 절대권에 대한 시민력의 복종등이다."

그 토론은 모든 반대자들이 들어보기도 전에 갑자기 끝나버렸다. 실제로 표결에 부쳐졌을 때 그 교령에 반대하는 모든 사람들은 스스로 표결에 불참하였다. 왜냐하면 그들은 반대로 인해서 공식적으로 기록에 남게 되는 것을 원치 않았기 때문이었다. 그 결과 찬성 533, 반대 2, 기권이 106명이었다. 그 어떤 대표자라 할지라도 반대표를 던지기 위해서는 반드시 심적 갈등을 겪어야 했다. 왜냐하면 반대는 곧 파문을 의미하는 것이었기 때문이다. "만약 하나님도 금하실 것! 우리의 결정을 반대하려는 자는 누구를 막론하고 그를 파문하라."

교령이 통과된 후 모든 주교들은 자신들의 동의를 요구받았다. 맥그레고르는 그의 책에서 다음과 같이 썼다.

"완강하게 반대한 주교들 중에는 그들의 동의서를 보내기를 매우 꺼려하는 사람들이 있었다. 그러나 그들도 결국 그렇게 동의했으며 교황 옹호파들은 이러한 사실을 줄곧 강도있게 다루어왔다. 동의를 피하는 길은 곧 파문 뿐이었다. 이 지독한 형벌은 카톨릭 신자에게는 너무나 끔찍한 것이었다. 그들은 카톨릭 교인의 삶 중에서 가장 큰 위안이 되는 성례식을 박탈당하기 때문이다. 그러나 사제에게 파문은 더욱 혹독한 것이다. 왜냐하면 그의 생계는 말할 것도 없이 그가 사귀고자하는 친구에게조차도 완전히 거부당하게 되기 때문이다. 이는 자신을 경멸의 대상이요 값싼 동정의 대상으로 만들게 된다. 한편 주교에게서 파문은 거의 견딜 수 없는 형벌이다. 아무리 용감한 영웅일지라도 그것에 대항해서 싸우기에는 거의 불가능한 것이었다"(『바티칸 혁명』, p. 63).

따라서 로마교회는 권위의 문제에 대해서 확실한 성서적인 근거를 갖고 있지 못했으므로 이 문제를 해결하는 데에는 수세기가 소요되었다. 우리가 지적한 바와 같이 무오성의 교령을 가장 강렬하게 반대한 사람 중에는 로마교회 내부의 출신들이 몇몇 있었다. 47년 동안 신학을 가르치는 선생으로 있었던 선구적인 독일의 신학자 돌린거(Dollinger)는 이 교령을 격렬하게 반대했는데, 그는 이러한 수많은 논쟁들이 세 가지의 주요 비판 기준 — 보편성, 역사성, 의견의 일치 — 이 명백하게 결여되어 있다고 주장하였다. 그는 그의 결심을 굽힐 수 없었다. 마침내 1871년 4월 17일 그는 파문당하였다. 그 교령의 또 다른 결과로써 일단의 교령 반대주의자들이 1871년 9월 독일의 뮌헨(Munich)에서 회합을 갖고 로마 카톨릭에서 탈퇴해서 '구 카톨릭 교회'(Old Catholic Church)를 설립하였다. 그것이 비록 의도대로 잘 알려지지는 않았지만 오늘날까지 계속 이어져오고 있으며 로마 카톨릭 교회의 뛰어난 독일 신학자를 따르지 않음으로 한편으로는 환영을 한편으로는 불편한 관계로 기억에 남아있다.

그 표결로 인해서 사실상 공의회는 자신의 권위를 포기하고 장차 공의회는 교황에 의해서 처리될 수 없는 것은 공의회도 처리할 수 없다는 사실을 인정한 것이었다. 교황은 성령의 지도를 받아서 공의회가 가지는 모든 권세를 가지는 것으로 인정되었기 때문에 특별히 그가 공의회를 소집할 이유가 없었다. 이 사실은 『교황의 무오성』(1871)이라는 돌린거의 기념비적 작품에서 명백히 예견되어진 것이었다.

"장차 공의회는 무용지물이 될 것이다. 주교들은 교황의 성전(聖典) 승인이나 다른 장엄한 의식을 더욱 화려하게 부풀리기 위해서 이따금 로마에 모여야만 할 것이다. 그러나 그들은 교의(Dogma)와는 전혀 상관이 없게 될 것이다. 만약 그들이 교황의 결정을 승인하고자 한다면 … 이것은 정오의 태양빛에 렌턴 빛을 비추는 꼴이 될 것이다.

만약 주교들이 어떤 문제에 관한 교황의 생각이나 의지를 알고자 한다면, 그것은 주제넘은 행위가 될 것이며 그것에 반대표를 던지는 쓸데없는 짓이 될 것이다. 전체적인 교회의 회의는 존재할 수 없다. 정확히 말하면 '의례적인 의식'(ordinarius ordinariorum)과 신앙의 무흠한 지도자 앞에서 또한 화려한 행렬, 의식, 연설 앞에서 공의회의 표결은 세상의 주시 속에 장식되어 질 뿐이다. …

주교들은 자신들의 주님인 "교황의 권위와 명예와 특권을 지키고 옹호하며 증가시키고 확장시킨다"는 서약을 해야만 했다(모든 주교들은 이 서약을 하게 된다). 그들은 자신들을 중시할 수 없으므로 기독교 세계에서 그들은 자유 공의회의 자유 회원들로 간주되어진다."

무오성의 교령의 실질적인 효과는 로마교회 내의 신학적인 교리의 발전을 저해한 것으로 드러냈다. 왜냐하면 단지 교황만이 권위있게 말할 수 있으며 그의 말에는 반대가 있을 수 없기 때문이다. 더 이상 교회의 공의회나 신학자가 성서에 호소해서 교황을 반박할 수 없다. 바울은 말하기를 "하나님의 말씀은 매이지 아니하니라"(딤후 2:9)라고 했다. 그러나 이 교령으로 인해서 하나님의 말씀은 얼어붙어 버리게 되었으며 끊을 수 없는 쇠사슬로 속박되어져 버렸다. 초기의 기독교와 후기의 로마 카톨릭 교회사에서 전체적인 공의회가 겨우 21번 밖에 없었다는 사실은 흥미로운 일이다. 맨 나중에 열린 공의회가 제 2 바티칸 공회였는데 1962년 10월 로마에서 교황 요한 23세에 의해 소집된 것이었다. 그러나 그 공의회는 단지 꼭두각시들의 모임에 불과했을 것이다. 왜냐하면 어떤 결정이 효력을 발휘하려면 교황의 승인을 받은 이후에야 가능했기 때문이다. 교황을 방해할 것은 아무것도 없다고 말하는 것이 더욱 적당한 표현이다.

맥그레고르는 무오성의 교령을 '로마교회사(the History of the Roman Church)에서 가장 중대한 결정'이었다고 말한다(p. 3). "그것은 로마 카톨릭 전통에서 민주적 요소에 조종(弔鍾)을 울렸다. 또한 교황의 권위는 너무나 엄청난 것이어서 전체 교회조차도 그의 결정에 어떤 식으로든지 감히 재심의하거나 수정할 수 없다. 만약 나머지 전체 교회가 교황에 반대한다면 나머지 전체 교회가 실수를 범하는 것이 될 것이다"(p. 6)라고 말한다.

그러한 바티칸 공의회가 로마교회의 역사에서 전환점이 되었음이 분명하다. 수세기 동안 교황들은 전염병처럼 교회의 공의회를 피해왔다. 그들은 공의회를 그들 자신의 권위에 대한 대적으로 생각했다. 그러나 바티칸 공의회는 교황의 권위를 막강하게 강화해 줌으로써 모든 공의회를 실질적으로 무용하게 만들었다. 오늘날 교황권은 자신의 백성으로부터 나오는 비판을 전혀 허락하고 있지 않다. 초대교회의 역사에 의하면 사제나 수도승 혹은 평신도에 이르기까지 교회에 대한 자신들의 비평을 표명할 수 있었던 시대가 있었다. 그러나 그 모든 것은 사라졌다. 그리고 오늘날 로마교회는 무오적인 교황을 우두머리로 하는 절대권력을 갖고 있다. 전직 "기독교 유산"의 편집장이었던 월터 몬타노(Walter M. Montano) 박사는 "모든 목소리가 잠잠해졌다. 항변들이 묵살되고 반대자들은 파문당하였다. 완전한 독재권 ─ 정신적 그리고 문자적으로 ─ 이 로마 카톨릭 교회의 모든 관점을 지배한다"라고 말한다(『진정한 카톨릭 신자가 충성스러운 미국인이 될 수 있는가?』, 소책자 p. 14).

6. 교황들의 오류들

무오성과 같은 주장이 매우 악한 것인지 아니면 우스꽝스러운 것인지 말하기는 어렵다. 그렇지만 그것은 분명히 악한 것이다. 왜냐하면 하나님의 속성 중의 하나를 인간에게 넘겨주며 교회에서의 그리스도의 수장권(headship)을 찬탈하기 때문이다. 뿐만 아니라 그것은 우스꽝스러운 것이다. 왜냐하면 교황들의 역사가 많은 심각한 오류들, 즉 도덕적인 오류와 어느 한 사람이 주장한 것을 다른 사람이 종종 부인하는 교리적인 오류들을 보여주기 때문이다. 무오성에 대한 주장은 매우 허황된 것이어서 진지하게 다룰 수가 없다. 왜냐하면 무오한 교회와 무오한 교황들이 매우 많은 잘못들을 범하였기 때문이다. 그들이 정식으로 공포한 법령들 중 많은 것이 하나님의 말씀에 위배된다. 그리고 로마교회의 특권과 현세의 권력 중 많은 부분이 소위 '콘스탄틴의 선물'이나 혹은 이사도리안 법령(the Isadorian decretals)과 같은 위조문서의 사용을 통해 얻어졌다.

많은 교황들이 이단적인 교리들을 가르쳤다. 비록 신학자들은 이것이 그들의 공식적인 권세에는 영향을 미치지 않았다고 말하지만 교황 중 일부는 굉장히 부도덕한 생활을 하였다. 몇 명은 후에 선출된 교황들과 교회 공의회에 의해서 정죄되었고 몇 명은 '반(反) 로마교황'(anti-popes) 즉 부정한 방법으로 선택되어지거나 선출되어, 후에 공식 기록에서 삭제된 로마교황으로 선포되었다. 심각한 오류를 범한 교황들 중에 다음의 인물들이 있다.

칼리스투스(로마의 주교; 221~227)는 3세기 때의 작가 히폴리투스(Hippolytus)에 의하면 아버지와 아들을 하나의 나눌 수 없는 영으로 동일시하는 일종의 유니테리안(Unitarian)이었다고 한다.

리베리우스(Liberius)는 358년 이단적인 황제 콘스탄티우스(Constantius) 밑에서 로마의 주교직을 얻기 위해 아리안 이단의 교리에 찬동하는 서명을 하였다. 그는 니케아 신조(the Nicene Creed)의 위대한 삼위일체 교리의 옹호자이며 그를 반대자로 기록하고 있는 아타나시우스와의 관계를 끊고 아타나시우스를 파문했다.

조지무스(Zozimus; 417~418)는 펠라기우스(Pelagius)를 정통파 교사로 선포했다. 그러나 후에 어거스틴의 강요에 따라 그의 입장을 바꾸었다.

비질리누스(Vigilinus; 538~555)는 (몬노피지트⟨monophysite⟩ 반칼세포 교리를 주장하는 이단—역자주) 논쟁의 시기에 어떤 이단교사들을 정죄하기를 거절했으며 553년 콘스탄티노플에서 열렸던 제 5차 에큐메니칼 공의회를 보이코트했다. 공의회가 그가 없이 진행되어 그를 출교하고 파문하기로 위협했을 때 그는 자신이 사단의 도구였음을 고백함으로 공의회의 주장에 굴복하였다(가장 유명한 로마카톨릭 작가 중 하나인 헤펠의 『기독교의 역사』⟨History of the Christian Councils⟩, 4권, p. 345 참조).

호노리우스(Honorius; 625~638). 호노리우스의 이단은 명백하게 공식적인 것이다. 해리스 박사는 이 문제를 다음과 같이 그의 책에서 아주 분명하게 다루었다.

"이러한 성격의 스캔들 중 가장 큰 것은 교황 호노리우스였다. 그는 특별히 콘스탄티노플의 주교에게 보낸 두 통의 편지에서 모노텔리트(Monothelite) 이단을 가르쳤다(즉 그리스도는 오직 하나의 의지를 가지고 있다고 가르쳤는데 그것은 그가 암시적으로 그리스도의 신성이거나 혹은 인성을 부정하고 있음을 의미한다). 이 의견은 제 6차 에큐메니칼 공의회에서 정죄되었으며 또한 공의회는 호노리우스라는 이름을 정죄하고 출교하였다 (Honorio haeretico anathema, Session XVI). 로마의 매일 기도문 (breviary)은 이 저주를 16세기(루터의 때까지, 분명히 개혁자들이 그 중 많은 것을 살펴 생략했을 때까지)까지 포함하고 있었다. 호노리우스는 로마 카톨릭의 표준에 따르면 이단이었다. 그리고 800년 동안 공의회와 교황들에 의해서 정죄되었다. 전문적인 역사 연구를 통해 그것들이 제기되었을 때에 대다수의 프로테스탄트들에게는 알려지지 않았다. 왜냐하면 그러한 사실들을 로마 카톨릭이 공표하지 않았기 때문이다. 그러나 그것들은 사실이다. 그리고 그것들은 전적으로 교황의 주장들이 그릇됨을 증명하고 있다"(『기본적인 개신교 교리들』, II, p. 13).

이처럼 호노리우스를 이단으로 정죄한 것은 분명히 그 시대의 주교들이 교황의 무오성에 대한 사상을 결코 갖고 있지 않았음을 보여준다. 어떻게 교황이 무오하면서 동시에 이단으로 정죄될 수가 있는가? 호노리우스가 13년 동안 교황의 자리를 차지하고 있었음을 주목해 보라.

그레고리 I세(590~604)는 우주적인 주교(Universal Bishop)라는 명칭을 차지하려는 사람을 적그리스도라고 불렀다. 그러나 보니페이스 3세는 황제 포카스로 하여금 그러한 칭호를 그에게 수여하도록 강요하였다. 그리고 그러한 칭호는 그 후의 모든 교황들에 의해 사용되어졌다.

하드리안 2세(Hadrian II; 867~872)는 신고결혼(civil marriage, 종교의식에 의하여 결혼하지 않고 다른 곳에서 결혼한 후 교회에 신고한 결혼— 역자주)도 유효하다고 선언했다. 그러나 피우스 7세(1800~1823)는 신고결혼을 무효라고 정죄하였다.

호기심을 자극하는 사건이 영국왕 헨리 2세(Henry II)가 아일랜드를 침입하여 정복한 것을 공인해준 하드리안 4세(1154~1159)와 관련하여 일어났다. 그 정복은 영국의 아일랜드 지배의 시작이었으며 아일랜드인들에 의해 몹시 분노를 자아냈던 사건이었다. 하드리안이 영국인 교황이었으며 교황 자리를 차지했던 유일한 영국인이었다는 사실을 기억하는 것은 스쳐지나가는 흥미 이상의 것이 될 것이다. 그러나 그 사실이 어떤 차이를 만들지는 못한다. 교황은 민족이나 종족에 관계없이 교황이다. 영국의 아일랜드 지배에 대한 후기의 로마 카톨릭의 태도에 비추어 볼 때, 그들은 분명히 침입을 재가한 교황의 포고령은 도덕과는 관계없는 것이다라고 말할 것이다. 혹은 아마도 교황이 매우 유감스러웠던 침입을 공인했을 때에 그는 교황의 의자에 앉지 않고 식탁에 있었거나 아마 소파에 비스듬히 누워있었을 것이다라고 말함으로 그 문제를 해결하려 할 것이다. 실제로 교황이 우연히 그 순간에 교황의 의자에 앉아 있지 않았다면 우리는 전체 문제를 잊어버릴 수도 있을 것이다. 그와 같은 방법으로 로마교회는 아일랜드 침입과 관련된 것과 같은 곤란한 입장을 피하면서 무오한 잘못이란 결코 없다고 주장하려고 한다. 그러나 교황이 교황의 의자에서 권위를 가지고 말하지 않았다고 말할 수는 없을 것이다. 왜냐하면 그가 그 큰 권세를 가지고 있으면서 그와 같이 중대한 결정을 해야 할 때 그것을 사용하지 않거나 혹은 부주의하게 사용했다면 분명히 그는 비난받아야 마땅하기 때문이다.

어떻게 무오한 교황인 유진 4세(Eugene IV; 1431~1447)는 잔 다크(Joan Arc: 1412~1431)를 마녀라고 산 채로 불태우도록 정죄하였는데 또 다른 교황인 베니딕트 15세는 1919년에 그녀를 성자(saint)라고 선언할 수가 있는가?

벌게이트 번역본(Vulgate)의 사용에 관해서 로마교회 내에서 약간의 논쟁이 있었다. 교황 식스투스 5세(Six-tus V: 1585~1590)는 옛 번역을 좋아했다. 그래서 그는 개인적으로 그때 출판되어진 성경의 모든 장들을 감독했으며 첫 권 앞에다가 그 번역본을 재출판하면서 본문을 조금이라도 고치는 자는 출교하겠다는 편집자의 교서를 덧붙였다. 그러나 그 번역본은 수정해야만 할 많은 잘못들을 포함하고 있는 것으로 판명이 났다. 그래서 다른 무오한 교황이 많은 항목을 고친 개정판을 출판하였다.

지구가 태양을 돌고 있다는 이론 때문에 갈릴레오를 정죄한 것은 특별한 경우이다. 자첼로 박사는 이에 대해 다음과 같이 매우 잘 진술하고 있다.

"교황 바울 5세(1605~1621)와 교황 우르반 8세(1623~1644)가 갈릴레오가 참된 과학이론을 주장한다고 정죄했을 때 무오했는가? 그들이 코페르니쿠스의 이론은 잘못된 것이고 이단적이며 하나님의 말씀에 위배된다고 선언하지 않았는가? 그들은 갈릴레오가 그들의 잘못된 견해를 함께 주장하지 않는다고 그를 고문하며 종교재판소의 지하감옥에 가두지 않았는가? 1619년 5월 5일 금서목록 총회(the congregation of index)는 코페르니쿠스의 책

(Revolutionibus)을 금지하는 포고령에서 지구가 돌고 태양이 돌지 않는다는 새로운 체계는 성서에 완전히 위배되는 것으로 탄핵하였다"(Ins and Outs of Romanism, p. 28).

어떻게 예수회 교단을 억압하는 클레멘트 14세의 포고령(1773. 7. 21.)이 그들을 원상복귀시키는 피우스 7세(1800~1823)의 정반대되는 포고령(1814. 8. 7.)과 조화를 이룰 수 있겠는가?

식스투스 5세는 성경을 읽도록 권장했다. 그러나 피우스 7세와 다른 여러 교황들은 그와 같은 행위를 정죄했다.

도덕적인 영역에서의 무오성과 관련하여 다음의 사건들을 살펴보자. 교황 요한 11세(931~936)는 교황 서기우스 3세(Sergius III)가 마로지아(Marozia)라는 이름을 가진 행실이 나쁜 여자로부터 얻은 서자였다. 요한 12세(956~964)라는 이름을 가진 요한 11세의 조카는 당시 로마를 지배하고 있던 투스칸(Tuscan) 당의 정치적인 음모에 의해 18세의 나이에 교황직에 올랐다. 그런데 그는 철저하게 부도덕한 인물이었음이 판명되었다. 그의 포학과 방탕함은 로마인들의 불평을 사서 오토(Otho) 황제가 그를 폐위시켰다. 고소장에 열거된 죄중 몇 가지는 살인, 위증, 신성모독, 간음, 근친상간 등이다. 그러나 그는 베드로로부터 오늘날의 교황에 이르는 사도적 권위의 끈을 이어준 합법적인 교황으로 간주되고 있다.

알렉산더 6세(1492~1503)는 스페인 출신의 보기아(Borgia) 교황 중 하나인데 그는 25세에 추기경이 되었다. 그는 6명의 서자를 두었는데 그들 중 둘은 그가 교황이 된 후에 태어났다. 그의 셋째 아들 케자르 보기아(Caesar Borgia)는 추기경이 되어 교황의 군대를 지휘하도록 임명되었다. 그의 딸 루크레티아 보기아(Lucretia Borgia)의 술수와 나쁜 행실은 교황의 직위에 굉장한 불명예를 가져왔다. 로마 카톨릭 역사가 루드비히 패스터(Ludwig Pastor)는 그의 책『교황들의 역사』(History of the Popes)에서 알렉산더 6세가 추기경과 교황으로서(V, 363; VI, 140) 그 시대의 세속군주들의 부도덕한 삶을 살았으며 그가 서열 제 1위에 드는 성직매매에 의해 교황권을 획득하였으며(V, 385) 그의 공공연한 친척 등용과 윤리의식의 결여로 교황권의 평판을 떨어뜨렸다고(VI, 139) 시인하였다. 그래서 웅변적이었던 개혁자 사보나로라(Savonarola)는 그의 폐위를 주장했으며 그것 때문에 알렉산더는 사보나로라를 이단으로 정죄하고 교수형에 처했으며 1498년에 공개적으로 시체를 불살랐다.

요한 23세(1410~1415)는 성직매매와 부도덕성 때문에 콘스탄틴 공의회에 의해 폐위되었다. 그리고 로마교회는 지금 그가 합법적인 교황이었다고 하는 사실을 부인하려고 시도하고 있다. 분명히 최근의 요한 23세는 제 2의 교황 요한 23세로 알려져야 할 것이다. 중세 시대로 알려진 역사의 기간 동안 많은 교황들이 범죄목록에 나와있는 거의 모든 죄를 지었다. 한때 교황직을 차지했던 사람 중 29명이 사기나 혹은 적합치 않은 방식으로 그 직위를 얻었기에 지금은 적 로마교황(anti-popes)의 목록에 올라가 있다. 다시 말해 비열한 인간들이 지배권력을 얻으려고 애쓰는 것과 같이 교황직이 추기경들과 교황들에 의해 사고팔렸다. 이러한 비난들이 다른 많은 것들과 함께 도서검열관(censor Librorum) 다니엘 플린(Daniel D. Flynn)의 니힐 오브스태트(Nihil Obstat)와 추기경 스펠만(Spellman)의 출판 인가를 받은 로마 카톨릭 교인인 글렌 키틀러(Glenn D. Kittler)의 『교황군주들』(*The papal Princes*)라는 최근의 책에 놀랄 만큼 솔직하고 상세하게 묘사되어 있다(1960; 358 pages; Funk and Wagnalls, New York).

1939년 교황 피우스 12세가 제 262대 교황으로 취임하였다. 그러나 1947년 바티칸 학자들은 교황들의 공식명부를 개정하였다. 그래서 어떤 사람은 삭제하고 어떤 사람은 첨가하고 또 다른 사람들을 심사하여 261로 대수를 줄였다. 100년 가량 통치하였던 것으로 추정되었던 성 아나클레투스(Anacletus)는 조사를 통해 76년 가량 통치했던 성 클레투스와 동일 인물임을 보여주었기에 삭제되었다. 도누스 2세(Donus II; 973)는 그 조사를 통해서 그가 존재하지 않았음을 보여주었기에 제거되었다. 15세기 인물인 알렉산더 5세와 요한 23세는 반(反) 로마교황의 목록으로 추방되었다. 요한 14세(984)의 통치는 한때 둘로 나뉘어 존재하지 않는 요한을 계속 덧붙이는 잘못을 범하고 있었다. 1958년에 교황 요한 23세가 제 262대 교황으로 취임하였다. 그런데 1961년에 또 다른 교황 스테펜 2세(752)가 폐위되었다. 1963년 교황 바오르 6세는 취임하면서 비록 1963년 로마교황청 연감이 교황들의 대수를 계수하려는 현재의 모든 시도를 포기하면서 그 이유로써 이름들 중 어떤 것이 타당한가를 결정하는 것이 불가능하다는 것을 들고 있음에도 불구하고 몇몇 사람들에 의해 262대 교황으로 계수되었다. 우리는 무오성을 자랑하는 교회를 위해 그 무오성이 공의회에 주어진 것인지 교황들에게 주어진 것인지 설명하라고 말할 수 있을 것이다.

우리는 피우스 9세가 그의 이단교서요목(Syllabus of Errors; 1864)에서 설명한 많은 거짓 교리들에 대해서 주의를 돌리고자 한다. 우리는 특별히 시민과 교회와의 관계에 대한 미국인의 이상과 정반대되는 것을 언급하기 위해 단지 하나만을 선택해서 살펴보도록 하겠다. 그것은 교회가 지배적인 입장을 취하면서 교회와 국가는 연합해야만 한다는 주장이다. 사실 피우스 9세는 교회와 국가의 분리는 우리시대의 중요한 오류 중의 하나라고 주장하는 데까지 나아간다. 그렇지만 최근에 미국 카톨릭 자선회는 교회와 국가의 분리를 정죄한 교황이 미국에 존재하는 것과 같은 종류의 분리를 염두에 두었던 것은 아니라는 것을 선언하는 팜플렛을 배부하였다. 그러나 이단교서요목은 미국을 예외로 규정하고 있지는 않다. 그것은 세상 모든 곳에 있는 교회와 국가를 지배하는 기본 원리를 조건없이 단언한 것이다. 미국은 1864년도에 갖고 있었던 것과 똑같은 정부형태를 오늘날도 갖고 있다. 그러므로 미국 카톨릭 자선회는 아주 분명하게 속임수를 쓰고 있는 것이며 로마 카톨릭을 미국의 정부 형태에 정반대되는 그 공식적인 교리 중 하나에 관련된 책임으로부터 보호하려고 시도하고 있다. 오늘날 대부분 일반적인 의견은 심지어 진보된 로마 카톨릭 사람들조차도 이단교서요목의 발행 자체가 심각한 잘못이라고 주장하고 있다.

그러나 이와 같은 오류의 경우와 그 외에 많은 다른 사건들이 선포되고 있음에도 불구하고 반동적이며 후기의 교황들 뿐만 아니라 초기의 교황들에게까지 적용되는 무오성에 대한 법령은 공식적으로 모든 교황이 신앙과 도덕의 교사로서 무오하다고 선언하고 있다.

우리는 공개적으로 무오성이라는 속성을 부인했던 몇 명의 교황들을 지적해야만 한다(우리는 심지어 무오성은 하나님의 속성이다. 왜냐하면 하나님만이 신앙과 도덕에 관련해서 무오하기 때문이다라고 말할 수 있다). 그들 중 가장 두드러진 사람은 비질리우스(Vigilius), 인노센트 3세, 클레멘트 4세, 그레고리 11세, 하드리안 6세, 바오르 4세 등이다.

그러므로 무오성에 관한 로마의 주장은 성경과 논리와 역사에 의해 부인된다. 해리스 박사가 다음과 같이 적절하게 표현하였다.

"사실 교황들은 무오하지 않다. 그들은 다른 복음을 설교하고 가르쳤다. 그들은 스스로 모순된 말을 했을 뿐만 아니라 성경에도 모순된 말을 하였다. 우리가 로마에서 목격하는 재물의 과시나 의식의 번지레함, 그리고 권력의 위광(prestige)은 하나님 앞에서 아무 쓸모가 없을 것이다. 현재의 교황 요한 23세는 결코 무오하지도 않으며 정통도 아니며 베드로의 계승자도 아니며 예수 그리스도의 거룩한 사도 중 어떤 사도의 계승자도 아니다. 그는 15세기의 첫번째 요한 23세와 같이 사기꾼일 뿐이다."

우리가 지적했듯이 이처럼 단언된 무오성이라는 특성은 교황들에 의해 매우 교묘하게 사용되어졌다. 왜냐하면 그들은 잘못된 주장을 받아들일 위험에 빠지기를 원치 않았기 때문이다. 그래서 무오성 교리는 공식적으로 단지 세 번 사용되었다. 두 번은 교황 피우스 9세에 의해 사용되었는데 한 번은 그가 자신의 무오성을 주장할 때였고 또 한 번은 공의회의 승인없이 그가 성모 마리아의 무염시태(無染始胎) 교리를 설명하려고 했던 때였다. 그리고 한 번은 교황 피우스 12세에 의해 성모 마리아의 몽소승천(蒙召昇天) 교리를 공포할 때 사용되었다. 그러므로 우리는 교황이 그것을 사용한 각 경우에 굉장한 잘못을 범했다고 말할 수 있다. 실제로 교황이 그와 같은 권세를 가지고서 그가 그것을 사용한다는 어떠한 징후도 거의 주지 아니하므로 사람들로 그가 권위를 가지고 말하는지 아닌지 추측하게 한다면 그는 아주 노련한 조우커(joker)임에 틀림이 없다.

아마 교황제도에서 교황의 무오성에 관한 교리보다 로마 카톨릭 교도들을 더 당황케 하는 다른 요소들은 없을 것이다. 첫째로 그것은 쉽게 반박될 수 있는 교리를 주장한다. 둘째로 그것은 교황을 위해서 그리고 교황에 의해서 주장된 권세들의 철저한 불합리설에 주의를 기울이게 한다. 프로테스탄트들에게는 전체적으로 교황이 권위를 가지고(ex cathedra) 사업에도 나타난다는 교리는 한편으로 특별히 어처구니가 없으며 사악한 것으로 생각되며, 다른 한편으로는 굉장한 농담, 즉 매우 유순하며 생각하지 않으며(사려없음), 매우 형편없는 지식을 소유하고 있어서 그와 같은 궤변을 믿고 따라가는 로마 카톨릭 사람들에게 행한 농담으로 생각된다.

12 장

**고해성사; 면죄 —
은혜 구원인가, 아니면 행위 구원인가?**

1. 정의
2. 행위 체계로서의 고행
3. 은혜에 의한 구원
4. 더 이상의 성경적 증거
5. 면죄
6. 면죄 교리의 역사적 발달
7. 구원의 확신

고해성사; 면죄 ―
은혜 구원인가, 아니면 행위 구원인가?

1. 정의

로마교 체계에서 고해성사는 칠 성례 가운데 하나로서 네 번째 성례에 해당한다. 그러나 그 단어는 두 가지 다른 의미에서 사용한다. 하나의 성례로서, 그것은 넓은 의미에서 사제의 면죄의 선언과 참회자가 행해야 할 어떤 일을 부과하는 것을 포함해서 참회자 편에서의 고백의 행위를 말한다. 좁은 의미에서 참회는 사제에 의해서 부과된 행위와 참회자가 그것을 행하는 것만을 지침한다. 발티모어 교리문답은 다음과 같이 고해성사를 정의한다.

"고해성사란 세례 후에 범한 죄를 사제의 사면을 통하여 용서받게 하는 성례이다"(p. 300).

뉴욕에서 발행된 또 다른 교리문답에는 다음과 같이 기록되어 있다.

"사제는 내가 내 죄 때문에 담당해야 하는 일시적 형벌을 청산하는 것을 돕기 위해서 참회를 고해성사로 행한다. 사제가 내게 준 고해성사가 항상 내 죄를 보상하는 데에 충분한 만족을 주지 못한다. 그러므로 나는 고해성사에 속한 다른 행동들을 해야만 하고 … 그리고 면죄를 받으려고 노력해야 한다" (면죄는 연옥에서 당할 많은 날이나 수개월 혹은 수년의 형벌 면제이다).

로마 카톨릭교의 훈육서인 『비카톨릭 교도를 위한 교훈들』(*Instructions*

for Non-Catholics)에는 다음과 같이 기록되어 있다.

"고해성사의 성례에서 하나님께서 사제에게 죄인들을 은혜의 상태로 데려와서 그들을 지옥의 심연으로 떨어지지 않도록 하는 권세를 주셨다. 게다가 고백 후에도 죄에 해당하는 일시적 형벌을 없이하고 연옥에서 오래 머물지 않기 위해서는 다른 죄갚음 행위를 해야 한다. 교회는 우리에게 다음과 같은 죄갚음 행위를 제시한다. 기도, 금식, 그리스도의 이름으로 구제하는 것, 영적 신체적 자선 사업, 인생의 고통을 인내하면서 당하는 것, 그리고 사면을 얻는 것 등이 바로 그것이다"(p. 95).

2. 행위 체계로서의 고행

교리문답에 나타난 대로, 참회는 사제에게 자기 죄를 고백하는 것과 세례 후에 범한 죄가 그것에 의해서 용서받을 수 있는 유일한 방도로써 선행을 하는 것을 포함한다. 로마교 체계에 따르면 하나님은 사제가 재판관으로 앉을 재판석을 지상에 만드셨다. 그것을 통해서 참회자는 면죄와 마땅히 행해야 하고 또한 행함으로써 죄에 대한 자기의 슬픔을 보일 수 있는 행위를 배당받는다. 이 견해에 의하면 하나님께서는 죄인의 죄를 용서하실 때에 죄인이 마땅히 당해야 하는 모든 형벌을 다 말살하시지 않으셨다는 것이다. 요구되는 일과 봉사는 한도가 없다. 죄인들은 불쌍하게도 항상 사제의 처분에 매달리게 된 것이다.

로마교회는 그래서 그리스도의 속죄가 죄를 충분히 속죄하기에는 부족해서 이러한 선행으로 어느 정도 보충해야 한다고 추론하면서 용서를 주기 전에 죄갚음 행위를 요구한다. 그러나 하나님은 선행을 요구하시는 것이 아니라 회개를 요구하신다. 그 회개란 죄, 악, 불의 그리고 모든 형태의 부정으로부터 돌이키는 것을 말한다. "악인은 그 길을, 불의한 자는 그 생각을 버리고 여호와께로 돌아오라 그리하면 그가 긍휼히 여기시리라 우리 하나님께로 나아오라 그가 널리 용서하시리라"(사 55:7). 루터는 에라스무스가 편집한 헬라어 신약성경에서 예수께서 로마교회에서 해석한 대로 "고행하라"고 말씀하시지 않고 "회개하라"라고 말씀하신 것을 발견했다.

개신교는 주로 신약성경의 기독교 신앙을 주장하며, 보다 믿음으로 말미암는다고 가르친다. 여기에 반하여 로마교는 구원은 우리 자신 곧 우리의 행위에 달려 있어서 사람은 교회의 법에 순종함으로 구원을 얻을 수 있다고 가르친다. 참으로 성인들은 천국에 필요한 이상으로 충분한 공적을 쌓아 놓을 수 있기 때문에 교회에 정기적으로 출석하는 것, 미사에 참여하는 것, 묵주기도, 금식, 기장이나 십자가 그리고 수도사의 어깨 걸이를 걸치고 다니는 것 등을 통해서 구원을 얻는다는 것이다. 이러한 여분의 공로를 로마교에서는 '공덕의 행위들'(works of supererogation)이라고 부른다. 성모와 성인들은 굉장한 공로를 쌓아 두었기 때문에 교황은 사제들에 의하여 할당된 일을 완수할 자들인 신실한 자들에게 거기로부터 꺼내어서 베풀어 줄 수 있다는 것이다.

풀턴 쉰(Fulton J. Sheen) 주교는 이 교리를 다음과 같이 표현한다.

"그들을 통해서, 교회는 참회자에게 새로운 출발을 하게 한다. 교회는 굉장한 자산을 가지고 있는데, 교회는 이것을 수세기 동안 고행과 핍박 그리고 순교를 해서 얻었다. 많은 신자들이 자신들이 구원받기 위해 필요한 것보다, 훨씬 이상으로 기도하고 고통당하고 또한 공적을 쌓았다. 교회는 이러한 여분의 공적을 영적인 보고에 넣어 두었기 때문에 회개한 죄인들은 영적인 침체기에 거기에서 꺼내어 사용할 수 있는 것이다"(『영혼의 평화』〈Peace of Soul〉, p. 208).

행위에 의한 구원이 바로 여기에 있다. 이것이 로마교회가 수많은 자기 교도들을 묶어 두는 결박이다. 그러나 간단명료한 성경말씀은 이 모든 인간 행위의 부질없음을 말씀하고 있다. "내가 어떻게 하여야 구원을 얻으리이까?"라는 질문에 반응하여서, 성경은 간단하고도 분명하게 대답한다: "주 예수를 믿으라 그리하면 너와 네 집이 구원을 얻으리라"(행 16:30~31).

우즈 박사가 잘 말하였다.

"고행은 복음적 회개와는 전적으로 다르다. 고행은 외부적 행동이다. 회개는 마음에 속한다. 고행은 로마교 사제에 의해서 부과되지만 회개는 성령의 역사인 것이다. 고행은 죄를 보상하려고 한다. 그러나 죄인이 할 수 있거나 당하는 어떤 것도 하나님의 공의를 충족시킬 수는 없다. 단지 주 예수 그리스도만이 그것을 할 수 있다. 그분은 십자가 위에서 속죄를 하셨을 때 단번에 하셨고 완전히 하나님의 공의를 만족시키셨던 것이다. 로마교의 오류는 이방 종교의 오류와 같은 것으로 스스로 가하거나 사제가 부과한 형벌로 죄로부터 용서를 얻으려 하거나 구원을 받으려 하는 것이다. 불교나 힌두교의 신봉자들의 고통이 그러하다.

하나님께서 죄인에 대해 바라시는 것은 죄 때문에 자기 스스로 징벌하는 것이 아니라 마음의 변화요 죄를 실제로 버리는 것이다. 바로 이것이 하나님의 명령에 순종하는 새로운 삶을 통해서 보여져야 한다.

간단히 말해서, 고행은 가짜 회개인 것이다. 그것은 인간의 신체에 가한 인간의 일이다. 참된 회개는 영혼에서의 하나님의 일이다. 하나님의 말씀은 명한다. '너희는 옷을 찢지 말고 마음을 찢어라' (욜 2:13). 고행은 옷을 찢는 것이다. 그것은 내적 실제없는 외부의 형식으로서, 그리스도께서는 그의 백성들에게 그것을 하지 말라고 명령하신다" (『우리의 귀한 유산』, p. 132).

이 주제를 다루고 있는 모든 로마교 교리문답서와 신학서적에서는 가르치기를 하나님께서는 그들 편에서 참회에 합당한 열매로 죄를 보상하고자 하는 자들에게만 용서해 주신다고 한다. 프랑스 교리문답서에 기록되기는, "우리의 만족은 우리 죄의 수와 정도에 비례해야 한다"라고 되어 있다. 용서가 부분적일 뿐이고 값을 지불하는 자에게만 주어진다는 이런 거짓 가르침은 로마 카톨릭 구원 교리의 실질적인 기초이다. 그러므로 우리는 로마 카톨릭 교도들과 효과적으로 논쟁하기 위해서는 이 사실을 기억해야 한다.

바꾸어 말하면 로마교는 그리스도께서 우리의 죄를 위해서 죽으셨다고 가르치는 반면에, 또한 그의 희생은 충분하지 못하여, 그것을 효과있게 하기 위하여 우리의 고난이 첨가되어야 한다고 가르치고 있다. 이 견해에 따라서 많은 사람들이 금식이나 의식을 행하고 자해(自害)하거나 여러 가지 선행을 행하는 것에 의하여 구원을 얻으려고 노력하고 있는 것이다. 그러나 그러한 과정을 시도하는 자들은 항상 구원을 얻는 데 충분하도록 행한다는 것은 불가능하다는 것을 알게 된다.

스스로 가한 고통은 죄에 대한 보상이 될 수 없다. 기독교인으로서 의로운 명분을 지키기 위하여 고통을 당하는 것이 그로 하여금 하나님의 아들과 동일시함을 받게 한다. 그러나 우리는 자신의 훈련 과정을 선택할 수 없다. 왜냐하면 '우리는 그의 작품'이기 때문이다. 우리는 그분의 뜻에 복종할 수밖에 없다. 각자는 하나님의 뜻에 따라 그에게 적합한 훈련을 받는다. 그래서 각자는 생기있는 돌처럼 영광의 주께서 주의 보배들을 만드실 때 그의 독특한 장식으로써 윤기나게 되는 것이다. 고행 교리에 지시된 대로 신도들은 겸손과 고통의 많은 증거를 만드는 반면에 사제, 주교, 추기경 그리고 교황들은 그러한 원리들을 오히려 무시하고 사치스럽게 사는 것이다.

로마교회가 죄를 다루는 용이한 방법은 이 고행 교리에서 볼 수 있다. 로마교회는 순수한 회개와 죄에 대한 슬픔을 요구하거나 죄로부터 돌이키는 것을 요구하지 않고, 교회에 대한 충성스런 행위와 참회자의 형벌을 두려워하는 것에 대체된 것으로 인정하는 것이다. 따라서 참회자는 특히 그가 사제와 좋은 관계에 있다면 비교적 쉬운 조건에서 용서받는다. 그는 보통 성모 마리아 기도송을 주어진 횟수만큼만 암송하는 것같은 너무 어렵지 않은 어떤 일을 행하도록 지정받는다. 그 결과 그는 양심의 별 가책없이 그의 악한 길을 다시 가게 된다. 그러나 성경은 참된 회개를 하는 죄인이 먼저 할 것은 그의 죄를 하나님께만 고백하고 그 죄로부터 실질적으로 떠나야 하는 것이라고 가르친다. 요한은 말하였다. "만일 우리가 우리 죄를 자백하면 저는 미쁘시고 의로우사 우리 죄를 사하시며 모든 불의에서 우리를 깨끗게 하실 것이요"(요일 1:9).

코울 박사(Dr. C. D. Cole)는 말하기를, '로마교의 근본적이고도 치명적인 오류'는 그리스도께서 구세주로서 충분하다는 것을 부인하는 것이라고 하였다. 그것은 그리스도의 십자가 위에서의 희생의 능력을 부인하는 것이다. 로마교도 그리스도를 가졌다. 그러나 그분은 구세주로서 충분치 못하다. 그가 갈보리에서 이룬 역사는 미사에서 반복되어야 하고 고행의 행위를 통하여 보완되어야 한다. 그래서 사제의 술책과 성찬 중시 풍조가 생기게 된 것이다. 로마교는 복잡한 행위 구원 체계이다. 그것은 구원을 파는 것이다. 그러나 이것은 이사야 선지자의 표현인 '돈 없이, 값 없이'와는 전혀 다르다. 로마교는 분할 납입금 제도로 해서 구원을 준다. 그러면 가난한 자는 지불을 못하게 되고 죽으면 많은 미납금이 남게 된다. 그 결과 그는 연옥에서 고통을 받음으로 지불해야 하거나 혹은 그의 남은 친지들이 기도하거나 구제 또는 고난을 당함으로 부채를 지불하게 되는 것이다. 그 전체계와 계획들은 요람에서 무덤에 있는 자들까지, 심지어는 그 이상에까지 공적과 돈을 요구한다. 확실히 그러한 구원의 계획을 구상한 지혜는 위로부터 온 것이 아니고 세상적이고 감각적이다"(토론토의 야비스가 침례 교회에 행한 설교에서).

물론 선행은 하나님을 기쁘시게 하며 기독교인의 삶에서 필요하고도 중요한 것이다. 그것들은 사람의 참 신앙을 가졌고 자연스럽게 뒤따르는 일로서

받은바 큰 구원 때문에 하나님을 사랑하고 감사드리게 되는 것이다. 어떤 믿는다는 기독교인이 성경의 말씀에 순종하지 않고 선한 기독교인의 삶을 살지 않는다면, 그것은 그의 믿음이 거짓이라는 증거가 된다. 바꿔 말하면, 선행은 구원의 명분이나 기초도 아니고 구원을 얻게 하는 것도 아니다. 오히려 그것은 단지 구원의 열매이고 구원받는 증거일 뿐이다. "우리를 구원하시되 우리의 행한바 의로운 행위로 말미암지 아니하고 오직 그의 긍휼하심을 좇아 중생의 씻음과 성령의 새롭게 하심으로 하셨나니"(딛 3:5). 중생한 그리스도인은 포도나무가 포도를 맺음같이 자연스럽게 선행을 하게 된다. 그것은 그의 본질의 한 부분이다. 그가 그것을 행한 것은 구원받기 위해서가 아니라 구원을 받았기 때문이다. 더 나아가서 성인의 분명한 표식은 그 사람이 하나님을 위해서 행한 것에 있는 것이 아니고 하나님이 그를 위해서 행한 것에 있다.

그러므로 고행은 성경적인 구원의 길을 모르는 자들을 통제하기 위한 또 하나의 분명한 도구이자 계략인 것이다. 우리는 하나님 한 분에게만 우리의 개인적인 과실을 고백할 필요가 있는 것이다.

3. 은혜에 의한 구원

성경은 죄인의 구원은 은혜에 속한 문제라고 선언한다. 에베소서 1:7~10로부터 우리는 구속의 역사에서 하나님의 첫째 목적은 이 신적 속성의 영광을 나타내 보여서 오고 오는 세대를 통해 지각있는 우주 만물이 하나님의 과분한 사랑과 끝없는 선하심을 통해서 죄 많고 사악하고 무익한 피조물에게 알려진 것으로써 그것을 찬미하게 하기 위한 것이다. 따라서 모든 인간은 죄 많고 비참한 상태에 빠진 것으로 나타난다. 인간 스스로는 거기서 절대로 구원할 수 없다. 그들이 하나님의 진노와 저주를 받아 마땅할 때, 하나님은 많은 사람들을 위해서 은혜로 구원을 주시기로 결정하셨다. 이 목적에서 삼위일체의 2위인 그리스도께서 우리의 형상을 입으시고 우리를 대신하여 순종하시고 고통을 당하셨다. 그리고 성령께서 그 구속을 각자 영혼들에게 적용하시기 위하여 보내지셨다. 아담의 죄가 우리에게 들어와서 우리 개인적으로 그 죄에 대해서 책임이 없지만 그 죄에 대해 책임을 지고 그 죄의 결과를 담당해야 한다는 그런 대표 원리에서 이번에는 우리 죄가 그리스도에게 주입되었다. 그리고 그의 의도 우리에게 주입된 것이다. 이것은 장로교 웨스트민스터 소요리 문답에 간단 명료하게 잘 표현되어 있다. 거기에 이렇게 기록되어 있다. "칭의는 하나님의 값없는 은혜의 행위이다. 거기에서 하나님은 우리의 모든 죄를 용서하시고 우리를 의인으로 영접한다. 이는 우리에게 주입되고 오직 믿음으로만 받아들이는 그리스도의 의 때문이다"(질문의 답변 〈Ans. to Q.〉 33).

'은혜'(grace)라는 단어는 무가치하고 죄인인 자에게 행사된 하나님의 값없고 과분한 호의를 의미한다. 그것은 인간의 무가치함과는 상관없이 주어진 것이다. 그래서 행위나 공적을 그 체계의 어느 부분으로 끌어들이는 것은 그것의 본질을 망치거나 그것의 의도를 왜곡시키는 것이다. 그것이 은혜이기 때문에, 과거의 공적에 기초하여 받을 수 없다. 그것은 보수로써 얻을 수 없다. 바로 그 이름이 내포한 대로, 그것은 반드시 무상이어야 한다. 타락한 본성의 인간은 은혜가 주어질 때까지는 죄의 노예이기 때문에, 그가 앞서 가질 수 있는 모든 공적은 허물들이고 선물이나 호의가 아니면 형벌만을 받을 수밖에 없다.

하나님은 절대적으로 완전하기 때문에 그의 지각있는 피조물에게는 흠없는 순수성과 완전한 순종을 요구하신다. 이 완전함은 그리스도의 흠없는 의가 그들에게 주입된 데서 그의 백성들에게 주어진다. 그래서 하나님은 구속받은 자들을 보실 때 자신의 옷으로 입지 않고 이 흠없는 옷으로 옷입은 자들을 보신다. 우리는 그리스도께서 '의로운 자로서 불의한 자를 대신하여' 고통을 당했다고 들었다. 인간이 실상은 전부 은혜인 구원이 자기의 어떤 능력이나 기술에 의한 것이라고 생각하도록 부추겨질 때, 하나님은 그의 영광의 일부분을 도적질 당한다. 어떤 상상에 의해서도 금생에서의 선행이 영생의 축복과 똑같이 간주될 수는 없다. 사실 우리는 단지 받아들일 수밖에 없다. 우리는 결코 하나님께 상응한 보상을 해 드릴 수 없다. 우리는 항상 그로부터 받을 것이고 영생할 것이다.

모든 사람들은 자연히 그들이 구원을 얻어야 한다고 느낀다. 그래서 그 관심에 어떤 대책이 있는 제도가 그들에게 쉽게 다가온다. 그러나 바울은 다음과 같이 말함으로써 그러한 추론에 쐐기를 박는다. "만일 능히 살게 하는 율법을 주셨더면 의가 반드시 율법으로 말미암았으리라"(갈 3:21). 또한 예수께서도 다음과 같이 제자들에게 말씀하셨다. "이와 같이 너희도 명령받은 것을 다 행한 후에 이르기를 우리는 무익한 종이라 우리의 하여야 할 일을 한 것 뿐이라 할지니라"(눅 17:10). 우리는 우리 자신의 의가 없다. 이사야는 다음과 같이 말하였다: "우리의 의는 다 더러운 옷 같으며"(사 64:6). 구원은 자기 백성을 위해서 고난을 당하시고 죽으셨던 그리스도의 공로에만 의지한다. 그러므로 하나님께서 천국에 들어오는 모든 자에게 완전함을 요구할 수 있음에도 불구하고 죄인들이었던 자들을 천국으로 받아들일 수 있는 것이다.

이사야는 다음과 같이 기록했는데, "너희 목마른 자들아 물로 나아오라 돈 없는 자도 오라 너희는 와서 사 먹되 돈없이, 값없이 와서 포도주와 젖을 사라"(사 55:1). 그는 여기에서 돈 없고 굶주리고 목마른 자들에게 와서 값없이 양식을 소유하고 누리라고 초대했다. 돈없이 사는 것은 이미 다른 분이 값을 지불해서 생산이 되고 제공되었다는 것을 뜻한다. 우리가 그리스도인의 삶에서 더 향상되면 향상될수록, 우리는 더 적게 우리 자신에게 공로를 돌리며 하나님께 더욱 더 감사하게 된다.

바울은 구원을 자기 공로에 두려는 자들에 관하여 말하기를, "하나님의 의를 모르고 자기 의를 세우려고 힘써 하나님의 의를 복종치 아니하였느니라"(롬 10:3). 그러한 자들은 하나님의 교회 안에 있지 않다. 그는 '하나님의 의'는 우리에게 믿음을 통하여 주어지고 우리는 단지 그리스도의 공로를 의지하여 간구하므로 천국에 들어간다는 것을 분명히 했다. 성서는 되풀이하여 구원은 하나님께 속한 것이다라고 계속 주장한다. 비록 인간이 자기 행위로는 구원을 얻을 수 없다는 결론에 이르는 것이 어렵다 하더라도 말이다.

이 은혜 체계의 이유는 기뻐하는 자들로 주안에서만 기뻐하게 하고 구원받은 어떤 사람도 다른 사람에 대해 자랑할 이유가 없게 하기 위해서다. 로마교의 교리는 이러한 구원의 참으로 영광스러운 성격을 파괴하고 은혜에 행함을 더한 체계로 대체시켰다. 그러한 행함이 하는 역할이 아무리 미미하다고 말해도, 그것들은 결정적이고 결국은 구원받은 자와 멸망받는 자 사이를 구별하는 기준이다. 왜냐하면 행위로 구원받는 자는 조롱하는 손가락질을 하며 말하기를, "당신도 나처럼 구원의 좋은 기회를 가졌소. 그러나 나는 받아들였으나 당신은 그 제의를 거절했고 그러므로 당신은 마땅히 고통을 당해야 하오." 그러나 은혜로 구원받았다면, 그 구원받은 자는 그가 구출받은 수렁을 기억하고 멸망당하는 자들을 불쌍히 여기고 동정하게 된다. 그는 하나님의 은혜가 아니었으면 자기도 멸망 당하는 자들과 같은 상태에 있을 것이라는 것을 안다. 그의 노래는 "여호와여 영광을 우리에게 돌리지 마옵소서 우리에게 돌리지 마옵소서 오직 주의 인자하심과 진실하심을 인하여 주의 이름에 돌리소서"(시 115:1).

그런데 트렌트 공의회는 개혁자들의 이신칭의(以信稱義) 교리에 반대하고 자기들의 고행 교리를 옹호하여 다음과 같이 공표하였다.

> "만일 어떤 사람이 구원을 받는 믿음은 그리스도 때문에 죄를 용서하는 하나님의 자비를 믿는 것일 뿐이라든지 이 확신에 의해서만 우리가 구원받는다고 말하면, 그는 저주를 받게 하라"(Sess. VI, Can. 12).

이러한 입장을 가지는 데 있어서, 로마교는 가장 숭배하는 교부 중의 한 사람인 어거스틴의 가르침을 거부한다. 왜냐하면 어거스틴은 구원은 사람의 공로에 의한 것이 아니라 완전히 하나님의 은혜에 의한 것이라고 가르쳤기 때문이다.

로마교의 저주에 반하여, 바울은 다음과 같이 선언하였다. "그러나 우리가 혹 하늘로부터 온 천사라도 우리가 너희에게 전한 복음 외에 다른 복음을 전하면 저주를 받을지어다"(갈 1:8). 그리고 다시 그는 말하였다: "무릇 율법 행위에 속한 자들은 저주 아래 있나니 기록된 바 누구든지 율법 책에 기록된 대로 온갖 일을 항상 행하지 아니하는 자는 저주 아래 있는 자라 하였음이라"(갈 3:10). 여기에서 바울은 율법을 지킴으로써 구원을 얻고자 하는 모든 자들은 율법을 완전히 지켜야 한다고 가르친다. "율법 책에 기록된 모든 것들을 행해야 한다." 그러나 분명히 이것은 인간으로서는 불가능하다. 이러므로 바울의 저주는 로마교의 저주를 분쇄한다. 왜냐하면 그것은 어떤 형태로든 행위로 구원을 받는다고 가르치는 자들에 대한 하나님의 저주이기 때문이다.

마틴 루터가 아직 수도승으로서 로마 순례길을 행하면서 scala sancta 즉, 성스러운 계단을 무릎으로 한 계단씩 오르면서, 하나님의 평화를 찾으려고 했을 때, 그의 마음을 환하게 비쳤던 것은 오직 믿음에 의해서만 의롭다 함을 받는다는 이 위대한 진리였다. 순간적으로 이 진리는 그에게 나타나서 그는 "의인은 오직 믿음에 의해서 살리라"(롬 1:17; 갈 3:11; KJV)라는 구절의 참된 의미를 알게 되었다. 즉시 그는 그 발로 일어나서 계단을 내려갔다. 어떤 사람이든지 고행으로 구원을 얻을 수 있다고 생각하는 것이 얼마나 잘못된 것인가? 루터와 로마교회와의 공식적인 단절은 수년 후에야 비로소 되었지만, 로마에서의 그 날 그가 한 행동은 사실상의 개신교 종교개혁의 서곡이었다.

4. 더 이상의 성경적 증거

신약성경에 나타난 기독교 신앙은 신자가 사제에 의해서 부여된 선행을 통하여 그의 구원을 얻어야 하거나 얻을 수 있다거나, 구원시키는 은혜는 신자 자신의 도덕적 성결과는 상관없이 사제에 의해서 주어질 수 있다거나, 혹은 그런 은혜는 어느 교회 기관에 충성하기 때문에 줄 수 있다는 그러한 교리를 거부한다. 대신에 신약성경의 기독교 신앙은 우리는 단순한 믿음으로 구원을 받을 뿐이라고 가르친다. 다음과 같은 말씀들은 이렇게 증거한다.

"너희가 그 은혜를 인하여 믿음으로 말미암아 구원을 얻었나니 이것이 너희에게서 난 것이 아니요 하나님의 선물이라 행위에서 난 것이 아니니 이는 누구든지 자랑치 못하게 함이니라"(엡 2:8~9).

"의인은 믿음으로 말미암아 살리라"(롬 1:17).

"사람이 의롭게 되는 것은 율법의 행위에서 난 것이 아니요 오직 예수 그리스도를 믿음으로 말미암는 줄 아는 고로 우리도 그리스도 예수를 믿나니 이는 우리가 율법의 행위에서 아니고 그리스도를 믿음으로서 의롭다 함을 얻으려 함이라 율법의 행위로서는 의롭다 함을 얻을 육체가 없느니라"(갈 2:16).

"만일 은혜로 된 것이면 행위로 말미암지 않음이니 그렇지 않으면 은혜가 은혜 되지 못하느니라"(롬 11:6).

"만일 의롭게 되는 것이 율법으로 말미암으면 그리스도께서 헛되이 죽으셨느니라"(갈 2:21).

"아브라함이 하나님을 믿으매 이것이 저에게 의로 여기신 바 되었느니라 일하는 자에게는 그 삯을 은혜로 여기지 아니하고 빚으로 여기거니와 일을 아니할지라도 경건치 아니한 자를 의롭다 하시는 이를 믿는 자에게는 그의 믿음을 의로 여기시나니"(롬 4:3~5).

"그러므로 우리가 믿음으로 의롭다 하심을 얻었은즉 우리 주 예수 그리스도로 말미암아 하나님으로 더불어 화평을 누리자"(롬 5:1).

"아들을 믿는 자는 영생이 있고 아들을 순종치 아니하는 자는 영생을 보지 못하고 도리어 하나님의 진노가 그 위에 머물러 있느니라"(요 3:36).

"주 예수를 믿으라 그리하면 너와 네 집이 구원을 얻으리라"(행 16:31).

"이제는 율법 외에 하나님의 한 의가 나타났으니 율법과 선지자들에게 증거를 받은 것이라 곧 예수 그리스도를 믿음으로 말미암아 모든 믿는 자에게 미치는 하나님의 의니 차별이 없느니라 … 그러므로 사람이 의롭다 하심을 얻는 것은 율법의 행위에 있지 않고 믿음으로 되는 줄 우리가 인정하노라"(롬 3:21, 22, 28).

후에 로마가 교황권의 중심지가 되었는데, 로마인들에게 보내는 서신서에서 이처럼 이신칭의 교리가 분명하게 나타나 있다는 것은 얼마나 놀라운 일치인가! 마치 이것은 로마교회의 오류들에 대해서 강렬하고도 영원한 항의처럼 느껴진다. 왜냐하면 만일 우리가 단번에 죽으신 그리스도를 믿음으로 의롭다함을 받는다는 것을 믿는다면, 우리는 절대로 갈보리의 희생을 그만큼 많이 반복시키는 것과도 같은 미사의 희생을 믿을 수는 없을 것이기 때문이다.

5. 면 죄

고행과 관계된 또 다른 주제는 면죄(indulgences)에 관한 것이다. 발티모어 교리문답은 면죄를 다음과 같이 정의한다.

"면죄란 죄에 합당한 일시적 형벌을 전체적으로나 혹은 일시적으로 면제하는 것을 말한다. … 사면에는 대사와 소사가 있다. 대사란 죄에 합당한 일시적 형벌의 충분한 면제를 말하고 … 소사란 죄에 합당한 형벌의 일부분이 면제되는 것을 말한다. … 사면을 얻기 위해서는 우리가 은혜의 상태(사제에게 만족스럽게 고해한 결과)에 있어야 하고 부과된 행위를 행해야 한다."

또 다른 교리문답은 사면을 더욱 간단히 "죄가 용서받은 후에라도 금생에서나 연옥에서 당해야 하는 일시적 형벌의 면제"로 정의한다. 그러므로 사면은 죄에 해당하는 사람의 고통을 단축시키거나 취소하는 율법의 공식적 경감이다. 그리고 그것은 보통 연옥의 고통에 대해서 말한다.

면죄는 교황에 의해서 주어지는데, 로마교회는 바로 이 교황이 연옥에 대해서 개인적 재판권을 가지고 있다고 가르친다. 그런데 사면은 보통 사제를 통해서 교회에 드린 예물이나 봉사 혹은 선행에 대한 답례로 주게 된다. 이러한 형벌의 면제는 소위 미사용된 공적의 굉장한 보고를 가지고 있기 때문에 가능하다고 한다. 그 보고는 그리스도의 고통 뿐만 아니라 자신들의 구원에 필요한 것 이상으로 완전한 선행을 행했던 마리아와 성인들의 선행 때문에 축적되어 있다고 한다. 그래서 그리스도의 죽으신 고통 뿐만 아니라 마리아와 성인들의 선행들이 죄를 용서하는 근거이다. 교회는 그 보고에서 공적을 꺼내서 교회의 어떤 회원이 죄를 용서받기에 필요한 것을 고통당했거나 한 것처럼 그것들을 적용시킬 수 있다고 주장한다.

면죄는 비록 특히 미개하고 무식한 사람들 가운데서는 수없이 행해지기도 하지만, 많은 사람들이 생각하고 그 용어가 시사한 것처럼 죄를 위임맡은 허가증은 아니다. 그것은 중세 시대에 발달했던 악습 가운데 하나였다. 사면은 사람이 연옥에서 당할 형벌을 제한된 기간 동안 해제받는 것을 말한다. 예를 들면 하루, 10일, 30일 등이다. 사면은 감옥의 가출옥과 같은 것이다. 1년간의 형을 언도받은 사람이 진심으로 뉘우치고 모범적이면 8개월 만에 석방될 수도 있다. 같은 방법으로 사면은 죄에 해당하는 형벌의 일부나 혹은 전부를 면죄할 수도 있다.

면죄는 대죄를 지은 사람이 사제에게 죄를 고백하고 면죄를 받아야 비로소 효력이 있을 수 있다. 사제는 고해에서 대죄만을 용서한다. 그러면 그것은 지옥에서 영혼을 구원한다. 그는 소죄는 용서하지 않는다. 소죄는 금생에서 속죄받든지 아니면 사후에 연옥의 불꽃 가운데서 고통당해야 한다.

로마교 교리에 의하면 대죄 중에 죽은 모든 사람들은 지옥으로 직행해야 한다. 그 곳은 기도나 미사 등도 그들의 고통을 조금이라도 감할 수 없다. 왜냐하면 고해하러 가서 사제의 면죄를 받은 사람만이 대죄가 제거되고 그것에 의해서 영원한 형벌이 면제되기 때문이다. 그러나 일시적 형벌은 남아 있어서 선행이나 기도 등에 의해서 금생에서 속죄를 받지 않으면 내세에서 고통을 받기 때문에 속죄를 받아야 한다. 사실 이것은 모든 카톨릭 교도는 지옥에 가지 않으려면 연옥을 반드시 통과해야 한다는 것을 의미한다. 우리가 앞에서 지적한 대로 어느 것이 대죄고, 어느 것이 소죄인가 하는 것의 명확한 목록이 없는 것 같다. 그 분류는 사제의 정의와 관계된 일의 목적에 따라서 장소마다 또한 사제마다 다르다.

오직 교황만이 모든 고통을 취소하고 대사를 베풀 수 있다. 주교는 40일까지 줄 수 있고, 교구 사제는 더 짧은 기간 동안의 사면을 줄 수 있다. 중세에는 대사는 예루살렘의 성묘를 방문하든지 혹은 성지 회복을 위한 십자군 운동에 참여하든지 아니면 개신교도를 핍박하고, 이단을 박멸하는 일에 참여하는 사람들에게만 주어졌다. 부분적 사면은 더 적은 봉사, 예를 들면 묵주기도 암송, 성모 마리아나 성인들에 대한 의식적 기도들, 자기를 부정하는 행위들, 자산 기부 등을 하면 베풀어질 수 있었다. 그러나 그 목록은 거의 끝이 없다.

원칙적으로 말한다면, 결코 교회는 사면권을 팔 수 없다. 그러나 그 규칙은 많은 경우에 어겨졌고 그것의 정신은 더 많이 위반되었다. 그 판매는 로마교가 절대적인 나라들에서 이루어졌는데, 그곳에서 대중 여론이 폭발하는 것은 고려되지 않았다. 사면권을 공개리에 처음 팔았던 교황은 요한 23세였는데, 공의회는 그것을 정죄했다. 다른 사람인 교황 요한 23세는 1958년에 그의 교황 즉위식에 참석하거나 라디오로 듣든지 아니면 T.V나 뉴스 필름으로 그것을 지켜보는 모든 사람들에게 대사를 베풀었다. 그리고 다시 1961년 부활절에 로마 성 베드로 광장에 부활절을 지키려고 모인 모든 사람들에게 대사를 베풀었다. 그러나 대부분의 사면은 부분적인 사면들이다. 로마교회는 조심스럽게 "하나님 한 분만이 면죄로 인하여 일시적 형벌이 얼마나 많이 없어지게 되는지 정확히 알고 계신다"라고 지적하였다. 그러므로 어떤 사람도 그가 면죄를 위하여 충분히 행했는지 또는 더 이상의 면죄는 필요하지 않는지 확신할 수 없다.

마찬가지로 특사, 즉 로마교회에 인정되지 않는 것을 허용하는 것이 매년 베풀어진다. 예를 들면 로마 카톨릭 교도와 개신교도가 결혼을 하면 무효 선언되는 것 등. 심지어 스페인에서는 최근까지 금요일에 고기를 먹는 것은 약간의 돈을 지불하면 허용되었다. 그렇지 않으면 그것들은 대죄인 것이다. 특사에 정해진 가격은 없다. 그러나 반드시 예물이 있어야 하고 더 중요한 것은 그 예물들이 푸짐해야 한다고 쌍방은 생각한다.

6. 면죄 교리의 역사적 발달

면죄를 인정해 준다는 관례는 초대 교회에는 없었다. 그것은 중세 시대에 로마교회에 의해 부과된 고해성사에 관련하여 생겨난 일이다. 처음에 그것들은 살아있는 사람에게만 적용할 수 있었다. 495년 로마 주교인 겔라시우스는 다음과 같이 말하였다: "그들은 우리가 또한 죽은 자에 대해서도 죄 사함을 베풀어야 한다고 요구한다. 분명히 이것은 우리에게 불가능하다. 왜냐하면 '너희가 땅에서 매는 것은 무엇이든지'라고 일컬어졌기 때문이다. 더 이상 땅에 없는 자들은 하나님께서 친히 심판하시기 위해서 남겨 주셨다." 그렇기 때문에, 이 교황이 성경 해석에 있어서 오류가 없다면 현재 통용되는 로마교의 실행은 오류인 것이다. 1096년 클레멘트 종교 회의(the Synod of Clermont)에서 우르반 2세는 십자군 운동에 참여하는 모든 자들에게 무제한의 면죄를 약속했다. 그때부터 면죄는 로마교회의 고정되고 수지맞은 관례가 되었다. 교황 클레멘트 6세(1342~1352)는 교회는 공적의 창고를 조절하여 어떤 사람의 남아있는 공적을 다른 신자에게 줄 수 있다는 교리를 공포하였다. 그리고 1477년에 교황 식스투스 4세는 면죄는 연옥에 있는 영혼들에게도 유효하다고 선언하였다. 그때 이래로 사면은 생존해 있는 사람에게와 마찬가지로 죽은 자들에게도 효력이 있는 것으로 간주되어 왔다.

이것은 사면의 수여나 판매와 관련해서 남용되는 일이 잦기 때문에 성직자와 평신도 가운데서 의식있는 사람들은 그 관습을 싫어하게 되었다. 수많은 선동하는 사람들이 유가족들의 지푸라기라도 잡고 싶은 마음을 무자비하게 이용해 왔다. 수많은 인류가 그들의 유가족들이 그들의 석방을 위해서 돈을 낼 때까지 연옥의 불꽃에서 고통받는 것으로 묘사되었다. 이 사악한 관습에서 야기된 부패가 독버섯처럼 교회 도처에 퍼졌다. 1250년에 영국의 링컨 감독인 그로세테스테(Grosseteste)는 교황에게 성직자의 저질성은 면죄부 판매에 기인한다고 항의했다. 추기경 위원회는 교황 바울 3세(1534~1549)에게 면죄부와 특사는 형언할 수 없는 소문들을 낳는다는 것을 교황에게 보고하고는 그에게 그것들을 중지시키도록 간청했다.

얼마 동안 면죄부는 공공연히 판매되었다. 교황 레오 10세(1513~1521)가 로마에 성 베드로 대성당을 완성하기 위해서 돈이 필요하게 되었을 때, 그는 대사를 팔도록 했고 그의 특사들을 모든 나라에 보내서 살아있는 사람에게 죄 용서를 약속했고, 죽은 자들을 위해서는 연옥의 불꽃에서의 석방을 약속했다. 사람들은 유럽의 많은 지역에서 면죄부를 판매하려고 준비하는 것을 보게 되었다. 수사 태츨(Friar Tetzel)이 독일 비텐베르그 부근 지방에 오게 된 것도 바로 이 목적 때문이었다. 그는 이런 주장을 했다: "돈이 상자에 펭그랑하고 떨어지자마자 영혼이 연옥에서 풀려나 천국으로 옮겨간다."

사람들로부터 돈을 울거내는 이 타락한 관습이 루터로 하여금 면죄에 대한 모든 제도에 대항하여 일어나게 했고 1517년 10월 31일 만성절 전날밤 비텐베르그 성당 문에 95개조 항의문을 붙이게 한 것이다. 제 86조는 이렇게 씌어져 있었다: "현재 교황의 재산은 최고의 백만 장자의 재산을 능가한다. 그렇다면 왜 그는 자기 돈에서 성 베드로 성당 하나를 지을 수 없고, 오히려 신실한 가난한 신자들에게서 돈을 거둬서 꼭 해야만 하는가?"

루터의 행동은 결국 제기된 문제들을 공개적으로 논쟁하기 위해서 교황권에 대담하게 도전하는 것이 되었다. 말할 필요도 없이 그의 도전은 받아들여지지 않았다. 그러나 그의 행동은 강렬한 흥분을 일으켰고 광범위한 지지를 받게 되었다. 그가 사면제도에 도전한 것은 당연했다. 왜냐하면 그는 그렇게 함으로써 간단히 1세기 동안 기독교를 주도하였던 것이다. 우리는 오늘날 로마에 있는 성 베드로 대성당을 방문하는 수많은 사람들이 그 성당의 건축이 개신교 종교개혁을 하게 하는 사건이었다는 것을 알게 되는 것이 놀라운 정도다.

당연히 다음과 같은 질문이 있을 것이다. 면죄부가 그렇게도 분명하게 복음적 구원의 계획에 위배된다면 왜 교황은 계속해서 그것들을 파느냐? 혹은 왜 그들은 아직도 그 관습을 계속 지지하느냐? 그 대답은 이렇다. 면죄부가 바티칸의 엄청난 수입원이 되기 때문이다. 교황들은 성경에 그런 관습에 관한 어떤 근거도 없는 줄을 알지만, 그들은 쉽게 돈을 모을 수 있는 유인책을 반대할 수 없었다. 지위가 높고 낮은 사람을 무론하고 사람들의 미신적 습관과 공포심을 이용하여, 그들은 엄청난 돈을 거둬들였다. 이 성 베드로 대성당 뿐만 아니라 다른 많은 계획들도 이런 식으로 모은 돈으로 대부분의 재정을 충당했다. 교황의 면죄부를 오늘날에는 팔지 않는다. 그러나 그것들은 아직도 수여되고 있고 그것들을 구하러 오는 신자들은 절대로 빈손으로 와서는 안되는 것으로 통하고 있다.

개인 구원 문제와 관련된 로마 카톨릭의 교리와 관습을 조사해 보면, 우리는 전혀 주저없이 고행과 사면의 전(全)체계가 거짓인 것으로 규정지을 수 있다. 구원을 위해서 그리스도를 의뢰하는 자들은 행함에 의해서가 아니고 믿음에 의해서 의롭다 하심을 받는다. 그들은 어떤 사제나 교황으로부터 고행의 분배나 사면을 받을 필요가 없다. 필요한 것보다 더 많이 행한 사람들이 쌓아 놓았다고 추정하는 성인들의 여분의 공적이란 것도 모두 꾸며낸 말이다. 어떤 사람도 선행에 의해서는 자기 구원도 얻을 수 없는데, 하물며 그가 다른 사람에게 줄 수 있는 공적이 어디 있겠는가! 사람들이 받은 고행과 사면은 무가치할 뿐만 아니라 교묘한 사기극이다. 그것은 성경에 전혀 근거가 없다.

그러한 제도는 하나님을 죄를 용서하시는 분으로서 나타낸다. 그러나 죄인은 여전히 죄가 있고 그는 금생에서와 사후에 형벌을 받아야 한다고 한다. 사제들이 성인들의 공적과 심지어 그리스도의 공적까지도 자기들이 맡았다고 주제넘게 주장하는 것 자체가 얼마나 교만한 발상인가! 고행을 분배하고 사면을 베푸는 것이 영적으로 무지한 사람들을 사제의 권세하에 계속 잡아두는 가장 효과적인 방책이라는 것은 너무나 자명하다.

7. 구원의 확신

고행과 사면 교리의 첫째 결과로 나타나는 것은 로마 카톨릭 교도는 세례도 받고 견신례도 받았지만 개신교도에게는 대단히 큰 축복인 구원의 확신을 결코 가질 수 없다는 것이다. 영적으로 민감한 사람일수록, 종교적 선행을 계속하고자 하는 사람들은 자기는 자기 죄에 해당한 만큼 결코 고통을 당할 수 없고 또한 구원을 얻기에 충분할 만큼 가치있게 될 수도 없다는 것을 더 잘 알게 된다. 죽어가는 카톨릭 교도는 자기가 할 수 있는 모든 것을 다 했고 마지막 의식이 자기에게 베풀어진 후에도 자기는 아직 연옥에 가야 한다고 듣게 된다. 거기서 그는 얼마나 오랫동안 계속되는가 하는 보장도 없이 미지의 고통을 받을 것이다. 단 하나의 보장이 있다면 그것은 자기 친지가 풍족하게 돈을 내면 그의 고통이 단축될 것이라는 것이다. 그러나 죽으면 곧바로 천국에 가서 그리스도 앞으로 간다고 확신하는 참된 신자의 죽음은 그 모든 것과 얼마나 대조적인가! 이처럼 살아서나 죽어서나 복음적인 신앙은 얼마나 놀라운 축복인가!

트렌트 공의회는 심지어 자기가 구원을 받았다고 감히 말하거나 죄의 형벌이 죄와 함께 용서받는다고 말하는 자는 누구든지 저주를 받을 것이라고까지 공표했다. 그런 확신은 거짓이고 죄 많은 교만의 결과라고 공표되었다. 로마교는 자기 신자들을 끊임없이 계속되는 두려움과 불확실에 있도록 한다. 임종시에도, 마지막 종부성사가 행해지고, "영혼의 영면을 위해서"라고 말하면서 수많은 묵주 기도를 드리고 난 후에도, 사제는 구원의 확신을 줄 수 없다. 사람은 만족할 만큼 선하지 못해서, 연옥에서 소죄들이 깨끗이 씻겨질 때까지 있어야 한다. 그 후에야 비로소 천국에 들어갈 수 있다. 어떤 사람도 구원의 확신없이는 참으로 행복할 수 없다. 특히 영적인 문제에서, 의심스럽고 불확실한 상태는 비참한 상태인 것이다.

그러나 분명한 사실은 인간은 구원받을 수 있다는 것이다. 그가 해야 되는 모든 것은 그리스도께서 완성하신 일을 믿고 그분으로부터 영생을 선물로 받아들이는 것이다. 왜냐하면 그의 말씀은 다음과 같이 선언하고 있기 때문이다. "내 말을 듣고 또 나 보내신 이를 믿는 자는 영생을 얻었고 심판에 이르지 아니하나니 사망에서 생명으로 옮겼느니라"(요 5:24). "아들을 믿는 자는 영생이 있고 아들을 순종치 아니하는 자는 영생을 보지 못하고 도리어 하나님의 진노가 그 위에 머물러 있느니라"(요 3:36). 성경은 우리에게 말씀하시기를 "그 아들 예수의 피가 우리를 모든 죄에서 깨끗하게 하실 것이요"(요일 1:7)라고 했고, 그리고 "몸을 떠나는 것"이 "그와 함께 있기 위한 것"(고후 5:8)이라고 했다. 바울은 그가 죽으면, 즉시로 그리스도 앞에 갈 것이라고 예상했다. 왜냐하면 그가 빌립보 교회에 다음과 같이 썼기 때문이다. "내가 그 두 사이에 끼였으니 떠나서 그리스도와 함께 있을 욕망을 가진 이것이 더욱 좋으나(거기에는 절대로 연옥이 없도다!) 그러나 내가 육신에 거하는 것이 너희를 위하여 더 유익하리라"(빌 1:23, 24). 그리고 예수께서 말씀하신 부자와 나사로의 비유에서, 나사로는 천사에 의해서 지상에서 곧바로 아브라함의 품으로 옮겨진다(눅 16:19~31).

또 게다가, 그리스도께서는 그의 백성을 구원받게 할 수 있으되, 매우 변덕스러운 그들의 선이나 성실 때문이 아니라 그의 능력과 은혜로 하신다. "내가 저희에게 영생을 주노니 영원히 멸망치 아니할 터이요 또 저희를 내 손에서 빼앗을 자가 없느니라 저희를 주신 내 아버지는 만유보다 크시매 아무도 아버지 손에서 빼앗을 수 없느니라"(요 10:28~29). 그리스도께서 말씀하시는 이 영생은 선물이다(요 3:16). 그것은 '중생'(딛 3:5) 혹은 '거듭남'이나 '위로부터' 온 것(요 3:3)인 새로운 탄생이라고 불려지는 것으로서 영혼 가운데 역사하시는 성령의 초자연적인 사역에 의해서 유효하게 된다.

그것은 돌이킬 수 없으니 — "하나님의 은사와 부르심에는 후회하심이 없느니라"(롬 11:29). 하나님 편에서의 완전한 초자연적 행동이 영혼을 영적인 사망의 상태에서 꺼내서 영적인 생명의 상태로 데려온다. 그리고 하나님의 또 다른 완전한 초자연적 행동이 그 상황을 바꿀 수 있다. 이것이 참다운 '성도의 견인'이다. 그런데 우리가 하나님을 붙잡기 위해서 끝까지 인내하는 것이 아니고 하나님께서 우리를 끝까지 붙드신 것이다.

그러므로 하나님께서는 우리가 구원받기를 원하신다. 그리고 그는 우리가 구원받은 것을 알기를 원하신다. 그의 말씀에서 그렇게 말씀하신 것이다. 우리는 완전하고 죄인들의 모든 필요를 다 채우는 구원을 가졌다. 개신교에서는 구원이란 그 사람이 그리스도를 구주로 받아들이는 바로 그때, 즉 현재에 구원을 받는다. 로마교에서 구원은 미래적이다. 고해성사와 친교에 선행을 행했으며, 연옥을 통과한 후에야 구원을 받는다. 개신교 교리에서 구원은 은혜에 속한 것이다. 로마교에서는 구원을 받기 위해서 힘써 행해야 하고 비싸게 값을 치러야 한다. 사제가 지시한 것을 다 행한 후에도, 로마교 신도는 여전히 자기가 구원을 받았는지 안받았는지를 모른다. 뿐만 아니라 구원의 확신을 가지고 있는 자들은 누구든지 트렌트 공의회가 공표한 대로 저주하에 놓여 있는 것이다. 그러므로 영생의 확신을 누리고 있는 철저한 로마 카톨릭 신도는 어디서든지 찾아볼 수 없다. 현대주의나 자유주의는 구원의 확신을 줄 수 없고, 또한 유대주의나 회교 신앙, 그 어떤 이방 종교도 구원의 확신을 줄 수 없다. 복음적인 개신교만이 그 확신을 줄 수 있다. 그것이 바로 믿음으로만이 구원을 얻는다고 선언했던 16세기 종교개혁의 중심 사상이었다.

대단히 희한한 일이 1958년에 교황 피우스 12세의 죽음과 관련하여 일어났다. 그의 주치의였던 갈레아지-리시(Dr. Galeazzi-Lisi) 박사가 사망 직후에 어느 로마 신문에 기사 하나를 써서 발행하도록 했는데, 그는 거기서는 "교황 피우스 12세의 고통스러운 죽음"이라고 기술하면서 교황의 미래에 관한 두려움과 불안을 말했다. 그러나 그 기사는 교회 당국자들의 강한 반대에 부딪혔다. 발행되어진 신문들이 배포되어지기 전에 회수되었다. 그리고 갈레아지-리시 박사는 당장 그의 직책에서 파면되었다. 월터 몬타노 박사는 당시에 "기독교 유산"이란 책의 발행인이었는데, 1922년에 교황 베니딕트 15세가 죽었을 때도, 그의 죽음에 관한 비슷한 보고서가 제출되었다고 회상했

다. 그는 덧붙이기를,

"그런 사람의 마지막 임종에 대해서는 연민의 감정만을 느낄 수 있을 뿐이다. 하늘과 땅의 열쇠를 가지고 있다는 교회의 최고 성직자가 그 열쇠를 자기의 영원한 구원을 위해서는 사용할 수 없다니 어디 믿을 수 있겠는가? 자기의 일생을 종교에 헌신한 사람으로서 얼마나 불쌍한 말로인가? 그들이 말한 바로는 그는 '성 베드로의 돛단배'(the barque of St. Peter)를 지휘한 사람이요 무모한 사람이었으며, 그는 이전의 어떤 교황도 감히 상상 못할 상태로 성모 마리아를 격상시켰던 사람이었다."

"그는 임종시에 자기가 어떤 곳에 갇히게 될지 알지 못하여 두려움과 번민 속에서 죽었다. 엄청나게 위엄을 갖추고 정교하게 짜여진 의식을 보면서, 사람들은 특히 로마 카톨릭 교도들은 감동을 받았을 것이다. 그러나 그들은 그에게서 천국의 한치도 얻을 수 없었다. 살아있을 때에 언제든지 '나는 구원받았다' 라고 말할 수 있는 자는 누구든지 대죄를 범하는 것이라는 로마 카톨릭 교리가 수립되어 있으니, 그의 영혼과 그의 영원한 운명에 대하여 무어라고 할 것인가? 로마 카톨릭에서는 이 교황이 바로 지금 어디에 있는지 어떻게 알고 있는가?"

"만일 교황 피우스 12세가 우리의 죄를 위해서 죽으셨던 유일하신 그 분을 믿는 신앙을 고백하는 용기를 가졌었더라면, 만일 그가 하나님과 사람 사이의 중보자는 오직 한 분이시다라는 것을 알았더라면, 만일 그가 그리스도의 죽음이 어떠한 다른 희생도 불필요하게 하고 그리스도께서 온 세상 죄를 위하여 단번에 죽으셨다는 사실을 받아들였더라면 — 그러면 교황 피우스 12세는 그런 두려움과 절망의 죽음, 즉 '고통당하는 죽음'에 직면하지 않을 수 있었을 것이다. 대신에 그는 '나는 내가 믿어온 그 분을 안다' 라고 말할 수 있었을 것이다"(Issue of December, 1958).

13 장

의식주의

1. 의식주의
2. 의례
3. 성상
4. 묵주 — 예수의 십자고상 — 어깨 장식들
5. 성(聖)유물 — 성지 순례
6. 죽은 자를 위한 기도
7. 결론

의식주의

1. 의식주의

만일 우리가 카톨릭 교인 뿐만 아니라 카톨릭 교회와는 개인적으로 어떠한 관계도 맺지 않고 있는 다른 많은 사람들에게 미치는 로마 카톨릭 교회의 힘과 영향에 대하여 설명해 주는 요소들을 조사해 본다면, 가장 중요한 요소들 중의 하나가 바로 카톨릭 교회의 의식의 예배임을 알게 될 것이다. 호화로운 제복, 화려한 행렬, 성관(盛觀, 화려한 구경거리)과 신비스러운 상징적 기호체계, 장중한 음악, 노래하는 목소리로 낭송하는 사제들의 독백의 음조들, 흔들리는 초, 딸랑거리는 종, 달콤한 향기를 풍겨내는 향, 마리아가 지배하는 성당의 희미한 불빛―이 모든 것들은 감정과 감각에 깊은 인상을 줄 수 있도록 고안되어져 있다. 대성당에서 증거된 로마 카톨릭 교회의 예배가 뉴욕에 있는 록시 극장(The Roxy Theatre)의 무대에서 이루어진 그 많은 장관에서 나타났다. 헐리우드(Hollywood)도 1958년 11월 로마에 있는 오만 여명의 사람들 앞에서 직접 행해지고 텔레비전과 영화 필름을 통하여 수백만 명의 사람들이 보았던 교황 요한 23세(John XXIII)의 화려한 대관식을 결코 능가할 수 없으며 심지어 같을 수도 없을 것이다. 한 뉴스는 그 대관식 장면을 다음과 같이 묘사했다.

" … 윤이 나는 갑옷 흉배와 진홍빛과 금빛의 제복을 입은 스위스 위병들, 로마 교황의 삼중관을 들고 오는 진홍빛 의복을 입은 성직자, 보라빛 수단(Soutane, 사제의 평상시의 예복)을 입고 있는 교황청 사제들, 하얀 주교관(主教冠)을 쓰고 은으로 장식된 예복을 입고 있는 주교들, 진홍빛 어깨 망토를 걸친 성직자들, 그리고 황금색으로 수놓인 담황색의 제복을 입고 각각 줄 맞춰진 행렬로 뒤따르는 추기경단, 마지막으로 열광의 함성이 막 새롭게 시작되는 가운데 교황은 화려하게 수놓인 차양 아래서 창안된 의자에 앉은 채로 12명의 인부들에 의해 옮겨졌다. 그 교황은 보석이 박혀 있는 삼중관을 쓰고 의식의 팔다(falda)를 가지고 있었다. 그 오른편과 왼편에는 많은 무리의 고귀한 사람들과 축제의 제복을 입은 교황청 호위병이 따르고 있었다."

순전히 인간이 만들어 낸 종교적인 전시, 의식적인 의례(의전), 이 모든 것들이 성경의 어느 곳에 암시되어 있단 말인가! 대표적인 로마 카톨릭의 작가들은 한 사람이 교황으로 선출된 후 그 직위를 수락하는 대관식과 관련된 이같은 일련의 의식들은 불필요하다는 것을 인정한다. 10세기 이전에는 교황의 대관식 의식이 없었다. 그러나 그때 이후로 대관식 의식의 형식은 상당히 변형되어 왔던 것이다.

한 미국인 목격자는 로마에 있는 성 베드로 성당에서 교황이 대중 앞에 나타나는 장면을 다음과 같이 묘사한다.

"먼저 아마 50명쯤 되는 총을 멘 경호 군인들이 들어온다. 그 다음에 교황의 사무관들이 들어온다. 이어서 교황이 앉아 있는 거대한 의자가 12명의 어깨에 들린 채로 옮겨진다. 교황은 하얀 스컬 모자를 쓰고 하얀 가운을 입고 있다. 우리는 그가 지닌 십자가상(crucifix, 십자가에 못박힌 예수상)의 다이아몬드에서 광채를 본다. 2만여 명의 군중들은 소리친다. '교황이여 영원 무궁하소서!(Viva il Papa!). 교황은 매우 관대하게 자신의 축복을 여기저기 뿌려주면서 사방에 있는 사람들에게 온화하게 인사하기 시작한다. 교황은 거대한 성당을 다 지나 제단에 옮기워지자 자신의 의자에서부터 사람들의 머리 위에 설치된 단상 위에 있는 붉은 성좌까지 걸어간다.

사람들은 감격하여 열광한다. 그들은 환호하며, 교황의 얼굴을 보게 하기 위해 아이들을 들어올린다. 그 빛나는 얼굴들을 둘러볼 때 거기에 참석한 사람들이 라트리아(latria)와 둘리아(dulia) 사이의 차이점을 알고 있는지 의문이 간다 ― 하나는 거룩한 것(a holy thing)에 대한 헌신이고 다른 하나는 오직 하나님께만 드려져야 할 헌신이다. 우리는 두렵기까지 하다 ―교황에게 주어지는 그같은 헌신이 오직 하나님께만 드려져야 하는 종류의 헌신이 아닌지! …

교황이 붉은 옷을 입은 열 두 남자들의 어깨 위에 다시 들려져 나가기 위해 자신의 의자에 오르는 순간, 어린이들은 울부짖고, 여인들은 나가지 않기를 간청한다. 교황은 모두에게 여기저기 인사를 하면서 들려나간다. 커튼을 막 지나갈 때 그는 일어서더니 다시금 사도적 축복을 나누어 준다. 무수한 무리들은—그들 대부분은 하나님의 자리에 앉아 있는 한 남자를 바라보면서—피아자 싼 피에트로(Piazza San Pietro)로 쏟아져 나간다. 그것은 그들의 경험 중에서 가장 황홀한 절정의 순간이 그들 생애 중 가장 격렬한 감동이 되어왔다.

광란 상태의 군중들이 그에게 그같은 커다란 영광을 돌릴 때 그 노인의 마음을 통해 지나가는 것이 무엇일까? 의문이 간다. 일찍이 군중들은 사람을 향해 '이것은 신의 소리요 사람의 소리는 아니다'(행 12:22)라고 크게 외쳤다. 그때 하나님께서는 당신의 분노를 강하게 드러내셨던 것이다.

하늘의 주(主)와 로마에 있는 그 분의 거짓 대리자 사이의 불일치가 이 얼마나 뚜렷한가! 예수님은 순회하는 겸손한 설교자이셨다. 그러나 이 신사는 열두 남자들의 어깨 위에 앉아 성당 안으로 들어온다. 모든 화려함과 겉치장, 조명, 의식, 상상할 수 있는 모든 부유한 이런 것들이 모두 한 종교 단체의 장엄함을 드높이기 위해 사용되어진다. 그러나 그 단체는 복음서와 사도행전에 나타나는 단순한 교회와는 모든 면에서 반대된다"(Article, Henry F. Brown).

사제들과 주교들 그리고 호화로운 예복을 입고 보석으로 된 주교관을 쓴 추기경들이 참석하는 성체 대회나 성모 마리아 대회 때도 이와 비슷한 장면들이 연출된다. 1946년 2월, 32명의 새 추기경들이 교황 피우스 12세(Pius XII)에 의해 선출되었을 때, 미국인들은 새 미국인 추기경의 진홍빛 예복 한 벌이 일만 달러나 한다는 것을 알고는 경악을 금치 못했다. 물론 교황의 예복은 훨씬 더 비싸다. 교황의 삼중관(삼중으로 장식된 관)에 박혀있는 보석들은 일백 삼십만 달러는 족히 될 것이라고 한다. 신교 목사들의 옷입는 방식과는 얼마나 대조적인가! 그뿐 아니라 카톨릭 교회의 설립자라고 단정하는 사도 베드로가 눈먼 걸인에게 한 말—"은과 금은 내게 없거니와"(행 3: 6)—과는 또 얼마나 대조적인가! 베드로는 "금을 차고 아름다운 옷을 입는"(벧전 3:3) 것에 대하여 경고하였다. 바울 역시 "내가 아무의 은이나 금이나 의복을 탐하지 아니하였고"(행 20:33)라고 말할 수 있었다.

그러나 어떤 사람들은 종교의 연극 같은 전시에 빠져들기를 원한다. 그래서 카톨릭 교회는 쉽사리 이같은 종교적 전시를 사용하게 되었다. 그러나 영적인 단체를 약화시키는 이와 같은 의식적인 전시들의 전체적인 결과는 대개 사려깊은 마음들을 쫓아버리게 되었고 그리하여 참된 기독교의 경계선을 완전히 넘어서게 되었다. 영적으로 민감한 사람들은 인성과 신성이 결합된 것과 같은 장엄한 전시들에 의해 움직여지는—종교에는 아무런 관심도 없는—수많은 사람들에게는 종종 그같은 전시가 중요한 매력이 되어 온 것을 가장 비난한다. 무식하고 배우지 못한 사람들 뿐만 아니라 교육을 받은 사람들에게까지도 카톨릭 교회의 화려함은 위엄있고, 매력있고, 생기를 주는 어떤 것처럼 보여지고 있다. 그러나 영적으로 매우 지친 여행자는 결국 이같은 의식과 의례는 오직 멀리 떨어져 보이는 신기루에 불과하다는 것, 즉 사막 땅을 통과하는 여정에 있는 여행자에게 쉼을 약속하지만 그러나 갈급한 마음에 평화와 기쁨을 가져다 줄 수 있는 생명의 물을 공급하는 데는 전적으로 실패하는 호사스런 전시에 불과하다는 것을 알게 되었다. 그 신기루는 점점 지평선 너머로 희미하게 사라져 버리고 장미꽃 같이 화려하게 되리라던 사막에는 오직 찔레와 가시만이 생겨날 뿐이다. 최소한의 의식으로 예배를 드리며, 그 강조점이 성경의 지식을 전해주고 또한 인간의 영적, 도덕적 본성을 교육하고 교화시키려는 설교에 있는 복음주의의 개신교 예배와 모든 법에 있어서 이 얼마나 차이가 나고 있는가!

스티븐 테스타(Stephen L. Testa)는 로마 카톨릭교의 의식과 의례에 관하여 다음과 같이 말한다.

"이교도의 로마와 유대인의 예루살렘은 이러한 의식들을 가지고 있었다. 그러나 그리스도께서 이 세상을 구원하기 위하여 오셨을 때, 그러한 의식들 중 어느 것도 따라서 행하거나 도입하지 않으셨다. 오히려 그것들을 멸시하셨다. 그리스도께서는 자신의 교회를 계급 정치 제도로써가 아니라 구원받은 영혼들의 단순한 형제애로써 창설하셨고, 그런 교회에게 모든 세상에 복음을 선포하도록 위임하셨다. 초대 교회, 카타콤의 교회는 300년 동안 그같은 의식들이 없었다. 그러한 의식들은 콘스탄틴 대제에 의해 기독교가 국교로 지정되고 그러한 이교도의 의식들이 도입된 소위 콘스탄틴 대제의 개종 이후인 4세기에나 있었다. 보편(카톨릭) 교회가 로마 카톨릭 교회로 된 것도 바로 그 시점이었다. 어느 누구라도 알 수 있듯이 이탈리아와 그 외의 다른 카톨릭 국가들은 이교의 의식들로부터 영적인 것이든 물질적인 것이든 어떠한 이익도 이끌어 내지 못하였다. 물론 종교 개혁은 그것들을 거부했던 것이다."

우리는 종종 로마 카톨릭 교회들과 대성당들의 웅장함에 놀라게 된다. 심지어 이것들은 비교적 가난하거나 더 나아가 빈곤한 사람들이 살고 있는 지역에서조차도 웅장하게 세워져 있다. 어거스트 반데락(August Vanderark)은 『멕시코의 희망 그리스도』(Christ the Hope of Mexico)라는 소책자에서 카톨릭 교회가 한 지역에서 얼마만큼이나 발전하였는가에 대하여 다음과 같이 설명하고 있다.

"멕시코에 오는 미국인 방문객들은 종종 멕시코의 거의 전지역에서 수많은 아름다운 성당들을 발견하고는 놀라움을 금치 못한다. '어떻게 그들은 그렇게 많은 수의 훌륭한 건축물들을 건축할 수 있는 여유가 있었는가?' 하는 질문을 많이 한다. 물론 그에 대한 대답은 노예 노동자인 것이다.

인디언들은 코테즈(Cortez)에 의해 정복당한 후 카톨릭 교회에 의해 강제로 노역이 부과되었다. 그리하여 그들은 카톨릭 교회의 예배당 건물과 그밖의 다른 종교 건축물들을 세우는 일에 동원되었던 것이다. 헨리 밤포드 파크스(Henry Bamford Parkes)의 가장 뛰어난 작품인 『멕시코의 역사』(A History of Mexico)에서 우리는 다음과 같은 글을 읽을 수 있다. '일만 이천 개의 성당들이 아즈텍족(Aztecs, 멕시코의 원주민)의 최고의 신인 휘찌로폭트리(Huitzilopochtli)에 대한 그리스도의 승리를 증거하고 있지만 그것들은 한편으로는 인디언들로부터 무임금 노동을 얻어 낸 예수회(Jesuits) 선교사들의 유능함을 증거하고 있다.' 많은 인디언들이 익숙지 못한 고된 노동에 강제로 동원된 결과로 죽었던 것이다."

로마 카톨릭교는 거의 의식과 의례 뿐인 종교이다. 그리고 그것은 복음의 순전함과 단순함에서 멀리 떨어져 있다. 상상된 축복은 신비적이고 마술적이다. 사실 어떤 지적인 참석자들은 교회의 백성이 될 것을 요구받지도 않는다. 그들은 주로 화려한 의식을 주시하는 구경꾼들이다. 그럼에도 그들은 단지 그 자리에 있다는 이 한 가지 사실 때문에 축복을 받게 된다고 생각한다. 신비롭게 만드는 사제들의 틀에 박힌 행동과 제단에서 사용하는 알아듣지 못하는 언어의 중얼거림은 더욱 더 경신(輕信)과 미신쪽으로 나아가는 경향이 있다. 1500년의 역사는 카톨릭 교회의 의식이 세상을 향상시키는 힘이 없음을 분명하게 보여주고 있다. 사실상 로마 카톨릭 국가들은 잘 알려진 대로 가난하고 문맹이고, 퇴락한다는 사실이 이상하지 않은가? 우리는 로마 카톨릭교가 구원의 방법에 대한 단순한 진리를 성경이 말하는 대로 드러내기보다는 오히려 모호하게 만든 것을 비난한다. 더욱이 성경에서는 찾아볼 수 없는 수많은 교리들과 의식들을 덧붙인 것을 비난한다. 카톨릭교에서 화려하게 꾸민 장식들을 옆으로 떼어 놓을 때 우리는 오직 추한 뼈대만을 발견하게 된다. 그것은 또 성경의 지지를 얻지 못하기 때문에 그 자신의 발로 지탱할 수도 없다. 여기에 적절한 말이 요엘서에 나오는 말씀이다. "너희는 옷을 찢지 말고 마음을 찢으라"(2:13). 그리고 특히 이사야서의 말씀이다.

> "여호와께서 말씀하시되 너희의 무수한 제물이 내게 무엇이 유익하뇨 나는 수양의 번제와 살진 짐승의 기름에 배불렀고 나는 수송아지나 어린 양이나 수염소의 피를 기뻐하지 아니하노라 너희가 내 앞에 보이러 오니 그것을 누가 너희에게 요구하였느뇨 내 마당만 밟을 뿐이니라 헛된 제물을 다시 가져오지 말라 분향은 나의 가증히 여기는 바요 월삭과 안식일과 대회(大會)로 모이는 것도 그러하니 성회(聖會)와 아울러 악을 행하는 것을 내가 견디지 못하겠노라 내 마음이 너희의 월삭과 정한 절기를 싫어하나니 그것이 내게 무거운 짐이라 내가 지기에 곤비하였느니라"(1:11~14).

이론적으로 예배자를 돕기 위하여 고안되었다는 정교한 의식과 의례는 보통 그와 반대의 효과를 가져온다. 즉 그것들은 마음을 영적이고 영원한 것에서 빼앗고는 물질적이고 일시적인 것에 집중시키도록 하는 경향이 있다. 예술적인 의식과 우아한 음악은 종종 그것 자체가 목적이 된다. 그래서 그것들은 쉽사리 사람들을 하나님의 예배에 참여하지 못하도록 막는 기구가 될 수 있다. 카톨릭교의 예배가 점점 더 정교해져 가고 예배식이 되어져 가고, 의식적이 되어져 가는 경향을 띠는 이유는 예배 즉 하나님께 대한 참된 예배의 마음을 상실하여 가기 때문이다. 그러나 아이러니컬하게도 그와 같은 노력을 하면 할수록 하나님께 예배하는 것이 점점 더 어렵게 된다. 그리하여 악순환이 거듭되어지는 것이다.

우리는 카톨릭교의 정교한 의식과 호화로운 비품들을 거부한다. 그것은 미(美)적인 안목이 부족하기 때문이 아니라 신학적인 이유 때문이다. 그와 같은 모든 것들은 아마 극장 안에서는 어울릴 수도 있다. 그러나 그리스도의 교회에는 적합하지 못하다. 이스라엘의 어린이들에게 주어진 예배에 대한 명령에서 분명히 알 수 있듯이, 적당한 범위 안에서의 존엄과 미는 하나님께 대한 예배에 있어서 적절한 특성들이다. 그러나 구약 성경에 나타나는 의식의 다양한 요소들은 하나님의 구원 계획을 보여주는 모형이요 그림자이다. 그것들의 목적은 복음을 구약 시대의 사람들에게 회화적으로 제시하는 데 있었다. 그러나 그와 같은 것들은 그리스도 안에서 이루어졌으며, 다른 것들(그리스도 외의)은 그와 같은 것들의 자리에 놓이지 못한다(히 8:5; 9: 23; 10:1).

예를 들어 신약 교회와 연결시킨 향(香, incense)에 대한 유일한 언급은 계시록에서 발견되는데, 거기에서는 향을 성도의 기도라고 비유적으로 언급한다(계 5:8; 8:3~4). 카톨릭교(Romanism)는 이런 점에서 유대교(Judaism)의 재연이며, 의식주의(ceremonialism)면에 있어서 신약 기독교보다도 유대교에 훨씬 더 가깝다. 로마 카톨릭교는 교회의 초기 시대를 위해 만들어졌던 그림 언어와 의식들에 큰 기쁨을 가지고 있으며, 아직도 성전의 아름다움과 화려한 의식에 얼을 빼앗기고 있다.

우리는 신약 성경이 교회에 대해 어떠한 예배 의식도 설정하지 않고 있음을 단호히 주장한다. 더 나아가 간소한 단순성 안에 아름다움이 있다는 것과 이 단순성은 초대 교회의 특성이었다는 것을, 그리고 4세기와 그 이후의 여러 세기 동안 이 단순성으로부터 멀어진 것은 영적 타락의 결과였다는 것과 의식주의와 의례주의의 대부분은 고대 로마의 이방 종교에서부터 취해온 것이었다는 것 등을 단언한다. 그러나 어떤 규정된 형식도 요구되지 않는 반면에 어떤 체계적인 형식이 개발되는 것은 필요하다. 왜냐하면 그 결과 "모든 것이" "적당하게 그리고 질서대로" 되어질 수 있기 때문이다(고전 14:40). 대부분의 교회는 로마 카톨릭교의 극단으로 빠지는 일이 없이 예배에 질서와 존엄을 부여하기에 충분한 예배 질서를 세워 놓고 있다.

개신교인들로 하여금 로마 카톨릭교 외형의 화려함에 현혹되지 않도록 하라. 대부분의 정교한 의식들은 만일 그 마음이 옳지 못하다면 사람을 구원하지 못할 것이다. 정경법(Canon Law)의 2천 가지 금지 조항들과 사제들의 모든 사면 선언도 참 신도(true believer)가 아닌 사람들에게 천국 문을 열어줄 수는 없다.

2. 의 례

카톨릭교 의례들 중에서 몇몇은 특별히 흥미롭다. 무엇보다도 가장 중요한 것은 아베 마리아(Ave Maria)이다. 이것은 일찍이 1508년에 부분적으로 사용되곤 하다가 50년 후에 완성되었고 마침내 16세기 말엽에 교황 식스투스 5세(Sixtus V)에 의해 일반적으로 사용하도록 승인되었다. 이것은 다음과 같이 낭송한다.

"은혜가 충만한 마리아여, 주께서 당신과 함께 하시도다. 여인들 중에서 그대에게 복이 있도다. 그대의 태의 열매 예수께도 복이 있도다. 거룩한 성모 마리아여, 우리의 죄를 위해 기도해 주소서, 지금과 우리의 죽음의 시간에도 함께 하소서. 아멘."

"아베 마리아"는 이와 같이 하나의 기도이다. 이것은 참회하는 일로써와 공적을 쌓는 가장 효과적인 수단으로서 성당 내에서, 학교 안에서, 그리고 은밀히 개인들에 의해 수차례 반복된다.

카톨릭의 또 다른 의례로서 십자성호(十字聖號, the sign of the cross)가 있다. 이것은 여러 가지 다양한 개인적 행동 속에서 뿐만 아니라 성당에 들어갈 때에도 로마 카톨릭 신자들에 의해 항상 행해진다. 이것은 하나의 기도요, 신앙 고백으로 여겨진다. 성당에 들어갈 때 그들은 성수(聖水, holy water)에 오른손 집게 손가락을 담근다. 그리고는 "성부와 성자와 성령의 이름으로. 아멘"이란 말을 소리를 내거나 묵상으로 암송하는 동안 그들의 몸에 십자가의 형태를 그으면서 이마와 가슴, 그리고 왼쪽과 오른쪽 어깨에 찍는다.

금식(Fasting)은 카톨릭교 내에서도 현저한 위치를 차지하고 있다. 그것은 교회의 규례에 따라 행해질 때, 개인의 금식에 대한 확실한 공적을 얻는 것으로 생각된다. 금식일에는 그 이름에서 암시되고 있는 것처럼 모든 사람들이 다 어떠한 음식도 먹을 수 없는 것은 아니다. 그것은 21세 이상과 60세 이하의 사람들에게만 적용된다. 그러나 사람들은 음식을 충분히 먹되, 만일 특별한 면제(special dispensation, 특면)가 부여되지 않았다면 고기류만큼은 먹을 수 없었다. 금욕일(a day of abstinence)은 고기를 먹는 것이 금지된 날이다. 그러나 보통의 음식들은 허용이 된다. 렌트(Lent, 사순절부터 부활절까지의 40일간) 기간 동안과 확실히 정해진 다른 날들에는 금식이 요구된다.* 금요일에는 — 다른 고기류는 안되지만 — 물고기는 허용이 된다. 물론 금식일과 금욕일 같은 것은 공허한 형식주의인 것이며, 어떠한 신약적 권위도 가지지 못하는 순전히 독단적인 규례일 뿐이다. 그러므로 힘든 일 중이나 병들었을 때, 또는 다른 여러 가지 이유들이 있을 때는 사제들에게 특면을 얻음으로써 제외될 수 있다. 반면에 사람들은 정상적인 상황 아래서 금요일과 다른 금욕일에 고기를 먹는 것은 하나의 도덕적인 죄라고 가르침을 받는다. 1958년 교황 요한 23세(John XXIII)는 크리스마스 축제 행사와 축하연이 계속되는 이유로 해서 크리스마스 다음 날인 12월 26일 금요일에는 고기를 먹어도 좋다는 특면을 전세계의 로마 카톨릭 신도들에게 내린 바 있었다.

카톨릭 교회에 의해 제정된 금식(규례들)은 구약 성경의 금식과는 전적으로 다르다. 카톨릭교의 금식은 영적인 것이 아니라 교황에 의해 지정된 순전히 독단적이고 기계적인 것이다. 그것들은 어떤 종교적인 것과 관련된 필수적인 것이 아니다. 이 사실은 렌트(Lent)에 앞서 행하는 떠들썩한 환락과 주연, 축연, 그리고 그 외의 다른 카톨릭교 내의 행사들, 특히 가장 유명한 뉴 올리안즈(New Orleans)나 몇몇 다른 도시들에서 행해지는 마르디 그라 축제(Mardi Gras Carnival)가 잘 증명해 주고 있다. 참다운 금식은 보통 기도와 회개, 그리고 묵상이 따르는 하나의 영적인 의식인 것이다.

성서는 독단적인 금식을 가증스런 행위라고 공공연히 비난한다. 마음으로는 하나님을 거부하며 하나님의 계명을 어기면서도 외적으로는 종교적이고 규례를 준행하는 이스라엘 사람들에 대하여 하나님께서 예레미야에게 말씀하셨다. "너는 이 백성을 위하여 복을 구하지 말라 그들이 금식할지라도 내가 그 부르짖음을 듣지 아니하겠고 …"(14:12). 그리스도께서도 바리새인들을 꾸짖으셨다. 왜냐하면 그들은 금식을 지키는 데 대해서는 각별하였으

---

* 1966년 2월 17일, 교황 바오로 6세는 사순절(Ash Wednesday)과 성 금요일(Good Friday)을 제외하고는 금식에 대한 렌트 규정을 완화하였다. 금요일에는 고기를 먹는 것을 금하는 일반적인 규정 또한 폐지되었다. 이와 같이 바로 얼마 전까지만 해도 도덕적인 죄였던 것이 이제는 마치 주교들에 의해 주일 아침 예배 시간이 변경되듯이 그것 또한 자연스럽게도 주교들에 의해 변경되어 허용이 되어진다.

나 하나님께 대한 순종은 무시하였기 때문이었다(마 6:16). 바울 역시 인간이 만들어 낸 '고기를 금하는' 규례들에 대하여 배교(背敎)의 표지(mark of apostasy)라고 경고하였다(딤전 4:3). 어떤 고기들에 대하여 어느 날에는 먹을 수 있으나 다른 날에는 먹을 수 없고, 그 날의 어느 시간에는 먹을 수 있으나 다른 시간에는 먹을 수 없고, 어느 사람들은 먹을 수 있으나 다른 사람들은 먹을 수 없는, 금식에 부여된 이같은 규례들이 얼마나 독단적이고 비기독교적인가! 우상에게 바쳐진 음식(즉 제물)에 관한 바울의 말이 여기에 꼭맞게 적용된다. "(그러나) 식물은 우리를 하나님 앞에 세우지 못하나니 우리가 먹지 아니하여도 부족함이 없고 먹어도 풍성함이 없으리라"(고전 8:8). 사실은 이것이 먹거나 금식하는 것에 대한 신약 성경의 원리인 것이다.

또 다른 카톨릭교의 의례는 채찍질(flagellation, 채찍 고행) 또는 자기 괴로움(self-torture)이다. 이것은 중세 시대에서나 행해졌던 단지 야만적이고 우둔한 관습으로밖에 생각되지 않는다. 다소간에 그것은 20세기에서도 여전히 행해지고 있다. 에메트 맥루글린(Emmett McLoughlin)은 자신의 『사람들의 신부』(p. 17)에서, 자신이 훈련을 마쳤던 신학교에 있던 학생들이 그들의 방에 들어가 옷을 벗고 일주일에 세 차례씩, 저녁의 어느 시간에 채찍 고행을 실시할 것을 어떻게 요구받았는지를 이야기하고 있다. 그리고 로마 카톨릭의 감독하에서 제작된 최근의 대중 영화인 『수녀의 이야기』(The Nun's Story)에서 원장 수녀(mother superior)가 수습 수녀에게 그녀가 스스로 사용해야 하는 채찍을 건네주면서 그녀가 그 채찍을 사용할 것을 훈계하는 장면이 화면에 나타난다 ― "너무 적지 않게, 그러나 너무 많이도 사용하지 않도록 해요. 왜냐하면 그 어느 쪽도 다른 쪽 만큼이나 나쁘기 때문입니다." 필리핀에서는 매년 렌트 기간에 무거운 십자가를 지고, 라틴어 찬송가를 부르며, 살껍질이 벗겨지고 피가 흐를 때까지 채찍으로 자신의 몸을 때리는 광신적인 '채찍 고행자들'을 행렬 중에서 볼 수 있다. 이들은 그런 종류의 고행이 공적을 쌓을 수 있을 것이며, 자신의 영혼이 연옥에서 더 빨리 빠져나올 수 있을 것이라는 어리석은 소망을 가지고 있다. 어떻게 지적이고 공공연히 그리스도의 사제가 그와 같은 일들이 계속되는 것을 허용할 수 있는가? 그러나 채찍 고행은 로마 카톨릭교의 일반(평) 신도들에 의해서는 결코 실행이 되어지지는 않아 왔다.

카톨릭 교회의 다른 중요한 특색은 라틴어 사용에 있어 왔다. 미사는 라틴어 이외의 다른 어떤 언어로도 드릴 수 없으며, 그 나라의 말로 미사를 드리는 것보다는 차라리 미사를 드리지 않는 것이 다 낫다는 것은 오랫동안 이어져 내려온 규례였다. 그러나 1964년 제 2차 바티칸 공의회(the Second Vatican Council)에서는 일반 언어로 미사를 드리거나 또는 사람들이 무슨 소리를 하는지 알 수 있도록 통역하는 것을 허용하였다. 중세 시대의 초기인 약 600년경에 라틴어로 설교하도록 하는 규례가 제정되었는데, 그것은 세계에서 가장 어리석은 일들 중의 하나였음이 확실하다. 라틴어는 이탈리아어의 토대였다. 그러나 그 당시 사람들은 그 말을 더 이상 알지 못했다. 그러나 설교는 카톨릭 예배 중에서는 결코 크게 중요한 것이 아니었다. 그렇기 때문에 설교는 더 이상 라틴어로 하지 않는다. 그러나 예배의 핵심이 되는 미사는 비록 현재의 대부분의 회중들이 라틴어에 대해서 아무것도 모른다 할지라도 여전히 라틴어로 드려진다. 그리스도께서는 자신이 살던 시대의 언어인 아람어로 말씀하셨다. 아람어는 그 백성들이 사용하던 언어였다. 반면에 카톨릭교의 사제들은 라틴어(라틴어 사용에 관한 규정은 교황 바오로 6세에 의하여 완화되었다)가 아닌 다른 언어로 미사를 드리는 것을 신성 모독이라고 생각한다!

사도 바울 자신은 학자였다. 아마도 자기의 말을 듣는 어떤 청중들보다도 더 많은 언어를 구사할 수 있었을 것이다. 그럼에도 불구하고 그는 이해할 수 있도록 말하는 몇 마디 말이 이해할 수 없는 언어로 말하는 많은 말보다도 더 낫다고 주장하였다. "그러나 교회에서 네가 남을 가르치기 위하여 깨달은 마음으로 다섯 마디 말을 하는 것이 일만 마디 방언으로 말하는 것보다 나으니라"(고전 14:19). 그리고 또 말하기를, "만일 누가 방언으로 말하거든 두 사람이나 다불과(多不過) 세 사람이 차서를 따라 하고 한 사람이 통역할 것이요 만일 통역하는 자가 없거든 교회에서 잠잠하고"(고전 14:27, 28). 그리고 더 나아가 다음과 같이 말한다. "이와 같이 너희도 혀로서 알아듣기 쉬운 말을 하지 아니하면 그 말하는 것을 어찌 알리요 이는 허공에다 말하는 것이라"(고전 14:9). 개신교인들은 항상 그 나라의 언어로 예배를 드리며, 그렇게 함으로써 확실히 더 많이 향상되고 있다.

그러나 죽은 언어를 빙자하여 교회 의식들을 집행할 때, 그 결과로 카톨릭 교회가 어느 정도 얻을 수 있게 되는 어떤 이점도 있다. 예배를 둘러싸고 있는 신비스런 분위기를 더하여 주며, 사제를 특별한 지혜와 특별한 능력들을 가지고 있는 남자로서 사람들과는 구별되도록 도와준다는 점에서 대단히 중요하다. 모든 사제들은 때때로 로마 카톨릭 신도들이 그들 스스로를 정결케 하고 성화하기 위하여 자신들 위에 뿌리는 '성수'로 축복해야만 한다. 이 일을 끝마친 기도자는 실제로 마귀들이 이 평범한 물을 통해 쫓겨간다는 것을 그리고 간접적으로는 마귀들이 성수에 의해 뿌리워진 사람들에게는 가까이 못한다는 것을 공표한다. 아마 백 명의 사제들 중 한 사제도 사실상 그것을 믿지 않을 것이다. 그리고 그 의식을 영어(즉 자기 나라 언어)로 끝까지 진행하는 것은 오히려 더 유치하고 몰골스럽게 보이는 것은 의심할 여지도 없다. 그러나 그들은 그 의식을 라틴어로 하는 것을 개의치 않는 듯하다. 중세 시대(Medieval times)에는 예배를 시작하기 전에 먼저 사제가 모든 마귀들과 귀신들이 나갈 것을 명하며 청중들을 지나 뒤로 가면서 그 사람들에게 성수를 뿌림으로써 악마를 쫓아버리는 것이 관례였다. 유아 세례는 악마에게 그 어린이에게서 나갈 것을 명령하고, 쫓아버리는 정교한 의식이다. 만일 그것이 영어(그 나라 언어)로 행하여진다면 다소 난처하게 될 것이 분명하다. 반면에 라틴어로 진행하는 의식은 어떤 의문도 없이 받아들이게 한다. 또한 어린이를 낳았던 어머니는 오염되었다고 생각되므로 고대 의식의 사용을 통하여 "교회의 회원(Churched)이 되기 전까지 지체높은 사람들과 함께 성당에 들어가는 것은 부적합한 것으로 간주되었다. 그런데 그 고대 의식이 만일 영어(그 나라 언어)로 말하여졌다면, 그것이 그만두게 되어야만 할 정도로 대단한 노여움을 불러일으켰을 것이다. 그리고 고해실 안에서 여인들과 소녀 고해자들에게 질문되는 성(sex)과 관련된 질문들에 관해 사제들에게 상세히 지시해 주는 신학 서적들도 라틴어로 쓰여져 있다. 그래서 일반인들에게는 주요 사항들이 비밀로 부쳐진다.

이와 관련하여 생각할 수 있는 또 다른 문제는 공공연히 자신들의 교회복장을 하는 사제들과 수녀들의 출현이다. 물론 이것은 개신교인들에게는 불쾌한 것이다. 최근에 스탠리 로웰(C. Stanley Lowell)은 다음과 같이 기술하였다.

"오랫동안 고통을 겪은 멕시코에서는 마침내 카톨릭 교회에 대한 분노가 일어났다. 그리하여 오늘날에는 신부가 신부 복장을 한 채로 거리에 나타나는 것을 허용치 않는다. 심지어는 사람들이 신부를 쳐다보기조차도 싫어할 정도로 그 원한은 극에 달하였다."

그리고 다시 말하기를,

"로마 카톨릭 정치가들은 자신들 종파의 상징과 의식이 공공연하게 보여지는 것을 좋아한다. 로마 카톨릭교는 이 나라의 여러 지역에 퍼져있는 대중적인 신앙이다. 대중적인 신앙인 카톨릭교는 카톨릭 신앙을 가지지 않고 있는 사람들의 종교적 감수성을 개의치 않고 있음을 빈번하게 보여준다. 그들은 자신의 종교적 관례들을 과시하며, 그래서 사실상 억지로 자신을 전체 공동체 안으로 밀어넣고 있는지도 모른다. 그들은 자신들에게 생기를 주는 상징과 의식을 가지고 다른 신앙을 가진 사람들을 놀라게 하고 몹시 싫어하도록 만들 수 있는 전혀 상상할 수도 없는 놀라운 재주를 가지고 있다."

카톨릭교인의 종교적인 왕보(王寶, 왕위의 표식)는 거의 항상 카톨릭 교회에 속하지 않은 사람들에게는 불쾌한 것은 사실이다. 카톨릭 교인들은 공공의 상(像, Statues)이나 공원, 학교 등을 로마 카톨릭 성자들이나 교회 지도자들에게 헌납함으로써 자신의 종교를 그 사회의 다른 사람들에게까지 강요하는 경향마저 종종 나타낸다. 우리는 한 사회에 속해 있는 모든 사람들에 대하여 공평하게 말하자면, 그 사회의 다른 신앙을 가지고 있는 사람들을 불쾌하게 만드는 상(像)이나 학교, 공원 등은 욕을 먹게 될 것이 분명하다고 말해주고 싶다.

3. 성 상

우리에게 주어진 첫번째 명령은 하나님을 섬기고 다른 신을 섬기지 말라는 계명이다. 두 번째 명령은 어떤 매개체를 통하지 말고 직접 섬기라는 계명이다. "너를 위하여 새긴 우상을 만들지 말고 … 그것들에게 절하지 말며 그것들을 섬기지 말라 … "(출 20:4, 5).

문자로 기록된 수백 개의 다른 구절들 또한 우상을 만들거나 섬기는 것을 책망하고 있다. 그 중에서, 몇 가지 예만 들어보자.

"너희는 자기를 위하여 우상을 만들지 말지니 목상이나 주상을 세우지 말며 너희 땅에 조각한 석상을 세우고 그에게 경배하지 말라 나는 너의 하나님 여호와임이니라"(레 26:1). "장색의 손으로 조각하였거나 부어 만든 우상은 여호와께 가증하니 그것을 만들어 은밀히 세우는 자는 저주를 받을 것이라 할 것이요 모든 백성은 아멘 할지니라"(신 27:15). "자녀들아 너희 자신을 지켜 우상에서 멀리하라"(요일 5:21). " … 그 손으로 행하는 일 … 보거나 듣거나 다니거나 하지 못하는 금, 은, 동과 목석의 우상"(계 9:20). "하나님의 성전과 우상이 어찌 일치가 되리요?"(고후 6:16).

예루살렘 종교 회의(the Jerusalem Conference)는 이방인들에게 다음과 같이 경고하였다.

" … 우상의 더러운 것을 멀리하라"(행 15:20).

형상 또는 우상—만일 경배하는 데 사용된다면 이것들은 똑같은 것이다—을 만들거나 사용하는 것을 금지하는 계명이 하나님의 율법 안에 이 얼마나 명백하게 기록되어 있는가!

그러나 트렌트 공의회는 이것과 직접적으로 반대되는 것을 공표하였다.

"그리스도와 동정녀 성모 마리아의 성상, 그리고 다른 성인들의 성상은 특별히 교회 안에 있어야 하고 보존되어야 한다. 그리고 영광과 경의(敬意)가 그들에게 돌려져야 하는 것이 마땅하다"(Sess. 25).

이보다 더 계획적이고 고의적으로 하나님의 계명을 부인하는 것을 어디에서 찾아볼 수 있을 것인가?

카톨릭 교회가 사제들의 축복 행위를 통하여 성상(聖像, Images)들을 정식으로 신성하게 하고, 그것들을 성당 안에와 신도들의 집 안에 두고, 그것들 앞에서 향을 피우고, 그리고 그것들 앞에서 절하며 경배하도록 신도들을 가르치는 것이 카톨릭 교회의 의식이다. 카톨릭 교회가 제 2계명을 카톨릭 교인들에게는 무효로 만들고, 카톨릭 교회 자신의 가르침—그것은 인간의 계명이다—을 기독교 교리로 가르치고 있다는 것은 부정될 수가 없다. 카톨릭 교회는 자신의 성경에서 제 2계명을 감히 제할 수 없었다. 그러나 카톨릭 교회는 그 계명이 말하는 개념에서 가능한 한 멀리 후퇴시켰다. 카톨릭교의 의식들이 성경과 상치되기 때문에 카톨릭 교회는 자신의 십계명(Decalogue) 번역서와 교리 문답집과 교재들로부터 그 계명을 단순히 빼버림으로써 자신의 죄를 덮어버린다! 그리하여 카톨릭 교회는 제 3계명을 제

2계명으로 만들고 제 4계명을 제 3계명으로 만들고 그와 같이 계속하여 십계명의 순서를 재조정하고 있다. 그 결과 계명 하나의 결손을 메우기 위하여 카톨릭 교회는 열 번째 계명을 둘로 나눈다. 즉 탐내는 죄를 둘—이웃의 아내를 탐하는 죄와 이웃의 소유를 탐하는 죄—로 분리시켜 놓는다. 이러한 궤변의 결과로 대다수 신도들은 그릇된 길로 인도되고 우상 숭배의 죄를 범하게 된다.

이러한 공식적인 자긍(official encouragement)을 거치면서 그리스도, 마리아, 성인들, 그리고 천사들의 성상이 로마 카톨릭교의 범주 안에서 매우 일반적인 것이 된다. 그 성상들은 성당 안에서, 학교, 병원, 가정 그리고 다른 여러 곳에서 찾아볼 수 있다. 심지어 경우에 따라서는 자동차의 계기판에서도 조그마한 예수상이나 마리아상 또는 어떤 성인상을 볼 수 있다(흔히 여행자의 수호성인인 성 크리스토퍼⟨St. Christopher⟩의 상을 볼 수 있다). 이와 같이 어떤 사람이 차를 몰 때 자신은 예수님 또는 마리아 또는 성인의 보호를 받는다고 생각하게 된다.*

로마 카톨릭 교인들은 자기들의 성상이나 우상에게 기도하는 것이 아니라 그것으로 대표되는 영(spirit)에게 기도하는 것이라고 말한다. 그러나 이와 같은 말은 "당신들은 왜 우상에게 기도하는가?"라는 질문이 들어올 때, 전세계에 걸쳐있는 우상 숭배자들이 대답하는 말이다. 그와 같은 말은 이스라엘 사람들이 광야에서 금송아지를 숭배하였을 때 그들이 말했던 대답이다. 그 우상을 만든 후에 그들은 다음과 같이 말하였다. "이스라엘아 이는 너희를 애굽 땅에서 인도하여 낸 너희 신이로다"(출 32:4). 그들은 그 금송아지 형상에 경배할 의도는 없었다. 그들은 자신의 신들을 대표하기에 적당하다고 생각했던 것과 비슷한 형상 또는 우상을 사용함으로써 자신의 신을 숭배

---

* 1969년 5월 14일, 교황 바오로 6세는 33성인들의 지위를 우주적인 숭앙의 수준으로 떨어뜨렸다. 이들 중에는 크리스토퍼(Christopher, 그의 존재는 확실치 않다), 선물과 그것을 주는 사람의 수호성인인 니콜라스(Nicholas), 연인들의 수호성인인 발렌타이(Valentine), 포병들의 수호성인인 바바라(Barbara) 등이 포함되었다. 그러나 마리아, 요셉, 사도들과 천사들이 포함되는 58성인들이 있는데 이들은 여전히 우주적인 숭앙의 대상들로서 최소한 일년에 한차례씩은 미사 때에 반드시 언급되어진다. 그리고 더 낮은 수준에 있는 수백명의 다른 성인들이 있다.

하고자 하였다. 그러나 다른 경우들에서도 이스라엘 사람들은 그처럼 우상을 숭배하였다. 호세아는 이스라엘의 우상 숭배에 대해 다음과 같이 비난하였다. "이것은 공장이 만든 것이라; 참 신이 아니니라"(호 8:6). 이 말은 북이스라엘에서는 사마리아의 송아지를 하나의 신으로 숭배했다는 것을 암시한다. 또한 시편 115:4~8을 읽어보라. 교육을 받은 많은 사람들이 형상으로 대표되는 신 또는 영과 우상 사이를 구별할 수 있다는 것은 의심할 여지가 없는 것이다. 그러나 실제로 로마 카톨릭교의 국가에서와 무지한 사람들 가운데서 행해지는 의식은 이러한 구별을 사라지게 하고 그러한 경배를 단순한 우상 숭배가 되도록 하는 경향이 있다. 구약의 예언자들과 전(全)성경은 거짓된 신(false gods)과 그것들의 형상 사이에 어떠한 구별도 하지 않는다. 이교도의 제례 의식은 그 둘을 완전히 동일시하는 경향을 띤다. 이스라엘 사람들은 하나님을 섬기는 데 있어서 우상을 사용한 데 대하여 심한 책망을 받았다. 그것이 로마 카톨릭 교인들에게만 달리 될 수는 없는 것이다.

그 후 수많은 경우에 이스라엘 사람들은 형상을 사용함으로 하나님을 섬기려고 시도하였다. 그러나 그같은 시도들은 항상 심한 책망을 받았다. 심지어 로마 카톨릭 교인들이 오직 형상으로 대표되는 인격이나 영에게만 기도하는 것이 사실이라고 할지라도 그것은 다음 두 가지 이유로 인해 여전히 죄가 될 것이다. (1) 하나님은 예배하는 데 있어서 형상의 사용을 금하셨다. (2) 하나님과 인간 사이에는 오직 한 분의 중재자만이 계신다. 그 분은 마리아도 아니고, 성인들도 아니고, 오직 그리스도이시다.

역사적으로 사람들은 자신들이 볼 수 없는 것의 형상이나 우상을 경배의 목적으로 만들었을 때, 후에는 그 형상 자체에 자신들의 신이 내재하고 있는 것으로 생각하게 되었다. 자신들이 대표하는 것으로 생각했던 그것보다도 오히려 그 형상이 관심의 중심이 되어버렸다. 형상은 예배자를 도와주는 것이 아니라 오히려 그들을 혼란시켰다. 이것은 특히 한 세대로부터 다른 세대에게까지 보전되는 더 큰 우상이라는 점에서 사실로 되어왔다. 이교도들과 똑같은 방법으로 카톨릭 교인들도 나무와 돌로 신을 만들고 거기에 옷을 입히고 그것을 화려한 색깔로 칠하고 그 앞에서 절을 하면서 그것을 숭배하고 있다. 사제들은 신도들이 집에서도 경배할 수 있도록 집에다가 조그만 성체용기(聖體容器, shrine)를 두도록 신도들을 북돋운다. 유럽과 아메리카에 있는 수백만의 무지한 사람들은 그러한 성상에 초자연적인 특질을 부여한다.

그들은 그와 같이 할 때 자신의 교회에 충분한 호의를 가지고 있다고 느낀다—물론 그들은 가지고 있다. 그러나 성경에서는 그같은 예배를 우상 숭배라고 부르며 그같은 행위를 책망한다. 성경은 하나님은 영이시니 그에게 예배하는 자는 신령과 진정으로 예배해야 한다고 가르친다(요 4:24). 우리는 고대 이스라엘의 가장 가증스러운 죄들 중의 하나였으며 사실상 고대 이스라엘을 끊임없이 따라다니던 죄가 바로 우상 숭배였다는 사실을 그리고 이스라엘은 우상 숭배에 대해 끔찍스러운 형벌을 받았다는 사실을 결코 잊어서는 안된다.

만약 사도들이 이 땅에 되돌아와서 로마 카톨릭 교회에 들어간다면, 그들은 자신들이 알고 있는 이교도의 우상 숭배와, 성상 앞에 무릎 꿇고 그것에 향을 피우며, 그것에 입맞추고, 그것에 기도하며, 공중의 행렬시 그것을 옮기는 오늘날의 의식 사이의 다른 점을 거의 발견할 수 없을 것이다. 오늘날 카톨릭 교회는 바울이 아덴을 방문했을 때의 그 도시처럼 철저히 우상 숭배에 빠져있다. 많은 사제들은 성상을 믿지 않는다. 그러나 그들은 그것들을 자신의 예배당 안에 계속 둔다. 왜냐하면 그것은 형성되어진 관습이기 때문이며, 또한 그것은 경배하고자 하는 인물(인격, person)에 대한 조상(彫像)을 가짐으로써 예배자들—특히 그들이 교육을 받지 못한 사람들이라면—을 도와주기 때문이라고 그들은 말한다.

그러나 우상 숭배의 의식이 이 얼마나 어리석은 것인가!—
생명을 위하여 사람이 죽은 우상에게 기도하다니.
건강을 위하여 사람이 활력도 없고 힘도 없는 우상에게 기도하다니.
안전한 여행을 위하여 사람이 발로 움직일 수도 없는 우상에게 기도하다니.
재능과 성공을 위하여 사람이 어느 것도 할 수 없는 우상에게 기도하다니.
지혜와 보호와 축복을 위하여 사람이 나무나 돌로 된 감각없는 조각에게 그 자신을 맡기다니.

성상 또는 우상을 숭배하는 카톨릭교는 모든 형태의 우상 숭배를 아주 강하게 반대하는 이슬람 세계(Mohammedan world)에 대해 전혀 개의치 않는다. 사실 이슬람교도를 물리치려는 어떠한 시도도 실질적으로는 하지 않았다. 북아프리카의 거대한 선교지도 단지 이탈리아로부터 지중해를 건너는 특히 로마의 관문에 해당하는 짧은 거리일 뿐이다. 그 세계는 수세기에 걸쳐서 로마 카톨릭교가 거의 닿지 않고 불문에 부쳐진 채 남아 있었다. 하지만 로마는 대양을 건너 인도, 일본, 남아메리카, 심지어 미국에까지 수천 명의 선교사들을 보냈다. 그런데 로마인들의 기준에 의하면 이곳들은 북아프리카보다도 그 필요가 훨씬 덜한 곳이다.

로마 카톨릭교는 또한 유대인들에 대해서 아무런 호감도 갖지 못했다. 유대인들은 모든 형태의 우상을 강하게 반대했던 것이다. 아니 오히려 카톨릭 교회는 1500년 동안 유대인들을 박해하였다. 유대인들과 회교도들 모두에 대한 복음 전파는 거의 모두 신교도들에게 남겨 놓았다.

앞에서 언급하였듯이 로마 카톨릭 교인들은 오직 하나님께만 드려지는 헌신(latria), 마리아에게 드려지는 헌신(hyper-dulia), 그리고 성인이나, 성상, 성물 등에 드려지는 더 낮은 형태의 헌신(dulia) 사이를 구별시킴으로써 성상 사용을 정당화하려고 한다. 그러나 그와 같은 구별은 깨어진다. 로마 카톨릭 국가에 사는 대부분의 사람들 — 특히 무지한 사람들 — 은 신학자들에 의해 만들어진 이런 기술적인 차이들을 알지 못한다. 그들은 똑같은 방법으로 성상을 숭배하는데, 종종은 그리스도의 실제 몸이요, 영이요, 신성이라고 믿는 '복된 성체'(Blessed Sacrament)나 그리스도에 대한 경배보다도 더 큰 열정을 가지고 마리아와 성인들의 성상을 숭배한다. 그들이 행하는 의식에 대한 유일한 명칭은 우상 숭배인 것이다.

구약 성경은 우상 숭배를 엄격히 금지했다. 얼마 있지 않아서 그같은 예배는 유대인들에게 가증스러운 것이 되었다. 이와 같은 배경이 있었음에도 불구하고 우상이 기독 교회의 더 영적인 예배로 인정될 수 있었다는 것이 믿겨지지 않는다. 그러나 기독 교회에 공식적인 조상(彫像)이 수여되고, 이교도들의 대 유입(the great influx)이 있었던 4세기에는 교회 안에 있는 이교적 요소가 성상 사용에 대한 반대를 압도할 정도로 아주 강하게 대두되었다. 대부분의 사람들은 읽을 줄을 몰랐다. 그러므로 성서 인물들이나 사건들에 대한 눈으로 볼 수 있는 조상이 교회에 유용했다는 것이 입증되었다.

7세기 초기에 가장 강력했던 교황들 중의 하나인 교황 그레고리 1세(Gregory the Great; 590~604)는 교회 안에서의 성상 사용을 공식적으로 인정했다. 그러나 그 성상은 숭배되어져서는 안된다고 주장했다. 그러나 8세기에 이르러서는 성상에 기도가 드려졌으며, 성상은 무지한 미신적인 분위기에 의해 둘러싸이게 되었다. 그 결과 이슬람 교도들은 기독교도들을 우상 숭배자들이라고 비웃었다. 726년에 동방의 황제(Eastern emperor)인 레오 3세(Leo III)는 처음으로 성상과 성화를 경배자들이 거기에다 입을 맞출 수 없도록 하기 위하여 아주 높은 곳에 두도록 명령함으로써 자기 지배 안에서 성상 숭배가 남용되는 것을 없애보려고 시도하였다. 그러나 자신이 바라던 목적대로 이루어지지 않자 그는 이교도와 이단이 하는 것과 같은 예배당 안에서의 성상 사용을 금지하는 명령을 내렸다. 그의 행동을 지지하기 위하여 754년에 콘스탄티노플(Constantinople)에서 회의가 소집되었다. 그리하여 교회는 그의 행동을 재가하였다. 이 커다란 논쟁은 '우상 파괴' 논쟁(iconclastic dispute)으로 알려지게 되었다. 이 말은 우상(성상)을 파괴하는 것을 의미한다. 동방 교회는 모든 우상 또는 성상의 사용을 금하였다. 그리고 그것은 오늘날까지도 동방 정교회(the Eastern Orthodox)와 로마 카톨릭 교회(the Roman Catholic Church) 사이에 있는 커다란 차이점 중의 하나로 남아있다.

그러나 787년, 니케아(비디니아)에서 열렸던 종교회의는 그 이전의 종교회의의 결정을 거부하고 예배당 안에서의 성상이나 성화에 대한 경배를 완전히 승인하였다. 이러한 행동은, 이교도 가운데서나 기독교도 가운데서 우상 숭배를 일반적으로 변호하여 왔던 원리, 즉 이 예배는 성상에게 드리는 것이 아니라 그것으로 대표되는 대상에게 드리는 것이라는 원리는 니케아 회의의 결정을 옹호하였다.

일반적으로 로마 카톨릭의 뛰어난 중세 신학자로 알려진 토마스 아퀴나스(Thomas Aquinas)는 성상은 읽지 못하는 미사자들을 가르치는 데 사용되며, 또 사람들이 듣는 것보다는 보는 것에 의하여 더 쉽게 경건한 감정에 빠져들게 된다고 주장하면서 성상의 사용을 옹호하였다. 카톨릭 교회의 교황들도 성상 사용을 강하게 지지하였다.

구약 성경에서 하나님은 그룹들(cherubim, 속죄소를 날개로 덮고 있는 금으로 만든 두 그룹)과 놋뱀(brazen serpent)을 만들라고 명령하셨다는 사실을 들어서 성상의 사용에 찬성하는 변론은, 두 그룹은 그 형상은 있지만 반면에 그것이 경배하는 데 사용되지 않았다는 사실을 무시하고 있다. 그룹들은 지성소 안에 놓여 있었다. 그러므로 일반 백성들은 그룹들을 볼 수 없었고, 오직 대제사장만이 그것도 오직 일년에 단 한 차례 지성소 안으로 들어갈 때만 볼 수 있었다. 반면에 그 형상(모양)은 백성에게 알려져 있었다.

더 나아가 가장 중요한 차이점은 하나님은 그룹들을 만들 것을 명하셨지만 형상(우상)을 만드는 것을 엄격히 금하셨다는 사실이다. 이와 마찬가지로 놋뱀도 경배하기 위하여 만든 것은 아니었다. 그것이 후에 성스러운 유물이 되어 백성들이 그 앞에 향을 드리며 그것에 경배하였을 때, 선한 왕이었던 히스기야는 그것을 파괴해 버렸다.

우상 숭배의 도덕적, 종교적 결과는 반드시 나쁘게 나타난다. 그것은 하나님께 대한 경배를 감소시킨다. 그것은 사람들의 마음을 진실한 경배의 대상인 하나님께로부터 바꾸어 놓는다. 그리고는 가까이서 볼 수 있는 그리고 구원할 수는 없는 신에다 마음을 쏟도록 인도한다.

성상의 사용과 매우 밀접한 것은 그리스도가 그려져 있는 성화(pictures of Christ)이다. 이것들은 — 말하기는 무엇하지만 — 로마 카톨릭 교회 뿐만 아니라 신교 안에서도 종종 발견된다. 그러나 성경 — 구약에서든 신약에서든 — 어느 곳에서도 그리스도의 육체적 모습에 대한 묘사가 없다. 그리스도의 성화는 그리스도께서 이 땅에서 사역하셨던 그 당시에 그려진 것이 아니다. 교회는 처음 4세기 동안에는 그리스도를 그린 어떠한 성화도 가지고 있지 않았다. 소위 그리스도의 성화는 마리아와 성인들의 성화처럼 단지 미술가들의 상상력의 소산이다. 제각기 다른 성화들이 그처럼 많은 이유가 바로 이것이다. 그것들 중 어느 하나가 바로 그리스도의 성화라고 말하는 것은 옳지 못하다. 그가 유대 사람이었다는 사실이 그의 육체적 모습에 대하여 우리가 알고 있는 전부이다. 그러나 그는 심지어 금빛 머리칼을 한 아리안인(Aryan)처럼 빛나는 모습을 가진 것으로 더 자주 그려진다. 만일 당신을 한 번도 본 적이 없고 당신의 모습에 대하여 전혀 아는 바도 없는 어떤 사람이, 자기의 상상력을 동원하여 자기 나라 사람의 모습으로 그리고 그것이 당신의 초상화라고 말했다면 당신은 그것을 좋아하겠는가? 그와 같은 그림은 가짜이다. 그러므로 당신이 화를 낼 것이 분명하다. 그리고 그리스도께서도 자신에 대한 이러한 모조 그림들에 화를 내실 것이 틀림없다. 그리스도는 진리이시다. 그래서 우리는 그가 어떤 형태의 거짓된 가르침도 인정하지 않을 것을 확신할 수 있다. 어떤 그림도 그리스도의 인격을 정확히 표현할 수는 없다. 왜냐하면 그는 인간성 뿐만 아니라 신성도 지니셨기 때문이다. 어떤 그림도 그의 신성을 그릴 수는 없다. 그러므로 그와 같은 그림들은 모두 치명적인 결함이 있는 것이다. 모세의 무덤처럼 그리스도의 육체적인 모습도 우상 숭배의 범위를 넘어서 보존시켜 보려는 의도가 있었다. 대다수의 사람들에게 있어서 소위 그리스도의 성화는 예배를 돕는 것이 아니라 오히려 방해하고 있다. 그리고 그것들은 성경에서 아주 명백하게 경고한 우상 숭배에 대한 유혹을 많은 사람들에게 제공하고 있는 것이다.

4. 묵주—예수의 십자고상—어깨 장식들

묵주는 다음과 같이 정의된다. (1) 15 천주경(Paternoster, 하나님 아버지께 드리는 주기도문), 15 글로리아(영광, Gloria), 그리고 동정녀 마리아에게 드리는 150 아베 마리아로 구성되는 긴 형식 안의 일련의 기도(a series of prayers) 또는 (2) 기도를 세는 데 사용되는 기계적 장치(the mechanical device), 다섯 마디—각 마디가 하나의 큰 구슬(묵주, beads)과 열 개의 작은 구슬로 구성되어 있다—로 나누어져 일련의 구슬로 되어 있는 더 짧고 더 일반적인 양식, 큰 묵주는 15마디로 구성되어 있다. 그러나 보통 완전한 묵주라고 말하기를 원하는 사람은 짧은 형식을 세 번 되풀이 한다. 종교 의식 안에서 그 큰 묵주는 종교적 습관의 하나로서 사용되며 또 착용되고 있다. 각각의 마디마디에 있는 큰 구슬을 잡으면서 사람들은 '우리 아버지'(the Our Father)라고 말한다. 작은 구슬들을 잡으면서는 각각 분리된 구슬에 대해 '아베 마리아'라고 말한다. 다음과 같은 '글로리아'는 각각의 마디 사이에서 말한다. "영광이 천주님께와 성자님께, 그리고 성령님께 있도다. 태초에 있었던 영광이 지금도 있으며, 세상 끝날까지 있으리로다. 아멘." 사도신경 또한 묵주와 함께 암송된다.

마틴 스코트(Matin J. Scott)는 『카톨릭교인들이 질문받는 것』(Things Catholics Are Asked About)이라는 책에서 '로자리'(rosary, 묵주)라는 용어의 기원에 대하여 기술하였다. 그는 다음과 같이 말한다. "로자리는 장미꽃 화환을 의미한다(rosary는 장미원을 뜻한다—역자주). 이것에 대한 전설이 있다. 즉 성모 마리아(Our Lady)는 한 젊은 수사(修士)가 헤일 마리아(아베 마리아)를 암송하고 있을 때 그 수사의 입술로부터 장미꽃 봉우리가 나오는 것과 그가 그 꽃들을 엮어서 화환으로 만드는 것을 보고 계셨다. 그는 그 장미꽃 화환을 그녀의 머리에 걸었다"(p. 237). 또 다른 설명, 즉 구슬(beads)은 원래 자단(紫檀, rosewood)으로 만들었다는 설명도 있다.

그러나 그것은 또한 유리나 돌 또는 다른 딱딱한 재료로도 만들 수 있다.

묵주(기도)는—그리스도나 성령님께 드려지는 기도는 없다—천주께 드려지는 기도보다 10배 만큼이나 많은 기도가 마리아에게 드려진다. 그것은 원래 마리아에 대한 헌신으로서 고안되었다. 이와 같이 묵주는 한 인간을 하나님보다도 더 높이는 것이다. 그것은 소녀들과 여인들에 의해 더 일상적으로 사용되며, 그것은 카톨릭 교회 안에서 가장 대중적이고 보편적인 신앙이 되고 있다.

은자 피이터(Peter the Hermit)는 그리스도 시대 이후 천여년이 더 지난 1090년에 묵주를 만들었다. 그것이 13세기 초기에 이르러서야 비로소 일반적으로 사용되었다는 것과 16세기 종교개혁 때에 이르러서야 비로소 공식적인 재가를 얻게 되었다는 것을 카톨릭 교인들은 인정한다.

묵주(기도)는 그리스도께서 특별히 비난하셨던 기도 형식의 일종이다. 왜냐하면 그리스도께서는 다음과 같이 말씀하셨기 때문이다. "또 기도할 때에 이방인과 같이 중언부언하지 말라 저희는 말을 많이 하여야 들으실 줄 생각하느니라 그러므로 저희를 본받지 말라 구하기 전에 너희에게 있어야 할 것을 하나님 너희 아버지께서 아시느니라"(마 6:7~8). 반면에 사제들은 자신의 신도들에게 묵주를 빈번히 사용할 것을 북돋운다. 그리고 (죄의) 고백 후에는 고행이 주어지는데 이때 사제들은 종종 헤일 마리아(기도)를 정해주는 수만큼 암송할 것을 지시한다. 그 기도는 많이 암송하면 할수록 그만큼 더 공로가 하늘에 쌓이게 된다.

성경은 참으로 믿는 자들은 경건하고도 겸손하게, 그리고 믿음과 감사하는 마음을 가지고 자기가 하고 있는 일과 자기가 기도드리고 있는 위대하신 왕을 생각하면서 하나님께 기도드려야 할 것을 가르쳐 주고 있다. 로마 카톨릭 교인이 자신의 기도를 '말'(say)하거나 또는 '암송'(recite)하는 것은 카톨릭교를 구별시켜 주는 하나의 표식이다. 그것은 또한 카톨릭교와 개신교 사이의 가장 중요한 문제이다. 대개 개신교인은 즉석에서 자기 자신의 말로 자신의 찬미와 간구와 요구 그리고 감사를 떠올리면서 기도한다. 영적으로 고민하는 사람에게 있어서 묵주의 기계적인 사용은 기도자의 참된 영을 파괴해 버릴 뿐이다.

묵주와 비슷하고 기도를 세는 데 사용되는 기계적인 장치가 묵주가 도입되기 전 몇 세기 동안 불교도들과 이슬람교도들 가운데서 사용되어 왔었다.

그러므로 묵주의 기원에 대해 추적하는 일은 그리 어렵지 않다. 그것은 단지 이교로부터 빌려온 다른 장치인 것이다. 티벳(Tibet)에 있는 불교도들(Buddhists)이 기도문통(prayer wheel, 기도문을 넣는 회전 원통, 매시간 기도문통을 회전시키기 위하여 물의 흐름 속이나 바람 머리에 놓음으로써 기도가 반복된다)을 사용하는 것을 이교적이고 어리석은 것으로 비난하는 로마 카톨릭 교인들은 그럼에도 불구하고 자신들은 묵주(구슬)를 하나씩 줄 너머로 밀어냄으로써 반복되는 묵주 기도를 세는 데 대단한 열정을 보여준다. 그러나 그 원리는 똑같은 것이다. 또 하나의 비슷한 의식은 보통 예배당 안의 앞과 옆 한 곳에 놓이는 조그만 붉은 컵들(little red cups) 안에 있는 에이트-데이 캔들(eight-day candles)의 사용이다. 이것은 기도할 시간이 없을 정도로 매우 바쁜 사람들에게 팔린다. 참으로 카톨릭교 사제들 자신들은 악마나 악한 영을 쫓는 의식으로 성수를 뿌리는 의식을 계속하면서도 아프리카와 서인도 제도의 부두교 사제들(Voodoo priests)이 계속 읊조리는 마술(주문)을 왜 비난하는가?

십자가와 십자고상(crosses and crucifixes). 이것은 로마 카톨릭 교인과 개신교인 모두에게 가장 널리 사용되는 종교적인 상징이다. 이것은 신교 예배당 안에서보다는 로마 카톨릭 성당 안에서 더 많이 사용된다. 십자고상(苦像)은 그리스도께서 달리신 모습이 담겨있는 십자가이다. 카톨릭 교회에서는 그 십자가의 표지가 모든 제단과 모든 로마 카톨릭 성당의 지붕 위에, 그리고 학교의 교실이나 병원의 병실에, 그리고 신도들의 집에 있어야만 한다. 십자고상은 종종 장식용으로써 십자가보다도 오히려 더 많이 사용된다. 사제와 수녀는 종종 종교적 예복의 일부분으로써 줄에 매달린 길이가 4내지 5인치 되는 작은 십자가를 착용한다. 그 뿐 아니라 여인들은 종종 작은 금십자가 목걸이를 한다.

그러나 기독교의 상징으로서의 십자가에 대해 말하자면, 성경에는 기계적인 십자가가 그렇게 사용되거나, 그것이 어떤 방법으로든 공경되어졌던 단 한번의 경우도 나타나지 않는다는 사실을 지적하고 싶다. 물론 성경은 많은 경우에 십자가를 비유적으로 언급하고는 있다. 그러나 십자가가 기독교 시대의 처음 3세기 동안에는 기독교의 상징으로서 사용되었다는 어떠한 증거도 없다. 로마 카톨릭의 한 권위자는 이에 대해 다음과 같이 주장한다.

"우리의 구속의 영속적인 표식으로써 사용된 십자가는 A.D. 312년 밀란 칙령(the edict of Milan) 이후에나 있었다고 생각하면 틀림없다. 드 로시(로마 카톨릭의 한 고고학자)도 카타콤이나 그밖의 곳에서 발견된 그리스도의 어떤 모노그램(monogram, 짜맞춘 글자)도 312년 이전 시대에서는 찾아볼 수 없다고 단언한다"(The American Ecclesiastical Review, 1920. 9. p. 275).

일반적으로 기독교의 상징으로 인정되는 십자가는 오직 이교에서 기독교로 개종했다고 추측되는 콘스탄틴 대제의 시대로 거슬러 올라간다. 312년에 그는 서유럽에서 전투에 열중하고 있었다. 전설에 따르면 그는 이교의 신들(pagan gods)을 불러 보았으나 아무런 응답도 없었다. 잠시 후에 그는 하늘에서 십자가의 형태 속에 나타나는 빛의 기둥(a pillar of light)을 보았다. 그 십자가 위에는 '인 호크 시그노 빈체스'(In hoc signo vinces)라는 말이 쓰여 있었다. 얼마되지 않아 그는 이탈리아를 넘어갔으며 로마 가까이에서 결정적인 승리를 하였다. 이 표시를 신의 호의로 생각한 그는 기독교인들에게 호의적인 여러 가지 법령을 선포하였다. 어떤 사람들은 비록 그가 기독교를 공인하였고 죽기 직전인 337년에 세례를 받았음에도 불구하고 그는 전생애 동안에 이교도로 남아있었으며 될 수 있는 대로 자신의 의도에 맞도록 이교와 기독교를 번갈아 가면서 장려하였다고 주장하면서, 그가 후에 기독교인이 되었는지 안되었는지에 대하여 논쟁을 벌인다. 하여튼 콘스탄틴 대제가 하늘에서 보았다고 하는 그 표지는 다른 여러 표지들처럼 나중에는 다른 배경 속에서 설명되어질 것이 틀림없다. 그리스도께서 한 이교도 황제에게 군기(軍旗, military banner)를 십자가의 형상으로 만들 것과 그 표지 안에서 승리를 얻을 것을 명하셨다는 생각은 성경의 일반적인 가르침과 기독교의 정신과는 전혀 일치하지 않는다.

여하튼 간에 십자가는 기독교 시대에서 뿐만 아니라 기독교 이전 시대에서도 항상 고통과 수치의 형틀이 되어 왔었다. 그러므로 기독교인 스스로가 그같은 형틀을 경배와 신앙의 대상으로 만드는 것은 지혜롭지 못한 행동이다. 바울은 '십자가의 거치는 것'이라고 부르는 것에 대하여 이야기하였다(갈 5:11). 그리고 히브리서 12:2에는 예수님은 "(자기 앞에 놓인) 십자가를 참으사 부끄러움을 개의치 아니하셨다"라는 말씀이 나온다. 이것으로 보건대, 그리스도께서 십자가에 달려 돌아가실 때 사용된 그 형틀을 거룩한 것이나 신앙의 대상으로 여길 수는 없다. 오히려 우리는 그것을 그것의 원래대로 혐오할 만한 것이요, 죄와 수치의 이교도의 상징으로 여겨야 할 것이다.

예수님께서 "아무든지 나를 따라오려거든 자기를 부인하고 자기 십자가를 지고 나를 좇을 것이니라"(마 16:24)라고 말씀하셨을 때, 그는 사람들이 십자가의 금장식을 목에다 걸거나 자기의 곁에 긴 줄로 매달아 놓아야 한다는 의미로 말씀하셨던 것이 아니었다. 오히려 그는 충성스럽게 따르는 사람들은 기꺼이 자신의 뜻을 행하고 섬겨야 할 것이며, 또 자신을 신실하게 따르는 모든 사람들은 어느 정도의 어려움과 고통을 심지어는 아마 핍박까지도 당하게 될 것이기 때문에 자신이 그랬던 것처럼 그 고통을 참아야 할 것이라는 의미로 말씀하신 것이다. 콘스탄틴 대제가 하늘에서 십자가 표시를 보았다고 하는 그때로부터 그는 그 표시를 자신의 군기(軍旗)로 삼았으며, 그 기는 반은 기독교인이고 반은 이교도인 교회 위에 세워지게 되었다. 신교 교회들 또한 이 문제에 있어서 종종 과오를 범해 왔으며, 장막을 소돔 땅에 너무 가깝게 쳤던 롯(Lot)처럼 로마의 관문에 너무 가까이 있었다. 참된 그리스도인은 번쩍이는 십자가 표지나 보석으로 치장된 십자고상의 마력을 통하여가 아니라 그리스도의 복음을 통하여 정복한다. 그리스도의 복음은 "모든 믿는 자에게 구원을 주시는 하나님의 능력"이다(롬 1:16).

스카풀러(Scapulars). 로마 카톨릭 교회 안에 있는 또 다른 특별한 신앙의 대상은 스카풀러이다. 이것은 이것의 착용자에게 사고나 질병, 번개, 화재, 폭풍우 등과 같은 모든 종류의 위난에서 보호를 받게 해주며, 마법과 마술을 피하게 해주며, 악한 영을 내어쫓게 하기 위한 목적으로 고안된 것으로 일종의 '부적'(Charm)이라는 말로 가장 잘 묘사된다.

이 스카풀러는 1287년에 한 영국의 수도사인 시몬 스톡(Simon Stock)에 의하여 창안되었다. 전설에 의하면, 이 거룩한 사람은 한 숲속에 들어가서 거기서 20년 동안 아주 엄격하게 살았다. 20년쯤 지났을 때 동정녀 마리아가 수천의 천사들과 함께 천상의 광채 속에서 그에게 나타났다. 그리고는 자신의 손에 스카풀러를 들고서 이것을 그가 속해 있는 카르멜 수도회(Carmelite Order)의 표지로 삼으라고 그에게 주었다.

스카풀러는 동정녀 마리아의 그림이 그려져 있는 사방 4인치 정도의 두 조각의 갈색 천으로 구성되어 있다. 그것은 어깨 위에서 줄로 앞 뒤로 매달아 피부에 직접 착용한다. 정상적으로 그것은 모직이나 다른 옷감으로 만들어야 한다. 그러나 실크는 안된다. 왜냐하면 그것은 동정녀 마리아에게 경의를 표하여 착용하는 것인데 마리아는 결코 실크를 입지 않았다고 전해지기 때문이다. 그것은 밤낮으로 착용하며 죽을 때까지 결코 벗어서는 안된다. 심지어는 그것을 함께 묻어주는 것이 좋다. 제 2차 세계 대전 동안 금속 스카풀러가 로마 카톨릭 교인인 군사들에게 공급되었는데 이름하여 '스카풀러 의용군'이라고 불리웠다. 한쪽 면에는 "시몬 스톡님 우리를 위해 기도해 주소서"(S. Simon Stock, pray for us)라는 문구가 새겨져 있었고, 다른 한쪽 면에는 "카르멜산의 성모 마리아여, 우리를 위해 기도해 주소서"(Our Lady of Mt. Carmel, pray for us)라는 문구가 새겨져 있었다.

폴 블랜샤드(Paul Blanshard)는 스카풀러의 사용(또는 오용)에 대하여 다음과 같이 인용한다.

> "내가 『스카풀러 의용군』(The Scapular Militia)이라고 불리는 4페이지짜리 글을 쓸 때, 그것은 나보다 먼저 뉴욕 동부 29번지 338번지에 있는 the Carmelite National Shrine of Our Lady of Scapular에 의해 출판되었다. 그것은 대주교(지금은 추기경) 스펠만의 공식적인 출판인가를 받았으며 1943년 한창 전쟁 중에 출판되었다. '모든 카톨릭 군사들을 위한 스카풀러'라는 슬로건이 그 표지 위에 화려하게 꾸며져 있었고, 마리아, 요셉, 성 시몬 스톡의 그림 밑에 굵은 글자로 특별한 보증을 약속한다. 이 스카풀러를 입고 죽는 사람은 누구든지 영원한 불을 겪지 않을 것이다"(『미국의 자유와 카톨릭의 힘』〈American Freedom and Catholic Power〉, p. 248).

그것은 많은 이교국가들에 있는 원시 종족들이 행하는 것과 똑같은 종류의 것인 순전한 물신(物神)숭배(fetishism)라고 우리는 주장한다. 이런 의미에서 사제(혹은 추기경)들은 신약 성경의 자리에다 마술들과 미신들로 대치하고 있다. 이것은 어떤 속임수의 말이 아니다.

5. 성(聖)유물 — 성지 순례

성유물(relic)은 어떤 성인이 그의 생애 동안 접촉했던 어떤 물품의 조각 또는 성인의 뼈나 성인의 몸의 다른 부분 등을 말한다. 이런 것들 각각은 그것에 부여된 어느 정도의 초자연적인 힘을 가졌다고 상상한다. 그것은 또 예배자가 교육을 받았거나 받지 못했거나 상당한 범위에 걸쳐 다소간에 경외심을 가지고 존중되어진다. 이와 같은 성유물은 카톨릭 교회의 예배 중에서 중요한 위치를 차지한다. 폴 블랜샤드는 다음과 같이 기술하고 있다.

"많은 비카톨릭 교인들은 성유물은 카톨릭교 내에서 단지 신앙과 헌신의 상징으로서 사용하는 것으로 생각한다. 어떤 것도 이것보다 더 진리로부터 멀어지게 할 수는 없다. 교회—심지어 오늘날의 미국 교회도 신체의 물건이 신체의 기적을 이룰 것으로 상상하는 물신 숭배와 마법이 만발한 조직을 여전히 가동하고 있다. 때때로 이러한 신체의 물건들은 또한 영적인 기적을 일으키며 그것들에 의존되는 어떤 복받은 카톨릭 교인의 신체적 또는 영적인 운명을 변경시킨다고 주장되고 있다"(같은 책, p. 248).

성유물은 그 범위가 진짜 십자가와 못, 가시 면류관에서 취한 가시, 그리스도의 이음매 없는 옷, 마리아의 아마포(布, linen)와 그녀의 결혼 반지, 그녀의 머리털, 그녀의 젖병, 팔레스틴에서 이탈리아로 신비스럽게 이주시킨 그녀의 집 등의 조각에서부터 더 일반적이고 더 풍부한 성인들과 순교자들의 뼈, 팔, 다리, 머리, 의복과 그밖의 다른 그들이 소유했던 물건들에 이르기까지 넓게 퍼져있다. 성유물로 추정된 것들 중에서 많은 것이 거짓으로 판명되어졌거나 소실되었다. 그러나 그밖의 다른 것들은 오늘날까지 이어져 내려온다. 그 뼈들 중의 어떤 것은 동물의 뼈임이 판명되었다. 어떤 경우에는 수많은 기적을 행했었다고 공인되는 한 유명한 나폴리의 성인(Neapolitan saint)의 것으로 추정된 뼈가 염소의 뼈임이 밝혀졌다.

그리스도께서 달려 돌아가셨던 실제의 십자가에 관해서 카톨릭 백과사전에서는 다음과 같이 말하고 있다. "소위 그리스도의 실제 십자가는 콘스탄틴의 어머니에 의해(4세기에) 갈보리 산에서 발견되었고, 콘스탄틴에 의해 예루살렘으로 옮겨졌다"(제 8권, p. 238). 그러나 그때로부터 그 실제 십자가의 수백 개의 조각들은 미신적인 로마 카톨릭 교인들의 경배를 위해 그리고 성직자들의 치부를 위해 전 세계에 퍼져왔다. 칼빈은 그 당시 카톨릭 성당 안에 있던 추정된 십자가의 조각들에 대해 다음과 같이 기술하였다. "만일 그 모든 조각들이 … 단 하나의 덩어리에서 수집된 것이라면, 그것들은 상당한—배 한 대분의—적하량을 이룰 수 있을 것이다. 비록 복음서가 단 한 사람으로도 그 십자가를 옮길 수 있었음을 증명하고 있음에도 불구하고 말이다. 그럼에도 300명 이상이나 동원해야 옮길 수 있는 많은 조각들이 전 세계에 가득 차있으니 이 얼마나 파렴치한가." 성유물에 대한 경배와 변호를 위한 로마 카톨릭 변증가들 중의 하나인 성 파울리누스(St. Paulinus)는 예루살렘에 보존된 "진짜 십자가의 일부분이 점점 작아지는 일이 없이 그 자체가 여러 조각들로 나뉘었다"라고 말한다. 이것이 의심스러운 사실들에 대해 설명할 수 있는 유일한 방법이 될 듯싶다.

진짜 십자가에 수많은 못이 있다. 그리고 이탈리아와 프랑스에 있는 거의 모든 도시들은 진짜 가시면류관에서부터 하나 또는 둘의 가시를 가지고 있다. 시칠리(Sicily)에 있는 거의 모든 도시는 섬의 수호성인인 성 아가다(Saint Agatha)의 하나 또는 그 이상의 이빨을 가지고 있다. 물론 일차적인 관심의 대상이 되는 이같은 성유물들의 증식(multiplication)은 심지어 가장 쉽사리 믿어버리는 사람들에게까지 그것은 단지 경건한 사기 행위에 불과하다는 것을 깨닫게 하기에 충분할 것이다.

1959년 9월 21일자 『더 캔자스 시티 스타』(The Kansas City Star)의 한 보고서는 다음과 같이 보고하였다. "유리로 덮여있는 용기 안에 그리스도의 성의(Holy Robe)가 독일에서 가장 오래된 성당인 트리에르(Trier)에 있는 성당 안에서 26년에 처음으로 공개(전시)되었는데, 대중 앞에 전시된 지 두달 만에 그것을 보기 위하여 1,800,000명의 순례객이 다녀갔고, 교황청에 있는 교리성성(敎理聖省, Holy Office)의 부사무관(pro-secretary)인 오타비아니(Ottaviani) 추기경을 포함한 35,600명 이상이나 되는 사람들의 관심을 끌면서 마지막으로 전시를 하였다." 약 10년 후에는 16세기 동방에서 활동한 유명한 스페인의 예수회 선교사인 성 프란시스 크세비엘(Saint Francis Xavier)의 한쪽 팔이 그의 나라로 되돌아왔다. 이것이 로스엔젤레스와 다른 도시들에서 대중 앞에 공개되었을 때 많은 군중들은 거기에 매혹되었다. 스페인에서는 세례 요한의 두 개의 머리가 서로 다른 성당 안에서 공개되어 왔다. 그들 성당 중 하나에서는 화려한 용기 안에 거대한 타조의 깃털 하나가 보존되어 있는데, 그것은 천사 가브리엘이 마리아에게 소식을 전하기 위하여 왔을 때 그의 한 날개로부터 떨어졌던 것이라고 말하여진다. 성유물과 관련된 것으로서 오늘날 아마 가장 잘 알려진 오늘날의 사건은 이탈리아 나폴리의 수호성인인 성 자누아리우스(St. Januarius)의 '피의

용해'(liquefaction) 사건이다. 자신들의 성인이 아직도 그 도시를 보호해 주고 있다는 것을 증명하면서 매년 세 차례씩 피를 용해시키는 것이라고 말한다. 예수님께서 빌라도의 법정으로 나아가기 위해 오르셨던 계단으로 알려진 로마에 있는 '신성한 계단'(Scala Sancta)은 면죄(indulgence)를 얻기 위해 매계단 위에서 기도를 드리면서, 자신의 무릎으로 그 계단을 오르는 경건한 순례자들로 연일 붐비고 있다. 그 계단은 마틴 루터가 "오직 의인은 믿음으로 말미암아 살리라"는 진리를 깨달았을 때 오르고 있었던 바로 그 계단이었다. 루터는 그 계단을 오를 때 자신의 무릎으로 올랐었으나 그때 이후로 그는 더 이상 고행의 작업을 하지 않았던 것이다.

　모든 성유물들 중에서도 가장 흥미를 끄는 것은 이탈리아에 있는 '마리아의 집'(the House of Mary) 또는 '로레토의 거룩한 집'(the Holy House of Loretto)이다. 이 집은 팔레스틴의 나사렛에 있는 동정녀 마리아의 집이었다고 전하여진다. 그것은 길이가 약 28피트 정도이며, 폭은 약 12피트 정도되는 돌로 된 건축물이다. 카톨릭 교회에 의해 성지로 지정된 그 집에 관한 믿을 만한 역사가 기술되어 있다는 한 권의 책자가 순례객들에게 팔리고 있다. 그 책자에는 다음과 같이 기록되어 있다. 이 단순한 집에서 동정녀 마리아가 예수께서 성인이 되어 그의 선교 사업을 시작할 때까지 그와 함께 살았다. 십자가 사건 후에 마리아는 자신이 죽을 때까지 사도들과 예수님의 다른 제자들의 빈번한 방문을 받으며 그 곳에서 계속 살았다. 나사렛이 로마 군사들에 의해 약탈되었을 때, 그 집은 그 군사들이 그 곳으로 들어올 수 없게 하거나 그것을 만질 수도 없도록 하여 신비스럽게 보존되었다. 또한 그 책자에 의하면, 1291년 팔레스틴이 사라센 사람들에 의해 침입을 당했을 때도 그 집은 천사들에 의하여 그 집의 기초까지 들림을 받아서 마게도니아에 있는 달마치아(Dalmatia)까지 바다건너 천사들에 의하여 옮기워졌다. 그 집은 그 곳의 한 언덕 위에 놓이게 되었다. 달마치아 사람들은 그 집을 반갑게 맞이하였으며 그 집을 경건하게 경배하였다. 3년 7개월 동안 그 집은 많은 순례객들의 방문을 받았다. 그런데 갑자기 그 집이 다시 움직이더니 동쪽에 있는 이탈리아까지 바다를 건너 날아갔다. 처음에는 연안에서부터 약 2마일 정도 떨어진 로레토 시 가까이에 놓이게 되었다. 몇 달 후에 그 집은 또 다시 지금의 집, 즉 로레토 시 안에 있는 한 언덕 위에까지 이르는 짧은 거리를 이동하였다. 달마치아 사람들은 그 집의 이동을 매우 슬퍼하여 오랫동안 다음과 같이 기도하는 것이 버릇처럼 되었다. "오! 아름다운 여인이여. 우리에게 돌아오소서. 오! 마리아여 당신의 집과 함께 우리에게로 되돌아 오소서." 그러나 그 집은 다시 돌아오지 않았다고 한다. 지금의 위치에 있는 그 집은 많은 순례객들의 방문을 받는다. 그 언덕을 오르는 순례객들 중 몇몇은 자신의 무릎으로 집까지 기어오르기도 하고 보도에 입을 맞추면서 앞으로 나아가기도 한다. 리구오리는 자신의 책 『마리아의 영광』(1902년 판, pp. 72, 73)에서 마리아의 집에 관한 위와 똑같은 설명을 하고 있다.

『표준 국제 백과사전』은 로레토 시에 관해 다음과 같이 말하고 있다.

"그 곳은 거룩한 집의 자리라고 알려지고 있다. 전설에 의하면, 그 집은 동정녀 마리아가 나사렛에 거주하였을 때 머무르던 집이었는데, 1295년에 로레토 시로 옮겨졌던 것이다. 그 건물은 원래 단순한 구조물이었다. 그러나 그것은 조각(彫刻)된 대리석으로 꾸며져 왔다. 그 도시는 매년 그 집의 구조물과 성 누가(St. Luke)가 조각한 것으로 소문이 나있는 마리아상(像)을 보기 위하여 그 곳에 오는 많은 여행객들의 방문을 받고 있다."

지금도 로레토 시에 남아있는 그 집에 대한 이와 같은 전설은 한낱 날조된 것임이 다음 두 가지 점에서 분명히 드러난다. (1) 그 구조물 안에 있는 몇몇의 벽돌은 가마에서 구워낸 것이다. 반면에 그리스도 당시에는 벽돌을 태양에 구워서 말렸다. (2) 그 집에는 굴뚝이 있다. 그러나 팔레스틴 지역의 집들에는 굴뚝이 없다. 건물의 옆이나 지붕에 나있는 구멍을 통하여 연기를 내보내게끔 되어 있다.

카톨릭 교회가 충성스런 회원들을 도와주기 위하여 유지하는 성유물들이 얼마나 다양한가! 전 로마 카톨릭 세계는 이와 같은 종류의 거짓(사기)으로 가득 차있다. 그리고 그것을 매우 자주 공개적으로 전시하고 있다. 모든 로마 카톨릭 교회는 적어도 하나의 성유물은 가지고 있는 것으로 추정된다. 더욱 지적인 카톨릭 교인들이 이러한 상황을 정당화할 수 있는 유일한 변명은 그들 자신의 유익을 위하여 그것들을 가지고 사람을 속이는 것은 정당하다는 것이다. 그러나 이에 대해 우즈박사는 다음과 같이 말하였다.

"카톨릭 교회는 성유물들이 '선한 생각을 불러일으키고 헌신을 증진시키는' 경향이 있다고 주장한다. 그러나 선한 생각을 불러일으키고 헌신을 증진

13장 의식주의 403

시키는 것 대신에 그것들 대부분은 부주의한 관광객들에게 불경건한 호기심을 불러일으키고, 사람들이 모조품이라고 알고 있는 것을 진짜인 것처럼 전시함으로써 참된 종교를 더럽힌다. '선한 생각을 불러일으키고 헌신을 증진시키는' 옳은 방법은 하나님의 말씀을 경건하게 연구하고 기도하는 일이다. 이미 죽은 훌륭한 사람을 영예롭게 하는 유일한 방법은 그의 뼈 중의 하나를 경배하는 것이 아니라 하나님께 대한 예배 안에서와 우리의 형제들 안에서 그의 미덕을 따르는 것이다"(『우리의 귀한 유산』, p. 169).

성인들의 유물을 전시하는 것 뿐만 아니라 그것들에 초자연적인 능력을 부여하는 사기 행각이 카톨릭 교회 안에서 행하여진다. 한 새로운 성인을 시성(諡聖, 성인으로 추앙하는 것)할 때마다 교회는 기적을 일으켰던 것으로 추정하는 새로운 품목의 유물들을 소유하게 된다. 이런 것 모두는 이방 종교 안에 있는 관습들과 똑같은 것이다. 1959년 8월 20일자『더 캔자스 시티 스타』안에 보도된 캔디, 세일런으로부터 급송된 AP통신은 다음과 같이 매우 흥미있는 기사를 담고 있었다. "한 사원에 있는 코끼리가 '홀리 투쓰' 사원(The Temple of the Holy Tooth)에서 의식이 진행되는 동안 응집된 불교도들을 통과하여 미친듯이 날뛰어 그 가운데서 20명이 죽고 250명이 부상을 당하였다." 그 사원(temple)은 2500년 전에 불교를 창설했던 석가모니의 이빨 유물 하나를 보관하고 있었다. 그래서 그 사원은 불교에서 가장 신성한 곳으로 여기는 사원이다. 신성한 유물에 대한 카톨릭교의 헌신이 이교 사원에 있는 유물들에 대한 헌신보다 조금이라도 더 낫다고 생각할 수는 없다(똑같이 잘못된 길로 인도하는 헌신이다).

비록 사제들이 하는 일들 중의 하나가 성유물들을 권하며, 경건한 신앙을 가진 사람들에게 성유물의 사용을 지도하는 일임에도 불구하고 많은 사제들은 성유물들을 거의 믿지 않거나 아예 믿지 않는다. 어느 정도 긴 기간 동안 로마에 있었던 사제들은, 그들이 그 도시에서 약간의 뼈와 모든 종류의 경건한 물건들을 옮기는 부끄러움을 모르는 수송 광경을 보게 될 때, 그와 같은 것들에 대해 가졌었을지도 모르는 약간의 경외심마저 상실해 버린다.

이같은 전체의 일에 대하여 놀라운 것은, 지적이고 교육을 받은 것으로 생각되는 로마 카톨릭 교인들이 ― 성직자나 평신도나 똑같이 ― 심지어는 미국과 같은 문명화된 나라에서도 그같은 성유물들을 진짜인 것으로 받아들이

거나 또는 그들이 알고 있는 이 엄청난 미신 행위에 대해 비난하지 않는다는 점이다. 그와 같은 물품들에 대한 숭배는 맹목적으로 '나무와 돌에게 절하는' 이교도의 의식과 똑같다. 성상 숭배의 역사와 성유물에 대한 경외가 가르쳐 주는 중요한 교훈은 성경을 신앙과 의식의 유일한 규범으로써 굳건히 고수하는 일의 중대성을 깨닫게 해주었다는 점이다.

성유물에 대한 문제와 거의 비슷한 것이 소위 '성수'(Holy Water)이다. 그것은 소량의 소금을 집어 넣고 사제들이 축복한 평범한 물에 지나지 않는다. 성수반(聖水盤)은 모든 로마 카톨릭 성당의 입구 바로 안쪽에 놓여있다. 그것은 암흑 시대(Dark Ages)의 또 다른 공허한 미신인 것이다. 그것은 이교로부터 빌려온 것으로 9세기에 교회에 소개되었다. 로마에 있던 이교도 신전에는 성수반이 기독교회에 소개되어 성당에 들어가는 모든 사람들이 그 성수를 찍어 자신에게 뿌리기 훨씬 전부터 성수반을 가지고 있었다.

만일 독자(reader) 여러분이 한 로마 카톨릭 상품점을 방문해 본 적이 있었다면, 당신은 분명히 그 곳에서 팔리고 있는 상들, 즉 층층이 진열되어 있고, 어떤 것들은 화려하게 꾸며져 있어서 비싸고, 어떤 것들은 매우 검소하며 그 크기와 색상과 가격이 각양각색인 수백 개나 되는 마리아상과 성인들의 상을 보았을 것이다. 그 모든 것들은 카톨릭교의 작은 신이거나 혹은 신이 된다. 왜냐하면 그것들은 사제들에 의해 축복되어졌을 때 종교적인 중요성을 가지게 되는 것으로 생각되어, 경배되어지고 성당과 집 안에서 영광스런 자리를 차지하게 되기 때문이다. 이렇게 카톨릭 교회가 축복하고 또 사람들에게 사용할 것을 북돋우는 묵주, 십자고상, 십자가, 성화, 양초 받침, 성유(holy oils), 향, 메달, 그리고 작은 장식물과 기구들이 사실상 수천 가지나 된다. 개신교인에게는 그것들이 하나의 혼란스러운 체험이 된다. 왜냐하면 그는 자신이 참말로 우상의 집에 들어와 있다고 느끼지 않을 수 없기 때문이다.

순례 여행(Pilgrimages). 카톨릭교의 또 다른 특성은 성지를 순례하는 순례 여행에 특별한 공로가 부여된다는 사상이다. 이것 또한 처음 1세기 기독교와는 매우 이질적인 사상이다. 오늘날 가장 중요한 순례 여행은 로마 순례이다. 물론 어떤 사람도 빈손으로 가서는 안된다. 교황 보니페이스 8세(1303년에 사망)는 로마를 방문한 모든 사람들에게 대사(大赦, plenary indulgences)를 수여하면서 대사의 해(jubilee)를 선포하였다. 그것은 많은 군중과 수많은 돈을 몰고 왔으므로 그러한 계획은 정기적으로 되풀이되어 왔는데, 가장 최근에는 마리아의 해가 있었다. 마리아의 해는 1950년 마리아 승천설이 반포된 후인 1954년에 교황 피우스 12세에 의해 선포되었다. 중세기 동안에 많은 미덕이 성지 예루살렘 순례와 연관되어 생각되었다. 대사면이 이슬람교도로부터 성지를 회복하려고 시도하는 십자군에 가담하는 사람들에게 주어졌던 것이다. 순례 여행은 숭배하는 신이나 신들을 드높인다는 의미에서와 자신의 공로를 축적한다는 의미에서 불교, 힌두교, 이슬람교(메카 순례가 가장 유명함)와 같은 이방 종교 가운데서 매우 유행되었다.

순례 여행 도시로서 또한 유명한 곳이 프랑스 최남서쪽에 있는 로르데스(Lourdes)와 포르투칼에 있는 파티마(Fatima)이다. 1858년에 동정녀 마리아가 로르데스에 있는 14세의 시골 소녀 베르나데테 소비로스(Bernadette Soubirous)에게 나타났던 것으로 추정되고 있다. 베르나데테가 마리아가 지시한 대로 어떤 정해준 장소를 팠을 때 그 곳에서 치료의 능력이 있는 물줄기가 쏟아져 나왔다. 바실리카의 묵주는 후에 그 자리에서 조립되었고 매년 수만 명의 순례자들이 병의 치료를 위하여 그 곳을 방문한다. 수천 명이나 되는 사람들이 치유받았다고 공언되어 왔다. 그러나 카톨릭 교회는 공식적으로 거의 공언하지 않는다. 실제적으로 천 명당 한 명 꼴은 도움을 받는다. 그러나 그것은 분명히 심리학적인 치료이며, 때로는 기독교 과학자들에 의해 치료받는 사람들이나 다른 신앙으로 치료를 받는 사람들에게 있어서의 치료와 비슷한 것이다. 아직까지도 카톨릭 교회는 로르데스 순례 여행을 장려하고 있다. 그 곳은 지금은 매우 상업화되어 직접, 간접으로 카톨릭 교회의 소득원이 되고 있다. 그러나 우리는 교황이 병에 걸리면 그가 로르데스로 가는 것이 아니라 그 대신에 이용할 수 있는 가장 의학적인 도움을 구하는 것을 알 수 있다. 후에 피우스 12세가 그랬던 것처럼.

최근 포르투칼의 파티마에 있는 성당은 심지어 단 한 달 만에 칠십만 명이나 되는 사람들이 방문했다고 말하는 로르데스에 있는 성당보다도 더 대중적이 되었다. 러시아에서 볼셰비키 혁명(Bolshevik revolution)이 일어나기 직전인 1917년, 그 곳에 동정녀 마리아가 전혀 학교에 다녀본 적이 없는 10살부터 13살까지의 세 어린이에게 교회에 던질 메시지를 가지고 나타났다. 즉 나이 어린 그 어린이들이 생각할 수 있는 이상의 것으로 오늘날의 교황청과 러시아 사이의 관계와 관련된 메시지인 공산주의의 악에 대한 경고를 하였던 것이다. 카톨릭교의 파티마 성당에 대한 장려는 공산주의에 대한 성전(聖戰)과 결부되어 있었다.

서방 세계에는 두 개의 가장 중요한 성당이 있는데, 하나는 멕시코 시티의 변두리에 있는 구아달루프의 마리아 성당이고 다른 하나는 퀘벡에 있는 비우프레 성당이다. 코테즈가 멕시코를 정복한 후에 카톨릭 교인인 그들은 자신의 종교를 멕시코인들에게 강요하였다. 코테즈와 그 군사들이 멕시코 시티를 손에 넣었는데 많은 사제들도 그들과 함께 있었다. 인디언들 중에서 얼마는 스페인 군사들의 탐욕과 잔학함에도 불구하고 결국은 개종하였다. 그러나 많은 사람들은 동정녀 마리아를 경배한 것에 따를 수가 없었다. 왜냐하면 그녀는 인디언이 아니기 때문이었다. 그리하여 실제 멕시코 여신인 '구아달루프의 동정녀'(The Virgin of Guadalupe)에서 착안하여 이것을 카톨릭의 체계 안으로 흡수하였던 것이다.

전설에 의하면 '그 동정녀'가 쥬안 디에고(Juan Diego)에게 나타났다. 그는 개종자 중의 한 사람으로 교육을 받지 못한 사람이었다. 그리고는 그에게 인디언들은 그녀의 영광을 기리는 전을 세워야 하며 그녀는 그들의 보호자가 될 것이라고 말하였다. 처음에는 어느 누구도 그의 말을 믿지 않았다. 그러나 추정컨대 그 동정녀의 기적적인 그림이 그의 외투에 새겨짐으로써 믿게 되었다. 결국 거대한 하나의 성당이 그가 그 광경을 목격했던 그 곳에 동정녀의 영광을 기리기 위해 설립되었다. 동정녀의 그림이 새겨진 그 외투는 지금도 그 성당 안에 보존되어 있다. 그러나 이 모든 계획의 배후에는 성직자들이 있었고 쥬안 디에고는 단지 도구에 불과했었다는 것이 암시되고 있다. 어쨌든 오늘날 수천 명의 멕시코인들은 — 그들 중 얼마는 성당에 이르는 수마일을 무릎으로 '기어서' 간다 — 동정녀의 상과 성인들의 상에 절하기 위하여 성당을 방문한다.

비우프레 성당은 퀘벡시에서 북동쪽으로 약 20마일 떨어진 세인트로렌스강(St. Lawrence River)의 북쪽 기슭 위에 위치하고 있다. 그 성당은 성 앤에게 바쳐진 성당이었다. 앤은 초기 전승에 의하면 마리아의 어머니였다. 매년 미국과 캐나다로부터 수천 명의 사람들이 그 성당을 방문한다. 기적적인 치료를 받았던 절름발이들이 놓고간 것으로 추정되는 목발과 지팡이가 많이 전시되고 있다.

종교적인 행진과 행렬은 모든 카톨릭 국가에서는 보편적인 것이다. 스페인에서도 종교적인 행렬을 가지는데 그들은 예수님(Senor Jesus del Gran Poder)의 상을 들고 행진한다. 그리고 포루투칼에서는 'Senor de los Pasos'의 상을 들고 행진한다. 페루에는 '기적의 주'(The Lord of Miracles)라는 행렬이 있다. 그 행렬 중에는 예수님의 커다란 상이 거리를 통과하여 옮겨지는데, 사람들은 그 성상에 특별한 경의를 표하며 온갖 종류의 은혜를 구한다 — 병고침, 사업의 성공, 사랑의 성취, 복권 당첨 등등. 수천 명의 사람들은 불붙은 초를 들고 묵주를 세며, 그 색칠되고 옷입혀진 성상을 호위하는 대형을 이루면서 행진에 참여한다. 그러나 그같은 성상과 행진은 그리스도의 가르침과 구원의 방법에 대한 가르침에서 볼 때 전혀 효과가 없는 것이다. 왜냐하면 그 사람들은 그리스도가 누구이며, 그가 무엇을 가르쳤는가에 대하여 실제로 아무것도 알지 못하기 때문이다.

6. 죽은 자를 위한 기도

죽은 자를 위한 기도는 카톨릭 교회 안에서 보편적인 의식이다. 이것은 그들의 연옥 교리와 아주 밀접하게 연결되어 있으며, 연옥 교리의 논리적인 귀결이다. 로마 카톨릭교와 대표적인 개신교 사이의 중간 정도에 위치하는 영국 국교회(Anglican Church) 또한 그와 같은 관습을 따른다. 그러나 실질적으로 모든 개신교 교회는 그것을 거부한다.

죽은 자를 위한 기도는 죽은 자의 상태가 아직 고정되어 있지 않았으며 그 상태는 우리의 요청(기도)에 따라서 개선되어질 수 있음을 암시한다. 그러나 우리는 죽은 후에는 상태나 운명에 어떠한 변화도 없으며 사람이 죽으면 그는 영원토록 그 상태로 유지되는 것이라고 주장한다. 우리는 오직 이 세상만이 구원을 얻는 기회의 장소이며, 이 시험하는 기간이 지나가면 오직 상급과 심판의 선언만이 남는다고 성경의 수많은 가르침을 접한다. 계속해서 우리는 모든 기도나 세례, 미사 또는 죽은 자를 위한 어떤 종류의 다른 의식들도 불필요하고 헛되며 비성경적임을 주장한다.

의인의 죽음에 대하여 말하자면 그들은 즉시 그리스도 앞, 즉 그들의 모든 필요가 충족되는 거룩하고 아름답고 영광스럽고 완전한 곳에 있게 된다. 우리의 어떠한 청원도 그들은 필요로 하지 않는다. 그들은 어떤 것에도 부족함이 없으므로 우리의 기도도 필요치 않다. 그들의 상태는 그들과 우리가 부활의 몸을 얻게 되는 그 날까지 될 수 있는 한 가장 완전한 상태이다. 영광 중에서 하나님의 사랑을 받고 있는 사람의 상태를 바꾸어 줄 것을 하나님께 청원하는 것이나 또는 하나님께서 그들을 위해 충분히 해주시지 않고 있음을 암시하는 것은 심지어 비록 그것이 좋은 의도로 된 것이라고 할지라도 대단히 건방진 것이다.

악인의 죽음에 대하여 말하자면, 그들의 상태 또한 고정되어서 변경될 수 없다. 그들은 자신의 기회를 가졌었다. 그들은 자신의 은혜의 날에 죄를 범했었으며, 그들을 향해 지시하신 성령의 붙드시고 제지하시는 감화를 뿌리쳤다. 남아있는 친척들과 친구들이 (죽은) 그들과 관계를 가질 수 있다고 하는 것은 이해할 수가 없다. 죽은 후에 그들의 상태에 대한 결정은 오직 하나님만의 특권이다. 하나님의 거룩과 공평은 모든 이에게 충분한 보증이 된다. 즉 하나님의 은혜로 말미암아 어떤 사람은 자신의 공적보다도 더 많은 상급을 받게 되는 반면 어떤 사람들은 자신의 공과보다도 더 적게 처벌받게 될 것이다. 따라서 그리스도 안에서 죽은 자는 우리의 어떤 기도도 필요치 않다. 그리고 그리스도 밖에서 죽은 자를 위한 어떤 기도도 아무런 소용이 없다.

성경에는 죽은 자를 위하여 기도하는 경우는 단 하나도 없으며, 그런 방면에 대한 어떠한 훈계도 없다는 사실은 매우 중요하다. 이 세상에 있는 사람들, 심지어는 우리의 원수까지도 그들을 위해 기도하라는 훈계가 많이 있다는 사실에 비추어 볼 때, 죽은 자를 위한 기도에 관한 성경의 침묵은 만일 그것이 어떠한 효력이 있다 할지라도 설명될 수는 없을 것이다.

7. 결 론

이상과 같은 것들이 로마 카톨릭 사람들이 싸워야만 하는 미신과 의식주의에 대한 배경이다. 형식과 의식 그리고 화려한 성직자의 제복은 눈에 인상 깊은 자국을 남겨 놓는다. 그러나 그것들은 영적인 진리로부터 영혼을 죽이는 것이다. 그것들은 예배자의 관심을 빼앗아 가는 마취제와도 같으며, 또한 예배자로 하여금 처음에 받아들였던 진리마저 잊어버리도록 만든다. 그것들은 예배자의 관심을 빼앗아 버림으로써 하나님을 드러내기보다는 오히려 하나님을 숨기는 경향이 있다. 사람들은 서커스에 눈이 휘둥그래진 어린이들처럼 그 뒤에 놓여 있는 천한 행위는 보지 못하고 겉만 그럴 듯한 그 화려한 의식만을 바라본다.

대부분의 로마 카톨릭 교인들은 개신교 교회에 들어가는 것을 두려워 한다. 그들의 사제들이 도덕적인 죄에 대한 벌칙 아래 그렇게 하는 것을 금지시켜 왔기 때문이다. 그들이 잠깐 동안 개신 교회에 발을 들여 놓게 되면, 개신교회로 다니도록 설득된다는 것은 알려진 이야기인 것이다. 그들은 성상이나 생각에 잠겨있는 천사, 고해실, 향, 연옥, 선행에 의한 구원에 대한 언급, 고해와 사죄 등등 그 어떤 것도 발견하지 못한다. 대신에 그들은 단순히 복음 설교와 그리스도를 구세주로 영접하라는 분명한 초청의 말을 듣는다. 그 설교는 미사 때처럼 이해할 수 없는 라틴어로 하는 것이 아니라 자기네 말로 전달된다. 최소한의 의식과 함께 그들은 설교가 예배의 주요한 부분이라는 것도 발견한다. 그들이 발견한 개신 교회의 찬송가는 얼마나 풍부한가! 그 찬송은 또 얼마나 자유롭고 자연스러운가! 카톨릭 교회는 노래할 만한 어떤 것도 가지고 있지 않다. 약속할 수 있는 최선의 것이란 연옥의 불길 뿐이다. 곧 그들의 행동이 얼마나 선했었느냐 악했었느냐에 따라서 그 강도가 더 커지거나 더 작아지거나 하고 그 기간이 더 길어지거나 더 짧아지거나 하는 그것이다.

행위와 공로에 의한 구원을 가르치는 종교에 빠져있는 대다수의 로마 카톨릭 교인들은 사람들을 자유롭게 만드는 진리를 찾고 있다. 개신교는 성경을 읽고 공부하는 데 강조점을 크게 둠으로 인하여 그같은 진리를 가진다. 그 진리는 형식과 의식으로써가 아니라 생활로써 나타난다. 그 진리의 강조점은 마음의 변화와 열매맺는 예배로서의 삶에 있다. 그러므로 의식과 성대한 광경들과 감각에 호소하는 외형적인 것들에 빠져버린 로마 카톨릭 교인들이 우리의 예배당에 들어와서 그들로 하여금 보상받게 하는 가치 기준을 발견하되 특히 무엇보다 먼저 복음적 설교를 발견하여 알게 해주며 그래서 그들이 이전 매우 형식적인 교회에서 경험하였던 어떤 일 그 이상으로 영적인 양양과 영적인 응답이 있는 성도간의 교제를 알 수 있도록 하는 것은 개신교인인 우리의 마땅한 의무인 것이다.

14 장

독신 생활

1. 정의와 전제
2. 수도원 제도
3. 강요된 독신 — 개인적인 성결에의 방해물
4. 독신 교리의 역사
5. 성경의 가르침
6. 독신 제한의 결과 — 흔한 부도덕 행위
7. 수녀와 수녀원
8. 수녀원 입문
9. 수녀원 생활
10. 결론

독신생활

1. 정의와 전제

지금 논의하려는 독신생활(celibacy)이란 로마 카톨릭 교회의 사제, 수도사, 수녀는 결혼을 금해야 한다는 카톨릭교의 계율을 말한다. 그것은 순결에 대한 서원으로 알려져 있으며 그것은 이런 그룹의 회원들에 의하여 되어졌고, 그것은 성적 관계들(sexual relations)을 삼가하는 것을 의미한다.

교회법에 따르면, 독신 서원은 만일 그 사제가 결혼하면 깨어지지만 그가 성적인 관계에만 참여했다면 깨어지지 않는다. 성적인 관계는 다른 동료 사제에게 고백함으로써 어느 때든지 쉽게 용서받을 수 있다. 그러나 결혼한 사제에 대한 사면은 오직 교황에게서만 그것도 심한 형벌을 수반하여 얻을 수 있다. 그리고 그같은 용서를 받기 위해서 그는 자기 아내를 버려야만 한다.

우리가 간단하게 살펴본 독신에 대한 이같은 요구는 성경적인 근거가 전혀 없다. 그리고 그것은 그리스도의 시대 이후 천여 년이 지날 때까지는 카톨릭 교회 안에서 일반적으로 강요되지도 않았다.

개신교 목사들은 결혼할 수 있다. 실제로 그들 대부분이 결혼한다. 동방정교회 사제들 또한 임명받기 전에 결혼한다는 조건으로 결혼할 수 있다. 그래서 그들 대부분은 결혼한 남자들이다. 그러나 그들에게도 성직 임명 후에는 결혼이 허용되지 않는다. 만일 그들이 결혼하였다면 주교 자리에는 오를 수 없다. 왜냐하면 주교는 독신 사제들 가운데서 선출되기 때문이다. 유대교의 랍비들 또한 아마도 결혼할 것이며 보통은 결혼한 남자들이다.

로마교회는 결혼은 하나의 성례라고 주장하면서도, 자신들이 가장 거룩한 사람들이라고 생각하는 교회의 사제, 수도사, 수녀에게 만큼은 결혼을 금지시키는 것은 이상한 모순이 아닐 수 없다. 로마교회는 독신이 결혼보다도 더 좋은 상태라고 주장한다. 심지어 트렌트 공의회에서는 결혼한 상태가 동정이나 독신의 상태보다 더 좋다고 가르친 모든 사람에 대하여 파문(破門, anathema)을 선포하였다. 이와 같이 로마 교회는 한편에서는 결혼을 높이고, 다른 한편에서는 결혼을 낮추고 있는 것이다.

카톨릭의 눈에는 결혼에 어떤 불결한 것이 있다. 사제가 되기 위해 공부하러 수도원에 들어가는 소년과 수녀원에 들어가는 소녀는 성(sex)은 모든 건강한 사람과 동물에게서 발견되는 정상적인 생식의 본능이 아니라 이러한 낭만적인 욕망은 죄스런 것이며 수치스러운 어떤 것이라고 배우게 된다. '동정'(virginity)이란 이름 아래 잘못 인도하는 로마교회는 생식의 본능은 그 자체가 영적 성장의 적이며, 억압되어져야만 하는 것이라는 관념을 조장하였다. 레만(L. H. Lehmann)은 사제가 되기 위하여 준비하고 있는 사람들을 훈련하는 신학교에 대해 다음과 같이 말한다.

"젊은 남자들이 사람들의 정상적인 생활 양식으로부터 떨어져 있었던 까닭에, 사람들과 잘 조화되지 못하며 일반인의 욕구를 잘 이해하지 못하는 것은 당연하다. 한창 젊은 시절 동안 그들은 잘 통제된 신학교에 갇히게 된다. 젊음의 충동 ─ 이것은 다른 젊은이에게 있어서는 실제적인 생활 속에서 그리고 부드럽고 건전한 애정에 대한 낭만적인 반응 안에서 건강이 넘친다는 표시가 된다 ─ 에 대한 모든 징후는 그런 충동이 일어나는 초기에 진압되어진다. 애정 깊은 교제를 하고 싶은 충동이 일어나는 것은 심지어 죄스런 것으로 여기도록 가르침을 받는다. 다른 남자와 여자들이 살아가는 생활에 대하여, 그것과는 다른 냉정하고 금욕적인 태도는 그들 가운데서 최고의 미덕으로서, 그리고 사제로서 가지게 되는 높은 위치에 필수적인 것으로서 장려되어진다.

그들에게 부과된 독신 생활을 위한 안전 장치로써 그들은 평범한 남자들이 아내를 사랑하고 자녀를 키우면서 기뻐하는 애정이 가득 찬 가정의 행복에 대하여 그들 스스로가 냉담하도록 조언을 듣는다. 비록 사제들은 특별히 고해실에서 이성 사이에 일어난 모든 일에 대하여 안내자와 상담자로서 위임되었음에도 불구하고, 그들 개인적으로는 부드러운 여인들의 시선을 마치 자신을 죄로 인도하는 악마의 교활한 도구처럼 혐오해야만 한다"(『사제의 영혼』, p. 152).

같은 취지로 맥루글린은 그가 사제를 그만둔 후에 발생했던 한 사건에 관하여 다음과 같이 기술하였다.

"나의 결혼 발표는 성직자와 평신도 모두에게 로마 카톨릭 정신 — 성에 대한 교회의 선입관 — 에 다른 양상을 가져다 주었다. 내가 받은 수천 통의 편지 가운데는, 심지어 결혼한 카톨릭 교인들로부터 온 대부분의 편지는 결혼을 마치 육체의 찬미가 그것의 유일한 목적인 것처럼 언급하였다. 그리고 그들은 자연적인 사랑을 통탄할 것으로, 불결한 것으로, 비자연적인 것으로 기술하였다"(『사람들의 신부』, p. 194).

맥루글린은 그 자신이 받은 신학교 훈련에 관하여 말하기를 그들이 사용한 로마 카톨릭 도덕신학의 개요는 단지 공부한 몇 권의 요약에 지나지 않으며, 다양한 성적인 죄에 대하여는 아주 상세하게 다루는 데에 32페이지를 할애했는가 하면 성직자들이 알아야 할 폭행, 자살, 살인, 결투, 극형, 국가 간의 관계, 그리고 석기 시대로부터 원자력 시대까지의 전쟁의 도덕성 등에 대한 가르침은 단 12페이지에 불과하다는 것이다. 맥루글린은 또한 성에 대한 분야에서 철저히 연구한 후에, 성이란 주제에 관하여 이 세상에서 가장 방대하게 수집한 책들이 로마의 바티칸 도서관(Vatican Library) 안에 있다고 말하였던 알프레드 킨제이(Alfred C. Kinsey) 박사의 말을 인용한다.

카톨릭의 이같은 태도에 반대하여 우리는 성적 충동은 창조주 하나님께서 인간에게 부여해 주신 하나의 선물이며, 따라서 그것에는 어떤 불결하거나 더러운 것이 없다고 주장한다. 남자와 여자는 본능적으로 다른 성(性)의 사람에게 끌리게끔 창조되었다. 이같은 이성 상호간의 본능적인 매혹은 종족의 번식을 확실하게 하는 하나님의 방법이다. 그것은 파종기와 수확기에 사용하는 힘만큼이나 건전한 것이다. 모든 정상적인 남자와 여자의 자연적인 본능은 그의 또는 그녀의 본능의 낭만적 측면을 표현하게 하며, 그리하여 결혼을 하고 한 가족을 이루게 된다. 하나님께서 그같이 계획하셨던 것이다. 성경 전체를 통하여 어버이 신분의 축복과 존엄이 칭송되고 높여진다. 그리고 어버이의 책임과 축복을 취하는 것에 대한 거부는 호되게 비난받는다. 성을 불순한 연상으로 떠올리는 몇몇 사람들의 기질은 하나님께서 그것을 작정하셨던 대로 인생에 있는 하나의 서투른 익살(travesty)인 것이다. 역사적으로 볼 때, 독신은 물질은 본래부터 악한 것이며 구원은 그것을 제지하고 억누르는 데 있다고 가르쳤던 2세기와 3세기의 영지주의와 마니교 이단에 그 뿌리가 있었던 것이다.

2. 수도원 제도

수도원과 수녀원 안에 있는 남자와 여자의 집단에 대한 로마 카톨릭의 견해를 이해하기 위해서 우리는 그 제도의 근간을 이루는 기본적인 견해를 이해하여야만 한다. 중세기 동안에 인간의 행위는 본성적인 것(즉 세속적인 것)과 영적인 것으로 나뉘어진다는 사상이 로마교 신학 안에서 발전되었다. 그리하여 오직 영적인 것만이 하나님을 기쁘시게 하는 것으로 생각되어졌다. 계속해서 자연적인 사람(자연인, the natural man)은 매일의 생활 가운데서 일반적인 미덕으로 만족될 수 있었다. 반면에 이상적인 사람(the ideal)은 깊은 묵상 가운데 영적인 것에 도달한 신비의 사람이었다. 이런 더 높은 삶을 성취한다는 점에서, 자연인은 도움으로서가 아니라 장애물로서 여겨졌었다. 사회로부터와 이 세상의 평범한 삶으로부터 물러나, 신비스런 묵상 가운데에서 자신을 잊어버리면서 조용한 수도원에 칩거하였던 수도사와 수녀의 삶은 더 높은 삶으로 여겨졌었다. 타락함으로 상실되었던 하나님의 형상은 이 세상으로부터의 은둔 안에서 그것의 아름다움을 회복할 수 있었다. 수도원 제도는 이와 같이 두 개의 거짓된 상태, 즉 이 세상의 사교와 경제 생활로부터 완전히 물러서는 것이 참 종교에로 나아가는 것이라는 원리에 기초하고 있는 것이다. 그같은 종류의 생각이 심지어는 오늘날까지도 로마교 제도의 일부분으로 남아있다. 특별히 그것은 두 개의 다른 방면에서 현저하게 드러난다.

(1) 사제들에게 요구되는 독신 서원, 그리고 다른 수도원과 수녀원의 계율 안에서 수도사들과 수녀들에게 요구되는 청빈과 순결과 복종의 서원.

(2) 어떤 것 앞에서 수행되는 의식은 성스런 목적을 위하여 사용될 수 있다. 그와 같은 모든 것들은 정화와 성화의 의식을 거쳐야만 하는데, 그 의식 중 눈에 띄는 부분이 성수를 뿌리는 의식이다. 모든 사제와 성직자들 뿐만 아니라 예배당, 십자가, 성상, 제복, 종, 묘지 등등까지도 성수가 뿌려져서 신성하게 되어져야만 한다.

수도자(금욕주의자, ascetic)는 자연 세계를 그 자체가 죄스럽고 가능한 한 피해야 하는 영역으로 간주하였다. 계속해서 그는 이 세상의 것들을 경멸하였으며, 하늘의 덕(virtues)을 실천하기 위하여 이 세상에서 물러서려고 노력하였다. 그렇게 하는 가장 효과적인 방법이 수도원 은둔 생활을 추구하는 것이었다. 이렇게 해서 수도원과 수녀원 그리고 사제와 수녀의 독신 생활이 나타나게 되었다.

그러나 종교개혁은 개신교도들을 위해 그같은 모든 잘못된 견해들을 일소하였다. 카톨릭교와는 반대로 개신교는 삶의 모든 면을 천상적인 면 뿐만 아니라 세속적인 면까지도 신성한 것으로 바라보며, 모든 것을 하나님의 계획의 일부분으로서 그리고 하나님의 축복 아래서 유지되며 하나님의 영광을 위해서 존재하는 것으로서 생각한다. 교회 안에서든지 또는 과학, 정치, 예술, 또는 여러 가지로 다양한 직업 안에서, 결혼을 하여 가정 생활 속에서든지 아니면 독신 생활 속에서 개신교도는 하나님을 섬긴다. 섬기되 이 세상에서 물러나서 섬기는 것이 아니라, 사람들이 영적이고 육체적인 욕구를 만족시키면서, 이 세상 속으로 들어감으로써 그리고 자기의 시간과 재능을 효과적으로 자기가 하고 있는 일에 사용함으로써 섬긴다. 그의 일이 무엇이든지 간에 그는 하나님의 영광을 위해 그 일을 해나간다. 그리하여 그는 하나님 나라를 전진시키는 데 일조하게 된다.

신교도는 이 세상은 비록 타락되었음에도 불구하고 그리스도의 사역을 통하여 회복된 원리 안에 있어 왔다고 주장한다. 계속해서 이 세상은 우리 아버지(our Father)의 세상이며, 비록 악마가 많은 권세를 찬탈하였음에도 불구하고 그것은 악마에게 속하지 않으며, 회복된 피조물 위에서 통치하시는 의로운 왕(the rightful King)이신 우리 주님을 위하여 빼앗긴 그것을 되찾기 위해 사는 것이 우리의 의무라고 주장한다. 이같은 견해는 삶의 모든 것을 신성하게 여겨 참회, 근면, 성실, 충성, 질서 등과 같은 자연의 미덕을 북돋아 준다. 그리하여 사람과 국가를 개선시킨다. 우리가 카톨릭교와 개신교 사이에 있는 이러한 대조를 알 때만이 왜 로마교회가 수도원과 수녀원을 세우며, 신교는 왜 그것들을 사용하지 않는가를 이해할 수 있을 것이다.

신약성경은 그리스도께서는 어떤 수도사도 아니었음을 명백히 알려준다. 그 자신은 이 세상에서 물러나지 않았으며, 자신의 제자들에게도 그와 같이 할 것을 가르치셨다. 그는 자신의 제자들을 위해 기도하실 때, 제자들을 세상에서 데려가시기를 구한 것이 아니라 오직 악에 빠지지 않게 보전하시기를 구하셨다(요 17:15). 참된 그리스도인의 예배는 수도원이나 수녀원으로 물러나서 감금되어 있는 사람처럼 음울한 옷을 걸침으로가 아니라, 이 세상 속으로 들어가서 남자와 여자에게 그 욕구를 만족시켜 주는 것이 가장 효과적임이 명백하다. 다시 살아난 나사로는 수의를 입지 않는다. 마찬가지로 다시 태어난 그리스도인도 속세를 떠나 은둔하지 않는다.

수도원의 거주자들은 결혼하지 않는 남자들이었다. 그들의 관심은 훈련과 서약으로 인해 가족과 사회 뿐만 아니라 나라의 시민 제도와 교회 제도에서도 동떨어져 있다. 수녀원 또한 비정상적인 생활 양식을 장려한다. 중세기 동안에 유럽에서 생겨났던 많은 수도원들이 종종 부를 너무 축적하였기 때문에, 그 뿐 아니라 수도사들 사이에 너무 게으르고 호사스런 생활이 조장되었기 때문에 교회의 평판이 크게 나빠졌었다.

의심할 여지도 없이 몇몇 수도원은 암흑 시대(the dark centuries) 동안에 배움의 등불을 밝혀 놓은 매우 훌륭한 수도원이었다. 그러나 우리는 로마 교회가 성경을 사람들에게 알려주지 않았던 그 암흑의 시대에 대해 상당한 책임이 있었다고 주장한다. 적어도 선한 뜻을 가진 수도사들과 수녀들이 세상에서 물러서지 않고 거친 세상을 복음화시키기 위하여 나섰었더라면, 교회는 더욱 진흥되고 사회는 더욱 향상되지 않았었을까 하는 의문이 있다. 어쨌든 수도원 제도는 1세기 기독교에서 발견되는 것과는 아주 다른 정신과 의식을 보여주었다.

역사적인 관점에서 볼 때, 가장 뛰어났던 수도회들인 도미니크 수도회(Dominican), 프란시스코 수도회(Franciscan), 그리고 예수회가 중세 후기 동안에 생겨났다. 성 도미니크와 아씨시의 성 프란시스는 1200년경에 살았다. 예수회 수도회는 1534년 스페인 군인 사제인 이그나티우스 로욜라(Ignatius Loyola)에 의해 창설되었다. 예수회 수도회는 1773년 교황 클레멘트 14세에 의해 로마 카톨릭의 국가들이었던 유럽을 통하여 억압당하였다. 그러나 교황의 주권이 미치지 못했던 러시아(Russia)에 잔존하였다가 마침내 1814년 교황 피우스 7세에 의해 재건되었다. 로마 카톨릭교 안에 있는 수도원 수도들은 아마도 신교의 주요 교파 만큼이나 많았던 것 같다. 심지어 개신교 교파들 사이에 있었던 만큼이나 날카로운 의견 대립이 종종 있었다. 도미니크와 프란시스코 수도회 사이의 오래 지속되고 종종 심했던 경쟁, 특히 이 두 수도회와 예수회 수도회 사이에 있었던 경쟁이 그 좋은 예이다. 신교의 교회들은 종종 연합하였다. 그러나 도미니칸과 프란시스칸 사이에, 또는 이 두 수도회 중의 어느 한 수도회와 예수회 사이의 연합을 누가 상상이나 할 수 있겠는가? 수녀들의 수도회는 비록 그들이 주교들의 관리 아래 있게 될 때까지는 그들 사이에 상당한 경쟁이 계속됨에도 불구하고, 다양하게 존재한다. 오늘날 예수회 수도회는 비록 그 수가 그리 많지 않음에도 불구하고 가장 강력하다. 그래서 1세기 이상 동안이나 그들은 다른 수도회에는 매우 유감스럽게도 교황권을 지배해 왔다. 그들의 목표 중 하나는 교황권을 강화시키는 반면에 주교들의 힘을 약화시키는 것이었다. 그 점에서 그들은 현저하게 성공을 거두었다.

3. 강요된 독신 — 개인적인 성결에의 방해물

대의를 위해 헌신하고 소위 '독신의 은사'(the gift of celibacy)를 가지고 있는 사람들이 선택하는 선택적인 독신은 실제로 축복일 수 있다. 성경도 그와 같은 실행을 명했다. 그러나 남자와 여자의 전체 그룹들에 대하여 일률적으로 강요된 독신은 어렵고 성가실 뿐만 아니라 말로 다할 수 없는 악을 만들어 낸다는 것을 그 열매가 보여주고 있다. 독신 생활을 해오고 있는 사람들과 자유롭게 이야기하는 사람들의 한결같은 증언은 독신은 욕망을 억제시키는 것이 아니라 오히려 그 반대로 크게 하거나 높여준다는 것이다. 종종 보여져 왔던 것처럼 사제와 수녀는 초인간이 아니다. 심지어 그들은 정상적인 인간도 아니다. 그러나 그들은 비자연적인 계율(the unnatural laws) 아래서 살고 있기 때문에 특히 유혹에 빠져들기 쉽다. 사제와 수녀 두 집단은 정상적인 가정 생활을 거부한다. 그러므로 두 집단은 가장 깊은 곳에서 갈망하는 자신의 본성에 거역하며 살고 있으며, 받을 필요없는 유혹에 시달리고 있다. 하나님께서는 "사람의 독처하는 것이 좋지 못하다"(창 2:18)고 말씀하셨다. 이 말씀은 남자 뿐 아니라 여자 또한 독처하는 것이 좋지 않다는 것을 의미한다. 중세기를 통하여 내려오는 수도원 제도의 실제적 결과는 강요되고 불필요한 억제는 개인적인 성결에 도움을 주는 것이 아니라 오히려 장애가 된다는 사실을 분명하게 보여주고 있다.

물론 로마 카톨릭 교회 안에 있는 독신은 성경의 명령이 아니라 단지 교회의 규율일 뿐이다. 그러나 이 사실은 충성스런 로마 카톨릭 사람들에게는 엄격히 비밀로 부쳐진다. 그들은 자신의 성직자들이 신성하게 제정된 계율보다는 다른 어떤 것을 따르고 있다는 사실을 믿으려 들지 않는다. 그들은 사도 베드로가 결혼한 남자였다는 가장 명확한 증거가 없이는 비록 그 사실이 신약에 세 번이나 기록되고 있음에도 불구하고(마 8:14; 눅 4:38; 고전 9:5) 믿지 않을 것이다.

찰스 핫지 박사는 이에 대해 잘 말하였다.

"경험할 수 있는 우리 본성의 가장 순전하고 가장 청렴하고 가장 고결한 원리들 중 몇몇은 오직 결혼한 상태 안에만 있다. 효도, 부모 특히 어머니의 애정과 관련된 모든 것은 그것의 존재 여부가 결혼에 달려있다. 자비, 절제, 인내, 사랑 등의 행동에 대해 계속적으로 관심을 두는 곳이 바로 가정의 품 속이다. 그러므로 가정은 모든 사회적인 미덕을 계발시키는 데 가장 적합한 영역이다. 따라서 적막한 사제들의 가정에서보다 또는 수도사나 수녀들의 음울한 방에서보다도 그리스도인의 가정 안에서 훨씬 많은 도덕적인 장점과 참된 종교가 발견되어진다고 조심스럽게 말할 수 있다"(『조직신학』, III, p. 371).

레만은 수도원 제도 아래 있는 사제들의 참기 어려운 낙심과 깨어진 생활에 대해 되풀이하여 언급하였다. 그는 다음과 같이 말했다.

"내가 사제로 있던 중 가장 슬픈 체험은 내가 어디에서나 사제들의 깨어진 소망과 부서진 이상을 보았다는 사실이다. 이것은 사제들이 젊었거나 늙었거나 내가 방문했던 모든 나라에서 동일한 현상이었다. 강요된 독신은 사제들 스스로가 가장 잘 아는 실패의 첫번째 원인이다. 독신의 육체적인 암시가 크게 중요한 문제인 것은 아니다. 그것은 결코 중요한 문제가 되지 말았어야 했다. 만일 사제들의 독신이 교황의 권력의 나부랭이가 되도록 하기 위하여 강요되지 않고 자유롭고 자발적으로 선택되게 하였었더라면, 그것은 참된 헌신이 되었을 것이다. 그 대신에 그것은 기독교회에 추문과 수치의 원인을 던져왔다. 그것은 하나님의 계명이 아니라 인간에 의해 강요된 것이기 때문에 그것은 그것에서부터 나올 수 있는 어떤 선한 것까지도 곡해시켜 왔다. 그것은 결혼 관계의 신성함을 감소시키는 결과를 가져왔다. 그것이 달성할 수 있는 유일한 목적은 사제들에게 성적인 방종을 금하는 것이 아니라 합법적인 결혼을 못하게 하는 것이다. 교황 자신만이 합법적인 결혼 관계를 맺음으로 규약에서 벗어난 사제를 사면할 수 있다. 사적인 성적 탈선은 숨기워지거나, 평범한 고해신부에게 의뢰함으로써 사면받을 수 있다.

강요된 성직자의 독신에 따라오는 실제의 악은 육체적 정신적인 기능을 약화시키는 데 있다. 그것은 계속적인 정신력을 사용해야 하고 자연스런 육체의 욕망을 지녀야 하는 사람에게서 인간의 모든 활력을 서서히 빼앗는다. 그것의 희생자들은 그것이 그들을 성욕에서 자유롭게 하기는커녕 마음 속에 진짜 불결한 요소를 키운다는 것을 인정해야 한다. 사제들의 독신이 그들을 일반 남자들보다도 더 낫도록 하여 초자연적이고 거의 천사처럼 만든다는 것이 로마 카톨릭 교회의 자랑이다. 단순한 사람들은 이것을 실제로 믿고 있으나 사실상 그것은 그들을 일반 남자들보다도 더 못하도록 만드는 것이다.

평신도가 어느 정도의 로마 카톨릭 사제들이 그들에게 부과된 독신 생활을 살지 못하고 실패하는지에 대해 알기란 거의 불가능하다. … 일반 대중은 성에 대하여 충분히 알고 있다. 그래서 그것은 모든 정상적인 남녀의 생활 속에서 행해진다. 만일 사제들이 모두 독신 생활을 하였더라면, 사제들에 대한 단순한 아일랜드인의 확신은 유도된 경건한 믿음, 즉 사제들은 그들의 성직 수임식 때에 일종의 천사의 절제(성에 대한)를 부여받는다는 믿음 이상으로 확신했을 것이다.

사제들에 대한 아일랜드인의 유도된 경건한 믿음 ─ 이것은 내가 젊었을 때부터 가져왔던 것이다 ─ 과는 전혀 일치하지 않는다는 것이 내가 세 대륙(continents)에 걸쳐 사역하는 동안 그들 가운데서 얻어낸 것이었다. 백명 중의 한 명도 성적인 욕망에 관한 육체와 정신의 팽팽한 갈등으로부터 자유롭지 못했다.

나와 함께 사역했던 미국에 있는 사제들 가운데는 아일랜드와 로마에서의 나의 신학교 시절의 동료들이 많았다. 그들을 사로잡았던 종교적 열성, 그리스도인의 강렬한 이상주의, 심지어 개인적인 성결까지도 거의 남아 있지 않았다. 내가 다른 육지에 있는 나의 동료 사제들에게서 보아왔던 영혼이 파괴되는 과정이 바다로 수천마일 떨어져 있었던 다른 사제들에게도 또한 일어났었다. 예외없이 모두가 환멸의 고백을 괴로워하며 내뱉었다. 일정하게 그들은 속박에서부터 벗어나고 싶은, 심지어 그들이 사제로 있어 왔다는 것까지도 잊어버릴 수 있는 곳으로 멀리 가버리고 싶다는 심정을 표현하였다.

이 젊은 남자들이 나쁘게 되었다는 것은 아니다. 단지 그들이 병들고, 피곤하고, 실망하였다는 것이다. 한때 그들은 거룩하고 자기 희생의 기독교 이

상주의, 즉 현대의 여러 나라에 있는 카톨릭 교회의 포교 기관보다도 더 좋은 동기로 봉사할 가치가 있다는 이상주의에 물들었기 때문에, 그저 그런 무감각한 상태에 빠졌었다. 그들은 그밖의 어떤 인정하고 받아들일 만한 방도를 찾지 못했다. 그러므로 그들은 충성스런 군사의 계율에 복종하였었다. '그들의 계율에는 왜라는 이유가 없다. 오직 지키는 일과 죽는 일만이 있을 뿐이다'"(『사제의 영혼』, pp. 120~124).

미국에서의 현재의 상황을 기술한 맥루글린의 증언도 이와 똑같은 일반적인 결론에 이른다.

"한 사제의 삶은 극도로 고독한 삶이다. 만일 그가 커다란 사제관에 살고 있다 해도 여전히 고독하다. 다른 사제들은 그에게 관심이 없으며, 그가 의심하고 망설이는 것에도 관심을 두지 않는다. 만일 그가 외진 교구나 사막의 전도구에 홀로 있는 사제라면, 훨씬 더 고독하다.

신학교 시절의 기억과 그때의 굳은 생각이 희미하게 잊혀지면서, 자기의 삶이 초자연적인 삶이 아니라 완전히 정신과 육체의 좌절의 삶임을 깨닫게 된다. 그는 자기가 담당한 교구와 공동체 안에서 여태껏 자기와 차단되어 왔던 정상적인 삶을 보게 된다. 그는 자기에게는 허용이 안되는 꾸밈없는 어린이들을 보게 된다. 그는 자기에게는 있을 수 없은 청춘 남녀의 순전하고 정상적인 교제를 보게 된다. 그는 별처럼 빛나는 눈을 가진 젊은 남녀 서로에게 가장 자연적인 권리와 기쁨을 서약시키면서 결혼 예식을 수행한다. 그들이 자기로부터 돌아서서 장차 자기들의 가정과 가족과 일 그리고 정상적인 생활의 고민과 성공 속으로 당당하고 분방하고 행복스럽게 행진할 때, 그는 제단 위에 혼자서 고독하게 서있다.

어느 누구보다도 그는 교제, 즉 자신과 같이 좌절되고 환멸을 느끼는 희생자들과의 교제가 아니라 정상인들과의 교제를 원한다. 그는 그가 인정하지 않아 왔던 다른 사람들과의 교제에 적어도 대리로 참여함을 통하여 자기 본성의 깊은 곳에서 간절히 열망하는 남녀 — 젊은이와 늙은이 — 의 친구를 원한다.

사제의 고백을 들어왔고 진실을 존중하는 사제는 성적인 문제가 성직자 사이에서 매우 일반적이라는 사실을 인정할 것이다. 성직자 계급 제도와 관련된 원리는 사제는 그같은 문제에서 조용하고, 결혼을 삼가야 된다는 데 있는 듯하다. …

이런 형태의 삶의 부자연스러움과 좌절로 인해 반항하는 사람의 수는 어느 누가 생각하는 것보다도 훨씬 더 많다. 얼마나 많은 사제들이 미국에 있는 로마 카톨릭 교회를 그만두었는지는 아무도 모른다. 나는 대략 백 명 정도가 된다고 알고 있다. 대부분의 사제를 그만둔 사람들은 카톨릭 성직자 정치(hierarchy)에 의한 박해의 두려움 때문에 자기들의 신분을 드러내지 못한다. 내가 아는 한, 어떠한 공식적인 기록도 없다. 주교들과 성직자들은 서로서로에 대해 불신앙을 용서치 않기 때문에 그들은 자기들 영역 안에 있는 '결점들'을 드러내지 못한다"(『사람들의 신부』, pp. 93~94).

산아 제한이란 주제는 최근에 많은 논쟁을 불러 일으켰다. 사제들은 모든 기구적이고 의학적인 피임 방법에 대해 강하게 반대하는 입장을 표한다. 반면에 동시에 그들은 '자연적인' 방법으로 그와 똑같은 결과를 가져오는 방법으로 생각되는 주기 피임법(rhythm method)을 적절히 사용하라고 말함으로써 그 원칙을 어긴다. 성생활이나 가족 계획에 관하여 결혼한 부부의 실생활을 지시하는 것을 생각할 때, 여자의 컴플렉스에 대한 정상적인 남자의 이해조차 가지지 못하는 독신 사제의 불합리는 사제 생활을 그만둔 후에 결혼한 맥루글린의 다음의 글에 잘 나타나 있다. 그는 말하기를,

"로마 카톨릭의 사제들은 결혼하여 어떻게 살아야 하는가, 부부간의 관계는 언제 가져야 하며 언제 가져서는 안되는가, 부부 생활의 크고 작은 문제를 어떻게 해결할 것인가에 대해 자기의 교구민들에게 가르칠 것으로 생각된다. 그의 말은 훈련받은 상담자나 가정 치료자 또는 심리학자의 말 이상으로 단정적이다.

그러나 로마 카톨릭의 사제는 미술품 판매원이 화가에게 조언할 수 있는 것보다도, 또는 돌을 깨는 것에 대한 안내자가 조각가에게 조언할 수 있는 것보다도, 결혼에 대해 더 좋은 교사나 상담자가 될 수 없다. 장님이 예술가를 가르칠 수는 없다. 귀머거리로 태어난 사람이 교향악단을 지휘할 수는 없다.

로마 카톨릭의 사제는 성은 복잡한 것이며, 많지 않은 카톨릭 교인은 성의 원하는 대로 된 결과라는 것을 제외하고는 결혼에 대해 아무것도 알지 못한다. 사제는 독신이 결혼과 대조되는 것으로 생각한다. 그에게 있어서 독신이란 단지 성의 금지를 의미하여, 결혼이란 성욕의 만족―그 이상이 아니다―을 의미할 뿐이다.

결혼 안에는 출산에 이르게 하는 행위 이외에도 많은 일들이 발생된다. 그러나 로마 카톨릭 사제의 무지는 그것들에 관해 다른 사람에게 조언하는 데

적합지 못하도록 만든다. 사제는 한 남자와 한 여자 사이의 지적인 보완이나 감정적인 균형 등과 같은 비성적인(non-sexual) 면들을 더 부드럽게 하고 인내하게 하며 만족하게 하는 데 대해서는 아무런 생각도 없다"(『사람들의 신부』, p. 91).

4. 독신 교리의 역사

독신에 대한 관례는 점진적인 발전을 거듭했다. 비자연적인 금욕주의 (unnatural asceticism)는 심지어 성(聖)바오로의 시대에서도 명백하게 나타나고 있었다. 그런데 바울은 그것을 비난하였던 것이다. " … 혼인을 금하고 식물을 폐하라 할 터이나"(딤전 4:3). 그리고는 또다시 "어찌하여(너희가) 세상에 사는 것과 같이 의문(儀文)에 순종하느냐 … 이런 것들은 자의적 숭배와 겸손과 몸을 괴롭게 하는 데 지혜 있는 모양이나 오직 육체 좇는 것을 금하는 데는 유익이 조금도 없느니라"(골 2:20, 23). 그같은 관례는 동방에 존재해 있었다. 그러다가 그것은 기독교 시대 오래 전부터 비구(남중)와 비구니(여중)들이 있는 불교에서 특히 발전되었다.

금욕주의는 남녀 모두 개인적으로 실행하였다. 그런데 그들은 스스로를 완전한 복종의 서원을 통하여 하나님께 바친 사람들이었다. 이것은 소위 공로라 부르는 인간의 노력 곧 인간의 고행에 의해 의롭게 된다는 이단에 의해 장려되었다. 사회나 '세상'에서 물러서는 관례는 남부 이집트에서 기원했던 것으로 보인다. 그 곳은 각양 각색의 사람들이 스스로 뜨거운 사막에 거처를 정했던 곳이다. 그러한 은자(수행자)들 주위에는, 특별히 성인으로 인정되었던 사람들 주위에는 종종 제자의 무리가 형성되었다. 이것이 기독교 경건의 최고 형태로 여겨졌던 것이다. 최초의 은자들 중의 한 사람은 테베스의 성 바오로였다. 그 주위에는 그를 따르는 수도사들의 공동체가 형성되었다. 그의 유명한 제자인 성 안토니는 약 270년경에 자기 누이를 '수녀원'에 들어가도록 하였다. 원래 그 운동은 이집트로 한정되었었다. 그러다가 팔레스틴, 시리아, 소아시아 등지로 확산되어 나갔다. 로마에 있는 교회의 감독으로 인정받는 것을 거부했던 갑바도기아의 성 바실(St. Basil of Cappadocia; 329~379)은 수습 수사의 수련 기간과 수도원을 30 내지 40개의 그룹으로 제한하는 것을 포함하는 수도원에 대한 개정 규약을 작성함으로써 동방 수도원 제도의 창설자로서 인정을 받고 있다.

4세기부터 금욕주의는 더욱 널리 실행되어졌으며, 그 당시에 그것은 심한 반대에도 불구하고 성직자에 대한 규율이 되었다. 305년에 스페인의 엘비라 공의회(council of Elvira)에서 성직자의 결혼을 반대하는 신조가 제정되었다. 그러나 이 신조는 그 범위가 한정되었고, 그들로 하여금 지키도록 만들려는 진지한 노력도 없었다. 예를 들면 아일랜드의 성 패트릭(St. Patrick of Ireland; 461년에 사망)은 자기 할아버지가 사제였다고 밝혔다. 그러나 로마교회는 독신 사제에 대한 요구(규율)를 지속시켰다. 1079년에 교황 그레고리 7세로 알려진 힐데브란드의 강력한 영도 아래, 사제의 독신이 다시 신조화되었고, 그것은 그레고리도 그 모든 폐습을 제어할 수 없었음에도 불구하고 상당히 효력있는 것이 되었다. 교황 우르반 2세 (1088~1099)와 칼릭스투스 2세(Calixtus II; 1119~1124)는 성직자의 축첩에 대해 단호하게 싸웠다. 첫번째 라테란 공의회(1123)의 신조는 성직에 종사하는 모든 사람의 결혼은 무효라고 선언하였고, 트렌트 공의회(1545)에서는 성직자의 독신에 관하여 엄격히 선포하였다. 그 신조들에 따르면, 결혼한 사제는 파문을 당하였으며 모든 영적인 직무를 수행하지 못하게 되었다. 사제가 되기를 원하는 결혼한 남자는 자기 아내를 버리도록 요구받았고, 그의 아내 또한 순결서원을 하도록 요구받았다. 그렇지 않으면 그는 성직에 임명될 수 없었다. 그 공의회에서 다음과 같이 천명하였다.

> "결혼한 상태가 동정이나 독신의 생활보다도 더 낫다고 주장하는 사람은 누구든지, 그리고 동정이나 독신으로 유지하는 것이 결혼하는 것보다 더 행복하지 못하고 행복에 더 도움이 되지도 않는다고 주장하는 사람은 누구든지 그로 하여금 비난당하도록 하라" (Canon 10).

기독교 시대의 첫 1세기 동안 성직자가 결혼해서 가정을 꾸미는 것이 허용되었다. 그리고 그리스도 당시 이후 약 천여 년 동안 로마교의 사제는 크나큰 반대없이 권리를 행사하였다.

사제들의 부도덕은 옥캄의 윌리암(William of Occam), 존 위클리프 (John Wycliffe), 존 후스(John Hus), 사보나로라와 같은, 때때로 나타났던 개혁자들에게 특별히 종교개혁 시대에 나타났던 루터, 칼빈, 쯔빙글리, 낙스와 같은 개혁자들에게 특별한 표적이 되었다. 개혁 교회들은 특히 디모데에 대한 바울의 권면을 인용하면서 결혼의 자유를 성직자에게 되돌려 주었다. "그러므로 감독은 책망할 것이 없으며 한 아내의 남편이 되며"(딤전 3:2).

왜 교황과 로마교회의 정치가 사제와 수도사와 수녀에 대하여 독신의 규율을 그처럼 꾸준하게 강요했는가를 알아보는 것은 어려운 일이 아니다. 그 이유는 교회적인 것과 경제적인 것 두 가지가 있다. 첫째 이유는, 계획을 세울 때 의논해야만 하는 아내나 남편이나 가족들이 없기 때문이다. 사제들과 수녀들은 카톨릭 교회의 계급 제도의 질서에 더 잘 응하게 하기 위하여, 그리고 한 교구에서 다른 교구로 또는 세계 곳곳의 다른 곳으로 더 쉽게 옮길 수 있도록 하기 위하여 그들 위에서 통제하는 더 높은 지위를 교황과 고위 성직자들에게 부여한 것이다. 둘째 이유는, 만일 그들이 결혼하였다면 그들의 가족들에게 돌아갈 사제들이 소유하고 있는 재산이 — 어떤 경우에 있어서는 상당하였다 — 자동적으로 교회로 돌아오게 되며, 또는 더 많은 몫이 저절로 교회에 남게 될 것이기 때문이다. 그리하여 교황은 자신을 위하여 자기 명령을 수행하는 데 쉽사리 이용할 수 있는 군대를 손에 넣어왔던 것이다. 이와 같은 목적을 이루는 가운데 사제들과 수녀들은 독신의 생활로 최후를 맞이한다.

기묘한 상황이 로마교회 안에 발생하였다. 몇몇의 합동 카톨릭 교회(Uniat churchs) 안에서 결혼한 성직자를 허용하는 동방의 관습이 교황 아래 있는 로마교회와 연합된 것이다. 그들 가운데는 다소 차이나는 교리와 의식을 가진, 17개의 분파들로 나누어진 약 9백만 명의 카톨릭 교도들이 있다. 그들 교회들은 주로 근동 지방에 자리하고 있지만 동방 정교회 교회와는 연관이 없다. 대부분 그들은 동방 교회와의 관계가 끊어졌던, 의견을 달리하는 그룹들이다. 그 교회들 가운데 가장 두드러진 교회는 기독교도(약 55퍼센트)와 이슬람교도(약 45퍼센트)로 구성된 레바논(Lebanon)에 있는 오래된 교회이다. 그들 교회와 서방 교회 사이의 가장 현저한 차이점은 그들의 사제들은 결혼한 남자일 수 있다는 점이다. 또한 그들의 (예배)의식은 라틴어보다는 오히려 그들 나라의 언어로 진행하며, 그들은 어떤 성상도 가지고 있지 않는다. 성찬시에 성찬에 참여할 자격이 있는 사람들은 빵과 포도주 둘 다 받으며, 세례는 침례이다. 그들 교회들의 사제들과 로마 카톨릭의 사제들은 교회 의식을 집행하는 것을 상호 교호(相互交互)적으로 할 수 있다. 또한 한 교회에서 다른 교회로 옮길 수 있다. 심지어 미국에서는 로마 카톨릭 교회들을 통하여 계속 지내오고 있는, 그리고 여전히 결혼한 상태를 그대로 유지하는 것과 가족을 가지는 것이 금지당하고 있는 로마 카톨릭의 사제들은 조금밖에 없다. 이것은 실제로 사제의 독신은 교황이 원하는 어느 때에 수정시키거나 폐지시킬 수 있는 독단적인 교회의 규례일 뿐임을 보여주고 있는 것이다. 합동 카톨릭 교회들이 요구받는 한 가지 것이 있다면 그것은 그들이 교황의 권위를 인정한다는 것이다.

5. 성경의 가르침

그리스도께서는 기독교 성직자들의 결혼을 반대하는 어떤 규례도 부과하지 않으셨으며 또한 사도들 중 어느 누구에게도 부과하지 않았다. 반대로 베드로는 결혼한 남자였으며, 그의 아내는 그의 선교 여행에 그와 동반했다. 이것은 다른 사도들과 예수님의 형제들에게도 마찬가지 사실이다. 우리는 이같은 사실을 바울의 서신들로부터 알 수 있다. 바울은 고린도전서 9:5에서 이렇게 말한다. "우리가 다른 사도들과 주의 형제들과 게바와 같이 자매 된 아내를 데리고 다닐 권(權)이 없겠느냐?" 이것을 다시 번역하면, "우리가 다른 사도들과 주의 형제들과 게바가 하고 있는 것같이 자매 된 아내를 데리고 다닐 권이 없겠느냐?" 그런데 헬라어로 기록된 이 말은 아델페(adelphe, 자매)가 아니라 구네(gune, 아내)인 것이다.

더욱이 베드로는 적어도 25년 동안 결혼한 상태를 계속 유지하였다. 예수님은 그의 공생애 초기에 열병으로 앓고 있던 베드로의 장모를 고쳐주셨다(마 8:14~15). 그러므로 베드로는 그 당시에 결혼한 남자였다. 로마교에서는 예수님이 베드로를 교황으로 임명하신 것이라고 주장하는 그 말씀(마 16:18)을 베드로에게 하신 그때에도 결혼한 남자였다. 그리고 위에서 인용한 바울의 고린도전서는 약 A.D. 58년경에 기록되었다. 그러므로 베드로는 카톨릭 교회에서 베드로가 로마에서 교황이었다고 말하는 그 기간(A.D. 42~67) 중 상당한 기간 동안 결혼한 남자였다. 그리고 그의 아내는 그와 함께 거기에 있었다. 그러나 앞에서 지적한 바와 같이 우리는 베드로는 결코 로마에 있지 않았으며, 그 대신에 그의 사역 — 주로 유대인에 대한 사역이었다 — 은 소아시아 지방과 동쪽 지방, 멀리 바빌론까지 포함되었다고 주장한다(벧전 1:1; 5:13).

　카톨릭 교회는 주장하기를 자신은 결코 변하지 않는다고 한다. 그러나 교황들은 모두 독신이다. 그러나 베드로는 교황이 아니었다. 오늘날과 같이 로마교회의 머리는 교황이라는 점에 있어서는 더욱이 아니었다. 만일 교황이 결혼한다면, 그것은 참으로 제일가는 스캔들이 될 것이 분명하다. 우리는 그것 이상의 변혁이란 거의 상상할 수도 없다. 반면에 만일 교황이 결혼한다면, 그는 베드로의 본보기를 단지 뒤따르는 것이다. 만일 독신이 로마교회 안에서 그것에 주어지는 위치를 가지는 것이 당연하다면, 그리스도께서 교회의 기초와 첫번째 교황으로서 결혼한 남자를 선택하셨다는 것은 믿을 수 없는 일이다.

　사실 그리스도께서는 그의 교회를 세우실 때, 전혀 독신에 대한 언급이 없으셨다. 그 대신에 그는 결혼한 사람들을 사도로 선택하셨다. 우리가 바로 앞에서 인용했던 그 구절에서, 바울은 만일 그렇게 하기로 작정했다면 아내를 가지며 자기의 선교 여행에 아내를 데리고 함께 다닐 자신의 권리를 옹호했다. 같은 구절에서 그는 우리에게, '다른 사도들'과 '주의 형제들'도 또한 결혼한 남자들이었으며 그들의 아내들은 선교 여행에 그들과 동행하였다고 말한다. 성직자가 결혼한 것이 허용되는 것인지 아닌지, 해도 되는 것인지 아닌지, 권할 만한 것인지 아닌지와 같은 의문을 영구히 풀어야만 한다.

　디모데전서에서 바울은 감독은 "한 아내의 남편이 되며 절제하며 근신하며 … 자기 집을 잘 다스려 자녀들로 모든 단정함으로 복종케 하는 자"이어야 한다고 말한다(3:2,4). 이와 마찬가지로 장로들(딛 1:5~6)과 집사들(딤전 3:12)도 "자기 자녀들과 자기 집을 잘 다스리는" 한 아내의 남편이 되어야 한다. 이러한 구절들이 있음에도, 로마교회는 무슨 권리로 사도들은 결혼하지 않은 남자들이었으며, 결혼하지 않은 상태가 결혼한 상태보다도 더 거룩하다고 결론을 내리는 것인가? 어떤 로마 카톨릭 교인도 이런 구절들을 쓰지 않았음이 확실하리라!

　구약 시대의 족장들과 선지자들 제사장들은 대부분 결혼한 남자들이었다. 그 기간 동안 제사장들은 실제적으로 결혼이 의무적이었다. 왜냐하면 제사장직은 세습 곧 제사장들의 자손들에 의해 영속되었기 때문이었다. 여러 가지 면에서 바울도 결혼하였으며, 그의 아내는 죽었었다고 추정된다. 그가 개종(conversion)하기 전에 그리스도인들을 핍박하던 것에 대해 다음과 같이 말한다. "많은 성도를 옥에 가두며 또 죽일 때에 내가 가(可)편 투표를 하였고"(행 26:10). 이 투표는 유대의 산헤드린(Sanhedrin)의 회원의 한 사람으로서 행사한 것으로 생각되는데, 그 산헤드린 공회의 회원 자격 중 하나가 바로 결혼한 남자이어야 한다는 것이었다.

만일 독신 사제들이 더 거룩하거나 더 열심이라면, 만일 그들이 공동체 안에 더 좋은 본보기가 된다면, 예수님은 왜 결혼한 남자들을 막중한 책무를 담당할 사도로 선택하셨는가? 로마 카톨릭의 저술가들이 독신 상태에 대해 그 필요성을 보여주기 위해 노력할 때 기술하는 모든 우월성과 이점(利點)은 한결같이 구약 시대의 족장들과 선지자들, 제사장들에 적용시켜 왔다. 그러나 우리는 그와 같은 사람들은 그 경우에 맞지 않고 오히려 그 반대가 사실이라는 것을 알고 있다. 우리는 심지어 그리스도께서 분명히 후일의 성직자들이 어떠해야 할 것인가의 본보기로서, 그리고 로마교의 사제직 안에서 매우 일반적이 되어왔던 진짜 추문과 폐습을 막는 안전 장치로서 결혼한 남자들을 교회의 첫번째 성직자와 선교사가 되도록 선택하였다고 말할 수 있다.

물론 구약 아래서 어떤 사역에 있어 제사장들은 그들 스스로 배타적으로 모든 육체의 교제와 모든 세속적인 일들로부터 분리되어 영적인 활동에만 헌신하였던 것은 사실이다. 그러나 그것들은 그들의 결혼 생활 속에서 오직 일시적으로 부가된 것이었다. 마찬가지로 더 효과적으로 헌신할 수 있거나 또는 결혼하는 것이 일시적으로 부적당하게 될 수 있는 특별한 환경들이 있다. 그리스도와 바울 모두는 그와 같은 경우들에 대해 예외를 두셨다. 그러나 그들은 그것들을 규례로 만들지 않았으며, 그들이 그리스도인 중 어떤 많은 수의 사람들이 그와 같은 목적을 위해 결혼하지 않을 것을 기대했다고 믿을 아무런 이유도 없다. 예외로부터 이끌어 내어 일생 동안의 정절이 필요하다고 결론짓는 것은 근거없이 가정한 것이다.

예수께서 말씀하시기를 정절은 그것을 받을 수 있는 능력이 주어졌던 사람들을 위해 있는 것이다. "어미의 태로부터 된 고자도 있고 사람이 만든 고자도 있고 천국을 위하여 스스로 된 고자도 있도다 이 말을 받을 만한 자는 받을지어다"(마 19:12). 그리고 바울도 "만일 절제할 수 없거든 결혼하라"(고전 7:9)고 말하였다. 정절은 심지어 어떤 재능이나 기능처럼 하나의 은사이다(고전 7:7). 그러나 그것은 모든 남자에게 주어진 것도, 모든 여자에게 주어진 것도 아니다. 그러므로 어떤 교회도 그것이 주어지지 않은 사람들에게 그것을 강제적으로 하게 할 수는 없다. 그리고 그것이 모든 사제들에게 주어지지 않았음이 분명하다. 왜냐하면 그들 모두가 그것을 이해하는 것은 아니며, 그들 모두가 그것을 지조있게 실천할 수 있는 것도 아니기 때문이다.

결혼 그 자체에는 죄스런 것이 아무것도 없다. 오히려 하나님께서 거룩한 의식으로서 결혼을 제정하셨다. "여호와 하나님이 가라사대 사람의 독처하는 것이 좋지 못하니 내가 그를 위하여 돕는 배필을 지으리라 하시니라 … 이러므로 남자가 부모를 떠나 그 아내와 연합하여 둘이 한 몸을 이룰지로다"(창 2:18, 24); "그러므로 감독은 ('사제는' 이라고 말할 수도 있다) 책망할 것이 없으며 한 아내의 남편이 되며"(딤전 3:2); "모든 사람은 혼인을 귀히 여기고 침소를 더럽히지 않게 하라 음행하는 자들과 간음하는 자들을 하나님이 심판하시리라"(히 13:4).

성령은 결혼을 모든 관계 중 가장 신성한 모형으로서, 주와 함께 교회와 신자의 연합의 모형으로서 사용하신다(엡 5:23~33). 반면에 많은 로마교의 권위자들은 독신 상태를 특별히 거룩한 것처럼 높이며, 로마교회는 성직자의 결혼은 '타락이며 신성 모독'이라고 대담하게 가르친다. 그러나 만일 로마교회가 결혼이 하나의 성례라면, 사제가 합법적인 아내를 가지는 것이 왜 가장 혐오할 만한 일로 여겨지는지 이해하기가 어렵다.

찰스 핫지 박사는 이에 대하여 다음과 같이 전반적으로 잘 요약하여 설명하였다.

"하나님께서 사람 곧 남자와 여자를 창조하시고, 사람이 독처하는 것이 좋지 않다고 말씀하시면서 낙원에 결혼을 제정하셨다는 사실은 이 주제에 결정적인 것이 된다. 결혼을 덜 거룩한 상태로 만듦으로써 결혼의 지위를 낮추는 이 교리는 마니교(Manichaeism)나 영지주의(Gnosticism)에 그 근거를 두고 있다. 마니교나 영지주의에서는 악은 본질적으로 물질과 연관된다고 생각한다. 그리고 죄(sin)의 중심과 근원이 몸에 있으며, 거룩(holiness)은 오직 금욕주의와 '몸을 경시하는 것'을 통하여만이 도달할 수 있다고 생각한다. '천사와 같은 삶'(vita angelica)이 이 땅에 있는 인간들의 삶보다도 더 고귀한 삶의 형태이기 때문에, 결혼은 퇴보(타락, degradation)라고 생각한다. 그러므로 이 주제에 대한 카톨릭 교회의 교리는 매우 반(反)기독교적이다. 그 교리는 이교 철학에서부터 나온 원리들에 근거하고 있다. 그 교리는 또 하나님은 물질의 창조주가 아니며, 하나님이 인간에게 몸을 부여하실 때 인간을 순전하게 만들지 않으셨다고 가정하고 있다.

구약성경은 줄곧 결혼은 인간의 정상적인 상태라고 말한다. 타락하기 전 우리의 맨 처음 조상에게 "생육하고 번성하여 땅에 충만하라"고 명령하셨다. 만일 결혼이 없다면 우리의 세계에 대한 하나님의 이런 목적은 실행될 수 없는 것이다. 그러므로 결혼이 독신보다도 덜 거룩하다거나, 하나님이 덜 받아주신다고 생각하는 것은 성경과 어긋나는 것이다. 오히려 결혼하지 않은 것은 구약 시대 아래에서는 불행과 불명예로서 간주되었다(삿 11:37; 시 78:63; 사 4:1; 13:12). 하나님의 말씀인 구약성경에 따르면, 이 땅에서 여자의 가장 고귀한 운명(destiny)은 수녀가 되는 것이 아니라 가정의 주부가 되는 것이요 자녀들의 어머니가 되는 것이다(창 30:1; 시 113:9; 127:3; 128:3,4; 잠 18:22; 31:10,28).

이와 마찬가지로 신약의 가르침도 결혼을 매우 존중하고 있다. 결혼은 '모든 사람이 귀히 여겨야 할' 것으로 분명히 밝히고 있다(히 13:4). 바울은 "남자마다 자기 아내를 두고 여자마다 자기 남편을 두라"고 말한다(고전 7:2). 디모데전서 5:14에서 그는 "젊은이(젊은 여자)는 시집가서 아이를 낳고 집을 다스리고 대적에게 훼방할 기회를 조금도 주지 말기를 원하노라"고 말하고 있으며, 디모데전서 4:3에서는 '혼인을 금하는 것'이 사탄의 교리 가운데 포함되어 있다고 말한다. 사도 바울이 생각하는 방식에 따르면, 진리가 성령께로부터 온 것처럼 거짓 교리는 사탄과 그의 대리자들인 귀신들로부터 나온다. 그들은 '미혹케 하는 영'이다(딤전 4:1). 주님께서는 창세기 2:24에서 주어진 최초의 법, 즉 "남자가 부모를 떠나 그 아내와 연합하여 둘이 한 몸을 이룰지로다"라는 말씀을 한 번 이상(마 19:5; 막 10:7) 인용하시며 강조하셨다. 사도 바울은 그와 똑같은 말을 인용하면서 그것은 크고 신비한 진리를 내포하고 있다고 말한다(엡 5:31~32). 이와 같이 결혼 관계는 이 땅 위에 존재할 수 있는 가장 친밀하고 신성한 것이다. 따라서 우리는 처음부터—아주 드문 예외의 경우도 있지만 — 족장들과 선지자들, 사도들, 신앙 고백자들, 순교자들은 결혼한 사람들이었음을 알 수 있다. 만일 결혼이 그들에게 퇴보(타락)가 아니었다면, 그것은 수도사와 사제에게도 퇴보(타락)가 될 수 없음이 확실하다"(『조직신학』, III, pp. 368~370).

6. 독신 제한의 결과 — 흔한 부도덕 행위

카톨릭 교회가 시대들을 통하여 줄곧 싸워와야 했던 비난은 수도원과 수녀원 안에서와 그리고 몇몇 사제들과 그들의 어떤 교구민들 사이에서의 부도덕한 행위에 대한 비난이다. 카톨릭 교회가 개신교 교회와 경쟁하고 있고 제한이 더욱 엄격한 미국에서는 비교적 그와 같은 일이 거의 없음은 의심할 여지가 없다. 그러나 이러한 미국에서조차도 교회의 권위자들은 추문(scandal)에 대하여 사제들과 수녀들에게 끊임없이 경고한다. 물론 얼마나 많은 사제들과 수녀들이 순결의 서원을 어기는지는 알 길이 없다. 그러나 그것은 스스로 결혼을 하지 않았던 카톨릭 교회의 대성인(大聖人)들이 순전함을 유지하기 위하여 얼마나 투쟁하며 인내해 왔는가를 읽어보면 된다. 물론 사제와 수녀의 인간 본성과 남녀 평신도의 인간 본성 사이에는 아무런 차이도 없으며, 현대의 세상 안에 도사리고 있는 유혹은 확실히 다양하며, 사람을 현혹시키기에 충분하다.

강요된 독신과 비밀스런 고백은 그들 자신의 본성에 의하여 성의 타락으로 이끈다. 외형상의 모든 면에서 볼 때, 실제로 우리는 미국에 있는 로마 카톨릭 성직자의 행동이 이탈리아와 스페인, 프랑스, 라틴 아메리카에 있는 성직자의 행동보다 훨씬 더 낫다고 믿는다. 그러나 로마 카톨릭이 지배적인 나라에서 특히 중세기 동안에 수도원과 수녀원이 악의 소굴이 되었다는 많은 증거가 있다.

레만은 독신 제도가 유지되어 오게 된 원래의 목적을 (1) "중앙 집권화된 권력의 원리를 유지하기 위하여" (2) "만일 독신이 아니라면 사제의 가족에게 돌아가게 될 교회에 대한 재산을 유지하기 위하여"라고 말한 후에 그는 다음과 같이 말한다.

"로마 카톨릭 교회가 그렇게 오랜 세월 동안이나 사제들에게 합법적인 결혼을 금지해 왔던 것은 영적인 이유 때문이 아니다. 권력을 가진 사람들이 부인하고 있는 것은 오직 합법적 결혼 관계인 것으로 알려졌으며, 그래서 성직자들이 아내 이외의 여자를 두는 풍습과 함께 불법적으로 생긴 자녀들로 인하여 된 세대들이 항상 발생했었다. 만일 과거에 이러한 사제들의 자녀들의 세대가 합법화되었더라면, 그 결과 중앙 집권화된 권력과 재산권은 상실되고 권위주의의 통치 제도가 쇠퇴되었을 것이다. 이와 같이 로마에 집중된 확실한 권력을 상실하기보다는 차라리 성직자의 내연의 처(Concubinage)를 두는 풍속을 묵인해 왔던 것이다.

과거에 사제의 자녀들은 아버지인 사제를 오직 영적인 의미에서만 '아버지'라고 부를 수 있었다. 그러나 교황과 추기경, 주교의 불법적인 자녀들은 종종 교회와 국가에서 높은 지위에 오를 수 있었다. 몇몇의 교황들은 다른 교황들과 교회의 고위 성직자들의 아들과 손자였다. 교황의 교서집(敎書集)에 대해 본인이 연구한 것에 보면 유럽의 성직자 사이에 축첩이 얼마나 성행하였던지—성직자의 축첩이 심지어 합법적인 권리가 되지 않도록 법으로써 그런 풍속을 규제하는 것이 필요하였다는 사실이 잘 나타나 있다"(Out of the Labyrinth, pp. 99~100).

무지와 미신이 심지어 성직자 사이에서도 널리 퍼져 있었던 9세기에 샤를마뉴 대제(the emperor Charlemagne)는 교회 가운데서 자행되는 부도덕을 금지하려는 시도로 다음과 같은 칙령을 발하였다.

"우리는 많은 수도사들이 방탕과 모든 종류의 수치스런 행위에, 심지어는 부자연스런 죄악에 몰두하고 있다는 사실을 들어왔노라. 우리는 그와 같은 모든 관습을 금지하며, 또 수도사가 이 나라 전역에 걸쳐 방랑하는 것을 금할 것을 명하노라"(T. Demetrius, Catholicism and Protestantism, p. 26).

아일랜드의 역사 학자인 윌리암 렉키(William Lecky)는 다음과 같이 말한다.

"10세기의 한 이탈리아인 주교는 그의 시대의 도덕에 대하여 기록하기를, 만일 자기가 교회 의식을 집행하는 음탕한 사람들에 대하여 법규를 지키도록 강요하였더라면, 소년들을 제외하고는 아무도 교회에 남아있지 않았을 것이라고 말하였다. 첩들을 계속 거느릴 수 있는 면허를 주기 위해 체계적으로 추기경과 성직자로부터 세금을 거둬들였다"(History of European Morals).

클레르보의 버나드(Bernard of Clairvaux)는 인간 본성과 신성한 법에 대치되는 성직자에게 강요되는 독신에 대해 이의를 제기하며 다음과 같이 말하였다.

"교회에서 영광스런 결혼을 빼앗아 보아라. 그러면 교회는 첩과 근친상간 그리고 모든 종류의 형용할 수 없는 부도덕과 부정으로 가득할 것이다."

존 칼빈은 그의 『기독교 강요』(Institutes)에서 독신에 대한 교황의 명령을 통렬히 비난하면서 다음과 같이 말하였다.

"그들은 사제의 결혼을 허락하지 않는다는 이 한 가지 일에서 만큼은 사정없이 냉혹하다. 그들 사이에 얼마 만큼이나 부정한 간음이 횡행하는가는 언급할 필요조차 없다. 자신들의 오염된 독신 생활에 의해 뻔뻔스러워진 그들은 모든 범죄에 대해 무감각하게 되었다. 이와 같은 금지 때문에 교회는 착하고 유능한 목자들을 빼앗겼을 뿐만 아니라, 소름끼치는 죄악의 소용돌이가 형성되었고 많은 영혼들이 절망의 구덩이에 빠졌다. … 그리스도께서는 결혼을 존귀히 여기셨으며 결혼을 교회와 자기와의 성스런 연합의 모형으로 만드셨다. 결혼의 존귀성에 대하여 이보다 더 좋은 말이 있을 수 있겠는가?"(IV, Ch. 12, sections 23, 24).

1536년에 영국의 헨리 8세(Henry VIII)는 영국의 모든 수도원과 수녀원을 조사할 감독관을 임명하였다. 드러나지 않은 잔인함과 부패가 너무 심하였기 때문에 모든 집들이 예외없이 다 파괴되어진 나라 전역에서 탄원이 일었다. 수도원의 타락은 '수도사와 탁발 수도사(friars), 수녀들이 기괴한 생활'을 하는 데 공헌하였다. 수도원에 대한 이와 같은 억압이 이미 교황으로부터의 독립을 선포하였던 영국의 군주와 로마교회 사이의 간격을 넓게 만들었음은 의심할 여지가 없다.

헨리 밤포드 파커스는 자신의 『멕시코의 역사』에서 다음과 같이 말한다.

"성직자의 축첩은 예외의 경우라기보다는 오히려 당연한 것이 되었다. 탁발 수도사들은 흔히 여자들과 팔짱을 끼고 도시의 거리를 거닐며 다녔다. 많은 사제들은 무지하였고 독재적이었다. 그들 교구민에 대한 그들의 주요 관심사는 결혼과 세례, 장례의 비용을 강탈하는 데 있으며, 그들에게는 고해성사의 제도를 악용하는 경향이 있었다."

더 많은 그와 같은 증거들을 보여줄 수 있다. 그 제도가 널리 보급되어 왔던 유럽과 라틴 아메리카 국가들 안에 널리 퍼져있는 가정 예절의 느슨함은 종교에 치욕거리가 되어 왔고, 기독교계에 추문이 되어왔다. 사제를 처벌하기 위하여 시민 법정으로 데려가기란 매우 어렵다. 왜냐하면 카톨릭 교회가 모든 로마 카톨릭 교인들이 사제에 대하여 증거하는 것을 금하고 있기 때문이다. 그리고 대부분의 그같은 반도덕적 행위는 그들 자신의 백성(교구민)들에게 범하여져 왔다 — 이것은 로마 카톨릭 교인 자신들이 그들 자신의 교회의 첫번째 희생자라는 또 다른 증거이다.

수많은 로마 카톨릭 역사 학자들은 사제들에 대한 독신법과 수도사들에 대한 순결 서원이 역사적인 실패라는 점을 인정해 왔다. 우리가 비판하는 것과 관련된 대부분의 것은 개인적인 남자들의 죄악이 아니라, 그와 같은 폐해로 이끌고 그와 같은 죄악을 묵인하는 로마교회에 의해 만들어진 제도인 것이다. 로마 카톨릭 사람들은 언제 세계를 통해 자신들의 눈을 열고, 자신들의 교회와 사제들이 자랑하는 거룩함이 순전히 허구라는 사실을 알게 될 것인가?

7. 수녀와 수녀원

『공인 카톨릭 인명부』(The Official Catholic Directory)에 따르면, 로마 카톨릭 수녀들이 미국에서만도 약 177,000명이 된다. 이들 모두는 그들의 다양한 수도회 안에서 청빈과 순결, 복종의 엄격한 서원 아래 있으며, 로마교회가 운영하는 수천의 교구 부속 학교, 병원, 고아원, 그리고 몇몇의 경우 상업적인 시설들 — 이것들은 교회의 통제 아래 있다 — 에서 무임금으로 노동을 하는 거대한 집합체를 구성한다. 순종의 단체 즉 자기 희생을 하는 수녀들은 자신들의 노동에 대한 규정된 임금이 지불되는 그 시설들에서 일함으로써 카톨릭 교회에 엄청난 이득을 가져다준다. 이러한 노동력을 계속 유지하는 것이 카톨릭 교회에 있어서 지극히 중요하다. 그같은 목적으로 주교들은 보통 다음 두 가지 면에서 사제들을 장려한다. 첫째로, 그들이 '막대한 돈을' 주교 관구로 보내도록 하기 위하여 둘째로, 그들이 맡은 많은 '일' (vocations, 교회 의식을 수행하는 일)을 분발하여 하도록 하기 위하여.

우리는 사제의 카스트(caste, 계급 제도)로부터 나온 질서에 대해 수녀들이 맹목적이고 무조건적으로 복종하는 것을 제외하고는, 그들을 집단적으로 비판하는 일은 거의 없다. 규범대로 그들은 친절하고 온유하고 정중하며, 자신들의 신앙 고백을 실천하기 위하여 진지하게 노력한다. 이런 면에 있어서 그들은 그들 자신 교회의 교인들보다도 훨씬 더 인간적이며, 덜 종교적이고, 훨씬 덜 행복하거나 또는 다른 사람들을 신앙으로 이끈다. 우리는 그런 제도를 악으로 간주하는 반면에, 수녀들에 대해선 그것의 선동자(교사자)가 아니라 그것의 맨 처음 희생자로 생각한다.

수녀들이 금욕적인 수녀원 제도 안으로 들어가기 위하여서는 본성적인 것과 어머니다운 본능을 물리치는 힘든 싸움을 그리고 여자에게 특히 더 강한 결혼과 가족에 대한 모든 기대를 포기하는 싸움을 싸워야만 한다. 수녀들은 만일 자신이 수녀원을 떠나면, 자신에게 찾아올 핍박과 추방과 다른 결과들에 대해 크게 두려워하고 있으며 도움받을 아무것도 없기 때문에, 그리고 바깥 세상에서 자신의 길을 개척하기에는 준비가 너무 빈약하기 때문에, 대부분의 경우에 그들은 자신이 있는 그 곳에 머무르는 것 외에는 다른 어떤 선택을 하지 못한다. 수녀원의 훈련 과정은 의도적으로 그들은 오직 교회가 그들에게 시킬 일에 대하여만 적합하도록 짜여 있다. 그리고 그 과정 중에는 만일 한 소녀가 수녀원을 떠나 어떤 다른 직업을 가지기로 결정했다고 할 때 그에 대한 평가를 해야 하는 과정이 계획적으로 포함되어 있다.

삶의 정상적인 과정 속에서 결혼은 하나님께서 주신 여자의 자연스런 특권이다. 결혼하고픈 본능에 마음이 움직여질 때, 수녀는 '그리스도의 신부' 혹은 '그리스도의 아내'라는 말로써 교회는 그녀를 기만한다. 그녀는 심지어 '결혼 반지'를 받는데, 그녀는 그것을 자기와 그리스도와의 연합의 상징으로서 낀다. 게다가 사제들은 수녀들에게 슬픔과 죽음을 잘 상징하는 길고 검은 옷과 입기에 불편하고 더울 때든 추울 때든 전혀 적합하지 않은 그로테스크(grotesque)한 머리 장식으로 구성되어 있는 중세풍의 교회 의복을 수여해 왔다. 우리는 사제들이 이와 같은 의복 양식에 대해 책임이 있다고 말한다. 왜냐하면 그들이 로마 카톨릭 내에서 실질적인 주인이요 통치자여서 수녀들은 그들에게 복종하기 때문이다. 수녀원 수도회들은 그 주교 관구의 주교에게 복종하지 않으면 안된다. 구별되는 이런 의복은 사제와 수녀 모두가 자신들은 전적으로 교회 의식을 수행해야 하며 자신들과 세상 사이에는 넘어갈 수 없는 커다란 간격이 있음을 계속적으로 인식하도록 제작된 것이다. 로마에 있는 교황은 모든 수녀들 위에 최고권과 절대권을 가진다. 그러므로 만일 그가 그렇게 하기로 결정만 한다면, 수녀들의 어려운 일들을 해결해 줄 수도 있다.

로마 카톨릭 내에서의 수녀의 위치에 관하여 맥루글린은 아주 명쾌하게 증언한다. 그는 다음과 같이 기술하고 있다.

"수녀는 로마 카톨릭 교회의 가장 뛰어난 생산물 중의 하나이다. 수녀는 전적으로 노예이다. 수녀는 공산주의 지도자들이 몹시 시기할 정도로 자신의 삶을 기꺼이 바치는 사람이다. 자신의 손가락에 끼워진 결혼 반지에 의해 자신의 노예 신분을 숨기는 사람이다. 의자에서 기다리고 있는 주교의 구두를 닦음으로써, 또는 마루 바닥을 깨끗하게 걸레질함으로써 '하늘에 보화'를 쌓아 놓고 있다고 믿는 사람이다. 그녀는 수천의 교구 부속 학교와 고아원에서 가르치고 있는 사람이다. '미국의 카톨릭'을 만든 성직자 계급 제도를 구축함에 있어서 그 배후에서 고된 일을 하는 사람이다(1952년에 156,695명의 자매들이 있었다). 그녀는 또한 여자가 가질 수 있는 모든 욕망과 본능, 충절과 증오를 가지고 있는 한 여인이다. 자신과 그리스도가 '결혼'한 것이라는 교리로 주입되어서 자신의 '남자'에게 복종한다. 종종 그녀의 자매(동료) 수녀들과 병원의 간호원들 사이에 심술궂은 험담이 오간다. 사제들과 자녀들 위에서의 망설임은 어머니답다. 자신의 병원이나 수녀원을 운영하기 위해 알뜰살뜰한 방침을 세우는 여가장이다. 그리고 하나님과 로마 카톨릭 교회의 이익을 위하여 굴욕과 청빈과 자기 부정의 정신 속에서 당당하다.

"미국에 있는 많은 신학교에서 사제들과 신학생들과의 접촉을 막기 위하여 벽으로 분리시켜 놓은 구역에 살고 있는 수녀들은 요리하고 빨래하고 청소하는 등의 가사 일을 하면서 자신의 삶을 소비한다. 근 수십 년 전에 멕시코에서 로마 카톨릭 교회가 핍박을 받는 동안 많은 수녀들이 미국에서 피난처를 찾았다. 툭손(Tucson)의 주교인 다니엘 게르케(Daniel J. Gercke)는 그들 중 몇몇에게 자신의 맨션에 피난처를 제공하였다. 그 결과 그는 자기의 하인들 없이 지낼 수 있었다. 왜냐하면 멕시코의 수녀들이 모든 가사의 임무를 떠맡았기 때문이었다. 그가 단지 벨을 울리기만 해도, 한 수녀는 그에게 명령을 받기 위하여 머리를 굽힌 채로 달려들어 가서는 무릎을 꿇고 그의 감독의 반지에 입을 맞추었다. 나는 그의 집에 저녁을 초대받아 갔을 때, 이같은 장면을 목격하였다"(『사람들의 신부』, pp. 107, 108).

일생 동안 일정한 수녀원에서 수행하는, 수도원에 갇힌 수녀들의 위치는 보통 수녀들의 그것과는 상당히 차이난다. 그들은 보통 커다란 슬픔과 낙담 때문에 그러한 은둔 속으로 들어가고 있다. 몬타노 박사는 그들에 대하여 다음과 같이 말한다.

"수녀원 안에서 엄격한 은둔 속에서 살고 있는 수녀들은 전세계에 걸쳐 100,000명 정도가 있다. 이러한 은둔처 안에서 살아가는 수녀들은 일생 동안 닫혀진 문 뒤에서 칩거해 오고 있는 사람들이다. 수도원에서 칩거(은둔)하는 수녀가 되겠다고 서원한 젊은 여자들은 자기의 집과 사랑하는 사람들과의 관계를 끊고는 다시는 그들을 보지 않는다. 그들은 자신들의 남은 여생 동안 세상과 철저히 차단된 빗장 뒤에서 머무를 것이다.

이러한 불행한 영혼들은 자기들이 세상과 접촉하지 않고 있는 이 사실이 자기들을 모든 유혹으로부터 구원해 줄 것이라고 생각하면서 수도원에 틀어박혀 은둔 생활을 해왔다. 그러나 나의 생애를 통하여 가장 뛰어난 수녀들과 수도사들 중 몇몇이 계속해서 나에게 고백해 왔던 내용은 자신들은 수녀원과 수도원의 벽(안뜰을 에워싼 회랑〈回廊〉) 안쪽에 거할 때가 자신들이 세상에서 살았을 때보다도 오히려 더 많은 유혹으로 시달려 왔다는 것이다. 그 곳에서의 유혹은 그들의 자연 법칙에 어긋나는 생활 때문에 그들이 죽을 때까지 계속된다. 많은 가엾은 영혼들은 사탄의 도구가 되어왔고, 가장 기괴한 악의 희생자가 되어왔다.

심한 고행이 수녀원장에 의해 이러한 수녀들에게 강요되어지며, 육체에 대한 채찍질과 난행고행(難行苦行)이 실행되어진다. 자기 스스로 가하는 고통을 행함으로 사면을 얻으려는 목적에서 행해지는 것으로서 공로로 구원을 완성하기 위한 일종의 노력이다. 이러한 가엾은 영혼들은 자기들이 사면의 은행에 보화를 쌓아두고 있는 것이라고 가르침을 받는다. …

이런 종류의 삶의 방식에서 기인해 온 정신적인 불안(장애)으로 인해 정신병 치료 기관에 갇혀 살아와야만 했던 가엾은 피조물들이 적지 않다. 워싱턴에 있는 미국 카톨릭 대학교(the Catholic University of America)의 모어(More) 신부는 다음과 같이 진술하여 이것을 확증한다. '사제들과 수녀들 가운데 나타나는 정신 이상은(100,000명당 595명인 일반적인 인구비와 비교할 때) … 활동하는 사람들보다도 오히려 수도원에서 칩거해 온 자매들 가운데 일반적인 인구비의 거의 두 배에 달하는 1,034명의 비율을 보여준다.'

미국 카톨릭 정신병학 협회(the American Catholic Psychiatric Association)의 회장인 비프(Bief) 신부는 다음과 같이 기술한다. '정신 분열증은 관습화된 사제들이나 종교적인 사람들 중에서 가장 현저하게 나타나는 질병이다.'"

몬타노 박사는 이에 다음과 같이 덧붙인다.

"사탄이 하나님을 섬기려고 애쓰는 영혼들을 잘못된 길로 빠뜨리는 데 사용해 왔던 모든 책략 중에서 이것이 존재하는 것 중 가장 나쁜 길로 이끄는 제도화된 책략이다. 정부의 위임을 받은 모든 기관에서 그 땅에 살고 있는 아들과 딸의 육체적, 정신적 건강을 지켜주기 위하여 애쓰는 자유 국가 안에서 그것이 계속되어지는 것은 금지되었어야 했는데 그렇게 되지 않은 것이 대단히 놀라울 뿐이다"(『기독교 유산』, 1959. 9.).

8. 수녀원 입문

소녀들은 왜 수녀원에 들어가는가? 그 소녀들 중 대다수는 수녀가 되고싶다는 어떠한 욕망도 가지지 않고 있으며, 만일 그들 자신의 선택에 맡겼다면 수녀가 되기를 원하는 사람은 거의 없다. 그들은 수녀원 담 안에서 보내는 오랜 생활에 대해 조망하는 것을 본능적으로 회피한다. 최근 미국에 있는 카톨릭 교회는 교회 부속 학교나 병원, 예배당 등을 돌볼 미국인 카톨릭 소녀들을 충분히 확보하기가 점차 어렵다는 것을 알고 유럽으로부터 자매(수녀)들을 데려올 필요가 있어 왔다는 것은 사실이다. 이러한 부족함은 몇몇의 지역에 있는 교구 부속 학교에서는 상류 계층의 학생들에게 집중하기 위하여 하류 계층의 학생들을 탈락시킬 계획까지 생각해 낼 정도로 중대한 문제가 되어 왔다.

소녀들이 왜 수녀원에 들어가는가? 수녀를 그만 둔 레트 헬렌 콘로이(Let Helen Conroy)는 이 질문에 대해 다음과 같이 대답한다.

"사실 소녀들이 수녀원에 들어가는 것은 그들이 모집되고 있기 때문이다. 그들은 수녀원과 여자 수도원을 위해 모집된다. 왜냐하면 로마의 교회는 그녀가 학교나 병원, 고아원, 세탁소 등과 같은 '자선' 기관에서 벌어들이는 수십억 달러에 이르는 상당한 양의 돈을 확실하게 반송하기 위해서는 극빈 노동자들을 끝없이 많이 보유해야 하기 때문이다"(『수녀원 안에서 잊혀진 여인들』⟨Forgotten Women in Convents⟩, p. 32).

로마 카톨릭 교회의 관행에 있어서 수녀원에 공급되는 것은 다름아닌 고백 박스(confessional box)이다. 카톨릭 부속 학교 안에 있는 카톨릭 소녀

(수녀)는 일을 하게 되는데, 거기서 하는 일은 성스런 마법의 물건을 만드는 일이며, 대개는 축복된 동정녀 마리아의 모사상(模寫像)을 만드는 일이다. 고해 제도는 사제들이 자기가 원하는 인물들을 찾아내는 것을 쉽게 해준다. 물론 그들도 고르고 골라 가장 합당한 사람들을 선택하기 위해 애쓴다. 바로 이것이 간단히 말해서 젊은 수녀들이 대개 아름다움과 인격과 능력에 있어 평균 이상이 되는 이유이다.

정상적으로 고해는 7세 때에 시작한다. 이것을 통하여 사제들은 자기들 앞에서 고백하는 사람들의 마음과 영혼을 알게 된다. 그런데 이것은 교회 의식에 있어서 바람직하기도 하고 또 바람직하지 않기도 하며, 납득될 수 있기도 하고 또 없기도 하다. 하나님께서 부르셨다는 것 즉 '소명'(Vocations)은 성숙한 소녀들을 수녀가 되도록 설득시킬 목적으로 그들에게 압력을 가할 때 쓰는 용어이다.

그 소녀가 가장 감수성이 예민한 때 즉 이제 간호원이 될까? 수녀가 될까? 아니면 스튜어디스가 될까? 하며 끊임없이 바뀌는 그런 열망이 가장 높을 때, 잘 훈련된 사제가 휙휙 지나가는 공상을 붙잡고는 그것에 철저한 소명을 불어 넣기란 간단한 일이다. 일단 희생자가 선택이 되었다 하면, 그 전투에서 승리할 때까지 직접, 간접으로 압력을 가한다. 그리스도인의 의무에 대한 그 소녀의 감각을 자극시킨다. 수녀원의 방문객들은 이미 수녀이거나 아니면 훈련을 받고 있는 사람들 속에 배치되어진다. 주말을 수녀원에 배치되어 보낼 수 있는데 그곳에서 그녀는 극진히 대접받는다. 특별한 호의와 심지어는 아첨까지도 사용된다. 그녀가 신의 부르심(divine calling)을 받았다며 그녀를 붙잡으려고 시도하면서, 그와 같은 생활에 대한 소녀의 본능적인 거부감은 악한 세상의, 더 직접적으로 말해서 악마의 영향 때문이라고 설명된다. 그리고는 자신들의 소명을 거부하는 사람들은 아주 빼앗겨 버릴 것이라고 소녀에게 경고한다. 그리고 그녀는 자기가 수녀원 안에 있게 되면 세상의 악한 영향들로부터 은신하게 될 것이며 하늘에 있는 최상의 행복을 보장받게 될 것이라는 말을 듣는다.

대가족을 형성(모집)하기 위하여 카톨릭 교회가 교회의 미사 때 하는 권고와 수녀원에 대해 기대하는 소녀에게 주어지는 권고 사이에는 커다란 차이가 있다. 후자에 있어서, 동정은 완전한 상태로서, 하나님께서 더욱 기뻐하시는 것으로서 높임을 받는다. 결혼과 어머니됨은 덜 완전하도록 의도된 더 낮은 종류의 도덕이라고 비난하듯이 이야기한다. 결혼할 의향이 엿보이는 소녀에게는 가정의 문제, 해산의 문제, 자녀 양육의 문제와 온갖 종류의 고난 등을 알려준다. 그녀는 만일 그녀가 그리스도와 '결혼'한 이 상태에서 돌이켜 떠난다면, 그것은 엄청난 죄를 범하는 것이 될 것이며, 그녀는 그 결과를 감수해야 될 것이라는 말을 듣게 된다.

보통 어떤 소녀를 수녀원에 들어가도록 설득시키는 데 가장 적합한 때는 그녀가 사랑에 낙심한 직후이다. 깨진 사랑은 종종 사제에게 가장 유용한 기회를 제공한다. 이것에 대해 헬렌 콘로이는 다음과 같이 말한다.

"사랑이 깨어져 수치와 번민으로 방황하는 채인 소녀는 어떤 사제에게도 손쉬운 희생물이다. 그와 같은 강렬한 슬픔 속에서 오래 견딜 수 없는 그 소녀에게 한 순간 수녀원에 들어가고 싶다는 충동이 일어난다. 그 가엾은 소녀는 곤경에 빠진 상황에서 벗어나는 기회를 그 곳에서 발견한다. 이것은 그녀 자신이 원하면 어느 때이고 수도원을 떠날 수 있다는 사실과 결부되어, 수천의 소녀들을 앞뒤를 가리지 않고 수녀원으로 들어가도록 만들어 왔다"(같은 책, p. 3).

사제는 종종 그 소녀의 가족들로부터 지원을 받게 되는데, 그 가족들은 사회적인 명성을 얻기 위하여 그리고 교회에 한 명의 수녀를 제공함으로써 카톨릭 공동체 안에서 다른 어떤 호의를 얻기 위하여 그 비용을 댄다. 로마의 교회는 사람들에게 사제들과 수녀들에게 복종할 것을 가르치는데, 그것을 확대하여 그 사제들과 수녀들의 가족들에게까지 복종할 것을 가르친다. 그와 같은 카톨릭 교회는 영리하게도 그 가족들을 자기의 협력자로 만듦으로써 그들로 하여금 종종 사회적이고 재정적인 호의를 보이도록 한다. 어떤 소년이나 소녀가 자신의 신앙 고백을 부인하는 것은 그 가족에게 반영된다. 그래서 교회의 영향으로 번창하는 데 은혜를 입어온 많은 가족들은 종교적인 생활을 포기한 아들이나 딸을 그 날부터 거절하는 표시를 해왔다.

아들이나 딸이 종교적인 생활 안으로 들어가겠다는 것을 반대하는 부모에 대해서도 카톨릭 교회는 말할 것이 준비되어 있다. 포쥐(Poage)와 트레키(Treacy)가 쓴 『소명에 있어서 부모의 역할』(The Parent' Role in Vocations)이라는 책에 보면, 부모는 그들이 그같은 소명을 더욱 불러 일으키는 쪽으로 할 수 있는 일을 하라고 북돋아 준다. 부모들은 또 다음과 같은 말을 듣는다. "자녀가 종교적인 상태로 들어가지 못하도록 막는 부모는 도덕적인 죄로부터 용서받을 수 없다"(10장). 도덕적인 죄를 용서받지 못한다는 협박 — 이것은 로마 카톨릭에 있어서는 구원의 상실을 의미한다 — 은 아들이나 딸이 수도원이나 수녀원으로 들어가는 것을 막는 부모의 머리를 위협하는 것이다.

로마교회는 의식을 통하여 어린 시절에 소년들로 하여금 수도원에 들어가고, 소녀들로 하여금 수녀원에 들어가도록 설득하고 있다. 카톨릭교에서는 어린 시절에 하는 훈련의 효용을 잘 알고 있다. 바로 위에서 언급한 책에 다음과 같은 질문이 나온다. "고등학교를 졸업하고 수녀원에 들어가는 것과 대학교를 졸업하고 들어가는 것 중에서 어느 것이 더 좋은가?" 이에 대해 저자는 다음과 같이 대답한다. "카톨릭 교회는 가능한 한 빨리 들어올 것을 요구하고 있다." 톨레도 공의회(the Council of Toledo)는 다음과 같은 규정을 정해 놓았다. "아이가 성인이 되자마자, 다시 말해 소녀에 있어서는 12세, 소년에 있어서는 14세가 되면, 그들은 종교에 입문하는 것을 그들 스스로가 자유롭게 정할 수 있다." 이와 같은 것은 아직 지식도 없고, 경험도 없고, 성숙되지도 못한 마음을 독립된 사고 방식과 행동 방식을 형성하기도 전에 종교적인 소명쪽으로 틀어 맞추는 것이다.

수도원 훈련 과정 속에 있는 정상적인 훈련은 그녀가 원하면 어느 때라도 떠날 수 있는 첫 2년 동안에 행해진다. 얼마는 떠나게 된다. 얼마는 그들이 만족하지 못하기 때문에 집으로 돌려보내진다. 2년 동안의 기간이 끝나면 그 다음에 소녀는 1년 동안에 대한 서원을 한다. 만일 그녀가 처음에 집에서 가까운 수녀원에 들어갔다면, 아마도 이때는 어느 정도 멀리 떨어진 수도원으로 보내지게 될 것이다. 심지어 그때까지도 그녀가 행복하지 못하거나 떠나기를 원한다면 떠날 수 있다. 3년이 지나가면 영구 서원(the permanent vow)을 하게 된다. 이것은 일생 동안에 한 번만 한다. 그러나 몇몇 사람은 영구 서원을 하기를 거부한다. 그러면 그때에 오직 1년 동안만에 대한 서원을 다시 하게 된다. 로마 교회는 이같은 것을 좋아하지 않지만 교사나 양육자를 통해 강요하는 것 이외는 어쩔 도리가 없다. 그때 스스로가 오직 1년 동안만의 서원을 하겠다는 수녀들은 대개 그들이 원하는 대로 하게 된다.

카톨릭 교회는 수녀를 독립된 생활로 이끌어내려 할 때, 그녀에게 미칠 수 있는 강한 가족의 연분에 대해 잘 알고 있다. 따라서 가정과 친척들에 대한 그녀의 모든 인연을 끊도록 만들려고 애를 쓴다. 그런 프로그램의 첫 단계가 그녀의 신원을 바꾸는 일이다. 그녀의 실제 이름(본명, real name)을 빼앗기는 그녀에게 가공의 이름, 보통은 잘 모르는 어떤 성인의 이름을 부여하는 것이 그 중의 한 방법이다. 그 이후로 그녀는 누구누구 자매로 알려지게 되는데, 이것은 그녀는 이제 새로운 인물이며, 옛 생활과의 모든 인연을 끊고 있다는 것을 상징한다. 그러나 가명을 사용할 필요성이 있는 남자나 여자는 용기와 창의성과 함께 자존심을 상실한다는 것이 경험으로 입증된다. 가명의 단순한 사용은 사람에게 자신의 의무를 회피할 수 있다고 느끼게 만드는 경향이 있다. 무슨 권세로 로마교회는 시민법에 의하지 않고 교회 회원들의 이름을 변경하는 권리를 침해하는가? 사진, 심지어 그 소녀의 어머니와 아버지의 사진까지도 그녀에게서 빼앗아 버린다. 왜냐하면 사진은 옛 생활을 기억나게 하며, 번민을 오래 지속하게 함으로써 '세상에 대한 죽음'(dying to the world)을 더 어렵고 더 늦추어지게 만드는 경향이 있기 때문이다. 심지어 그녀의 부모에 대한 기억도 그녀를 옛 생활로 되돌아가게 하기 때문에 가능한 한 빨리 그 기억마저 지워야만 한다. 그녀의 주고 받는 우편물도 수녀원장에 의해 검열을 받는다. 그래서 만일 그 내용이 수녀원이나 수녀원 생활에 대하여 비우호적으로 언급되어 있다면, 그 문장의 일부를 삭제하거나 아예 주지를 않는다. 다시 묻지만, 무슨 권세로 로마 교회는 우편물을 함부로 변경하는가? 물론 교황의 권세로 말미암는다. 교황은 그 자신이 법이며, 그는 모든 시민법 위에 있다. 그는 지상에 있는 하나님의 대리자이며, 여러 나라의 시민법에 의해서도 방해를 받지 않는다!

가정과 가족과의 관계를 깨뜨리는 문제에 관하여 카톨릭 교회에서 가장 이름있는 윤리 신학자인 리구오리는 다음과 같이 성경의 참 의미를 전적으로 곡해하면서 말한다.

"만일 친척들에 대한 집착이 큰 해독을 끼치지 않았다면, 예수 그리스도께서는 우리에게 그것으로부터 멀리 떨어지라고 이처럼 단호하게 말씀하시지 않았을 것이다. '무릇 내게 오는 자가 자기 부모와 처자와 형제와 자매와 및 자기 목숨까지 미워하지 아니하면 능히 나의 제자가 되지 못하고'(눅 14:26). 또 다시금 '내가 온 것은 사람이 그 아비와, 딸이 어미와, 며느리와 시어미가 불화하게 하려 함이니'(마 10:35)."

그러나 우리는 누가복음 14:26과 마태복음 10:35의 참된 해석은 마태복음 10:37에 나타나 있다는 것을 주장한다. 거기에서 우리는 다음과 같은 글을 읽을 수 있다. "아비나 어미를 나보다 더 사랑하는 자는 내게 합당치 아니하고 아들이나 딸을 나보다 더 사랑하는 자도 내게 합당치 아니하고." 누가복음 14:26과 마태복음 10:35에서는 그리스도에 대한 우리의 의무를 우리의 친한 친척들과 친구들에 대한 의무와 비교하면서 부정의 형태로 언급하신 것이다. 마태복음 10:37에서는 그것이 긍정적인 말로 언급되어 있는 것이며, 이것은 단순히 우리가 주님보다 앞에 다른 어떤 사람을 놓아서는 안된다는 것을 의미하는 말이다. 이 구절들은 그 말씀처럼 우리가 우리의 친족들과 친구들에 대해 적당한 사랑과 관심을 가지는 것을 계속해서는 안된다는 것을 의미하는 말이 아닌 것이다.

리구오리는 계속해서 말한다.

"그러나 그리스도(the Redeemer)께서는 무엇 때문에 친족들로부터 멀리하라고 그처럼 단호하게 주장하셨는가? 주님은 왜 우리를 친족들과 떨어지게 하기 위하여 그처럼 애써 수고하셨는가? 주님께서 친히 그 이유를 말씀해 주신다. '사람의 원수가 자기 집안 식구라' (마 10:36). 친족들은 그리스도인의 성화(the sanctification)에, 특히 종교에 가장 나쁜 원수들이다. 왜냐하면 성 토마스 아퀴나스에 따르면 그들은 덕을 세우는 데 가장 큰 장애물이다. 그 성자(聖者, the Holy Doctor)는 다음과 같이 '빈번히' 말한다. '세속의 친구들은 영의 흐름을 방해한다. 왜냐하면 구원의 문제에 있어서 가장 가까운 친족은 친구들이 아니라 원수이다' (p. 189).

이와 같은 주장은 경험에 의해 완전히 입증된 사실이다. … 완전한 길을 걷고자 하는 사람은 친족들로부터 떨어져 나와야만 하며, 그들의 일에 참여하지 말아야만 한다. 그들이 상당한 거리에 떨어져 있을 때는 그들에 대해 안부조차 물어서도 안된다. 그녀의 부모와 형제, 자매들에게는 종교인이란 그리스도의 참된 배우자(the True Spouse of Christ)라고 이야기 한다."

성 제롬도 같은 취지로 다음과 같이 말한다.

"당신의 부모를 잊어버리는 것은 커다란 이득이 된다. 왜냐하면 그때에 '왕께서 당신의 아름다움을 크게 바라실 것이기 때문이다.'"

또다시 말하기를,

"자기의 아버지와 어머니를 향한 동정 때문에 자기 자신의 영혼을 상실해 온 수도사들이 얼마나 많은가! 그녀의 친족들에게 집착하는 종교인은 아직까지도 세상을 등지지 못한 것이다."

수녀들에 대한 모델로서 추앙되는 성 테레사(St. Teresa) 수녀는 다음과 같이 말한다.

"나에게 비추어 볼 때, 수녀가 자기의 친족들에게 어떤 위안을 받을 수 있다는 것은 생각할 수조차 없다."

그러나 헬렌 콘로이는 이같은 이유들에 대해 다음과 같이 강력하게 응수한다.

"소녀를 자기의 부모로부터 떨어뜨리는 것만 가지고는 만족하지 못하는 이와 같은 파렴치한 제도는 그 소녀 마음에 아버지와 자매, 형제들 뿐만 아니라 자기를 낳아주신 어머니에 대해 편견을 갖게 한다. 종교의 이름으로 자행된 모든 범죄 중에서도 부모를 억지로 미워하도록 만드는 이것이 가장 더러운 것이다. 시바(Siva, 힌두교의 신)는 위대한 파괴자(the Great Destroyer)이었는지 모른다. 그러나 카톨릭교는 위대한 인간성 말살자(the Great Dehumanizer)이다. 수녀들과 자매들에게 부모를 미워하라고 하는 이런 교리는 왜 한 소녀가 베일을 쓰고 (영구)서원을 하기 전 60일까지는 자기의 소유물을 처분하는 것이 그녀에게 허락되지 않는지를 잘 설명해 준다. 교회는 그때까지 그 소녀가 미움의 찬가를 배우게 될 것이며 부모에게 어떤 것도 남겨놓지 않을 것을 충분히 기다리는 것이다"(『수녀원 안에서 잊혀진 여인들』, p. 82).

우리가 앞에서 살펴보았듯이 수녀원에 입문하는 소녀는 청빈과 순결, 복종의 엄격한 서원을 한다. 청빈의 서원은 빈민의 상태에 있는 사람에게는 감하여진다. 모든 소유권을 포기하고 나면 소녀는 그때부터 오직 수녀원장이 주는 것에 대해서만 그 수도회의 다른 회원들과 공동으로 가지게 된다. 정경법 568조와 569조는 견습 수녀가 가질 수 있는 소유물에 대해 언급하고 있는데, 그 규정에 의하면 그 모든 것을 맡겨야만 하는 것으로 되어 있다. 이에 대해 리구오리는 다음과 같이 말한다.

"모든 돈, 가구, 의복 등과 당신이 소유하고 있는 모든 소유물, 당신의 부모나 친척들로부터 받은 모든 것이나 당신 사업의 소산 등은 당신에게 속한 것이 아니라 수녀원에 속한 것이다. 당신은 오직 수녀원장이 당신에게 준 것만을 사용할 수 있다. 그러므로 만일 그녀가 당신에게 맡기지 않은 어떤 것을 당신이 멋대로 처분한다면, 그것은 청빈의 서원을 깨뜨림으로써 절도죄를 범하게 되는 것이다"(The True Spouse of Christ, p. 159).

견습 수녀에게는 그녀가 수녀원에 입문하기 전에나 입문하는 동시에 자기 소유물을 처분하지 못하게 되어있다. 그 대신에 그녀는 자신의 전적인 영구 고백(서원)을 하는 그때의 60일 이내까지 기다려야만 한다. 이와 같은 규정을 두고 있는 이유는 그때까지 그녀는 자기의 가족들과 충분히 멀리 떨어지게 되고, 수녀원에 충분히 위임하게 되리라고 생각하기 때문이며, 그렇게 되면 그녀는 자기 소유를 적어도 많은 양을 수녀원에 바치게 될 것으로 생각하기 때문이다. 이러한 두 개의 법 조항은 카톨릭 교회에 매우 중요한 것이 된다. 왜냐하면 그 조항들을 통해 막대한 양의 재산이 교회의 손아귀로 돌아오게 되기 때문이다.

수녀원들은 세상에서 물러나 자기들의 삶을 은둔 속에서 보내기를 원하는 사람들을 위해 로마 카톨릭 교회의 재정적 뒷받침을 받고 있다고 개신교인들 사이에서 심지어 카톨릭교인들 사이에서까지도 널리 알려져 있다. 그러나 진실과는 거리가 멀다. 교회법은 그 소녀가 자신의 삶의 상태(신분, status)에 따라 좌우되는 지정된 분량의 돈이나 재산을 가져올 것을 요구한다. 이 돈은 '결혼 지참금'(the dowry)으로 알려져 있다. 즉 그리스도의 배우자가 되는 결혼 지참금인 셈이다. 이 돈은 맡겨 놓는 것이다. 그래서 만일 그녀가 어떠한 이유에서 수녀원을 떠나게 되면, 그녀는 그 돈을 되돌려 받을 수 있다. 그러나 그 돈에 대한 이자는 받지 못한다. 그러나 어떠한 결혼 지참금도 요구받지 않는 예외적인 사람들이 있다. 교육, 특별한 재능 등 교회가 필요로 하는 다른 소용 가치가 있는 교사나 간호원 등이 바로 그들이다. 그러나 수녀가 되려고 하는 소녀를 선택할 때 보통 고려하는 것들 중의 하나는 그녀가 그녀의 가족들로부터 얼마만큼의 유산을 받게 될 것인가 하는 점이다.

수녀원에 들어올 때 돈이나 교육 또는 특별한 재능들을 가지고 오는 사람들은 '성가대 자매들'(choir sisters)이라고 알려진다. 돈도 교육도 어떤 특별한 재능도 가져오지 못하는 사람들은 '평자매들'(lay sisters)이라고 알려지며 이들은 요리, 청소, 세탁, 성가대 자매들의 시중을 드는 일 등과 같은 비천한 일들이 맡겨지게 된다. 건강이 나쁜 소녀는 누구도 받아들여지지 않을 것이다. 만일 견습 수녀의 건강이 나빠지면, 그녀는 즉시 그녀의 집으로 되돌려 보내진다. 로마교회는 유익이 되지 못하는 수녀에게 돈을 소비하지는 않는다. 로마교회에서는 심지어 사람의 구원을 위한 면책 행위조차도 그것에 가격표가 붙는다─종종 그 가격표는 매우 비싸다. 카톨릭교의 길을 통하여 천국에 가는 데는 첫째도 돈이요, 마지막도 돈이요, 항상 돈이 요구된다. 돈은 진주문(pearly gates)을 가장 효과적으로 열 수 있는 황금 열쇠인 것이다.

9. 수녀원 생활

카톨릭 교회는 수녀는 여인 중에서 가장 행복한 여인이며, 수녀원은 가장 신성하고, 즐겁고, 행복한 거처라는 생각을 전달하려고 애쓴다. 찰스 돌란(Charles F. X. Dolan)은 한 로마 카톨릭 질문에서 "어떤 소녀라도 그녀 자신이 원하지 않는다면 수녀가 되거나 수녀로 머무를 수 없다"라고 말한다. 그는 계속해서 말한다. "어느 누구도 그녀를 수녀원에 머무르게 할 수는 없다. 수녀원 담장은 수녀를 가두는 것이 아니라 세상을 들어오지 못하게 하는 것이다." 그와 같은 철썩 같은 약속을 믿고, 속아 넘어간 가엾은 많은 소녀는 수녀원에서 은신처를 찾아왔다.

그러나 아주 판이한 모습이 정식절차를 거쳐 수녀원을 떠나왔거나, 아니면 수녀원에서 도망쳐 나왔던 몇몇의 사람들에 의해 묘사되어진다. 그 예로써 헬렌 콘로이는 다음과 같이 말한다.

"사실 보통의 수녀원은 음모의 벌집이다. 그 안에는 파벌과 내분이 있으며, 수녀원장이 되려고 하는 야심찬 자매들도 많이 있다. 수녀원에서 가장 선망의 대상이 되는 지위는 공정하게 선출하는 것이 아니라, 모든 반대자를 무자비하게 짓밟음으로써, 사제를 만족스럽게 만듦으로써 차지하게 된다. … 수녀원 제도는 벌집 모양으로 구석구석 스파이들이 섞여 있다. 그들은 별개의 '분리된' 이름으로 알려진 사람들이다. 그들은 지-멘(G-men), 즉 드러나지 않는 스파이들이다. 그들은 거의 알려지지 않는다. 바로 이것이 자매들과 수녀들 사이에 진실된 우정을 불가능하게 만드는 것이다"(같은 책 p. 56).

카톨릭 교회가 개신교의 영향으로 제한되어 있고, 그 악습이 더 많이 알려진 것같은 미국 안에 있는 수녀원의 상태는 제한이 거의 없고, 교회와 정부와 경찰의 권력이 모두 카톨릭교의 지배 아래 있는 로마 카톨릭 국가들 안에서보다는 훨씬 낫다. 대다수의 수녀들은 여기에서 성실하고, 열심히 일하고, 좋은 목적을 가지고 있는 여자들인 것은 의심할 여지가 없다. 교사나 간호원으로 일하는 사람들은 여전히 바깥 세상과 상당한 접촉을 가진다. 그러나 그들 또한 자신들이 사회에서 접촉하는 곳에서와 독서, 여행, 살고 있는 숙소 등지에서 조심스럽게 제한된다. 이러한 수녀원에서 감지할 만한 정도의 부도덕한 행위가 존재한다고 믿을 이유는 없다. 그러나 수녀원 생활의 기본적인 원리들은 어느 곳에서나 동일하며, 그같은 시설들 안에서 일반적으로 볼 수 있는 탐탁치 않은 사람들이 수녀원에도 많이 있다.

이전에 카톨릭 교회에서 평신도로 있었던 디 스미스가 수녀원 생활에 대하여 가장 잘 분석하였다. 그는 수녀를 4개의 다른 그룹으로 나눈다. 이것들에 대해 그는 다음과 같이 말한다.

　(1) "모든 수녀가 불행하며 수녀원을 떠나기를 원한다고 생각하지는 않는다. 기질(체질, temperaments)은 수도원 바깥에서 뿐만 아니라 안에서도 서로 다르다. 어떤 수녀들은 공공 생활을 즐기며, 자기가 좋아하는 일을 함으로써 본성 욕구를 성취한다. 나는 이와 같은 수녀들은 극소수가 될 것이라고 믿는다."

그는 이어서 그 나머지 대다수의 수녀들을 다음과 같이 세 그룹으로 나눈다.

　(2) "가장 큰 그룹은 수녀원 담 안에 있는 악의와 비열한 술수, 순결의 결핍 등에 의해 우울하게 된 수도원 생활에 환멸을 느끼는 사람들로 구성된다. 그러나 그들은 참으면서 머무르는 것이 자신들의 의무라고 믿으면서, 로마 카톨릭 교회 안에서 자신들의 신앙의 어느 것도 잃어버리지 않고 있다. 그들은 자신들의 생활이 낭비되는 것보다 더 나빠지고 있다는 것을 전혀 인식하

지 못한다. 이러한 슬프고, 파괴되고, 공허한 마음의 영혼들은 자신들은 하나님께 헌신하고 있다고 충직하게 믿고 있다."

(3) "다음은 수도원에 대해 환멸을 느낄 뿐만 아니라 그 곳에서 떠나기를 원하는 그룹이다. 그러나 그들은 단순히 자신들의 '소명'을 잘못 판단해 왔다고 믿으면서, 그 교회를 떠나려고 계획하지도 않고 수녀원 생활에 대해 어떤 비난도 가하지 않는다. 밖으로 나갈 수 있는 그들의 기회는 어떤 것인가? 만일 그들이 나오기 위한 자신들의 청원을 지원해 주고, 자신들이 나오는 것을 이해하며 맞이해 주는 상당히 마음 넓은 유력한 가정 출신이라면, 그들은 나올 수 있는 좋은 기회를 가진다. 그런데 한편으로 수녀원을 떠난다는 것이 보통 사건이 아니라서 개인적으로 수녀원을 떠나 그 후에 로마 카톨릭 안에서 정상적인 생활을 해오는 사람은 거의 없다.

그러나 만일 그 수녀가 교회에 수녀의 대부분을 조달해 주는 미신적이고 광신적인 신앙을 가진 가정 출신이라면, 그녀의 가정이 먼저 자신이 나오는 것을 반대하게 될 것이다. 훈련된 꾸준히 일하는 사람 하나를 잃게 된다는 절박한 심정으로 가득찬 그녀의 상관은 이것을 이용하는 것을 늦추지 않을 것이다. 그녀의 수녀 원장과 고해 신부 모두는 그녀에게 소명을 포기하는 것에 대한 위험을 구실로 붙잡으려 할 것이다.

그런 환경 아래서 그 수녀는 나가고자 하는 희망을 포기한다. 그 외에 달리 무엇을 할 수 있겠는가? 그녀에게는 돈도 없고 검열당하기 때문에 외부 세계와 연락할 방법도 없다. 만일 나갔다 하더라도 갈 곳도 없다. 어떤 수녀도 자신이 원하면 어느 때이건 그 수녀원을 떠날 수 있다고 카톨릭 교인들이 말하는 것은 순전히 넌센스일 뿐이다. 나가기를 원하는 많은 수녀들이 자신의 삶을 수녀원 안에서 보내고 있다. 왜냐하면 그녀에게는 달리 다른 대안이 없기 때문이다."

(4) "마지막 그룹 속에 있는 수녀는 자유롭게 될 기회를 가장 적게 가지는 사람들이다. 이 수녀들은 거의 희망도 없이 감금생활을 한다. 이들은 전체의 조직(구조, scheme)을 통하여 그 사실을 보아왔고 또 그 사실을 현명치 못하게 말해왔던 경계심있고 지적인 여인들이다. 그들은 수녀원에서 나오기를 원할 뿐만 아니라 카톨릭 교회에서도 나오기를 원한다. 그들의 가족들은 좀처럼 그의 입장을 지지하지 않는다. 그래서 만일 그들이 나가려고 할 것 같으면 가족과 그 반항아 사이에는 연락이 단절된다. 맨 처음에 그들에게 사용하는 방법은 탄원(pleas)과 훈계이다. 그러나 이런 것들이 먹혀들지 아니하면

로마 카톨릭 의사나 심리학자가 그를 강제로 검진한다. 그리하여 그들은 카톨릭교의 정신병 치료 기관 안으로 영원히 사라지게 된다.

이런 종류의 수녀가 그 자신이 수녀원으로부터 자유를 얻는 유일한 방법은 치밀한 수완, 즉 교회와 수녀원, 자신의 소명에 대해 집중하는 모든 비판을 자제하는 것이다. 만일 충분히 납득시킨다면 그녀는 거기서 나갈 수 있을지도 모른다. 일단 밖으로 나오면 이들은 로마 카톨릭교의 압제(학대, tyanny)와 대항하여 싸우는 가장 용감한 전사(fighters)들이 된다.

스미스는 다음과 같이 결론을 맺는다. '수녀원은 더 온유하고 부드러운 성품을 지닌 자신들의 동료들을 좌절로 몰고가는 난폭하고 악의있는 사람들에게 충분한 몫이 할당된다. 만일 이런 여자들이 능력을 소유하고 있다면, 그들은 매우 종종 수녀원장이 된다. 왜냐하면 그들은 보통 다른 사람을 몰고 가는 능력을 타고났기 때문이다'"("기독교 유산", 1958. 12.).

몬타노 박사는 특별히 수도원에서 은둔하는 수녀들에 대해 언급한다.

"그리스도와 결혼하겠다는 약속에 의해 수도원에 들어왔던 그녀가 구속에 참여한다. 오르간 음악이 멈추어지고 사랑하는 사람들이 사라져버린 것에 대한 찬사가 있은 후에 그 가엾은 희생자는 자신의 독방 안에서 홀로 자신을 이 담장 안으로 밀어 넣은 신기루가 서서히 희미해져 가는 슬픈 현실을 깨닫게 된다. 그녀는 삶과 죽음 사이의 외로운 길에 있는 자신을 발견한다. 그녀의 장래는 어떠한가? 그 곳에 남아 있는 것은 경험, 친교, 사랑과 사람이 해야 하는 일로부터 차단되는 것을 의미한다. 그녀는 사소한 질투, 불화, 잔인함과 영적인 불균형들을 바라보게 됨으로써 환멸로 가득 차게 되는 것을 발견하게 된다. 그녀는 자신의 서원 속에 '죽을 때까지'라는 말을 공표한 바 있다. 그녀는 자신이 죽을 때까지 그 수녀원의 담장 뒤에 속박되는 것이다.

수도원에 틀어박혀 있는 사람들을 만나보려면 로마 카톨릭의 고위 성직자들에 의해 승인을 받아야만 한다. 그 수도원의 사제들만이 수도원에서 침거하는 수녀들에게 접근할 수 있다. 그들은 그 수녀원을 조사하기 위하여 또는 병든 수녀를 돌보거나 그들의 고백을 듣기 위하여 들어간다. 세상의 사법관은 그 입장 허가권(權)을 가지지 못한다. 어느 누구도 그들의 영혼을 자유롭게 해 주기 위하여 그 회랑(回廊) 바깥에서 안으로 들어갈 수 없다. 만일 그들이 소수의 사람들이 해왔던 것처럼 자기의 목숨을 걸고 어떻게 해서든 도망쳐 나오기 전에는 그 곳에서 벗어날 수 있는 길은 없다"("기독교 유산", 1959. 9.).

전 세계를 통해 수녀원에 칩거하는 수녀들은 약 십만 명 정도이다. 몬타노 박사는 더 극단적인 수도회들 중의 하나를 이야기하면서, 그리고 그들이 따르고 있는 계율을 인용하면서 다음과 같이 말한다.

"예를 들어 맨발의 카르멜파의 자매들은(Carmelite sisters) 가르치지도 않고, 간호원으로 일하지도 않으며, 노인이나, 고아, 유아들을 돌보지도 않는다. 그들은 침묵─완전한 침묵─의 서원을 받아들인다.

오전 5시 30분에 그 수녀들은 자신의 초라한 침상에서 일어난다. 그 침상은 톱으로 켜서 양쪽에 받침목을 만들고 그 위에 짚으로 채운 이불잇을 덮은 나무 판자를 올려놓은 것이다. 왜냐하면 그들은 또한 빈곤의 서원을 하였기 때문이다.

오전 8시 30분. 그들은 빵 한 조각과 한 잔의 블랙 커피를 든다. 그 탁자에는 나무로 된 평평한 기구들과 뚜껑덮힌 물주전자가 놓여있다. 인간은 곧 알 수 없는 것으로 되는 죽을 수밖에 없는 존재라는 죽음에 대한 사고(思考, thoughts)를 상징하기 위하여 죽음, 즉 두개골의 가면(mask)이 그 탁자 위에 있다.

그들은 주로 물고기와 야채로 식사하며, 그들의 저녁 식사는 수프와 빵이다. 그들의 일과는 오후 11시에 끝난다. 그러면 수녀들은 오직 초라한 침상과 탁자와 의자만이 갖추어져 있는 자신의 독방으로 묵묵히 돌아간다"("기독교 유산", 1959. 9.).

그러면 어떻게 이 가련한 영혼들에게 손을 뻗칠 것인가? 그것은 사실 매우 어렵고, 대부분의 경우 불가능한 일이다. 시(市)정부는 교회의 문제에 끼어드는 것을 몹시 꺼려한다. 그래서 수녀원이 위치하고 있는 그 지역 사람들조차도 보통은 수녀원 담장 뒤에서 진행되는 것에 대하여 실제적으로 아무것도 모른다.

다행히도 일하는 수녀들은 자신들의 수녀원 규율에 그리 엄격하게 매이지는 않는다. 그러나 그들의 경우는 더할 나위 없이 어렵다. 열정적인 히스테리를 점차 일으켜 오고 있는 젊고 감수성이 강한 많은 소녀들은 자신들의 발을 깨끗이 닦고 베일을 써왔다. 그런 후에 그녀는 마음을 가라앉히고, 자신이 너무 깊게 들어와 있어서 자신의 온 길을 되돌아 가는 것이 불가능하다는 것을 알고는 자신의 선택을 후회한다. 아마도 그녀는 자기 부모의 반대를 뿌리치고 수녀원에 들어왔을 것이다. 그녀의 부모는 좀더 시간적인 여유를 가지고 그것을 생각해 보기를 원하셨을 것이다. 이제 그녀는 자신이 미련하게도 너무 경솔했음을 후회한다.

아마도 그녀가 자기 재산을 위임한 것은 강한 구속력이 있기 때문에 그것을 변경할 수가 없다. 왜냐하면 그녀는 대개의 경우에 자신의 재산을 수녀원으로 옮기도록 법문서에 서명을 했기 때문이다. 그녀는 자신이 받아왔던 훈련 과정이 오로지 교회의 일에 대해서만 적합하도록 짜여져 있었다는 사실을 알게 된다. 그녀는 이 세상에서 일어나는 일상적인 문제들에 대처하는 능력을 완전히 갖추지 못하고 떠나왔던 것이다. 그녀는 만일 자기가 되돌아 간다면, 자기는 하나님과 교회에 배반자라는 낙인이 찍히게 될 것이며, 여론도 자기에 대하여 강하게 반대하게 될 것―이것은 대개의 경우인데 사실이 아니다―이라고 말한다. 카톨릭 사회 안에서 카톨릭 교회가 수녀원 생활을 포기한 사람들에게 붙이는 낙인은 그녀로 하여금 싫든 좋든 자기가 있는 그 곳에 계속 머물러야만 한다고 생각하게끔 만드는 또 다른 강력한 이유이다. 더군다나 자신이 한 헌신의 서원들은 교황에게 한 것이다. 그러므로 공식적으로 그 서원들로부터 벗어나는 것도 교황에게 허락―이것은 끝없이 형식에만 얽매여 있는 절차일 수 있다―을 받아야만 한다. 이와 같은 환경 아래서 많은 소녀들은 완전히 가망없음을 깨닫고 자신에게 수녀원에 계속 머무르는 것 이외의 다른 어떤 선택이 없다고 결론을 내려 왔다.

수녀원을 떠나는 수녀가 삶 속에서 자신을 다시 세우는 문제에 관하여 헬렌 콘로이의 증언에 귀를 기울여 보자.

"나는 수녀를 그만두고 나온 다른 모든 사람들과 마찬가지로, 내가 헤쳐 나온 상황이 얼마나 무시무시한 투쟁이었는가에 대해서 기억하는 것조차도 겁이 난다. 아무런 직업도 없고 훈련도 받지 못했으며, 가사에 대해선 아무것도 모르고, 어떠한 삶이 실패의 삶이다라는 것 빼고는 가치에 대한 감각도 없다. 선택할 어떤 것도 없으며, 수많은 공포에 사로잡혀 나 자신과 다른 모든 사람들을 두려워한다. 소심하고, 굽실거리며, 육체적으로는 해방되었으나 정신적으로는 갇혀있다. 아주 많은 경우에 그 불행한 수녀원을 떠났던 사람들이 자발적으로 자신의 수녀원의 독방으로 되돌아 간다. 왜냐하면 '그렇게 하는 것 외에 다른 선택이 없기 때문이다.' 로마교회는 자신의 희생자들이 날아가지 못하도록 그들의 날개를 부러뜨린다. 그리고나서 그들은 자신들이 좋아하기 때문에 머물고 있는 것이라고 신앙심있는 세상에 말하고 있다"(『수녀원 안에서 잊혀진 여인들』, p. 109).

그리고 다니엘 마치(Daniel March)는 다음과 같이 말한다.

"수녀의 서원들은 쇠로 된 족쇄이다. 수녀 주위에는 보이지 않는 벽이 있는데, 그 벽은 너무 높아 오를 수 없으며, 너무 강해서 부술 수도 없다. 만일 그녀가 수녀원을 포기한다면, 그녀는 자신이 알고 있는 유일한 친구를 포기하는 것이다. 자신을 현실과 맞서 싸우는 데 적절하지 못하도록 만든 수녀원 안에서 그녀가 보낸 세월은 그녀를 자기 자신의 의지라고는 하나도 없는 피조물로 만들어 왔다."

이것과 관련하여 로마 카톨릭 테레사 재단(the Roman Catholic Teresa Foundation)이 최근에 스웨덴의 그룸슬로브(Glumslov)에다가 카르멜파 수녀들(수녀원에 칩거하는 수녀들)을 위한 한 수녀원을 설립하도록 허가해 달라고 신청한 것을 읽어보는 것은 흥미로운 일이다. 스웨덴은 개신교 국가이기 때문에 어떤 로마 카톨릭 수녀원도 허가받지 못해 왔다. 스웨덴 자문 회의(Swedish Advisory Council)는 다음과 같이 선언하면서 이런 움직임에 반대한다. '만일 허가가 나온다면' 그것은 오직 서원을 한 여자들에 대한 '개인적인 자유를 고려하여' 허락될 것이다. 그리고 그들에게는 '그들이 원한다면 처벌에 대한 두려움없이 그 수녀원을 떠나는 것이' 허용되어야만 한다.

미국에서, 이 가공의 '자유의 땅'에서 수녀원은 오직 수녀들이 '개인적인 자유'를 보장받을 때에만, 그리고 그들은 "자신들이 원한다면 처벌에 대한 두려움없이 그 수녀원을 떠날 수 있을" 때에만 우리의 땅에 존재할 수 있도록 우리가 요구하지 못한다는 것은 이 얼마나 애석한 일인가?

10. 결 론

자유롭게 태어난 신교의 여인들은 카톨릭 교회가 몇몇의 경우에 그 불행한 로마 카톨릭교 자매들을 영적, 정신적, 육체적인 노예로 삼아 왔으며 지금도 여전히 노예로 삼고 있다는 사실을 도저히 생각도 할 수 없다. 심지어 미국에서는 수천의 깨어진 마음의 수녀원 소녀들과 여인들은 부모와 친구들 그리고 가정과 차단되어지며, 공공 장소에 혼자 나타나는 것이 금지되며 심지어는 다른 사람들과 일상적인 대화를 나누는 것조차도 금지된다. 이러한 노예 상태는 많은 경우에는 자발적이거나 반(半)자발적이라는 것이 그것을 덜 사실적으로 만들지는 못한다. 자유의 감각이나 자유에 대한 열망을 상실해 온 사람들은, 또는 한 번도 그것을 첫째로 가져보지 못한 사람들은 자유가 무엇인지를 모른다. 카톨릭 교회는 미국에 약 177,000명의 수녀가 있다고 발표한다. 전 세계를 통하여는 수많은 수녀가 있다. 그 소녀들과 여인들에게 고백 박스에 가까이 못하게 하라. 그리고 그들을 수녀원에서 데리고 나오라. 그러면 카톨릭교는 쇠약해질 것이다. 고해실 안에서 사제들은 고해가 진행중인 남자들의 10분의 1에게서도 그들의 여자들과의 관계에 대해 알아내지도 못하며, 사제들은 또 그것을 알려고 시간을 낭비하지도 않는다는 것은 잘 알려져 있는 사실인 것이다.

　그리스도께서는 어떤 수녀원도, 어떤 여자 수도원도 설립하지 않으셨다. 그리스도인의 참된 교회는 카톨릭교의 수녀원 제도에서 보아왔던 것과 같은 높은 돌담도, 잠겨진 문과 빗장쳐진 창문도 없다. 오히려 수녀원 제도는 이교에서 기원한 것이다. 실제로 인도에 있는 모든 불교 사원은 성수와 성스런 유골, 부적, 사리, 종, 성화, 그리고 스님들(the priests)이 축복한 모든 것들을 전부 갖춘 그 곳에서 경배하는 신을 섬기기 위하여 신성하게 된 '처녀들'(비구니)을 보유한다. 불교의 수녀원 제도(비구니 제도, convent system)는 여자의 경건한 노예 제도인 로마 카톨릭의 제도보다도 500여년 이상이나 앞섰다는 것은 역사적인 사실이다.

　그러면 수녀원 제도에 대해 우리는 무엇이라 결론을 내려야 하는가? 그것은 혐오스러울 정도로 잔인하고, 부자연스러우며, 비미국적이고 비성경적이다. 그리고 그것은 법에 의해 폐지되어야 할 것이다. 우리 미국 내에서 그같은 제도의 소위 '신성'(sanctity)은 높임을 받는다. 그 결과 여론과 정부의 보호 기관들도 그 곳에 들어가지 못한다. 만일 당신이 살고 있는 지역에 수녀원이 하나 있다면, 그 지역의 보안관에게 당신은 수녀원 담장 안에서 진행되는 일들에 대하여 무엇을 알고 있느냐고 물어 보아라. 그는 실제로 거기에는 얼마나 많은 사람들이 있는지, 그들은 누구인지, 그들은 무엇을 하는지, 그들은 어떻게 다루어지는지, 그들은 자기 자신의 의사대로 거기에 있는 것인지 아니면 의사와는 상관없이 거기에 있는 것인지 등등에 관하여 아무것도 알지 못한다는 것을 인정하지 않을 수 없을 것이다. 미국 정부는 미국 수녀원에 있는 여인들에게 로마 카톨릭 교회법에 근거해서가 아니라, 미국의 헌법(Constitution)에 근거해서 새로운 지위를 부여해야 할 것이다.

헬렌 콘로이는 자신의 책 『수녀원 안에서 잊혀진 여인들』에서 수녀원 개혁에 대해 11가지 계획표를 제안한다. 그것은 다음과 같다.

(1) "부모의 동의가 있건 없건 간에 18세 이하의 소년과 소녀를 어떤 종류의 수도원이나 수녀원에서 받아들이는 것은 불법으로 규정되어야 한다."

(2) "어떤 사람에게도 21세까지는 서원하는 것을 허용하지 말아야 한다. 이것은 종교의 이름으로 단순한 어린이들을 이용하는 것을 그치게 할 것이다."

(3) "수도원 시설이 있는 모든 주(state)에서는 그 수도원에 거주하는 정확한 회원의 맹세서를 보관하고 있어야 한다. 이러한 목록은 계속해서 보관되어야 한다."

(4) "이러한 집단의 회원들의 모든 입출입은 기록되어져야 한다"(심지어 호텔과 모텔도 손님들의 기록을 보관하도록 요구받고 있다).

(5) "그 주에서는 거기에 거주하는 사람들의 본명을 증명하는 목록을 그들의 부모나 가까운 친척들의 이름과 주소와 함께 가지고 있어야 한다."

(6) "수도원 시설에 들어가는 행위는 시민권을 포기하는 행위이므로—왜냐하면 어느 누구도 두 주인(교황과 주)을 섬길 수 없기 때문이다—수도원 공동체의 회원들은 더 이상 자유로운 시민들이 아닌 것이다. 그러므로 그들에게는 주나 지역 또는 국가에서 실시하는 선거에서 투표하는 것과 공립 학교에서 가르치는 것을 금해야 한다."

(7) "그 나라에 들어가는 수도회 회원들에게는 법으로 정해진 시간 내에 시민 신분증(citizenship papers)을 발급받도록 요구해야 한다. 그들 모두가 그 수녀원에 머무르는가? 그것은 아무도 모른다."

(8) "수도원 시설에 들어가는 모든 사람들에게는 자기 의지대로 서류를 작성할 것을 요구해야 한다. 로마교회가 모든 수녀들에게 고백(영구 서원)을 하기 전 60일까지는 억지로 하게 하는 포기(재산권 포기)는 무효로 하여야 한다."

(9) "특별한 왕보(王寶, 왕위를 상징하는 것)를 사용하는 것은 구내로 한정되어야 한다."

(10) "공중 위생국은 수도원 시설들에 대한 관리 감독을 충분히 하여야 하며, 그것들을 정기적으로 시찰해야 한다."

(11) "수도원 시설들 안에서 죽은 모든 사람들에 대한 사망 증명서는 카톨릭의 의사 뿐만 아니라 비카톨릭 의사에 의해서도 날인되어져야 한다"(pp. 119~120).

이러한 제안들에다가 우리가 한 가지 조항을 덧붙인다면, 그러한 시설들의 거주자들은 처벌의 두려움없이 어느 때고 자유롭게 떠날 수 있게 되어야 한다는 것이다. 이러한 요구들을 채택하는 것은 확실히 수녀원 제도의 가장 부당한 면들을 제거하는 데 크게 공헌할 것이다.

로마 카톨릭 교회 안에는 사제의 독신에 관해 상당한 논란이 있다. 몇몇의 주교들은 이러한 주제를 1965년에 있은 바티칸 공의회의 마지막 회기에 안건으로 상정되기를 원했다. 그래서 그 문제를 소개하는 문서들을 준비해 왔었다. 그러나 교황 바오로는 그런 독신 규정을 강하게 옹호하는 발언을 하였고 심지어 그 회의에서 그 주제로 토의하는 것조차도 금지하였다. 그러나 논쟁은 교회 안에서 그치질 않고 계속되고 있다. 그리고 로마 카톨릭 관계 당국도, 그러한 규정을 없애달라고 요청하는 사제와 수녀로부터의 수천 통의 청원이 지금 바티칸에서 심리 중에 있다는 사실을 인정한다.

15 장

결 혼

1. 결혼에 대한 기독교적 견해
2. 결혼은 하나의 성례라는 카톨릭 교리
3. 개신교도와 일반인의 결혼의 효력을 부인하는 로마교회
4. 결혼 전의 약정
5. 결혼 전 약정의 부당성
6. 부정한 약정
7. 혼합 결혼의 어려움
8. 이혼에 관한 로마 카톨릭의 입장

결 혼

1. 결혼에 대한 기독교적 견해

결혼에 관한 성경의 가르침은 다음의 4가지 전제 안에서 설명될 수 있다.

(1) 결혼은 한 남자와 여자 사이의 거룩하고 신성한 관계로서, 그들 모두가 사는 한까지 계속 함께 살도록 의도된 것이다.
(2) 결혼은 사회적, 위생학적인 모든 관점에서 볼 때 보통 성인의 정상적인 상태이다.
(3) 자녀들은 하나님께서 주신 선물이다.
(4) (개개인이 아니라) 가족은 사회의 근간을 이루는 단위이다.

결혼에 관한 기독교적 견해에 있어서 성(sex)은 인간의 본성 안에 신에 의해 부여된 권세들 중의 하나라고 설명되어진다. 그러므로 그것을 역병(疫病, plague)처럼 억누르고, 못하게 해야 하는 악으로 생각해서는 안된다. 성경은 우리에게 다음과 같이 말해준다. "하나님이 자기 형상 곧 하나님의 형상대로 사람을 창조하시되 남자와 여자를 창조하시고"(창 1:27). 우리는 같은 장에서 다음과 같이 말하고 있는 것을 볼 수 있다. "하나님이 그 지으신 모든 것을 보시니 보시기에 심히 좋았더라"(31절).

하나님은 성의 창조자이시다. 하나님은 인류를 그같은 특별한 권세로 창조하셨다. 그래서 하나님께서 그렇게 창조하셨을 때, 그것을 보시기에 심히 좋았다고 선포하셨다. 하나님은 또한 다음과 같이 성의 목적을 분명하게 하셨다.

⑴ 인류를 영속시키고, 땅에 충만하게 하기 위하여
⑵ 인간 사이에 특별한 종류의 교제를 주기 위하여, 이같은 견해에 의하면, 결혼은 천사들조차도 알지 못하는 하나의 선물이며, 성은 하나님께서 이 땅에 창조하신 창조물들 가운데서 가장 고귀한 전적인 하나님의 선물이다. 그러므로 성은 오직 그것이 금지되어질 때에만 악이 될 수 있는 것이다.

어떤 저자는 다음과 같이 말한다.

"남자와 여자, 소년과 소녀가 서로서로에 대하여 느끼는 매력은 정상적이고도 자연스러운 것이다. 그것은 하나님께서 우리 안에 부여해 주신 본성의 일부분이다. 그러나 그것은 하나님께서 우리에게 주신 이상(ideals)과 규범(rules)에 의해 다스려져야만 한다. 인간 교제는 오로지 한 남자와 한 여자에 의해 나누어질 때 충족된다. 이러한 인간의 동반 관계(partnership)는 일생의 토대 위에 놓이게 됨을 의미한다. 그것은 육체적이고 영적인 연합이며, 인간 관계에서의 궁극적인 목적이다"(B. Hoyt Evans, *The Presbyterian Journal*, 1959. 8. 5.).

그리스도인 남녀에 있어서 결혼은 당연히 교회 안에서 시작된다. 대부분의 그리스도인들은 결혼에 있어서의 종교의 중요성을 인식하고 있다. 그래서 그들은 교회에 의해 엄숙히 올려지고 축복된 예식을 거행하기를 원한다. 서로간에 하는 서약도 종교적이다. 결혼의 영적인 국면과 이 새로운 결합에 대한 하나님의 축복은 이 문제에 있어 가장 큰 핵심이 된다. 그리스도인들은 일반인 주례자 앞에서 결혼하는 것을 비록 그러한 결혼이 합법적이라 할지라도 옳다거나 충분하다고 보지는 않는다. 단순한 일반 예식은 새로운 연합을 훨씬 더 풍요롭고 고귀하게 만들 수 있고 또 그것을 영속하도록 만들 수 있는 영적인 면이 약하거나 부족하다고 생각한다. 그러나 비그리스도인들에게 있어서는 일반 예식은 합법적이고도 적당한 것이다.

2. 결혼은 하나의 성례라는 카톨릭 교리

정확한 것으로 생각되어지는 벌게이트(라틴어역의 성서)가 에베소서 5:32을 "이것(결혼)은 하나의 커다란 성례이다"(This is a greate sacrament)

라고 번역했기 때문에 로마교회는 오랜 세월 동안 결혼은 하나의 성례라고 가르쳐 왔다. 그러나 이 구절은 "이것은 하나의 커다란 비밀이다"(This is a greate mystery)라고 하는 것이 올바른 번역이다.

에베소서 5장에는 더욱 폭넓은 바울의 가르침이 나오는데 여기서 그는 그리스도와 교회 사이에 존재하는 연합을 이야기하고 있다. 그는 그리스도께서 교회를 사랑하시고 교회를 위하여 자신을 주심같이 (25절) 남편들도 자기 아내 사랑하기를 자기 자신의 몸같이 사랑하라고 가르친다(28절). 그는 다음과 같이 말한다. "이러므로 사람이 부모를 떠나 그 아내와 합하여 그 둘이 한 육체가 될지니." 그런 다음 그는 다음과 같이 덧붙인다. "이것은 하나의 커다란 비밀이다. 그러나 내가 그리스도와 교회에 관하여 말하노라"(31, 32절) ― 킹 제임스 역(King James Version). 미국 표준 역(American Standard Version)은 이것을 "이 비밀이 크다"(This Mystery is great)라고 번역하고 있는데 이것은 근본적으로는 동일한 것이다. 오늘날은 로마 카톨릭의 저술가들까지도 그 옛날의 번역이 잘못되었음을 인정한다. 새로운 공동번역은 그것을 올바로 번역하고 있다. "이것은 하나의 커다란 비밀이다" ― 이것은 킹 제임스 역본과 똑같은 번역이다. 그러나 로마 카톨릭 교회는 결혼은 하나의 성례라는 잘못된 벌게이트 역본의 번역에 의해 공식화된 교리를 계속 열성적으로 붙잡고 있다. 결혼은 이제 카톨릭 교회의 칠성례 중의 하나로 확고히 자리를 잡고 있다. 그러므로 그것은 철회될 수 없음이 틀림없다.

잘못된 번역에 불가피하게 따라오는 결과가 있어 왔다. 그것은 로마 카톨릭 교회가 결혼에 관한 모든 것을 통제하려고 시도해 왔다는 것이다. 결혼이 하나의 성례로 되어왔기 때문에 그것은 전적으로 교회의 통제 아래 놓였다. 왜냐하면 오직 교회만이 성례를 집례할 수 있기 때문이다. 일반인의 결혼은 불법이라고 선언하였다. 트렌트 공의회 당시 이후로 로마교회는 개신교의 결혼을 인정하지 않았다. 그 종교회의는 사제에 의해 집례되지 아니한 어떤 결혼도 무효라고 단순히 선포하였다. 심지어 오늘날에도 모든 로마 카톨릭 사제들의 성직 수임식 서원의 한 부분을 형성하는 교황 피우스 9세에 의해 교시된 『오류 목록』(the Syllabus of Errors)의 세 번째 조항에는 다음과 같이 기록되어 있다. "그리스도인들 사이에서의 결혼은 어떤 단순한 일반 시민의 약혼에 의해 성립될 수는 없다. 그리스도인들 사이에서의 약혼(혼인)은 항상 성례이어야만 한다. 만일 성례로 되지 않는다면 그 혼인은 무효이다."

또 다른 조항에서 피우스 9세는 카톨릭교의 성례없는 결혼은 '천하고 혐오스러운 축첩의 풍습'이라고 선포하였다.

1954년의 카톨릭 연감(Catholic almanac)에 다음과 같이 기술되어 있다. "… 목사나 치안 판사 앞에서 결혼 예식을 진행하는 카톨릭 교인들의 결혼은 어떤 것도 인정받지 못한다." 워싱턴에 있는 카톨릭 대학교에서 오랫동안 성례 신학(Sacred Theology)의 학과장이었던, 미국에서 가장 뛰어난 카톨릭 신학자인 몬시노 프란시스 콘넬(Monsignor Francis J. Connell)은 개신교 목사 앞에서 결혼한 로마 카톨릭 교인은 심지어 그 묘지까지도 처벌을 받아야만 한다는 규정을 제언한다. "비카톨릭 성직자 앞에서 결혼을 거행하는 카톨릭 교인들에게는 기독교적인 장례가 금지될 것이라고 카톨릭 교인들에게 말하는 것은 올바른 것인가?"라는 질문에 그는 다음과 같이 대답한다. "'만일 죽기 전까지 그들이 회개의 표시를 하지 않는다면'(정경 1240조, 1항)이란 문구가 덧붙여지는 한 그와 같은 진술은 올바르다고 말할 수 있다. 이와 같은 이유로 해서 그와 같은 죄스런 행동을 한 카톨릭 교인은 공공적이고 명백한 죄인이 되는 것이며, 그와 같은 사람에게는 기독교적인 장례가 금지되는 것이다(정경 1240조, 1항)"(American Ecclesiastical Review, 1959. 10. p. 266). 1958년 5월에 발행된 로마 카톨릭 잡지인 "The Sign"지는 이러한 주제에 대한 전형적인 로마 카톨릭의 편협을 표현하고 있다. 즉 사제에 의해 집례되지 아니한 결혼은 단지 '시도한'(attempted) 결혼이라고 언급하고 있으며, 개신교 목사에 의해 집례된 결혼은 심지어 일반이 주례한 결혼보다도 더 나쁜 것으로 평가하고 있다. "The Sign"지는 다음과 같이 말한다.

"두 사람의 카톨릭 교인들이 또는 심지어 한 사람의 카톨릭 교인이 일반인인 주례자 앞에서 하는 시도한 결혼은 무효이다. 그러나 그같은 경우에는 비카톨릭 성직자 앞에서 시도한 결혼의 경우에 당하게 되는 것과 같은 파문은 당하지 않는다." 추기경 헤이스의 출판인가를 수행하는 우이우드(S. Woywod)에 의해 쓰여진 실제적인 『교회 법전에 대한 주석』(Commentary of the Code of Canon Law, 1925, p. 563)에서도 또다른 책인 로마 카톨릭 신학교와 대학교에서 널리 사용되는 교재인 라이언(Ryan)과 볼랜드(Boland)가 쓴 『카톨릭의 정치 원리』(Catholic Principles of Politics)에서 말하고 있는 것처럼 위와 똑같은 견해를 내세우고 있다. 그러므로 카톨릭 교회가 그리스도인들의 혼인과 결혼 상태에 대해 독점적인 권한을 주장하고 있는 것과 교회법과 모순되는 모든 일반법은 무효(결혼에 대한 요구 사항은 1966년과 1970년에 다소 자유스럽게 되었다)라고 주장하고 있는 것은 분명한 사실인 것이다.

그러나 사실상 카톨릭 자신의 가르침이 무효이다. 왜냐하면 바울은 결혼이 하나의 성례라고 말하지 않으며, 성경의 어느 곳에도 그와 같은 말을 찾아볼 수가 없기 때문이다. 결혼은 참다운 성례에 대해 말씀하신 그리스도에 의해 제정된 것이 아니다. 그것은 그리스도 당시보다 수천 년 전인 에덴 동산 안에서 제정된 것이다. 그러므로 모든 결혼을 카톨릭교 자신의 독점적인 관할권 아래로 끌고가려는 로마교회의 시도는 일반인을 통제하는 중요한 분야를 무효화시키고, 모든 인간 관계를 교회 자신의 통제 아래로 끌어들이기 위하여 교회가 사용하는 또다른 방법일 뿐임이 드러났다. 교회가 의도하는 바가 가족의 전(全)생활을 지배하는 것임이 명백하게 드러난 것이다.

로마 카톨릭교가 결혼은 하나의 성례라고 주장하는 사실이 결혼을 개신교보다도 더 크게 높여주고 있다는 것을 의미하는 것은 아니다. 개신교는 결혼은 에덴 동산에서 하나님에 의해 제정된 것이어서 그것은 하나님의 축복에 의해 세워진 것이라고 주장한다. 그러므로 그리스도인에게 있어서 결혼은 성직자에 의해 수행되어지고 교회에 의해 축복되어지는 하나의 성스런 의식인 것이다.

3. 개신교도와 일반인의 결혼의 효력을 부인하는 로마교회

로마교회가 모든 종교적인 문제 위에서 군림했던 중세기 동안에 결혼에 대한 교회의 통제는 효과적이었고 무자비하였다. 시민법(Civil law)은 교회법에 순응하였다. 그래서 사제에 의해 집례되지 아니한 다른 어떤 종류의 결혼도 정당하거나 합법적인 것으로 인정받지 못하였다. 심지어 종교개혁 이후에도 로마교회는 수세기 동안 계속하여 개신교 목사에 의해 집례되거나 주의 관리들이 주례를 선 모든 결혼에 대한 그 정당성(validity)을 부정하였다. 교회는 사제의 집례로 결혼하지 아니한 모든 부부는 음행하면서 살고 있는 것이며, 그들의 자녀들은 사생아라고 주장하였다.

심지어 오늘날에도 여전히 카톨릭 교회가 어느 곳에서나 로마 카톨릭교인 뿐만 아니라 개신교인까지 모든 그리스도인들의 결혼에 권한이 있다고 주장하는 사실과 그리고 개신교 목사에 의해 집례된 개신 교인들의 결혼이 카톨릭 교회에 의해 정당한 것으로 인정되어 온 것은 1908년 4월 19일 교황 피우스 10세에 의해 선포된 『네 테메레』(Ne Temere) 교령(敎令, decree)이 있은 이후라는 사실을 알고 있는 개신교인들은 거의 없는 듯싶다. 심지어 오늘날에도 스페인과 콜롬비아와 같은 바티칸과 정부 사이에 종교 협약을 맺은 몇몇 국가들에서는 개신교의 결혼이 여전히 불법으로 되어 있다. 일반인의 결혼은 개신교도들에 비해서는 합법적이다. 그러나 그들도 보통은 로마 카톨릭 교인인 심판관에게 허락을 받아야만 하며, 온갖 종류의 방해로 인해 못하게 되는 수도 종종 있다. 만일 한 교인이 카톨릭 교회에서 세례를 받았다면, 심지어(그와 같은 나라에 사는 대부분의 사람들이 그러하듯이) 유아 세례를 받았다면, 비록 그가 그 교회를 떠난 지 오래되었음에도 불구하고 카톨릭 교회는 여전히 그 결혼을 반대하며, 교회의 권한 아래서 결혼시키려고 시도한다. 물론 그것은 카톨릭 교회에서 세례를 받은 사람을 다른 교회에 결코 양보할 수 없는 카톨릭교의 의식이다. 로마 교황과 종교 협약을 맺은 나라에서는 개신교 목사 앞에서나 그 주의 관리 앞에서 하는 두 로마 카톨릭 남녀의 결혼 또는 로마 카톨릭 교인과 불신자의 결혼은 카톨릭 교회에 의해 엄격히 금지되며, 그 주에서도 불법이 된다. 이와 같은 것은 카톨릭 교회가 권력을 자기 마음대로 휘두르는 나라들에 있어서는 공통된 현상이며, 만일 미국이 로마 카톨릭 국가가 된다면 미국에서도 일어날 수 있는 현상인 것이다.

 1908년의 『네 테메레』 교령은, 한편으로는 교령이 반포된 그날 이후로는 개신교 목사가 주관한 개신교도들의 결혼을 정당한 것으로 인정하였으나, 소급되지는 않았기 때문에 그 전까지 거행된 그와 같은 결혼은 유효하지 못했다. 다른 한편으로 그 교령은 교회의 회원에 관한 카톨릭 교회의 규정을 보다 명확하게 정의하였다. 즉 어느 곳에서든지 개신교 목사나 그 주의 관리 앞에서 한 두 카톨릭 남녀의 결혼, 또는 한 카톨릭 교인과 한 개신교인의 결혼은 비록 그 교령이 교시되기 이전에 결혼을 하여 여러 명의 자녀들까지 낳았다 하더라도 무효라고 선언된다. 더욱이 1908년의 그 교령은 오직 양보로써 만들어진 것이다. 왜냐하면 미국과 다른 개신교 국가들에서 카톨릭의 성직자 정치에 영향을 끼칠 정도로 압력이 거셌기 때문이다. 그러므로 교황은 자신이 편리하다고 생각이 들면 어느 때이건 그 교령을 철회할 수 있으며 어느 곳이건 사제에 의해 특별한 축복이 없는 그리스도인의 결혼은 정당성(효력)이 없다고 선포할 수 있다.

 교황은 모든 그리스도인들의 결혼을 지배하는 권세가 있음을 단언하고 있기 때문에 그는 어느 곳 어느 때든지 어떤 개신교의 결혼을 무효화하는 권세를 선포한다. 그같은 권세는 근거없는 허풍만이 아니다. 그래서 오늘날에도 개신교인이 카톨릭 교인과 결혼하기 위하여 현재의 배우자로부터 자유로워지기를 원하는 몇몇의 경우에 실행되어진다. 비록 로마교회는 이혼하는 것은 절대적으로 반대한다고 공언하고 있음에도 불구하고, 그같은 결혼은 무효 즉 결코 처음부터 존재해 올 수 없는 것이라고 선포함으로써 그런 장애를 아주 쉽게 넘어간다. 교회는 간단하게 '무효'(無效, annulment)를 판정한다. 카톨릭 교회에 의해 이와 같이 공식적이고도 계속적으로 공언되는 것보다 더 과장된 형태 안에 있는 편협과 불관용(不寬容)을 찾아내기란 쉽지 않을 것이 분명하다.

 『네 테메레』교령을 적용시키는 데 있어서 일관성이 없는 것이 이상스럽다. 그 교령 아래에서 만일 두 개신교인이 개신교 목사에 의해 결혼한다면 그 결혼은 정당하다고 말한다. 그러나 만일 두 카톨릭 교인이나 또는 한 명의 카톨릭 교인과 한 명의 개신교인이 똑같은 의식을 사용하고 똑같은 서약을 시키는 똑같은 개신교 목사에 의해 결혼한다면 카톨릭 교회는 그것을 '시도한' 결혼이라고 부르며, 그 결혼은 무효라고 선언한다. 모든 논리의 법칙에 의하면 만일 그 의식이 한 경우에 정당하다면 그것은 또한 다른 경우에서도 정당한 것이다. 교회법 안에 있는 그같은 차이점은 용인할 수밖에 없는 어떤 상황하에서는 용인하고 교회 마음대로 할 수 있는 곳에서는 자신의 규정을 강제로 적용시키는 카톨릭 교회의 타협성의 또다른 증거일 뿐이다.

 개신교 국가 안에 있는 카톨릭 교회가 오직 개신교와 관련되어 있는 결혼에는 직접적으로 간섭하지 않는 이유는 교회가 자기 권력을 행사하지 못한다는 사실 때문이다. 왜냐하면 카톨릭 교회는 그런 양보를 자유롭게 기꺼이 하지는 못하기 때문이다. 만일 카톨릭교가 권세를 얻게 된다면 교회는 또다시 종교개혁 이전에 그랬던 것처럼 자신의 주장을 모든 결혼 위에 강제로 적용시키게 될 것이라는 사실은 결코 의심할 수 없다. 카톨릭 교회는 그 시대로 되돌아가기를 간절히 원한다. 그래서 심지어는 아직도 과거를 동경하며 '신앙의 시대'(the age of faith)라고 언급하고 있는 것이다.

 결혼 분야에 있어서의 로마 카톨릭 교회의 지배가 의미할 수 있는 것과 로마교가 모든 곳에서 영향력을 행사하기를 원하고 있음을 보여주는 한 예가 1959년 8월 24일자 "콜롬비아 복음주의 연합"(the Evangelical Confederation of Colombia)의 보고서에 나타나 있다.

"개신교의 결혼은 합법적이지 못하다. 로마 카톨릭과 일반 의식만이 콜롬비아에서 법적인 효력을 가질 수 있는 유일한 결혼의 형태이기 때문에 개신교인들은 먼저 치안 판사 앞에서 결혼을 한 다음에 자신들의 교회에서 종교적인 예식으로 자신들의 결합을 엄숙하게 축하한다.

로마 카톨릭 성직자들은 결혼 의식을 수행하는 특권이 있는, 그런 위치를 지키기에 빈틈이 없다. 일반적인 결혼 의식에 의해 진행된 결합에 대해서는 '공적인 축첩'(public concubinage)이라는 오명을 씌운다. 만일 그것을 전혀 막지 못한다면 그 일반 의식을 지연시키고 방해하기 위하여 일반 당국자에게 압력을 가한다. 일반 의식을 통하여 진행하려는 용기와 고집을 가지고 있는 그런 쌍들에 대해서 교회는 사회적인 배척과 경제적인 억압을 가함으로써 그 쌍(부부, pair)으로 하여금 자신들의 죄를 뉘우치고 회개함으로 카톨릭 교회로 되돌아 오게 만들기 위하여 출교라는 형벌을 가한다."

콜롬비아에 있는 로마 카톨릭 교회의 교인들에게는 오직 교회 의식만이 유효하다. 그러나 국가의 법에는 만일 결혼하는 당사자들이 자신들은 결코 로마 카톨릭 교회의 회원이 아니었다고 명백히 밝히거나 교회로부터 공식적으로 나왔다고 밝힌다면 일반 의식도 유효하다고 나와 있다. 그러나 그것도 어려운 절차가 남아있다. 치안 판사는 그 두 사람이 교구 안에 거주하고 있다는 것을 사제에게 알려야만 한다. 그러면 그 사제가 결혼하려는 당사자들을 잘 설득하여 단념시키려고 노력하는 동안 한 달은 지체된다. 그 사제의 요청에 따라 그런 일반 의식은 무기한으로 연기될 수 있다. 스페인에서의 상황은 콜롬비아의 상황과 비슷하다.

로마 카톨릭 교인과 개신교인이 개신교 목사 앞에서 하는 결혼은 로마 카톨릭교의 편에서 볼 때는 이혼하기가 쉬운 길이다. 한 로마 카톨릭 남자가 개신교 여자와 결혼한다고 가정해 보자. 만일 그 결혼이 만족스럽게 된다면 잘되고 좋은 일이다. 그는 기뻐서 그것(그 관계)을 계속 지속하려 할 것이다. 그러나 만일 그 결혼이 잘 되지 않는다면, 그는 처음부터 그것은 유효한 결혼이 아니었다는 자신의 교회의 가르침을 쉽게 받아들일 수 있다. 그는 그 결혼을 개신교에서 주장하고 있는 것처럼 전적인 연합 관계로 보지 않는다. 만일 그 자신이 개신교 여인과 결혼하기 때문에 사제로부터 죄의 사면을 받지 못한다는 것을 알게 된다면 그는 의식 중에 그 개신교의 배우자와 떨어져야 하겠다고 느낄 수 있다. 그러나 만일 그 배우자가 함께 살기를 원한다면 그는 교황으로부터 특면을 허락받는 과정을 거쳐야 한다. 결국 개신교 여인이 로마 카톨릭의 결혼에 따르도록 설득되는 것이 보통일 것이다. 그러나 만일 그것이 실패하면 이상한 일이 발생한다. 그러면 로마 카톨릭 측(남자)은 혼자서 사제에게 간다. 루시엔 비네트는 이 과정을 다음과 같이 묘사한다.

"그 또는 그녀는 개신교측의 동의없이도 '정당하게' 결혼할 것이다. 이런 황당한 카톨릭교의 발명품을 라틴어로 '레발리다티오 인 라디체' (Revalidatio in radice, 근본으로부터의 구제책)이라고 부른다. 로마에 있는 교황은 개신교측 사람이 처음 한 결혼 동의를 사용하여 로마 카톨릭측의 동의와 결합시킴으로써 이 결혼을 허락할 것이다. 그리하여 이것은 이 불행한 배우자의 결혼을 유효하게 할 것이다. 그 구제책은 효력이 있어 왔다. 교황의 '사나티오'(Sanatio, 구제)는 개신교측 배우자에게 알려지지 않게 그 두 사람의 결혼을 유효하게 만들어 왔다. 이제 그 배우자는 함께 살 수 있으며 로마 카톨릭측 배우자는 더이상 양심상의 갈등을 겪지 않는다"(『나는 사제였다』, p. 56).

최근 이탈리아에서 한 문제가 발생하였다. 로마 카톨릭 교회의 일원이 아닌 한 남자가 그 일원인 한 여자와 일반 의식으로 결혼을 한 것이다. 브라토(Brato)의 주교의 지시로 그 지역의 사제는 그 결혼의 합법성을 인정받지 못했으며, 그 관계는 '천하고 혐오스러운 축첩'이라고 비난받게 되었다는 내용의 편지를 회중에게 읽어주었다. 그 남편은 이 문제를 명예 훼손의 혐의로 법정으로 가져갔다. 1958년 3월에 그 주교와 사제에 대한 배심원들의 평결이 나왔다. 그 재판은 로마 카톨릭 교인인 세 명의 배심원으로 구성되어 있었다. 그 주교는 4만 리라(64불)의 벌금과 6일 간의 재판 비용을 물게 되었으며, 명예 훼손당한 그 배우자에게 672불($)의 배상금을 지급하라는 판결을 받았다. 그러나 64불은 지불 중지를 당하였다. 그 주교는 이 사건을 항소하였고, 교황에서부터 그 아래에 있는 성직자단에 의해 그 재판에 영향을 끼치는 강력한 압력이 가해졌다. 교황은 일정한 애도의 기간을 선포하였다. 왜냐하면 일반 재판에 의해 카톨릭 교회의 주교에게 벌금이 부과되었기 때문이었다. 그 결과 배심원들의 평결은 번복되어 배상에 대한 판결은 부인되었고 그 배우자는 이 재판 비용을 물어야 한다는 판결을 받았다. 이 사건은 이렇게 끝났다. 그러나 카톨릭 교회에 대한 상당히 거센 비우호적인 평판이 남게 되었다.

물론 성경 안에는 교회 권위자들에게 결혼 의식을 수행하는 독점적인 권한을 부여한 적이 없다. 미국법(American law)에 따르면 결혼 의식을 수행하는 합법적인 권리와 특권은 자격을 갖춘 모든 교회의 성직자들과 주의 일정한 관리들에게 주어진다. 어떤 사람이나 교회도 그 권한을 빼앗으려고 시도하거나 또는 자신들 교회의 의식이 아닌 다른 의식에 의해 진행된 결혼은 불법이며 그런 의식을 거행한 그 사람들은 결혼한 것이 아니라 죄 중에서 살고 있는 것이라고 말하여서는 안된다. 그렇게 하는 것은 미국법을 거부하는 사악한 것이며 법정에서 명예 훼손 죄로 처벌을 받게 된다. 뉴질랜드에서는 어떤 교회나 개인이 시민법에 따라 맺어진 결혼을 참된 결혼이 아니라고 선언하거나 가르치는 것은 법정에서 중죄(重罪)로 처벌받는다. 외국에서 만들어지고 성경적인 권위도 매우 약한 교회법이 미국법을 대신함으로써 다른 교회들의 성직자들과 우리의 판사들이 비방을 당하고 많은 사람들의 명성이 그와 같은 법에 의해 손상을 당하는 결과를 초래하는 것을 허용할 수는 없다. 그러나 정경 1094조에 근거한 카톨릭 교회법은 바로 그와 같은 일을 하고 있다. 로마 카톨릭 국가에서는 시민법이 카톨릭 교회의 교회법에 순응하거나 기초하는 것이 일반적인 현상이다. 이와 같이 카톨릭 교회는, 교회가 모든 일반 권세 위에 있으며 결혼에 관한 문제를 법률로 제정하는 권세가 자신에게 있고 교회와 주 사이에 있는 마찰은 교회의 호의에 의해 해결되어진다고 주장한다.

4. 결혼 전의 약정

카톨릭 교회는 개신교 목사 앞에서 한 로마 카톨릭 교인의 결혼은 그 정당성을 인정받지 못하기 때문에, 만일 로마 카톨릭 교인들이 자신의 교회와 좋은 관계를 유지하기를 원한다면 오직 사제에 의해서만 결혼을 해야 한다는 강한 압력을 받는다. 한 개신교인이 로마 카톨릭 교인과 사제 앞에서 결혼하는 것에 동의할 때 그는 먼저 일련의 종교적인 가르침을 받는 것에 동의를 해야 한다. 사제에 의해 주어지는 이 과정은 적어도 1시간씩 여섯 번의 학습으로 구성되는데, 이 학습을 통해서 그 개신교인이 로마 카톨릭 교인이 되도록 설득되어지기를 바라면서 자기 교회의 교리들을 우호적으로 설명한다. 만일 그 개신교인이 동의만 한다면 그같은 학습은 10~15시간으로 정해진다. 그는 또한 카톨릭 교회를 영화롭게 하고 개신교 교회를 비난하는 몇 권의 책을 받는다. 그는 곧 자신이 가정에서 자신의 종교적인 권리와 특권을 버릴 것을 서약해야 하고, 또 자신이 모든 것을 양보해야 한다는 것을 배운다. 반면에 로마 카톨릭 배우자는 전혀 아무것도 버리거나 양보하지 않는다. 그는 또한 혼합 결혼(mixed marriage)이 거행되기 전에 그 로마 카톨릭 배우자는 주교로부터 특면을 얻어야만 한다는 것을 배운다(사제는 특면을 부여할 수 없다). 그런데 그 특면에 대해서는 보수(payment)를 지불해야만 한다(카톨릭 교회에서의 모든 의식은 그것에 따르는 보수〈사례금, fee〉가 있는 듯싶다. 그런데 특면에 따르는 이러한 보수는 정상적인 결혼에 따르는 보수에다 더하여진다). 이러한 보수는 통상적으로 그 남자가 지불한다. 그러나 만일 그 남자가 공교롭게 개신교인이라면, 특히 그가 그러한 보수에 대한 요구에 분개할 성싶으면, 그것은 결혼할 아내에 의해 지불된다.

개신교인은 다음과 같은 약정서에 서약(서명 날인)을 하여야만 한다.*

---

* 최근에 교황 바오로 6세는 결혼 의식에 관하여 두 번 약간의 양보를 하였다. 1966년 3월 18일, 결혼하는 두 사람이 자신들의 결혼을 통해 태어나는 자녀들은 로마 카톨릭 교회 안에서 세례를 받게 하고 교육을 받게 하겠다고 하는 서약을 구두로 해야 할 것인가 아니면 문서로 해야 할 것인가를 결정하는 일이 주교에게 위임되었다. 혼합 결혼도 성당 안에서 미사와 결혼의 축복 속에서 사제에 의해 수행될 수 있게 되었다. 개신교 목사에게도 그 의식의 일부분을 담당하는 것과 축하와 권고의 말을 해주는 것이 허용되었다. 그러나 그것도 오직 사제가 그 의식을 집례라고 자녀들을 로마 카톨릭 교인으로 양육시키겠다는 서약을 확실하게 하고 난 후에 그리고 개신교측 배우자가 자녀들의 종교 훈련에 간섭하지 않겠다는 서약을 하고 난 후에야 허용되었다. 개신교 목사나 일반 예식에 의해 수행된 결혼은 합법적으로 인정된 것이 아니라, 그렇게 결혼한 로마 카톨릭 교인이 더이상 출교당하지는 않는다는 것이었다. 로마 카톨릭교의 의식이 행해지기 전이나 행하여진 후에 어떤 다른 교회에서 의식을 다시 행하는 것은 여전히 금지되었다. 개신교 목사들 중 소수만이 —그들 중

"카톨릭 교인이 아니지만 카톨릭 교인인 ＿＿＿＿ 와(과) 결혼하기를 원하는, 아래 서명한 나는 이같이 하여 맺어진 결혼은 죽음을 제외하고는 변하지 않는다는 것을 이해하면서 결혼할 것을 신청합니다. 나는 어떤 경우든 ＿＿＿＿ 종교의 의식에 있어서 상기(上記)한 ＿＿＿＿ 을(를) 훼방하거나 방해하지 않을 것이며, 우리의 결혼으로 태어나는 남아든 여아든 모든 자녀들은 비록 상기한 ＿＿＿＿ 이(가) 죽음으로 인해 없게 되어진다 할지라도 카톨릭 교회에서 세례를 받게하고 교육을 받게 할 것을 나의 명예를 걸고 맹세합니다. 뿐만 아니라 나는 카톨릭 교회의 결혼 의식에 의해서만 ＿＿＿＿ 와(과) 결혼할 것이며, 카톨릭 의식의 앞이든 뒤에든 나 자신이 ＿＿＿＿ 에게 일반 치안판사나 개신교 목사와 함께 결혼식을 올리자고 제안하지 않을 것을 약속드립니다."

로마 카톨릭측 배우자도 다음과 같은 약속에 서약을 하게 된다.

"비카톨릭 교인인 ＿＿＿＿ 와(과) 결혼하기를 원하는 카톨릭 교인인 나 ＿＿＿＿ 은(는) 만일 주교님께서 저에게 특면을 내려주신다면, 저의 모든 자녀들을 카톨릭 교회에서 세례를 받게 하고 양육할 것이며 가능하다면 카톨릭 학교에 보내겠습니다. 그리고 나의 종교를 충성스럽게 이행하겠으며 특히 나의 배우자를 개종시키기 위하여 기도하는 것과 선한 모범을 보이는 것과 성례에 늘 참석하도록 진력할 것을 서면으로 약속드립니다."

다른 여러 가지 가운데 개신교측 배우자를 개종시키기 위하여 힘쓰겠다는 서약이 포함되어 있는 이같은 로마 카톨릭측 배우자의 약속은 개신교측 배우자가 알도록 할 필요는 없다. 그것은 은밀하게 서약할 수도 있다. 때때로 몇년 후에 그 사실이 발각되어졌을 때, 그같은 서약이 개신교측 배우자의 동

의 대부분은 마음이 넓은 사람들이었다 ― 그와 같이 협력하는 일에 동의하였다.

그리고 1970년 4월 29일 비록 교황청 관리들이 기독교의 연합을 위해서 다른 교회들에 대해 '한정 단계'(definite step)라고 묘사하였으나 여전히 혼합 결혼에 대한 교회의 반대가 지지되고 있었음에도 불구하고 교황 바오로는 주교들이 "만일 심각한 어려운 일들이 놓여있다면" 사제에 의하지 않고 수행된 혼합 결혼도 허락할 수 있도록 허용하였다. 개신교측 배우자는 자녀들을 로마 카톨릭 교회 안에서 기를 것을 약속하도록 요구받지 않는다. 그러나 로마 카톨릭 교인은 여전히 "자기가 할 수 있는 모든 힘을 다하여" 자녀들을 그렇게 양육할 것을 주교에게 약속해야만 한다. 원래는 그와 같은 면은 오직 로마 교황청으로부터만 받을 수 있었다.

의없이 또는 그에게 알리지도 않고 결혼 서약의 한 부분을 차지한 것에 대한 분개가 종종 일어나 왔다.

이러한 약속들이 서약되어진 후, 결혼 의식은 오직 로마 카톨릭 사제만이 집례할 수 있다. 그러나 그 의식은 예배당 안에서 거행되지 못한다. 오직 사제관(館)이나 교회의 부속실에서만 거행할 수 있다. 오르간도 연주되지 않을 것이며 찬송도 부르지 않을 것이다. 만일 신부가 로마 카톨릭 교인이라면 그녀에게 의도적으로 그 의식의 성대함과 교회의 축복을 누리지 못하게 한다. 그런데 이런 것들은 로마 카톨릭 소녀에게 훨씬 많이 의도된다. 이와 같이 해서 그녀의 눈에 자신의 결혼이 참된 결혼에 미치지 못하게 보이게끔 만든다. 그녀로 하여금 이것은 결함있는 결혼이라는 것을 힘들게 깨닫도록 만드는 것이다. 자신의 교회를 존중히 여기는 로마 카톨릭 남자에 대해서도 결혼 의식은 똑같은 방식으로 거행된다. 이러한 제한들은 카톨릭 교회의 공식적인 비통을 표현하는 것이다. 왜냐하면 개신교인이 카톨릭 교회가 한 사람의 자기 교인을 상실하게 하는 가장 큰 원인이 되고 있기 때문이다 — 그 또는 그녀의 일생이 다른 교회의 교인과 관계를 맺게 되기 때문에 그같은 결혼 방해, 약속, 특면 등은 로마 카톨릭 교인들을 다른 사람들로부터 가능한 한 멀리 떨어뜨리기 위하여 성직자단의 결정을 아주 실제적인 방법으로 보여주며 강조하는 것이다. 이같이 카톨릭 교회는 혼합 결혼의 많은 해악을 인식하고 있으며, 어느 개신교 교회 만큼이나 그것을 반대한다. 카톨릭 교회는 혼합 결혼에 있어서 아마도 자신이 더 많은 것을 잃게 될지 모른다고 느끼고 있는 듯하다. 즉 로마 카톨릭측 배우자가 만일 개신교의 영향 앞에 그대로 드러난다면, 개신교인을 자기 교회로 끌어들이는 것보다는 자기 교회를 떠나는 사람들이 더 많을 것으로 생각하고 있는 것 같다. 통계 수치가 그같은 경우를 실제로 보여주고 있다.

결혼 전의 약속이 흔히 실행되지 않는다는 사실 때문에 몇몇 주교 관구 (dioceses)에서는 새로운 방법이 도입되어 왔다 — 밀워키 주교 관구 양식 (Milwaukee diocese form) — 이것은 양측 당사자 모두나 또는 어느 한 쪽에게 강제로 이 모든 약속을 하게 만드는 권세를 대주교에게 준다. 이 양식은 다음과 같다.

"양 당사자들은 여기에 다음과 같이 정확히 진술합니다. 우리는 로마 카톨릭 교회의 대표자 또는 그의 대리자인 _____ 의 대주교님(the Most Reverend Archbishop)께 당사자 모두나 어느 한쪽에 의해 위반되는 사건에 대해 여기에 기록된 각각의 그리고 모든 약속을 실행할 수 있는 권한을 서면으로 드립니다. 그리고 여기에 기록된 이 협정에 충분한 효력과 영향력을 부여할 수 있는 권한도 대주교님께 드립니다."

그러한 결혼은 사실상 삼각(three-cornered) 관계에 놓이게 된다. 그 두 젊은 사람은 서로서로와 결혼할 뿐만 아니라 자신들의 결혼 생활에 제 삼자인 대주교를 넣어야 한다. 그는 개인적으로 그들 사이에 또는 그들과 카톨릭 교회 사이에 있는 조항들을 강행할 수 있는 특별하고 합법적인 권리를 부여받고 있다. 그들이 협정 조건을 완수하지 못하는 경우에 그는 자기 자신의 권한으로 특면을 취소할 수 있다. 만일 그가 더이상 어떻게 하지 않는다면 카톨릭 교회가 관련되어 있는 한 그 결혼은 취소되어진다.

그러나 심지어 지금의 방법이 제안되기 전에도 카톨릭 교회는 그와 같은 상황을 처리하려고 시도하였다. 결혼 전 약정(pre-marital contract)에 서약한 로마 카톨릭 교인 중 대다수가 그것을 무시하고 있었기 때문에 로마에 있는 종교 재판소(the Holy Office of the Inquisition)는 1922년보다 더 무시무시한 법령을 선포하였다. 즉 만일 그 상태가 고수되지 않는다면 그 특면은 '무효'(null and void)로 간주되어야만 한다는 것이었다. 이와 같이 해서 만일 혼합 결혼을 한 부부가 그 자녀들을 카톨릭교 안에서 세례를 받게 하고 양육시키지 않는다면 그들의 결혼은 로마 카톨릭 교회가 관련되어 있는 한 취소된다. 그것은 로마 카톨릭 교인들을 교회 안에 붙잡아 두는 강력한 무기가 되었음이 증명되어 왔다. 왜냐하면 그들은 구원을 자신들의 교회에 맡기고 있기에 그들에게 있어서 자신들의 교회에 의해 비난받는 것보다 더 두려운 것은 없기 때문이다. 여러 해를 지내오면서 여러 가족을 이루어 온 결혼이―그 남편과 아내는 결혼이 지속되기를 원하지만―교회의 아주 하찮고 이기적인 이유들로 인해 취소되어질 때, 결혼의 참된 성스러움에 대한 성직자단의 인식 부족이 얼마나 명백하게 드러나게 되는가! 그것이 그 교회가 근본적으로 가지고 있는 비기독교적인 특성을 얼마나 명백하게 드러내 주고 있는가! 우리는 그같은 행동은 가정과 가족의 즐거움과 책임에 대해 아무것도 알지 못하는 독신 사제직의 또다른 부산물이라고 결론을 내릴 수밖에 없다.

많은 로마 카톨릭 교인들이 이러한 엄중한 요구에 분개하고 있다는 것은 잘 알려진 사실이다. 어떤 당국자는 미국, 캐나다, 오스트레일리아, 남아프리카 공화국 같은 개신교의 지역에서는 로마 카톨릭 교인의 약 1/4이 개신교식(式)의 결혼 또는 일반 결혼을 하는데, 프랑스, 이탈리아, 스페인, 포르투갈과 같은 소위 로마 카톨릭 지역에서는, 그런 국가들이 국수주의자가 되기 전 그 비율은 심지어 더 높았다고 우리에게 말한다.

5. 결혼 전 약정의 부당성

자기 교회를 존중하는 개신교인은 그와 같은 약정에 서명하지 않을 것이다. 그가 서약하라는 요구를 받게 될 때, 사실상 그는 자신이 그리스도의 참된 교회라고 생각하는 자신의 교회는 전혀 교회가 아니며 오히려 위험한 조직체라고 인정할 것을 요구당하는 것이다. 그는 또한 더욱 비이성적이고 심지어 죄스런 것, 즉 자기 자신의 자녀들을 종교적으로 가입시키거나(세례를 받게하거나) 영적인 훈련을 받게 하라는 소리에 자신의 권리를 양도하라고 요구당한다. 그같은 서약에 서명하는 것은 자신의 기독교적 유산을 파는 것이나 마찬가지다. 그와 같은 행동은 행복이 아니라 항상 비탄과 비극을 가져온다.

회중(개신교) 중의 어떤 일원이 로마 카톨릭 교인과 결혼하려고 하고 있거나 결혼을 심사숙고하고 있을 때, 그 결과로써 일어날 상황에 대해서 그(또는 그녀)를 깨우쳐 주고, 그와 같은 결혼을 막기 위하여 자기가 할 수 있는 모든 일을 하는 것이 바로 개신교 목사의 의무이다. 그는 자기 회중의 어떤 일원을 교육하기 위한 로마 카톨릭 사제의 권리에 도전해야 한다. 특히 만일 그 자신이 그와 같은 모임에 참석하지 않고 있다면 더욱 그러해야 한다. 만일 자기 회중의 어떤 일원이 그와 같은 교육을 받게 된다면, 그는 일련의 성경 공부를 위해서 그 로마 카톨릭측 배우자를 개인적으로 초대하거나 그에게 개신교 신앙 안에서 지도하기 위하여 똑같은 기회를 요구해야 할 것이다. 카톨릭교의 관행에 비추어볼 때, 어떤 로마 카톨릭 교인도 개신교 생활과 교리가 무엇인지를 알지 못하고는 개신교인과의 결혼은 허락되지 않는다. 이와 같은 규정은 필요하다면 그 개신교인에 대한 교회의 훈련을 통해서 효과적으로 되어진다. 개신교 목사가 그것에 대해 아는 것 이상으로 자기 교회의 젊은 사람들은 로마 카톨릭교의 본질과 의식에 관하여 그룹 성경공부나 특별한 학습반을 통하여 철저히 교육받고 있다.

어떤 개신교 소년이나 소녀가 카톨릭 교회에 다니는 어떤 사람 ― 아무리 매력적이라 할지라도 ― 과 결혼하기 위하여 자기 자녀들의 종교적 자유를 영원히 포기하는 결혼 전 약정에 서약하는 것이 얼마나 수치스런 일인가! 이에 대해 우리는 다음과 같이 말하고 싶다. "로마 카톨릭 교회는 당신의 자녀들을 원한다. 교회는 당신이 자녀들을 원하는 이상으로 그들을 원한다. 그래서 당신이 자녀들을 기꺼이 포기하는 동안에 교회는 그들에 대한 서약을 받아낸다. 당신 자신은 그 교회에 들어가기를 거부하면서도 그런 약정에 서약하는 것은 사실상 당신은 카톨릭 교회가 당신에게는 그리 좋은 것은 아니지만, 당신 자녀들에게는 상당히 좋은 것이라고 이야기하고 있는 셈이다." 그런 약정에 서약하는 것을 심사숙고하고 있는 개신교인에게는 그것은 개신교 부모가 가장 신령한 모든 교제, 영적인 지도 등을 자기들의 귀중한 자녀들로부터 완전히 그리고 영원히 차단시켜 버리는 것이라는 사실을 깨닫도록 만들어야 한다. 또한 그에게 재정적으로 그것은 머지않아서 자기 가족의 유산이 로마 카톨릭의 손으로 넘어갈 것을 의미한다는 것도 깨닫도록 해야한다. 카톨릭 교회가 그와 같은 약정을 통하여 강제로 얻고자 하는 첫번째 목적 중의 하나는 물론 후자인 것이다.

젊은 사람들이 사랑에 빠지게 될 때 교회를 포함하여 그밖의 모든 것들은 흔히 부차적인 것이 된다. 서로서로에게 열중하게 되고 그래서 관대하고 자비롭게 되는 분위기에 휩싸이게 될 때 그들은 특히 압력에 움직여지기 쉽게 되어 어떤 것을 서약하게 되는 분위기 속에 빠지게 된다. 그래서 그 좋은 기회의 순간에 사제는 사랑에 종교적인 전도(개종, proselytizing)를 섞어서 부당한 요구들을 한다. 서약은 이같이 정상적이 아닌 상황 아래서 이루어진다. 그리고 결혼 의식이 진행된다. 그 다음에는 점차적으로 환멸이 자리잡는다. 그 로마 카톨릭 배우자는 개신교측 배우자를 개종시키기 위하여 가능한 모든 것을 하기로 서약하게 된다. 그러나 그 개신교측 배우자에게는 카톨릭측 배우자를 개종시키려 하는 것이 금지되어지거나 또는 가정의 종교 생활에 대한 어떤 발언을 하는 것도 금지된다. 이것은 처음부터 불협화음을 만들어 낸다. 자녀들이 태어난다. 그러면 개신교측 부모는 자신의 아이는 이미 카톨릭 교회와 계약을 맺고 있다는 사실을 깨닫는다. 이 결혼 전의 서약은 악의 그림자를 몰고 온다. 그래서 많은 경우에 마음을 깨어지게 하고 심하면 가족 관계를 깨어지게 만든다. 정상적인 상황 아래서 자녀들은 계속해서 부모와 더 가까이서 살려고 할 것이다. 그러나 혼합 결혼에 있어서는 그들은 부모와 따로 떨어지려는 경향이 있다. 교회적인 징계의 협박도 가족의 일치를 더 어렵게 만든다. 가족을 함께 더 친밀하게 묶어 주어야만 하는 그리스도의 종교가 오히려 가족을 서로 떨어뜨리는 데 일조를 하고, 전 가족의 굴복을 제외하고는 가족의 일치를 불가능하게 만드는 데 이바지한다. 별거나 이혼하게 되는 기회가 크게 증가한다. 모든 것 중에서도 가장 불행한 것은 그 자녀들이 종파적 이용의 희생자들이 되는 것이다.

더욱이 충성스런 로마 카톨릭 교인과 그같은 결혼을 하게 되는 개신교인은 사제가 카톨릭측 배우자에 의해 종종 방문되는 고해실에서 그 가정의 사생활 상의 습관, 버릇 등을 물어보고 그것에 관해 권고하고 명령하는 것이 자신의 의무요 특권이라고 생각하는 것을 알게 된다. 그 두 사람 사이에 영원히 서있을 사람이 바로 그 사제이다. 그래서 만일 그같은 영향력이 제한되지 않는다면 그 결혼 안에서 발생되는 정신 싸움에서 승리할 사람은 바로 그 사제인 것이다.

로마 카톨릭 교인과 결혼하고자 하는 개신교인은 카톨릭측 배우자로 하여금 그리스도 안에 있는 진실한 믿음을 가지게 하고 그리고 그리스도만이 주(Lord)시요, 구세주(Saviour)라는 믿음을 가지게 함으로써 그(또는 그녀)를 참된 그리스도인으로 이끌려고 진지하게 시도하도록 만들어야 한다. 가능하다면 그로 하여금 그 카톨릭 교인을 개신교 교회로 들어오도록 설득시키게끔 해야 한다. 그 개신교인은 카톨릭 교회에서 공정한 태도를 얻을 수 없다. 그러므로 그 카톨릭 교인이 가능하면 개신교 교회로 들어오도록 설득되어야만 한다. 만일 그렇지 않으면 그 혼인은 깨어지게 된다. 그같은 과정은 혼합 결혼의 비극을 피하는 방향으로 멀리 나갈 것이다.

그들 중 한 사람으로 하여금 그로서는 받아들일 수 없는 종교 조직의 권세에 굴복하게끔 하기 위하여, 가장 고귀하고 가장 친밀한 두 젊은 남녀의 애정을 이용하는 이 제도가 얼마나 무자비하고 잔인한가를 어떠한 편견없는 사람은 쉽게 알게 될 것이다. 개신교 교회들은 카톨릭 교회가 해왔던 것처럼 교회 회원을 늘리거나 자신의 지배를 확고히 하기 위하여 결혼을 통제하게

나 이용하려고 결코 시도해 오지 않았다. 그들은 천성적으로 그같은 문제에 있어서 공정한 태도를 기대하고 또 그렇게 실천한다. 반면에 카톨릭 교회는 영원한 천벌의 협박 아래 자녀들 모두를 요구한다. 그리하여 개신교인들에게 그들의 신앙과 그들의 자녀들, 그들 가족 재산의 유산을 빼앗으려고 시도한다.

6. 부정한 약정

만일 한 개신교인이 불행히도 로마 카톨릭의 결혼 전 약정(pre-merital contract)에 서명하였다면 그는 법적, 도덕적으로 그 서약을 이행하여야만 하는가?

그 대답은 이렇다. 즉 시민법이 교회법에 기초하거나 순응하고 있고 법정이 로마 카톨릭 교회의 지배하에 있는 로마 카톨릭 국가에서는 그것이 강제로 실행될 수 있다. 그 약정 조건이 이행되지 않을 때는 전해진 바에 의하면 마치 그들 자신의 소유물인 것처럼 부모 또는 그 중 한 명으로부터 그 자녀들을 취하여 로마 카톨릭측 부모에게 보내거나 또는 로마 카톨릭 기관에 수용시킨다. 많은 가정들이 이런 잔인한 규정에 의해 파괴되어져 왔다. 그러나 민주주의와 개신교 국가들에서는 일반적으로 그것이 강제로 실행될 수 없는 것이다. 예를 들면 미국 안에서 만일 그같은 규정을 강행하려고 시도하였다면 문제가 발생하였을 것을 알고 있는 카톨릭 교회는 그와 같은 규정을 거의 적용시키지 않아 왔다. 그러나 그와 같은 규정의 기초가 되는 교회법은 카톨릭교의 영향력이 증대되어서 그것이 효과적으로 적용될 수 있다면 그리고 효과적으로 적용될 수 있을 때는 언제든지 적용시킬 채비를 갖춘 채로 그 체계의 한 부분을 남겨두고 있는 것이다.

법정에서 심사를 받아 왔던 몇 경우에 그 재판들은 결혼 전이나 후에 부모에 의해 맺어진 자녀들의 종교 교육에 관한 어떤 규정도 구속력이 없다고 매우 일관성있게 판결해 왔다. 그 어린이의 복지가 그같은 경우들보다 우선한다. 대부분의 경우들에 있어서 카톨릭 교회는 법정을 통하여 그 약정을 시행할 것을 주장하였을 때 단순히 으름장만 놓고 있을 뿐이다. 개신교측 부모가 자기 자녀들을 굴복시키기보다 오히려 자기 권리를 주장하는 용기를 가졌을 때는 언제든지 관장하는 재판관은 거의 변함없이 종교적인 자유의 편에 유리하도록 판결을 내려왔으며 자신의 법정이 교회 조직의 회원을 늘리는 데 이용되는 것을 허용치 않아 왔다.

더욱이 헌법이 모든 사람에게 종교의 자유를 부여하고 있는 미국에서는 종교의 문제에 있어서는 그(또는 그녀)의 마음을 바꾸는 것이 그래서 그의 자녀들에게 가장 옳아 보이는 도덕적이고 종교적인 진리들을 가르치는 것이 어느 한편 부모가 할 일이다. 만일 외부의 압력이 어떤 사람에게 영향을 끼쳐서 자신의 헌법상의 권리를 포기하는 서약을 하게 된다면 그 계약은 부정한 것이며 그 이행은 거부되어져야만 한다. 왜냐하면 어느 교회나 개인이 개인의 종교적인 사고를 고정시키려고 시도하는 것은 헌법에 명시된 권리를 위반한 것이기 때문이다.

그러나 그 경우에 대한 법적인 면을 말하기 이전에 로마 카톨릭의 결혼 전 약정은 도덕적으로 부정한 것이며 그와 같은 것은 거부되어져야만 한다. 첫째로, 그것은 개신교측 남편에게 신앙과 도덕의 영역에 있어서의 가정의 머리가 되는 그에게 전적으로 부여된 권리를 포기할 것을 강요하기 때문에 그것은 부정하다. 그리고 카톨릭 교회가 그런 권리를 빼앗으려고 하는 것은 비기독교적이기 때문이다. 성경은 다음과 같이 말하고 있다. "이는 남편이 아내의 머리 됨이 그리스도께서 교회의 머리 됨과 같음이니"(엡 5:23), "그러나 나는 너희가 알기를 원하노라 각 남자의 머리는 그리스도요 여자의 머리는 남자요 … "(고전 11:3). 그러나 그와 같은 약정에 서약하는 것은 그 개신교 남편이 그의 하나님께서 주신 권리, 즉 가장 중요한 영역인 영적인 영역 안에서 머리가 되는 권리를 포기하는 것이다. 그 대신에 자기 아내를 머리로 만드는 것이다. 그리고 개신교 소녀는 로마 카톨릭교를 가정의 종교로 만들 권리를 주장하는 남자와는 결혼해서는 안된다.

둘째로, 어떤 교회도 부모에게 자신들의 자녀들이 종교 훈련을 받도록 결혼 전 약정에 서약하도록 강요하는 권리를 가지고 있지 않기 때문에 그것은 부정하다. 성경은 자녀들의 올바른 훈련에 대한 우선적인 책임이 교회에 있는 것이 아니라 부모에게 있다고 분명하게 말한다.

셋째로, 카톨릭 교회는 스스로를 참된 그리스도의 교회이며, 유일한 참 교회라고 언급한다. 그런데 지난 과거 역사 속에서의 많은 사건들에 의해 증명되듯이 그리고 성경에 어긋나는 수많은 교리들을 가르치고 있는 사실에 의해 증명되듯이 그 말은 사실이 아님이 거의 확실하기 때문에 결혼 전 약정은 부정하다.

넷째, 결혼하기를 원하는 젊은 사람들에게 출교의 위협 아래서 그것을 강요하기 때문에 그것은 부정하다. 반면에 별거나 이혼 등을 판정해 주는 제도가 있는 카톨릭 교회 자신은 강제(위압)로 된 결혼은 무효로 한다는 것을 인정한다. 그러므로 위압을 통해서 맺어진 그 약정의 불법성을 깨닫는 것은 너무 쉽고 확연하기 때문에 사제에 의해 로마 카톨릭 교인들과 결혼한 모든 개신교인들에게 강요된 결혼전 약정도 똑같이 무효인 것이다.

그러면 그같은 약정을 깨뜨리는 것이 도덕적으로 나쁜 것인가? 그 대답은 이렇다. 아니오! 그것은 강박하에 맺어진 부정한 약정이다. 그러므로 그것은 심지어 카톨릭교 자신의 판정 기준에 의해서라도 무효인 것이다.

어리석게도 그같은 약정에 서약을 했던 대부분의 사람들은 곧 자신이 도덕적으로 나쁜 어떤 일을 했다는 사실을 깨닫는다. 깨달은 후에 그들이 해야 할 일은 자신의 죄를 회개하는 일이요, 하나님께 자신을 용서해 달라고 기도하는 일이요, 성경과 자신의 양심이 지시하는 대로 그 약정을 거부하는 일이다. 그같은 상황에 대한 원초적인 죄는 민감한 상황을 이용해 왔던 그리고 한 배우자에게 자신의 그리스도인의 특권을 버리는 서약을 강요함으로써 부부간의 불협화음의 씨앗을 뿌려왔던 교회측에서 제공한 것이다.

스탠리는 이러한 주제를 다룬 소논문에서 다음과 같이 말한다.

"어느 도덕 규범은 강박 아래서 되어진 행동을 고려한다. 한 신실한 은행 금전 출납계는 정상적으로는 은행의 돈이 든 가방을 수상한 사람에게 건네주지는 않을 것이다. 그러나 그 수상한 사람이 총을 들이대고 돈을 요구할 때는 그로서는 그같이 할 수밖에 없다. 은행은 그 금전 출납계에 대해서 직무유기의 책임을 지우지 않는다. 그런 행동은 긴박한 강박 아래서 행해졌음을 인식하는 것이다.

로마 카톨릭의 결혼 전 협정(계약)도 총을 들이댄 상황에서의 협정이다. 한 남자와 여자가 사랑에 빠져있을 때 그들이 냉철히 생각할 수 없다는 것은 널리 알려진 사실이다. 그보다도 그들은 가장 움직여지기 쉽고 강렬한 감정 아래 있다. 그 협정에 서약할까? 물론 그들은 서약할 것이다! 그들은 어떤 것에라도 서약할 것이다. 그들은 사랑에 빠져있는 것이다! 그러나 그와 같은 협정은 거의 지속될 수 없다.

강압을 받았던 개신교인이나 유대인에게 항상 찾아오는 때, 즉 그같은 사실을 깨닫게 되는 날이 찾아왔을 때 해야되는 오직 한 가지 일이 있다. 그 두 사람을 한 자리에 앉혀놓고는 자기들 자신에게만 있는 문제를 맑은 눈으로 바라보게 하는 일이다. 간섭할 것이 뻔한 거드럭거리는 사제의 충고를 무시하도록 만들어야 한다. 그 두 사람으로 하여금 — 다른 사람들이 아니다 — 그 문제를 냉정히 생각하도록 하여 해결점에 이르도록 해야 한다. 이것은 힘든 일이다. 불가능한 일인지도 모른다. 그러나 더욱 불가능한 한 가지 일이 있는데 그것은 처음부터 강압 속에서 이루어진 약정을 맹목적으로 고수하는 일인 것이다"(Pamphlet, *Is the Catholic Anti-Nuptial Agreement Binding?*).

7. 혼합 결혼의 어려움

행복한 가정은 견고한 기초 위에 지어져야만 한다. 종교적인 신앙에 있어서의 일치(조화)는 그런 점에 있어서 커다란 가치가 있다. 모든 부부들은 결혼에는 불필요하고 풀려지지도 않는 종교적인 문제를 추가하지 않아도 수많은 문제들이 있다는 것을 알 것이다. 혼합 결혼은 그 자체 안에 불안의 원인이 있다. 그래서 모든 집단들, 즉 개신교인이나 로마 카톨릭 교인이든지 또는 유대교인이든지 혼합 결혼에 대해 강하게 충고한다. 그런 집단에 속해 있어 온 사람들은 혼합 결혼에 대하여 충고받을 것이라는 것은 거의 변함이 없다. 경우에 따라서는 혼합 결혼이 잘 이루어져서 일반적인 법칙을 논박하지 못하기도 한다. 그러나 그러한 경우는 아마도 양쪽 배우자들이나 한쪽 배우자가 자신의 종교를 신실하게 믿지 않았다거나 각자가 도중에라도 기꺼이 다른 편으로 갈 수 있었던 경우라는 사실을 발견하게 될 것이다.

대부분의 경우에 혼합 결혼은 뜨겁든지 차든지 한 시민 전쟁(civil war)을 의미한다. 가장 어려운 문제는 보통 자녀들이 태어남과 더불어 발생한다. 개신교인인 아버지는 자신이 자녀들 모두를 로마 카톨릭교의 신앙으로 가르칠 것을 허락하는 약정에 서약했던 사실을 생각하게 된다. 그래서 자녀들은 카톨릭 교회에서 세례를 받게 된다. 주일이 되면 자녀들과 어머니는 함께 한 교회로 간다. 반면에 그는 낙심하며 다른 교회로 발걸음을 옮긴다. 거기서 그는 부부와 자녀들이 함께 예배를 드리는 다른 가족들을 보게 된다. 그러나 그는 혼자 자리에 앉는다. 그래서 더 큰 외로움을 느끼게 된다. 그는 교회에 참석하면서 어떤 즐거움을 가지지 못하게 될 것이고 심지어는 교회를 그만 다니게 될 것이다. 자녀들은 그들의 훈련(교육)이 수녀들의 손에 맡겨지는 교구부속학교에 다닌다. 그들은 성상과 예수께서 달리신 십자상 앞에서 무릎을 꿇는 것과 동정녀 마리아에게 기도하는 것, 사제에게 고백하는 것 등을 배운다. 그들은 또한 자기 자신의 아버지를 포함하여 모든 비카톨릭 교인들은 구원받을 어떤 기회도 얻지 못한다고 가르침을 받는다. 일반적으로 그들에게는 생활 철학과 자신의 양심에 거슬리는 윤리 규범이 주어진다. 교회의 이러한 양육에 관해 남편과 아내 사이에 불일치(논쟁)가 발생하는 것은 뻔한 일이다. 그 남편은 라틴 아메리카나 일본 특히 이탈리아에 있는 개신교의 선교회를 후원하기를 원한다. 반면에 그 아내는 아마도 로마 카톨릭 교회나 수녀원, 부속학교 등을 후원하기를 원할 것이다.

가정은 한 어린이의 생활에 가장 중요한 영향을 주는 곳이다. 어린이들은 부모 사이에 다툼이 있을 때 그것을 금방 알아챈다. 그들은 종교적으로 혼합된 가정 안에서 주된 희생자가 되는 경우가 아주 흔하다. 아버지와 어머니 사이에 있는 갈등 속에 붙잡혀 있는 그들은 다소간 한쪽으로 치우쳐질 것을 강요받는다. 세상에 그것보다 더 고통스러운 일이 어디에 있겠는가! 그래서 그들은 그와 같은 선택 자체를 거부해 버린다. 양측 모두를 거부함으로써 종교를 가지지 않는 경향을 나타내는 것이다. 그런 다음에는 일반 권위와 사회 그 자체에 대하여 반항하는 그 다음 단계로 나아가기가 쉽다. 사회 사업가들은 가정에서의 종교상의 갈등과 종교상의 차이 때문에 많은 청소년 비행이 발생한다고 우리에게 일러준다. 혼합 결혼한 가정에서의 이혼 비율이 종교를 가지고 있지 않는 사람들 사이에서의 비율 만큼이나 높은 반면에 남편과 아내가 같은 신앙을 가지고 있는 가정에서는 상당히 낮다는 사실은 커다란 중요성을 지닌다.

최근에 저명한 사회학자인 하버드 대학교의 카알 짐머만(Carle C. Zimmerman) 박사와 세인트 루이스 대학교의 루키우스 세르벤테스(Lucius F. Cerventes. S. J.) 박사 두 사람은 60,000 가정을 대상으로 조사한 하버드 조사서(the Harvard Survey)에서 매우 흥미롭고 중요한 사실들을 끄집어 냈다. 그것은 다음과 같다.

⑴ "서로 다른 종교를 가진 부부들은 같은 신앙 안에서 결혼한 사람들보

다 더 적은 자녀들을 가진다."

(2) "종파를 초월한 결혼(interfaith marriages, 즉 혼합 결혼)을 한 가정의 자녀들은 부모가 같은 종교의 신앙을 가지고 있는 또래 아이들보다 고등학교를 마치는 경우가 훨씬 적다."

(3) "카톨릭과 개신교의 혼합 결혼을 한 가정의 자녀 10명당 6명은 결국 모든 종교 — 카톨릭교와 개신교, 그밖의 다른 종교들 — 를 거부한다."

(4) "비카톨릭 여인과 결혼한 카톨릭 남자들의 약 반수는 자신의 신앙을 포기한다"(이것이 왜 로마 카톨릭 교회가 혼합 결혼을 그처럼 반대하며 그같이 엄격한 규정으로 그것을 막으려고 하는지에 대한 첫째 이유들 중의 하나라는 사실은 의심할 여지도 없다).

(5) "신앙을 가진 모든 남자와 여자는 그들이 다른 종교를 가진 어떤 사람과 결혼했을 때 더 높은 이혼 비율을 나타냈다. 개신교인에 의한 혼합 결혼에 있어서 이혼 비율은 개신교인끼리 결혼한 가정의 2배 내지는 3배 만큼이나 크게 나타났다. 이 비율은 카톨릭 교인들 가운데서는 3배 내지 4배, 유대교인 가운데서는 5배 내지 6배 꼴로 증가하였다. 다른 종교들 사이에서는 2배 내지 3배였다."

(6) "이 조사서에서는 유대인 남자들이 가장 높은 혼합 결혼의 비율을 나타냈다. 조사 대상의 24퍼센트가 비유대교인과 결혼하였다."

(7) "십대들이 구속되는 비율은 혼합 결혼을 한 가정에서 훨씬 더 높았다. 세인트 루이스, 오마하, 덴버에서 개신교 남자들이 자신의 신앙과 다른 여자들과 결혼했을 때, 그들의 젊은(십대) 자녀들은 같은 신앙을 가지는 가정에서의 젊은 자녀들보다도 2배나 많이 구속당하였다. 카톨릭 교인과 비카톨릭 교인 사이의 결혼에 있어서는 모든 시에서 십대의 자녀들이 구속되는 비율은 2배 내지는 3배에 달하였다. 보스턴, 세인트 루이스, 덴버, 오마하에서는 유대인 남편과 이방인 아내 사이의 자녀들이 청소년 범죄로 인해 체포되는 수는 그 도시들에 거하는 유대인끼리 결혼한 가정의 자녀들이 체포되는 수의 4배에서 10배까지나 되었다"(This Week, 1959. 9. 20.).

종파에 대한 서기관이자 통계학자인 뉴욕의 에핑 라이나르츠(E. Epping Reinartz) 박사가 제출한 미국의 연합 루터 교회로부터의 한 보고서는 연합 루터 교회의 교인과 로마 카톨릭 교인 사이의 혼합 결혼은 1958년에 총 3,343건이었으며 그렇게 결혼한 부부들의 2/3는 예식을 위해 루터교의 목사에게 갔다고 발표하였다. 그것은 또한 로마 카톨릭 교인들이 연합 루터 교회에 들어오는 경우가 연합 루터 교인들이 로마 카톨릭 교회에 들어가는 경우의 4배, 즉 연합 루터 교회는 로마 카톨릭의 교인들로부터 세례받은 3,566명을 얻은 반면에 로마 카톨릭 교회에게 868명을 잃었다고 보고하였다.

미국에 있는 장로 교회의 총회(the General Assembly)는 1959년에 혼합 결혼에 관하여 교인들에게 다음과 같이 권면하였다.

"혼합 결혼과 관련된 로마 카톨릭의 태도는 건전한 가족의 종교 생활이 존재하는 것을 불가능하게 만들며 계속적으로 개신교인에게 그의 개인적인 신념을 포기하거나 굽힐 것을 요구한다. 더욱더 심각한 것은 로마 카톨릭 교회에 의해 지시된 것 외에 다른 어떤 종교 교육도 자녀들에게 시키지 못하게 함으로써, 태어나지도 않은 자녀들의 영적 상속권을 빼앗는 서약이다. 그 당사자들이 결혼하지 아니하는 것이 이러한 비극적인 결과를 가져오게 하는 것보다 훨씬 낫다."

한 남자는 자신의 옆에 서서 인생의 모든 중요한 일에서 자신을 도와줄 수 있는 아내, 즉 같은 교회를 다니면서 같은 설교를 듣고 같은 기도를 드리는 아내가 필요하다. 마찬가지로 한 여자는 인생의 모든 시련과 어려움 속에서 자신에게 물질적인 지원 뿐만 아니라 영적인 지원도 해 줄 수 있는 한 남편이 필요하다. 그러나 개신교인과 카톨릭교인 사이에는 심지어 권위의 기준마저도 차이가 난다. 개신교인에게는 성경이 믿음과 행함의 유일한 규범인 반면에 로마 카톨릭 교인들은 교회가 그런 규범을 설정하며 교회가 가르치는 것은 무엇이든지 무조건 받아들여야만 하며 사제가 명령하는 것은 반드시 해야만 한다고 믿고 있다. 오래 전에 아모스 선지자는 다음과 같이 말하였다. "두 사람이 의합(意合)지 못하고야 어찌 동행하겠느냐?"(암 3:3).

모든 면에서부터 종교적으로 혼합된 결혼은 다툼의 원인이 된다고 경고를 발하고 있다. 이와 같은 결혼을 한 많은 사람들도 만일 그들이 그들 스스로에게서 자유로워졌다면 더욱 행복하게 바뀔지도 모른다. 그러나 남편과 아내 사이에 부모와 자녀들 사이에 검은 옷을 입은 교회의 사제가 항상 서있다. 그는 독실한 로마 카톨릭 교인들에게는 매우 무시무시한 출교(파문)로 무장을 하며, 교회의 의무와 재정 문제, 자녀 양육 등에 관하여 각각의 경우에 얼마나 잘 따르게 할 것인가를 생각하면서 지시할 것을 생각한다. 그와 같은 간섭은 정상적인 가족 관계를 불가능하게 만든다.

가장 중요한 결정은 사람이 삶 속에서 그리스도를 영접할 것인가, 영접하지 않을 것인가? 하는 것이다. 대부분의 사람들에게 두 번째로 중요한 결정은 인생의 동반자의 선택이다. 그리스도인의 결혼은 두 사람의 일반적인 결합 뿐만 아니라 두 영혼의 영적인 결합을 내포한다. 그렇다면 한 사람은 개신교 원리에 의해 지배를 받으나 다른 한 사람은 로마 카톨릭교의 원리에 지배를 받고 있다면 종교적 이상의 결합이 어떻게 있을 수 있겠는가? 그 차이는 너무 크며 그같은 결합에 대한 적대(적의, antagonism)는 너무 강하다. 그러므로 한 개신교인이 로마 카톨릭 교인과 사랑에 빠지는 것 자체를 금지해야 하는 것이 아니라 만일 그가 자기 신앙으로 그 카톨릭 교인을 이길 수 없다면 그것을 금지된 영역으로 간주해야 한다는 것이다. 이러한 종교의 문제를 해결해야 하는 시점은 결혼한 후가 아니라 결혼하기 전이다. 하나님의 말씀을 주의깊게 연구하며 영적인 이해의 일치 속에서 결혼하는 사람들은 이런 문제들을 무시하려는 사람들보다도 훨씬 더 하나님의 축복이 자신의 가정에 임하게 되기가 쉽다는 사실을 알게 된다.

성경은 혼합 결혼, 즉 다른 종교를 가진 사람과의 결혼에 대해, 또는 아무런 종교도 가지고 있지 않은 사람과의 결혼에 대해 강하게 경고한다. 구약성경에서 유대인들에게는 그들 주위에 사는 사람들과 혼합 결혼하는 것이 강하게 금지되었다. 신약성경에서도 바울은 다음과 같이 말한다. "너희는 믿지 않는 자와 멍에를 같이하지 말라 의와 불법이 어찌 함께하며 빛과 어두움이 어찌 사귀겠는가?"(고후 6:14).

혼합 결혼을 계획하고 있는 사람으로 하여금 멈추게 하고, 그가 자기 자신의 미래를 저당잡히고 자기 자녀들의 생득권(生得權, birthright)을 팔기 전에 그 비용을 헤아려 보도록 만들어야 한다. 이러한 딜레마에 빠져있는 사람들이 겪게 되는 번민과 쓰디쓴 양심의 가책은 무엇이란 말인가! 많은 사람들은 만일 자기들이 해왔던 대로 할 수만 있다면 — 만일 자신들이 되돌아가서 옛날에 자신이 일축해 버렸던 경고들을 들을 수만 있다면, 거의 모든 것들을 얻게 될 것이다. 이런 문제는 결혼한 후에는 해결할 수가 없다. 그 문제를 해결하는 유일한 방법은 그것을 아예 처음부터 피해버리는 것 뿐이다.

8. 이혼에 관한 로마 카톨릭의 입장

로마 카톨릭 교회는 이혼에 관한 자신의 엄격함을 자랑하며, 카톨릭 교인들의 이혼이 개신교인들 가운데서 발생하는 것보다 훨씬 적다는 인상을 지으려고 애쓴다. 자신의 주장을 납득시키기 위해서는 교회가 결혼을 법적 (legitimate) 결혼, 비준(확증)된(ratum) 결혼, 완성된(consummatum) 결혼으로 분류한 차이나는 등급들 사이를 구별하는 것이 필요하다.

개신교 목사나 주(州)의 관리에 의해 집례된 개신교인들 사이의 결혼이나 아무 종교도 가지지 않는 사람들 사이의 결혼은 'legitimate'(법적인)라고 불리운다. 사제에 의해 집례된 로마 카톨릭 교인들 사이의 결혼은 'ratum' (비준된)이라고 불리운다. 그리고 사제에 의해 결혼한 사람들 사이의 결혼은 그들이 부부의 권리를 행사한 후에 'consummatum'(완성된)이라고 불리운다.

여러 세기 동안 로마 카톨릭 교회는 개신교 목사나 주의 관리에 의해 집례된 어떠한 결혼도 무효라고 주장했다는 것과 이러한 원리들을 공포한 교황 피우스 9세가 사제에 의해 집례되지 아니한 모든 결혼을 '천하고 혐오스러운 축첩'이라고 비난했었다는 사실을 우리는 앞에서 살펴본 바 있다. 우리는 또한 1908년에 카톨릭 교회는 앞으로의 개신교 결혼을 정당한 것으로 인정한다는 네 테메레 교령을 마지못해서 공포했다는 사실과 그 교령은 소급력이 없었다는 사실을 살펴보았다.

그 교황은 1908년의 새로운 교회법 이래로 개신교 결혼의 정당성을 인정해 왔던 반면에 그는 여전히 어느 곳에서나 모든 그리스도인의 결혼 위에 있는 권세를 주장하는 것을 결코 포기하지 않아 왔다는 사실을 기억하자. 그는 그런 권세에 의해 매년 어느 개신교 결혼이나 일반 결혼을 주관할 수 있다는 권리를 주장한다. 교회법에 있는 그러한 양보는 오로지 양보로써만 이루어진 것이며 압력 아래서 만들어진 것이었기 때문에, 카톨릭 교회가 자신의 주장을 강요하기에 충분하다고 느끼고, 모든 그리스도인들의 결혼이 사제들의 손 안에 다시 놓이게 되는 때는 언제든지 그것을 철회할 수 있는 것이다.

카톨릭 교회의 모든 주교 관구 안에는 이혼 재판(divorce court)이 있다. 그것은 어떤 경우에는 교회 회원의 일반 이혼을 인정하지 않으며, 개신교 목사나 일반 관리에 의해 집례된 교회 회원의 결혼은 정당하지 못하다고 주장한다. 믿는 자는 믿지 아니하는 자가 갈리거든 갈리게 하라고 분명히 선포하고 있는 고린도전서 7:15에서 말하는 대로 소위 '바울의 면책'(Pauline privilege)에 근거하여 카톨릭 교회는 개신교인들 사이의 결혼이나 믿지 아니하는 사람들 사이의 결혼은 그 중 한 명이 로마 카톨릭교로 개종할 때에는 취소할 수 있다고 가르친다. 개신교 목사나 주의 관리에 의해 집례된 개신교인과 카톨릭교인 사이의 결혼이나 카톨릭 교인과 불신자 사이의 결혼은 이같은 등급의 아래에 온다. 이것은 결혼한 어떤 로마 카톨릭 교인이 다른 로마 카톨릭교인과 결혼하기 위하여 비카톨릭 교인으로부터 자유롭게 되기를 원할 때는 쉽게 '벗어나는' 길을 제공한다. 이러한 장치는 이혼이라 불리우지 않고 '무효'(취소, annulment)라고 불리운다. 그것은 그같은 경우들에서는 참된 결혼이 처음부터 결코 존재하지 않았다고 말하는 것이다. 이처럼 그것은 우리가 이혼이라고 부르는 것에 또다른 정의를 내리는 단순한 방편에 의해, 수많은 결혼들을 취소시키는 길을 열어놓고 있다. 그것은 또 로마 카톨릭 교회는 변함없이 이혼에 반대한다는 주장의 위선을 드러내는 것이다.

심지어는 비준된 결혼(ratum 결혼, 사제 앞에서 하는 두 로마 카톨릭 교인들 사이의 결혼)마저도 취소될 수 있다. (1) 예를 들면 수녀원에 수녀로 들어간다든지, 수도사나 사제가 된다든지 하는 카톨릭 교회에 의해 인정된 종교 교단 안에서 종교적인 서원의 고백에 의해, 또는 (2) 교황으로부터의 특면에 의해. 물론 카톨릭 성직자단에 의해 공포된 그와 같은 예외에 대한 근거는 사람이 만든 것을 제외하고는 성서 어디에도 없다.

폴 블랜샤드는 그의 『미국의 자유와 카톨릭의 힘』이라는 책에서 별거(이별, separation)와 이혼(divorce)에 관한 로마 카톨릭 교회의 가르침을 아주 완벽하게 논의하고 있다. 그는 다음과 같이 말한다.

"다시 결혼하지 않는 합법적이고 영속적인 별거는 카톨릭 조직 안에서 여러 가지 이유에 대해서 허용된다. … 교회법은 간음과 습관적인 범죄 뿐만 아니라 단지 종교적인 확신의 차이, 즉 '한 편의 배우자가 비카톨릭 종파에 가입한다든지 또는 자녀들을 비카톨릭 교인처럼 교육시킨다든지' 하는 이유에 대해서도 별거를 허용한다. 만일 사제에 의해 결혼하였던 한 부모가 그 자녀를 그 사제의 허락없이 미국의 공립학교에 보낸다면 그것이 별거의 사유가 될 정도로 이러한 규정은 매우 철저하다. 어떤 경우에 그것은 또 혼합 결혼의 완전한 취소(무효, nullification)에 대한 근거가 된다. …

만일 한 배우자가 오래 끄는 소송의 비용을 댈 수 있고 또 기꺼이 부담하기로 마음 먹고, 충분한 인내와 그럴듯한 경우를 설정하는 교묘함을 사용하기로 결심할지라도, 카톨릭 결혼 재판의 복잡한 규정들 아래서 취소되지 않을 수 있는 결혼 형태는 거의 없다.

취소과정은 카톨릭의 일종의 이혼에 대한 대용물로써 미국의 카톨릭 교인들에 의해 열정적이고 빈번하게 사용된다. 수백건에 이르는 일반 결혼의 정당성에 대한 취소가 일반 대중에게 알려지지 않은 채 미국에 있는 카톨릭 성직자단에 의해 매년 부여된다. 교회가 무효로 만든 취소 통계는 실제의 한 단편만을 이야기해 줄 뿐이다. 그 나머지 부분은 일반 대중에게는 결코 알려지지 않는 통계표와 보고서 안에만 기록된다.

자신이 배우자에게 자신의 모든 자녀들을 카톨릭 교인으로 키우겠다는 약속을 받지 못한 채 비카톨릭과 결혼한 어떤 카톨릭 교인은 자신의 처음의 결혼이 '형식상 올바르지' 못했다는 것을 증명함으로써 어떤 사법상의 정식 절차없이도 지역 주교로부터 쉽게 취소를 받을 수 있다. 교회법은 그같은 결혼은 애초부터가 무효라고 말한다. 그래서 사제는 그 경우를 법정으로까지 끌고갈 필요가 없다고 말한다. 사제는 그 전의 결혼은 실제적으로는 교회법에 기술되어 있는 그 경우(무효)였다는 것을 확실히 한 후에 한 장의 무효 판결문(Decree of Nullity)을 건네준다. 이러한 서비스(service)에 대해선 적당한 요금—보통은 15불($)이 요구된다.

취소에 이르는 지름길을 이용할 수 없을 때, 교회는 결혼 서약에 대하여 결혼을 취소시키는 데 사용될 수 있는 여러 가지로 특별하고도 탄력성있는 해석들을 제공한다. 이러한 탄력성있는 장치들 중의 하나는 결혼에는 '내적(정신적)인 동의'(interior consent)가 있어야 하며 그것이 없으면 그 결혼은 처음부터 무효라는 이론이다. … 어떤 결혼한 사람이 정당한 결혼을 한 후 오래 지난 뒤에 자기 배우자에 대한 자신의 태도가 바뀌어 자신은 결코 처음에 그 결혼에 동의하지 않았다고 말하는 경우, 분명하게 정당한 결혼임에도 불구하고 사제들은 그러한 많은 경우들을 앞의 원리에 포함시킴으로 그 원리를 남용해 왔다. … 만일 어떤 카톨릭 교인이 자신은 결혼을 하자마자 자녀들을 가지지 못하게 되는 상태가 되었다는 것을 증명할 수 있다면, 또는 그 양측 모두가 그 결혼은 실패한 결혼이었다는 것을 알게 되어서 자기들이 이혼할 수 있다고 동의하였다는 것을 증명할 수 있다면, 그는 교회의 취소를 얻어

낼 수 있다. 그와 같은 경우들에 있어서 성직자단은 결혼한 그 두 사람은 결코 완전한 결혼에 동의하지 않았다고 주장한다. 그들은 결혼의 두 본질적 요소인 자녀와 영속성(불변성)을 마음 속에 감추어 두고 있다"(pp. 198~208).

이와 같이 카톨릭 교회는 결혼의 결속력을 유지시켜 주는 데 열심인 체하는 반면에, 그같은 얄팍한 핑계거리에 근거하는 예외를 가지고 그들이 시민 법정에서 심각하게 숙고하지도 못하도록 만든다. 다행히도 미국에서는 이러한 교회의 판결은 합법적인 취소나 이혼을 부여하지 못한다. 왜냐하면 미국의 시민법은 로마 카톨릭의 교회법보다 우위에 있기 때문이다. 그러나 그런 판결은 교회법이 시민법에 강제력을 가지는 국가에서는 유효하다. 왜냐하면 시민법이 교회법에 순응한다고 기록되어 있기 때문이라든지 또는 시민법이 교회법을 인정하거나 추가하고 있기 때문이다. 우리는 앞에서 카톨릭 교회가 강압은 결혼을 무효화시킨다는 것을 인정한다는 것과 그러므로 똑같은 원리로 혼합 결혼에 있어서 개신교인에게 강요되는 결혼 전 약정도 똑같이 무효라는 점을 지적했었다.

레만은 개신교 국가들과 로마 카톨릭 국가들에서의 결혼 관계 사이를 다음과 같이 비교하고 있다.

"이혼이 명백한 죄악임에도 불구하고 현대의 민주주의 국가에서는 … 이혼하는 수가, 이혼에 대한 교회의 금지가 시민법에 의해 떠받혀질 정도로 카톨릭의 권세가 대단한 국가들 안에 있는 불신 남편들의 수보다 더 많지는 않다. 그같은 국가들에서는 남자들이 제멋대로 하는 것에 대한 어떠한 제재도 없으며, 간통한 남편들로부터 자유를 얻으려 한다든지 또는 지지를 받으려 하는 아내들에 대한 법에의 어떠한 의뢰(호소)도 없다.

특히 라틴의 카톨릭 국가들에서는 사제들은 항상 많지 않다면 어떤 첩들을 소유하는 결혼한 남자들의 전통적인 관습을 관대하게 못본 체 넘겨왔다. 그러나 아내들이 그같은 남자들로부터 스스로를 자유롭게 할 수 있는 이혼에 대해서 만큼은 항상 냉혹하게 싸워왔다. 그 결과 그같은 국가들에서 보여주는 서출(庶出, illegitimacy)의 비율은 개신교 국가들과 비교해 볼 때 매우 높게 나타난다.

재산권과 사회적 신분, 적출(嫡出)을 보호하는 것은 항상 개인 도덕보다도 카톨릭 신학자들에 의해 더욱 중요시되어 왔다. 이 사실은 이탈리아, 포르투갈, 프랑스와 라틴 아메리카의 모든 국가들과 같은 카톨릭 국가들에서 서출의 비율이 왜 그렇게 터무니없이 높은가에 대해 설명해 준다. … 라틴 아메리카의 국가들에 있어서 서출의 비율은 25%에서 50%까지 이른다. 그래서 문맹의 비율도 상당히 높다. 리오 그란데(Rio Grande)의 북쪽에 위치한 개신교 민주주의 국가들에 있어서는 심지어 카톨릭의 캐나다를 포함한다 할지라도 서출의 비율은 겨우 2.4%에 지나지 않으며, 문맹율 또한 6%에 불과하다"(Out of the Labyrinth, p. 190).

성경으로부터 이탈하는 것은 어떤 형태든 변함없이 악을 산출한다. 심지어 간음도 결혼의 결속력을 깨뜨리는 적당한 이유가 되지 못한다(비록 별로 심각하지도 않은 범죄에 대해서도 취소가 부여됨에도 불구하고)는 로마 카톨릭 교리의 가장 유해하고 첫째로 나타나는 결과는 그것이 범죄가 더 쉽게 그리고 더 자주 발생하도록 만든다는 것이다. 거리낌없는 남편이나 아내는 자신의 배우자가 간음의 이유로는 이혼을 허락받을 수 없다는 것을 알고 있다. 그러면 자제하고자 하는 마음이 덜 들게 된다. 앞에서 인용한 레만의 글 중에서 바로 지적된 것처럼 라틴 아메리카의 국가들에서는 남자들이 결혼 밖의 관계에 있어서 더욱 느슨하다는 사실, 즉 합법적인 아내에다가 '첩'을 거느리는 것을 보기드문 현상이 아니라 부유하고 걸출한 남자들에게는 심각한 저항없이 받아들여지는 관습이라는 것은 주지의 사실이다. 또 다른 결과는 변칙적으로 행사되는 수많은 '보통법'(불문법, common law)이 합쳐지는 것인데, 이것 또한 사제들이 가족 문제에까지 깊이 간여하는 라틴 아메리카에서 특히 두드러진다. 또 하나의 다른 결과는 잠자리와 식탁으로부터(a thoro et mensa) 영원한 이별을 허용할 수 있는 수많은 이유들이 제외되는 것이다. 이혼이 다른 명칭 아래 숨기워지고 아주 가볍게 취급되어지는 것은 참된 교회의 표지가 아닌 것이 확실하다. 실제상에 있어서 신성한 결혼 제도가 카톨릭 교회 안에 있는 매우 독단적인 태도에 좌우되고 있다. 결혼과 이혼에 대한 전체 문제는 성직자단의 손 안에 있다. 성직자단은 오직 교황의 선포에 의해 지지된 혼인의 장애를 하고 싶은 대로 설치하거나 제거하는 권리를 행사한다. 그런데 그에 따른 필연적인 결과는 개신교인 가운데서의 결혼보다도 카톨릭교인 가운데서의 결혼이 더 신성한 제도라고 표현하는 것과는 매우 동떨어지게 되는, 정확히 말해서 그 반대가 되는 것이다.

16 장

교구부속학교

1. 로마 카톨릭 교회는 모든 교육을 감독하는 권리를 주장한다
2. 강제성을 내포한 교구부속학교들
3. 교구부속학교들의 주입식 교육
4. 교구부속학교의 좁은 견해
5. 공립학교들이 때때로 로마교회로 넘어간다
6. 공립학교제도를 반대하는 로마 카톨릭 교회
7. 두 가지 제도의 비교
8. 교구부속학교를 원조하는 각 주와 연방정부
9. 로마 카톨릭이 우세한 나라에서의 교육
10. 기독교 학교

교구부속학교

1. 로마 카톨릭 교회는 모든 교육을 감독하는 권리를 주장한다

웹스터 사전(Webster's International Dictionary)에서 '교구' (parochial)라는 단어는 (1) 교구의 또는 교구에 속한 ⋯ (2) 교구에 한정된, 제한된 범위 또는 영역에서 제한된, 협소한, 지역적인 등의 의미로 정의되어 있다.

우리가 이 용어를 일단의 학교에 적용시켜 본다면 이 학교는 어떤 교회조직체에 의해서 창설되고 감독받게 된다는 것을 의미한다. 그런 학교는 부모들이 현존하는 적당한 교육제도를 생각하지 못하고 또한 합당한 다른 학교가 없기 때문에 반드시 세워져야 했을 것이다. 대부분의 경우, 종교교육을 아예 하지 않거나, 불충분하게 실시하는 학교들이었기 때문에 설립요구는 확실히 전자의 이유가 지배적이다.

자신들만이 유일한 참된 교회이며, 하나님에 대하여 말할 권리를 갖고 있는 유일한 지상의 조직이라고 하는 로마 카톨릭에 의해 형성된 전체주의적 요구 가운데 하나가, 바로 모든 교육을 관할할 권리이다. 이러한 생각은 교육이 오로지 사제권의 범위 내에서 행해져야 된다는 것이다. 다시 말하자면 이러한 사고는 각 지역, 주, 연방정부와 같이 공권력에 의하여 집행되는 제도화된 교육인 공식교육을 부인한다는 뜻이다. 교황 피우스 9세는 1864년에 그의 책 『교서목록』에서 다음과 같이 공립학교를 단죄하였다.

"기독교 국가의 많은 청소년들이 공립학교에서 교육을 받으며 자라고 있다. 그러나 시정부만의 권한으로는 교육문제에 관여할 수 없으며 또한 학교의 성격, 교과과정, 학위수여, 교사임용 등의 문제에 간섭할 어떤 여하한 권리도 없다. 시정부에서 공립학교들이 모든 학생들에게 개방되도록 요구하는 일이나, 공립학교의 보편적인 성격상 모든 교회의 권위로부터 자유해야만 된다고 주장하는 것은 잘못이다. 카톨릭은 카톨릭 신앙과 그 교회의 권위를 벗어난 어떠한 교육제도도 인정할 수 없다"(전제들 45, 47, 48).

또 다른 진술에서 교황 피우스 9세는 "카톨릭 교회 밖의 교육은 이단이다"라고 선언하였다. 그러나 우리는 보다 명료한 질문을 던질 수 있다. 그들이 말하는 교육이라는 것이 이태리, 프랑스, 스페인, 라틴 아메리카에서 집행하는 미사를 위한 것인가? 만일 국민의 세금으로 운영되는 공립학교의 방향이 그 세금을 부담하는 국민들에 의해 결정될 수 없다면, 도대체 누가 결정권을 가져야 마땅한가? 확실히 교육은 다른 신앙을 갖고 있는 외국인 교황에게 맡겨서는 안되며, 외국의 조정 아래 있는 전체주의 교회에게 떠넘겨도 안된다.

교황 피우스 11세는 그의 칙령인 『청소년 교육론』(On the Education of Youth, 1929)에서 다음과 같이 천명하였다.

"명확하게 교육은 두 가지 이유 때문에 교회에 귀속된다. 교회의 교육선교 사명의 측면에서, 교육은 어떤 제한없이 그리스도의 명령에 따라서 모든 사람들에게 필수적이다. 주님께서는 '너희는 모든 민족을 가르치라'고 하셨다. 거기는 교육을 거부하거나 반대할 어떠한 권리도 없다."

1959년 12월 30일에 교황 요한 23세도 피상적으로나마 이와 유사한 발언을 하였다.

워싱턴시에 위치한 Holy Cross College의 학장이며 『미국에 있어 카톨릭 학교의 성장과 발전』이라는 저서를 쓴 번즈(J. A. Burns) 목사는 다음과 같이 말하고 있다.

"우리는 교육이 영적인 사회의 한 기능이기 때문에, 시정부의 교육에 대한 권리를 부인한다. 시정부가 학교들을 설립하고 교사들에게 임금은 지불해도 무방하지만, 학교들의 교육이나 교육방법을 간섭하거나 지시할 수는 없다"(p. 223).

이러한 진술대로라면 지구상에서 유일한 교육자는 로마 카톨릭 밖에는 없게 된다. 이것은 시정부의 방침대로 세속학교들을 설립하는 것조차도 부인하는 것이다. 이러한 교훈대로라면 정부의 의무는 로마 카톨릭 학교들을 설립하고 유지하는 데 드는 비용을 거둬들이는 일밖에 없다. 또한 성례의 집행과 선포가 로마 카톨릭만의 독특한 기능이듯이, 교육도 절대적으로 그들의 기능이라고 주장하는 데 주저하지 않는다. 이 주장은 로마교회 밖에서 행해지는 모든 교육이 거부되어야 한다는 사실을 함축한다. 그리고 그들은 교육을 통하여 자신들이 영향력을 행사하고 있는 지역에서 효과적으로 대중들을 통제할 수 있도록 만든 정책이기도 하다.

로마교회가 진실로 바라는 것은 이러한 교육정책을 통하여 이탈리아, 스페인, 포르투갈, 여러 다른 나라들과 바티칸 사이에 종교협약을 체결하는 데 있다. 그들의 목적은 다른 종교와 교회에 예속된 공사립학교들을 자신들의 수중에 넣는 것이다. 공립학교에서 로마 카톨릭 종교의 가르침은, 스페인에서처럼 비록 그 아이가 개신교 신자일지라도 억지로 교육을 받게 되는 강제성이 나타나게 된다. 그들의 계략은 공립학교에 금전공세를 퍼붓고 동시에 많은 카톨릭 신자인 교사들을 영입시킴으로 종국에 가서는 교구부속학교가 되도록 하는 것이다. 그러나 그런 상황이 민주주의의 기초와 대표적 정부를 파괴시킨다는 데 문제가 심각하다. 이 문제에 관해 맥그레고르는 다음과 같이 말한다.

"미국과 같은 그러한 국가는 교육목표에 대하여 로마 카톨릭과 어떠한 정당한 타협을 기대할 수 없다. 로마 카톨릭 교회는 오로지 자신들만이 어떤 것을 가르칠 권리가 있다고 하면서 그들의 통제를 받지 않는 공립학교들 뿐만 아니라, 사립학교나 대학들을 공공연하게 반대하였다.

그러나 실질적으로 미국과 같은 나라에서는 확고한 이유 때문에 어떠한 주장을 강요할 수 없다. 그래서 사제들은 로마 카톨릭의 교구학교들에 드는 비용을 국가예산에서 충당하도록 하는 실제적인 목표에 만족하여야 했다. 이런 결정 후 로마 카톨릭 교회는 '그들의 교육제도를 미국 정부의 재정 부담화에' 두려는 시도를 하게 된다. 덧붙여 말하기를, "만일 의회가 미국 전역에 퍼져있는 모든 로마 카톨릭 성직자들에게 지불되는 막대한 봉급을 위해 국고지급의 건을 통과시킨다면 재정적으로 볼 때 이보다 더 좋은 소식은 없을 것이다 …

이것은 강압과 검열의 수단에 의해 공공세금으로 주입식 교육을 시키려는 의도이며, 미국은 정신적으로 로마 카톨릭의 통제하에 들어가게 하며, 한 로마 카톨릭의 주교가 내린 어떤 교서에 반대하여 공공연하게 말하는 것은 매우 뻔뻔스러운 일이 될 것이며, 로마 카톨릭의 영역하에 있는 특출난 어떤 사람이 제시한 어떤 것에서도 사적으로 왈가왈부하는 것은 굉장히 위험스러운 일이 될 것이다"(『바티칸 혁명』, pp. 148~150).

역사적으로 자유롭고 보편적인 미국의 교육제도는 전적으로 개신교의 산물이라는 사실을 반드시 기억해야 한다. 실제로 미국 식민지의 거의 모든 사람들은 개신교도였다. 뉴잉글랜드의 청교도들은 모든 학급들이 평등한 교육의 기회를 가져야 한다는 사상을 발전시키는 데 위대한 기여를 하였다. 그들 자신들이 종교의 자유를 찾아 미국으로 이주하였기 때문에, 그들이 자신들의 신앙을 기본으로 하여 교육한다는 사실은 극히 자연스러운 현상이다.

플리머스 락(Plymouth Rock)에 상주한 지 16년만인 1636년에 최초로 하버드 대학이 설립되었다. 이 학교는 원래 목회자를 훈련시키는 대학이었다. 최초의 초등교육기관은 지역 목사들의 지도 아래 각 가정과 교회에서 시작되었다. 1647년에는 행정법에 의하여 가옥주가 50명 이상일 때 한 명의 선생을 임명하고 그에게 임금을 지불하도록 조치하였고, 가옥주가 100명 이상일 때는 문법학교를 세워 운영하도록 명문화시켰다.

다음으로 1693년에 세워진 감독교회 계통의 William and Mary 대학이, 1701년에 청교도 계통의 예일대학(Yale)이, 1746년에는 장로교 계통의 프린스턴 대학(Princeton)이 세워졌고 다트머스(Dartmouth), 브라운(Brown), 루쩌(Rutgers), 펜실베니아(Pennsylvania) 대학 등은 식민지시대에 교회의 영향으로 설립되었는데, 이 모든 일들은 미합중국의 헌법이 제정되기도 전에 일어났다. 이 모든 학교들은 정부의 산물이 아니라 교회의 산물이었다.

2. 강제성을 내포한 교구부속학교들

1853년 제 1차 발티모어 공의회에서는 모든 주교들에게 그들의 교구에 교구부속학교를 세우도록 명령했다. 1866년에 열린 제 2차 발티모어 공의회에서도 이와 유사한 명령이 내려졌다.

교회법(Canon Law) 1374조는 로마 카톨릭 신자인 학부모들이 자녀들의 학교를 그들의 임의대로 하지 못하도록 선택의 자유를 부인하였고, 학부모들은 주교에 의한 사죄행위 없이 육신의 죄들을 해결하지 못한 고통 아래 교구부속학교에 그들의 자녀들을 입학시켜야 한다고 천명하였다. 교구부속학교를 설립하는 데 관계된 교회법 1381조는 다음과 같이 선포한다.

(1) 모든 학교에서 실시되는 청소년의 종교교육은 로마 카톨릭 교회의 고유 권한이다.
(2) 주교들의 권리와 의무는 그들의 교구 내에서 신앙과 도덕에 위배되는 행위나 교육이 실행되지 못하도록 하는 데 있다.
(3) 주교들은 종교교육을 실행하는 교사들을 추천하고 교재를 선별할 권리가 있으며, 종교와 도덕성의 문제가 제기될 경우에는 교재를 교체하거나 교사들을 해임할 권리를 갖는다.

그러므로 교구부속학교의 교과과정, 교사, 교육진행 등은 전적으로 주교의 권한 아래 있다. 부모들은 선택권이 없으며 교육방법, 교재, 교사들을 선별할 수 있는 권한이 없다. 또한 어느 위원회든 단체든지 주교의 허락이 없는 한 학교 운영에 어떠한 권한도 갖지 못한다.

교구부속학교가 개신교 자녀들과 공립학교로부터 로마 카톨릭 교회의 아이들을 구별하여 그들의 가르침에 보다 순종적이고 다루기 용이하도록 하는 수단으로 사제들이나 주교들에 의하여 유지되어 왔음은 자명한 사실이다. 만일 이러한 강경한 조치가 없었더라면, 로마 카톨릭 교인인 학부모들일지라도 그 자녀들을 공립학교에 보냈을 것이며, 대부분의 학부모들이 사제들의 면전에서조차도 그렇게 하였을 것이다. 로마 카톨릭 교회가 교구부속학교 제도를 시행한 지 100년이 지난 후에 그 교인들의 과반수 이상이 자신들의 자녀들을 교구부속학교에 입학시키게 되었다.

미국에는 10,760개의 교구부속학교에 4,700,000명의 학생들이 등록해 있으며, 2,432개의 고등학교에는 900,000명의 학생들이 재학하고 있다(타국가에서의 발전과 비교하여, 미국에서의 교구부속학교의 수는 최근 감소추세에 있다. 카톨릭 교육협의회의 보고서에 따르면, 초등학교와 중등학교의 재학생 수가 1964~65년에는 560,000명에서 1969~70년에는 460,000명으로 감소되었다). 국가교육후생성(The National Department of Health,

Education and Welfare)은 모든 학교에 등록된 숫자가 35,000,000명에 육박한다고 발표하였다. 그러므로 교구부속학교가 전체의 7~15% 이상을 차지한다는 의미가 된다. 그러나 이 중에는 로마 카톨릭 신자가 아닌 어떤 학생들을 포함시킨 통계다. 또한 278개의 로마 카톨릭 대학들에 약 330,000의 학생들이 있다. 이 교구부속학교의 재학생 통계는 1900년 경에 약 5%였던 것이 제2차 세계대전의 종료 이후로 꾸준히 증가하여 현재에 이르게 되었다. 물론 이들 모든 학생들은 로마 카톨릭 정책을 교수받으며 그 교리를 배운다. 미국에 있는 모든 교구부속학교와 초등고등학교의 90%가 로마 카톨릭 교회의 통제 아래 있다.

우리가 예를 들어 루터교나 다른 교회들이 하는 것처럼, 그런 식으로 학교와 관계된 교회를 반대하지 않을 뿐 아니라, 로마 카톨릭에 기초를 두고 있는 교구부속학교 제도에 대해서도 반대하지 않는다는 점을 명확하게 이해하자.

3. 교구부속학교들의 주입식 교육

약 5,600,000명이나 되는 로마 카톨릭 교회의 아이들이 교구부속학교에서 교육을 받고 있다는 사실의 견지에서, 그들의 교육방법은 어떤 형태인가? 그런 교구부속학교에서는 종교를 주입시키는 주입식 교육이 실행되고 있음은 잘 알려진 사실이다. 역사 교과서들은 '카톨릭적 해석'에 의하여 다시 집필되었다. 이들 교구부속학교와 로마 카톨릭 계통의 학교에서는 청교도, 순례자들, 경건주의자들(퀘이커)과 같이 초기 식민주의자들의 행적과 난관과 여러 문제들을 중점으로 다루고 있는 공립학교들처럼 그들의 공적을 찬양하거나 자부심을 갖지 않는다. 실제로 초기 개척자들은 모두 개신교도였다. 그들은 워싱턴, 제퍼슨, 프랭클린, 로저 윌리엄스, 윌리엄 펜, 그리고 다른 개신교 국가적 영웅들에 대하여 그 가치를 인정하여 주지 않는다. 그러나 반면에 이보다 덜 중요한 로마 카톨릭 신자들에 대하여서는 로마 카톨릭국의 성취자로서 그들의 존재를 귀중히 보며 지나치게 평가하고 있다. 우리의 선조들이 헌신적인 투쟁의 결과로 종교의 자유, 언론출판의 자유, 투표의 권리 등이 획득되었음에도 그들은 이것도 간과하였다. 그러므로 우리가 위대한 승리요, 대단한 진보라고 생각하는 것을 그들은 실패요, 후회라고 보았다.

16장 교구부속학교 497

우리는 교회와 국가의 분리를 제도적으로 성문화시킨 일에 자부심을 느끼고 있는데, 그들은 이것이 실수였다고 판정하면서 지구상의 모든 나라들은 교황의 권위 아래 있어야 한다고 주장하였다. 몇년 전에 로마 교황과의 단절을 성문화하여 멕시코의 진정한 역사를 공립학교에서 가르치도록 멕시코 정부가 조치를 내리기도 하였다. 확신하기를 훌륭한 미국의 시민이 되어야 하는 모든 청소년들은 공평하고 신뢰감 넘치는 미국역사를 교육받아야 한다.

교구부속학교에서 로마 카톨릭의 주입식 교육은 모든 과목들을 포함한다. 역사, 문학, 지리, 시민학, 과학 등은 로마 카톨릭의 주장대로 일방적인 교수가 이루어진다. 아동들에 대한 모든 교육은 선전 형식으로 가득 차있다. 물론, 이것은 교구 부속학교의 참 목적이며, 이중적인 학교제도를 유지하는 이유이기도 하다. 그들의 목적은 진정한 교육이 아니라, 훈련과 주입식 교육에 의해 진행되며, 성경진리와 미국의 정신을 교육하지 않으며, 오히려 로마 카톨릭 제국의 건설에 있다. 아이들은 조직화되었고 무엇을 입을지, 무엇을 해야 할지, 무엇을 생각해야 될지에 대하여 묻도록 훈련되었다(이 문장은 1971년 6월 28일 미국 최고 연방법정의 더글라스, 블랙, 마샬 등이 합의를 본 내용에서 인용했다).

교구부속학교의 전반적인 교육은 수녀들에 의해 이루어진다. 그들은 성모 마리아를 숭배하라고 어린아이들에게 가르치며 그 아이들이 예수 그리스도를 믿든지 믿지 않든지 강제적인 주입에 의해 믿도록 만든다. 모든 수녀들은 그들이 가르치는 모든 교과과정을 진행함에 있어 그들의 종교를 철저하게 가르치겠다는 엄숙한 선서를 한다. 그들은 가장 기본적인 생활품 외에는 아무것도 받지 않고 1년 내지 그 이상을 사역하며, 모든 미국인들이 행복추구의 권리가 있음에도 그들은 개인적인 자유가 없다. 그들은 모든 자금이 사제들과 주교들, 특히 로마 바티칸으로 유입되는 동안 극도의 청빈한 생활을 유지한다.

고등학교와 대학교 수준의 교과과정을 살펴보면, 오스다이머(Ostheimer)와 델라니(Delaney)에 의해 저술된 『기독교 교리와 국가문제들』(*Christian Principles and National Problems*)에 보면 다음과 같은 기록이 있다.

"교회론은 … 정부는 다른 어떠한 종교를 표명하고 가르쳐서는 안되며, 오직 하나의 예배형태 즉 그리스도에 의해 발견되었고 오늘날에도 로마 카톨릭 교회 안에서 유일하게 계속되고 있는 예배형태만을 가르쳐야 한다"(p. 98).

"카톨릭 신자가 아닌 사람들은 그들의 예배형식대로 계속 신앙을 유지하도록 허락되어야 한다. 카톨릭 신자가 대다수인 나라에서는, 별로 두드러지지 않은 소수의 집단인 이교도들과 개신교도들은 불미스러운 일의 근거도, 타종교로의 개종이나 그 종교의 선동도 일으키지 않도록 해야 한다"(p. 99).

여기서 우리는 만일 로마 카톨릭이 종교적 주도권을 성취했다면 개신교도들이 예배의 자유를 부인했으리라는 내용을 감지하게 된다. 소규모와 '별로 두드러지지 않은' 소수의 개신교는 종교의 자유가 허락될지라도, 로마 카톨릭의 신자들이나 다른 종파에게 복음전하는 사역을 감당하지는 못할 것이라는 말이다. 어떻게 소수이며 보잘것 없는 개신교가 그들의 종교적 관용에 해당될지는 의문이다. 혹시 로마 카톨릭 지도자들과 개인적으로 교제하는 면에서는 가능할는지 모른다. 그러나 그들의 실제적인 핍박은 지금도 스페인에 남아있는 소수의 개신교도들에게 계속되고 있으며, 이러한 행위는 자신의 영토에서 개신교를 말살시키려는 의도이다. 미국에서 로마 카톨릭의 성장의 의미는 그들이 미국에서 다수를 차지했을 때, 다른 교회들을 악마와 마귀의 자식으로 몰아 억압과 핍박을 시작하게 될 것이라고 가르쳐야만 한다. 이미 미국의 로마 카톨릭 지도자인 추기경 스펠만의 선동으로 이러한 행위가 허락되었다.

이와 유사한 견해가 광범위하게 쓰여지고 있는 교재인 『신앙생활』(Living Our Faith)에서 언급되고 있는데, 이 책은 스펠만의 허가로 플린(Flynn), 로레토(Loretto), 시므온(Simeon)에 의하여 집필되었다.

"교회와 국가의 연합과 분리의 문제가 종교개혁 이후로부터 사람들을 혼란케 하였다. 국가와 교회가 완전하게 일치했을 때가 이상적인 상황이다. 카톨릭 국가에서 하나의 이론이 제기될지라도, 카톨릭이 지고한 권위를 소유하고 있기 때문에, 그 곳에서 교회는 최고의 권리를 갖는다"(p. 247).

이 책은 "비카톨릭 교회의 예배의식이 가짜의식이다"라고 기록하고 있다. 그리고 이상의 상황으로 미루어 볼 때 국가는 교회를 도와야 된다는 추이가 강하다.

대학과 신학교에서 폭넓게 사용되고 있는 스캔란(A. J. Scanlan)의 저서는 추기경 스펠만의 공식적인 추천에 의하여 절대로 이의를 제기하지 못한다. 다음의 진술에 주목해 보자.

"비카톨릭 신자들의 추방에 대한 제도적인 장애는 합법적으로 제거되었음을 생각하라. 그때 하나의 카톨릭 국가를 세우기 위한 가장 합리적인 행동원칙은 무엇인가? 카톨릭 국가는 이견을 표명하는 단체의 구성원들에게만 제한시켜서 그들의 종교행위만은 합리적으로 관용할 수 있다. 그러나 모든 종교단체에 파급될 위험이 있는 그들의 기관과 전도하는 행위는 인준할 수 없다"(『카톨릭의 정치원리』J. A. Ryan과 F. J. Boland, p. 320, 1940년 국가 카톨릭 복지위원회 판권. 맥밀란 회사의 허가에 의해 사용함).

이 책의 공통된 주장은 로마 카톨릭 교회가 종교적 주도권을 장악하고 결과적으로 다른 교회들을 말살할 의도로 미국에 국가 교회를 설립하고자 하는 내용이다.

그러므로 로마 카톨릭 교회의 성장은 국가와 교회의 분리가 근본적으로 지혜롭지 못하며, 로마 카톨릭 교회만이 진정한 교회이며, 기회가 되는 대로 강압에 의해 다른 교회들을 억압할 수 있다는 신념을 주입한 결과이다. 그리고 우리는 세금으로 그런 교육을 매수하지 않았나 하는 의구심을 갖게 된다. 이러한 교육들은 수녀들과 카톨릭 계통의 교사들이 재직하고 있는 여러 공립학교에서 3만 명이 넘는 학생들에게 주입되고 있다.

이들 학생들이 정신교육이라는 미명하에 이러한 교육을 받고 있으니, 그런 기회가 왔을 때 그들이 이러한 사상을 실천하리라는 사실이 얼마나 확실한가. 미국인의 자유와 민주주의를 말살하려는 의도로 위에서 언급된 교과서들을 사용함으로 이 끔찍한 교육을 수행하고 있는 것이다. 이러한 사실은 미국의 어떠한 단체나 교육기관에 의해서 인정받지 못했다는 데 중요한 문제점이 있다. 만일 그런 교육이 공산주의자들에 의해 설립된 학교에서 실시되었다면, 즉시로 이에 대한 강력한 반발이 야기되었을 것이다. 그러나 로마 카톨릭 교회가 학교를 설립하는 일에 대하여서는 무관심하며, 어떤 사람들은 세금으로 그 학교를 도우려고 하는 것이 현실이다.

때로 로마 카톨릭 교회는 일정한 시간에만 종교교육을 실시하고 기타 시간에는 공립학교들과 똑같이 교육을 실시하는 개신교 계통의 학교들과 유사하게 되려는 경향도 있다. 그러나 우리가 그들의 교과서를 인용하면서 본대로, 그 진의는 판이하게 다르다. 특별히 우리는 그런 학교에 자신들의 자녀를 입학시키는 개신교인 학부모들에게 경고한다. 그런 교육은 개신교 아이들의 신앙성장에 아무런 효과도 기대할 수 없다. 학부모들의 강압으로 그런 학교에 입학하게 된 아이들이 여러 가지 문제점에 휩싸이게 됨으로 피눈물 나는 심정으로 그들의 결정을 후회하게 되는 시간이 돌아오고야 만다. 아무 생각없이 그런 학교에 자녀를 입학시킨 많은 개신교 신자인 부모들이 곧 그들의 자녀가 성모 마리아에게 기도하며, 자신을 십자가에 못박는 모습을 발견하고 아연실색하게 된다. 그런 상황이 벌어졌을 때는, 이미 그들을 돌이키기에는 역부족이 되고 만다.

히틀러, 뭇솔리니, 스탈린과 같은 독재자들이 이룩한 성공의 비결은 소위 교육이라고 불리는 청소년 훈련에 집중하여 대중들을 선도하였기 때문이다. 이들 각자는 학교들과 청소년 조직체를 통제하였으며, 히틀러와 뭇솔리니는 이 문제에 관하여 로마 카톨릭과 첨예한 대립을 하게 되었다. 독재자들은 만일 그가 그 땅의 젊은이들을 통제할 수만 있다면, 그 나라는 속히 그의 통제 아래 있게 될 것이라고 생각했다. 독재자들은 그저 단순하게 그들의 통치제도의 일부로서 이런 방법을 사용한 반면에, 로마 카톨릭 교회는 모든 나라에 이 원칙을 행사하였다.

어떤 로마 카톨릭 지도자는 교구 안에 있는 한 학교가 하나의 교회보다 중요하다고까지 말한다. 그들은 지금도 일본, 한국, 포르모사, 스웨덴, 핀랜드 그리고 수적으로 열세인 다른 지역에서도 이러한 원칙을 적용하여 사역 중에 있다. 다른 지역에서는 교회건물 앞편에 학교건물을 세우고 있는 실정이다. 로마 카톨릭 교회가 안정된 나라에서, 로마교회들은 교회와 학교재정을 분리하여 다루지 않으며 한 계통으로 일원화시킨다. 청소년들은 강한 주입식 교육으로 교육을 실행하는 교구부속학교는 한 마디로 로마 카톨릭 교회의 '비밀무기'로서 국가의 장래 시민들을 통제하며 종국에 가서는 개신교에 승리하도록 하는 궁극적인 목표가 있다.

4. 교구부속학교의 좁은 견해

로마 카톨릭 교회가 운영하는 학교에 대한 중요한 특징 중에 매우 편협한 시야가 존재하고 있음을 알게 된다. 이러한 현상은 고등학교와 대학교의 수준에서 더욱 심각하다. 프로테스탄티즘이 자유로운 연구에 심혈을 기울일 동안에, 카톨릭주의는 탐구과정을 제한다고 주로 자신의 영역에만 급급하였다. 이러한 현상은 어떤 전체주의에 의해 진리를 억누르는 것이다. 종교개혁 전시대에는 자유로운 연구가 금지되었고, 인간들은 자신들의 언어로 성경을 번역하여 소지하기 위해 목숨을 내걸었다. 금서목록으로 모든 이단서적, 잡지, 다른 개신교 출판사의 저작들, 로마 카톨릭에 반대하는 사람들의 작품 등이 금지되어 있으며, 그렇기 때문에 로마 카톨릭 신자들은 다른 측면에서 그들의 종교를 이해하기 불가능하다.

교구부속학교의 고등학교를 졸업한 학생들이 주립대학에 입학했을 때 그들이 배운 역사와 주립대학에서 가르치는 역사가 다른 것임을 알고 아연실색한다. 그들은 중세시대에 있었던 교황권의 타락과 부패, 종교재판의 잔학성을 읽고 개신교 지도자들과 나라들의 성립배경과 역할, 그리고 다양하게 펼쳐지는 친숙한 역사적 사실들에 대하여 배우게 된다. 그러나 로마 카톨릭 교회는 잘 갖추어진 세계를 단편적인 지식의 안목으로 보도록 순종을 요구한다. 다수의 로마 카톨릭 평신도들 뿐만 아니라 심지어는 몇몇 사제들까지도 교구부속학교에서 비미국적 분위기를 유도하는 편협성에 분개한다. 반면 어떤 사람들은 공개적으로 그들의 견해를 피력하거나 어떤 것이든 할 수 있다는 용기를 나타내기도 한다. 이들은 다만 조용하게 이러한 상황에 적응하여 로마 카톨릭 교회에 남도록 권유하는 사람들이다.

교구부속학교로부터 대학과 신학교에 이르기까지 수녀와 사제들로 이루어진 교사들, 이러한 전체 로마 카톨릭의 '교육' 제도는 교회의 공식적인 허가 없이는 실제적으로 아무것도 배울 수 없는 조직이다. 금서목록은 그들의 도서관에 의하여 통제되고 제한된다. 교사와 교수의 가장 중요한 자질은 지적이며 학문적인 능력이 아니며, 교회에 충성을 다하도록 주입시키는 데 있다. 그러므로 로마 카톨릭 학생들은 실제적으로 사고활동이 금지되는 셈이다. 사제들은 그들을 위해 사고한다. 그러나 그런 제도의 맹점은 사제들이 너무나도 과도하게 사고작용을 금지시키는 데 있다. 그들은 또한 교회의 허락과 금서목록에 의해 행동의 제약을 받는다. 사고함과 연구의 자유는 그런 학교들에서는 거의 불가능하다. 엄격히 말해서 그런 학교의 학생들은 교육받는 것이 아니라 단순히 훈련받는 것이다.

학문연구에 대하여 얼마나 편협했는가에 대하여 과거의 사건을 인용함으로 설명할 수 있다. 코페르니쿠스는 1543년에 태어난 폴란드 출신의 천문학자로서 『천체의 운행에 관하여』라는 저서를 남겼는데, 그 책에서 그는 태양이 태양계의 중심에 있으며, 지구를 포함한 행성들이 그 주위를 돌고 있다는 견해를 개진시켰다. 그러나 로마 카톨릭의 신학자들은 그의 견해에 절대적으로 반대의사를 표명하였다. 지구가 모든 만물의 중심에 위치하고 있지 않다고 하는 견해가 그들에게는 놀라움 그 자체였고, 그들은 그 사실을 증명하려는 의지도 없었다. 지구가 여러 행성들 중에 하나라는 사실은 지구의 통치자였던 교황의 중요성을 경감시키는 주장이라고 보았다. 코페르니쿠스는 파문되었고, 그의 책은 수세기 동안 금서목록에 올려지게 되었다. 그러나 그의 과학적 발견은 후일 진리임이 증명되었다.

　로마 카톨릭의 가장 뛰어난 신학자인 토마스 아퀴나스는 지구가 한 위치에 고정되었으며, 그의 저작들이 잘못된 교리를 포함하고 있다고 가르쳤다. 뛰어난 천문학자인 갈릴레오는 1633년 코페르니쿠스의 견해를 지지하였고, 망원경을 발견한 사실로 종교재판정에서 예수회 회원들에 의해 고소되었다. 그의 작품이 한 위원회의 심사를 받았고, 교회에 위험스러운 저작이라 하며 정죄되었다. 그는 강제에 의해 자신의 의견을 철회하였다. 그러나 그는 철회석상에서 일어서면서 "그럼에도 지구는 돈다"라고 하였다. 종교재판은 그를 정죄하여 3년 동안 지하감옥에 감금하였다. 나중에는 집에 감금되었고, 그는 거기서 그의 남은 생애를 보냈다. 교회는 그의 과학적 연구들을 금지시켰으나, 그의 견해는 정당했다. 로마 카톨릭 교회는 피의 순환을 발견한 하비(Harvey)를 거세하였고, 유명한 프랑스 수학자이며 과학자인 파스칼(Pascal)을 로마 카톨릭의 원리에 어떤 의문을 가진다는 이유로 저주하였다.

5. 공립학교들이 때때로 로마교회로 넘어간다

　로마 카톨릭이 소수인 미국내 어떤 지역에서는, 그들이 공립학교들의 통제를 떠맡았다. 이것은 항상 학교 위원회에 속한 소수의 사람들에 의해 이루어지고 있다. 학교의 선거에서 몇 사람만이 선출된다는 견지에서, 그들의 후보자들을 당선시켜 다수를 제압하기란 쉬운 일이다. 이 학교들은 학교의 중요 직책을 수녀들이나 사제들이 맡고 있으며, 로마 카톨릭 교리연구가 소개되고 있으며, 실제로는 강압적으로 교육을 시키고 있다. 이러한 교육에 반대하는 학생들은 사회, 경제적으로 보복을 당하게 된다. 때때로 그들은 만일 반대하는 학생들이 이런 학교의 규칙을 따르지 않는다면 다른 곳으로 가봐야 할 것이라는 말을 서슴없이 해댄다.

그런 학교들은 '유폐된 학교들'이라고 알려져 있다. 1959년 7월 15일자 "기독교 세대"(The Christian Century)라는 잡지의 한 보고서에서 미국의 21주에서 그런 학교들이 적어도 281개 정도가 있다고 기록하였다. 또한 그 보고서는 적어도 2,055명의 수녀들이 이러한 학교에서 가르치고 있다고 보고하였다. 오하이오, 메인, 커네티커트, 일리노이, 위스콘신, 메사추세츠, 미시간, 텍사스, 아캔사스 등이 이러한 상황에 놓여 있으며 인디아나, 캔사스, 켄터키 주가 최악의 상태에 있다. 어떤 주에서는 수녀들이 그들의 교회복장을 가르치며, 교실에서는 종교명화 등을 상영하고 십자고상, 그리고 다른 로마 카톨릭의 상징물들을 전시하는데, 이러한 행위는 합법적인 교육자재가 될 수 없는 것들이다. 청빈을 맹세하고 사유재산을 갖지 못하도록 제도적으로 조치하여, 가족의 의무도 없는 수녀들이기에 그들의 임금은 자신들이 속한 교단에 귀속된다. 그래서 그들은 세금의 의무가 없게 된다. 그러나 개신교계통의 교육기관에 종사하는 교사들의 봉급은 가족을 부양할 책임이 있음에도, 동일한 상황에서 세금이 징수되는 불합리한 일이 벌어지고 있다. 이같은 상황은 예배당의 사제에게도 마찬가지다. 실제로 이들의 급여는 거의 다 로마 카톨릭으로 귀속되며, 다만 그들은 생활비 정도만을 받는다. 왜냐하면 그런 식의 학교들은 공공세에 의해 유지되는 교구부속학교이기 때문이다. 이러한 상황은 공공세금을 개인적인 교육기관에 투자하게 만드는 로마 카톨릭의 부주의한 행동들이다. 수녀들과 예배당 사제들의 봉급이 세금의 추징도 없이 그들의 교단으로 넘어가는 문제는 미국 재무부의 기술담당 보좌관 오코넬(O'Connell)의 로비활동을 통하여 승인되었는데, 이러한 경위가 로마 카톨릭에 특별한 이득을 제공해 주게 되었던 것이다. 그의 활약을 읽어보자.

"청빈을 맹세한 종교집단의 구성원들은 수입보고서를 제출하지 않아도 되며, 그들의 맹세에 따라서 그들의 교단으로 넘어간다.

청빈을 맹세한 종교집단의 구성원들은 절대적으로 그들의 교단명령에 복종해야 하며 그들의 의무를 실행하는 데 있어서 성실하여야 하며 그들은 모든 수입을 그들의 교단에 넘겨야 한다. 이러한 경제적 요구의 엄중함과 그 구성원들의 판별력이 약하기 때문에, 그런 구성원들은 그들이 속한 교단의 대리인으로 간주되었다. 이것은 한 사람이 예배의식들을 수행하고, 또 다른 일을 위해 집행자가 됨으로써 보상을 받게 되는 곳에서 적용될 만한 일반적인 규칙이다"(Ruling issued 1956. 12. 19.).

그러나 우리가 지적하고 싶은 내용은 이러한 제약들이, 정부가 어떤 경우에서도 책임져 줄 수 없는, 단순히 로마 카톨릭 교회의 규정 아래 있다는 점이다. 그 수녀들과 사제들은 자의적으로 이러한 규정들을 받아들이며 그들을 위해 책임을 감당한다. 두 번째 국면은 이러한 교회의 조직에 의해 통제받는 수녀들과 사제들이 우리의 공립학교에서 교육을 감당할 자유로운 대리자로 어떻게 생각하겠는가이다. 세 번째 국면은 정부가 합법적으로 체신사업, 건축계획 등등의 공공사업은 얼마든지 할 수 있어도, 우리의 헌법에 명시된 국가와 종교의 분리의 항목에서 볼 때, 공립학교나 공식예배당의 교사들을 충원하기 위해 특정교회의 교단을 두둔하는 행위는 진정한 권리가 아니다. 네 번째로, 그들의 공식적인 교리의 견지에서, 어찌 수녀들과 사제들이 미국의 진정한 자유와 민주주의의 원칙이 가르쳐지길 기대할 수 있겠는가? 그들이 자신들의 종교를 가르치지 않으리라고 기대하는가?

로웰은 1956년의 상황을 다음과 같이 보고하였다.

"인디아나주에서 2만달러가 넘는 세금이 실제적으로는 로마 카톨릭 교회의 교구부속학교라고 할 수 있는 '공립학교'로 유입되었다. 캔사스의 공립학교에는 152명의 정장을 한 수녀들이 교육을 담당하고 있었으며, 그들의 봉급은 그들의 교회로 들어가고 있었다"("오늘의 기독교", 1959. 1. 7.).

어떤 주에서는 값비싼 대가를 치르고 이러한 종류의 예산낭비를 청산하는 내용을 골자로 법을 개정하기도 하였다. 공립학교이지만 실제로는 교구부속학교인 이러한 학교들은 개신교의 종교적인 자유와 로마 카톨릭에 속하지 않은 다른 아이들을 의식적으로 강압하는 행위이다. 그런 학교들은 교회와 국가의 분리를 천명한 헌법정신에 위배된다.

미국내 교회와 국가분리연합회의 개신교 실행위원인 아처(G. L. Archer) 교수는 국가와 교회의 관계를 잘못 남용한 전형적인 실례를 들었다.

"텍사스주 브레몬드에서, 공립학교는 6명의 수녀들과 두 명의 사제들이 교사로 있는 교구부속건물에서 교육이 집행되고 있다. 이것은 공공기금이 불법적으로 이러한 종교단체의 기금으로 쓰여지고 있는 단편적인 예다. 브레몬드 학교는 이러한 기금으로 유지되고 있는 텍사스주 내의 22개 학교중 하나다"(『회심자』〈The convert〉, 1959. 11).

많은 경우에 로마 카톨릭 교회와 친숙하거나 로마 카톨릭의 지도 아래 있는 학교 위원회들은 헐값으로 학교를 그들에게 양도하였다. 뉴욕주 로마에서는 옛날 학교들이 도시에 의해 포기되어, 그들에게 25,000달러에 팔렸으며, 팔린 학교들은 로마 카톨릭의 교구부속학교로 변모하여 다시 개교하게 되었다. 이 학교의 시가는 25,000달러가 아니라, 실제로는 300,000만달러였다. 미조리주 세인트루이스에서 공식적으로 취득된 재산이 로마 카톨릭의 예수회기관인 세인트루이스 대학교로 되팔렸는데, 공공기관이 입은 추정된 재산피해는 6,000,000달러에 달한다.

공립학교의 수녀들이 자신의 종교를 선전하지 않는다고 할지라도 직, 간접적으로 그렇게 하지 않으리라는 기대를 할 수는 없다. 그들은 그 교단에서 종교교육을 하도록 맹세하였기 때문에 더욱 그렇다. 개신교 신자들은 공립학교에서 자신들의 아이들이 로마 카톨릭의 교육을 받고 있는지에 대하여 주의깊게 살펴야 한다.

여러 주에서 수녀들은 공립학교에서 교육을 하면서 수녀복장을 해도 된다는 허락을 받기도 하였다. 1960년에 하나의 시행세칙이 오하이오주에서 통과되었다. 로마 카톨릭 교회는 이 경우의 문제가 확산되지 못하도록 신경을 곤두세우며 적극적으로 행동하였다. 필연적으로 수녀들의 복장은 학생들의 정서에 상당한 영향을 미칠 것이며, 로마 카톨릭 교회와 연관하여 선생님들을 볼 것이며, 직접적으로 학생들을 변화시킬 것이다. 비록 그들의 종교를 언급하지는 않는다고 할지라도, '로마 카톨릭'이라는 명칭을 사용하지 않는다고 할지라도, 그들의 걸친 가운은 다음과 같은 메시지를 전해줄 것이다. "이것은 로마 카톨릭이다. 이것은 로마 카톨릭의 가르침이다." 학생들은 무의식적으로 그들의 지도자이며 참관인으로서 수녀들과 사제들을 바라보며 성장할 것이다. 학생들은 당연히 선생님에게 존경심을 가지고 대해야 할 것이다. 그러나 이러한 상황이 로마 카톨릭의 선전도구로 쓰여지며 그들에게 종교적인 이득을 갖다준다는 데 문제가 있다.

우리는 수녀들이 자유스런 신분이 아니라는 단순한 이유로 어떤 상황에서도 공립학교에서의 수녀채용을 반대한다. 그들의 교회와의 협약이 학교의 정관보다 더욱 강하기 때문에 그렇다. 그들은 정장을 하지 말아야 하며 그들의 종교를 선전하지 말아야 교사의 자격이 있는 것이다.

6. 공립학교제도를 반대하는 로마 카톨릭 교회

로마 카톨릭 교회는 자신들의 학교제도를 발전시킴과 동시에 미국의 자유로운 공립학교제도를 강하게 반대한다. 그들은 공립학교제도를 없애는 것보다 더 좋은 방법은 없다고 주장한다. 이러한 견해는 그들이 모든 교육을 수행하는 특권을 로마 카톨릭이 가지고 있다고 보기 때문이다. 따라서 그들은 미국의 청소년들이 카톨릭 교회의 교육을 받아야 한다고 말한다. 이러한 행동의 전형적인 예로서 추기경 헤이스의 허락으로 출간된 "미국인들은 공립학교를 반대한다"(May an American Oppose the public school)라는 논문에서 블래켈리(Blakely)의 말을 인용해 보자.

"공립학교에 대한 우리의 첫째 의무는 그 학교의 유지를 위해 내는 세금을 중단하는 일이다. 우리는 그것이 우리의 정당한 의무로 인정되지 않았기 때문에 조세를 중단하는 일이 가능하다고 하겠다. 로마 카톨릭의 학부모들은 공립학교에서 그의 자녀들을 이끌어 내는 일이 우선되는 의무이다. 왜냐하면 공립학교의 교육이 카톨릭 신앙에 기초하고 있지 않으므로 비록 그 아이들이 아침 미사에 참석한다손 치더라도 얻을 수 있는 것이 없기 때문이다. '모든 카톨릭 신자의 아이들은 교구부속학교'로 라는 말은 교회의 명령이다."

19세기 후반기에 로마 카톨릭 교회는 모든 공립학교에서 종교적인 논의나 성경교육을 하지 못하도록 대대적으로 선전하고 있다. 그들의 진정한 목적은 그 형식의 종교교육의 문제가 아니라 로마 카톨릭 교회의 교리가 가르쳐지지 않고 있다는 데 있다. 그래서 지금은 공립학교에서 성경과 종교교육이 사라져버렸으며, 로마 카톨릭 교회는 그들을 '미신', '이교', '사회적', '부도덕', '비미국적'으로 정죄하였다.

로웰은 다음과 같이 기록하고 있다.

"로마 카톨릭은 공립학교에서 종교교육을 금지하도록 조치하였는데, 그들이 세속적이거나 무신론자들이었기 때문이 아니라, 그들이 종교의 종류를 충족히 선별할 수 없었기 때문이다. 그들은 만일 그들이 로마 카톨릭 신앙을 가지지 않았다면 전적으로 종교교육을 막았다. 1840년 발티모아에서 열린 지역 로마 카톨릭 교회 협의회는 공립학교에 입학하고 있는 자녀들이 어떠한 종교의식에도 참석할 수 없도록 감독하는 책임을 사제들에게 부여하였다. 그들은 또한 공립학교에서 그러한 의식들을 수행하지 못하도록 영향력을 행사하였다. '세속화된 공립학교'는 실제적으로 로마 카톨릭 교회의 한 성과였다"("오늘의 기독교", 1957. 1. 7.).

그러나 로마 카톨릭이 주도권을 잡고 있는 공립학교에서는(뉴욕시) 그들의 교리로 도덕과 영적인 교육은 하고 있다. 또한 그들이 그들의 학교를 위해 공공기금을 통제할 수 있는 곳에서는 종교교육의 전환까지 요구하고 있다.
교구부속학교의 또 다른 문제는 그 학교의 문제학생들을 공립학교로 떠넘긴다는 사실이다. 이러한 사실은 잘 알려져 있지 않는 공립학교의 책임자인 고든(L. E. Goeden)에 의해 바울주의자의 잡지인 "정보"(*Information*)지에 1959년 11월호에 기고되었다.

"큰 규모의 공립고등학교에서 교사이며 행정책임자로 봉직한 나는 계속적으로 교구부속학교로부터 퇴학당하거나 문제가 있는 학생들을 다루었다. 내가 겪은 경험으로는 이 학생들의 대부분이 교구부속학교의 학생들이라는 사실을 알 수 있었다. 나는 이러한 많은 학생들이 학비의 문제나, 행동의 문제로 그 학교에서 퇴학당하게 되었음도 알고 있다.
내가 부모들을 불러 이야기 해보면 항상 동일한 이야기들만 하였다. 그 학생들이 학업미숙이나 지시불이행, 행동의 문제 등으로 교구부속학교를 떠나도록 강력히 요구되었다. 또한 그들은 카톨릭 학교에 입학하지 말도록 권고를 받았다.
나의 비카톨릭 신자인 친구들이 이 문제에 대하여 '로마 카톨릭 교회는 진정한 교육이 아니라, 종교적인 훈련을 요구한다'고 말하기도 한다. 나도 동의하는 바이다."

7. 두 가지 제도의 비교

로마 카톨릭이 '미신적', '비도덕적', '비미국적'이라고 몰아세운 공립학교는 인종과 종교를 구별하지 않고 평등하게 교육받는 곳으로, 편협하고 비관용적이며 인종의 선입견을 가진 로마 카톨릭의 학교에 대한 하나의 보루가 되고 있다. 우리의 도시에서 도적질과 강도 등의 범죄를 저지르는 학생들은 공립학교 출신들이 아니라 교구부속학교 출신들이라는 보고는 확실하다. 로마 카톨릭은 자신들의 감독하에 있는 학생들의 비행에 책임을 통감해야 한다. 이제 미국인들은 진정한 미신적인 학교가 교구부속학교라는 사실을 깨닫고 경성해야 될 시점이다. 로웰은 이 주제에 관해 매우 훌륭한 언급을 하고 있다.

"우리의 공립학교제도는 민주주의의 시금석이다. 이 제도는 개신교든지, 카톨릭 신자든지, 유대교이든지 서로 이해하는 가운데 한 자리에 모이도록 한다. 그러나 로마 카톨릭은 수만의 그들 신자들이 공립학교에 계속 입학하고 있을지라도 그들만의 분리된 학교들을 설립하기 시작했다. 이러한 상황을 정당화하기 위하여, 그들은 공립학교를 불신하도록 선전하는 데 열을 올렸다. 학부형인 레 버페(F. P. Le Buffe)는 '우리의 무신론 미국 공립학교에 감사한다. … 우리는 하나님을 알지 못하는 세대를 맞이하였다'라고 선언하였다. 공립학교의 교육적 책임을 맡은 개논(R. I. Gannon) 목사는 포담 대학교(Fordham University)의 총장으로서 청소년 범죄에 책임을 느꼈으며 만일 로마 카톨릭이 전적으로 도덕교육을 시킨다 할지라도 이러한 추세를 절대로 바로잡지 못하리라고 제언했다. 불행하게도 그때 개논 박사가 로마 카톨릭의 영향이 강했던 뉴욕시에서 연설하셨는데, 그곳은 모든 청소년 범죄의 3/5이 일어나는 곳이었다(로마 카톨릭은 뉴욕시 인구의 1/5이라고 추정했다). 또한 로마 카톨릭은 미국의 수감인구를 비교할 때 2배 이상의 범죄자를 양산하고 있는 실정이다"(『개신교들에게 행한 설교』).

그리고 동일하게 일반적인 결과에 대하여 몬타노는 다음과 같이 언급하였다.

"카톨릭 학교에 개신교의 자녀들을 입학시킨 학부모들은 '그들이 보다 나은 교육을 받는다'는 신념을 빨리 버리고 경성해야 한다. 실제적으로 그들의 교육은 우리의 교육적 권리를 무시할 정도로 형편없는 수준이다. 공립학교의 부족한 부분들이 카톨릭 학교에서 일어나고 있는 굉장한 무지에 비하면 상대도 안된다.

　미국의 많은 카톨릭 학생들이 무식한 교사들에 의해 교육을 받고 있다. 그들을 가르치는 수녀들은 미국의 정치조직, 미국의 민주주의에 대하여 무식한 사람들이고, 더욱이 문법적으로 틀린 부분들이 너무도 많이 발견되었다. 역사와 문학, 예술 등을 가르치면서 왜곡되고 채색된 부분들이 너무나도 많다는 사실은 자명하다.

　예를 들어 '종교재판'이라는 단어를 카톨릭 학생들이 거의 모르고 있는 실정이다. 만일 전적으로 언급되었다면, 종교재판은 성모 마리아 교회의 직무가 합당한 권위들을 위해, 골치아픈 정치적으로 바람직하지 못한 데서 돌이키도록 유도하는 정치적인 계획으로 나타났을 것이다. 동일한 설명이, 교회의 책임성을 회피하고 정치적 참여자들에게 모든 책임을 맡기도록 하려는 의도에서 비롯된, 잔다아크의 화형 집행이었다.

　또한 이 정책은 최근 콜롬비아인 핍박 조치를 따랐다. 그러나 이러한 경우들에서 정치적 권력자들이 로마 카톨릭의 묵인과 그들의 결정에 로마 카톨릭의 의지가 가미되어야만 했다는 사실을 가졌었거나, 가지고 있다는 것이 절대로 드러나지 않았다.

　자신들을 노출시키지 않기 위해 속임수를 폈던 로마 카톨릭은 작은 어린아이들까지라도, 분개와 저주로 개신교도와 개신교 사상에 대해 비방할 기회를 잃지 않았다.

　사회과학에서 자연과학으로 전환하는 시점에서, 우리는 아직도 뒤떨어진 그들을 발견하게 된다. 미국이 단 한 명의 주요 로마 카톨릭 과학자를 자랑하지 못하는 것도 우연이 아니다. 로마 카톨릭이 이런 사실은 과학을 두려워하여, 만일 갈릴레오의 철회 시기에 그랬었다면 과학을 억압했을 것이다. 로마 카톨릭의 진정한 염려는 과학이 때로 자신들의 잘못을 증명한다는 사실에 기초를 두고 있다. 정규대학에 입학 요구조건을 따지기 전에 개인적인 면담의 필요가 카톨릭 학생들에겐 공통적인 경험이다"("기독교 유산", 1959. 3.)

　교구부속학교의 고정된 목적 중에 하나는 로마 카톨릭과 공동체의 다른 종파 사람들 사이에 벽을 쌓는 것인데, 학생들 뿐 아니라, 부모들까지라도 그러며, 그들을 미국 생활의 자유화된 경향에서 고립화시키는 것이다.

　교구부속학교의 아이들은 오로지 로마 카톨릭 교회가 '참' 교회이며 다른 교회는 '거짓' 교회이고, 다른 교회에 출석하는 것이 '하나님과 신앙에 대한 죄악'이라고 교육을 받는다. 그들은 또한 결혼에 있어서 오직 사제만이 주례를 설 수 있다고 하며, 목사와 주의 관리가 행한 주례는 '결혼의 시도'일 뿐이라고 가르쳤다. 그런 교훈은 가장 악독한 독단이다. 덧붙여서 교구학교에서 행하는 교훈의 90% 이상이 무식한 수녀와 사제들에 의해서 이루어지며, 그들은 교황청의 허락이 없이는 임의대로 책과 잡지들을 추천하지 않는다. 이들은 학교 위원회에 있지 않으며, 교구 주교의 절대 권한 아래 있다. 그러므로 교구부속학교의 편협성은 부인할 수 없으리만큼 많은 증거로써 증명되었다.

로마 카톨릭 교회가 그렇게 공립학교들을 반대하였기 때문에, 하나의 의문이 제기된다. 로마 카톨릭 신자들이나 성직자들이 공립학교에서 교육하는 행위를 허락해야 되는가이다. 우리의 대답은 만일 그들이 교황청과 밀약을 맺지 않는다면 가능하리라는 것이다. 개신교인들이 스페인에 있는 학교에서는 교육하지 못하도록 되어 있다. 다른 로마 카톨릭 국가에서도 이것은 매우 어렵다. 그러나 로마 카톨릭주의자들은 미국에서 교육을 수행하도록 허락되어 있는 실정이다. 그 뿐 아니라 어떤 곳에서는 편애까지 한다. 1933년에 뉴욕 주에서 통과시킨 한 법률은 교수의 입장에 대한 응시자들의 종교동맹에 관한 연구일지라도 처벌하도록 하나의 위반조항을 만들었다. 그러므로 그런 주의 시민들은 종교의 자유와 언론출판의 자유도 누릴 수 없게 되었다. 이 주제에 대하여 자첼로 박사는 다음과 같이 언급하였다.

"로마 카톨릭 교회는 우리의 공립학교를 정죄하고 반대하는 데 주저하지 않았다. 왜 카톨릭의 추종자들은 공립학교에서 가르칠 것을 허락해 달라는 것일까? 당신의 상품이 부패했으니 자신의 친척이 경영하는 가게에서 상품을 구입하라고 권유하는 사람을 당신은 채용하겠는가? 당신은 경쟁하는 상대편 상점에 재정적으로 도와줄 수 있는가?

이렇게 하는 상인은 아무도 없을 것이다. 그러나 우리의 정부는 고의적이고도 공식적으로 우리의 교육제도와 위배되는 교사들을 고용했을 뿐만 아니라, 로마 카톨릭 교회에 재정적인 지원까지도 하고 있다.

만일 미국의 공립학교들이 로마 카톨릭의 자녀들을 위해 충분하지 않다면, 진정한 미국인 부모들은 로마 카톨릭에 의하여 행해지는 교육이 그들의 자녀들에게 얼마나 나쁜지도 생각해야 한다"(*Ins and Outs of*

Romanism, p. 170)

대부분의 주에서는 교구부속학교에서 다음과 같이 요구하는 것이 없다.

⑴ 공립학교의 표준을 따르라.
⑵ 어떤 최소한의 필요들을 채우라.
⑶ 그들의 참석을 보고하라.
⑷ 공립교육청에 연례보고서를 제출하라.
⑸ 주정부에 의해 통제받으라.
⑹ 주정부의 규칙에 따라 등록하라.
⑺ 공립학교와 같이 어떤 자격을 갖춘 교사들을 요구하라.
⑻ 공립교육청에 등록된 교사들을 요구하라.

8. 교구부속학교들을 원조하는 각 주와 연방정부

미국에서 로마 카톨릭의 성장은 자연히 교구부속학교들의 증가를 수반하였다. 한때 그들은 봉급없이 봉사하는 형편없이 무식한 수녀들을 교사로 채용하기도 했으며, 단독 건물도 없이 부속 건물에서 교육을 해왔던 것이다. 그러나 최근에는 로마 카톨릭 교회가 그들의 학교를 성장시키는 데 괄목할 만한 성과를 만들어 내었다. 그들의 열광적인 행위는 그들의 궁극적인 목표가 공립학교를 떠맡는 것이었기 때문에, 그들이 자신들의 세력이 우세한 지역에서 수행했던 대로 하고자 하는 강한 의지를 보여준다. 그러나 그들이 그런 행동을 수행하기 전에, 공립학교에 대하여 흑색선전을 유포하며 그 존립을 위태롭게 만들어야 했다. 그들은 첫번째로 작은 이익들을 얻으려고 시도함으로 시작했다. 항상 그들은 버스 교통 요금을 청구함으로 시작한다. 어떤 곳에서는 이것이 이제 준비되었고, 때로 주 또는 지역법에 의하여 이루어지기도 하며, 공식적으로 하자가 없다면 법의 보호없이도 이루어지기도 하였다. 그러나 자유 버스 교통은 그들을 편하게 내버려 두지 않았다. 대신에 그것은 더 많은 요구들의 도약판과 같이 오로지 봉사하는 일 뿐이었다. 결국에 가서는 이러한 계획들이 '학교버스 방해'라는 이름으로 불리게 되는 결과를 초래하였다. 다음 단계는 무료로 베푸는 점심식사와 무료교과서, 무료학용품 등의 명목으로 대금을 요구하게 되었다. 이 계획도 교사들의 임금지불과학교건물 건립 등에 소요되는 경비를 주정부나 연방정부에 요청하기 위한 계략이었다. 그러나 결과적으로는 주정부가 로마 카톨릭의 학교에 원조금을 지불하지 않으면 안되게 상황이 전개되었다.

학교버스 제도에 관하여 최근 "교회와 국가"라는 잡지에서는 다음과 같이 말하고 있다.

> "오늘날 학교에 다니는 세 어린이들 중에 한 명 꼴로 반드시 이 제도를 이용하게끔 되어 있다. 공립학교의 이러한 교통제도에 소요되는 예산은 일년에 4,170,000달러이다. 그 중에서 교구부속학교에 다니는 학생들을 기초로 하여 학생 1인당 37달러를 친다고 하여도, 로마 카톨릭의 학생들에게 들어가는 연간 교통비가 6,100,000달러를 초과하고 있다"

공립학교의 바르지 못한 교육환경을 개선하기 위하여 신축건물을 세우고자 투표에 붙였던 여러 지역에서는 로마 카톨릭이 자신들의 교구부속학교로 동일하게 개선시킬 목적으로 방해하기 때문에 번번히 실패하고 말았다. 로마 카톨릭은 미국의회에서 교육조달금을 사용하도록 하는 의안을 처리할 때 교구부속학교에 대한 보조계획이 들어있지 않으면 어떠한 연방 원조계획안도 반대하도록 조치를 취해 놓고 있다. 그러나 1960년 여름에 푸에로토리코에서 로마 카톨릭은 이와 같은 계획을 효과적으로 추진하기 위하여 로마 카톨릭 정당을 만들었으나 입법과정에서 참담한 패배를 맛봐야 했다는 사실에 주목할 필요가 있다. 그렇지만 1960년 총선에서는 그런대로 명맥을 유지하였다.

로마 카톨릭 학교의 경상비를 세금으로 대치시키려는 노력은 최소한의 성과만을 올리게 되었다. 대부분의 개신교단들은 교구부속학교를 위해 공공기금을 소비하는 데 강하게 반발하고 나섰으며, 이러한 움직임으로 다른 나라에서처럼 국가세금이 국가로 귀속되지 않으며, 오히려 로마교황청으로 유입시키려는 의도가 제대로 성사되지 못하자 로마 카톨릭은 조바심을 느끼게 되었다. 그들이 교구부속학교를 위해 연방정부의 원조를 받으려는 자세는 비카톨릭 신자가 80%이상인 나라에서 겨우 1/7만이 그들의 학교에 입학하고 있는 실정에서 본다면 어불성설이다. 그러나 세금원조에 대한 노력은 끝나지 않았고 지금도 진행 중이다.

미국의 최고법정은 헌법의 1차 개정안을 공포함으로써 국가와 교회의 분리원칙을 확정하였다. 무료버스 교통제도는 판사들이 5:4로 투표하여 이견이 분분한 가운데서도 인준하게 되었다. 이 점에 대하여 교구부속학교에 호의를 가지고 있었던 오리겐주의 순회법정 판사인 홀만은 국가의 그러한 원조가 불합리하다고 생각하였으며, 그의 견해로는 교구부속학교의 합법성에 호의를 갖고 찬성투표를 던진 5인의 최고 법정의 대법관들이 잘못되었다고 했으며, 그보다 소수인 4인 대법관들의 견해가 옳다고 보았다. 이러한 결정에 대한 그의 견해는 다음과 같다.

"공립학교와 분리를 추구하는 종교집단에게 원조하는 행위는 당연히 그들의 종교세력의 확장에 도움을 주게 된다. 이러한 학교의 존립에 있어 궁극적인 목적이 종교의 성장을 유도한다는 데서 결정적인 증거가 발견된다. 서적이든, 교사들이든, 교재도구든, 교통이나 잘 갖추어진 건물이든 하나도 다르지 않다. 사실 이 모든 것들은 그 학교와 교육진행에 절대적인 부분들이다. 그들은 자신들의 종교사상을 가미한 교육과정을 설정하였다("교회와 국가", 1960. 4.).

로마 카톨릭의 교구부속학교는 그들이 절대시하는 예배행위와 동등하게 절대적인 부분이다. 교구부속학교는 항상 교회의 성장과 동일하게 발전하였다. 매우 많은 경우에서 교회와 학교의 재정은 일원화되었다. 그런 학교는 공립학교의 분위기가 아니었다. 건물들은 그들의 소유가 아니라, 미국 국민의 소유였다. 공립학교의 소유권은 학교위원회나 시의회에서 선출된 사람들로 구성된 지역공동체에 귀속된다. 그러나 교구부속학교는 로마 교황의 통제권 아래 있는 주교에게 소유권이 귀속된다.*

또 다른 차이는, 공립학교에서는 교수나 학교 행정책임자를 투표에 의해 선출하는데, 교구부속학교에서는 이들에 대한 선출이 지역 사제의 통제에 의해 오로지 주교의 권한에 따라 좌우된다. 만일 공립학교의 교원이 억울하게 해고되거나 비합리적인 교육에 대하여 이의를 제기할 경우, 그는 시법정

---

* 이 단락은 1971년 6월 28일에 미국의 최고법원이, 특정한 제한 내에서 신학교와 신학대학에 연방기금을 지원하도록 허락하는 1963년의 고등교육 시설 법령을 5:4의 근사한 표차로 지지할 때, 반대의견을 제시했던 더글라스, 블랙, 그리고 마샬 등 세 판사들에 의해 인용되었다.

을 통해 진의규명을 요구할 수 있으며 청문회를 요구할 수도 있다. 그러나 만일 교구학교에서 이러한 일이 벌어질 경우에는 누구든지 속수무책이다. 납세의무자들이 공립학교에서는 발언권이 있으나, 교구부속학교를 지원하는 사람들에게는 어떠한 경우에서나 발언권이 주어지지 않는다.

이러한 문제는 때로 로마 카톨릭의 부모들이 공립학교세와 교구부속학교세를 내야하는 이중의 과세부담을 가지게 되었다. 그러나 이중세의 부담이 규정화되어 있지는 않다. 그들은 어느 곳에서든지 합법적인 의무를 감당함으로써, 그들은 자신들의 자녀들을 공립학교에 보낼 특권도 가지고 있다. 공립학교에는 카톨릭의 자녀들에 대한 차별이 없다. 그러나 그들이 로마 카톨릭 정책과 교리에 의해 통제되는 교구부속학교를 선택한다면 그것도 그들의 특권이지만, 그들은 그 학교에 자녀의 교육비를 지불해야만 한다. 그러나 이러한 문제는 그들의 교회와 자신들 사이에서 벌어지는 문제다. 만일 그들이 어떠한 불만이 있다면, 그런 학교를 유지하고 세우도록 자신들에게 명령한 그들의 주교들과 사제들에게 책임을 물어야 한다. 만일 우리 중에 어떤 사람들이 공립학교세를 부담하는데도 로마 카톨릭 학교들을 지원하도록 요구를 받았다면, 그것이 바로 우리에게 이중부담을 안기는 결과가 되는 것이다.

더 나아가 자녀가 전혀 없는 많은 사람들이나, 미취학 아동을 키우고 있는 부모들이나, 이미 교육을 다 마친 부모들이라도 또한 동일하게 교육세가 징수되고 있다. 그러나 그들은 자신들의 지역사회를 위해 기쁨으로 의무를 감당하고 있다. 만일 로마 카톨릭의 요구가 정당하다면, 공립학교에 자신의 자녀들을 보내고 있는 학부모들일지라도 교구부속학교세를 지불해야 하며, 또한 그들은 자녀들의 숫자에 비례하여 교육세를 지불해야 될 것이다.

간단한 예를 들어보자. 한 주에서 길을 포장했다고 가정하자. 그 길은 공공기금으로 마련되었다. 이 길은 공동의 소유임으로 어느 누구든지 그 길을 이용할 수 있다. 그러나 만일 또 다른 단체에서 공공도로와 대등하게 그들 자신의 도로를 마련하기 원한다면, 그들은 그렇게 할 수 있다. 그러나 그들이 우리에게 그 비용을 지불하라고 요구할 권리는 없는 것이다. 그들이 마련한 도로는 그들의 도로이다. 그렇기 때문에 그들이 자신들이 마련한 도로 건설경비를 지불해야 되는 것은 상식이다.

우리의 미국은 '종교의 자유'가 있는 국가다. 수많은 나라에서는 아직도 우리가 누리는 이러한 특권을 누리지 못하고 있는 곳이 허다하다. 그러나 종교의 자유는 항상 조세의 납부라는 의무이행을 통해서 유지되어 왔다.

그러므로 공공기금은 오직 공적인 일에 쓰여져야 하며 동시에 사적인 기금은 얼마든지 사적인 일에 쓰여질 수 있다. 즉 사적인 기금은 도로사업이나 학교건립, 도서관 건립, 수영장 등의 어떤 일에도 쓰여지도록 하자. 로마 카톨릭주의자들은 스페인에서 개신교인들이 모든 조세부담에 기쁨으로 참여하고 있음에도 불구하고 개신교 계통의 사립학교를 인가하지 않고 있다는 사실을 기억하자.

"디트로이트 소식"지는 이러한 학교문제에 대하여 다음과 같이 언급하고 있다.

"모든 주에서는 모든 어린이들이 공공세로 교육혜택을 받아야 된다는 사실을 천명하였다. 왜냐하면 이렇게 교육받은 아이들이 우리 조국의 핵심적인 위치를 차지할 것이기 때문이다. 자기 자식만을 위해 교육세를 내는 부모는 아무도 없다. 모든 학부모들은 모든 학생들을 위해 교육세를 담당하고 있다. 그들은 지역단체가 공공교육을 위해 교육세를 부담해야 된다고 명시하였다. 이러한 명시를 좋아하든 좋아하지 않든, 이것은 우리 주가 예비한 문안이다. 그렇기 때문에, 어린이들은 '2등국민'이 아니다. 왜냐하면 어떤 어린이들도 학교로부터 금지되어 있지 않기 때문이다."

요 근래 추기경 스펠만은 연방정부가 교구부속학교 뿐만 아니라 공립학교를 동등하게 원조해야 될 것을 요구하였다. 그는 정부가 로마 카톨릭 학교에 연방정부의 기금을 원조하지 않는다면, 그 정부는 '차별대우'의 죄악을 범하게 될 것이라고 주장했다. 이 점에 대하여 아처는 다음과 같이 언급하였다.

"실제로 만일 미국 정부가 특정종교를 육성하기 위해 비카톨릭계 사람들에게 강제로 교육세를 징수했다면, 그 정부는 차별대우의 범죄를 저질렀다고 할 수 있다. 미국의 카톨릭 신자들은 종교적인 차별없이 공립학교를 선택할 수 있는 선택의 자유를 보장받았었다. 만일 그들이 주교들의 압력으로 자유로운 선택을 할 수 없다면, 그들은 교구부속학교를 위해 예산을 충당하는 납세자들을 요구할 수 없게 될 것이다"("저녁별"⟨The Evening Star⟩, 1962. 1. 19.).

만일 카톨릭주의자들이 교구부속학교를 일정한 영역에 올려 놓는다면, 힐-버튼(Hill-Burton) 병원 건립 계획과 다른 거대한 사업들에 소요되는 경비를 요구할 수 있을 것으로 기대되며, 조만간에 미국의 각 주와 각 지역에서 로마 카톨릭 정당의 후보자들이 좋은 결과를 얻을 수도 있다.

정교분리의 원칙을 고수하는 미국의 제도하에서 모든 개신교 교회들은 자신들의 권익 옹호를 위하여 자발적으로 기금을 조성하였다. 로마 카톨릭 교회도 이와 동일한 활동을 하려고 시도할 것이다. 연방정부와 주정부가 로마 카톨릭의 계획을 지지하면서 공공기금으로 보조하는 행위는 정당한 처사가 아니다. 만일 그러한 특권이 행해지고 있다면, 개신교에서도 그 숫자에 비례하여 그들과 동일한 대우를 받아야만 한다. 그러나 개신교도들은 그런 도움을 원치 않으며, 거의 모든 경우에서 극히 타당하다고 하여도 그러한 도움을 받지 않는다. 그들은 다만 공공기금으로 특정한 종파를 지원하는 정부의 시책에 반대하는 것이다.

최근 몇 년 동안에 연방정부가 교육에 투자할 계획으로 마련한 기금이 로마 카톨릭의 반대에 부딪혀서 실효를 거두지 못하고 있는 실정인데, 그들의 반대 이유가 교구부속학교들을 포함시키지 않았다는 사실에 있었기 때문이다. 연방정부가 교육에 보조금을 지출하는 행위가 지혜롭든 지혜롭지 않든 간에 여기서 언급할 문제는 아니다. 그러나 문제는 로마 카톨릭의 절반 이상의 아이들이 공립학교에 다니고 있다는 사실이다. 로마 카톨릭은 각 지역에서 인구에 비례하여 대표로 선출되어 학교위원회에 참여하고 있다. 그리고 공립학교에서의 로마 카톨릭계 교사들의 비율은 각 지역에서 그들이 차지하는 비율과 비교해서 초과되고 있는 실정이다. 그러므로 그들은 실질적으로 우리의 공립학교제도를 통해 상당한 유익을 얻고 있다고 할 수 있다.

교구부속학교가 지방공공기금을 맡아두고 있다는 논의는 좀 과장된 듯싶다. 첫째로 각 지역정부는 로마 카톨릭 교회에게 이러한 문제로 원조를 요청하지 않는다. 둘째로 로마 카톨릭 교회는 미국의 시민정신을 교육하지 않으며 자신들의 교리를 주입하는 교육을 실행하기 때문에 지방정부 원조를 받지 못하는 그런 학교들을 양산한다. 셋째로 많은 사람들은 교구부속학교의 교육에서 초래되는 적대감과 분리의식에 익숙해지기보다는 모든 청소년들이 선입견을 갖지 않고 공평한 교육을 받도록 세금의 의무를 감당하는 편이 더욱 바람직하다고 생각할 것이다. 결과적으로 학부모들은 로마 카톨릭이 교구부속학교에서 교육받은 어린이들로 하여금 인간공동체의 사회생활에서 괴리시켜 정상적으로 활동하지 못하도록 훈련시키고 있다고 생각할 것이다.

영국 정부는 그들이 필요하다고 하는 예산의 75%나 되는 경비를 로마 카톨릭과 성공회의 유지비와 건물 신축 등의 경비로 보조하고 있으며, 어떤 학교의 경비에 있어서는 95%까지 보조를 해주고 있다. 그러나 로마 카톨릭은 만족할 줄 모른다. 그들은 공립학교와 동일한 재정지원을 요구하고 있다. 드골 대통령하에 있는 프랑스에서는 드골 대통령이 로마 카톨릭의 원조요구를 거의 다 받아들였음에도 정부의 입장에 대해선 고려도 않은 채, 완전한 교육보조를 요구하여 정치적인 위기를 초래하였던 사건이 1960년에 있었다. 스페인에서도 이와 동일한 분위기가 형성되어 그들의 학교들은 전적으로 국가의 보조에 의해 운영되고, 교육의 구체적인 면들인 교과과정, 교사채용, 학교행정의 문제는 모두 로마 카톨릭의 수종에 있는 실정이다. 개신교계 학교들은 전면적으로 금지되어 있다.

교구학교에 대한 연방정부와 주정부의 자금지원에 대한 문제에 관해서 최근의 "국가와 교회"지에 "그들은 자금을 필요로 합니까?"라는 제목으로 이 주제를 관심있게 다룬 글이 있어 인용한다.

"청빈을 추종하는 로마 카톨릭 교회의 말할 수 없는 진풍경이 우리를 잠시 머뭇거리게 한다. 이 교회는 가장 거대하고, 가장 부유한 모든 기독교의 총체이다. 이 교회는 실질적으로 크로에수스(Croesus)보다 부유하다.

로마 카톨릭 교회는 공식적으로 그 재산을 두려움없이 공개할 정도로 엄청난 자산을 가지고 있다. 이들은 연방정부의 보조금이나 대부를 받아야만 만족하는 조직체이다.

버팔로 교구의 신용비율은 무진장한 로마 카톨릭의 금융정보를 얻게 한다. 한 교구에서만도 자산이 2억 3천 6백만 달러나 된다. 이것의 평균 총 수입은 2천 4 1/2백만 달러이다. 미국 회원수인 4천만 명의 전체 재산이 11조달러와 비례하여 버팔로는 860,000만 명인데 2억 3천 6백만 달러라는 것이다.

로마 카톨릭의 4천만만 명이나 되는 헌신자들의 수입잠재력을 계산한다면, 그들의 재정능력이 미국정부 예산과 비슷하다는 사실에 직면하게 될 것이다. 이것은 정부원조를 필사적으로 요구함으로 비용을 부담시키려는 조직체이다. 그런데도 왜 로마 카톨릭이 자기들의 교구부속학교에 연방정부의 도움을 요구하는 것일까? 우리는 그 이유를 안다. 그 이유는 재정적인 문제에 있지 않다"(1961. 5.)

미국 교회들이 소유한 재산에 대하여 라손(M. A. Larson)과 로웰은 『교회의 재산, 총수입, 면책』이라는 저서를 발표하였다. 그 중에서 가장 부유한 교회는 로마 카톨릭 교회로서, 그 자산과 비공개재산은 다음과 같다. 주식, 채권, 부동산 투자가 130억 달러이며, 사업재산이 120억 달러, 개인재산 9억 달러, 종교적으로 사용하는 부동산이 540억 달러 모두 합하면 800억 달러 된다. 이 많은 재산들이 521개나 되는 로마 카톨릭 단체들에 귀속되어 있다. 민간수입은 헌납이 50억 달러, 사업이 12억 달러, 이자수입이 6억 5천만 달러, 기타가 15억 달러이며, 총 수입이 80억 달러를 넘는다. 더군다나 정부기금 수입이 40억 달러를 초과하고 있다.

그들이 소유한 재산의 엄청난 규모는 기타 여러 나라의 카톨릭 신자들의 재산까지 계산한다면 실로 천문학적이라 할 수 있다. 그럼에도 불구하고 교구부속학교의 교육예산을 위해서는 그 엄청난 재산을 거의 사용하고 있지 않은 실정이다. 어떤 개신교 교회들은 그들의 필요이상의 부를 가지고 있기도 하다. 그러나 대부분의 복음주의 교회들은 수입과 지출을 매우 공정하게 집행하고 있다. 그러나 많은 교회들이 재정난으로 여러가지 난관에 봉착하고 있는 실정이다.

9. 로마 카톨릭이 우세한 나라에서의 교육

로마 카톨릭이 주도권을 행사하고 있는 나라에서 문맹률이 높다는 사실은 우연이 아니다. 포르투갈인들의 절반가량이 쓸 줄도, 읽을 줄도 모른다. 유럽에서 가장 유력한 카톨릭 국가인 스페인은 오히려 가장 후진국이며 문화수준도 가장 낮다. 이탈리아의 문맹률도 상당히 높은 편인데, 이는 로마 카톨릭 교육청이 로마 카톨릭을 이탈한 어떠한 초급학교도 세울 수 없도록 압력을 가해왔기 때문이다. 400년 동안 종교적인 분쟁없이 로마 카톨릭이 독주해 온 멕시코에서는 문맹률이 30~60%나 되며, 어떤 곳에서는 70%에까지 이르고 있다. 5,800만의 인구를 가지고 있는 브라질에서는 그 중에 3,000만이 문맹자이다. 콜롬비아 정부의 보고에 따르면, 콜롬비아인들의 42%가 교육을 받지 못한 사람들이다. 캐나다의 퀘백주는 로마 카톨릭이 유력한 지역인데도 다른 주보다 교육수준이 낮은 상태에 있다. 1943년까지만 해도 퀘백주의 교육은 주입식 강제교육이 아니었다. 이러한 국가들을 통하여, 우리는 사람들을 위압하기 위하여 장엄한 성당을 건축하고 사제권을 강화하기 위해 엄청난 재정을 허비하면서도 교육에는 절대적으로 무관심한 로마 카톨릭 국가들의 전형적인 실례를 보았다.

로마 카톨릭 국가라고 할 수 있는 나라에서 문맹이며 미신에 사로잡힌 사람들이 그들의 교리에 무조건 순종하고 있으며, 그들의 고의적인 정책이 그들을 문화적으로 뒤떨어진 상태에 처하도록 한 원인이 되었다. 라틴 아메리카에서 행한 개신교들의 선교사역과 계몽활동으로 이 지역들의 문맹률은 감속하고 있는 대조된 현상이 벌어지고 있다. 그럼에도 불구하고 로마 카톨릭의 보고서에는 대중에 대한 계몽이 현저하게 실패를 거듭하고 있음에도 그들은 자신들이 완벽하게 이러한 책임을 감당하였다고 주장한다. 그들의 지도자들과 사제들은 '지식은 힘이다'라는 말에 합당하게 학문과 논리적 기술에 탁월하였다. 그러나 로마 카톨릭은 대다수의 추종자들이 교육을 통해 뛰어나도록 하지는 않는다. 대신 그들은 자신들의 이득을 위해 교육을 교묘히 이용하여 무지한 추종자들을 통제하고 있다. 세계에 퍼져있는 로마 카톨릭 교회는 하나의 견고한 단일조직으로 로마 교황의 절대권력하에 있으며, 미국내에의 추기경과 주교를 임명하는 교황이 역시 라틴 아메리카에의 추기경과 교황을 임명하는 동일한 교황이고, 그리고 로마의 조직체계내에서 활동하는 교회가 자신의 관할권안에서는 사람을 파송하고 재정을 공급하며 학교를 지원할 수도 또는 그 지원을 중단할 수도 있는 완벽한 자유를 소유하고 있음을 염두에 두는 것이 중요하다.

개신교 국가에서 로마 카톨릭 교회는 부분적으로 적대감과 열등의식으로 열세에 몰려 있으면서도 라틴 아메리카에서 수행한 정책과는 완전히 다른 정책을 수행하고 있다. 세계 어느 곳에서도 발견되는 보편교육을 이미 오래 전부터 시행해 왔던 미국에서는, 우리가 그들의 교구부속학교가 별로 요구되지 않는다고 생각함에도 불구하고, 로마 카톨릭 교회는 대대적인 교육사업을 벌이고 있다. 이와 동일한 정책이 영국에서도 벌어지고 있다. 이러한 나라에서 로마 카톨릭의 신도들은 고등학교들과 대학들을 요구하고 있기 때문에 할 수 없이 스페인이나 이탈리아, 라틴 아메리카에서는 찾아볼 수 없는 이러한 교육기관들을 세워놓고 있는 것이다. 미국에서 그들은 수백의 병원들과 대학들, 세인트루이스에 있는 디스마스 하우스(Dismas House)와 같은 여러 특별한 기관들을 건립하였다. 그러나 여기서 우리는 로마 카톨릭 교회가 내세우는 전형적인 교육기관은 발견하지 못한다. 그렇지만 우리는 그들이 개신교와 경쟁하기 위해 '전시용 종교'를 내세우고 있음에 주의해야 한다.

교구부속학교와 카톨릭계 학교가 진실로 무엇이며, 그 교육기관의 결과가 무엇인지에 대하여 알기 위해, 우리는 로마 카톨릭이 오랫동안 주도권을 행사하고 있으며 완전히 주도권을 장악한 나라들의 예를 주시해야 한다. 우리가 그 나라의 로마 카톨릭주의를 주시할 때 우리는 무지, 미신, 빈궁, 부도덕 등과 같은 부정적인 산물들을 발견하게 될 것이다.

10. 기독교 학교

많은 기독교인들이 공립학교에서 성경을 가르치지 않고 기독교 관련 서적으로 공부시키지 않으며, 반기독교적 교재를 사용한다는 이유로 공립학교를 거부하였다. 이러한 경향이 공립학교와는 구별된 기독교 계통의 사립학교를 세우도록 하였다. 그러나 국가는 하나의 세속기관이며, 국가와 교회가 분리된 우리의 자유세계에서는 국가가 공공세금으로 어느 특정한 종교를 보조할 수 없다. 그러나 정부가 교육을 감당하며, 결과적으로 모든 학교들을 세속화시키는 경향을 낳았다. 세속적인 학교에서는 학생들이 종교적으로 무지한 추세여서, 실제적으로 비종교화 경향이 뚜렷하며, 인간중심적인 진화철학을 교훈하고 있다.

이후 정부의 불합리한 배려로 특권을 누리고 있는 학교는 카톨릭 계통의 사립학교와 교구부속학교들이다. 이러한 특권은 미국최고법정의 판결로 확고하게 되었다. 로마 카톨릭 교회로부터 통제받는 교구부속학교에 대하여 강하게 반박할 동안 진정으로 승인할 만한 교과과정과 기독교적 분위기에서 이루어지는 또 다른 학교제도가 생겨났다. 이것은 일반적으로 '기독교 학교'라고 알려져 있다. 이 학교는 각 지방의 기독교신자들의 조직체에 의해 통제되고, 보조를 받는 것이지 교회 단체나 특정한 교회에 의해서 통제되지는 않는다. 이 학교는 본질적으로 기독교의 어느 종파적인 경향이 있으며, 지역사회에서 모든 복음주의 교회에 속한 아동들과 입학허가를 받은 기타 학생들을 교육시키게 되어 있다. 이들 교회는 로마 교황청과 계약을 체결하는 교구들과 다르기 때문에 만일 부모들이 공립학교를 선호한다면 그들의 자녀들을 기독교 학교로 보내도록 강요받지는 않을 것이다.

　미국에서 최초로 세워진 학교들은 가정이나 교회에서 가르치던 사립학교였다. 때로 그들은 그 지역을 보살피는 목사에 의해 조직되어 교육을 받기도 하였다. 성경이 가장 중요한 교과서였으며, 어떤 경우에는 성경밖에 없는 경우도 있었다. 그러한 교육이 상당히 가치있다는 사실을 인정함에 따라서, 지역사회와 정부가 폭넓은 교과과정을 마련하여 이 과업을 넘겨받았으며, 이렇게 된 다음에 실시된 그런 교육은 일반적이고 필수적인 교육이 되었다.

　우리는 기독교 교육이 아이들의 삶 속에서 가장 중요한 일임을 믿는다. 그런 교육의 책임은 전적으로 부모들에게 있었다. 구약시대에 계명은 부모들이 가정에서 입으로 성경을 가르쳐야 한다고 명하고 있다. "오늘날 내가 네게 명하는 이 말씀을 마음에 새기고, 네 자녀에게 부지런히 가르치며 집에 앉았을 때에든지 길에 행할 때에든지 누웠을 때에든지 일어날 때에든지 이 말씀을 강론할 것이며"(신 6:6~7). 이 계명은 가정이 하나님의 말씀으로 이루어져야 한다는 것이다.

　그러나 많은 부모들이 자녀들에게 이러한 교육을 시킬 수 없기 때문에, 이 학교는 그러한 효과를 줄 수 있으므로 매우 위대한 축복이 있게 된다. 이러한 이상적인 생각은 성경의 교훈이 학과과정의 일부로서 포함된 기독교 국가에서나 가능한 일이다. 이런 상황이 현재에도 실현되지 못한 상태이며, 미래에도 실현불가능할 것이다.

　우리가 정교분리를 강하게 요구하기 때문에, 기독교가 삶의 영역에서 주도적인 역할을 감당하지 말라는 의미가 아니다. 이 의미는 정부이든 학교이든 어떤 특정한 종교에 의해 통제받지 않는 것이 거짓종교에 의해 통제받는 것보다는 낫다는 의미이다. 미국 내에 있는 대부분의 지역 공동체들은 공립학교가 어떤 특정한 종교교육을 시도하지 못하도록 개신교, 로마 카톨릭, 유대교, 다른 소수단체들의 대표로 위원회를 구성하였다.

　그러나 공립학교에서 실시하는 인문과목과 자연과학 계통의 교육만으로는 아동교육에 충분하지 못하며, 만일 그들이 삶 속에서 진정한 선교적 삶을 살기 원한다면 가르침을 받아야만 한다. 교과과정에서 종교과목의 생략은 학생들에게 종교가 별로 가치가 없으며 중요하지 않다는 인상을 주게 될 소지가 많다.

　이러한 필요를 해결하기 위해서는 여러 가지 계획들이 요구되기도 하였다. 하나는 공립학교에서 주기도문과 적당한 기도를 허락하고, 설명없이 매일 일정한 성경구절을 읽히도록 하는 것이다. 그러나 그러한 교훈은 단지 기초적인 단계일 뿐이다. 공립학교에서 성경을 사용하고 주님의 이름으로 기도드리는 일만큼 더 큰 어려움이 제기된다. 또 다른 계획은 공립학교에 다니는 아이들이 매주 한 번씩 그들 자신의 교회에 개설된 종교교육반에 출석하도록 유도하는 것이다. 연방최고재판소는 1952년의 한 판례에서 자유시간에 대한 종교학급운영을 제도화하도록 조치함으로써, 그 종교학급들이 학교재산에 포함되지 않도록 예비하였다. 이러한 판례에 따라서 개신교 계통의 약 400만명의 어린이들이 매주 공립학교에서 자유롭게 되어 종교학급에 출석하게 되었다.

그렇지만 공립학교에서 기타 다른 과목들이 비기독교인이나 반기독교인들의 관점에서 교육된다면, 우리의 근심은 더욱 커지게 될 것이다. 우리가 믿는 최고의 계획은 개신교 기독교 학교의 설립이다. 왜냐하면 기독교신자인 부모들이 조직을 설립하고, 독립적인 건물을 임대하고, 공립학교와 다름이 없이 동일한 학문적 표준을 설정하여, 일반적으로 동일한 과정을 교육하기 때문이다. 그런 학교들은 초.중.고등학교의 과정들만 포함할 따름이다. 모든 과정들은 기독교 관점으로 교육된다. 게다가 그들은 성령으로 영감되고 권위를 가지고 있는 하나님의 말씀인 성경을 배울 수 있다.

그러나 자연적으로 하나의 의문이 제기된다. 사립학교들이 유지될 수 있을까? 대답은 당연히 긍정적이다. 수많은 지역공동체에서 그러한 사립학교들이 놀라우리만큼 성공적인 결과를 낳고 있다. 미시간주 그랜드래피즈에 본부를 두고 있는 기독교 개혁 교회는 이러한 학교들을 상당히 확보했다. 우리는 만일 그런 학교들이 주정부의 보조를 받지 않게 되면 유지할 수 없으리라고 염려되기도 한다. 그러나 오히려 더욱 활발하고 생명력있게 성장해 나가는 것을 본다. 이러한 기독교 학교에서 진정한 학문성의 발전과 보다 나은 자유와 능력을 개발하고 발전시킬 수 있다. 이러한 문제에 대하여 특별한 연구를 했던 러쉬두니(R. J. Rushdoony)는 "자발적인 기관으로서의 학교사회는 시설, 연구실, 행정, 유지비에 있어 공립학교보다 월등한 경제적 기초를 든든히 두고 있다. 이러한 월등한 기초로 기독교학교는 탁월한 결과들을 양산할 수 있었다"(*Intellectual Schizophrenia*, 장로교 개혁 출판사, 1961, p. 24).

그들의 탁월한 건축물들과 거대한 부대시설을 갖추고 있는 수천 개의 개신교 대학들은 개신교도들이 마음만 먹으면 무엇이든지 할 수 있다는 사실을 보여준다. 그런 학교들은 예배를 가장 중요시 여겨왔다.

국민학교와 중.고등학교 수준의 기독교 학교를 세워야 하는 타당한 이유들이 있다. 첫째는 기독교 진리의 교육과 기독교의 특징들을 확립하는 데에 있다. 물론 이것은 성경을 존중하는 학교에서 보다 효율적인 결과가 나타나리라는 것은 자명하다. 둘째로 헌신된 기독교 계통의 교수진들이 학생들을 진정한 신앙으로 인도한다는 이유이다. 셋째로 삶 속에서 배경과 목표가 다른 학생들과의 관계에서 기독교신자인 학생들이 원만한 관계를 유지하도록 인도해 주기 때문이다.

목사들과 평신도들이 교장, 교사, 학교위원회의 위원으로 기독교 학교에 종사하고 있다. 많은 교사들이 기독교 학교를 공립학교보다 선호한다. 그 공동체의 복음주의 교회들은 학교운명에 개입하지 않으면서도 도덕성과 재정적 후원에 성의를 다하고 있다. 그러나 만일 기독교 학교들이 정부의 재정적인 후원을 받는다면, 아마도 기독교 학교에 대한 신자들의 열정을 기대하기 어렵게 된다. 이러한 보조는 다만 불평만 일으킬 뿐이고, 다른 사업에 대한 성취의욕이 감소되고 만다.

기독교 학교는 공립학교와의 경쟁상대가 아니라 전체 공동체의 유익을 위해 우의적으로 그들과 공동보조를 취하여야 한다는 사실을 명심해야만 한다. 이러한 사실은 기독교 학교에서 실시하는 성경교육과 기독교교육으로 말미암아 공립학교로부터 이탈하려는 것이 개신교회들의 의도가 아님을 보여준다. 그러나 그러한 상황이 현재 존재하고 있으며 상당히 폭넓게 퍼져있다. 우리는 세속교육을 시키는 공립학교들이 모든 학생들이 그들에게 교육을 받아야만 한다고 주장해서는 안되고, 어떤 학생들은 교육혜택에서 제외시키는 행위를 해서는 안된다는 사실을 견지해야 한다. 교육은 원초적으로 부모들의 책임이다. 부모들은 그들이 원한다면 사립학교에 자녀들을 보내, 원하는 교육을 시킬 수 있다.

17 장

로마 카톨릭 교회의 도덕적 표준은 무엇인가?

1. 기본적인 원칙들
2. 술
3. 맹세들
4. 도둑질
5. 도박
6. 로마 카톨릭 교회와 미국의 범죄인구
7. 의문나는 병원의 업무들
8. 결론

로마 카톨릭 교회의
도덕적 표준은 무엇인가?

1. 기본적인 원칙들

개신교와 로마 카톨릭 교회의 강한 대조는 두 체계를 구별지어주는 도덕률들에서 발견되었다. 개신교에서는 이 기준을 직접적으로 성경에서 가져온다. 그것이 성경에 포함되어 있음을 보여주지 못하는 한, 도덕적 요구로서 사람에게 둘 수 있는 아무것도 될 수 없다. 성경을 기준으로 하는 요구들은 기독교인에게 양심의 문제가 된다.

그러나 로마 카톨릭 교회는 일차적으로 교회법에 기준을 두고 성경은 다만 이차적인 것이며 그 중심은 근거없는 것에서 인간을 강요하는 것이다. 사제에 의해서 해석된 대로 교회의 권위는 중요한 것이다. 그 결과 로마 카톨릭 교회는 양심을 자극하려는 것이 아니고 교황권을 지탱하기 위해 이러한 도덕적인 표준을 발전시켰던 것이다. 로마 카톨릭의 교리와 행위들은 직접적이든 간접적이든 성경의 가르침과 위배되며 비도덕적인 경향이 많다. 개신교에 의해서 악행이라고 간주되는 음주, 도박, 다른 행위들이 로마 카톨릭에 의해서는 그렇게 간주되지 않는다.

도덕론의 연구에서 로마 카톨릭 교회는 권위있는 리구오리의 교훈을 취한다. 그는 1839년 교황 그레고리 16세의 칙령으로 성자의 반열에 추종되었고, 교황 피우스 9세에 의하여 로마 교회의 박사로 선임되었다. 예수회 신도들이 "독성있는 진실들을 뿌리고 다닌다"고 악평했던 토마스 카알라일은 리구오리에 관하여 다음과 같이 기록하였다.

"보다 두려운 사실은 로마 카톨릭 교회가 '박사'로서 '성자'로서 인정한 리구오리의 '도덕신학'이다. 그의 서적들은 로마 카톨릭 신학교에서 교재로 사용되고 있다. 만일 그들이 라틴어로 된 그의 책을 읽을 수만 있다면, 리구오리의 '도덕'적 가르침이 모든 신실한 사람들을 두려움으로 유도할 것이다. 왜냐하면 그가 진실이 아닌 거짓말을 해도 된다고 하였으며, 다른 사람의 재산을 훔쳐도 도둑질하는 행위가 아니라고 하였으며, 인간의 죄가 아니더라도 십계명의 교훈이 깨질 수 있다고 하였기 때문이다."

리구오리의 도덕적 가르침의 예를 보자.

"한 종은 주인이 간음하는 것을 돕기 위해 창문으로 기어올라 갈 수 있다"(성. 알폰수스, 1, 22, 68).

"한 사람이 술을 마시고 한 시간 이상 정신을 잃지 않는 한, 술마시는 행위는 도덕적 죄가 아니다(1, 5, 75).

사냥, 낚시 등의 법들을 위반하는 행위도 합법적이다."

"뛰어난 사제들이 말하기를 '창녀들을 세상에서 없애버리면, 모든 사물들이 무질서하게 될 것이다. 그래서 대도시들에서는 창녀가 합법적으로 활동하도록 허락되어야 한다'고 주장하기 때문에, 창녀의 존재는 허용되어져야 한다(3, 434).

이것과 연관되어 합법화된 창녀들이 로마시에서 제거되지 않았으며, 그 창녀촌이 로마에 본부를 두고 있으며, 오늘날 남아메리카의 거의 모든 도시에 합법화된 창녀촌이 존재한다. 콜럼비아에서 열린 개신교 지도자 협회의 회의를 마치고 돌아온 몬타노 박사는 칼리(Cali) 시(市)가 그에게 준 자료에 근거하여 그 도시의 인구가 52만인데 창녀촌이 2,600여개소이고, 등록된 창녀만도 13,000명이나 된다고 보고하였다. 그는 그 나라에 있는 로마 카톨릭 교회가 실제적으로 국민들의 도덕성을 망치고 있으며, 그 나라의 문제들을 해결하기 위해 어떠한 해결책도 제시하고 있지 못한다고 첨가하였다("기독교 유산", 1960. 2.).

오늘날 로마 카톨릭 교회의 정책을 실질적으로 주도하고 있는 예수교단의 창시자이며 로마교회의 유명한 교사인 이그나티우스 로욜라(1491~1556)는 그 교단의 질서를 위해 어떠한 규칙들을 마련하였는데, 다음은 그것들 중의 일부이다.

"모든 사적인 판단을 내림에 있어 사람들은 만일 교회가 검다고 인정한 것을 우리가 희다고 할지라도 진정한 교회에 복종해야 한다. 만일 당신의 의향에 거슬리는 명령이 있다고 할지라도, 당신은 그 명령 앞에 당신의 무릎을 꿇어야 한다."

그러므로 로마 카톨릭 교회의 사제들이 그의 일을 효과적으로 수행함에 있어서 그의 도덕적 행위가 비록 악할지라도 '선한 사제'의 한 사람으로 간주되었던 것이 보편적인 현상이다. 그는 '선한 박사' 등과 같이 '선한 사제'로 불리워지게 되었는데, 이것은 그의 악한 행동과는 상관없는 호칭이었다. 이러한 기준 아래서 교회에 순종하는 행위가 가장 큰 덕이 되었던 것이다. 그러나 개신교에서는 그런 행위가 절대로 용납되지 않는다. 개신교는 신자가 비합법적인 행위임을 알고 있는데도 무조건 순종하도록 강요할 수 없고, 강요하지도 않는다.

2. 술

로마 카톨릭 교회가 알콜 음료의 사용을 금지한 국가에 대항하고 있다는 사실은 설명의 여지가 없다. 로마 카톨릭 교도가 집중되어 있는 대도시에서는 상상하기 어려울 정도로 술에 만취되어 있다. 인간성을 망치고 신도들을 통제하는 데 커다란 유익이 되는 세 가지 요소들은 음주, 도박, 매춘이다. 개신교도들은 이런 것들을 종종 '파멸에 이르는 죄'로 여겼다. 왜냐하면 이런 것들 중에서 어느 하나를 위한 허용도 반대하기 때문이다. 그러나 로마 카톨릭은 과도하지 않으면 죄가 될 수 없다고 주장한다. 과연 누가 그 정도를 판단할 수 있는가? 물론 사제들이다. 그는 남자든 여자든 술취함의 정도가 어느 정도인지, 죄짓지 않고 얼마나 오랫동안 도박이 가능한지에 대하여 판단하도록 로마 카톨릭 교회로부터 인정받았다.

1946년 가을에 오하이오주에 있는 스토벤빌(Steubenville)에서 이 점에 대한 한 문제가 발생했다. 음주, 도박, 매춘이 그 도시를 마비시키고 있다는 여론이 일어나 그것의 청산이 필요하게 되었다. 개신교 목사들의 모임이 이 일을 수행하였다. 그러나 로마 카톨릭의 주교가 공식적으로 청산을 반대하였고, 목사들의 활동을 정죄하였다. 그 해에 11월 28일자 뉴욕타임즈에 따르면, 주교가 목사들을 '편협한 사람들'이라고 혹평하였고, '음주, 도박이 죄가 아니다'라고 천명하였다. 주교가 목사들에게 편지를 보내 기독교의 도덕적 구조에 대하여 다음과 같이 설명하였다. "이들 소위 지도자들이라고 하는 자들이 기독교의 도덕적 구조를 알지도 못한다. 결과적으로 그들은 지역 사회에 이득없는 주제들만 만들어 내고 있다." 동시에 주교의 영향 아래 있는 스토벤빌 재판소는 목사들을 소환하여 '감각이 없이 환상에 사로잡힌 자들'이라고 하여 그들을 정죄하였다(레만, 『카톨릭 교회의 비밀』, p. 7).

우리는 나파(Napa)에 있는 데 라 살레회사(De La Salle Institue)가 그런 교회의 소유라는 점에 주의해야 한다. 그 회사는 캘리포니아에 위치한 술 제조회사이기 때문이다.

3. 맹세들

리구오리에 따르면, 로마 카톨릭은 거짓말을 할 수 있다고 주장하였다.

"그럼에도 불구하고 비록 거짓말 하는 것이 불법이며, 또한 아닌 것을 가장하는 것이 불법일지라도 로마 카톨릭은 무엇인가를 숨기는 것이 합법적이며, 말로 진실을 가리우는 것이 합법적이며, 다른 모호하고 의심스러운 표현들을 합법하다고 하며, 그리고 그때 거기서 고백이 절대적으로 필요한 것은 아니다. 이것은 모든 성직자들 사이에서 확실하고 공통적인 견해였으므로, 이러한 것들이 제시된 형식들을 모호하게 사용함이 그리고 맹세도 이 모호함을 명확하게 확인시킴이 합법적이라는 사실을 결정하였다."

맹세는 '정신보호'라는 차원에서 로마 카톨릭에 의해서도 정당화되었다. 신학대전을 집필한 토마스 아퀴나스의 견해에 따라서 로마 카톨릭 신학은 거룩한 어머니교회가 맹세를 필요로 할 때는 사용해도 된다는 입장을 견지하고 있다.

웨스트민스터의 추기경이 허락한, 로마 카톨릭 사전 제 15판의 맹세론을 보면, 로마 카톨릭 교회가 맹세의 수행을 통해 어떤 사람을 면책할 권리가 있다고 주장하였다. "일반적으로 세속적인 권세로 다른 사람에게 행한 맹세를 통하여 면책할 수 있으며, 기타 경우에서도 면책이 가능하다"라는 내용이다.
　교회법 1320에 의하여 교황은 어떤 맹세를 통해 면책할 수 있게 되었다 (교회법:『교과서와 사전』〈Bouscaren and Ellis〉, 1946, p. 679). 교회법과 세속법과의 불화로 빚어지는 송사에서 로마 카톨릭 신자인 판사가 그의 사법적인 맹세를 위반하기 위하여 교황권의 면책특권을 가지는 일이 로마 카톨릭 신학자들에 의해서도 인정되었다. 맹세에 의하여 교황이 면책하게 되는 가장 대표적인 예는 1570년 영국의 개신교 여왕인 엘리자베스 1세에게 교황 피우스 5세가 시도한 것이다. 그러나 이 시도는 여왕과 왕실에 남아있고자 했던 영국인들 때문에 실패했다. 또한 그레고리 7세와 독일왕인 헨리 4세와의 싸움에서 헨리가 교황에게 복종을 맹세하였는데, 그가 강제로 하였고 나중에 군사를 몰아 그를 교황 자리에서 몰아냈다 하여도 그레고리 7세는 일단 성공한 셈이었다.
　로마 카톨릭 교회가 사람들이 그들의 맹세로부터 자유를 찾는 대가로 '위대한 교회법'에 복종하도록 하였다. 그러므로 로마 카톨릭 교회에 행한 맹세가 죄라고 생각하는 사람은 한 사람도 없으며, 교회법칙과 맹세로 협약을 맺은 사람이 교황에게 불순종하거나 이교에 종사하는 행위는 죄악이며 보호받지 못한다.
　신자들이 교회의 교훈에 복종하고 교회의 가르침에 우선권을 두어야 하는 것이 로마 카톨릭의 이론이다. 정치유세장에서 행한 서약이나 맹세는 교회법보다 한단계 아래인 2차적인 것이다. 공직자인 로마 카톨릭 입후보자가 국가와 교회의 분리 측면에서 연방정부나 주정부가 교구부속학교에 원조할 수 없다고 자의로 천명하였을지라도, 로마 카톨릭 교회는 최종적인 판단에 있어서 그의 의식이 교회의 권위에 의해 통제되어야 한다고 가르치고 있다.
　로욜라 대학교에서 출판된 힐리(E. F. Healy)의 『도덕의 길잡이』(Moral Guidance)라는 책에서 "죄중에 행한 맹세에 기초한 약속은 결코 그것에 얽매이지 않아도 된다"라고 천명하였다. 로마 카톨릭 교회는 어떠한 행위든지 위법여부에 대한 판결권을 자신들에게 귀속시키고 있으며, 어떤 행동을 실천함에 있어서 행한 맹세도 그들의 판결에 달려있다. 개인의 생각이 로마 카톨릭 교회와 상충될 때, 개인의 견해는 묵살되고 만다. 우리는 이러한 원리를 로욜라가 그의 수도단에게 행한 규례에서 보았었다. 동일하고 일반적인 원칙이 로마 카톨릭 교회에서도 견지되고 있음을 볼 수 있다.

정신적 조건부라는 제목하에 힐리(Healy)는 다음과 같이 말한다.

"그러므로 우리는 그 말의 의미가 무엇인지에 대하여 의미를 잘못 알고 있음으로 인하여 다른 사람들을 속이도록 허락하게 되는데, 청취자들이 그의 무식함 때문에 사용되어진 말에 또 다른 의미가 있음을 알지 못하는 것과 상관없이 이것은 여전히 참인 것이다."

그러므로 로마 카톨릭 교인들은 언사의 엄격한 형식에 얽매이지 않는다. 만일 한 사람이 약속한 사람 혹은 맹세한 사람 앞에서 한 가지 이루어진 일에 있어서 언어에 대하여 다른 의미가 또 있는 것을 몰랐다면, 그것은 그의 실수이며, 그는 그 약속이나 맹세에 매일 필요가 없게 된다.

4. 도둑질

도둑질에 대해서도, 리구오리는 과하지만 않는다면, 도둑질을 해도 된다고 가르친다. 그는 이르기를

"만일 어떤 경우에 한 사람이 거액의 금액을 요구하지 않고, 그의 이웃에게 해를 끼치지 않는 범위 내에서 행한 도둑질이라면, 그는 치명적인 죄악을 행한 것은 아니다. 그러나 그 금액이 거액이라면 그는 치명적인 죄악을 범할 수도 있으나 이 치명적인 죄악이라도, 그가 전혀 지불할 수 없거나, 그가 훔친 이러한 물건들을 즉시로 반환할 의도를 가지고 있으면, 피할 수도 있다"(3권, p. 258).

이 원리는 미국 카톨릭 교회에서 만일 40달러를 초과하지 않는다면 치명적인 죄가 아니라고 해석되어 사용되었다. 카톨릭 대학교(워싱턴)에서 출판되는 "미국교회지"라는 잡지에서 코넬(F. J. Connell)은 다음과 같이 기록하고 있다.

"물음: 미국에서 금지된 도둑질에 해당되는 절대적인 금액으로 간주되는 경우가 어떠한가?
답변: 절대적인 금액에 따른 금지된 도둑질의 기준은 돈의 다소에 따라 판결되며, 이 기준을 넘을 시는 처벌받을 죄에 해당하게 된다. 자연적으로 돈의 가치에 따른 상승과 하락, 구매력의 차이에 따라 다양하다. 우리와 같은 나라

에서, 이 금액이 각기 다른 상황에서 다양하게 제시되어야 한다는 점이 상당한 타당성을 지닌다. 그러나 일반적인 기준을 세우기 위해서, 실제적인 상황들과 돈의 가치의 견지에서, 금지된 도둑질의 절대금액이 약 40불 정도라고 봄이 타당할 것으로 보인다"(1945. 1. p. 68.)

특정한 환경하에서 도둑질과 강도짓은 로마 카톨릭 신학자들 사이에서 '은밀한 보상'으로 알려져 있으며, 로마 카톨릭 학교에서 사용되고 있는 교과서나 교리교육서에도 이 내용이 포함되어 있다. 『기독교 원리의 기초』(The Manual of Christian Doctrine)를 기록한 피셔는 그 서문에서 '이 책은 초. 중. 고등학교와 대학들에서 종교교육의 지침서로써 사용되도록 기획되었다'라고 기록목적을 밝히고 있다. 이 책의 295페이지에서는 도둑질의 문제를 논하고 있는데, 강도질, 절도, 사기, 협잡 등과 같이 여러 가지 유형들을 언급하였고, 297페이지에는 허락된 도둑질에 대하여 다음과 같이 기록하고 있다.

"질문: 도둑질에서 죄가 되지 않는 경우는 어떤 상황에서인가?

대답: (1) 절대적인 필요성. 한 사람이 그것을 절대적으로 필요로 하고, 그가 필요로 하는 물건을 그 물건의 주인이 동일하게 필요성을 인식하지 않을 경우이다. (2) 은밀한 보상. 채무가 취소되는 조건으로서 도둑질한 자가 다른 방법에 의해서 그의 빚을 갚을 수가 없을 때, 가능한 한도내에서 그가 가져갔던 것과 같은 종류의 것을 갚는다."

레만은 그런 행위에 대하여 매우 합당한 제언을 하였다.

"도덕적 행위가 그것의 기초인 도덕적 원칙들보다 우선이 될 수 없다. 대부분의 악행들은 도둑질과 강도짓에 관계되어 있다. 만일 한 로마 카톨릭의 젊은이가 자동차를 위해 '절대적인 필요성'이 있다고 한다면, 그는 위의 가르침을 따라서 그 자동차를 합법적으로 소유했다고 생각할 것이다. '은밀한 보상'이라는 교리는 고용주들이 그들의 노동자들을 위한 임금을 떼어먹을 때 사용하기 용이한 것이다. 음식점에서 한 주에 20달러를 받는 세금계산원은 자신이 합당치 못한 임금을 받고 있다고 생각할 것이며 계산된 금액중에서 자신이 필요한 금액을 도둑질하는 데 있어 그것을 정당화하기 위하여 이 원칙을 적용할 것이다. 대기업과 금융기관에 종사하는 사람들도 이 원칙을 적용하여 그들이 감옥에 가기까지 그 일을 수행할 것이다. 필사적인 사람은 그가 악한 부자의 부정한 재산 중에 어떠한 권리를 가지고 있다고 생각하여 총을 가지고 달려들 소지까지 있다고 볼 수 있다.

'은밀한 보상' 교리는 기독교 뿐만 아니라 로마 카톨릭 교회에서까지 생소한 것이며 17세기 예수회 교단에서나 찾아볼 수 있는 교리다. 이 교리는 '정신보호', '수단들을 정당화함', '수단들을 거룩하다고 인정함' 등과 같이 비윤리적인 교리들이 예수회 교단들에 의해 고안되어 지금은 이것이 로마 카톨릭주의의 보편적인 교리가 되었다.

이 교리는 또한 그들의 과업수행을 합리화시키려는 의도로 사용되었다. 그러므로 오늘날 카톨릭의 도덕신학교과서는 기독교의 계시나 십계명에 충실하지 못한 것이다. 그들은 다만 로마 카톨릭의 교리를 수납함으로써 자신들이 고안한 교리를 심화시키며, 그 교리들을 예수회 교단의 창시자의 창립정신으로 돌리려고 하였다.

셀 수 없는 경우들에 의해 확인된 이 어리석은 사실은 많은 카톨릭들이 이 가르침에서 하나의 아이디어를 취한 것으로, 주로 도둑질이 모든 경우에서 본질적으로 악은 아니지만, 반대로 만일 한 사람이 자기의 것이 아닌 물건을 반드시 필요로 할 경우에는 공정하고 정당하다는 것이다. 이러한 생각이 말할 수 없는 경우에서 곡해할 수 있는 소지가 많다. 이것은 개인적인 상황들의 자아선입견과 시기에 의한 경우에만 제한되었다. 사람에 따라 무한정한 경우들이 있다. 어떤 특정 종교가 미국학교 교육의 교과과정 중에 하나로서 그런 원칙을 가르치도록 허락되었고, 더 나아가 만일 이것이 공립학교에서 미국 청소년들의 범죄를 격감시키는 데 도움을 준다는 구실로 가르쳐진다면 가장 불행한 일이 아닐 수 없다."

5. 도박

로마 카톨릭 교회의 도덕신학으로 보호를 받고 있는 것 중에 도박이 있다. 도박, 빙고, 추첨 등과 같은 것들은 돈이나 가치있는 물건들이 행운의 번호나 행운의 바퀴나 특별히 고안된 기구에 의해 결정되게끔 하는 것이다. 돈이나 물건을 얻는 방법은 다양할지 모르나 도박은 도박이다. 기본적으로 도박은 무에서 유를 얻으려는 시도이며, 자신의 노력에 의하여 얻어지는 수입이 아니라 다른 사람의 수고의 재물을 행운에 의해서 갈취하는 행위이다. 그러므로 이러한 행위는 다른 사람이 가지고 있는 재물을 속임수로 빼앗는 행동이기 때문에 엄연한 도덕적인 죄이다. 그렇게 다른 사람의 재물을 빼앗은 사람들도 도박이 비도덕적이라고 생각한다. 한 도박사가 돈을 모두 휩쓸었을 때 그는 다른 사람이 돈을 잃었을 것이라는 사실을 깨닫는다. '쉽게 와서, 쉽게 간다'라는 원리는 어떤 사람이든 거의 돈을 벌어가지고 가기가 쉽지 않다는 사실을 보여준다. 도박자들이 종국에 가서는 파산한다는 사실이 고무적이다. 교회나 학교에 기부금을 마련한다는 구실로 열려진 빙고게임은 보다 상습적인 도박의 형태를 만들어 놓고 말았다. 그러나 빙고든지 추첨이든지 행운의 번호든지 카드나 다른 고안물들로 하든지 정당한 권리의 미명하에 실행되는 도박은 기독교인들에게는 무가치한 것이다. 룰렛(roulette)으로 수천달러를 도박으로 벌었든지, 1달러의 추첨에 참여하든지 이 모든 도박들은 죄악이다. 교회 밖에서 죄를 짓든 안에서 범하든지 죄는 죄로 남아있다. 종교적인 위장이라 하여도 하나님 앞에서는 가리워질 수 없다.

    역사적으로 조직적인 도박은 조직적인 범죄를 의미하였다. 미국 법무성의 실질적인 책임자인 앤더슨은 국가 법무위원회에서 도박이 조직범죄의 근본이라고 진술하였다. 조직적인 도박은 사회의 암흑가에서 성행하고 있다. 악한 환경들이 그런 사회를 형성하여 사회의 법과 질서를 해치고 있다. 그러나 도박으로부터 얻어지는 수입을 챙기고 있는 로마 카톨릭은 합법화된 도박에 반대하기보다는 도박금지법을 무효화시키려고 하는 실정이다. 반면에 도박이 죄라고 믿는 개신교 단체들은 많은 곳에서 우위를 지키고 있으며 불법적인 도박에 대하여 계속 금지를 주장하였다. 빙고에 사용되는 고안물들이 술집에서 발견되었고, 수백만의 거금이 거기에서 굴러다니고 있다. 항상 이러한 고안물들은 술집주인이 50%를 취하고, 도박자가 나머지 금액을 챙긴다. 그리하여 비밀사회가 형성되고 있는 것이다.

    도박은 인간에 대한 하나님의 첫번째 명령에 위배된다. "네가 얼굴에 땀이 흘러야 식물을 먹고"(창 3:19). 이 도박은 십계명 중에 "도적질하지 말지니"(출 20:15)와 "탐내지 말지니라"(출 20:17)는 계명에 위배되고, "네 이웃을 네 몸과 같이 사랑하라"(마 19:19), "너희가 어찌하여 양식 아닌 것을 위하여 은을 달아주며 배부르게 못할 것을 위하여 수고하느냐?"(사 55:2), "그런즉 너희가 먹든지 마시든지 무엇을 하든지 다 하나님의 영광을 위하여 하라"(고전 10:31) 등의 말씀에 위배된다.

성경의 교훈은 여러 곳에서 공정한 분배와 수고하는 노동을 통해 얻어지는 소득을 벌어야 한다는 것을 가르친다. 이러한 도박들은 비록 교회가 지원하는 영적인 사업의 일환이라 할지라도 성경의 진정한 교훈을 깨닫지 못하는 소치이며 영적인 분위기를 해치는 행위이다.

1958년에 뉴욕주가 도박을 합법화하였는데 로마 카톨릭과 다른 집단들의 위협에 눌려서 이루어진 것이었다. 뉴욕주의 알바니(Albany)에서 들어온 1960년 3월 31일자 뉴스에 의하면, 뉴욕주가 도박을 합법화한 이후로 4천만 달러 이상의 거금이 빙고로 소비되고 있다고 보고하였다. 뉴욕주 복권통제위원회는 전체금액의 2천 9백만 달러가 도박사들에게로 돌아갔고 나머지 9백만 달러가 일반인들에게로 돌아갔다고 보고하였다(1966년에 뉴욕주의 빙고게임의 총수입은 8천 3백만 달러가 넘었는데, 5천 3백만 달러가 도박사들에게, 2천 4백만 달러가 투자자들에게로 돌아갔다).

빙고는 펜실베니아주에서 불법으로 되어 있다. 1960년 4월호 "교회와 국가"지는 "필라델피아 경찰은 로마 카톨릭 교회에서 벌어지는 빙고게임을 수사하였다. 위법조치된 교회들은 성 아가다교회와 계수교회이다. 성 아가다의 예산은 90,000달러인데, 그 중에 50,000달러가 빙고게임에서 나온 것이다"라고 보고하였다. 또한 관심있는 사실은 합법화된 도박에 대한 펜실베니아의 오랜 금지는 1959년 12월에 로마 카톨릭 계통의 정치가들의 영향으로 파기되었다. 오하이오주가 제정한 빙고게임 금지법은 1958년에 미국 최고법정으로부터 인정을 받았다. 미국 체신청은 빙고가 하나의 복권이며, 그렇기 때문에 빙고게임을 우편을 통해 진척시킬 수 없도록 하였다. 복권류들의 정기 우편이용에 있어서는 우편 규칙에 의하여 금지시켰다. 체신청은 빙고게임이 연방최고재판소가 발표한 대로 도박의 모든 요소를 가지고 있다고 보아서, 비록 어떤 것에서 그것이 합법화되었을지라도 주법률은 연방정부의 법률 앞에서는 효과가 없다고 발표하였다.

교회가 신자들을 충돌질하여 도박을 통해 교회 재산을 증식시키고 있는 실정이다. 그러한 현상은 교회를 안정감있게 하지 못하며, 영적이며 도덕적인 효과의 측면에서 상당히 부정적이다. 도덕적으로 도박은 중세기 면죄부의 판매와 비교하여 나을 것이 하나도 없다.

6. 로마 카톨릭 교회와 미국의 범죄인구

우리가 범죄인구를 조사하면서 모든 종파에 속한 남녀신도들이 때로 범죄할 수 있으며, 모든 교단에 속한 사람들의 심성에 선악이 존재하고 있음을 명심해야 한다. 그러나 로마 카톨릭과 개신교회들을 비교함에 있어서는 로마 카톨릭의 상이한 도덕적 기준의 영향으로 그들의 범죄숫자가 오히려 높다는 사실을 발견하게 된다.

여러 조사에서 백인 죄수 중 로마 카톨릭 신자들은 다른 교파의 신자들보다 많은 숫자이며, 로마 카톨릭의 인구가 전체의 22%를 차지하는 반면, 범죄인구는 죄수중의 44%나 차지하고 있다는 보고가 있다.

미국에 있는 대형도시의 범죄보고서에서 갱집단의 대부분이 로마 카톨릭 계통이며, 로마 카톨릭의 배경을 깔고 있는 것으로 판명되었다. 1940년부터 1946년까지 뉴욕주의 교도소의 연례보고서들에 의하면 뉴욕주의 범죄에 주도적인 역할을 하였던 싱싱(Sing Sing)과 단네모라(Dannemora) 형무소는 로마 카톨릭 신자가 50%나 차지하고 있었다. 그 당시 뉴욕시는 로마 카톨릭 신자가 전체의 27%에 육박하고 있었다. 1932년 12월 14일 "Commonweal"이라는 잡지에서는 싱싱형무소의 수감자 중 855명 이상이 로마 카톨릭 신도라고 밝혔다.

맥루글린은 아리조나에 있는 푀닉스(Phoenix)에서의 그의 활동 상황에 대하여 다음과 같이 말한다.

"지방감옥의 목사로서 나는 재소자들 중에 로마 카톨릭 신자들이 많은 사실에 놀랐다. 나는 일리노이스주에 위치한 형무소의 로마 카톨릭 신부가 기록한 연구보고서를 알고 있다. 그는 미국내에 형무소의 재소자 중 과반수가 로마 카톨릭 신자라는 사실을 발견하였다.

만일 로마 카톨릭 교회가 학문의 요체이며, 거룩의 어머니라면, 어째서 이와 같은 현상이 벌어질 수 있는가? 사제들은 로마 카톨릭 신자라고 일컫는 재소자들이 순수한 미국인이 아니라, 외국에서 이주해 온 아일랜드인, 폴란드인, 이태리인, 스페인 출신들, 멕시코인들이라고 변명한다. 이러한 변명은 미국내의 문맹률과 범죄의 장본인인 로마 카톨릭 교회가 가지고 있는 변명의 수단이다. 이러한 사실은 로마 카톨릭 교회의 '의문점들'이라는 출판물에서 상습적으로 언급하고 있는 내용이다"(『사람들의 신부』, p. 86).

우리는 위에 언급된 나라들이 가장 활발한 로마 카톨릭 국가이며, 로마 카톨릭 주의의 참된 열매라고 할 수 있는 나라들임을 알 수 있다.

『미국의 자유와 카톨릭의 힘』이라는 베스트셀러의 저자인 블랜샤드는 "한 교파로서의 로마 카톨릭 교회는 백인 범죄자들 중에 가장 높은 비율을 그들이 차지하고 있다"(p. 105)라고 하였다. 각주(footnote)에서 그는 다음과 같이 언급하였다.

"이것은 범죄와 청소년 비행에 대한 많은 연구들에 의해서 제시된 결과이다. 그러나 그러한 원인이 로마 카톨릭에게만 있다고 하는 것은 잘못이다. 가난과 주택문제는 로마 카톨릭 노동자들 뿐만 아니라 다른 사람들까지도 영향을 받고 있다. … 범죄와 청소년 비행에 있어 로마 카톨릭 신자들의 비율은 특히 북부지역에서 두드러지며, 더욱이 뉴욕에서 그렇다. "범죄와 종교"라는 연구를 발표한 레오 칼머(L. Kalmer)는 48개 주에 수감된 범죄자 중 카톨릭 신자의 비율은 과반수를 넘는다고 보았다. 디트로이트의 갈라거 주교는 레만이 쓴 『카톨릭 교회와 공립학교들』이라는 저서에서 1936년 12월 8일자 뉴욕타임지의 기사를 인용하면서 '교회에 대한 여러가지 비난의 문제에 있어 로마 카톨릭 교회의 아이들이 다른 교파의 아이들보다 문제아가 훨씬 많다. 미시간주의 1/5이 카톨릭 신자이지만, 랜싱(Lansing)에 있는 소년들을 위한 직업학교의 50%이상이 카톨릭 신자들이다.'"

1947년 3월 13일 뉴욕타임지에 인디아나 주에 있는 포트웨인(Fort Wayne)의 주교인 놀(J. F. Noll)은 "로마 카톨릭 신자가 많은 우리의 지역에서 모든 사회적인 범죄가 일어나고 있다. 원만한 가정생활을 유지하는 사람들 가운데 80%가 개신교 신자들이다."라고 말한다. 그는 계속 다음과 같이 말하고 있다.

"미국의 대도시 가운데 50개 도시에 살고 있는 개신교도들은 7,000,000명 이지만, 로마 카톨릭은 20,000,000명에 이른다. 개신교도의 80%가 농촌에 살고 있다. 그들은 원만한 가정을 유지하고 있으며 이혼률도 상당히 낮다. 한 편 로마 카톨릭은 결혼한 신자의 절반 이상이 이혼하고 있는 실정이다. 그들은 거대한 영화관, 잡지들, 선술집들, 도박장들이 널려있는 대도시에서 살고 있다."

뉴 멕시코의 소년학교에서 정신심리학자로 봉직하는 테노리오(Arthur Tenorio)는 그 학교에서 범죄하는 85%의 아이들이 스페인계 미국인이며, 그 중에 71%가 로마 카톨릭 신자들이었고 그 주(州)의 41%를 차지하는 인구가 로마 카톨릭 신자들이었다고 했다("기독교 1세기", 1957. 9. 4.).

최근 영국의 "선데이 타임스"(The Sunday Times)는 범죄의 원인에 대하여 다루었다. 한 논설에서 "영국에서 로마 카톨릭이 가장 높은 범죄율을 견지하고 있다"라고 명확히 천명하였다. 이러한 진술을 뒷받침하기 위해 이 논문에서는 로마 카톨릭의 지식층이 10%를 넘지 못하는 반면에, 소년원에 수감된 비율은 23%나 되며, 홀로웨이 감옥에서 약 26%의 수감자들이 로마 카톨릭이라고 지적하였다. 전쟁 중에 범죄율은 다른 교회의 범죄율보다 2배 이상이 높았으며, 1957년 스코틀랜드에서는 전체인구 중에 15%가 로마 카톨릭이었는데, 교정소에 수감된 사람 중에 35%가 그들이었고, 감옥에 갇힌 자들은 전체의 40%나 되었다.

로마 카톨릭이 자신의 청소년들을 비카톨릭계와 분리시키기 위해 정책적으로 만들어 놓은 기관 중에 가장 대표적인 것이 교구부속학교이다. 이 학교는 로마 카톨릭의 시야에서 '로마 카톨릭주의'를 정당화하기 위하여 인종과 자격의 차별로 하지 않는 공립학교제도를 비신앙적이라는 이유로 정죄하였다. 확실히 위의 정책들은 로마 카톨릭 교회의 교육정책의 핵이라고 할 수 있다. 그들은 그들의 학교들이 세금과 정부의 보조로 이루어지고 있다는 사실을 명심해야 한다. 우리가 카톨릭 교회를 '진정으로 유일한 교회'로 알고 있으나, 범죄인구의 과반수 이상이 로마 카톨릭 신자들이라는 사실로 볼 때는 난감한 일이다. 참을성 많은 미국인들은 이 주제를 피하고 싶을 것이다. 학교교육과 범죄가 연관되는 현실을 좋아할 사람은 아무도 없다. 만일 장로교, 침례교, 감리교, 또는 다른 종파들 중에서 가장 범죄율이 많은 집단을 명확히 증명할 수만 있다면, 로마 카톨릭의 책임자들은 그들의 교회와 학교들을 정당화하기 위하여 다른 종교단체의 결과들을 사용하는 데 주저하지 않을 것이다. 그러나 교구부속학교의 평이 좋지 않기 때문에, 로마 카톨릭 교회는 그들이 맡아야 할 책임에서 회피할 수 없다. 따라서 위의 사실들은 로마 카톨릭의 편협한 사고에서 넓은 사고로 옮기도록 작용을 하고 있는 셈이다.

우리는 모든 범죄조직의 대부격인 마피아(Mafia)가 로마 카톨릭 교회가 가장 강력한 이탈리아에서 수백 여년 전에 조직되었다는 사실을 지적하고 싶다. 이 마피아조직은 프랑스로의 규칙으로부터 이탈리아로 자유롭기를 천명한 반체제, 반국가 조직으로 13세기 말경에 시실리에서 조직되었다. 그 단체의 가장 대표적인 외침은 "프랑스를 박멸하는 것이 이탈리아의 목표"이다. 이탈리아어로는 "Morte Alla Francia Italia Anela!"이며 이 철자 중에서 첫 글자를 따서 MAFIA라고 하였다.

시간이 경과함에 따라서 마피아는 살인자이며 도둑, 암살자 등으로 대변되는 은밀한 범죄조직으로 변신하게 되었다. 1860년경에는 미국에서도 그 조직이 세력을 형성하게 되었다. 마피아조직은 대도시들을 기점으로 뉴욕으로부터 캘리포니아까지 전지역으로 확산되기에 이르렀고 마약밀매, 매춘, 도박, 절도 등을 자행하는 조직폭력조직에 의해 실행되었다. 1959년에 손던(Frederic Sondern)은 『악의 형제애』(Brotherhood of Evil)라는 책을 발행하였는데 그는 마피아의 기원과 역사, 국제적 활동들, 최근의 활동들에 관해 기록하였다. 최근 알캔사스의 상원의원인 맥클레란(McClellan)이 위원장으로 있는 상원범죄 조사위원회는 마피아가 미국 내의 범죄조직의 대부라고 보았다. 이 위원회에 출석한 증인들은 마피아가 이탈리아의 로마 카톨릭의 배경하에 있는 사람들로 구성되었다고 폭로하였다.

1957년 11월 14일 뉴욕주의 아팔라킨에서 소집된 지하조직연합은 그러한 조직들을 억압하려는 공권력의 강한 도전으로 마피아 연합을 결성하기로 합의하였다. 1959년 12월 16일자 캔사스 타임지는 그런 회집에 관계된 관심있는 사실들을 알려주었다.

"약 60여명의 사람들은 지하조직의 대표들로서 모두 남부 이탈리아 출신들이었고 그들의 대부분이 시실리안이었다. 조 바바라의 산장맨숀에서 소집된 마피아 조직의 우두머리는 미국 내에서도 가장 강력한 파괴의 지도자로 알려진 비토 게노베세(Vito Genovese)였다. 그는 1939년경에 전(前) 뉴욕주 주지사였던 듀웨이에 의해 '부정한 돈벌이의 왕'이라는 칭호를 받기에 이르렀다."

맥루글린은 마피아에 대한 로마 카톨릭 교회의 입장을 다음과 같이 언급하였다.

"로마 카톨릭의 지도자들인 추기경과 주교들은 로마 카톨릭계 시실리안인들의 마피아 조직이 행하는 매춘, 도박, 부정이득 등에 대하여 놀라우리만큼 침묵을 지키고 있다. 젊은 로마 카톨릭 소녀가 미인선발대회에 나가는 일에 대하여 신랄하게 정죄했던 주교들과 대주교들은 마약중독증에 차를 모는 행위나 매춘업에 대하여는 한 마디 언급도 없다"(『미국 문화와 카톨릭 학교들』, p. 232. 1960. Lyle Stuart, 뉴욕).

마피아와 유사한 범죄집단의 대부들은 알 까뽀네(Al Capone), 럭키 루시아노(Lucky Luciano), 조 아도니아(Joe Adonia), 알버트 아나스타시아(Albert Anastasia), 프랭크 코스텔로(Frank Costello), 프랭크 스칼리세(Frank Scalise)와 그외 다른 사람들이 있다. 이러한 사실은 과거 수십 년 동안 가장 악한 범죄가 이탈리아를 통해서 이루어졌으며, 그들의 대부분이 로마 카톨릭임을 보여준다. 이 점에 대하여 캔사스타임지는 다음과 같이 진술한다.

"15여년 간에 천여 명에 달하는 이태리인들이 그들의 나라로 돌아갔는데, 그들이 미국에서 행한 여러 가지 범죄들 때문이다"(1959. 2. 25.).

이와 관련하여 개신교들은 도덕적인 행위에 하자가 없는 반면, 로마 카톨릭은 영적인 기준에 문제가 있다고 지적한 테스타라는 인물이 있는데 전에 로마 카톨릭인이었다. 그는 다음과 같이 주장한다.

"로마 카톨릭 인구가 96%가 되는 나라에서 범죄와 문맹률이 가장 높다. 예를 들어 나폴리에서 신성모독, 저주, 거짓말은 보편화된 행위들이며 마찬가지로 음주, 도박, 절도 등과 낮은 도덕성 등도 포함된다. 그러나 그들은 미사에 참석하여 고백에 참여하고, 머리에 수건을 쓰고 그들의 목에 십자가를 걸고 기도한다. 교회는 수백 년 동안 그렇게 해왔다. 한편 개신교로 개종한 사람들은 악과 죄들을 즉시로 포기하고 더욱 청결한 삶을 유지한다. 그들은 완전히 돌아섰으며, 그들은 다시 태어났고, 그리스도 안에서 새로운 피조물이 되었다. 구원론에 있어 이들의 종교는 상호 상당한 차이점이 있다"(소책자, 『카톨릭, 개신교, 그리고 유대교에 대한 진리』, p. 31).

우리가 도무지 용납할 수 없는 사건들은 미국의 세 명의 대통령에 대한 암살이다. 그들은 모든 교구부속학교에서 교육받은 로마 카톨릭 신자들에 의해서 죽임을 당했다. 링컨은 부스(J. W. Booth)에 의해, 가필드는 귀토(C. J. Guiteau)에 의하여, 맥킨리는 쫄고시(L. Czolgosz)에 의해 그렇게 되었다. 루즈벨트는 1912년 후보연설을 하다가 밀워키(Milwaukee)에서 로마 카톨릭 신자에게 총상을 입었다. 플로리다에서 한 로마 카톨릭 신자가 대통령 선거시에 프랭클린 루즈벨트를 저격하였으며(다행히 그는 피했지만) 같은 차에서 그의 뒤에 탑승했던 시카고의 주지사는 피살됐다. 토레솔라(G. Torresola)와 콜라쪼(O. Collazo)라는 두 명의 로마 카톨릭인들이 당시 대통령이던 해리 트루먼을 사살하려고 시도하였으나, 그의 경호원들이 사망하는 사건이 있었다. 토레솔라는 죽었고 콜라쪼는 지금 레벤위스 형무소에서 종신형을 살고 있다. 1954년에는 푸에르토리칸 국가주의당의 구성원들인 로마 카톨릭인이 하원에서 발포하여, 여러 사람을 살상하고 5명의 의원들을 부상시켰다.

물론 로마 카톨릭은 마피아나 그것의 활동들, 다른 범죄조직과의 연관이 없다. 그러나 그런 사람들의 종교적 배경이 로마 카톨릭이라는 사실 때문에라도, 그들은 무거운 책임감을 통감해야 하며, 따라서 마땅히 진상규명이 되어야 한다.

7. 의문나는 병원의 업무들

도덕적인 측면을 가지고 있는 로마 카톨릭 병원의식은 개신교도와 죽음의 위험에 직면했다고 판단되는 사람들에게 실시되었다. '카톨릭 병원연합의 공식잡지'라는 표제를 가지고 있는 1959년 4월자 "병원발달"이라는 잡지에서 코네리(J. R. Connery)는 병원의 담당신부나 수녀들에 의해 수행되는 특이한 의식들에 대하여 폭로하였다. 이 글에 따르면 어떤 경우에서처럼 로마 카톨릭 교회로 이끌기 위해 세례베풀기를 위임받았다 할지라도, 그들의 세례에 대한 지식이 없다 하여도, 만일 그들이 죽음의 위험이 직면했다고 생각될 때는 가차없이 이 의식이 집행되었다. 이 환자들은 실제로 죽지 않았지만, 아마 죽음의 가능성이 높은 무의식상태의 환자들이나 치명적인 상황에 처한 환자들이었다. 이 의식은 특별히 신생아들이나 의식이 없고 가망성이 없는 환자들에게 집행되었는데, 가족이나 친척들의 의견이 반영되지 않은 상태에서 이루어졌다. 이 글에서 우리는 다음과 같은 내용을 알 수 있다.

17장 로마 카톨릭 교회의 도덕적 표준은 무엇인가? 543

"질문: 당신은 죽음에 직면한 유아들에게 그들의 부모가 카톨릭 신자가 아닌데도 불구하고 세례를 받게 하라고 말할 책임이 있는가? 만일 부모들이 이것을 거부하고 카톨릭 신자가 되도록 하는 의식행위를 반대한다면 어떻게 하겠는가?

답변: 그들의 뜻에 위배되는 비카톨릭 부모들의 아이에게 세례를 베푸는 행위는 허락되지 않았다. 그렇게 하는 것은 이들 부모들의 권리를 거스리는 행위가 된 것이다. … 그러나 죽음의 위험에 직면했을 때는, 비록 아이들이 영적인 복리의 책임이 부모들에게 속해있을지라도 예외다 … 이것은 부모들이 아이의 세례를 예비하지 못했을 때, 또는 부모들에게 알릴 시간이 없을 정도로 위급할 때, 교회는 카톨릭 사제들에게 세례베풀기를 허락했다. 이러한 경우에는 아이들의 영혼을 위해서도 긍정적인 일이다. 동일하게 부모들의 권리는 이러한 상황 속에서 아이들의 권리에 뒤따르는 부차적인 성향을 가지게 된다. 이러한 상황이라면 명확한 지식이 없고 부모들의 허락이 없어도 세례가 허락된다. 이것은 비카톨릭 아이들에게도 재론의 여지없이 받아들여지는 요소라고 할 수 있다."

무의식 중에 세례받은 어른들에 대하여 코네리는 다음과 같이 기록하고 있다.

"대부분의 경우에서 자신이 세례받기 원해야만 세례가 집행된다고 하는 사람들은 그리 현명하지 못하다."

그는 계속해서 이렇게 세례받는 사람들이 로마 카톨릭 교회의 구성원이 되며 비록 아이일지라도 마찬가지라고 말하면서도, 부모들이 동의하지 않는다고 해서 그런 예식을 반대한다는 것은 지혜롭지 못하다고 말한다. 그는 이러한 상황하에서 그 의식이 어떤 해를 주지 않으며, 어떤 경우에서는 효과적임이 증명되기도 하는데, 예를 들어 만일 전에 개신교 목사에게 세례를 받고 결혼식까지 올린 사람이 로마 카톨릭으로 개종하여 로마 카톨릭 신자와 결혼하기 위해 취소하기 원한다면 첫번째 결혼은 무효화된다.

이 강권적이고 도움없는 세례는 로마 카톨릭의 세례없이는 구원이 없다는 잘못된 교리에서 비롯되었다.

미국 내에는 1,000여개의 로마 카톨릭 병원들이 있다. 병원에 입원한 대부분의 환자들은 카톨릭 교도가 아니며, 그런데도 그들은 로마 카톨릭 사제나 수녀들이 가르치는 로마 카톨릭의 윤리에 의해 통제받는다. 이러한 가르침들은 예수회 학자인 데이비스(Father Henry Davis)의 『도덕과 목회신학』, 피니(Father Patrick A. Finney)의 『병원의식에 있어 도덕적 문제들』에 있는 내용이다. 블랜샤드의 『미국의 자유와 카톨릭의 힘』이라는 저술에서 다음과 같이 말하고 있다.

"카톨릭 병원 항목 중에서 가장 중요한 교리 중의 하나는 어머니와 태아의 평등교리이다. 이 교리는 모든 어머니들에게 관심있는 것이다.

미국의 여성이 아이를 출산하려 할 때, 그 여성은 로마 카톨릭의 평등교리를 견지할 것이다. 왜냐하면 위대한 순간에 의사들은 무슨 수단을 써서라도 그녀의 생명을 우선 구하려고 할 것이기 때문이다. 나는 모든 미국의 남편 중에서 99%이상이 그들이 위급한 상황에 직면하여 태아의 생명을 택한다면, 살인자로 생각하게 될 것이다. 이러한 상황은 임신초기에 닥친 위험 앞에서 더욱 가능성이 높아진다. 모든 사람들이 이러한 위험에 직면했을 때 산모와 태아의 생명을 모두 구해야 된다고 생각하지만, 만일 한쪽만 선택해야 한다면, 의사는 어머니의 생명을 우선으로 한다.

로마 카톨릭 교회는 이러한 선택을 남편 교회의 아버지들에게 맡기지 않고 다만 교회의 교리에 의지한다. 교황 피우스 11세는 '각자의 생명이 동일하게 소중하다' 라는 칙령을 발표했다."

피니는 그의 책에서 질문과 답변을 통해 이 교리를 진술하였다.

"질문: 산모와 태아가 매우 위태한 상황이라면 집도하는 의사가 태아를 죽이고 어머니만 살리는 행위가 진정한 도덕적 표준인가?

응답: 절대 그렇지 않다. 태아의 제거는 직접적인 유산행위이다."

블랜샤드는 말한다.

"완전한 교리에 의하여 태아와 산모는 어느 한쪽이 사제들의 가르침과 반대되는 행동으로 수술을 집도하여 생존하기보다는 오히려 죽는 편이 더 낫다. 한 생명을 구하고 다른 생명을 버린다는 식의 선택의 여지가 없다. 사제들은 어머니와 태아를 지옥에서 건져내기 위해 둘 다 죽을 것을 선택한다. 피니의 견해대로 태아는 죽어야 한다. 태아가 생존할 가능성이 없기 때문이다. 이 태아는 얼굴이 형상을 갖기 전인 6주 정도 된 상태의 태아이다. 그럼에도 불구하고 어머니의 생명은 이 태아를 위해 희생해야 한다.

이 교리는 사제들이나 교사들이 자유롭게 거부할 그런 종류의 문제는 아니다. 이것은 거듭되는 교회의 권위와 긍정적인 교회법에 의해 재천명되어 왔다. 교황 피우스 12세는 1948년 5월에 로마에서 개최된 국제의료연맹 석상에서 이 교리를 재선포하였다."

우리는 그런 의식들을 저주받을 것으로 간주한다. 비영리 병원으로 투자되는 모든 연방기금의 80%가 로마 카톨릭의 병원들에게로 간다. 이러한 병원들에서 집행되는 윤리의 기준은 미국의 주정부나 연방정부나 미국병원 연합회의 기준이 아니라, 로마 카톨릭 교회의 기준이다. 확실히 개신교와 다른 사람들은 만일 그들이 할 수만 있다면 로마 카톨릭 병원에 입원하지 않아야 한다.

우리는 로마 카톨릭의 연구를 통하여 그 병원들이 거의 100% 사제들에 의해 좌우되며 그 뜻에서 산모에 대한 비인간적이고도 잔인한 행위들이 반복되고 있다는 사실에 충격을 받아왔다. 이러한 결과는 신앙고백의 남용, 수녀들과 같이 여자들의 노예화, 교회에서 여성에 대한 차별정책, 로마 카톨릭 국가들에서 여성교육기관의 결핍 등이 이러한 상황에서도 반복되고 있는 것이다. 이러한 성향의 로마 카톨릭은 몰몬교, 불교, 힌두교, 모하메트교와 공통적이다. 유타(Utah)주의 솔트 레이크시(Salt Lake City)에서 한 관광 안내원이 어떤 작가의 말을 빌어 몰몬교는 '남자의 종교다'라고 하였다.

8. 결론

레만은 그의 책 『카톨릭 권력의 비밀』에서 왜 로마 카톨릭이 자신의 실제적인 구성원들보다 더욱 큰 영향을 행사할 수 있는가라는 질문을 던지면서 다음과 같이 말한다.

"한 권력의 체제로서, 로마 카톨릭 교회는 인간들이 영적으로 타락한 상태로 오랫동안 지내온 것과 같이 그들의 영향을 취해온 것으로 생각된다. 왜냐하면 로마 카톨릭의 전체구조가 인간성의 연약함과 놀랍도록 합치하는 인간의 현실인 이 땅의 상황에 맞게 조정되었기 때문이다. 로마 카톨릭은 논리적인 논쟁과 영적인 안목보다도 숫자에 의존하여 가치를 평가하려고 하는 극도의 현실적인 권력의 요소들을 소유하고 있다. 한편으로 그들은 종교적인 활동으로 모든 유리한 이득을 얻고, 다른 한편으로는 정치와 경제조직을 통하여 권력과 이득을 챙긴다.

　이러한 권력의 요소들은 로마 카톨릭 신자 뿐만 아니라 폭넓은 종교에 관심이 없는 사람들에게까지 나타난다. 그들은 이러한 사람들을 이용하여 권력의 요소들을 만들어 간다. 그러므로 왜 미국과 같이 비카톨릭인구가 80%가 넘는데도 20%도 안되는 로마 카톨릭에 의해 통제되는가 설명된다.

　미국과 같이 개신교국가들이나 소위 이탈리아, 스페인, 프랑스, 포르투갈, 남부 아프리카와 같이 카톨릭 국가에서도 신자들의 구성원으로부터 그들의 능력을 제외시키지 않았다. 열심있는 신자들은 단순히 세례만 받고 붙어있는 사람들에 비하면 적은 수이다. 더욱이 이 숫자는 정치, 경제, 사회, 문화 면에서 영향력을 끼치는 사람들에 비하면 훨씬 적은 수이다. 이탈리아, 스페인, 포르투갈, 라틴 아메리카의 나라들은 100%가 카톨릭 신자들이며 그들의 영역들이 카톨릭 교회의 사회, 문화, 도덕적 표준으로 둘러싸여 있다. 그러나 단지 이탈리아에서 20%만이 열렬한 신자들이고 교회에 나가는 자들이다. 프랑스에서도 단지 17%만이 실제적인 카톨릭 신자다. 스페인에서는 이보다도 훨씬 적다. 1944년 이탈리아, 스페인, 다른 나라들을 방문하는 동안 기록한 *Action This Day*에서 스펠만 추기경은 스페인의 성직자에 대한 '파괴적이고 무서운 말'을 되뇌었다. '스페인에서의 무질서한 24시간은 모든 주교들과 사제와 수녀에 대한 명예훼손이었다.'"

　그러나 레만이 지적한 상황은 진실이며 이러한 사실을 믿는다. 해결책은 무엇인가? 어떻게 개신교도들이 로마 카톨릭의 도전을 해결할 수 있을까? 물론 그 해결은 개신교도들이 그 진리를 위해 헌신하고, 그것을 선포하고, 주님이 교회에게 주신 지상명령과 같이, 그들의 지역사회와 결과적으로 세계까지 복음화시키는 길이다. 로마교회의 성장과 많은 곳에서 저항없이 확산된 이유는 개신교회가 현대주의와 자유주의의 영향으로 그들의 복음적 증인됨의 직임을 망각함으로써 나타난 무관심 때문이다.

　로마 카톨릭 교회는 전통적으로 세력을 과시하던 유럽의 나라들에서 세력을 잃어버렸다. 반사제주의가 프랑스와 이탈리아에서 일어나고, 스페인에서 로마 카톨릭은 정치적 파시스트의 지원만 받을 뿐이다. 라틴 아메리카에서 로마 카톨릭은 노동자계급과 지식계층의 지지를 잃었으며, 아마도 15%의 사람들밖에는 지지를 얻지 못하고 있다.

한편 미국에서 로마 카톨릭 교회는 놀라우리만큼 그 세력이 성장하였다. 다른 나라에서는 로마 카톨릭이 제거되어지고 있는데도 미국에서는 이들의 통제하에서 증가하고 있다. 미국으로부터 받는 재정적 지원은 어마어마하다. 미국 내의 영향범위는 평가하기 어려운 정도다. 정치와 경제, 사회, 문화 전반에서 막강한 세력을 펼치고 있음은 명확한 사실이다. 가장 거대한 도시의 대부분이 로마 카톨릭의 정치기구에 의해 통제되고 있다. 실제적으로 개신교 주지사가 피선된다는 사실은 불가능하다. 어떤 곳에서는 로마 카톨릭 교회가 그 지방의 통치자인 곳도 있다.

개신교가 실패했을 때 거기는 로마 카톨릭이 가져다 준 스스로의 패망의 씨앗들이 큰 역할을 했다. 그러나 그들의 조직은 거짓제도이기에 종국적으로 나찌즘이나 파시즘, 공산주의와 같이 성공할 수 없었다.

로마 카톨릭이 주류를 이루고 있는 나라에서 가난과 문맹이 규칙화되었고, 개인적이고 공식적인 도덕들이 문제거리를 일으켰다. 결과적으로 반동이 일어났다. 예를 들어 오늘날 라틴 아메리카에서 우리는 이와 같은 반동이 일어남을 볼 수 있다. 로마 카톨릭의 신부들의 정신적, 도덕적인 조건과 무지, 미신, 가난 등에 의해서 약화된 로마 카톨릭은 그것의 적들에게 쉽게 먹히게 되었는데 가장 무서운 적은 공산주의이다. 로마 카톨릭은 최근에 이 공산주의가 라틴 아메리카에서 교회를 청산시키거나 모든 영역을 상실하게 함에 경성하고 있다.

그런 반동들은 프랑스, 영국, 스페인, 멕시코, 다른 나라들이 결과적으로 로마 카톨릭 교회를 반대하거나 없애려는 움직임이다. 16세기에 종교개혁으로 로마 카톨릭에 대하여 반기를 들었던 상황과 유사한 그런 반동이었다. 그러나 개신교에 대한 반동은 결코 어떤 나라에서도 일어나지 않았다. 왜냐하면 개신교는 노예화시키지 않으며, 백성들을 자유롭고 올바르게 해주기 때문이다.

다음은 시기적절하며 열정적인 심정으로 토로하는 경고이다. 읽어보자.

"계속해서 로마 카톨릭 교회는 모든 매스컴을 통하여 자유롭게 성장하고 있다. 모든 역사를 통해서 볼 때, 한 종교가 자유롭게 T.V, 라디오, 신문 등을 통하여 자유롭게 알려졌던 일이 없었다. 그들은 비평의 화살을 교묘히 피하고 있다. 호의적인 로마 카톨릭의 공식성을 생각해 보자. 케네디 대통령의 취임과 죽음에도 관여하였고, 교황의 방문을 하루종일 T. V로 방영하였으며, 최근에는 존슨(L. B. Johnson)과 누젠트(P. Nugent)와의 결혼식도 중계했다. 오랫동안 우리는 미국의 신문들이 로마 카톨릭을 선전하는 기사를 대대적으로 기재하고 있음을 보아왔다. 로마 카톨릭은 결혼식까지 T. V중계하였다. 이 모든 사건들이 로마 카톨릭의 교리를 선전하려는 데 목적이 있다. 로마 카톨릭이 방송매체를 인수하기 위해 노력했다는 사실은 비밀이 아니다. 로마 교리의 불길한 표현들과 그들에 의해 통제되고 구입된 T. V, 라디오, 신문 잡지 등의 내용을 알게 되면 치를 떨 것이다. 우리는 일찍이 로마 카톨릭이 가진 엄청난 재산에 대하여 경고하였다"(*Western Voice*, 1966. 8.).

18 장

불관용, 편협, 핍박

1. 오직 참된 교회
2. 불관용한 로마 카톨릭
3. 양심의 자유
4. 편협함
5. 핍박
6. 오늘의 스페인
7. 이탈리아와 유고슬로비아
8. 라틴 아메리카
9. 영-미국과 남유럽-라틴 아메리카의 문화 비교

불관용, 편협, 핍박

1. 오직 참된 교회

우리는 앞에서 로마 카톨릭에 대하여 언급하면서 그들의 수많은 불관용의 경우들을 보아왔다. 여기서는 공식적인 선언들과 교회지도자들의 권위있는 진술들을 중심으로 살펴보기로 하겠다.

로마 카톨릭의 가장 권위있는 선언은 트렌트 공의회의 선언이다. 교회에 관하여 이 신경은 선언한다. "그는 지상의 모든 권력을 가지고 있다. … 모든 가시적 권위는 그의 것이다. 모든 지구상의 주권, 판결, 통치가 그의 신적인 권위에 의해서 이루어진다. 이 땅의 모든 통치자들은 그의 수하에 있으며 그에게 복종해야 한다."

교황 피우스 4세의 14항에 말하는 신경은 트렌트 공의회의 요약이며, "진정한 카톨릭 교회를 떠나서는 구원이 없다"라는 공식선언을 포함하고 있다.

"이단들은 추방될 뿐만 아니라 죽음에 처한다"(카톨릭 사전, 14권, p. 768).

"개신교는 어떠한 권리도 가질 수 없다"(브론슨의 견해).

"하나님을 섬기는 비카톨릭적 방법들은 위조된 것이다"(『살아있는 우리의 신앙』, p. 247).

"개신교의 모든 종파들은 정당하지 않다. 그들은 존재하지 않아야 한다" ("아메리카", 1941. 1. 4.).

발티모어의 카톨릭주의는 교회가 가지고 있는 네 가지 진술들을 선포하였다. 교회는 하나이며, 거룩하고, 보편적이며, 사도적 권위를 가지고 있다는 내용들이다. 물음은 "모든 교회에서 이러한 특징들이 발견되는가?"이며 대답은 "이러한 특징들이 오직 로마 카톨릭 교회에서만 발견된다"이다.

교황 보니페이스 8세는 말했다. "우리는 모든 피조물들이 로마 교황에게 복종해야 구원을 얻는다고 선언한다."

교황 피우스 12세는 라디오 연설에서 미국인 청중들에게 로마의 교황이 "하나님께 대한 지고한 권위자이다", 1953년에 그는 "로마 카톨릭에 순종하지 않는 집단들은 존재하거나 선전하거나 활동할 권리가 없다"고 선언하였다.

교황 요한 23세는 동일한 감정과 생각을 가지고, 예수 그리스도의 양무리에 대하여 말하면서 이 양무리가 구원받은 단체를 가리킨다고 하였으며, "교황이 그리스도의 대리자이며 이 땅에서 그의 인격을 대표하기 때문에 교황의 권위 아래 들어오지 않으면 그리스도의 양무리에 들어가지 못한다"라고 주장하였다.

또한 우리는 교황 피우스 9세의 오류가 있는 발언을 통하여 그들의 탐욕과 불관용에 대하여 이미 살펴본 바 있다.

다음의 항목들은 프레지어(R. Frazier)가 그의 책 『카톨릭 단어와 활동들』에서 500항목 이상의 예들을 들고 있으며, 모든 진술들은 로마 카톨릭 교회와 권위에 입각한 로마 카톨릭주의의 진술들을 기초로 작성된 것이다.

"로마 카톨릭 교회는 다른 종파가 아닌 한 관용할 수 있다"(카톨릭 사전).

"로마 카톨릭 교리만이 자유의 권리를 요구할 수 있다"(*Civilta Cattolica*, 1948. 4.).

"교황은 판결의 권리를 가진다"(브론스의 견해, 제1권, p. 48).

"우리는 모든 사람이 교황에게 복종해야 된다고 선언한다"(교황 보니페이스 8세, 카톨릭 사전, 15권, p. 126).

"카톨릭은 교회와 국가의 분리를 긍정적이고 무조건적으로 인정하지 않는다"(아메리카의 카톨릭 대학교, 1939.).

"교황은 지고한 판단의 권한을 가진다"(*Civilta Cattolica*).

"개인적인 자유는 철저하게 교황에 부속된다"(교황 피우스 12세, 1951. 4. 6.).

"그러므로 모든 카톨릭 신자들은 교황의 칙령을 받아들여야 한다(오류에 대하여, 교황 피우스 9세, 카톨릭 사전, 14권).

이러한 주장들은 명약관화한 것들이다. 그러므로 로마 카톨릭 교회의 공식적인 주장은 그들만이 진정한 교회이며, 기타 다른 교회들은 이단이나 이교도이든지 오류가 있는 단체들이라서 그런 교회들과 단체들은 존재할 권리조차도 없다는 견해다. 그들은 영원한 지옥에 떨어져 죽게 될 것이라고 서슴없이 말한다. 마치 으뜸되기를 좋아했던 디오드레베와 같이(요삼:9). 교리와 실천의 측면에서 그들의 교리와 비교하면 개신교는 단일한 구원의 길을 견지하지 못한다고 주장한다. 그러나 오히려 개신교도들은 개인적인 구세주로 그리스도를 받아들이고 주와 주인으로 그를 경배하며 순종함으로 구원을 얻을 자들이다. 그러한 구원은 어느 특정한 종파와 하등의상관이 없다. 종파에 소속되어야만 구원이 있다고 주장하는 자들과 그런 종파들은 기독교의 가장 중요한 줄기에서 이탈하여 다른 종파들을 제외시킴으로 자신들만 주님의 자녀로 인정되게 하려는 사악한 사람들이다. 그들은 실제적인 면들이 편협한 마음 자세로 대변되며 성경의 진정한 가르침에서 멀리 떨어진 태도를 가지게 된다.

로마 카톨릭 교회만이 오직 참된 교회이지만, 로마 카톨릭 교회가 편협하고 불관용적인 경향을 지녔다는 사실은 그들의 거짓된 전제로부터 기인한다. 만일 로마 카톨릭만이 참되고 진정한 교회라면 자동적으로 그들의 의무는 거짓되다고 인정되고 다른 교회들을 파괴하고 핍박하는 것이 될 수밖에 없다. 그런 목적을 성립시키기 위해 다방면으로 국가와 교회의 일치를 이루려고 노력하면서 최종적으로는 국가의 힘을 빌어 그 목적을 성취하고야 말 것이다. 타협이나 다른 방식을 통해 로마 카톨릭과 결탁한 정부들은 그들이 원하는 대로 이끌려 가게 된다. 역사적으로 이러한 방법들이 개신교들을 진멸하기 위해 쓰여졌던 전통적인 형식이었다.

원칙적으로 종교의 자유는 국가와 종교의 분리를 우선으로 한다. 그런 분리는 바티칸이나 다른 영적인 세력들간에 국가와 맺어진 협정 등을 미연에 방지하는 효과가 있다. 그러나 로마 카톨릭은 그런 제한을 좋아하지 않았으며, 여러 다른 교회들과 동등하게 되려고도 하지 않았다. 중세기 동안 로마 카톨릭은 정부들과 동맹하거나 협정을 맺어서 유럽의 최강자로 군림했으며, 그들 정부의 도움으로 모든 대적들을 제압하고 여러 세기 동안 그런 위치를 견지하였다. 그러나 그들은 이들의 지역을 기독교화 하는 데 실패했다. 대신에 그런 비기독교적 독재정권은 무지, 미신, 문맹, 비도덕성 등을 양산하여

'암흑의 시대'라는 지적을 받게 되었다.

2. 불관용한 로마 카톨릭

　로마 카톨릭이 세력을 형성하고 있는 나라에서 실제적인 문제들이 위에서 인용된 진술들과 상당히 일치된다는 사실을 확인케 한다. 우리는 미국에서 일어난 로마 카톨릭의 행위를 라틴 아메리카와 유럽에서도 발견할 수 있다. 개신교가 로마 카톨릭보다 우세한 나라에서는 종교의 자유가 주는 이점들을 행복하게 누리고 있다. 그러나 로마 카톨릭이 우세한 나라에서는 다른 종교나 종파를 제한하거나 억압하고 있다. 실제로 오늘날 어떤 나라에서는 로마 카톨릭과 협정을 맺지 않으면 공무원이나 특수한 직업에 종사하지 못한다. 그들과 협약을 맺어 공무에 종사하게 된 사람들은 일정한 원조금을 납부해야 한다. 만일 그가 로마 카톨릭의 구성원으로서의 자격을 포기할 시는 여러 모로 불합리한 대우를 받게 된다. 그러한 상황하에서 그는 낮은 계급에 속한 국민의 자격으로 전락된다. 한 종교에서 다른 종교로 개종 뿐만 아니라 그렇게 실행에 옮긴 자유로운 권리까지 포함한 권리를 갖는 종교야말로 참된 종교의 자유를 지닌다.

　사도 바울은 "만일 그리스도의 영이 없으면 그리스도의 사람이 아니라"(롬 8:9)라고 하였다. 예수 그리스도는 죄인들에게까지 온유하고 사랑스러우며 평화롭다. 그는 결코 어떤 사람이든 핍박하지 않는다. 그러나 불관용적인 로마 카톨릭은 자신들의 권위에 복종하지 않는다고 수백만의 사람들을 끔찍하게 살육하였다.

　로마 카톨릭과 개신교의 '이단'에 대한 정의에 다른 견해가 있음이 주목된다. 개신교에서 보는 이단은 성경에 위배되는 사상을 지닌 사람들을 일컫지만 로마 카톨릭은 자신들의 체제를 와해시키려는 의도를 가진 자들에게 이 명칭을 사용했다. 예를 들어 로마 카톨릭은 '이단적인' 예배에 참가하는 것을 금지시켰다. 그러므로 카톨릭 신자는 개신교 예배에 참가할 수 없는 것이다. 만일 그러한 죄를 범했다면 사제에게 나아가 그의 죄를 고백하고 다시는 그들의 예배에 참석하지 않겠노라고 약속하고 면책을 받아야 한다.

　자유로운 개신교 국가인 미국에서 로마 카톨릭은 그들의 신앙을 전파하고 성장을 도모할 수 있도록 하는 자유로운 권리를 가지고 있다. 그들은 그들의 교회, 학교, 다른 재산들에 대하여 개신교와 동등하게 면세혜택을 받고 있다. 그러나 그들이 우세한 영향력을 갖게 되면 상황은 급변하게 될 것이다. 그들은 복음에 기초한 우리의 신앙선포를 부인하며 교회의 면세혜택도 중단시키게 될 것이다. 다른 교회에 대한 그들의 잘못된 태도는— 자본주의 국가에 대하여 도전했던 막스의 『공산당 선언』과 같이, 독일 공화국에 도전했던 히틀러의 『나의 투쟁』(*Mein Kampf*)과 같이—로마에서 출간된 공식적인 예수회문서 *Civilta Cattolica*에서도 발견된다. 이 잡지는 교회 지도자들 중에 교황이 지고한 위치임을 확실히 했다. 그러므로 이것은 모든 로마 카톨릭의 자료 중에 가장 권위있는 자료가 된다고 하겠다. 여기에 언급된 진술을 들어보자.

"오직 단일한 교회인 로마 카톨릭은 오직 카톨릭만이 오류없는 진리를 소유하였기 때문에 오로지 진정한 자유의 권리를 요구할 수 있다. 다른 지역에 있어서 교회가 무력으로 거세될 수는 없다 하여도 합법적인 방법에 의해서 그들의 거짓교리를 선포하지 못하도록 할 수는 있다. 결과적으로 로마 카톨릭이 우세한 어떤 주에서, 교회는 오류없는 유일한 교회임을 요구할 것이며, 그 주에 소수의 다른 종교가 있다면, 그들의 신앙을 전파하지 못하도록 조치하고 다만 현상유지만을 허락한다. … 어떤 국가에서 로마 카톨릭은 그들만이 살 권리가 있다고 주장하면서 전적인 종교적 자유를 의무화시키기에 이를 것이다. 그러나 이렇게 행하는 가운데서도 그들의 주장을 포기하지 않으며 다른 종교는 단순히 현상유지에 초점을 맞추도록 한다. 교회가 이러한 과업을 성취해 나가는 데 있어 관용은 문제되지 않는다"(1948. 4.).

이것은 종교적 자유에 대한 '고전적'인 로마 카톨릭 교회의 입장이다. 이러한 입장은 다양한 자료에 근거한다. 미국 내에 가장 권위있는 카톨릭 신학자로 알려진 코넬은 다음과 같이 말한다.

"우리는 카톨릭 국가의 통치자들이 카톨릭과 협약하지 않은 어떤 사람들의 행동을 제약하는 권리를 가지고 있다는 사실을 믿는다. 그들은 카톨릭 교회를 거스리는 어떤 사람들의 선전을 막을 권리를 가지고 있다. 이것은 단순히 하나님의 아들이 한 종교를 설립하시고 그 교회를 수용하도록 명하셨다는 카톨릭의 기본적인 교의에 근거한 결론이다"("미국 교회잡지", 1946. 1.).

추기경 스펠만이 인준한 교과서에서 종교적 관용에 대하여 다음과 같이 밝히고 있다.

"다른 종교에 대하여 관용하지 말아야 된다는 것이 카톨릭의 주지된 진술인가? 수많은 상황들과 관용의 의미문제에 대한 이해에 따라 다양하게 나타난다. 세례를 받지 않은 사람이든 로마 카톨릭이 아닌 다른 종파에서 출생한 사람이든 로마 카톨릭 교회로 들어와야 한다. 이러한 것은 근본적으로 비이성적이다. 왜냐하면 신앙은 의지에 근거하며 의지는 물리적인 강도에 의해 종속될 수 없기 때문이다. 그런 사람들이 자신들의 예배의식에 참석하는 행위를 인정해야만 하는가? 만일 그들이 가족과 더불어 참석하거나 신실하여 신앙의 배교 가능성이 없다면, 그들은 주정부의 허락으로 관용의 대상이 될 수도 있다. 잘못된 예배에 대한 그들의 참석은 필연적으로 교회 앞에 세워 시시비비를 가릴 정도는 아니다. 카톨릭 신앙을 변호하는 카톨릭 국가에서는 대다수가 이 신앙을 가지고 있으므로 소수의 종교단체가 물의를 빚거나 카톨릭 신자들의 개종을 금지하도록 명문화시킬 것이다. 그러나 거기에 개인의 자유를 제한하는 주(州)를 정당화시키려는 효과적인 사유가 전혀 존재하지 않는다.

'다만 문제가 되는 것은 다른 종교에서 카톨릭 신자들에게 다니면서 전도하는 일이다. 이것은 단죄의 근거가 되며 진정한 신자들의 복리를 침범하는 행위가 된다. 그런 악행에 대하여 카톨릭 정부는 방어의 권리를 가진다. 한편 이 선포가 공공복리에 위배되고 신자들에게 해를 주게 됨으로 그들의 전도권은 있을 수 없는 권리다. 그들의 권리는 간단히 합리적인 종말을 의미할 뿐이다. 합리적인 종말이 거짓종파의 교리에 의해 증진될 수 없기 때문에, 그들에겐 면책이 없다"(폴란드와 르얀의 『카톨릭의 정치원리』 중에서, p. 317).

미국이 천명한 종교의 자유에 대한 헌장을 살핀 후에, 라이언과 볼란드 교수는 다음의 진술을 하였다.

"비카톨릭 사람들을 제거하는 데 있어 방해가 되는 법률은 합법적으로 삭제되어야 한다고 생각한다. 카톨릭 국가에 대한 정당한 처우는 무엇인가? 모든 주(州)는 일치하지 않는 종교단체를 응징하는 것과 같은 종교적 행위에 대하여 합리적으로 관용할 수 있어야 한다. 그러나 비카톨릭적인 다른 종파들은 전도권도 면세권도 허락될 수 없다"(p. 320).

로마 카톨릭이 우위를 차지하고 있는 지역에서 종교의 자유를 다루는 방법은 특히 미국의 경우에 종교적 자유를 명시한 헌법 조항을 삭제하는 것이다. 저술가들은 로마 카톨릭이 위세를 떨치고 있는 주들의 이러한 행위에 대하여 대처할 것을 요구하게 된다. 그들은 카톨릭과 동의하지 않는 교회들이 면세혜택에서 제외되리라고 예견했다. 그들은 또한 로마 카톨릭이 개신교의 종교행위에 대하여 형식적으로 인정할지는 모르나 이것이 결국은 개신교회의 회집을 인정하지 않는 결과가 된다. 관용의 혜택을 받는 회집은 이러한 단체의 구성원들이 사적으로 개최하는 모임 뿐이다. 이러한 규칙하에서 카톨릭 이외의 교회는 사멸되어 버린다. 라이언과 볼란드의 주장에 의하면 이와 같이 이상화된 로마 카톨릭이 미래에 상당한 차이가 있을 것이므로 개신교도들이 염려할 바가 아니라고 하지만 이것은 완전히 무가치한 주장이다. 실제로 그들이 주장한 요지는 개신교도들로 하여금 근심할 필요가 없다는 내용이었다.

물론 라이언과 볼란드의 견해는 단순히 개인적인 주장만이 아니라, 로마 카톨릭의 일반적인 견해와도 조화를 이루고 있는 사상이다. 우리는 2차 세계대전이 한창일 때 여러 나라에서 겪고 있던 경제공황에 대처하기 위해 개신교에서 주축이 되어 각 나라에 식량을 원조해 주었으며, 이러한 원조에는 종교적인 신앙을 전제로 하지 않는 행위였음에도, 각 주(州) 로마 카톨릭은 이 원조품들을 미국의 카톨릭 신자들이 보내준 것처럼 선전하였다는 사실을 지적하고 넘어가야 한다. 전체 역사를 놓고 볼 때에도 그러한 우호적인 행위는 단연 개신교가 선두에 위치한다. 그러나 어째서 감사와 공정한 정신이 결여된 로마 카톨릭이 개신교를 위하겠는가! 그러므로 르얀과 볼란드의 견해는 로마 카톨릭이 우세해질 경우, 미국에서도 그와 같은 종교적 자유의 제한이 있을 것이라는 사실을 암시한다고 할 수 있다. 적어도 개신교는 그들이 행하는 것들에 대하여 정당한 경고를 하였다. 왜냐하면 그들은 비밀히 암암리에 벌이는 음모가 아니라 각급 학교에서 공개적으로 수행되는 교육에 의해 일어났기 때문이다.

로마 카톨릭은 아직도 프랑스의 로마 카톨릭 학자인 루이스 보일룻이 개신교에 대하여 천명한 정책을 따르고 있다.

> "당신들이 다수라면, 우리는 당신들의 지도자의 이름으로 종교적인 자유를 요구할 것이다. 그러나 우리가 다수일 경우 우리들의 이름으로 당신들에게 주어질 종교의 자유를 거부할 것이다."

이러한 주장은 미국의 로마 카톨릭이 완전한 종교의 자유를 요구하여 그들의 교회를 설립하고 다른 종교집단의 종교의 자유를 파괴하려는 준비에 여념이 없는 것과 공산주의자들이 자신들의 조직을 정비한 다음 우리의 모든 것들을 파괴하려고 준비하는 것과 매우 밀접한 상관관계가 있음을 보여주고 있다. 아직까지 미국은 개신교와 종교적 자유가 확실히 번창하고 보장된 나라이다. 그러나 만일 우리가 부주의하다면 교회든, 국가든 우리들의 종교적 자유를 상실하게 될 것이다.

우리는 최근 로마 카톨릭이 모든 수단과 방법을 다 동원하여 세계 각처에서 개신교의 세력을 격하시키고 미국을 '카톨릭화' 하려는 움직임이 강하게 일어나고 있음을 알고 있다. 그러나 이미 많은 나라에서 로마 카톨릭이 단독으로 그 우위를 지키고 있으며, 그 결과들은 통탄할 만한 것들이다. 그들이 통제하는 나라에서는 종교적으로 사회적으로 열등한 국민을 만들어 가고 있으며 성장에서도 실패하고 있다. 종교, 사업, 수공업, 노동조합, 정부 등을 총망라해서도 단일한 독재는 악한 결과를 초래한다. 그 중에서도 교회의 독재는 가장 비참하다. 교회든 국가든 그런 조직체는 인간의 전적타락의 본성과 자만심으로 헤아릴 수 없는 탐욕을 불러 일으킨다.

개신교 국가에서 로마 카톨릭은 그들의 진정한 성격을 숨기고 있다. 개신교의 입장에서 보았을 때 그들은 관용의 성격을 견지한 듯이 보인다. 그들은 학교, 병원, 고아원 등을 세우며 자신들과 다른 입장을 취하는 사람들에게 우호적인 손길을 내밀기도 한다. 많은 미국의 도시나 마을에서 로마 카톨릭은 개신교의 교회와 유사한 듯이 보이고 있다. 사제들은 사람들에게 친절하며 그들과 개신교 신자들 사이에 차이가 거의 없음을 인식시키려 한다. 이러한 지역에서 로마 카톨릭들은 완벽한 신의를 얻기 위해 일반적으로 미국인들의 자유와 해방의 이상을 나누기도 한다. 때로 지역사제나 지방의 담당 성직자들은 추기경 스펠만이 했던 대로 종교의 자유를 가장 명확히 이해하고 있는 사람처럼 행세하기도 한다. 많은 개신교도들은 그들의 위장에 속아 넘어가고 있다. 그러나 로마 카톨릭이 강한 우위를 지키게 되면서, 사제들은 강압적인 방법으로 그들의 신도들을 주입식으로 교육시키며, 탈법화하여 개신교에 대한 제한정책을 펴게 된다. 로마 카톨릭의 진위에 대하여 알고자 하는 사람들은 이들 지역에서 발전된 성직제도를 살펴야 한다.

다른 지역의 카톨릭 교회들과 마찬가지로 미국의 카톨릭 교회도 완전하게 전체주의적인 교회이다. 그들의 정책은 지역사회와 한 국가에 그치지 않고, 세계의 정상에 서는 것이다. 그들은 자신들의 신도가 강압을 받지 않는다고 말한다. 우리는 1960년에 있는 푸에르토리코의 대통령 선거에서 만일 카톨릭 신자들이 고급 성직자들의 정치적인 권고를 따르지 않았다면 후방의 위협이 있었을 것이라는 사실을 알고 있다. 여론을 존중하는 미국의 사제와 주교들이 때때로 자신들이 종교적 자유를, 종교적 관용을 선호하는 듯이 밝히고 있으면서도, 그들은 어떤 사람에게도, 심지어 자신들끼리도 이와 같은 사실을 언급하지 않는다. 그들은 자신들의 세력이 강성해질 때까지는 오랫동안 이러한 사실에 충실하지만, 그들의 세력이 강성해지면 드디어 그들의 공식적인 입장에 확연해지게 된다.

로마교회가 미국에서 선한 의지의 표준과 관용을 천명하고 있을 동안에도, 그들은 자신들의 세력이 우세한 지역에서 불관용과 강포한 행위를 보여왔다. 교황은 자신이 원한다면 이런 지역에서 자행되는 권력남용과 핍박을 중지시킬 수 있다. 모든 미국인들이 개인적으로 친근감있는 로마 카톨릭의 태도에 주목하자. 그들의 교회가 우위를 차지할 때 평신도들은 그들의 행위를 로마 카톨릭에 맞춰서 변경해야 할 것이다. 그들은 개신교들과 우호적으로 친근하게 혼합되는 현실을 묵과하지 않을 것이다. 카톨릭 신자들에 의해서 자행되는 속임수가 아니라, 성직제도의 구성원들에 의해 수행되는 이러한 행위는 교회가 직면한 가장 큰 위험이다. 이러한 변절적인 행위는 성경이나 교리에 기초하지 않으며, 오히려 교황의 칙서나 교회법에 근거한다. 이것은 의식있는 모든 사람들에게 분노만 유발시킬 따름이다.

영국의 유명한 역사학자인 프라우드(J. A. Froude)는 로마 카톨릭의 성격을 분석하여 다음과 같이 기록하였다.

"로마 카톨릭이 교권을 잡고 있는 지역에서 그들의 본체가 명확히 드러난다. 그러나 개신교 국가에서는 이와는 반대로 천사의 모습을 하고 있다. 이런 모습으로 그들은 강력하게 자신들의 목적을 성취하며, 적절하게 마찰을 피한다. 그리고 관용하는 척 가장하기도 한다. 한편으로는 로마 카톨릭이 진정한 종교의 정신을 사멸시키고, 일단 그들에게 사로잡힌 사람들은 전혀 다른 신앙을 가질 수 없다."

대부분의 미국 로마 카톨릭 저술가들은 로마 카톨릭에 종교적 자유가 있는듯이 지적하기도 한다. 대부분 그들은 미국에서 종교적 자유의 성취를 위한 일대의 사건으로써 메릴랜드의 종교관용법을 언급한다. 그들은 메릴랜드가 대다수의 인구를 차지하는 로마 카톨릭에 의하여 이 법률이 입법되었다고 지적한다. 그러나 우리가 기억하기로는 당시 로마 카톨릭의 숫자는 개신교에 비해 상대적으로 적었으며 이때 식민지 사람들의 대부분이 유럽에서 로마 카톨릭에 의해 자행되던 종교핍박을 피하여 도망왔다. 이러한 상황을 주시하면 그들의 주장이 공신력없는 견해표명임이 틀림없다.

이 주장은 로마 카톨릭이 소수일 때 종교적 관용을 언급하면서 제시하는 것이었으며, 그들이 다수가 되었을 때는 종교적 관용을 부인하였다. 더 나아가 1634년에 로마 카톨릭이 주축이 되어 세운 메릴랜드 식민지에서 곧 그들의 지역을 상실하고 말았다. 왜냐하면 1691년 이후에 개신교가 거의 대부분을 차지하였기 때문이다. 미국 독립혁명기에 로마 카톨릭은 13개 식민지의 전체인구 비례로 1% 정도에 불과했다. 어떤 위그노교도들도 식민시기 동안에 퀘백주에서 경작하도록 허락하지 않았다.

로마 카톨릭의 불관용한 성격은 유럽지역에서 유대인들과의 불편한 관계에서 잘 드러난다(그들은 유대인들을 이간하여 기독교를 적으로 만들게 했다). 거의 대부분의 유대인 복음화는 개신교도들에 의해서 이루어졌다. 로마교회는 모슬렘과 유대인들과 같은 극히 어려운 선교사역에는 손을 대지 않았다. 왜냐하면 1200년 동안 로마 카톨릭은 유대인들을 자연적인 적으로 간주하여 핍박하여 왔기 때문이다. 유대인들은 종교재판으로 수많은 사람들이 이탈리아를 떠나 도피했으며, 가장 비참한 유대인 핍박이 스페인에서 일어나기도 하였다. 어떤 나라에서 그들은 비참한 유대인 거리에서 살아야 했으며, 저주를 상징하는 노란 딱지를 가슴에 붙이고 다녀야만 하였다. 많은 주민들이 그들과 가까워졌다. 때로 그들은 교육을 부인하였다. 왜냐하면 로마 카톨릭이 오랫동안 유럽을 통제하면서, 일반적인 유대인들이 기독교의 분파들과 다르지 않다는 사실이 입증되었기 때문이다. 유대인들에게 로마 카톨릭은 기독교라고 설명해도, 그들은 기독교가 반셈적(anti-semitic) 경향을 가졌다고 확신하고 있다. 이러한 과거 때문에 유대인의 복음화는 역사적인 장애로 어려움을 겪고 있다. 핍박의 악몽이 쉽사리 잊혀지지 않는다.

3. 양심의 자유

헌법의 첫번째 수정안은 다음과 같다.

"의회는 종교의 설립에 관계하지 않으며, 자유로운 종교활동을 금하지도 않을 것이며 언론, 출판, 집회의 자유를 제한하지 않을 것이다."

헌법에 명시된 종교적 자유와 교황 레오 13세가 1903년에 "자유"에서 천명한 것과는 상당히 대조적인 양상을 펴고 있다.

"무조건적으로 사상, 언론, 출판, 집회의 자유를 인간의 기본적인 자연권인 양 요구하는 행위는 불법이다."

우리와 다른 생각을 고집하는 사람들에 대한 핍박은 개신교의 정신과는 크게 위배되는 행위다. 그러나 이러한 행위가 중세기 동안 백성과 국가에게 요구되었던 것들이다.

우리가 일찍이 지적했던 대로 종교의 자유는 종교를 바꿀 수 있는 권리까지도 포함되어야만 한다. 미국의 인권선언은 로마 카톨릭의 강한 반발에도 불구하고 이 항목을 주장하였다. 개인적인 판단의 자유는 우리가 개신교 종교개혁을 통하여 얻은 유익 중에 가장 위대한 것 중의 하나다. 예를 들어 스웨덴과 같이 교회들이 설립된 개신교 국가에서는 자신이 원하는 종교에 입교하여 신앙생활을 할 수 있다. 로마 카톨릭의 사제나 정부관료들이 그런 종교적인 결정들을 반드시 내릴 필요는 없다. 로마 카톨릭으로부터 완전히 놓여지기란 거의 불가능하다. 한 사람이 자신의 생각을 돌이켜 로마 카톨릭으로부터 독립하려고 노력하여도, 그들의 정책이 일단 세례받은 사람들은 결코 포기하려 들지 않기 때문에 쉽지 않다. 우리는 그런 나라에서 교회 내의 민주주의나 자유의 정신을 찾아볼 수 없고 오히려 전체주의적이고 독재적인 교회의 모습을 보게 된다.

로마 카톨릭이 자행하는 악명높은 자유의 제한 중에 독자들이 읽고 판단할 수 있는 권리를 제한시킨 금서목록이 있다. 이 제한은 신자들을 오류로부터 보호한다는 구실로 만들어졌다. 이 금서목록의 진정한 목적은 로마교회에 그들을 붙들어 두기 위해 그리고 계속적으로 통치하기 위해 자유롭고 개혁적인 사상으로부터 고립시키는 것이다. 1229년에 열린 발렌시아 공의회가 성경까지도 이 목록에 첨가시켰으나, 몇 세기가 지나서 해제되기도 하였다. 현재까지도 로마 카톨릭이 공식적으로 인정한 성경 외에 모든 번역성경이 아직도 금서목록에 들어있다. 로마 카톨릭 국가에서 사제들이 개혁교회들이나 성서공회에서 발간한 성경을 훼손하고 소멸하는 이유가 여기에 있는 것이다. 로마 카톨릭의 인준이 없이 발간된 성경이나 주석서들은 모두 금지조항에 해당된다. 수많은 책들이 요주의 서적으로 등록되었는데, 이것은 반기독교적인 작품이라서가 아니라, 반카톨릭적인 성향이 있어서이다. 금서목록은 사제와 신도들 모두에게 적용된다. 단 주교나 추기경, 이와 동등한 위치에 있는 사람들은 이 목록에서 제외된다.

　로마 카톨릭 교회의 불관용은 다른 사람들이 로마 카톨릭의 역사와 교리에 대하여 기록한 어떠한 것도 읽지 못하도록 금지시킨 이러한 제약에서 가장 확실하게 보여진다. 그들이 자신들의 역사를 매장시키고 감추려는 의도 속에는 신자들을 붙잡아 두려는 의중이 있으며, 만일 진정한 그들의 역사를 신자들이 알게 된다면 그들이 로마 카톨릭을 떠나게 되리라는 사실을 알기 때문이다. 로마 카톨릭에 대한 비판서적을 읽었거나 또는 그의 교회를 비판하는 강연회에 참석한 로마 카톨릭 젊은 청년은 성적인 범죄와 사회적인 물의를 빚은 범죄에 대한 책망보다도 사제로부터 더욱 신랄한 저주의 여지가 남아있다. 왜냐하면 후자는 개선의 여지가 남아 있지만, 전자는 신앙의 상실이라는 불치의 상태로 이끄는 요인이 되기 때문이다.

　로마 카톨릭의 이러한 정책은 그들의 학문적 수준과 그들 자신의 교리의 신임을 약화시키는 결과를 초래하였다. 그들이 진리에 대하여 외치고 참된 교회가 되기 위해 과장한다 할지라도 그들은 그들이 반대한 '진리'와 감히 비교하려 하지 않는다. 그들은 다른 조직에 관해 신자들에게 무지하도록 획책하였다. 그러나 자신의 입장을 확신하고 있는 바른 학자들은 반대의견을 표명하는 사람들의 입장을 진술하는 데 주저하지 않았다. 비록 공산주의와 무신론에 대하여 다룬다 할지라도 우리는 그들이 견지하는 주장이 무엇인지, 잘못된 견해가 무엇인지 알기 원한다. 개신교 신자들은 그들의 신도들이 로마 카톨릭 제도와 친숙해지는 데 있어 거부반응을 보이지 않으면서도, 그 제도의 잘못을 지적한다. 사실 다른 종교에 대하여 학습하고 논의함은 개신교의 실천 사항이다. 로마 카톨릭의 실수로 말미암아 자유로운 생각에 지장을 초래하게 되었다. 우리는 로마 카톨릭의 사제들과 신도들이 공정하고 개방적으로 개신교를 연구하도록 조치하거나, 홀로 진리라고 주장하는 아집에서 탈피하도록 그들에게 진정한다. 이것은 때로 한 면을 알지 못하는 사람이 때로 양면을 모두 모르게 되는 현상이 벌어지게 한다. 그는 자신의 논리구조를 알아야 하며, 자신의 체제와 반대되는 견해도 펼 수 있어야 하며, 그가 믿는 것이 무엇이며, 왜 믿어야 하는지를 알아야 한다.

독자들은 미국, 영국, 네덜란드와 같은 나라에서 이와 같은 자유로운 연구가 가능하다고 하는 사실에 대해 당연하게 생각할 것이다. 그동안 로마 카톨릭은 현 시대의 지식으로부터 그들의 백성을 막고 있었다. 만일 교황역사나 유럽과 미국사 등이 그 신자들에게 전달된다면 카톨릭 신자들은 도무지 믿을 수 없다는 반응을 보이기 쉽다. 그가 읽은 모든 책은 검열관에게로 넘어가게 된다. 그는 금서목록을 독서함이 치명적인 죄라고 어릴 적부터 교육을 받으며 성장했다. 금서목록은 사제와 신도들을 그들의 권위에 복종시키는 가장 효과적인 무기였다. 즉 그들의 생각을 통제하게 됨으로 자신들의 체제에 도전하는 반란의 가능성도 미연에 방지하게 된다.

로마 카톨릭의 사제나 평신도들은 자신의 신앙을 바꾸는 행위가 얼마나 어려운 일인지 발견하게 된다. 물론 교회가 그러한 위험성을 미리 방지하고 있다. 비록 그가 어떤 사물에 대하여 의심이 있다 하여도, 그는 탐구할 수 없다. 그는 자신의 영혼을 감독하는 사제가 생존하는 동안 종교적 문제로 로마 카톨릭에서 개신교로 개종하는 일은 절대 불가능하다. 사제들 중에 많은 사람들이 이단 서적을 읽는 데 두려움을 느끼고 있으며, 주교의 허락없이는 그런 대담(공식적인 회담)이 불가능하다. 그러나 개신교의 도전에 방어의 책임이 있는 어떤 사람들은 복음적인 기독교를 연구할 수 있다. 그들 중 어떤 사람은 개신교의 가르침에 압도당하기도 한다. 그러나 주로 로마 카톨릭은 사제들과 평신도들에게 폭넓은 지식과 세계에 대한 시각을 갖지 못하도록 하고 있다. 로마에서 목회하는 감리교회 목사인 키삭(R. Kissack)은 어떤 로마 카톨릭의 신부들은 동요되고 있으며 개신교에 대하여 시험삼아 연구하면서 항상 질문하기를 "무엇이 당신의 불안을 일으켰는가?"라고 할 때에 "나는 복음서들을 읽기 시작했다"라고 대답한다고 보고하였다.

4. 편협함

사전에서 '편협함'이란 단어를 정의하기를 '자신의 신앙, 교회, 정당, 주장 등에 완고하거나 불관용적으로 헌신하는 것'이라고 하였다. 그리고 형용사인 '편협한'이라는 말은 '어떤 고백, 주장, 실천 등에 관용하지 못하고 부자유스런 것에 완고하게 집착하는 것'이라고 정의하였다.

1960년 미국에서 벌어진 기묘한 사건은 대통령 선거시에 로마 카톨릭 후보로 캐네디(J. F. Kennedy)가 출마하였고, 개신교의 후보로는 닉슨(R. M. Nixon)이 나온 것이었다. 과거의 선거에서는 종교적 선입관이 비교적 적었던 반면에 로마 카톨릭은 제대로 조직도 정비되지 않았고 개신교를 제압할 방도가 없기 때문에 종교를 이용하였으며, '편협함'이라는 간사한 말을 사용하여 사람의 입에 자갈을 물림으로 경이적인 차이로 대승하였다. 선거운동으로 말미암아 자신의 후보에 투표하지 않은 어떤 사람은 '편협한' 사람이라 했기 때문에 이 사상이 대중화되기에 이르렀고, 이 용어가 자유롭게 라디오, T. V. 등에서 또는 신문이나 정치토론 장에서 사용되었다. 이와 더불어 그들은 정치 선전과 연관하여 로마 카톨릭을 언급한 사람이나 문학 앞에 '저주스런 험담꾼', '저주문학' 등의 호칭이 붙었다. 이것이 개신교 나라인 미국에서 벌인 그들의 작전이었다. 여러 다른 나라에서도 로마 카톨릭은 강력한 계책을 사용하여 그 나라의 대표자가 개신교에서 나오지 못하도록 하고 있다.

그 대통령 선거 초기에 닉슨 후보는 종교문제를 선거 공약으로 내세우지 않으며 자신의 참모들로 하여금 종교문제를 쟁점화시키지 않도록 하겠다고 천명하였다. 또한 케네디도 동일한 입장을 표명했지만, 로마 카톨릭의 후원자들과 친구들을 잃지 않으려고 로마교회에 속한 자신의 권리를 주장했다. 또한 그의 선거본부에서는 케네디가 개신교 목사들 앞에서 연설하는 모습을 긍정적인 입장에서 편집하여 텔레비전에 방영하는 효과적인 선거홍보를 하였다. 케네디의 그러한 행동이 옳은지에 대하여 의문이 제기된다. 개인적으로 우리는 그러한 행위가 두 가지 이유 때문에 옳지 않다고 생각한다. 첫째로 한 개인의 행동이지만 거기엔 그의 종교정신이 행동에 반영되기 마련이며, 특히 공적인 직무를 감당하는 대통령으로서는 더욱 그러하다. 둘째로 실제적인 문제에 직면하여 그런 중요한 요소를 억누른다는 것은 확실히 불가능하다.

이 사실들이 알려졌을 때, 개신교를 반대하여 사용한 편협함의 비난은 거의 대부분 근거없음이 밝혀졌다. 대통령 선거의 당락 가능성을 미리 예견하는 갤럽연구소의 조사에 따르면 케네디가 출마한 공화당의 로마 카톨릭 의원들의 투표가 민주당의 개신교 후보인 닉슨 진영의 투표수보다 두 배나 높았다고 보고했다. 정치 해설가인 로렌스(D. Lawrence)는 "로마 카톨릭 투표자들이 개신교의 투표자들이 자신들의 종교를 가지고 있는 민주당 후보에게 전적으로 표를 던진 것에 영향을 받아 분발했음이 확실하다"(캔사스지, 1960. 11. 2)라고 하였다. 이와 유사한 자료들은 로마 카톨릭 신자가 80%나 투표에 참가하여 케네디에게 4:2의 비율로 표를 주었으며, 개신교도들은 60%가 투표에 참가하여 3:2로 닉슨에게 표를 던졌다고 하였다. 그러나 이 결과는 개신교에서 카톨릭을 '편협함'이라고 한 것과 같이 카톨릭도 개신교를 이런 식으로 선거과정에서 몰아붙여 두 배의 투표율을 얻었다고 보고하고 있다. 확실히 자신의 종교 때문에 종교가 같은 사람에게 투표하듯이 자신의 종교 때문에 그 사람에게 투표하는 편협함의 행위가 다분히 나타나고 있다.

그러나 미국의 대통령선거에서 로마 카톨릭 계통의 후보자를 반대하는 것이 편협함인가? 그들이 정치, 사회생활에서 보여주었듯이 로마 카톨릭의 기본적인 교리들이 우리 미국의 자유민주주의를 정면으로 반대하고 있다. 로마 카톨릭 교회는 미국의 중요한 생활의 원리 중에 하나인 정교분리를 재차 정죄하였다. 로마 카톨릭의 공직자들은 그들의 교회로부터 심한 억압을 강요당한다. 그들이 믿고 있는 것이 오직 참된 교회이며, 그들의 영원한 행복은 그들의 교회에 순종하고 의지하는 것이며, 실제적인 현장에서 카톨릭을 숭상하도록 하는 의무가 있으며, 공직자들은 카톨릭의 큰 계급체계로부터 이러한 사실을 고백하도록 피할 수 없는 압력과 불합리한 요구를 받기도 한다. 우리는 그들의 세속적 직무가 세속적인 방식대로 모든 교회의 구성원들에게 주어져야 할 의무이기 때문에 그가 허락하지 않는 한 공직자가 그런 교회의 어떤 구성원에게 이 지고한 직무를 위임한다는 것은 지혜롭지 못한 일이라고 생각한다.

로마 카톨릭은 '미국의 카톨릭화'를 천명하면서 그것의 진위도 무시하고 대다수 국민들의 열망도 생각지 않은 채로 이 편협한 원리를 강제로 정착시키려고 한다. 이러한 행위는 근본적으로 그들의 원리에 동의하지 않으려는 모든 사람들을 무시하고 조용히 이 계획을 추진하려는 의도다. 어째서 이렇게 해야 하는가? 이 계획에서 한 가지 중요한 항목은 그들의 계획에 반대하는 모든 사람에게 '편협한' 사람이라고 호칭을 붙여주는 것이다. 예수회 교단 신학교에서 공부를 했고 로마 카톨릭에 대하여 풍부한 지식을 갖고 있는 어떤 로마 카톨릭주의자가 1957년에 다음과 같은 글을 썼다.

> "로마 카톨릭 교회는 결점이 무엇이든지 간에 예리하고 훌륭한 정책자들을 가지고 있다. 예수회 신도들은 편협함이라는 비평적인 칭호를 붙여 미국의 카톨릭 교회를 성장시키는 데 중추적인 역할을 한다"("오늘의 기독교", 1957. 10. 28.).

그러나 역사적인 사실들은 개신교를 '편협한' 이라는 의미를 부여하지 않고 진정한 정치, 종교적인 승리자로서 인정하는데도, 로마 카톨릭은 자신들과 동의하지 않는 사람들에게 죽음까지도 요구하는 종교적 독재를 행사하여 왔다. 이러한 사실들은 자명하다. 그리고 최근 대통령 선거에서 그들이 보여준 행동들은 바로 편협함과 불관용이었다. 로마 카톨릭이 모든 시대 중에서 가장 대표적인 편협성을 지녔다는 것이다. 이러한 진술들을 근거로, 우리는 로마 카톨릭의 편협성을 다음과 같이 제시할 수 있다.

- 그들의 편협성은 자신들만이 오로지 참된 교회라고 주장하는 것
- 로마 카톨릭 외에는 구원이 없다라고 가르치는 것
- 교황의 절대무오성을 주장하면서, 그가 지구상에서 진정한 하나님의 대변자라고 주장하는 것
- 교황에게 '거룩하신 아버지'(Holy Father)라는 명칭을 붙임으로써 신성 모독을 범하고 있다는 것
- 공식칙령을 통하여 로마 카톨릭 교회가 그들과 동의하지 않는 다른 종파나 개인들을 파문하는 것
- 자신들과 일치하지 않는 사람들을 죽이거나 핍박하던 로마 카톨릭 교회가 과거에 빈번히 이러한 일을 자행한 것
- 로마 교회가 개신교를 '이단' 이라고 생각한 것
- 로마 카톨릭 교회가 개신교회에 참석하는 행위를 치명적인 죄라고 가르친 것

- 개신교 국가에서는 종교의 완전한 자유를 인정한다고 주장하던 그들이 스페인, 포르투갈, 이탈리아, 여러 라틴 아메리카의 나라 등지에서 개신교도들을 핍박하고 종교적 자유를 제한한 것
- 로마 카톨릭이 인정하지 않은 성경을 읽는 행위를 무서운 죄라고 가르친 것
- 로마 카톨릭 신자와 혼인하기 원하는 개신교 신자에게 혼전 서약을 강요하는 것
- 개신교 목사나 주 관리 앞에서 로마 카톨릭 신자와 개신교 신자가 결혼식을 올리는 행위를 피해야 되며, 그러한 결혼은 단지 '시도된 결혼'이며, 그 결혼 후의 생활은 죄 가운데로 다니는 삶이며, 그들의 자녀들은 불법적인 존재가 된다고 가르치는 것
- 로마 카톨릭이 성직 수임식 선서 때 "신실한 마음과 온전한 신앙으로, 나는 거룩한 로마 카톨릭 교회와 사도적 교회를 거스리는 이단이나 분파들을 영원히 인정하지 않으며 거부할 것이다"라고 다른 교회들을 싫어하도록 가르치고 있는 것
- 로마 교회가 금서목록을 세워놓고 있는 것
- 라틴 아메리카의 신도들과 대중들에게 개신교와 공산주의는 동일한 것이라고 가르치는 것

이외에도 많은 사실들을 인용할 수 있다.

그러나 오히려 폭력, 거짓, 온갖 부도덕한 일들을 자행했던 러시아 공산주의자들이 자신들의 목적을 성취하기 위해 '평화를 사랑하는 국가들', '억압된 대중들의 승리자'로서 그들의 실체를 위장했던 사실과 로마 카톨릭이 자신들과 동의하지 않는 사람들을 '이단'이라고 몰아붙이면서도 자신들만이 진정한 교회라고 주장하는 것과는 상당한 연관이 있다. 공산주의자들은 자신들이 그 나라의 주도권을 장악했을 때 '자유로운' 백성임을 강조하지만, 실제적으로는 그들을 노예화시켜 버린다. 그들은 그들의 정부와 법정에서 변론을 하지 못하도록 하면서도, '인민 민주주의 공화국'(중공, 동독)이니 '인민법정'(러시아, 중공) 등을 운운한다. 동일한 수법으로 로마 카톨릭은 주도권을 장악한 지역에서 다른 사람들을 '기독교화' 또는 '개종'시키는 것이 그들의 특권과 의무인양 될 수 있는 대로 로마 카톨릭의 교회의식에 동참

시키고, 필요하다면 강압으로라도 그렇게 시도한다. 공산주의자들이 공산당 정부가 통치를 해야 인간의 진정한 자유가 보장된다고 주장하듯이, 로마 카톨릭은 교황의 권위를 인정하고 로마 카톨릭 교회에 순종해야만 구원을 얻을 수 있다고 주장한다. 로마 카톨릭과 공산주의는 그들 자신들의 오류와 악행을 감추기 위해 연막전술을 사용함으로 자신들의 거짓되고 사악한 진면모를 알고 있는 상대편들을 단죄하며 공격한다.

개신교와 민주주의가 강할 때 공산주의와 로마 카톨릭은 관용과 자유를 말한다. 그들은 우리가 그들보다 강한 위치에 있을 동안 우리와 공존하기 원한다. 평화적인 공존은 우리가 그들보다 강할 때까지의 평화적인 공존을 의미한다. 그러나 그들이 우위를 차지할 경우, 평화적인 공존은 평화적인 복종이 된다.

보다 이 둘 사이의 유사한 점은 공산주의자들이 '좌경으로 키운 사람'과 동반자들을 통해 효과적인 과업을 수행하듯이 로마 카톨릭도 넓은 마음과 자유로운 사상을 가진 것처럼 위장하여 유순하고 순진한 개신교도들을 효과적인 사업수행에 이용한다는 것이다. 그러나 역사적인 사실로 보아 이 두 집단의 행동과 원리들이 공시효과만을 노린 것이라는 사실이 자명하게 드러난다. 어떤 지식인들은 이들 단체들이 사용한 용어가 거짓으로 사용되었고, 그들의 정죄와 고소가 근거도 없이 자행되었다는 사실을 알아차렸다. 유럽에 반영된 역사적 사실에서 볼 때 공산주의자들은 민주주의 나라에 대하여 '전쟁 미치광이'의 책임이 있으며, 로마 카톨릭은 개신교에 대하여 '편협함'의 책임이 있다는 사실이야말로 그들이 피할 수 없는 우스꽝스러운 사실이다.

이러한 '편협함', '저주쟁이들', '저주문학' 등의 사기성있는 표현들이 라디오, T. V, 시사토론장 등에서 거론될 때마다 개신교도들이 입으로, 문서로 저항한다면, 그들의 거짓과 부정이 즉시로 폭로될 것이다.

5. 핍 박

다음과 같은 말이 있다.

> 소수인 로마 카톨릭은 양이다.
> 숫자가 비슷한 상태에서의 로마 카톨릭은 여우다.
> 다수인 로마 카톨릭은 호랑이다.

로마 카톨릭 교회는 그들이 개신교 국가에서 이러한 실천을 하지 못하도록 강요당할지라도 강압적인 순종의 요구가 잘못되었다고는 인정하지 않는다. 그들이 주도권을 잡고 있는 나라에서는 더욱 그러하다. 미국에서 사제들이 개신교도들에게 우호적인 태도로 대하고 있을 때에도, 로마 카톨릭이 우세한 나라에서는 개신교도들에 대한 강압을 선동하고 있었다. 어떤 로마 카톨릭 신도들이 개신교가 핍박과 증오의 대상이 되어서는 안된다고 했음에도 불구하고, 오히려 이런 주장을 한 그들이 로마 카톨릭에게 이단으로 몰렸다. 이단이라 할 것 같으면 교회법에 의해 사형까지도 가능하였다. 오늘날 철의 장막에 가리워 지내는 개신교 목사들이 기독교 문학에 기여한 것과 교회예배를 시행하는 관점에서 개신교도들은 카톨릭이 우세한 스페인에서 가졌던 것보다 훨씬 자유롭다.

오늘날 모든 로마 카톨릭의 주교는 그의 성직수임식 석상에서 교황과 협약을 맺으며 다음과 같은 맹세를 한다.

"나의 모든 힘을 기울여, 나는 교황과 그의 후계자들을 거부하는 사람들과 모든 분리주의자, 이단자들을 핍박하며 투쟁할 것이다. 그러므로 나는 하나님과 하나님의 복음을 위해 모든 수고를 아끼지 않으리라"(맥루글린, 『미국문화와 카톨릭 학교들』, p. 125).

도미니칸 수도회의 뛰어난 사상가이며 가장 권위있는 철학자이자 지금까지도 로마 카톨릭 교회의 유일무이한 존재인 토마스 아퀴나스는 카톨릭 교회가 교회의 순수성을 유지하는 수단으로 이단자들을 죽이고 제거할 권리가 있다고 주장하였다. 그의 주장을 보자.

"비록 이단들이 관용의 대상이 되지 못한다고 할지라도 우리는 그들을 두 번 훈계함으로 그들에 대해 인내해야 한다. 두 번째 훈계 후에도 그들이 그들의 오류에 머무른다면 추방시켜야 할 뿐만 아니라 세속권력에도 그 징벌을 요구해야 한다"(『신학대전』, 4권, p. 90).

그리고 또 다른 구절에서

"이단은 죄이기에 추방에 의해 교회로부터 분리될 뿐만 아니라 죽음으로 세상과도 이별을 고하게 된다"(2권, p. 154).

또 다른 구절에서 더욱 강경하게 언급하면서,

"화폐의 위조나 범죄행위들이 세속권력에 의해 제재를 받듯이, 이단들은 두 말할 나위도 없다. 그들이 이단이라고 판정된 후에는 추방될 뿐만 아니라 틀림없이 죽음에 이르게 된다"(2권, Q. 2. Art. 3).

로마에 있는 그레고리안 대학교의 교회법 교수인 루까(M. Luca)는 교황 레오 8세의 사적인 견해표명과 함께 그의 '공식 교회법의 조직'에서 다음과 같이 언급하였다.

"로마 카톨릭 교회는 불이나 칼로 이단들을 근절시킬 수 있는 권리와 의무를 가진다. 미사에서의 추방은 이단들에게 해당된다. 만일 그들이 투옥되지 않거나 추방되지 않는다면, 그들은 다른 사람들을 타락시키게 된다. 유일한 방법은 그들을 죽여 없애는 것이다. 그들에게는 회개가 필요없다. 교회의 지고한 선은 신자의 의무이기에 이단들을 죽음으로 넘기지 않는 한 이러한 순수성이 보전될 수 없다."

뉴욕주에 속한 부룩클린의 거대한 로마 카톨릭 교회의 공식신문인 "서판"(書板, The Tablet)은 1938년 11월 5일자 신문에서 이러한 주장을 하였다.

"이단은 공포의 죄인들이며 … 시정부가 징치할 사회범들의 범죄보다 이단들의 행위가 더욱 악하다. 만일 주정부가 사형집행권이 있다면, 이 원리는 진리와 신적 계시를 거스리는 자들에게 영적인 권위를 가지고 사형을 집행하는 것과 동일하다. … 완전한 사회는 그러한 존재의 권한이 있다. … 사형집행권은 완전한 사회를 위해 인정된다. 이제 로마 카톨릭 교회가 완전한 사회이기에 그러한 사형제도를 사용할 수 있는 권한과 능력이 있다."

스펠만 추기경의 인가를 받은 로마 카톨릭 신학자인 코넬은 다음과 같이 말한다.

"카톨릭 교회는 종교적인 예배의식과 종교적 진리를 가르치고 행하라고 하나님에 의해 권위를 인정받은 유일한 기관이다. 결과적으로 그들은 로마 카톨릭의 신앙과는 다르게 오류를 내포한 어떤 신경(creed)이다. 로마 카톨릭으로부터 분리된 종교기관들이 하나님의 권위를 약화시킨다. 어떤 다른 교의 존재는 그리스도의 명령에 반대되는 것이며, 모든 사람들은 오직 참된 교회인 로마교회와 일치가 되어야 한다. 하나님의 법에 명시된 대로 어떤 다른 종교를 받아들일 수 있는 권리를 가진 사람은 한 사람도 없다"(유인물 중에서 "경배의 자유" 카톨릭의 입장).

이상에서 언급한 내용들은 로마 카톨릭이 자신들의 독자적인 주장들을 자유스럽게 개진할 수 있을 때 기대할 수 있는 '관용'에 대표적인 예들이다. 게다가 100가지가 넘는 추방항목이 있는데, 그들의 칙령에 위배되는 모든 사람들에게 로마 카톨릭의 가장 권위있는 공의회인 트렌트 공의회에서는 '그를 저주하라' 라는 의미인 '그를 추방하라' 라는 칙령을 선포하였다. 기독교의 가장 기초가 되는 원리들을 선포하는 취지를 담고 있는 신경에서 포악하고 거칠은 언어가 사용되고 있음은 인간들의 비신앙적인 본성을 드러내는 것이라 하겠다. 그러나 너무나도 대조적으로 미국 독립선언서에는 지극히 고상한 감정이 생기게 하는 다음과 같은 말들이 있다.

"우리는 모든 사람들이 평등하게 창조되었으며, 창조주에 의하여 천부적인 권리들을 부여받았으며 이들은 자유, 생명, 행복추구의 권리가 있고, 인간세상에 세워진 정부는 이러한 권리들을 유지하도록 위임되어 있는 진리를 천명한다."

교황 보니페이스 8세는 1302년에 교황이 지상에서 하나님의 대리자이며, 지상의 국가와 정부를 치리하는 권리가 있다고 선포한 『우남 쌍땀』(Unam Sauctam)을 발표하였다. '두 칼'(the two swords)의 논리를 발표한 그 신경을 보도록 하자.

"교회와 교회의 권력 안에는 두 개의 칼이 있다. 우리는 이것이 복음서에서 가르쳐주고 있는 대로 영적인 칼과 세속적인 칼임을 안다. 후자는 교회를 위해서 사용되어야 하고, 전자는 교회에 의해서 사용되어야 한다. 전자는 사제들에 의해서, 후자는 제후나 왕들에 의해서 사용되어야 하지만, 사제들에게는 모두가 가능하다. 한 검은 다른 한 검에 복종의 필요성이 있는데, 즉 세속권력이 영적인 권력에게 복종해야 된다는 말이다. 진실된 증인의 존재인 영적인 권력이 세속권력을 성립시키는 기능이 있으며 세속권력이 선한 일을 도모하지 않을 경우에 판단할 수 있는 기능도 있다. 그러나 만일 교황이 도의에 벗어난 행위를 했더라도, 인간들에 의해서 판단되지 않으며 오로지 하나님만이 그를 판단하신다."

이 두 칼을 제어하는 권력은 모든 다른 권력들보다 우월한 교황의 직무에 포함된다고 생각하였다. 사람들은 통치자들이 강압적으로 무엇을 강요하듯이 국가의 권력에 의해 교황에게 복종하도록 강요받기도 하였다. 사실 이것은 로마 카톨릭의 전통적인 입장으로 이단들에 대한 핍박이나 제거에 있어서 교회에 의해 실시되지 않았고, 교회의 지시에 따르는 국가에 의해 수행되었다. 이런 방법으로 교회는 자신들의 범행을 교묘히 숨겨서 책임을 회피하였다.

'두 칼'의 교리는 1545년 프랑스에서 일어난 최악의 대학살 중에 하나인 발도파(Waldensians)에 대한 수천 명의 핍박과 학살사건의 기초가 되었으며, 그 때 그들의 마을 중에 21개 마을이 불에 탔으며 거주민들은 약탈, 노략, 살인 등의 만행을 당했다. 2년 후의 임종을 앞둔 프랑소와 1세(Francis I)는 발도파들로 하여금 로마 카톨릭을 믿든가 아니면 파멸을 당하든가의 결단을 강요했던 자신의 행동을 참회하며 회고했다.

아마도 대량학살 중에 가장 대표적인 것이라면 1572년 8월 24일 프랑스에서 있은 성 바돌로매의 날(Bartholomew's Day)에 시작된 개신교 학살로 전체 프랑스 지역에서 5~6주간 계속되었다. 프랑스의 개신교를 지칭하는 약 10,000명의 위그노파들이 파리에서 죽임을 당하였고, 프랑스 전역을 계산하자면 40,000~60,000명에 이르렀다. 프랑스에서 도망하여 해외로 떠나간 사람들만 해도 수만 명에 달했다. 결과적으로 그들의 후손들이 미국에서 그들의 신앙의 전통을 형성하였다. 대학살의 소문이 로마 카톨릭 교회에 다다랐을 때 교회의 종소리가 울려 퍼졌고 광란적인 즐거움을 만끽하는 사람들로 거리가 메워졌다. 이 대학살이 일어나기 전에 스위스의 일부였던 독일이 개신교 국가가 되었고, 이러한 새로운 운동이 인구의 1/4이 개신교도였던 프랑스에서 대학살을 유발하게 되는 계기를 마련하였던 것이다. 너무 기쁨에 취한 그레고리 13세는 교회에서 추수감사절 찬송들을 부르도록 명령했으며, 로마 교회당 한 쪽에는 자신의 문서를 새기고 다른 한 쪽에는 파괴하는 천사를 세웠다. 또한 그는 추기경 우르시니(Ursini)를 보내 예수회 회원들로 하여금 이러한 음모를 꾸미게 했던 프랑스의 여왕인 캐더린 데 메디치(Catherine de Medici)에게 그의 축하를 전달했다. 이 대학살을 통해 프랑스는 적어도 형식적으로나마 현재까지 로마 카톨릭 국가로 남아있게 되었다.

종교 재판소는 로마 카톨릭이 이단들을 색출하여 징계하기 위해 세워졌다. 이 재판소는 스페인에서 가장 악용되었는데 교황 알렉산더 6세가 인정하고 페르디난더(Ferdinand)와 이사벨라(Isabella)가 임명한 또르께마다(Torquemada)에 의해 주도되었다. 또한 유대인들이 또르께마다에 의하여 스페인에서 추방되었다. 1492년에 콜롬부스가 신세계를 찾아 탐험을 떠나려고 팔로스 항구에 있을 때, 그는 유대인들이 배에 승선하여 추방되는 광경을 목격했다.

스페인의 왕이었던 카스틸의 페르디난더 3세는(1252년 사망) 이교도들을 열정적으로 억압함으로 로마 카톨릭을 기쁘게 했으며, 교회는 그의 공적을 기리기 위해 기도서에 그를 찬양하는 구절들을 삽입시켰다.

> "그는 그의 왕국에서 이교도들을 인정치 않았으며, 자신의 손으로 이교도들을 화형시킬 나무들을 들여왔다"(추기경 레피끼에르, 『교리의 발전과정과 정착』, 1910, p. 202).

또한 종교재판은 이교도들을 처리하는 과업수행에 있어 이탈리아에서 대대적으로 이용되었으며, 수천의 개신교도들이 단지 그들의 신앙을 포기하지 않고 로마 카톨릭으로 귀의하지 않는다는 이유로 처형되었다. 오늘날 스페인, 이탈리아, 포르투갈, 프랑스의 퀘백, 라틴 아메리카 등지에서는 종교재판에 열정적인 사람들이 남아있다. 적어도 이러한 의도는 모든 국가들을 로마 카톨릭화하려는 방편이다. 사실 우리는 로마 카톨릭의 중세적 태도가 아직도 어떤 나라에서는 그러한 핍박이 남아있으며, 그렇기 때문에 우리는 로마 카톨릭이 가장 시대에 뒤떨어진 사람들이거나, 우리의 생존권을 가장 크게 위협하는 사람들이라는 결론을 내릴 수 있다.

종교재판은 국민들과 국가들을 통제하기 위해 로마 카톨릭이 고안한 걸작품이며, 종교재판의 장소는 결코 폐쇄되지 않았다. 오늘날 로마에는 성직협의회(1966년에 교황 바오로 6세가 교리협의회로 알려진 것을 신앙의 원리협의회로 이름을 바꾸었다)가 존재하고 있다. 이 협의회는 교황이 주관하고 추기경들과 고위 성직자들이 모여서 이단들의 잘못된 교리에 대하여 로마 카톨릭을 수호하고자 하는 일을 중점으로 하였다. 이러한 종교재판이 이제는 사라졌다고 생각할지 모르나 아직까지도 실효성있게 건재하고 있다. 최근 스페인의 핍박사건에서 가장 두각을 나타냈던 세빌의 세구라 주교는 그가 임종하기 전에 이와 같은 말을 하였다. "내가 성스러운 종교재판의 시대에 태어나지 못한 점을 후회한다."

오늘날 예수회들의 지고한 존경의 대상이며 예수회 교단의 창설자이기도 한 이그나티우스 로욜라의 주장에 귀를 기울여 보자.

"최고 정부와 지방정부, 그리고 각 마을에서 계속적으로 이단에 감염된 자들을 인정하지 않는 일은 굉장한 유익이라 할 수 있다. 만일 이단에 대한 종교재판이 실시되어 모든 일에 적용될 수만 있다면, 각자는 이단을 박멸하는 데 참여해야 하며, 그는 재판이나 명예를 버려야 되는 반면 이단을 없애는 공을 세우게 된다.

이단들의 서적이 발견되는 대로 열심을 가지고 왕국의 모든 지경에서 불에 태워버리거나 제거해야만 한다. 이단들은 자신들이 이단이라 하지 않으며 그들이 지은 문법책이나 논리서, 변증서 등과 같은 책들일지라도 이단들이 저술한 내용이기에 동일하게 제거해야 한다.

대학이나 학원의 교수와 총장들, 그리고 사립학교의 교장이나 교사들, 가정 교사까지라도, 보직에 임명하기 전에 시험이나 은밀한 뒷조사를 통하여 진정한 카톨릭 신봉자들인가를 확인해야 한다. 그리고 카톨릭이 반드시 추천해야 한다. 또한 그들이 계속해서 카톨릭에 남아있을 것을 맹세해야 한다.

만일 어떤 사람이 이단을 신봉했다면, 그 사람은 처참한 대가를 받게 된다"(『로욜라의 언사록』, 1952년 크리스토아노스에 의해 번역됨, p. 880).

우리는 로마 카톨릭이 미국 내에서 우위권을 차지하고 있는 지역에서의 행적에 대하여 더이상 물을 필요가 없어졌다. 우리가 필요로 하는 모든 것은 그들이 우위를 누리고 있는 지역에서 잘 나타나고 있다. 교구부속학교의 어린아이들에게까지 로마교회가 다른 교회들을 억압할 권리가 있으며 그들을 죽음에 이르도록 단죄할 수도 있다고 가르치고 있다. 그리고 역사도 그들이 우위를 차지했을 때 저지는 만행을 알려준다. 종교개혁 전에 로마 카톨릭은 피와 강압으로 반대파를 제거할 수 있었다. 그러나 종교개혁 이후로는 주춤할 수밖에 없었다. 하지만 교황의 세속권과 로마 카톨릭의 물리적 힘에 의한 실천들은 교황이나 공의회를 통해서 결코 포기되지 않았다. 왜냐하면 유일하고 단일한 카톨릭 교회가 완전한 교회형태를 누리고 있기 때문에 교회가 범한 잘못에 대해 사죄하거나 회개할 필요가 없다고 보기 때문이다.

6. 오늘의 스페인

오늘날 스페인의 개신교 인구는 단지 20,000명에 불과하며, 그들 중에 절반이 외국인이어서 참으로 열정적인 신자는 10,000명 정도이며, 이것은 스페인의 인구가 28,000,000명이라는 점에서 볼 때 극히 소수이다. 거기는 70~80명의 목사들만이 사역하고 있으며 230개의 조직화된 개신교 단체들이 있다. 이것은 스페인의 전체인구 가운데 개신교의 비율이 0.07%밖에 되지 않는다는 의미다. 그 정부는 열렬한 카톨릭 신봉자들이다. 스페인은 명령자 프랑코 총통의 유일한 단수정당만이 존재할 뿐이다. 현재 스페인의 개신교는 다음의 사항이 금지되어 있다.

(1) 허가없이 개신교회를 설립하는 일
(2) 개신교도가 공무원이 되는 일
(3) 공립학교의 교사로 채용되는 일
(4) 간호사로 채용되는 일
(5) 그들의 자녀를 위한 개신교 학교를 설립하는 일
(6) 목회자 양성을 위한 신학교를 설립하는 일
(7) 허가없이 개신교 문학을 출간하는 일
(8) 개신교식으로 결혼하는 일
(9) 개신교의 장례식을 행하는 일
(10) 공동묘지에 개신교도의 시체를 안장하는 일

1936년 프랑코가 권력을 장악했을 때 존재하던 소수의 개신교 교회들이 이제는 폐쇄되었다. 새로운 교회들은 정부의 허가없이 설립될 수 없었다. 정부의 허가는 프랑코가 바티칸과의 밀약 아래서는 얻기가 거의 불가능했다. 사적인 모임이나 집회 등은 제한적으로 허락되었으나 때로 경찰에 의해 감시의 대상이 되었으며 개신교의 참여숫자가 늘어가면서 성공을 거두는가 싶으면 제재를 받기 일쑤였다.

1958년에 침례교 목사인 누네쯔(J. Nunez)가 교회에서 예배를 드리다가 폐쇄당했고 국제적인 주목을 받은 후 한 달간 감옥에 투옥되기도 하였다. 개신교는 독특한 교회건물을 짓는 일이나, 교회 종이나, 중심가에 교회를 세우는 일이나 방송매체를 통해 예배를 중계하는 일들을 금지당하고 있다.

프랑코가 정부의 실권을 장악한 이후로 로마 카톨릭의 부추김으로 마드리드에 있는 유니온 신학교를 포함하여 모든 개신교 학교들이 폐쇄당했다. 개신교들은 자신의 자녀임에도 그들의 학교에 보낼 수 없고 오히려 그들을 수녀들이나 사제들이 가르치는 교구부속학교나 공립학교에 보내야 했으며, 그렇지 않을 경우 개인교사를 두고 학습시켜야만 했다. 공동묘지는 로마 카톨릭의 소유였으며, 아니면 그들의 영향 아래 있었기에, 개신교도들은 '거룩한 땅'에 묻히지 못하게 되었고, 이단자 범죄자 반역자들이 묻히는 장소에 매장하도록 강요를 당했다.

스페인의 시민법은 로마 카톨릭의 교회법과 매우 유사하다. 개신교의 결혼예식은 불법이며, 로마 카톨릭에서 세례를 받은 사람이라면 허락이 더욱 어렵다. 만일 그들이 로마교에 남아 있으면서 개신교로 전향했다면 마찬가지의 결과를 초래한다. 그들이 개신교와의 관계를 단호하게 끊지 않는 한 로마 카톨릭에 의하여 공식적, 비공식적으로 제재를 당하게 된다. 어떤 젊은 연인들이 로마 카톨릭을 떠나 결혼하려고 할 때 여러 해 동안 강제적으로 허가를 유보시키기도 하였다. 어떤 사람들은 결혼을 위해서 영국이나 프랑스로 옮겨가기도 하였다. 결혼을 위해 법정투쟁을 벌인 개신교도들은 허가를 받아내었다. 그러나 150달러에서 200달러에 이르는 벌칙금을 지불해야만 가능했다.

의사, 법관, 교사, 은행원, 간호사와 같이 공적인 직업들은 개신교도들에게 엄격히 제한되었다. 때로는 그들이 로마교회와 의무를 맺지 않는 한 직업을 구하기도 힘들었다. 회사에 취직한 개신교도들은 그들이 개신교회와 연결되어 있음이 밝혀지면 해고를 당하기도 하였다. 취직하지 못한 개신교들은 일자리 찾기가 거의 불가능하였다. 군대의 개신교도들에게도 장교임용이 허락되지 않았다. 때로 비기독교인인 모슬렘이 소위에서 장성까지 진급하기도 한다. 병역의무가 있는 개신교 청년들은 특별한 미사시간에 성모 마리아에게 무릎꿇어 경배하도록 강요당한다. 불복종할 경우에는 군대의 질서를 파괴하는 자로 낙인이 찍히고 2년 간 옥살이를 하게 된다. 지위관들은 개신교도들을 이교도, 좌익, 공산주의자라고 몰아붙이기도 하는데 개신교도들은 이와 같은 처사에 대하여 항거할 방도가 없다. 또한 유대인들은 제한을 당하

18장 불관용, 편협, 핍박   577

기도 하지만, 일반적으로 개신교보다는 후한 대접을 받는다. 유대인들은 소수이며 웬만하면 무시해 버리고 넘어간다.

종교재판의 정신은 아직도 스페인에 남아있다. 그런 상황들이 기독교인이 되게 하고 문명화시킨다고 할 수는 없다. 그러나 성직주의자들의 탐욕스런 불관용은 항상 동일하다. 이러한 제한의 배후에는 프랑코와 교황 사이에 맺은 1945년의 '스페인 국민헌장'에 근거한다. 이 헌장의 중요한 구절은 다음과 같다.

"국가가 관장하는 로마 카톨릭의 실천과 의식들은 공식적으로 보호를 받을 것이다. 로마 카톨릭의 신앙과 실천은 금지되지 않는다. 로마 카톨릭을 벗어난 다른 교파의 의식과 행위들은 용납되지 않는다."

이 협약의 1항과 19항은 특히 대표적이다.

"로마 카톨릭 교회는 스페인의 유일한 종교로서 계속될 것이며 신(神)법과 교회법의 준수의무를 기꺼이 수납할 것이다.
교회의 사역에 헌신한 국가는 교회의 재산세 등 면세혜택과 매년 일정한 기부금을 교회를 위해 예비할 것이다."

사제들과 교회 직원들의 봉급은 국가에서 지급된다. 그러므로 개신교와 다른 종교들은 그들이 믿지 않는 카톨릭에 대하여 세금을 지출하는 셈이 된다.

공식적인 협약을 통하여 개신교도들은 특별한 관리대상이 되었다. 로마 카톨릭의 성장과 함께 다른 종교의 격감은 다른 어떤 나라보다 스페인에서 밀접하게 나타났다. 만일 당신이 개신교도라면 당신의 결혼은 불법이며, 당신의 아이들은 비합법적인 존재가 되고, 당신은 투표권을 행사할 수도 없다. 스페인들의 상황에 대하여 블랜샤드는 다음과 같이 기록하고 있다.

"미국의 모든 주교들과 추기경들을 임명한 동일한 교황이 스페인에서도 모든 주교와 추기경들을 또한 임명한다. 미국에서 정교분리를 반대하도록 모든 주교들에게 허락한 동일한 교황이 카톨릭 국가인 스페인의 주교들에게 직접적으로 반대되는 정책을 추구하라고 부추기기도 하였다. 미국 내에 있는 스페인계 주교들과 추기경들의 이러한 태도는 로마 바티칸과 프랑코 정부에 의한 것이었다. 그들은 미국의 기본원칙을 무시한 정교일치의 주장으로 정치, 종교를 파멸시키려는 의도를 보였다"(스페인에서 교회정의).

"기독교 유산"에 기고한 몬타노는 다음과 같이 말했다.

"스페인은 오랫동안 불관용을 유지해 왔다. 스페인에서 종교재판에 의해 희생된 사람들은 쉽게 그 수효를 헤아릴 수 없다. 그러나 재판기록을 주의깊게 관찰한 로렌테(Llorente)에 의해 수효가 알려지게 되었는데, 그의 진술들은 대개 권위있는 자료로부터 인출한 것이다. 또르께마다하에서 105,285명, 끼스네로스(Cisneros) 하에서 51,167명, 디에고 페레즈(Diego Perez)에서 34,952명이 희생되었다. 이 중에서 31,912명이 화형당했고, 15,659명이 고문으로 고생을 감내하였으며 291,450명이 교도소로 보내졌다. 50만명에 달하는 가족들이 종교재판으로 희생되었으며, 2백만의 어린이들이 희생되었다!"

그리고 스페인에서 행해지는 현재의 핍박과 제한조치들에 대하여 그는 다음과 같이 말한다.

"이것은 로마 카톨릭의 유산이며, 종교개혁을 알지 못하는 나라에서 무시무시한 종교재판의 최종적인 결과다"(1959. 9.).

스페인의 개신교 인구는 절대적으로 소수이다! 그러나 이러한 핍박과 위협에도 불구하고 개신교 국가인 미국은 엄청난 물량과 자금을 스페인으로 유입시키고 있다. 아이젠하워(Eisenhower)의 통치하에서 비군사적 원조는 매년 2억 이상에 달했다("교회와 국가", 1959. 9.). 미국은 스페인의 기지에 군대를 주둔시켜 그 유지비로 이와 같은 엄청난 돈을 쓰고 있는 것이다. 스페인의 열정적 카톨릭계 정부는 매년 경제파탄을 거듭해 왔지만, 미국의 원조 때문에 유지가 가능했다. 그러므로 미국은 이러한 원조에 대해 책임을 져야 한다. 물론 이 정책의 배후에는 워싱톤에 대한 로마 카톨릭의 정치적 영향력 때문이기도 하다. 로마교회의 미국 지부는 프랑코 정부와 우호적일 뿐 아니라, 그러한 독재정권을 유지하게 만드는 절대적인 역할을 담당한다.

7. 이탈리아와 유고슬라비아

이탈리아의 전체인구인 5천만 중에 개신교의 인구는 30만으로 그 비율이 대략 1:165의 비율이다. 이탈리아 역시 스페인과 같이 무자비한 종교재판을 시행하였다. 2차 세계대전 이후에 이탈리아의 개신교 정책은 한층 강화된 느낌을 갖게 한다.

2차 대전 후에 서방 민주주의 국가들의 압력으로 채택된 새로운 이탈리아 헌법은 종교의 자유를 선포하였다. 그러나 실제적으로는 로마 카톨릭의 권력으로 이 조항을 무력화시켜 왔다. 그러나 1958년에 개신교에 대하여 두 가지 특이한 법정판결이 내려졌다. 이탈리아의 최고 판결기관인 헌법 최고 재판소는 뭇솔리니와 바티칸 사이에 맺어진 협정에서 명시된 종교집회장소에 관한 간섭조항을 백지화시켰다. 또다른 경우는 카톨릭의 소유인 농장에서 3명의 개신교 소작농들이 사제들의 가축에 대한 종교의식을 거부한 상황이었다. 이 법정은 개신교측의 입장을 타당하다고 판결하면서 "만일 종교가 다른 사람이 자신의 소유에 대하여 자신의 신앙을 여타의 사람에게 강요할 수 없다"라고 하였다.

이탈리아의 개신교도들은 초등학교일지라도 학교를 설립할 수 없다. 1958년의 결정 전에 개신교도들은 자신들의 교회에 특별한 표식을 하지 못했다. 그런 표식들은 종교의 불법적인 '공식전시'였기 때문이며, 경찰들은 즉시로 그 표식을 제거하고 항의하는 사람들을 체포하였다.

한편 로마 카톨릭이 1960년에 로마 교구에 대하여 선포된 새로운 '헌장'은 교황 요한 23세가 사제들과 평신도들을 위한 교회적 원칙들을 강화시키기 위해 선포하였다. 이 헌장은 교황의 교구에 한정한 것이었지만 세계 각처의 다른 교구에까지 영향이 미쳐졌다. 이 헌장 중에는 로마 카톨릭이 추천하지 않은 개인에 투표하거나 정당에 가입하지 못하도록 평신도들에게 금지하도록 유도하는 조항도 있다. 또한 그들은 로마 카톨릭에 불리한 어떤 조항들을 금지시켰고, 만일 평신도들이 신문이나 공식 채널을 통해 로마 카톨릭과 다른 종파를 보조할 경우 파문도 신축성있게 적용하였다.

이탈리아에서 바티칸이 '살인적'이라고 간주한 교황에 대한 언사들은 법에 의해 정죄될 정도였다. 이탈리아 형법 전문의 297조항에는 "외국의 원수에 대한 명예훼손은 범법행위다"라고 정죄하고 있다. 바티칸 시티에서 교황은 외국의 원수로서 정의된다. 1960년 12월에 한 이탈리아의 신문편집인이 로마 카톨릭의 이탈리아에 대한 내정간섭을 지적했다고 하여 집행유예 5개월에 처해지기도 하였다.

유고슬라비아에서 2차 세계대전 중에 일어난 가장 잔학한 대량학살의 하나는 크로아티아(Croatia) 교구의 지경에서 로마 카톨릭 추종자인 크로아티아이들이 세르비아 사람(Serbs)들을 학살한 사건으로, 그들은 동방정교회 신자들이었다. 이 학살은 네덜란드의 알바 공작의 만행과 프랑스의 성 바돌로매 축일에 벌어진 것을 능가하는 사건이었다. 더욱 놀라운 사실은 이러한 만행들이 미국에서조차도 묵과되거나 대수롭지 않게 여겨졌다는 사실이다. 그러나 이제 로마 카톨릭 태생이며 프랑스 저술가인 파리스(E. Paris)는 『유럽에 대한 바티칸의 활동』,『크로아티아의 대량학살』등의 완벽한 증빙자료를 소개했다. 또 다른 프랑스의 학자인 로우리에레(H. Lauriere)는『하나님의 이름으로 정죄』라는 저서에서 이러한 만행들을 보고했다. 이 두 사람은 로마교회의 사제들에게 책임을 돌렸다.

 1차 대전 후에 크로아티아와 슬로베니아의 로마 카톨릭 주교들은 유고슬라비아의 국가형성을 위해 세르비아 주의의 동방정교회와 연합하였다. 크로아티아는 로마 카톨릭이 5,000,000명이었고 동방정교회의 신자가 3,000,000명이었다. 즉시 크로아티아인들은 세르비아인들에 대한 음모를 꾸미기 시작했다. 폭력주의자인 우스타쉬(Ustashi) 집단이 조직되었다. 그들은 뭇솔리니로부터 지원을 받았다. 유고의 알렉산더 1세가 1934년 프랑스를 방문했을 때, 그는 마르셀에서 살해되었다. 이 집단의 지도자는 파벨리히 (A. Pavelich)였으며, 그는 뭇솔리니가 자신을 보호해 주었고, 유고의 정부에게 그가 비록 프랑스와 유고의 법정에서 난동을 부렸다고 해서 체포하지 말도록 통보한 이탈리아로 도망갔던 자였다.

 1941년 나치스가 유고를 침공했을 때 파벨리히는 크로아티아의 지도자로서 그들을 맞았다. 하나의 훈장으로써 히틀러는 파벨리히를 '독립된 크로아티아' 의 허수아비 새지도자로 임명하였다. 그의 종교담당은 로마 카톨릭 신부인 아뚜코빅(A. Artukovic)이었다. 그때 모든 세르비아인들과 유대인들에 대하여 대대적인 핍박이 시작되었다. 그 새로운 국가에서 근 70,000~80,000명이 넘는 유대인들이 죽임을 당하거나 추방되었고, 그들의 재산은 압수되었다. 공식 기록과 사진들은 파벨리히와 대주교 스테피낵(Stepinac)이 정치, 사회, 종교적으로 상당히 밀착하고 있음을 보여준다. 스테피낵은 파벨리히에 의해 주도되는 우스타쉬 최고 책임자로 임명되었다. 그러므로 그는 매우 잔인한 행위를 주도하는 자리에 앉아 있었다.

 셀 수 없는 대량학살들이 자행된 이후인 1941년 5월에 파벨리히는 로마로 가서 교황 12세로부터 환대를 받고 동시에 뭇솔리니와 협정을 체결하였다.

그 해 6월에 100,000명이 넘는 동방정교회 신자인 세르비아의 남녀노소들이 우스타쉬에 의해 죽임을 당하고 말았다. 전체적으로 250개의 정교회들이 파괴되었고, 아니면 로마 카톨릭의 교구로 넘어갔다. 그런 교회의 넘어감의 문서가 자그레브(Zagreb)와 사라예보(Sarajevo)에 있는 핍박자들의 사무실에서 스테피낵의 사인서명이 있는 채로 보존되어 있다. 1942년 2월에 "떼 데움"(Te Deum)은 파벨리히에 대한 칭송과 함께 스테피낵의 교회들에서 불리워졌다. 목회서신에서 스테피낵은 불합리함에도 불구하고 크로아티아에서 일어난 사건을 '주님의 사역'이라고 하였으며, 그의 사제들에게 파벨리히를 지원하라고 요청했다. 스테피낵은 1942년 로마의 교황 피우스 12세를 두 번 방문했다. 그는 244,000명의 세르비아인들이 로마 카톨릭으로 귀의하게 되었다고 보고했다. 파리는 4년 동안 우스타쉬에 의해 죽은 사람들의 숫자가 500,000이라고 기록하였다(유럽에 대한 바티칸의 활동, p. 224).

유고에서 나치스가 퇴각할 때 파벨리히와 아뚜코빅, 로마 카톨릭의 대부분의 사제들이 그들과 함께 퇴각하였다. 종전 후 유고의 최고법정은 나치스에 동조한 혐의로 스테피낵에게 16년 감옥형을 선고했다. 5년 동안 복역하고 풀려났지만 자유로운 생활을 할 수 없었다. 그러나 교황은 그의 공적을 치하하면서 추기경이라고 칭호를 부여하였다. 그가 1960년에 죽을 때까지 그는 로마 카톨릭 세계에서 '순교자'로 이용당했는데, 미국에서 두드러졌다.

파벨리히는 이탈리아로 도피하여 수도원에서 수도사처럼 가장하고 살다가 나중에는 아르헨티나로 도망갔다. 아뚜코빅도 포로망을 피하다가, 결국 가명으로 미국에 들어가 아일랜드의 국적을 가지고 있는 것처럼 가장하여 캘리포니아에 거주하였다. 이 둘은 유고가 전쟁범으로 그들을 체포하려는 모든 노력에 성공적으로 저항하였다. 파벨리히는 결국 스페인으로 돌아와 1960년에 죽었다. 로스앤젤레스 신문들은 로마 카톨릭이 아뚜코빅의 도망범 인도를 막고 있다고 보도했다. 히틀러와 뭇솔리니는 로마 카톨릭교인이었으므로 그들이 인류에 대하여 끔찍한 만행을 저질렀음에도 로마 카톨릭은 추방하지도 혹평하지도 않았다는 사실에 주목해야 한다.

8. 라틴 아메리카

오늘날에 계속해서 핍박을 당하고 있는 곳은 콜롬비아이다. 1948년에 로마 카톨릭의 원조로 권력을 차지한 반동적인 정부다. 개신교에 대하여 혹독한 제한을 가한다는 전제로 바티칸과 협정이 체결되었다. 나라의 60%가 '선교구역'임을 선언하고 개신교의 전도사역을 극도로 제한하였다. 이 시대 동안 116명의 개신교도들이 죽임을 당했으며, 66개의 개신교회들이 폭쇄되거나 불에 탔고, 200개 이상의 개신교학교들이 폐쇄되었다. 그러나 개신교도들은 이 협정을 인정하지 않았다. 왜냐하면 그 협정의 어떤 부분들이 콜롬비아의 헌법에 위배되고, 또한 외국과의 중요한 협정처럼 의뢰의 동의를 필요로 하는 사안도 그냥 집행되기 때문이다. 최근 콜롬비아에서 일어나고 있는 사건들은 바티칸의 완전한 선동에 의한 것으로, 보고타(Bogota)의 대주교가 1960년 12월 교황 요한 23세에 의해 추기경으로 승진된 사실만을 보아도 알 수 있다.

원초적으로 라틴 아메리카의 모든 국가들은 개신교에 대하여 비관용적이다. 그러나 과거 50년 동안 이 지역은 종교적 자유가 점차로 확산되는 분위기였다. 어떤 나라들은 미국과 같이 헌법에 종교의 자유를 명시하기도 하였다. 실제로 라틴 아메리카의 모든 나라들은 미국의 예를 따라서 헌법에 종교의 자유에 대한 조항을 기록했었다. 그러나 로마 카톨릭의 위협으로 이 사안을 실천하지 못하게 되었다. 약 과반수에 달하는 나라들이 정교분리의 원칙을 고수하고 있다. 일반적으로 사람들은 자유주의를 사랑하고, 이러한 원칙을 묵과하려는 의도에 대하여 심히 분노한다.

반개신교의 교파들이 주도하는 폭동이 사제들의 선동으로 일어나기도 하였다. 어떤 지역에서 사제들은 시공무원, 경찰 편집인, 라디오 진행자들에게 과도한 간섭을 가하고 라틴 아메리카의 실권자는 시장도 경찰도 아니라 그들을 통제하는 로마 카톨릭의 사제들이다. 그러나 로마 카톨릭 신자들은 그들의 이웃인 개신교도들과 평화하기를 원한다. 교황과 사제들에 대하여 반기를 들었던 사람들을 한 시간 내에 도륙하라는 전화가 걸려온다고 할지라도 어느 누구도 그러한 요청에 대꾸하지 않는다. 계속된 핍박의 책임은 교황과 불가불리의 관계가 있다.

미신과 거짓과 관련된 유일한 종교가 카톨릭 뿐이라고 맹목적인 지식을 가지고 있는 라틴 아메리카의 대중들은 로마 카톨릭의 일방적인 요구에 순종하지 않았으며, 반면 모든 종교에 대하여 불가지론을 가지게 되었다. 노동자 계급은 중산층이 가졌던 반카톨릭 사상을 갖게 되었다. 몇 개 안되는 대학들은 폭넓게 독립해 나갔다. 북미의 로마 카톨릭의 경우에서 확실해졌듯이, 라틴 아메리카의 로마 카톨릭도 기독교 역사에서 가장 영적으로 낙후한 지역중의 하나임이 증명되었다.

식민지 시대에 로마 카톨릭은 강력한 정치적인 힘을 갖고 있었다. 광활한 토지와 막대한 부가 그들의 손아귀에 있었으며 불평자들은 사제들이 과도한 부를 축적했다는 이야기를 듣기도 하였다. 군터(J. Gunther)가 '게쉬타포'(Gestapo)와도 같은 무자비한 제도라고 일컬었던 종교재판은 아메리카로 옮겨졌으며, 새로운 지식과 위대한 자유에로의 모든 운동이 즉시로 와해되었다. 사제적 정치가들은 대중들에 대한 교회의 소유를 이룹게 하였고 그들의 욕망을 떠받쳐 주었다. 몇 명의 예외를 빼고는 라틴 아메리카의 독재자들이 교회에 의해 도움을 받았으며, 반대로 교회에 도움을 주기도 하였다. 이러한 일들은 라틴 아메리카의 자유를 향한 투쟁에 카톨릭 교회가 무거운 장애물이 된다는 역사적인 사실들을 보여준다.

정부와 언론사에 영향력을 행사할 수 있었던 미국의 로마 카톨릭은 라틴 아메리카에서의 개신교 선교에 불신을 갖게하여, 미국의 개신 교회가 선교 사역을 수행할 권리를 박탈하기 위해 저돌적인 선전을 감행하였다. 그들은 개신교의 선교가 대중들에게 불필요하며, 그들이 원하지도 않을 것이라고 강조하였다. 강력한 압력은 미국 국무성이 개신교 선교사들의 여권을 거절하게 되는 결과를 초래하였는데 이같은 사실은 그들이 신청한 지역의 여권 담당자들이 로마 카톨릭 사제와 수녀들의 처분에 맡겨진 지역에서 일어났다. 재차 개신교 선교위원회의 실무진들은 그들이 파송한 선교사들이 거부되는 이유를 판명하려고 시도하였다. 이것은 1930~1940년대의 상황이다. 이 때 통치권자는 루즈벨트와 트루먼이었다. 그러나 다행스럽게도 개신교는 라틴 아메리카의 전역에서 새로운 진보적인 사건들을 형성시키고 있었다. 새로운 시대가 전지역에서 개신교 교회를 유익하게 하는 방향으로 흐르고 있었다. 소수의 대지주와 다수의 가난한 농민들로 이루어진 구시대의 봉건제도는 점차 와해되어 가고 있는 실정이었다. 새로운 중산층들이 점차 늘어가고 있었다.

많은 라틴 아메리카 사람들은 미국이 1930년대 말에 스페인 공화국을 파멸시키고 뭇솔리니와 히틀러로부터 지원을 받고 있었던 프랑코를 지원하여 공화국정부를 와해시켰는지에 대하여 이해하지 못하고 있다. 그들은 또한 라틴 아메리카의 공화국들이 자유민주주의의 원칙 대신에 독재자들의 편에 서도록 미국이 처신했는지에 대해서도 이해하기 어려워하고 있다. 이같은 현상은 라틴 아메리카에 파송된 외교관과 영사들이 로마 카톨릭이라는 점에서 이해된다. 확실히 그런 사람들은 다른 나라들을 다루는 데 있어서 개신교 나라인 미국을 대표한다고 보기에는 부적당하다. 이러한 맥락에서 루즈벨트와 트루먼은 로마 카톨릭의 압력에 매우 호의적인 반응을 표출시켰다. 예를 들어 루즈벨트는 바티칸에 개인적인 외교사절을 임명하였고 매년 12,000달러를 원조하였다. 트루먼도 루즈벨트의 예를 따라 바티칸에 미국 외교관을 파송하고 영구적인 외교관계를 맺으려고 의회를 소집하였으나 이 계획이 상원에서 거부되었다. 왜 로마 카톨릭이 미국 정부에 대하여 그런 거대한 영향력을 행사하고 싶어하는지에 대하여 남부지역의 대중들은 어떻게 이해해야 할지 모르고 있다. 그러나 우리의 외교정책은 종교와 시민의 자유를 반영한다는 측면에서 그들에게도 타당하다.

실제로 라틴 아메리카에서 로마 카톨릭이 개신교로부터 받았던 도전이 이러한 정책을 실행하게 된 동기였다. 대부분의 나라들과 여타 교회가 배제된 국가교회로 로마 카톨릭이 독재를 한다면, 그들은 타락과 파멸의 길로 가게 되어 있다. 그러나 개신교의 주도권이 아직도 강한 상태에 놓여있는 미국의 경우일지라도 종교와 시민의 자유를 통해 로마 카톨릭으로 하여금 보다 활발한 로마 카톨릭 예식들과 보다 많은 학교와 병원들, 훈련된 사제와 수녀들을 양산하는 데 박차를 가하게 하였다. 대부분의 라틴 아메리카 국가에서 사제의 2/3나, 그 이상이 스페인 출신이다. 로마 카톨릭이 그렇게 반대하는 정교분리의 원칙도 미국과 라틴 아메리카에서는 종교의 자유 때문에 가장된 상태로 나타난다.

평범하면서 사려깊은 라틴 아메리카인에게 "라틴 아메리카의 가장 큰 문제는 무엇입니까?"라고 물었을 때 항상 '영적인 문제'라는 답을 한다. 개신교의 선교사역에 찬성하는 대다수 라틴 아메리카 사람들은 자신들의 종교적 욕구를 채워줄 수 있는 많은 요소들이 개신교에 있음을 보고 환영했지만, 로마 카톨릭에서는 그와 같은 열정을 발견하지 못했다. 그들 중 대다수의 사람들은 무지와 미신에 기초한 로마 카톨릭을 신랄하게 비판하였으며, 개신교가 삶의 청결과 도덕성을 강화시키는 반면 로마교는 가장 형식주의에 치우친 종교라는 사실을 확인하였다.

하워드(G. P. Howard)는 자신의 저서인 『라틴 아메리카의 종교적 자유』라는 책에서 다음과 같이 기록하였다.

"여기의 기독교는 내적인 만족과 진정한 영적인 삶이 결여되었다. 라틴 아메리카의 카톨릭과 북유럽과 북미의 로마 카톨릭과는 엄청난 차이가 있다." 그리고 그는 덧붙여 말하기를 "기독교는 라틴 아메리카로 명명된 인디언들에 대한 정복과 식민시대에 로마 카톨릭에게 주어진 것과 같은 선교의 호기가 다시는 오지 않았다. 이 지역은 드넓었고, 정부로부터 지원도 받고 있었으며, 다른 경쟁교회들도 없었고 반대도 제기되지 않았다. 그러나 로마 카톨릭이 그 땅에 정착한 지 4세기가 지났는데도, 라틴 아메리카의 기독화는 아직도 제자리 걸음이다. 그렇다고 라틴 아메리카의 기독교가 가장 대표적인 실패라고 평가하지는 않는다"(p. 42; The Westminster Press, Philadelphia, 1944).

라틴 아메리카에서 기독교와 학교들과의 관계에 대하여 하워드는 다음과 같이 말한다.

"요즘 라틴 아메리카에서 두각을 나타내고 있는 신중간층과 지식인 계층, 수많은 학생들은 기독교로 말미암은 결과가 아니었다. 이들은 전통적으로 종교에 대하여 반감을 가지고 있을 뿐 아니라 무관심하였다. 종교를 소유하거나 교회에 나가는 것은 대다수의 지식인 사이에서 열등한 인상을 주었다. 그들은 미신적인 요소에 치우치는 반계몽주의자들의 종교적 신앙을 집어던졌고, 그들은 아직 어떤 사람이 기독교인이 될 수 있다는 사실을 보지 못했으며, 그의 지성적 우월성만을 유지하였다. 두란트(Durant)는 '프랑스에 대한 종교개혁의 실패는 무오류성과 불신심(不神心) 사이에서 타협하지 않는 프랑스인을 만들었다'고 하였다. 종교에 대한 라틴 아메리카 대학들의 반동은 폐쇄적인 학문을 탈피하여 실용적이고 개방적인 학문을 하기 위해 개신교 국가들을 찾게되는 결과를 낳았다"(p. 28).

로마 카톨릭의 개신교에 대한 핍박이 과거 12년 간 가장 극심했던 콜롬비아에서 문교부장관이 발표한 내용을 보면 전인구의 42%가 문맹이고 취학아동의 44%만이 학교에 등록되었고, 교사나 학교의 시설이 형편없다고 하였다. 그러나 과거 12년 동안 콜롬비아의 교육을 담당했던 로마 카톨릭은 200개 이상의 개신 학교들을 폐쇄시켰다. 로마 카톨릭의 교육태도는 "한 사람의 문맹인 콜롬비아인이 개신교 교사들에 의해 교육받은 한 사람보다 낫다"라는 것이었다.

유네스코(UNESCO)의 실행위원장은 다음과 같이 말했다.

"1956년에 라틴 아메리카의 평균 교육수준은 초등단계를 넘지 못했다. 학교에 들어간 이들은 평균 4년 이상까지도 견디지 못했다. 3년 후에 유네스코는 자료를 제시하기 꺼려하는 인색한 정부의 도움으로 학교에 다니는 아동의 수효가 25,000,000명이라는 사실을 알아낼 수 있었다(그래도 19,000,000명의 아동들이 학교에 다니지 못했다). 교사는 9만 명으로 집계되었다"("기독교 유산", 1961. p. 6).

"기독교 유산"지의 편집장인 가버(S. P. Garver)는 이러한 상황에 대하여 언급하면서 다음과 같이 기록했다.

"로마 카톨릭의 교육결핍은 한 사람이 교묘한 세일즈맨에게 속았음을 발견하고 앙갚음을 하는 것과 같이 격앙된 국민정신이 교회에 대하여 보복하게 되는 그런 성질의 것이다. 대중들 스스로가 자유의 책임성있는 실천교육에 실패한 로마 카톨릭은 카톨릭 교육에 대한 폭넓은 패턴의 문제를 일으켰다" (1961. 5.).

의심할 것도 없이 쿠바에서의 상황도 이러한 맥락에서 설명되어진다. 쿠바에서 로마교회는 중요한 위치를 차지하고 있었으며 교육을 통제하였고, 정치와 사회의 영역에서 로마 카톨릭의 위치를 고수해 왔다. 로마 카톨릭은 자신들에 대한 학생들의 데모나 혁명적인 운동을 반대하였다. 역으로 카스트로(Castro)가 학교들을 장악하고 공산주의 운동을 수행하였다. 카스트로 자신도 로마 카톨릭 신자였으며 90%가 쿠바 카톨릭 신자로 구성된 인원들이었다. 이상하리만큼 이례적으로 로마 카톨릭이 공산주의와 맞붙어 싸웠지만, 로마 카톨릭하에서 야기된 무지와 빈곤 때문에 공산주의에 먹히고 말았다. 이러한 무지와 빈곤이 로마 카톨릭에게는 여러 가지 장애요인이었다.

그런데도 유럽과 라틴 아메리카에서 로마 카톨릭의 공직 등용이 아무런 어려움없이 이루어지고 있는데 이상하게도 미국의 원조와 맞물려 미국이 독재적이고 강압적인 정부를 원조하고 있다. 이러한 문제에 대하여 스미스는 잘 지적하고 있다.

" … 고의적으로 국무성은 외국의 카톨릭 정당에게 자유롭고 민주적인 비카톨릭 요소를 내포한 단체들과 겨루라고 미국의 세금으로 원조하여, 미국무성은 개신교를 압제하는 독재자들에게 수백 만 달러를 원조하였다. 사실 우리의 국무성은 핍박자나 핍박을 받는 자에게나 종교적 핍박에 대한 무언의 보증인으로서 인식되는 그런 위치에 있다"("기독교 유산", 1960. 5.).

9. 영-미국과 남유럽-라틴 아메리카의 문화 비교

개신교 국가인 민주적인 영국과 미국, 카톨릭 국가인 남유럽과 라틴 아메리카의 나라들의 엄청난 문화적 격차를 어떻게 설명할 수 있을까? 전자는 정치적으로 안정을 누리는 국가들이고 후자는 정치적으로 급변하는 국가들이다. 하워드는 개신교도들에게도 대부분 알려지지 않은 어떤 설명을 우리에게 하고 있지만, 우리는 이 설명이 우리의 당면한 문제를 해결해주는 데 있어 중추적인 역할을 하리라고 생각한다. 우선 그는 남유럽과 라틴 아메리카의 대중들이 오늘날 자치권을 행사하고는 있으나, 정치기구들은 앵글로 색슨(Anglo-Saxon) 모델을 종속적으로 모방한 난이한 점에 주목하였다. 스페인과 이탈리아에 오랫동안 존속해 온 제도적 왕조, 프랑스와 포르투갈의 공화정, 라틴 아메리카의 연방정부는 단지 영.미의 제도를 모방한 것에 불과하다. 앵글로 색슨인들은 라틴 계통의 사람들이 도무지 실행할 수 없을 것으로 보이는 강력하고 미래지향적인 정치 기관들을 운영해 올 수 있었다.

"하워드는, 라틴 계통과 영.미 계통이 두 가지 다른 전통들을 따르고 있다고 보았다. 라틴 계통은 그리스-로마의 고전적 전통이며, 영.미계통은 히브리적 기독교 전통이다. 민주주의는 기독교의 산물이었다. 고전적 전통은 민주주의에 기여하지 못했다. 민주주의는 그리스 공화정에 존재하지 않는다. 그들은 귀족정치나 금권정치를 하여, 소수의 권력자들이 다수의 노예 대중들을 다스리는 정치를 해왔다. 민주주의는 로마 제정에서도 발견될 수 없다.

민주주의는 오직 유일하신 하나님을 믿는 사람들 가운데서만 존재해 왔고 존재할 수 있다. 정치적 민주주의는 기독교의 영역 밖에서 존재할 수 없으며, 개인적인 종교의 자유가 보장되지 않은 곳에서도 번영할 수 없다.

기독교의 씨앗이 유럽의 라틴계 민족들에게도 떨어졌으며, 새로운 영적인 각성과 더불어 민주주의가 시작되었다. 그때 그리스-로마의 이교 문화와 사상에 대한 관심으로 르네상스가 일어났다. 르네상스의 이교적 측면들은 북유럽까지 영향을 끼치지는 못했다. 그러나 서부유럽은 새로운 문화의 영역으로 들어갔다. 르네상스의 이교 문화에 대한 열정은 북쪽의 나라들에게는 영향을 주지 못했기에, 그 문화가 깊이 뿌리 내리지 못했다. 르네상스는 라틴계 국가들에서 기독교로부터 출발한 민주주의를 초기 단계에서 사장시켜 버리는 비극적인 결과를 초래하였다.

북유럽의 기독교는 민주주의의 이상을 조용히 실행할 수 있었다. 그렇게 됨으로 종교개혁이 일어났으며, 우리는 르네상스가 이교 문화를 의미하고 있다는 사실을 잊어서는 안되며, 개신교 종교개혁의 심오한 중요성 중에 하나가 바로 이교적 요소들과의 강렬한 싸움이라는 점이다.

이교적 성장에 대한 반동으로 어떤 위대한 영적 각성이 일어났지만, 극히 적은 소수에 불과했다. 라틴 아메리카의 문제는 라틴계 신비주의 영향도, 종교개혁의 불길이 다다른 것에 대한 염려도 아니었다. 단지 르네상스의 정신, 곧 유물론과 피상적인 문화의 공허성이 라틴 아메리카에 상륙했다는 것이다. 라틴 아메리카에 상륙한 이들은 르네상스의 이교 문화에 지배를 받았다. 그리하여 남북 아메리카는 상당한 차이를 보이게 되었다"(pp. 103~105).

동일한 결과에 대하여 부에노스 아이레스(Buenos Aires)에서 1943년 10월에 발간된 "라플렌자"(La Plenza)지의 편집장은 이러한 두 가지 역사적 성향을 다음과 같이 요약하여 해설하였다.

"북아메리카로 흐르고 있는 이민의 흐름이 전적으로 자발적이라는 점을 잊어서는 안된다. 스페인 왕국으로 가는 이민과도 근본적으로 다르다. 그들의 고향을 떠나 북아메리카로 가는 것은 자유와 보다 나은 정신의 자유를 희구하기 때문이다.

한편 라틴 아메리카의 상이한 제도는 모국의 통제 아래서 3세기 동안 있음으로 인하여 생기는 결과였다. 절대주의는 그 정부의 상징이었다. 근본적인 모든 문제는 왕실협의회의 충고로 절대권력이 행사되고 있다는 사실이다. 이민은 히스파닉(Hispanic) 종족들에게와, 스페인 본토에 종속되어 다른 종교를 절대적으로 배제했던 신앙고백자들에게만 제한되었다. 교육은 정부가 전적으로 힘을 기울이지 않아서 19세기 초기에는 문학인을 거의 찾아볼 수 없을 정도였다.

이와 같이 다양한 요소들이 어렵고 힘든 사회, 경제적인 혁명의 필요성을 가중시켰으며 이러한 것들은 근본적이며 가까이에 있는 것들이었다. 이렇게 갖추어진 상황이 독립투쟁의 전야를 예고하였다.

우리는 두 가지 상이한 정치의 결과들을 가지게 되었다. 하나는 정치의 규범(norm)으로서 자유의지와 다른 하나는 자유의 기본적인 천명조차도 가능하지 않은 상황하에서 자유를 향한 열렬한 의지를 실행하는 것이다."

또 다른 남북 아메리카의 종교적 다양성을 강조한 책자가 1943년 5월에 쿠바의 하바나(Havana)에서 『아메리카』라는 이름으로 출간되었다. 거기에 기록된 내용을 보도록 하자.

"아메리카의 역사가 두 가지 상이한 형태로 발전되었듯이, 신세계에는 두 가지 상이한 기독교의 형태가 존재하였다. 북아메리카는 종교개혁의 후예였다. 라틴 아메리카는 카톨릭의 산물이었다. … 13개 북아메리카 식민지들은 인간의 자유와 존중을 기반으로 새로운 사회를 건립할 목적으로 정치적인 압박을 피하여 이주해 온 청교도들에 의해 세워졌다. 그들의 첫번째 정부는 순수한 민주주의를 표방하였고, 가장 중요한 내용은 정부의 현안문제를 다루기 위하여 처음 열린 의회가 예배당이었다는 사실이다. 이것은 그들의 신앙, 사회, 국가와의 관계가 상당히 밀접하다는 것을 보여준다.

라틴 아메리카는 다르다. 로마 카톨릭은 항상 민주주의와 양립할 수 없었다. 식민기간 동안 로마 카톨릭은 대중들이 쉽게 독점권력에 관용하여 압제에 항거하지 못하도록 그들의 의식을 약화시키는 과업을 수행하였다. 절대적 정부였던 스페인은 군대의 물리적인 힘을 동원하여 강경정책을 쓰는 동시에 사제들의 도덕적 영향을 이용한 회유정책을 명령했다. 민주주의는 대중의 강렬한 요청과 앵글로 색슨계의 민주주의의 감화와 프랑스혁명의 감성적인 충동에 의해 라틴 아메리카의 대륙에도 존재하게 되었다. 북아메리카의 민주주의는 개신교의 영향으로 등장했지만, 남아메리카의 민주주의는 카톨릭에 대한 반발로 야기되었다."

이러한 통찰력있는 분석을 통하여 우리는 라틴 아메리카의 문제를 알 수 있다. 그것은 종교, 정치, 경제, 사회적으로 잘못된 출발이 문제였다. 우리는 스페인의 종교재판이 거칠고 무자비한 성격으로 나타났으며, 이것이 스페인의 식민지정책을 반영하는 것이라는 사실을 첨가할 수 있다. 종교재판은 교회의 예배로 잔학성을 성화시킨 것이다. 살인과 학살에 익숙한 그들은 그들이 강탈한 땅의 원주민인 인디언들에게 무자비한 억압을 자행하였다. 인디언들은 노예화되었고 학살되기도 하였다. 압제자들은 도덕적 성경과 윤리적 삶을 가르치지 않았다. 십자가와 칼은 함께 공동보조를 맞추어야 하는 것으로 생각되었다. 항상 칼은 보다 급진적인 결과를 초래하였다. 라틴 아메리카는 이렇게 하여 순탄치 않은 출발을 하게 되었다.

우리는 미국에서 우리가 보는 로마 카톨릭이 진정한 로마 카톨릭이 아니라, 대다수인 개신교와 밀착하여 자유민주주의의 영향을 받은 수정된 형식을 취하고 있다는 점을 재차 강조하고 싶다. 보다 중요한 사실이라면 민주주의가 복음적인 도덕기준들에 의해 영향을 받았다는 사실이다. 로마 카톨릭은 상황에 자신들을 밀착시키고 대처할 수 있는 능력을 가지고 있다. 예를 들어 스페인, 영국, 프랑스, 라틴 아메리카, 미국 등지에서 그렇다. 보다 효과적인 목적을 위해 로마 카톨릭은 미국의 종교의 자유원리에 친숙해졌다.

우리가 일찍이 언급했던 대로, 두 가지 중요한 사실들을 유념해야 한다. (1) 오늘날 모든 로마 카톨릭 국가는 파산하였다. (2) 오늘날 모든 로마 카톨릭 나라들은 경제, 사회, 교육, 금융 등에 있어서 개신교 국가인 미국에게 도움을 청하고 있다. 그러므로 우리는 미국이 건립한 지 186년밖에 되지 않은 비교적 짧은 연륜 속에서도 이와 같은 비교할 수 없는 위대한 진보를 이룩했다는 관점에서, 이러한 정석적인 과정이 우리의 본을 따르고자 하는 로마 카톨릭에게도 있어야 할 것이고, 그들이 종교적인 독재정권이나 대중들의 종교적 자유를 제한하는 일이 없이, 대중의 종교적 자유를 향상시키는 데 노력해야 할 것이라고 생각한다.

미국의 헌법에는 어떤 특정한 종교의 지지를 명확히 금지하고 있다. 이것은 교회와 국가의 분리를 의미한다. 1971년 6월 28일에 미국 연방최고법정은 교회학교에 대한 연방정부의 재정적 지원에 대한 입장을 8:0, 8:1의 압도적인 결정으로 재차 공히 확정하였다. 다행히도 우리는 종교세나 종교를 위해 세금을 내지 않고 있다. 우리는 이것을 계속 견지하기 원한다! 다른 사람의 종교를 위해 세금을 낼 필요가 없는 것이다.

한 교회를 설립하는 가장 효과적인 방법은 재정적으로 지원하는 것이다. 재정적인 문제가 교회설립에 직,간접적인 중요한 위치를 차지한다. 만일 한 교회의 신자들이 그러한 계획에 동조하지 않는다면, 이러한 계획들은 백지화될 것이다. 한 교회가 보안관까지 동원하여 강제로 자금을 모은다 할지라도, 그 교회가 영적으로 죽은 교회라면 지원할 가치조차 없다.

우리는 라틴 아메리카의 요구가 미국으로부터의 보다 많은 외국 원조도, 스페인, 포르투갈로부터 보다 많은 사제들의 증원도 아니라, 종교의 전환이라는 사실을 깊이 인식하면서, 그들이 특별히 복음적인 기독교로의 전환을 원하고 있다는 것을 알아야 하며, 그런 변화가 일어나기 전까지는 실질적이고 영구적인 발전이 이들 나라에서는 어렵다는 사실을 우리의 의견으로 제출한다.

19 장

제도는 그 열매로 평가됨
1. 고정화된 패턴
2. 당면한 문제
3. 로마 카톨릭만이 진정한 교회인가?

제도는 그 열매로 평가됨

1. 고정화된 패턴

　로마 카톨릭은 항상 변하지 않는다는 모토를 자랑하여 왔다(Semper Idem). 우리는 표면적으로 나타난 이 모토를 귀하게 받아들이지만 로마 카톨릭이 사도적 교회의 계승자이기 때문에 기독교 신앙에 첨가하거나, 변화시키지 않는다는 견해에 대하여는 받아들이기 어려우며 현재의 로마 카톨릭은 변화될 수 없는 대전제 때문에 결빙된 상태로 지금까지 내려왔다. 간간이 변화처럼 보이는 것은 공식입장 때문에 어쩔 수 없이 취해야 하는 단순히 정책적인 일환일 따름이다. 로마 카톨릭은 그들의 방법론을 전환시킬지는 몰라도 그들이 가진 기본정신은 절대로 변화시키지 않는다. 로마 카톨릭의 교회법은 본질적인 변화도, 그들과 신앙이 다른 타종파에 대한 억압과 핍박의 옛정책도 변경하지 않았다. 로마 카톨릭의 교황은 자신 스스로가 종교의 자유에 호의를 가지고 있다거나 세계의 어느 곳에서나 자유로운 사회를 이룩해야 된다고도 밝히지 않았다. 이런 견지에서 로마 카톨릭은 교구부속학교에서 로마 카톨릭만이 오직 참된 교회라고 학생들에게 가르치고 만일 필요하다면 힘으로 모든 다른 종교들을 압제할 권리가 있다고도 교훈하며 또한 로마교회가 통제하고 있는 지역에서 정치, 경제적인 정책들이 일치해야 된다고 가르치기도 한다. 왜 '이단자들'은 살육하고 화형에 처할 로마 카톨릭의 지상권을 행사하는 새로운 종교재판에 대하여 걱정과 의심을 해야 하는가? 그들의 입장은 자신들과 반대되는 적들을 처치하는 것이며 '오류'라는 용어는 권리들이 없다는 뜻이고 오류가 내포된 집단의 존재가 로마 카톨릭 국가에 대한 범죄행위라고 본다. 만일 '미국의 카톨릭화'가 이루어진다면 그들이 자신들의 전통적인 방법들을 사용한다는 사실이야말로 명약관화하다. 이는 너무나 많은 사실들이 역사에 나타나고 있기 때문이다.

실제적으로 기독교가 로마 카톨릭의 핍박사건을 자료로 보관하기에는 상당한 어려움이 존재한다. 그러나 그들의 만행들은 부인할 수 없다. 로마 카톨릭이 기독교의 진정한 정신에 충실하면 얼마나 좋겠는가? 만일 그들이 불관용, 편협, 핍박의 방법으로 복음적인 신앙을 반대하는 대신에 기독교신앙의 기본적인 진리 안에서 불신자들과 카톨릭의 신자들을 교훈하기 위해 상호협조적이라면 얼마나 많은 효과를 얻겠는가! 그러나 신실하고 영적인 개신교들은 복음을 선포한다 할지라도 로마교회는 그들이 세력만 규합하여 주도권을 잡는다면 개신교의 복음선포를 강압적으로 금지할 것이다.

신앙성장을 위한 기독교의 방법은 설득력있고 친절하며 평화롭다. 이것은 진리의 능력과 사랑에 의해 사람들을 모든 일에서 승리하게 한다. 우드 박사는 다음과 같이 밝히고 있다.

"종교적 신앙에 대하여 가하는 핍박은 어리석고 악한 것이다. 이러한 행위는 도무지 그의 신앙을 변개시킬 수 없으므로 강제적인 방법을 사용하기 때문에 악한 것이다. 그의 확신은 영혼의 구원을 위해 고통을 참아냄으로 더욱 심오해진다. 약한 사람들만 핍박을 피하기 위해 신앙을 포기하고 핍박은 약한 사람들을 위선자로 만들어 버린다. 그들은 단순히 죽음을 피하기 위해 그들의 신앙을 변개한 것 뿐이다. 이같은 행위는 정의롭지 못하며 처참하기 때문에 악한 것이다. 학살, 투옥, 재산의 몰수, 무자비, 죽음 등은 개인에게 고통이 주어질 뿐 아니라 아무런 잘못도 없는 친구와 가족들에게도 고통을 준다"(『우리의 귀한 유산』, p. 181).

적어도 미국에서의 대부분의 로마 카톨릭 신자들은 개신교들에 대해 야만성을 갖고 있거나 해치고자 하는 생각이 없다. 대부분의 사람들이 전통적인 정책과 그들의 교회의 의식에 대하여 아는 바가 없다. 실제적으로 그들은 그들의 교회법에 포함된 2414개의 조항이 없는 줄 알고 있다. 불행하게도 그들은 정책결정에 참가하지 못한다. 정책은 다만 그들에게 주어질 뿐이고 상황이 되는 대로 로마 카톨릭에 의해 주입될 따름이다. 그들이 아동 때부터 교육을 받아오기 때문에 로마 카톨릭의 발전을 위한 조직화된 저항을 펼치기가 거의 불가능하다. 어떤 사람들은 불합리한 정책이 주어질 때 교회를 떠나거나 무관한 상태로 남아있는다. 그러므로 로마 카톨릭에 대하여 저항하거나 저항조직을 만든다는 것은 불가능한 일이며 희귀한 일이다.

개신교는 투쟁을 두려워하지 않는다. 투쟁을 한다고 해서 핍박할 필요도 없다. 진정한 종교는 무신론자, 회의론자, 라이벌 종교의 옹호자들의 공격에도 더욱 강하게 존재한다고 믿는다. 개신교는 국가에게 특별한 원조나 개신교의 반대 세력들을 억압하거나 개신교의 예산에 도움을 달라고 요구하지 않으며 다만 면세혜택을 유지하여야 한다. 그러나 개신교도 로마 카톨릭을 핍박한 사실에 대해서는 부인하지 못한다. 로마 카톨릭은 이것을 빌미로 자신들의 행위를 방어하는 데 열을 올린다. 그러나 개신교의 핍박은 비교적 적었으며 온건했고 대부분의 경우가 로마 카톨릭에 의해 저질러진 악행에 대한 반동으로 시작된 것이었다. 그러나 가장 중요한 사실은 그런 핍박들이 기본적인 개신교의 원칙과는 위배된다는 사실이었다. 개신교의 핍박은 이탈리아, 프랑스, 스페인, 유고 등에서 일어난 핍박에 비하면 매우 경미한 것이었다.

종교적인 불관용에는 다른 이유가 없었지만 로마 카톨릭은 종교적 불관용 뿐 아니라 국가체제의 파괴까지도 수반하였다. 국가적인 통일성은 평화의 분위기, 우애, 관용을 풍성하게 한다. 이것은 미국의 예를 통해 증명되었는데 국민투표가 끝난 후 모든 정치세력들은 정치권력의 질서있는 이양을 위해 우호적으로 상호협조 하였다. 이 나라가 창설된 지 186년이 지나는 동안 우리는 결코 쿠데타와 같은 정변이 일어나지 않았다. 영국, 독일, 스칸디나비아 정부들도 수세기 동안 견고성을 유지하였다. 이와는 반대로 남유럽과 라틴 아메리카에서는 반복적으로 정변이 일어나고 있다. 정치적인 안정과 자유, 영구성은 종교적인 신앙과 종교적인 자유에서 비롯된다.

한 나라의 통일성과 부흥은 종교, 정치, 경제, 교육, 문화에 있어 자유와 다양성에 근거한다. 가장 훌륭한 개신교와 가장 훌륭한 종교적 자유가 있는 미국은 다른 어떤 나라보다도 선한 사업에 힘쓰며 삶의 지고한 표준이 되고 있다. 이와 정반대인 로마 카톨릭의 나라 스페인은 가장 낮은 종교적 자유와 유럽에서 가장 낮은 생활수준을 갖고 있다. 스페인은 군부독재에 의해 강제로 일치를 유지하고 있지만 세계에서 가장 통일이 안된 나라 중에 하나다. 로마 카톨릭이 가장 번창하는 종교라 할지라도 개신교의 땅에서 그런 것이다. 종교적 편협함과 불관용보다 종교적 자유가 훨씬 우월하다는 사실을 증명할 필요가 있겠는가?

2. 당면한 문제

우리는 로마 카톨릭의 독특한 특성들을 알아보았고 그들이 주장하는 거의 모든 것들이 복음과는 거리가 먼, 거짓과 치명적인 위협을 내포하고 있음을 발견하였다. 이러한 문제들은 있으나마나 한 문제가 아니라 신약에서 선포된 기독교 메시지의 심장부에 해당하는 것이었다. 믿을 수 없을 정도로 로마 교회는 신앙에서 이탈했다. 로마 카톨릭이 다른 신앙의 소유자들에게 '이단'이라는 명칭을 사용하여 억압하고 있을 때 로마 카톨릭 자체도 이교사상에 물들어 있었다.

이 모든 일들이 로마 카톨릭의 조직에 대한 강한 기소의 이유가 되는 것들이다. 이러한 사실들은 정당화시킬 수 없는 사안들이다. 성경의 표준에 적합하지도 않고 명확한 거짓을 내포한 로마 카톨릭이 그런 세력을 가지고 수세기 동안 그 권력을 유지하였으며 오늘날에도 로마 카톨릭의 조직이 적합한 제도인양 확신시키고 있으니 얼마나 거짓되고 우스꽝스러운 일인가!

우리가 주목해야 될 일은 로마 카톨릭이 그들의 조직의 기본이 되는 근간에 거짓된 신학적 기반을 두고 있는 반면에 복음적인 개신교회는 성경에 확신있는 기반을 두고 있다는 사실이다. 개신교는 로마 카톨릭에 대하여 완벽한 방어 체제를 갖춘다 할지라도 그들의 정치적인 동맹이나 물질에 대한 탐욕, 정치와 종교에 대한 압제에 대하여 단순히 설명하고 지적하는 것만으로 그들을 참패시킬 수는 없다. 이 모든 일들은 사실이며 반드시 밝혀져야만 한다. 그러나 그들은 단지 외부적인 방법들과 실천들에만 관계된 것들이다. 로마 카톨릭은 기본적으로 종교적 조직에 기초하고 있으므로 성경의 기본진리들을 보호하도록 해야 하며 그들에게 도전을 주어야 한다. 성경에 기초한 방법만이 복음적 신앙을 승리로 이끄는 길이다.

우리는 로마 카톨릭이 하나의 교회이며 하나의 정치적 국가라는 이중적 구조를 보았었다. 이러한 성격은 본질적으로 종교적인 그들의 신자들을 관리하고 통제하는 데 적합하다. 이를 근거로 하여 그들은 특권과 재정지원을 요구한다. 그러나 로마 카톨릭은 중앙정부와 지방정부의 관리들을 통해 그 권력을 계속적으로 행사해 온 정치적인 기구이다. 그들은 국가에게 자신들의 교회, 학교, 병원 등에 원조를 요청하기도 한다. 또한 그들은 자신들과 의견을 달리하는 집단에 대하여 제한과 억압을 하도록 국가에 요청한다.

이제 그들의 위장된 불관용과 숨기워진 모든 사실들에 대하여 세계가 모두 알 수 있게 되는 때가 온다. 로마 카톨릭은 너무나도 오랫동안 속임수를 써왔으며 이제는 그들에 대한 진위가 밝혀져야 한다. 복음적인 신앙의 진정한 기독교가 모든 사람들에게 인정되기 전에 로마 카톨릭의 거짓되고 비성경적인 교리들이 일거에 밝혀져야 되며 그들의 미신적인 요소들이 파괴되어야 한다. 개신교들이 그들에게 위협적인 존재로 보이도록 해야 한다. 로마 카톨릭은 '미국의 카톨릭화'를 공개적으로 진행하고 있다. 로마 카톨릭의 지시에 따라 미국 카톨릭 자선회(Knights of Columbus) 신문과 잡지에 대대적인 선전을 펼치는 데 수백만 달러를 소비했다. 로마 카톨릭은 정부, 언론사, 경제계, 교육계, 노동계 등 모든 분야에서 통제권을 차지하려고 혈안이 되어 있다. 그런데도 대부분의 개신교들은 계속해서 잠만 자고 있는가!

그러므로 우리는 반격을 준비해야 한다. 우리는 '미국의 꿈'이라고 명명된 귀중한 유산을 소유하고 있으며 하나님께서 우리에게 특별히 허락한 '천금같은 땅'을 가지고 있다. 성경은 우리에게 "단번에 주신 믿음의 도를 위하여 힘써 싸우라"(유 3)고 교훈하였다. 우리는 우리의 대적들과 싸워야 한다. 로마 카톨릭의 신자나 사제들 가운데 거의 모든 사람들이 로마교회의 진정한 내막에 대하여 알지 못한다. 그들은 진실을 알려주는 서적들을 읽지 못하도록 금지당했다. 그들이 '카톨릭의 진리'라는 미명하에 받은 것은 신학, 교회사, 과학, 문화 등의 변질되고 곡해된 내용들이다. 수백만의 로마 카톨릭 신자들이 마리아론과 교황 우월주의하에서 성경과 상식, 자유민주주의에 대한 기본 개념조차도 망각한 채 성장했다. 개중에는 미사에 오랫동안 참석하지 않았던 자들과 그 신앙을 믿지 않는다고 말하는 자들도 상당수에 이른다. 이들 가운데 많은 사람들은 복음을 들을 수도 있었다. 그럼에도 불구하고 그들은 거의 무지했고 심지어는 개신교도들을 피하기도 했다.

'전 예수회 훈련생'이었다고 밝힌 어떤 사람은 우리에게 다음과 같은 사실을 밝혀준다.

"루터가 경종을 울렸을 때 당대의 카톨릭에 환멸을 느꼈던 수천의 대중들이 그를 추종했다. 수녀, 사제, 수도승, 평신도들을 포함한 수천에 달하는 사람들이 로마 카톨릭에서 이탈하였다. 초기 개신교는 시간과 장소를 가리지 않고 로마 교황이 성경해석을 잘못했다고 지적했다. 그들은 바티칸의 비도덕적인 정책과 물질에 대한 탐욕에 대하여 단죄하기를 주저하지 않았다. 수천의 가톨릭신자들이 개신교 종교개혁자들을 청종하고 따랐다. 수천의 사람들이 국가 권력에 의해 수난을 당했다. 무력의 사용만이 로마 카톨릭을 구할 수 있었기 때문이다.

자유로운 미국에서 로마 카톨릭은 개신교의 도전을 받아야만 했는데 특별히 자신들만이 그리스도의 진정한 교회라고 주장하는 편협함에 대해서 그러하다. 또한 편협함은 미국의 자유의 유산에 대한 잘못된 가르침을 교구부속학교를 통해 실시하고 있는 데서 나타난다.

만일 로마 카톨릭이 자유로운 사상 전개를 무시하고, 로마 카톨릭의 성직자들이 개신교의 주장에 소홀한다면 그들은 걷잡을 수 없는 수세에 몰리게 될 것이다. 만일 그들이 신자들에게 선택의 자유를 주지 않는다면 신자들의 마음을 사로잡지 못하게 될 것이다. 로마 카톨릭이 여전히 자신의 교리를 옹호한다면 자유의 나라 미국에서 수백만의 신자들을 잃게 될 것이다"("오늘의 기독교", 1957. 10. 28.).

개신교도 생존하려면 이러한 도전에 경성해야 한다. 많은 개신교 신자들이 사회복음을 강조하고 초자연적 신앙을 약화시키는 현대주의와 자유주의를 추종하면서 잘못된 길로 접어들고 있다. 모든 기독교인들은 성경에 기초를 둔 사도신경과 하나님의 말씀에 충실해야 한다. 회의적인 개신교는 교리화된 로마 카톨릭을 이길 수 없다. 우리는 성경연구와 교리 교육, 복음을 선포하는 신실한 목사들에게 돌아가야 하는데, 그 목사들은 하나님의 은혜와 그리스도의 놀라운 사역에 대하여 설교하며 그들은 무오한 교회와 무오한 성경을, 복음의 주권과 자유를 가지고 로마의 성례주의를, 계몽되고 깨우친 기독교리를 가지고 로마교회의 정치적 음모를 깨닫도록 해야 한다.

미국에서 로마 카톨릭은 많은 신자들을 배경으로 여러 분야에서 실권을 잡으려고 암중모색하고 있다. 맥루글린은 다음과 같이 흥미있는 사실들을 언급하였다.

"아마도 로마 카톨릭 출판사의 가장 큰 거짓말은 P. J. Kenedy and Sons of New York에서 출판된 『카톨릭 공식 보고서』로 대표되는바 교회성장에 대한 연례보고서이다.

1957년 5월 24일자 아리조나보고서에 의하면 미국의 로마 카톨릭은 34,536,851명으로 되어 있었다. 1960년대에도 40,000,000명이었다. 이러한 숫자집계는 카톨릭 신앙의 우월성을 자랑하는 데 충분한 자료이며 정치가들을 위협하기에 충분하였다. 이것은 확실히 로마 카톨릭이 출판하면서 만들어 낸 집계임에 틀림없다.

이러한 통계의 분석만으로 그들이 얼마나 신뢰하지 못할 사람들이라는 사실을 알게 된다. 이러한 거짓된 집계 때문에 카톨릭으로 빠져들어 가는 사람은 한 명도 없다. 한 사제가 나에 대하여 '카톨릭에서 이탈하지는 않았으나 악한 카톨릭 신자가 있다'라고 기록하였다. 더욱이 대부분의 개신교와는 다르게 유아세례를 포함한 모든 세례자들을 카톨릭의 대중으로 간주하였다(대부분의 개신교 교회에서는 12세 이하의 어린이들은 집계에서 제외한다).

그러나 이러한 집계순서들은 거짓된 카톨릭의 통계와 카톨릭의 정치적 강함에 있어서 그리 중요하지 않다.

미국에 있는 대부분의 교구에서 로마 카톨릭의 통계는 이루어지지 않고 있다. 다만 로마 카톨릭은 개신교를 염두에 두고 통계자료를 편찬할 따름이다.

로마 카톨릭 교회에는 개인 신상명세서가 없다. 어떤 교구에서는 여러 종류의 통계자료를 가지고 있는가 하면 어떤 교구에서는 정기적인 헌신자들의 기록만을 보관하고 있다. 그러나 실제적으로 대부분의 카톨릭 사제들은 자신의 교구에 살고 있는 신자 중에 무관심한 카톨릭이나 좋은 신자인지 나쁜 신자인지에 대하여 아는 바가 없다.

로마 카톨릭 신자가 한 교구에서 다른 교구로 옮기거나 한 도시에서 다른 도시로 이사갈 때 그들의 이적에 따른 아무런 조치도 없다. 거기는 개신교에서처럼 이송서류나 사직서류 등도 없다. 다른 곳으로 이사한 카톨릭 신자는 주일 미사에 참석해야 한다. 하지만 카톨릭 교회들은 새로 이적한 사람이나 방문객들은 일으켜 세워서 환영하거나 교회의 통계자료를 위해 비치한 신상카드에 기록하지도 않는다. 단지 결혼이나 세례식, 장례식 등이 있을 때에 어떤 사제에게 가서 자신의 카톨릭 신분을 밝힐 경우에만 서로 알게된다. 이런 제도조차 없다면 평범한 카톨릭 신자는 사제가 자신의 참석여부도 알지 못한 상태로 반평생을 지내야만 될 것이다.

미국에서 로마 카톨릭의 연례보고서는 여러 가지 목적이 있다. 하나는 미국의 카톨릭이 정치가와 사업가들에게 위협을 가할 수 있다는 것이다. 또 다른 하나는 로마 카톨릭의 사제들이 그들의 주교들에게 좋은 인상을 갖게 하며 주교들은 교황에게 좋은 인상을 갖도록 하기 때문이다. 사제들의 성공은 단지 신도의 숫자적인 증가에 의하여 판정되며 그들의 성실성과 교회에 대한 헌신정도는 거의 무시된다"(『미국문화와 카톨릭 학교들』, p. 157~158).

아리조나주의 페닉스에 있는 그들의 병원에서 새로 입원하는 환자들은 카톨릭 사제의 방문을 허락하겠는가라는 질문을 받게되는데 단지 10%정도의 환자들만이 사제의 방문을 허용하였다. 맥루글린은 첨부하여 다음과 같이 말하였다.

"로마 카톨릭 출판사는 자신들의 정책이 신도들에게 영향을 주지 못한다고 인식했다면 자신들의 자랑하는 목소리를 낮추어야 할 것이다. 만일 미국의 카톨릭 출판사가 계속해서 잘못된 사실들을 외쳐대거나, 미국에서 로마 카톨릭의 충성이 특정한 소수집단에 한정되어 있거나, 그들의 연합된 힘이 가공할 만하다면 개신교들과 정치가들은 정신을 바짝차리고 경계해야 한다. 결국 로마 카톨릭의 가공할 힘은 그 지역에 살고 있는 개신교 목사들과 카톨릭의 돈을 손실함으로부터 피하고자 염려하는 상인들에게 두려움을 안겨주었다"(p. 161).

다른 구절에서 맥루글린은 다음과 같은 진술을 한다.

"신실하지 못하여 극히 과장된 사실을 주장하는 카톨릭은 전체인구의 25%를 차지하지 않는다. 다만 10%정도만 이 사실에 가깝다"(p. 235).

세계의 카톨릭 인구가 4~5억에 달한다고 주장하는데 실제적으로 남유럽과 라틴 아메리카의 전체 인구를 모두 합산한 데서 나온 결과였다. 실지로 남유럽과 라틴 아메리카에서 로마 카톨릭의 교리대로 실천하는 신자는 전체 인구의 15~20%밖에 되지 않는다. 약 인구의 1/3 이상이 문맹이고 거의 계산을 할 줄 모르며 카톨릭의 교훈에 의해 절반이 넘는 사람들이 엄청난 죄악을 저지르고 있으며 미사에 참석하지도 않으며 신앙고백도 거부하며 성 금요일의 금식일에 음식을 먹기도 하고 개신교 예배의식에 참석하기도 한다. 이외 다른 사람들도 공식적인 제재없이 로마 카톨릭을 떠났다. 아마 매우 정직한 사람이 로마 카톨릭의 숫자를 계수했다면 엄청나게 격감된 숫자를 기록하게 될 것이다.

이러한 사실이 확실하다면 개신교에는 매우 유리한 입장을 가지게 되며 유럽의 로마 카톨릭 국가에 선교사들과 개신교 사역자들을 보내야만 될 것이다. 교황이 자리잡고 있는 이탈리아는 오늘날 선교의 불모지중의 하나다. 그러나 상당히 가능성이 있는 선교지역이기도 하다. 이탈리아 복음사역자는 이러한 상황에 대해 말한다.

"이탈리아 국민들은 비신앙적인 영적무지한 삶을 영위하고 있다. 그들 중의 대부분이 성경을 읽을 수 없으며 많은 사람들은 그런 책이 있는지조차 알지 못한다. 게다가 그들은 로마 카톨릭에서 가르치는 대로 미신에 사로잡힌 삶을 살고 있다. 사람들은 그들의 수호자들을 숭배하고 엄청난 대금을 지불한다. 그들은 특별한 성인의 유물을 찾아 수백마일을 여행하기도 한다. 성모 마리아는 사제들의 교육목적이며 대중들의 경배대상이다"(탄끄레디, 『이탈리아의 무거운 짐』, 1957, p. 3).

수십 년 동안 개신교도들은 아프리카 원주민과 남아프리카 근동 등지에 선교중심지나 성경학교들을 설립해 왔었다. 종교적인 필요성을 절감하는 백인의 국가인 이탈리아에서 복음을 전하는 일이 얼마나 타당한 이유가 되겠는가! 이렇게만 된다면 이탈리아의 대부분의 사람들이 글을 읽고 쓸 수 있으며 그들은 스스로 하나님을 연구하고 진리를 찾을 수 있을 것이다. 그들은 비교적 배우기 쉬운 언어를 가지고 있다. 다른 지역에서 각기 다른 원주민들의 언어를 숙지해서 글자를 만들어 가르치는 데 정열을 쏟을 시간이면 이탈리아 인구의 5천만 명을 교육시킬 수 있다. 이탈리아 국민들은 개신교의 복음선교를 환영한다. 물론 사제들의 반대도 있겠지만 우리가 개신교 국가인 미국에서 로마 카톨릭의 전도를 인정하듯이 이탈리아에서의 복음전도도 인정되어야 한다. 이탈리아에서 기독교와 교육사업의 상당한 욕구에도 불구하고 로마 카톨릭은 약 만 명에 달하는 선교사, 사제, 수녀들을 미국으로 보냈다. 한편 우리의 선교사들은 문화와 언어의 차이가 심한 아프리카, 일본, 중국, 인도 등지로 파송되었다. 단지 몇명의 편법을 사용한 선교사들이 이탈리아와 유럽의 로마 카톨릭 국가로 들어갔고 매우 적은 액수의 선교비로 복음사역을 수행하고 있다. 그 결과 로마 카톨릭이 미국을 점령하고 있음에 비하여 개신교는 로마 카톨릭의 국가들을 점령하지 못하는 기현상으로 나타났다. 이탈리아부터 이런 기현상을 교정하며 그들 나라에 더 많은 선교사들을 파송해야 한다.

　세계로 폭넓게 확장하는 로마 카톨릭을 보면서 우리는 그들의 정치적 수완과 그들의 선전방법 등을 능가하지 못한다는 사실을 깨닫게 된다. 그러나 우리는 보다 효과적이고 실효성이 있는 하나님의 말씀을 가지고 있다. 만일 하나님의 말씀이 공명정대하게 선포된다면 그들의 선입관과 탐욕, 불관용의 벽을 타파할 수 있을 것이다. 우리는 또한 부, 교육, 재능, 뛰어난 명성을 소유하고 있다. 만일 우리가 자유롭게 선교할 수만 있다면 우리는 기독교 신앙으로 세계를 정복할 수 있으리라.

3. 로마 카톨릭만이 진정한 교회인가?

　로마 카톨릭에 의하여 발전된 화려한 교리와 의식이 괴리감을 느끼게 하며, 성경과 상반되기도 하며, 로마교회의 핍박정책과 일치하며, 그리고 그들이 오랫동안 통치하였던 국가의 영적 경제적 수준의 저하 등을 고려해 볼 때 많은 사람들은 다음과 같은 의문을 던진다. 로마 카톨릭 교회만이 오직 참된 교회인가?

　로마 카톨릭 교회는 성경의 영감, 그리스도의 신성, 동정녀 탄생, 기적, 육체의 부활, 미래심판, 천국과 지옥, 많은 여타의 진리들을 가르친다. 그러나 어떤 경우에서 로마 카톨릭은 성경이 가르치는 바를 격감시키거나 첨가시킴으로써 상당한 분량의 진리들을 무가치하게 만들어 버린다.

　성경의 영감에 대하여 로마 카톨릭은 성경을 하나님의 말씀으로 받아들이지만, 많은 경우에서 성경에 위배되는 전통과 도리어 성경보다 전통을 우위에 놓으려고 함으로 동등한 권위로서 전통을 하나님의 말씀에 부가시킨다. 사실 로마 카톨릭이 성경에 공식적인 해석을 내린 이후로 전통이 성경보다 우위에 있도록 만들었다. 복음적인 기독교는 신앙과 실천의 유일무이한 기준으로 성경을 받아들였으며 이 기준이 정도에서 벗어난 행위에 대하여 바로잡는 척도가 된 반면 로마 카톨릭은 성경을 이차적인 위치에 놓았으며 실제적인 측면에서는 무오류하다고 천명한 교황에 의해 그리고 교회법에 의해 결정지워진다. 이와 더불어 대중들로부터 성경을 격리시켜 읽지 못하도록 하는 전통적인 정책을 시행하였다. 만일 개신교의 압제하에 있다면 로마 카톨릭은 대중들에게 성경을 주어야만 하지만 로마 카톨릭이 인정한 성경에

한한다.
　로마 카톨릭은 그리스도의 신성을 가르친다. 그러나 그리스도와 신자 사이에 중재자로 마리아와 사제들을 내세워서 그들을 통하지 않고서는 그리스도에게 다다르지 못하도록 하고 있다. 그는 항상 그의 어머니인 마리아의 품에서 도울 수 없는 아기로, 또는 십자가에서 죽은 그리스도로 존재한다. 이런 상황에서 그리스도는 강하게 움직이시며 매일매일의 생활 속에서 승리하며 성도들의 기도를 들으시고 응답하시는 구세주가 되신다. 그는 매일의 삶의 문제에 대하여선 소극적이시다. 모든 문제는 그리스도와 아버지께 대도의 기도를 올리는 마리아와 성자들에게 기도를 드림으로 해결된다.
　로마교회가 죄의 용서를 가르치지만 사제에게 죄의 고백을 해야 하며 사제는 죄의 고백을 듣고 사죄해 준다. 성경이 예수 그리스도의 희생으로 제사장들의 사역이 끝났으며 그리스도만이 우리의 대제사장으로서 우리가 그에게 직접 기도를 드릴 수 있음에도 그들은 하나님과 인간 사이에 그러한 장애물들을 놓았다. 신약성경이 희생제사를 파기하고 그 자리에 신자들의 보편적인 제사권이 세워졌음에도 로마 카톨릭의 중추적인 기능으로 사제권을 주장함은 그들이 거짓임을 자인하는 결과가 된다. 어떤 자유주의자는 종국적으로 개신교와 카톨릭이 연합될 것이라고 말하는데 교황의 권위를 생각하면서 그들이 다른 종파들보다 우위를 차지하려고 한다는 사실을 볼 때 그런 연합이 불가능하다는 결론에 다다르게 될 것이다.
　오직 믿음을 통해서만 구원을 얻는다는 성경적 구원론 대신에 로마교회는 믿음을 통한 은혜에 공로들을 포함시켰으며 공로를 신앙보다 훨씬 우월한 위치에 있게 하였다. 실제적인 측면에서 공로는 영혼의 구원과 영생에 절대적으로 중요하게 되었다. 이 공로교리가 인간적인 요소로 가득 차 있기 때문에 그런 의식이나 실천을 통하여는 구원에 이를 수 없다. 이것은 구원의 길에 대한 심각한 질문에 거짓되고 잘못 인도하는 답변을 던져준다.
　로마 카톨릭은 그리스도께서 교회를 설립하셨다고 가르치지만 교회의 머리로 교황을 세웠으며 그에게 절대권력이 주어졌다고 주장한다. 이것이 미사와 화려한 의식주의를 발전시켰고 구원을 교회에 의존하도록 하였다. 바티칸이 교회와 국가의 연합 그 자체이기 때문에 가능한 한 어디서든지 이러한 조직을 고양시키려고 암중모색하게 되었다.
　마지막으로 로마교회는 상벌로 주어지는 최후 심판을 가르친다. 그러나

의인들을 위하여 하늘에서 약속된 상급은 연옥교회에 의해 많은 부분이 가려졌는데 사람들은 연옥에서 받을 고통을 경감시키기 위해 면죄부를 구하거나 고행을 해야 했다. 성경은 연옥의 존재에 대하여 명확한 증거를 하지 않고 있는 반면 구속받은 영혼들은 곧바로 하늘로 들리운다고 하였다.

현재 로마 카톨릭의 상황은 예수님 당시에 유대교의 상황과 비슷하다. 당시 유대교에 풍성한 진리들이 있었고 대중들 가운데 신실한 신앙가들도 많았다. 그러나 제사장 계급들은 대중들의 요구에 무관심하였다. 로마 카톨릭의 사제와 같이 유대교의 사제들도 백성들로부터 하나님의 말씀을 분리시켰으며 그들의 주된 관심은 자신들의 욕구충족에 있었다. 그리스도께서 당하신 첫번째 배척은 제사장들로부터 받은 것이었으며 그들은 그가 호되게 책망하던 자들이었고 주님을 십자가에 못박아 죽이려고 하였던 자들이었다. 마찬가지로 로마 카톨릭의 사제계층들도 복음의 단순성을 복잡하고 어렵게 만들었으며 성경의 가르침들은 전적으로 인간이 만든 의식들과 교회법으로 가리워져 있었는데 이것은 사도적 교회의 모습이라고 보기가 어렵다. 이러한 사실들로 보아 로마 카톨릭이 오랫동안 통치하던 나라들이 발전하지 못하고 파산지경에 이르고 점점 힘을 잃어가고 있는 원인을 발견하게 된다. 이것은 주후 500년부터 종교개혁 시기까지 유지된 중세기에 명확히 드러났었는데 당시 종교지배의 암흑이 대륙을 감싸고 있었으며 대중들은 썩어빠진 규칙에 의하여 희망을 찾지 못했으며 독재적 교회는 교회의 영적이며 도덕적인 부흥을 도모하기보다는 자신들의 거대한 부와 정치권력을 얻으려고 혈안이 되어 있었다. 빈곤, 무지, 미신, 문맹률 등이 현재까지도 로마 카톨릭이 주도권을 행사하고 있는 이탈리아, 스페인, 포루투갈, 남아일랜드, 라틴 아메리카 등지에서 계속 증가하고 있는 추세다. 로마 카톨릭이 대중들을 통제하는 곳에서는 어디서나 그들은 사제들에게 종속시켰다. 그들이 통치하는 곳에서 단지 몇 개의 학교들만 설립할 따름이며 거의 모든 지역에서 학교설립을 하지 않고 있는 실정이다. 오히려 로마 카톨릭은 대중들을 통제하는 수단으로 미신과 무지를 허용함으로써 삶의 반기독교적 방식들이 증가되고 있다.

라틴 아메리카에서 로마 카톨릭의 통치기간 4세기 동안 로마 카톨릭은 영적, 도덕적, 사회적, 경제적 수준을 격하시켰으며 라틴 아메리카에서 가장 큰 진보는 개신교 국가인 미국이 경제적 원조를 하면서 복음적인 선교사역을 감당하던 과거 2세기 동안이었다. 미국 정부는 현재 로마 카톨릭을 염두에 두지 않은 상태에서 이들 나라에 대한 막대한 원조를 수행하였다.

우리는 로마 카톨릭이 자체에 파멸의 씨앗을 품고 있다는 사실을 말할 수 있다. 이것은 유럽의 여러 나라에서 도덕적으로 타락하고 부패했던 역사에서 볼 수 있다. 강력한 정치력에 뒷받침을 받았던 로마 카톨릭은 이탈리아와 스페인에서 종교재판의 잔인성을 드러냈다. 프랑스혁명은 오랜 기간 부패의 결과였으며 대중들의 증오는 수백 명의 사제들을 죽이고 수백 개의 교회들을 불태웠던 교회에 대한 원망과 로마 카톨릭에 대한 환멸감으로 점철되었다. 2차 세계대전이 종전되고 나서 이탈리아의 로마 카톨릭 교회는 그들이 뭇솔리니의 파시스트를 지원함으로써 반민중적이 되었다는 사실을 발견하였으며 오늘날 이탈리아인의 1/3이 공산주의자들에게 투표하는 결과를 낳았다. 비록 현재의 스페인이 독재자인 프랑코 아래서 평온을 유지하고 있다손 치더라도 그 상황은 이탈리아와 다를 바가 없다. 우리는 8년 전에 스페인의 어떤 지성인이 만일 스페인의 경찰이 사제와 수녀들의 생활을 간섭하고 침해한다면 예기치 못한 사건이 일어날 것이라고 말한 것을 추기경 스펠만이 인용한 사실을 알 수 있다. 그리스도의 교회라고 고백하는 로마 카톨릭이 사람들로 하여금 그들의 교회를 파괴하고 사제들을 죽이도록 실정을 했으니 얼마나 큰 비극인가! 교회가 사제적 파시스트 경찰국가를 유지하는 데 중추적인 역할을 했으니 이 얼마나 비극적인가! 그들의 행위로 반카톨릭주의를 양산했으니 얼마나 비극인가!

오늘날 라틴 아메리카의 대부분의 나라에서 로마 카톨릭은 대중들이 그들에 대하여 무관심하고 지성인들이 공개적으로 그들을 비난함으로써 그들의 입지를 잃어가고 있다. 몇 년 전에 멕시코 정부는 로마 카톨릭의 거대한 재산을 압수하였으며 성직자들에 대하여 여러 가지 제한을 가하였고 특별히 부유한 삶을 누리는 외국인 사제들에게 그리하였다. 오늘날에는 정부가 교회의 소유권까지 차지하게 되었다. 그래서 사제들이 가운을 걸치고 거리에 나오지 못하게 하였으며 많은 사람들은 어디에서라도 사제들을 보고싶어 하지 않았다.

그러므로 로마교회는 긍정적으로 성공할 수 없다는 사실이 역사에 나타나고 있어서 그러한 여러 가지 약점들을 감수하지 않으면 안되었다. 확실히 그들은 세계복음화에 대한 능력을 상실했으며 내외적으로 개혁할 수 없다는 그들의 현재 입장만을 고집할 따름이었다. 로마 카톨릭은 이방종교들과 같이 기독교의 복음선교에 있어 방해자이며 적대세력이다. 로마 카톨릭 내에 선량한 사람들과 거룩한 신자들이 간혹 있기는 하였다. 수많은 교회 중에 어떤 교회는 로마 카톨릭의 교리보다 훌륭한 가르침을 시행하는 반면 어떤 교회는 이보다 악한 교리를 전파하기도 한다. 그러나 참된 교회는 개인에 의해 판단되는 것이 아니라 하나의 제도로서 판가름해야 한다.

우리는 초대교회에 사제들이 없었음을 지적하고 싶다. 또한 우리는 4~5세기경에 수많은 대중들이 교회의 구성원만이 누릴 수 있는 특권을 얻으려고 공인된 교회 안으로 몰려들었다는 점을 지적하고 싶다. 이러한 상황 속에서 이방 사제들은 대세의 흐름을 알아채고 이러한 특권들을 어떻게 나누어 가질 수 있을까에 대하여 궁리하기 시작했다. 이 결과로 이방의 사제제도가 교회 안으로 유입되었던 것이다. 이방신전들 가운데는 기독교회로 다시 모여지는 곳도 있었다. 교활하게 침투한 사제들은 이것이 사도적 교회의 직임으로 대치될 때까지 보다 많은 권력을 자신들에게 집중시켜 놓았다. 이 사제제도는 교회의 사역들에 직접적으로 참여했던 대중들의 권리를 찬탈하는 행위였으며 자신들에게 모든 권리를 집중시켰다. 사제제도가 성경의 교훈과 배치되기 때문에 당연히 성경에 불관용할 수밖에 없었다. 그래서 사제들은 대중들에게서 성경을 분리시키는 것이 가장 효과적이리라고 생각하였다. 사제들은 성경을 분리시키는 한편 금서목록을 작성하여 자신들의 취약점을 감추려고 하였다. 그러나 성경은 교회의 삶에 기본적인 요소였고 성경이 초대 교회의 교부들의 저작에서 소중하게 다루어졌기 때문에 전적으로 제거할 수는 없었다. 그들의 이같은 가르침은 1517년 종교개혁을 계기로 사제의 멍에를 내던져 버렸고 1세기의 사도적 교회의 단순성으로 되돌아갔다. 그러므로 로마 카톨릭의 사제직은 기독교로 위장한 고대 로마의 이방 사제직과 다를 바 없었다.

신학적 지식의 풍요와 성경의 폭넓은 반원을 형성한 20세기에 로마 카톨릭의 사제직과 매우 유사한 사건이 여러 개신교의 분파에서 일어난다. 이들의 교회에서 '자유주의', '현대주의'라고 일컫는 사상들이 초자연적인 하나님의 사역을 변질시키고 역사적인 기독교 구원론을 변개시키고 '사회복음'과 더불어 복음적인 기독교 신앙을 파괴하고 있으며, 이들은 고도의 사회,경제적 위상과 스스로를 구원할 수 있다고 하는 것과 보다 나은 세계를 건설할 수 있다고 낙관한다. 로마 카톨릭이 불합리한 사제직을 통하여 자신들의 과

19장 제도는 그 열매로 평가됨   609

업을 성취한 것이나 거짓철학을 발전시켜 성경의 교훈들을 변질시킨 개신교의 행위 등은 모두 동일한 결과를 초래하게 된다.

성경은 "그들의 열매들로 너는 그들을 알게 될 것이다"라고 교훈한다. 확실히 역사를 통하여 우리가 살펴본 로마 카톨릭은 '오직 참된 교회'라고 스스로 주장한 것이 허구였음을 증명해 준다. 사실 로마 카톨릭이 우위를 차지하거나 통제권을 발휘할 때는 하나의 교회가 아니라 단순히 종교를 이용하는 정치집단과 거대한 경제기구에 가까웠다. 이러한 나라에서 로마 카톨릭은 거대한 재산과 권력을 누렸다. 그들은 자유로운 정부들을 파괴하고 약화시켰다. 다른 교회와 신도들에 대한 그들의 전통적인 정책은 심한 반대와 억압을 가하면서 여건이 허락되면 수만의 사람들을 무자비한 고문과 정신적인 압박에 시달리게 하였으며 심지어 살육까지도 자행하였다. 그런 행동들은 성경의 가르침에 위배되는 것이며 진정한 교회의 증거를 하나라도 찾아보지 못하도록 하는 행위였다. 그들의 실천들은 오랫동안 부정적인 결과들만을 표출시키는 실천들이었다. 그러므로 하나의 조직으로서의 로마 카톨릭은 거짓 교회가 되어 있다고 판결받아 마땅하다.

참고문헌

Our Priceless Heritage, Henry M. Woods; The Evangelical Press, Harrisburg, Pa.; 1941; 209 pages.

Out of the Labyrinth, L. H. Lehmann; Angora Publishing Co.; New York; 1947; 252 pages.

People's Padre, Emmett MaLoughlin; The Beacon Press, Boston; 1954; 280 pages.

The Story of the Church, A. M. Renwick; Wm. B. Eerdmans Publishing Co., Grand Rapids; 1958; 212 pages.

Faith of Our Fathers, Cardinal Gibbons; John Murphy & Co., Baltimore; 1876; 476 pages.

The Faith of Millions, John A. O'Brien; Our Sunday Visitor, Huntington, Indiana; 1938; 496 pages.

Catholic Principles of Politics, John A. Ryan and Francis J. Boland; The Macmillan Co., New York; 1949; 359 pages.

A Popular History of the Catholic Church, Philip Hughes; Doubleday & Co.; Garden City, N. Y.; 1949.

The Papal Prince, Glenn D. Kittler; Funk & Wagnalls, New York, 1960; 358 pages.

Things Catholics Are Asked About, Martin J. Scott; J. P. Kenedy & Sons, New York; 1927; 268 pages.

Peace of Soul, Fulton J. Sheen; McGraw Hill Book Co., 1940; 202 pages.

American Freedom and Catholic Power, Paul Blanshard; The Beacon Press, Boston, Rev. ed., 1958; 352 pages.
American Culture and Catholic Schools, Emmett McLoughlin, Lyle Stuart, publisher, New York; 1960; 272 pages.
Religious Liberty in Latin America, George P. Howard; The Westminster Press, Philadelphia; 1944; 170 pages.
The Vatican Against Europe, Edmond Paris; P. R. Macmillan, Ltd., London; 1961; 296 pages.
Genocide in Satellite Croatia, Edmond Paris; The American Institute of Balkan Affairs, Chicago; 1960; 284 pages.
The Vatican in World Politics, Avro Manhattan; Gaer Associates, New York; 1949.
Ins and Outs of Romanism, Joseph Zacchello; Loizeaux Brothers, New York; 1956; 189 pages.
The Soul of a Priest, L. H. Lehmann; Angora Publishing Co., New York; 1933; 163 pages.
The Priest, the Woman, and the Confessional, Charles Chiniquy; The Gospel Witness; Toronto; 143 pages.
Forgotten Women in Convents, Sister Mary Ethel; Christ's Mission, Hackensack, New Jersey, 1956; 120 pages.
The Vatican Revolution, Geddes MacGregor; The Beacon Press, Boston; 1957; 204 pages.
Revelation Twenty, an exposition, J. Marcellus Kik; The Presbyterian and Reformed Publishing Co., Philadelphia; 1955.

Magazines (monthlies):
Christian Heritage, Hackensack, New Jersey.
Church & State, Washington, D. C.
The Convert, Clairton, Pennsylvanis.

로마 카톨릭 사상 평가
Roman Catholicism

1992년 7월 10일 초판 발행
2014년 8월 14일 초판 2쇄 발행

지은이 | 로레인 뵈트너
옮긴이 | 이 송 훈

펴낸곳 | 사) 기독교문서선교회
등 록 | 제 16~25호(1980. 1. 18)
주 소 | 서울시 서초구 방배로 68
전 화 | 02)586-8761~3(본사) 031)942-8761(영업부)
팩 스 | 02)523-0131(본사) 031)942-8763(영업부)
홈페이지 | www.clcbook.com
이메일 | clckor@gmail.com
온라인 | 기업은행 073-000308-04-020, 국민은행 043-01-0379-646
    예금주: 사)기독교문서선교회

ISBN 978-89-341-0404-9 (93230)

* 낙장 · 파본은 교환해 드립니다.